सचिन तेंदुलकर

मेरी आत्मकथा

सचिन तेंदुलकर

मेरी आत्मकथा

बोरिया मजूमदार के साथ

अनुवाद : डॉ सुधीर दीक्षित

Published by

MANJUL
Manjul Publishing House

In association with

hachette INDIA

First published in India by

MANJUL

Manjul Publishing House

• C-16, Sector 3, Noida, Uttar Pradesh 201301, India
Website: www.manjulindia.com

Registered Office:

•2nd Floor, Usha Preet Complex, 42 Malviya Nagar, Bhopal 462 003 - India

Distribution Centres

Ahmedabad, Bengaluru, Kochi, Kolkata, Chennai,
Hyderabad, Mumbai, New Delhi, Pune

In association with

hachette INDIA

First published in English in Great Britain in 2014
by Hodder & Stoughton
An Hachette UK company

Hindi translation of *Sachin Tendulkar: Playing It My Way – My Autobiography*

This edition first published in 2015
Fifth impression 2024

ISBN 978-81-8322-575-5

Hindi translation by Sudhir Dixit

Printed and bound in India by Repro India Ltd.

सभी साथी भारतीयों को समर्पित

लेखक को इस पुस्तक से होने वाली आमदनी का इस्तेमाल दो परोपकारी उद्देश्यों के लिए किया जाएगा : बच्चों में कुपोषण की रोकथाम और सुविधाहीन लोगों को स्वच्छ पेयजल प्रदान करना।

APNALAYA

Building self-sustaining communities since 1973

विषय–सूची

आभार 9

प्रस्तावना 11

1. बचपन 13
2. क्रिकेट सीखना 24
3. मेरा पहला दौरा 43
4. विदेशी परिस्थितियाँ 59
5. अंजलि 82
6. मज़बूत बनाने वाले साल 93
7. विश्व कप 1996 116
8. कप्तानी - पहली पारी 126
9. चार महीने का हनीमून 145
10. उथल-पुथल भरा समय 163
11. सर्वश्रेष्ठ श्रृँखला 192
12. अन्याय के ख़िलाफ़ खड़े होना 202
13. इंग्लैंड का बेहतरीन दौरा 210
14. विश्व कप 2003 224
15. विदेशों में जीत 241
16. चाकू की धार के नीचे 258
17. 'एंडुलकर' 270
18. खेल में ग़लत भाषा का प्रयोग 277

19. ज़ोरदार वापसी.. 295
20. आईपीएल.. 310
21. नंबर वन.. 322
22. शिखर पर बने रहना.. 337
23. विश्व कप 2011.. 355
24. 100वें शतक की ओर.. 375
25. मेरा आख़िरी पूर्ण सीज़न.. 396
26. तनावमुक्त होना.. 409
27. अंतिम टेस्ट.. 424
28. अंतिम शब्द.. 439

परिशिष्ट : विदाई भाषण.. 442

करियर स्टेटिस्टिक्स.. 449

आभार

समझ में नहीं आ रहा है कि मैं पहले किसका आभार व्यक्त करूँ। यह भी कि मैं कैसे क्रिकेट के उन करोड़ों प्रशंसकों का आभार व्यक्त करूँ, जिन्होंने मेरे करियर में मेरा साथ दिया? इस प्रश्न का आसान जवाब यही है कि मैं यह पुस्तक अपने सभी प्रशंसकों को उनके अटल समर्थन और प्रोत्साहन के लिए समर्पित कर दूँ।

जिन बाक़ी लोगों को दिली धन्यवाद देने की ज़रूरत है, उनमें सबसे पहले तो ज़ाहिर है अंजलि आती हैं, जो मेरी समर्पित पत्नी हैं, हर चीज़ में साझेदार हैं और जिन्हें महसूस हुआ कि मैं भावी पीढ़ी के लिए अपनी कहानी बता सकता हूँ और मुझे बतानी चाहिए। अब पाठक के रूप में यह फ़ैसला आपको करना है कि मैंने यह काम अच्छी तरह किया है या नहीं।

मैं इन लोगों को भी धन्यवाद देना चाहूँगा :

अजीत भाई को, जो मेरे साथ बड़े हुए और जिन्होंने मुझे क्रिकेट की बुलंदियों तक पहुँचाया। उनकी भी दिली तमन्ना थी कि मैं यह कहानी बताऊँ। मूल पांडुलिपि पढ़ने और उस पर टिप्पणी करने के लिए उन्हें धन्यवाद।

अर्जुन और सारा को, जो यह पुस्तक पढ़कर जान जाएँगे कि मैंने हमेशा उनसे कितना प्यार किया है और बचपन के वर्षों में उनके साथ न रह पाने पर मुझे कैसा महसूस हुआ था।

अपर्णा संथानम को, जो पारिवारिक मित्र से कहीं बढ़कर हैं और जिन्होंने पुस्तक को लिखते वक़्त सच्ची प्रेरणा दी। उन्होंने हर अध्याय को पढ़ा और अपने अमूल्य सुझाव दिए।

विनोद नायडू को, जो मेरे मैनेजर और अच्छे मित्र हैं और जिन्होंने आत्मकथा लिखने का विचार मेरे सामने रखा। इससे भी ज़्यादा महत्त्वपूर्ण, वे एक ऐसे इंसान हैं, जिनके आर्थिक मार्गदर्शन पर मैं पिछले दशक में हमेशा विश्वास कर सकता था।

अमित बाँगड़ को, लगातार लेकिन नम्रता से मुझे डेडलाइन की याद दिलाने

के लिए और दी गई समयसीमा में पुस्तक पूरी करने की प्रेरणा देने के लिए।

मेरे प्रकाशक रॉडी ब्लूमफ़ील्ड को, जिन्होंने शुरुआत से अंत तक पुस्तक पर मेरे साथ मिलकर काम किया और जो ऐसे इंसान हैं, जिनके निर्णय पर मैं भरोसा कर सकता हूँ। हॉडर में उनकी योग्य व मददगार संपादकीय सहायक फ़ियोना रोज़ को; बाहरी संपादक टिम वैलर को, जिन्होंने पांडुलिपि को आकार देने और संशोधित करने में मदद की।

अंत में, मित्र और सह-लेखक बोरिया मजूमदार को। पूरी लगन से उन्होंने पिछले तीन साल से मेरी ज़िंदगी के हर पहलू पर विचार करने वाले अनंत सत्रों के लिए मुझे राज़ी किया है। उनके संक्रामक उत्साह और बुद्धिमत्तापूर्ण प्रश्नों ने मुझे जोशपूर्ण, विचारशील और आनंददायक बातचीत में शामिल कर लिया। उनके समर्पण और एकाग्रता की बदौलत ही उन्होंने मेरे शब्दों में पूरी कहानी बताई है और मेरे विचारों को असरदार अंदाज़ में बयां किया है।

प्रस्तावना

अंततः 16 नवंबर 2013 को वानखेड़े स्टेडियम में मेरी क्रिकेट यात्रा का अंत हुआ। किसी तरह अपना विदाई भाषण देने के बाद मैं अपने परिवार के साथ बातचीत कर रहा था और हर पल को दिल में भरने की कोशिश कर रहा था, तभी मेरी टीम के साथी विराट कोहली मेरे पास आए। वे बोले, *'पाजी, आपने याद दिलाने को कहा था कि आपको पिच पर जाना है।'* सच कहूँ तो मैं भूला नहीं था; मैं तो बस उस पल को थोड़ा टालने की कोशिश कर रहा था। यह 22 गज़ की मेरी आख़िरी यात्रा होने वाली थी, जिसने मुझे इतने लंबे समय तक प्यार दिया था और मेरा ध्यान रखा था।

जब मैं अपनी जानी-पहचानी आउटफ़ील्ड पर चलकर गया, तो मेरा दिमाग़ बिलकुल सुन्न था। आख़िरी सलाम करने के लिए पिच तक पहुँचते वक़्त मेरा गला रुँध रहा था। मैं वहाँ सिर्फ़ पंद्रह सेकंड रुका और मैंने बस इतना कहा, 'मेरा ध्यान रखने के लिए धन्यवाद।' जब मैं आख़िरी बार पैविलियन की ओर जा रहा था, तो मेरे मन में यादों का तूफ़ान घुमड़ रहा था। कुछ ही पलों में मैंने अपने करियर की 24 वर्ष लंबी यात्रा तय कर ली थी - मेरे कोच रमाकांत आचरेकर के साथ मेरे पहले नेट्स सेशन से लेकर वेस्ट इंडीज़ के ख़िलाफ़ 74 रन की मेरी आख़िरी टेस्ट पारी तक।

मुझे लगता है कि कोई भी आत्मकथा लेखक की ज़िंदगी की हर बात बताने का दावा नहीं कर सकती। यह असंभव है। कई पहलू ऐसे होते हैं, जिनके बारे में किसी कारण नहीं लिखा जा सकता। कई घटनाएँ ऐसी होती हैं, जो निहायत निजी या शायद बहुत ज़्यादा संवेदनशील होती हैं। लेकिन मैं अपने करियर के इस वर्णन को यथासंभव पूरी कहानी बताने के इरादे से लिख रहा हूँ। ज़ाहिर है, मैंने जिन घटनाओं का वर्णन किया है, उनमें से कई क्रिकेट प्रेमियों को पहले से पता हैं, लेकिन मैंने कई ऐसी बातें भी बताई हैं, जो मैंने पहले कभी नहीं बताईं और इनमें से कुछ बातों से मुझे संकोच होता है। मुझे उम्मीद है कि पाठकों को यहाँ बहुत सी रोचक सामग्री मिलेगी।

यह पुस्तक शुरू करने से पहले मुझे इस बारे में काफ़ी सोचना पड़ा कि क्या इसे लिखना सही रहेगा। यह कोई आसान निर्णय नहीं था। मैं सनसनीख़ेज़ बनने की ख़ातिर सनसनी फैलाने का आदी नहीं हूँ। मैं किसी को चिढ़ाने के लिए कुछ कहने का आदी भी नहीं हूँ। यह मेरे स्वभाव में ही नहीं है। लेकिन मैं जानता था कि अगर मैं अपनी कहानी लिखने के लिए तैयार हो जाता हूँ, तो मुझे पूरी तरह से ईमानदार होना होगा, क्योंकि मैंने खेल को हमेशा इसी तरह खेला है।

तो यह लीजिए, मैं अपनी आख़िरी पारी के अंत में खड़ा हूँ, पैविलियन तक जाने वाली अंतिम यात्रा पूरी कर चुका हूँ और अपने करियर की कई घटनाएँ बताने के लिए तैयार हूँ, जिनमें समय गुज़ारना मेरी खुशक़िस्मती थी।

1
बचपन

'बेटा, ज़िंदगी एक पुस्तक जैसी होती है। इसमें बहुत सारे अध्याय होते हैं। इसमें कई सबक़ भी होते हैं। यह कई अलग-अलग तरह के अनुभवों से बनती है और यह एक पेंडुलम जैसी होती है, जहाँ सफलता और असफलता, ख़ुशी और दुख केंद्रीय वास्तविकता के सिर्फ़ दो छोर होते हैं। सफलता और असफलता दोनों से मिलने वाले सबक़ों का महत्त्व बराबर होता है। मगर अक्सर असफलता और दुख जितना सिखाते हैं, उतना सफलता और ख़ुशी नहीं सिखा पाती। तुम एक क्रिकेटर हो, एक खिलाड़ी हो। तुम सौभाग्यशाली हो, जो अपने देश का प्रतिनिधित्व कर रहे हो, और यह बड़े गौरव की बात है। लेकिन कभी मत भूलना कि यह पुस्तक का सिर्फ़ एक और अध्याय है। अमूमन इंसान सत्तर-अस्सी साल जीता है। तुम यह खेल कितने साल तक खेल पाओगे? बीस साल; अगर बहुत अच्छे हुए, तो शायद पच्चीस साल। इस लिहाज़ से देखने पर तुम पाओगे कि तुम्हारे ज़्यादातर साल पेशेवर खेल जगत से बाहर गुज़रेंगे। इसका मतलब है कि जीवन के मायने क्रिकेट से बढ़कर हैं। बेटा, मेरा तुमसे यही कहना है कि अच्छा व्यवहार करना, संतुलित स्वभाव रखना। कभी अपनी सफलता पर घमंड मत करना। अगर तुम विनम्र रहोगे, तो लोग तुम्हारा खेल जीवन ख़त्म होने पर भी तुम्हें प्रेम और सम्मान देंगे। 'सचिन एक महान क्रिकेटर है,' यह सुनकर मुझे जितनी ख़ुशी होगी, उससे ज़्यादा ख़ुशी मुझे पिता के तौर पर यह सुनने से होगी कि 'सचिन एक अच्छा इंसान है।'

जब मैं बड़ा हो रहा था, तो पिताजी ने ये शब्द मुझसे अक्सर कहे थे और यही मेरे जीवन-दर्शन का सार है।

मैं एक बहुत प्रगाढ़ बंधन वाले मराठी परिवार में मुंबई के बांद्रा ईस्ट में पैदा हुआ था। मैं साहित्य सहवास कॉलोनी में रहता था, जो लेखकों की सहकारी आवासीय कॉलोनी थी। मैं चार संतानों में से एक था, दो भाई और एक बहन। नितिन भाई, अजीत भाई और सविता दीदी तीनों ही मुझसे बड़े हैं। न सिर्फ़ मैं परिवार में सबसे छोटा था, बल्कि मेरा व्यवहार भी सबसे ख़राब था।

मेरे पिता रमेश तेंदुलकर प्रतिष्ठित मराठी कवि, आलोचक और प्रोफ़ेसर थे, जबकि मेरी माँ एलआईसी में काम करती थीं। विनम्रता और शराफ़त उनके मुख्य गुण थे और मैं अपने ज़्यादातर व्यक्तित्व का श्रेय अपने माता-पिता की परवरिश को देता हूँ। मेरी तमाम अविवेकी हरकतों और मेरे दिए सारे संतापों के बावजूद माता-पिता ने मुझसे उम्मीद नहीं हारी। दरअसल, मैंने अक्सर सोचा है कि वे इतने शरारती लड़के को कैसे झेल पाए। हालाँकि कई बार मैं उनकी सहनशक्ति की चरम परीक्षा लेता था, लेकिन पिताजी कभी मुझ पर नहीं चिल्लाए; मेरी शरारतों का मुक़ाबला वे बड़े धैर्य से करते थे। जब मैं बड़ा हुआ, तो इस वजह से पिताजी के प्रति मेरा सम्मान और बढ़ गया। जब इंग्लैंड में 1999 का विश्व कप चल रहा था, तो वे संसार से चले गए। उन्हें खोना मेरी ज़िंदगी के सबसे ज़्यादा सदमे भरे पलों में से एक है और मैं हमेशा उनका ऋणी हूँ कि उन्होंने मुझे वैसा इंसान बनाया, जैसा मैं आज हूँ।

मेरे हिसाब से मेरी माँ संसार में सबसे अच्छा खाना बनाती हैं और वे मेरे चेहरे पर मुस्कान देखने के लिए कुछ भी करने को तैयार रहती हैं। वे हमारे लिए घर पर सबसे ज़ायक़ेदार मछली और प्रॉन करी, *बैंगन का भरता* और *वरण भात* (दाल और चावल) बनाती थीं। भोजन के प्रति मेरी रुचि और प्रेम का श्रेय उन्हीं को जाता है। मेरे मन में बहुत मीठी याद है कि अँगुलियाँ चाटने वाला स्वादिष्ट भोजन करने के बाद मैं उनकी गोद में लेट जाता था और वे मुझे सुलाने के लिए बहुत मधुर गीत गाती थीं। रात को उनका गाना सुनते-सुनते सोने की बदौलत मेरे मन में संगीत के प्रति प्रेम भर गया, जो आज तक भरा हुआ है।

नितिन भाई और अजीत भाई ने हमेशा मेरी कोशिशों में मेरा साथ दिया है। क्रिकेट के मामले में मैं अजीत भाई का ऋणी हूँ, जो मुझसे दस साल बड़े हैं। वे ख़ुद एक अच्छे क्लब क्रिकेटर थे, लेकिन मेरी योग्यता को निखारने के लिए उन्होंने अपने करियर की कुर्बानी दे दी। जैसा मैंने अपने आख़िरी टेस्ट के बाद वाले विदाई भाषण में कहा था, अजीत भाई और मैंने इस सपने को एक साथ जिया; वे हमेशा मेरे सबसे विश्वसनीय आलोचक और सलाहकार थे। हालाँकि रन मैंने बनाए थे, लेकिन अजीत भाई मानसिक रूप से सदा मेरे साथ थे और जब भी मैं कोई ग़लती करता था, तो वे उसे दुरुस्त करने की कोशिश करते थे। मेरी आख़िरी टेस्ट पारी पूरी होने के बाद भी हमारे बीच यह बातचीत हुई कि मैं कैसे आउट हुआ था और मैंने क्या ग़लती की थी, हालाँकि हम अच्छी तरह जानते थे कि मैं दोबारा कभी भारत के लिए नहीं खेलूँगा। अजीत सिर्फ़ मेरे भाई ही नहीं हैं, वे मेरे सबसे क़रीबी दोस्त भी हैं। जब भी मुझे उनकी ज़रूरत थी, वे

हमेशा मौजूद रहे और उन्होंने हमेशा मेरे क्रिकेट को अपने काम से पहले रखा।

मेरे सबसे बड़े भाई नितिन हम सभी भाइयों में सबसे सृजनात्मक थे। वे तेंदुलकर परिवार के कठोर अनुशासक थे और उन्होंने मेरी ढिठाई पर अंकुश लगाने में मदद की, जब मेरी माँ लगभग हार मान चुकी थीं। वे न सिर्फ़ बेहतरीन स्केच बनाते हैं, बल्कि कुशल लेखक और कवि भी हैं; हाल ही में वे एक फ़िल्म के गीत भी लिख चुके हैं। नितिन भाई शुरुआत में केमिस्ट्री के शिक्षक थे, लेकिन बाद में वे एयर इंडिया में काम करने लगे। इस बारे में मुझे एक घटना याद आती है। जब मैं दस साल का था, तो उनकी फ़्लाइट में देर हो गई थी और उन्हें मुंबई के सेन्टॉर (अब सहारा स्टार) होटल में इंतज़ार करना पड़ा। अजीत भाई और मैं उनके कमरे में डिनर करने गए। वहाँ ज़िंदगी में पहली बार मैंने तंदूरी चिकन का स्वाद चखा, जो बाद में मेरा प्रिय व्यंजन बन गया।

मुझे पहला क्रिकेट बैट मेरी बहन सविता ने दिया था। जब मैं पाँच साल का था, तब वे छुट्टियों में कश्मीर घूमने गई थीं और वहाँ से वे मेरे लिए कश्मीरी लकड़ी का बैट लेकर आई थीं। वे हम सभी भाई-बहनों में सबसे शांत हैं - बहुत संकोची और शांत स्वभाव की। वे मुश्किल परिस्थितियों में भी शांत रहती हैं और बड़े होते वक़्त हम महत्त्वपूर्ण मसलों पर अक्सर उनसे परामर्श लेते थे। जब उनकी शादी हुई, तो रीति-रिवाज़ों की ज़्यादा जानकारी न होने के कारण मैंने इस बात पर ज़ोर दिया कि सविता दीदी ससुराल जाकर क्यों रहें, इसके बजाय जीजाजी को आकर हमारे साथ रहना चाहिए। मैं नहीं चाहता था कि वे हमें छोड़कर जाएँ और मुझे कहना चाहिए कि जब वे घर से गईं, तो मुझे उनकी बहुत याद आई और बहुत कमी खली।

कभी स्थिर न बैठना

बेशक मेरा बचपन मज़ेदार था। मेरे शुरुआती साल कभी भी नीरस नहीं रहे। दरअसल मामला इसका ठीक उलटा था। उन शुरुआती वर्षों में मुझमें बहुत स्टैमिना और आंतरिक शक्ति थी, जिसने आगे चलकर मुझे क्रिकेट करियर में शक्ति दी।

हम 1971 में साहित्य सहवास में रहने चले गए थे। जब मैं छोटा था, तब वहाँ बहुत सारा निर्माण कार्य होता रहता था। इससे मुझे और मेरे दोस्तों को पड़ोसियों के साथ शरारतें करने का मौक़ा मिल जाता था। हालाँकि हम कभी हिंसक नहीं हुए और हमने कभी दूसरों को कोई शारीरिक नुक़सान नहीं पहुँचाया, लेकिन मुझे यह स्वीकार करते हुए शर्म आती है कि कई बार हमने कॉलोनी के दूसरे लोगों के बहुत मज़े लिए थे। हमारे लिए यह मसखरी से ज़्यादा कुछ नहीं

था, लेकिन आज जब मैं उनमें से कुछ शरारतों के बारे में सोचता हूँ, तो मुझे थोड़ी शर्म आती है।

हमारी एक नियमित चाल यह थी। कॉन्ट्रैक्टर जो रेत छोड़ जाते थे, उसमें हम एक गहरा गड्ढा खोद देते थे, उसे अख़बारों से ढँक देते थे और फिर उसे रेत से छुपा देते थे। फिर हम लोगों को जान-बूझकर उस जगह से जाने के लिए ललचाते थे। जब वे हमारे खोदे गड्ढे में गिर जाते थे, तो हम ठहाके लगाने लगते थे। एक और शरारत यह थी कि हम चौथी मंज़िल के अपने अपार्टमेंट से राहगीरों पर पानी फेंकते थे। और मुझे याद है, हमारा प्रिय मनोरंजन यह था कि हम पेड़ से केरी तोड़कर मज़े से खाते थे, जिन्हें हमें छूना भी नहीं चाहिए था। चूँकि ऐसा करने पर पाबंदी थी, इसलिए इसमें और ज़्यादा मज़ा आता था। हमारी शिकायतें होती थीं, लेकिन उनका हम पर ज़्यादा असर नहीं होता था। अंत में - और अब पीछे पलटकर देखने पर यह बहुत शर्मिंदगी की बात लगती है - मेरे मित्र और मैं लोगों के फ़्लैट की कुंडी बंद करने पर गर्व महसूस करते थे। इसमें किसी तरह का ख़तरा नहीं था, लेकिन इससे वे अंदर बंद होने के कारण बौखला जाते थे और चिल्लाने लगते थे और उन्हें देर हो जाती थी। यह सब हमें उस वक़्त बहुत मज़ेदार लगता था।

बचपन में सबसे पहले मैं बांद्रा की इंडियन एज्युकेशन सोसायटी के न्यू इंग्लिश स्कूल पढ़ने गया। मैं ठीक-ठाक विद्यार्थी था। हालाँकि मैं कभी कक्षा में अव्वल नहीं रहता था, लेकिन बिलकुल फिसड्डी भी नहीं था। वैसे स्कूल पूरी तरह नीरस तो नहीं था, लेकिन साल का सबसे अच्छा समय दो महीने लंबी गर्मी की छुट्टियाँ होती थीं। छुट्टियों के दौरान मैं सुबह नौ बजे अपार्टमेंट से फटाफट नीचे उतर आता था और दिन भर धूप में खेलता रहता था। घरेलू सहायिका लक्ष्मीबाई (यह उन घरों में आम बात थी, जहाँ माता-पिता दोनों कामकाजी होते थे) को मेरा दूध का गिलास नीचे लाना पड़ता था और कई बार तो उन्हें लंच भी बाहर लाना पड़ता था, क्योंकि मैं अपार्टमेंट में जाने से साफ़ इंकार कर देता था।

भारी गर्मी से कभी कोई फ़र्क़ नहीं पड़ा और मैं अँधेरा होने के बाद भी बाहर खेलता रहता था। वास्तव में, जब मेरे ज़्यादातर दोस्त अपने-अपने घर चले जाते थे, उसके बाद भी मैं अकेला ही इधर से उधर मस्ती में डोलता रहता था। कॉलोनी में बस सात-आठ ब्लॉक थे और कई बार मैं अपनी ऊर्जा ख़र्च करने के लिए दौड़कर उनका चक्कर लगाता था। मैं एक बार में सात-आठ चक्कर लगा लेता था और वह भी नंगे पैर। जब नितिन भाई मुझे ऊपर आने का आदेश देते थे, तभी मैं लपककर घर पहुँचता था। मैं उनसे थोड़ा डरता था। वे आम तौर पर

मुझसे ज़्यादा कुछ नहीं बोलते थे, लेकिन जब वे बोलते थे, तो उनकी बात हमेशा पत्थर की लकीर होती थी। जब माँ मुझसे घर आने की मनुहार करते-करते थक जाती थीं, तो वे नितिन भाई से ऐसा करने को कह देती थीं।

हमारे दो बेडरूम के अपार्टमेंट में चारों बच्चे एक बेडरूम में एक साथ सोते थे। मैं हमेशा सबसे आख़िर में सोता था और बाक़ी सबके सो जाने पर भी करवटें बदलता रहता था। अक्सर, जब वे उत्तर-दक्षिण में लेटे रहते थे, तो मैं सुबह उनके ऊपर पूर्व-पश्चिम दिशा में लेटा मिलता था। सुबह जागने पर जब वे मुझे खुद के ऊपर लेटा पाते थे, तो मुझे बहुत कुछ सुनने को मिलता था। ये झिड़कियाँ स्नेहपूर्ण जुड़ाव का हिस्सा थीं और मैंने उन्हें कभी दिल पर नहीं लिया। यह अनुभव हमें दरअसल एक दूसरे के ज़्यादा क़रीब लाया।

चाइनीज़ फ़ूड का पहला स्वाद

बचपन में मुझे भोजन से बड़ा प्रेम था। मैं अपनी माँ के हाथ का बेहतरीन मराठी भोजन खाते-खाते बड़ा हुआ था और नौ साल की उम्र तक मैंने कभी चाइनीज़ फ़ूड का स्वाद नहीं चखा था। 1980 के दशक की शुरुआत में चाइनीज़ फ़ूड मुंबई में लोकप्रिय हो रहा था और इसकी ढेर सारी तारीफ़ें सुनने के बाद मेरे कॉलोनी के मित्रों ने बाहर जाकर इकट्ठे खाने की योजना बनाई। हमने दस-दस रुपए का चंदा किया - जो उस वक़्त मेरे लिए बहुत भारी रक़म थी - और मैं किसी नई चीज़ को चखने के बारे में रोमांचित था। बहरहाल, वह शाम बहुत बुरी साबित हुई, क्योंकि इसमें मैंने समूह में सबसे छोटा होने की क़ीमत चुकाई।

रेस्तराँ में हमने चिकन और स्वीट कॉर्न सूप का ऑर्डर दिया। हम एक लंबी टेबल पर बैठे थे और जब तक सूप टेबल के आख़िरी छोर पर मेरे पास आया, तब तक इसमें ज़्यादा कुछ नहीं बचा था। गैंग के बड़े लड़कों ने ज़्यादातर सूप पी डाला था और हम छोटे लड़कों के लिए बहुत कम छोड़ा था। यही वाक़या फ़्राइड राइस और चाउमीन के साथ हुआ और मुझे ये मुश्किल से दो चम्मच मिले होंगे। हम छोटे लड़कों की बदौलत ज़्यादा बड़े लड़कों की दावत हो गई, जबकि मैं भूखा-प्यासा घर लौटा।

साइकिल का सपना

बचपन में मैं बहुत ज़िद्दी भी था। मेरे ज़्यादातर मित्रों के पास साइकिल थी, लेकिन मेरे पास नहीं थी और मैंने ठान लिया था कि चाहे जो हो जाए, मैं भी एक साइकिल लेकर रहूँगा। पिताजी कभी मुझे ना कहना पसंद नहीं करते थे और

उन्होंने यह कहकर मुझे शांत करने की कोशिश की कि वे कुछ सप्ताह में साइकिल ख़रीद देंगे। आर्थिक दृष्टिकोण से मुंबई में चार बच्चों को पालना आसान काम नहीं था, लेकिन हमारे माता-पिता ने हमें कभी किसी दबाव का एहसास नहीं होने दिया। उन्हें कितनी मुसीबतें उठानी पड़ रही हैं, यह जाने बिना मैं नई साइकिल ख़रीदने की ज़िद पर अड़ा रहा। और तो और, मैंने यहाँ तक कह दिया कि मैं बाहर जाकर तब तक नहीं खेलूँगा, जब तक कि शान झाड़ने के लिए मेरी नई साइकिल नहीं आ जाती। अब यह थोड़ा मूर्खतापूर्ण लगता है, लेकिन सच्चाई यही है कि मैं पूरे एक सप्ताह तक खेलने नहीं गया। मैं बालकनी में खड़े-खड़े भुनभुनाता रहता था और अपने माता-पिता के मन में अपराधबोध भरने की कोशिश करता था कि उन्होंने मुझे साइकिल ख़रीदकर नहीं दी।

एक दिन तो मैंने उन्हें बुरी तरह डरा दिया। हमारा अपार्टमेंट चौथी मंज़िल पर था और इसमें जाली वाली छोटी बालकनी थी। छोटा होने के कारण मैं इसके ऊपर से नहीं देख पाता था और जब जिज्ञासा पर क़ाबू नहीं रहता था, तो मैं जाली में से सिर बाहर निकालने की कोशिश करता था। इस मौक़े पर इसकी वजह से हंगामा खड़ा हो गया। हालाँकि मैंने सिर बाहर तो निकाल लिया, लेकिन मैं इसे दोबारा अंदर नहीं खींच पाया और तीस मिनट से ज़्यादा समय तक मेरा सिर जाली में ही अटका रहा। मेरे माता-पिता शुरू में तो घबरा गए, लेकिन जल्दी ही शांत हो गए। मेरे सिर पर बहुत सारा तेल डालने के बाद आख़िरकार माँ ने मुझे अंदर खींचा।

मेरी हताशा देखकर पिताजी चिंतित हो गए कि मैं आगे जाने क्या कर बैठूँ, इसलिए उन्होंने अपने बजट में काट-छाँट की और मेरे लिए एक नई साइकिल ख़रीद दी। मुझे नहीं पता कि इसकी ख़ातिर उन्हें कौन से त्याग करने पड़े। उस वक़्त मुझे इसकी रत्ती भर भी परवाह नहीं थी। मुझे तो बस अपनी नई साइकिल की परवाह थी और मैं तुरंत ही इसे लेकर अपने दोस्तों के सामने शान झाड़ने चल दिया। लेकिन मेरी ख़ुशी बहुत कम देर तक क़ायम रही, क्योंकि नई साइकिल पाने के कुछ घंटों के भीतर ही मेरी एक गंभीर दुर्घटना हो गई। फल-सब्ज़ी का एक ठेला हमारी कॉलोनी में आया था। जब वह ठेला अचानक मेरे सामने आया, तो मैं बहुत तेज़ साइकिल चला रहा था और समय पर ब्रेक नहीं लगा पाया। मैंने नया-नया साइकिल चलाना शुरू किया था, इसलिए मैंने ग़लत ब्रेक दबा दिया और धड़ाम! मैं सीधा ठेले से टकरा गया और नियंत्रण खोकर हवा में तैरने लगा। जब मैंने नीचे की ओर देखा, तो मेरी इकलौती चिंता यह थी कि मेरी नई साइकिल का क्या होगा। नीचे गिरते वक़्त एक छड़ मेरी दाईं आँख के ठीक ऊपर की त्वचा

को छेदती हुई अंदर चली गई। घाव गहरा था और उसमें से ख़ून बहने लगा। इससे भी ज़्यादा अहम बात, साइकिल का सत्यानाश हो गया था।

जल्दी ही घर पर ख़बर पहुँची कि मुझे चोट लग गई है। मेरे माता-पिता बहुत चिंतित हुए। मैंने बहादुरी दिखाने की कोशिश करते हुए कहा कि यह बस एक छोटा सा घाव है। घाव छोटा नहीं था और पिताजी मुझे अपने एक प्लास्टिक सर्जन मित्र के पास ले गए, जिन्होंने मेरी दाईं आँख के थोड़े ऊपर आठ टाँके लगाए। उन्होंने मुझे दो इंजेक्शन भी लगाए और मैं अफ़सोस तथा कुंठा के साथ घर लौटा। मेरी क्षतिग्रस्त साइकिल हमारे अपार्टमेंट के पास खड़ी थी, लेकिन पिताजी ने मुझे साफ़ बता दिया कि मैं तब तक इसके क़रीब नहीं जा सकता, जब तक कि घाव ठीक नहीं हो जाता और इस बीच वे उसकी मरम्मत नहीं करा लेते। इस बार मुझे झुकना पड़ा, क्योंकि मैं जानता था कि इसी तरीक़े से मैं अपनी साइकिल को वापस पा सकता हूँ।

जैसे ही घाव ठीक हुआ, मैं दोबारा साइकिल चलाने लगा और कुछ महीनों के भीतर ही इसमें माहिर हो गया। मैं स्लो-साइक्लिंग में ज़्यादातर बच्चों से बेहतर था और मैंने कॉलोनी में आयोजित एक रेस भी जीती। मैं बड़े जोशोखरोश से साइकिल चलाता था और कुछ ही महीनों में मैंने एक पहिए पर इसे स्लाइड कराने में महारत हासिल कर ली, जिससे मेरे सारे दोस्त दंग रह जाते थे। कॉलोनी के जिन इलाक़ों में सड़क पर रेत और कंक्रीट फैली रहती थी, वहाँ मैं दस-पंद्रह फुट तक साइकिल को फिसला सकता था, जबकि मेरा शरीर 45 डिग्री पर झुका रहता था। मुझे इस बात की परवाह नहीं थी कि टायरों की बैंड बज रही है। मैं जितनी ज़्यादा दूर तक साइकिल को स्लाइड करता था, मुझे उतना ही ज़्यादा अच्छा महसूस होता था। अपने कौशल की शान झाड़ने से मुझे रोमांच मिलता था और यह मज़ा इसलिए भी बढ़ जाता था, क्योंकि मैंने ये कारनामे बहुत जल्दी सीख लिए थे।

बहरहाल, कई बार चीज़ें गड़बड़ हो जाती थीं, जिससे मुझे बहुत शर्म आती और दर्द होता था। वास्तव में, मैं सोचता हूँ कि दर्द सहने की मेरी योग्यता का श्रेय बचपन की मेरी करतूतों को ही जाता है। मुझे अक्सर घाव हो जाते थे और चोट लग जाती थी, लेकिन मैं इन छुटपुट दुर्घटनाओं का ज़िक्र घर पर शायद ही कभी करता था। नौबत यहाँ तक आ गई कि मेरे सोने के बाद पिताजी अक्सर मेरे शरीर की जाँच करते थे कि कहीं कोई चोट तो नहीं है। अगर वे मुझे दर्द में मुँह बनाते देखते थे, तो समझ जाते थे कि मुझे फिर से कुछ हो गया है और वे मुझे अगले दिन डॉक्टर के पास ले जाते थे।

वैसे चाहे मैंने कुछ भी किया हो, पिताजी कभी मुझ पर चीख़े-चिल्लाए

नहीं। प्रायः वे कारण बताते थे कि मुझे कुछ चीज़ें क्यों करनी चाहिए या क्यों नहीं करनी चाहिए और उनकी बातों का मुझ पर स्थायी प्रभाव पड़ा। पिताजी का सबसे बड़ा गुण था उनकी तर्कशक्ति। मैं भी अपने बच्चों के साथ ऐसा ही करने की कोशिश करता हूँ।

ख़ून में लथपथ

बचपन में मैंने बहुत से साहसिक कारनामे किए, जिनमें से एक मुझे अब तक याद है। यह घटना मुंबई में क्रिकेटरों के उद्गम स्थल शिवाजी पार्क में खेलते समय हुई थी। इसमें मेरी आँख के नीचे घाव हो गया था और मैं ख़ून में लथपथ होकर घर लौटा था। बारह साल की उम्र में मैं शिवाजी पार्क में हो रहे एक मैच में अपनी टीम की कप्तानी कर रहा था। जब चोट लगने के कारण हमारा विकेटकीपर नहीं खेल सकता था, तो मैंने अपनी टीम के साथियों से पूछा कि क्या कोई विकेटकीपर बन सकता है। किसी ने भी हाँ नहीं की और मैंने थोड़ी अनिच्छा से इस चुनौती को स्वीकार कर लिया, हालाँकि मैंने पहले कभी विकेटकीपिंग नहीं की थी। स्टंप के पीछे इस अपरिचित जगह पर खड़े रहने में मुझे उलझन हो रही थी और जल्दी ही एक गेंद बैट के किनारे से छिटककर मेरी ओर आई। गेंद इतनी तेज़ आई कि मेरे हिलने से पहले ही यह आकर सीधे मेरे चेहरे से टकरा गई, मेरी आँख से ज़रा सा नीचे। घाव गहरा था और उसमें से बहुत सारा ख़ून बहने लगा। मेरे पास टैक्सी से घर जाने के पैसे नहीं थे और ख़ून में लथपथ चेहरा लेकर बस में सफ़र करने में मुझे शर्म आ रही थी। मैंने एक दोस्त से साइकिल पर लिफ़्ट देने को कहा। जो भी मुंबई को जानता है, उसे पता होगा कि यह कितना मुश्किल काम है, ख़ास तौर पर अगर दो भारी क्रिकेट किटबैग साथ हों। ईस्ट और वेस्ट बांद्रा के बीच एक व्यस्त फ़्लाईओवर था, जिसकी चढ़ाई पर मेरा दोस्त किटबैग के बोझ के साथ मेरा वज़न नहीं उठा पाया। वहाँ मुझे नीचे उतरकर पैदल चलना पड़ा और वहाँ से गुज़रने वाले लोग सदमे में मेरी ओर देखते रहे। ख़ून में लथपथ चेहरे और ख़ून में रंगी शर्ट के साथ एक छोटा-सा लड़का फ़्लाईओवर के ऊपर अपना किटबैग खींचकर ले जा रहा था - यह कोई रोज़मर्रा का दृश्य नहीं था।

जब मैं घर पहुँचा, तो मुझे यह जानकर राहत मिली कि मेरे माता-पिता ऑफ़िस गए हुए थे। मेरी दादी अपार्टमेंट में थीं, लेकिन मैंने उनसे कहा कि वे बिलकुल भी न घबराएँ, क्योंकि यह छोटी सी चोट है। उन्होंने कहा कि वे इसका इलाज जानती हैं और उन्होंने घाव पर गर्म हल्दी लगा दी, जो घाव और चोटों का प्राचीन भारतीय आयुर्वेदिक इलाज है। मैंने किसी और को बताना ज़रूरी नहीं

समझा और घाव उम्मीद से जल्दी भर गया।

मैं बस इतना ही कहूँगा कि यह इकलौता समय नहीं था, जब बचपन में क्रिकेट खेलते समय मुझे चोट लगी। चोटें प्रायः लगती रहती थीं, क्योंकि हम कच्ची और बहुत घिसी-पिटी पिचों पर खेलते थे और हमारे कोच इस बात पर ज़ोर देते थे कि हमें हेलमेट के बिना खेलना चाहिए और गेंद के रास्ते से हटकर उन्हें छोड़ना सीखना चाहिए। ऐसी पिचों पर चोट लगना तय था, लेकिन उन्होंने भविष्य की चुनौती के लिए हमें सख़्त बनाया और इसी कारण मेरे मन में कभी चोट लगने का डर नहीं रहा। यह तो पेशेवर खिलाड़ी बनने का हिस्सा है। बहरहाल, दर्द सहने की क्षमता का यह मतलब नहीं था कि मैंने पर्याप्त सावधानी नहीं बरती और अनावश्यक रूप से ख़ुद को चोट पहुँचाई - एक बार वानखेड़े स्टेडियम में मैच के दौरान चौदह साल की उम्र में मुझे इस सवाल से हैरानी हुई थी।

रणजी ट्रॉफ़ी में मुंबई के संभावित खिलाड़ियों वाला यह मैच सुबह जल्दी शुरू हो गया और योजना यह थी कि दो तेज़ गेंदबाज़ बल्लेबाज़ों को पाँच-छह ओवर फेंकें, जिसके बाद उन्हें आराम दिया जाए और दो अन्य तेज़ नए गेंदबाज़ों से नई बॉल कराई जाए। लक्ष्य यह था कि स्विंग होती तेज़ गेंद के ख़िलाफ़ बल्लेबाज़ों का अभ्यास हो जाए। हालात इस वजह से और मुश्किल हो गए, क्योंकि पिच पर काफ़ी घास छोड़ दी गई थी। मैं अपनी अंडर-15 कैप पहनकर अपनी पारी में जल्दी ही बल्लेबाज़ी करने पहुँचा। उस वक़्त मेरे पास कोई हेलमेट नहीं था और मेरे सिर पर सिर्फ़ अंडर-15 कैप ही थी। राजू कुलकर्णी, जो तब तक भारत के मशहूर टेस्ट गेंदबाज़ बन चुके थे, ने जब मुझे सिर्फ़ कैप पहनकर बल्लेबाज़ी के लिए उतरते देखा, तो वे आगबबूला हो गए। सभी वरिष्ठ बल्लेबाज़ हेलमेट लगाकर खेल रहे थे, और इस चौदह साल के लड़के यानी मेरी यह जुर्रत कि मैं हेलमेट के बिना खेलने आऊँ? पहले तो मैं यह नहीं समझ पाया कि वे क्यों नाराज़ थे। उन्होंने बाउंसरों की झड़ी लगा दी - हालाँकि अब मुझे एहसास है कि उनका इरादा मुझे चोट पहुँचाना नहीं, बल्कि सबक़ सिखाना था, लेकिन मैंने शांत बने रहने और उनके रास्ते से हटने में कामयाबी पाई। जब मुझे आख़िरकार उनके गुस्से की वजह समझ आई, तो मैं नहीं जानता था कि मैं उन्हें यह कैसे बताऊँ कि मैं बहादुरी दिखाने की कोई कोशिश नहीं कर रहा था - दरअसल आचरेकर सर ने मुझे कभी स्कूल क्रिकेट में हेलमेट पहनने की अनुमति ही नहीं दी थी। बाद में जब मुझे मुंबई की टीम में चुन लिया गया और मैं राजू कुलकर्णी को अच्छी तरह जानने लगा, तो मैंने आख़िरकार उन्हें हेलमेट न पहनने का असली कारण बताया।

संगीत : मेरा दूसरा प्रेम

तेंदुलकर परिवार में संगीत हमेशा बजता रहता था। मेरे सभी भाई-बहन नियम से रेडियो सुनते थे और हर सप्ताह हिंदी फ़िल्म संगीत कार्यक्रम *बिनाका गीतमाला* चाव से सुनते थे, जिसे मशहूर रेडियो हस्ती अमीन सयानी पेश करते थे। हालाँकि मैं इतना छोटा था कि मुझे संगीत की ज़्यादा समझ नहीं थी, लेकिन बहुत कम उम्र में ही संगीत से मेरा परिचय हो गया। यह परिचय तब और गहरा हुआ, जब पिताजी एक कैसेट प्लेयर घर ले आए। यह किसी चमत्कार से कम नहीं लगा, क्योंकि इसमें हर व्यक्ति अपनी पसंद का संगीत सुन सकता था। मेरे दोनों भाई मशहूर गज़ल गायक पंकज उधास के दीवाने थे। तब मैं उनके गीतों की ख़ूबियाँ नहीं समझ सकता था, लेकिन उनकी गज़ल बजते वक़्त मैं हमेशा कमरे में मौजूद रहता था और संगीत की बारीकियों पर होने वाली बातचीत सुनता रहता था। एक बार नितिन भाई दुबई से पंकज उधास का नया एलबम लेकर लौटे। हालाँकि वे आधी रात तक घर नहीं आए, लेकिन हम सभी कैसेट सुनने के लिए उनके आने का इंतज़ार करते रहे, और हमारी दादी ने सुबह एक बजे के बाद हमारे लिए चाय बनाई।

ऐसे में यह स्वाभाविक था कि क्रिकेट के बाद संगीत मेरा दूसरा प्रेम बन जाए और यह तभी से ऐसा रहा है। मैं हर प्रकार के भारतीय संगीत को आनंद से सुनता हूँ, जिसका दायरा फ़िल्मी गीतों से लेकर शास्त्रीय संगीत तक फैला हुआ है। मैं अपना हेडफ़ोन लगाकर हमेशा तनावरहित महसूस करता हूँ। बाद में विदेशी दौरों में मैंने पाश्चात्य संगीत सुनना शुरू किया और अब मैं पिंक फ़्लॉयड, यू2, डायर स्ट्रेट्स और कई अन्य को पसंद करने लगा हूँ। मैंने पाश्चात्य संगीत की यह रुचि अजीत भाई में भी जगा दी और अब यह तेंदुलकर परिवार का एक महत्त्वपूर्ण हिस्सा बन चुका है।

क्रिकेट की ओर मुड़ना

क्रिकेट और संगीत के अलावा बचपन में मैं टेनिस का भी दीवाना था। मशहूर अमेरिकी खिलाड़ी जॉन मैकेनरो मेरे हीरो थे। दस साल की उम्र में मैं मैकेनरो के हुलिए और गतिविधियों की नक़ल करता था। यह जुनून इस हद तक बढ़ा कि मैं अपने घुँघराले बालों का छत्ता सा बना लेता था और हेडबैंड पहनकर घूमता था। मैं ब्योन बोर्य और मैकेनरो के युद्धों से रोमांचित था और एक दौर ऐसा भी रहा, जब मैंने क्रिकेट के बजाय टेनिस को चुनने के बारे में भी सोचा था।

अजीत भाई टेनिस के प्रति मेरे जुनून को जानते थे, लेकिन उन्होंने कॉलोनी के दोस्तों के साथ मुझे क्रिकेट खेलते हुए भी देखा था। उन्होंने मेरा स्वाभाविक

बैट स्विंग देखा था और इसी से उन्हें यक़ीन हो गया कि अगर मुझे सही तरीक़े से तैयार किया जाए, तो मैं एक अच्छा बल्लेबाज़ साबित हो सकता हूँ - हालाँकि उन्होंने मुझ पर कभी कोई चीज़ नहीं थोपी।

वे छत पर मुझे टेनिस का रैकेट और क्रिकेट का बल्ला दोनों दे देते थे। वे मेरी तरफ़ टेनिस बॉल फेंकते थे और मैं बारी-बारी से टेनिस और क्रिकेट के शॉट मारता था। हमारे पास तब ज़्यादा गेंदें नहीं थीं और अगर वे छत की दीवारों से टकराकर बाहर चली जाती थीं, तो मुझे फटाफट चार मंज़िल उतरकर उन्हें लाने जाना पड़ता था (उस ज़माने में लिफ़्ट नहीं होती थी, जिससे मेरे पैरों की मज़बूती का राज़ पता चलता है!)। अजीत भाई को साफ़ दिखता था कि क्रिकेट खेलने में मुझे ज़्यादा आनंद आता है। मगर जिस वजह से उन्होंने अगला क़दम उठाया और मुझे 1984 में ग्यारह साल की उम्र में रमाकांत आचरेकर सर के समर क्रिकेट कैंप में ले गए, उसका क्रिकेट से कोई ताल्लुक़ नहीं था।

क्रिकेट की ओर मैं इस कारण गया, क्योंकि मैंने और मेरे मित्रों सुनील हर्शे तथा अविनाश गोवारीकर ने एक झमेला खड़ा कर दिया था। उस ज़माने में दूरदर्शन पर हर रविवार को एक बेहतरीन फ़िल्म दिखाई जाती थी और उस दिन *गाइड* आ रही थी, जिसमें भारत के मशहूर अभिनेता देव आनंद हीरो थे। हमारी कॉलोनी के ज़्यादातर लोग इस फ़िल्म का लुत्फ़ उठा रहे थे, जिससे हम तीनों को पेड़ पर चढ़कर आम तोड़ने का मौक़ा मिल गया। सुनील थोड़ा मोटा था और मैं भी उसी डाल पर बैठा था। वज़न ज़्यादा होने के कारण यह टूट गई और हम काफ़ी ऊँचाई से ज़मीन पर धड़ाम से गिरे। जब हमने उठकर भागने की कोशिश की, तो हमें पकड़ लिया गया और हमारी पेशी हुई। यह साफ़ था कि मेरी ऊर्जा को सही दिशा में ले जाने के लिए कुछ करने की ज़रूरत थी, ख़ास तौर पर स्कूल की गर्मी की छुट्टियों में। तब अजीत भाई के मन गें रमाकांत आचरेकर सर के कोचिंग कैंप का ख़्याल आया, जहाँ मुंबई के बहुत से शीर्ष क्रिकेटरों ने क्रिकेट का खेल सीखा था।

2

क्रिकेट सीखना

बहुत कम उम्र से ही मैं अपनी कॉलोनी के दोस्तों के साथ टेनिस बॉल से क्रिकेट खेलने लगा था। मैं टेलीविज़न पर क्रिकेट देखना पसंद करता था और अपने मैचों में मैं अक्सर अपने प्रिय खिलाड़ियों के अंदाज़ की नक़ल करता था, जैसे भारत के महान सलामी बल्लेबाज़ सुनील गावसकर और वेस्ट इंडीज़ की विराट हस्ती विव रिचर्ड्स। लेकिन मेरी रुचि सिर्फ़ बल्लेबाज़ी तक ही सीमित नहीं थी। मुझे गेंदबाज़ी करना भी पसंद था और मैंने तमाम तरह की गेंदों पर अपने हाथ आज़माए - मध्यम-तेज़ गति, ऑफ़-स्पिन और लेग-स्पिन - ज़ाहिर है, यह सब मैंने टेनिस गेंद से किया। मैंने धीमी गेंद और स्टंप से दूर जाकर गेंदबाज़ी करने जैसी रणनीतियों के भी प्रयोग किए। सच तो यह है कि अपने पूरे करियर में मैंने नेट्स में काफ़ी गेंदबाज़ी की है। जैसे ही मेरी बल्लेबाज़ी ख़त्म होती थी, मैं गेंद उठा लेता था और जो भी बल्लेबाज़ उस वक़्त अभ्यास कर रहा होता था, उसे गेंद फेंकने लगता था।

टेनिस बॉल से खेलने के बाद असली क्रिकेट बॉल से खेलने का कायाकल्प रमाकांत आचरेकर सर की सतर्क निगरानी में हुआ, जो तब शारदाश्रम विद्यामंदिर स्कूल के क्रिकेट कोच थे। आचरेकर सर, जिस नाम से मैं उन्हें पुकारता हूँ, ने 1943 में ग्यारह साल की उम्र में ही क्रिकेट खेलना शुरू कर दिया था; मैं भी इसी उम्र में उनके पास पहली बार गया था। वे मुंबई के कई क्लबों के लिए खेले, जिनमें गुलमोहर मिल्स और मुंबई पोर्ट शामिल हैं। और वे 1963 में एक प्रथम श्रेणी मैच में स्टेट बैंक ऑफ़ इंडिया की तरफ़ से हैदराबाद के ख़िलाफ़ खेले थे। जब मैं बड़ा हो रहा था, तब वे बिना किसी संदेह के मुंबई के सबसे पारंगत कोचों में से एक थे।

मेरे भाई अजीत बालमोहन विद्यामंदिर में पढ़े थे और वे अपने स्कूल के ज़माने से यह बात जानते थे कि जहाँ तक क्रिकेट का सवाल है, मुंबई के दूसरे स्कूलों की तुलना में शारदाश्रम की नीति ज़्यादा उदार और उत्साहवर्धक थी।

इसीलिए वे मुझे शिवाजी पार्क में आचरेकर सर के नेट्स में लेकर गए, ताकि मैं उनके समर कैंप में जाने के लिए अपनी क़िस्मत आज़मा सकूँ।

कैंप में ट्रायल तो कोई भी दे सकता था, लेकिन किसी को स्वीकार करने या न करने का निर्णय सर के हाथ में रहता था। सभी आयु वर्गों के खिलाड़ियों के लिए नेट्स थे, जो सब-जूनियर (15 साल से कम) और जूनियर (17 साल से कम) से शुरू होते थे। मैं ग्यारह साल का था, इसलिए मैंने सब-जूनियर के नेट्स में ट्रायल दिया। मुंबई क्रिकेट एसोसिएशन की अंडर-15 की टीम थी और सब-जूनियर श्रेणी के ज़्यादातर उम्मीदवार उस टीम में जगह पाने के लिए प्रतिस्पर्धा कर रहे थे।

मैंने पहले कभी नेट्स में बल्लेबाज़ी नहीं की थी और इतने सारे लोगों के आस-पास रहने से मैं थोड़ी बेचैनी भी महसूस कर रहा था। जब मुझसे बल्लेबाज़ी करने को कहा गया, तो मैं ज़रा भी सहज या स्वाभाविक नहीं था। सर मुझे बहुत ग़ौर से देख रहे थे और मैं कोई प्रभाव नहीं छोड़ पाया। मेरी बल्लेबाज़ी देखने के बाद सर अजीत भाई को अलग ले गए और उन्हें बताया कि शायद कैंप के लिहाज़ से मैं अभी छोटा हूँ। उन्होंने सुझाव दिया कि मैं थोड़ा बड़ा हो जाऊँ, तब वे मुझे उनके पास लाएँ। मैं इस बातचीत में शामिल नहीं था और मुझे ज़रा भी पता नहीं था कि उस वक़्त क्या बातचीत हो रही थी। मुंबई क्रिकेट जगत में मैं शायद कभी नहीं पहुँच पाता - अगर अजीत भाई ज़ोर नहीं देते।

अजीत भाई ने मुझे कॉलोनी में खेलते देखा था, इसलिए वे जानते थे कि मैंने आचरेकर सर के सामने जैसा खेला था, मैं उससे बेहतर खेलने की क्षमता रखता हूँ। उन्होंने सर को बताया कि मैं घबरा रहा था और मुझे एक और मौक़ा दिया जाना चाहिए। उन्होंने सुझाव दिया कि सर को दूर जाने का नाटक करना चाहिए और छुपकर देखना चाहिए। सर तैयार हो गए। कुछ समय बाद मुझसे दोबारा बल्लेबाज़ी करने को कहा गया और अब चूँकि सर की प्रशिक्षित निगाहें मेरी जाँच-परख नहीं कर रही थीं - कम से कम उस वक़्त तो मुझे ऐसा ही लगा था - तो मैं ज़्यादा आरामदेह महसूस करने लगा और जल्दी ही गेंद को अच्छी तरह मारने लगा। इस बार सर मुझे कैंप में लेने के लिए तैयार हो गए। मेरी ख़ुशी का ठिकाना नहीं था और मुझे कहना होगा कि यह एक ऐसा अवसर था, जिसने मेरी ज़िंदगी बदल दी।

समर कैंप में शामिल होने वालों को 65 रुपए का प्रवेश शुल्क देना होता था और 10 रुपए का मासिक शुल्क था। जहाँ तक मेरा सवाल है, मुझे याद नहीं है कि पहले कुछ महीनों के बाद मैंने कभी मासिक शुल्क दिया हो। कैंप में हर सुबह

और शाम को शिवाजी पार्क में एक-एक सत्र होता था। मैं सुबह 7:30 बजे से लेकर 10:30 बजे तक अभ्यास करता था, फिर लंच करने घर लौटता था और फिर शाम को नेट्स पर पहुँच जाता था तथा देर शाम तक प्रशिक्षण लेता था। दिनचर्या बहुत सख़्त थी और रात होते-होते मैं बुरी तरह थक जाता था। मेरे घर से शिवाजी पार्क तक पहुँचने में चालीस मिनट लगते थे और समय पर पहुँचने के लिए मुझे सुबह जल्दी निकलने वाली बस पकड़नी होती थी।

पहले कुछ दिन तो अजीत भाई मेरे साथ गए, ताकि मुझे सफ़र की आदत पड़ जाए, लेकिन एक बार जब मुझे रास्ता समझ आ गया, तो मैं अकेले ही कैंप जाने लगा। बस में यात्राओं के दौरान वे मुझे बल्लेबाज़ी की बारीकियाँ समझाते थे और इस बातचीत में मुझे हमेशा बड़ा आनंद आता था। वास्तव में, अजीत भाई के दिए एक काग़ज़ को मैंने अपने पूरे करियर में अपने साथ रखा है। इसमें उन्होंने बल्लेबाज़ी के बारे में कुछ विचार बताए हैं और यह एक बहुत निजी कोचिंग मैन्युअल की तरह कारगर रहा है।

बचपन में मेरे पास क्रिकेट की बस एक जोड़ी ड्रेस थी। दिनचर्या यह थी कि सुबह के सत्र से लौटते ही उन्हें धोना पड़ता था। जब तक मैं लंच करता था, तब तक कपड़े धूप में सूख जाते थे और मैं शाम को फिर से उन्हें पहन लेता था। यही सिलसिला रात को दोहराया जाता था, ताकि मैं उसी ड्रेस को अगली सुबह पहन सकूँ। यह दिनचर्या बेहतरीन थी - मेरी जेबों को छोड़कर। समय की कमी के चलते मेरी जेबों को पूरी तरह सूखने का कभी मौक़ा नहीं मिल पाता था और जब तक कैंप चला, मैं गीली जेबों में ही खेलता रहा।

स्कूल बदलना

समर कैंप के बीच तक सर मेरी बल्लेबाज़ी में सक्रिय रुचि लेने लगे और दो महीने बाद उन्होंने अजीत भाई से कहा कि मैं अच्छा क्रिकेटर बन सकता हूँ, बशर्ते मैं पूरे साल अभ्यास करूँ। उन्होंने मेरी बल्लेबाज़ी की शैली में कई हेरफेर कराए थे और प्रभाव साफ़ दिख रहा था। अब मैं जूनियर सेक्शन के ज़्यादा बड़े लड़कों के साथ अभ्यास कर रहा था। लेकिन मेरे स्कूल - बांद्रा के न्यू इंग्लिश स्कूल - में क्रिकेट की सुविधाएँ नहीं थीं और सर चाहते थे कि अगर मैं गंभीरता से क्रिकेट के क्षेत्र में जाना चाहता हूँ, तो मुझे अपना स्कूल बदल लेना चाहिए।

एक शाम को सर ने पिताजी से पूछा कि क्या वे मुझसे स्कूल बदलने के बारे में बात करेंगे। उस वक़्त अजीत भाई कमरे में पिताजी के साथ ही थे और उन दोनों ने स्वीकार किया कि अगर क्रिकेट मेरी प्राथमिकता है, तो यह ज़रूरी

था। लेकिन उनमें से किसी ने भी मुझ पर कभी कोई चीज़ थोपी नहीं। जब मैं घर लौटा, तो उन्होंने मुझसे पूछा कि मैं सर के सुझाव के बारे में क्या सोचता हूँ। उस वक़्त तक मुझे बल्लेबाज़ी में मज़ा आने लगा था और मैं पूरे साल खेलने के लिए उत्सुक था। बिना किसी झिझक के मैं इसके लिए तैयार हो गया। पिताजी ने मुझे बैठाकर समझाया कि हालाँकि उन्हें मेरे स्कूल बदलने में कोई आपत्ति नहीं थी, लेकिन अगर मैं क्रिकेट खेलने के बारे में वाक़ई गंभीर हूँ, तभी मुझे ऐसा करना चाहिए। मैंने उन्हें तसल्ली दी कि मैं पूरी तरह गंभीर हूँ और इस तरह यह तय हुआ कि मैं अब शारदाश्रम विद्यामंदिर में पढ़ने जाऊँगा, जहाँ के क्रिकेट कोच आचरेकर सर थे।

स्कूल बदलने का मतलब यह था कि न्यू इंग्लिश स्कूल के बहुत से पुराने मित्रों से मेरा संपर्क टूट गया, लेकिन जल्दी ही शारदाश्रम में मेरे नए दोस्त बन गए, जिनमें से ज़्यादातर क्रिकेट के ज़रिये बने थे। स्कूल के सारे क्रिकेट खिलाड़ी एक दूसरे के मित्र थे और हालाँकि हम अलग-अलग सेक्शन और क्लास में थे, लेकिन ये चीज़ें मायने नहीं रखती थीं। हम लंच की छुट्टी में एक साथ क्रिकेट खेलते थे और सारे समय क्रिकेट के बारे में ही बातें करते रहते थे। इसके अलावा, आचरेकर सर स्कूल के बाद हमें कोचिंग देते थे। क्रिकेट तेज़ी से मेरा पहला प्यार बन रहा था। मेरी सारी अतिरिक्त ऊर्जाएँ क्रिकेट में जा रही थीं, जो एक तरह का सुरक्षा वॉल्व था। घर पर हर कोई बहुत सहयोग दे रहा था, लेकिन पिताजी ने हमेशा कहा था कि वे मुझसे बस इतना चाहते थे कि मैं परिणामों की चिंता किए बिना अपनी सर्वश्रेष्ठ कोशिश करूँ।

इसमें कोई शक नहीं है कि शारदाश्रम में जाने से मुझे क्रिकेट में काफ़ी मदद मिली। इससे मुझे नियमित रूप से प्रतिस्पर्धी मैच खेलने का अवसर मिला और इस वजह से मेरे खेल में जल्दी ही निखार आ गया। अगर आप बेहतर बनना चाहते हैं, तो मैच खेलने जैसी कोई चीज़ नहीं होती है, क्योंकि केवल प्रतिस्पर्धी परिस्थितियों में ही आप विरोधी से ज़्यादा चतुराई से सोचने और तुरंत निर्णय लेने के लिए विवश होते हैं। नेट प्रैक्टिस मैच खेलने का विकल्प कभी नहीं बन सकती और आचरेकर सर इस सिद्धांत के प्रबल समर्थक थे।

मैं कामथ मेमोरियल क्लब के लिए खेलता था, जिसे आचरेकर सर चलाते थे, लेकिन मैं अपने पहले मैच में कोई उत्कृष्ट प्रदर्शन नहीं कर पाया। मेरी कॉलोनी के कई मित्र यह मैच देखने आए थे, लेकिन मैं ज़ीरो पर आउट हो गया। मैं कॉलोनी का सर्वश्रेष्ठ बल्लेबाज़ था और यह स्वाभाविक था कि दोस्त मेरा खेल देखने आएँ। पहली गेंद पर बोल्ड होना बड़ी शर्मनाक बात थी और मुझे कई

बहाने बनाने पड़े, जैसे यह कि गेंद नीची रह गई थी और पिच बल्लेबाज़ी के लिए अच्छी नहीं थी। दूसरे मैच में मैं एक और अंडा बनाकर आ गया। तीसरे मैच में जाकर ही मैं अपना पहला रन बना पाया और वह भी सात गेंद खेलने के बाद। पहला रन बनाने के बाद मुझे बड़ी राहत मिली। उस वक़्त मैं डायरी लिखा करता था, जिसमें इन मैचों की सारी जानकारी रहती थी, लेकिन दुर्भाग्य से अब वह डायरी मेरे पास नहीं है।

स्कूल के लिए मेरा पहला मैच इतना बुरा नहीं था और उस मैच में मैंने 24 रन बनाए, जिसे हमने आसानी से जीत लिया। लेकिन मैं उस मैच को एक दूसरे कारण से याद रखता हूँ, क्योंकि उसमें मैंने एक बहुत महत्त्वपूर्ण व्यक्तिगत सबक़ सीखा। इसने मुझे सिखाया कि कभी भी अनैतिक तरीक़ों का इस्तेमाल नहीं करना चाहिए और इस खेल को पूरे समय ईमानदारी और अखंडता से खेलना चाहिए। जो घटना मैं बताने जा रहा हूँ, उसमें अख़बार में मेरा नाम पहली बार छपा, जिसे एक सुखद घटना होना चाहिए था। उस वक़्त मुंबई में नियम यह था कि किसी खिलाड़ी का नाम अख़बार में तभी छपता था, जब उसने 30 रन बनाए हों। मैंने 24 रन बनाए थे, लेकिन टीम की पारी में काफ़ी सारे अतिरिक्त रन थे, इसलिए स्कोरर ने छह अतिरिक्त रन मेरे खाते में डालने का प्रस्ताव रखा, ताकि मेरा स्कोर बढ़कर 30 हो जाए। स्कोरर का तर्क था कि इससे किसी को कोई फ़र्क़ नहीं पड़ता था, क्योंकि टीम का स्कोर नहीं बदल रहा था। मैंने इस बात के लिए हाँ कर दी और यह समझा ही नहीं कि मैं किस झमेले में फँस रहा था। अगली सुबह जब मेरा नाम मुंबई के अख़बार में छपा, तो आचरेकर सर बहुत नाख़ुश थे कि यह मैंने क्या किया। उन्होंने मुझे फटकारा कि मैंने जो रन नहीं बनाए थे, उन्हें अपने व्यक्तिगत स्कोर में क्यों जुड़वाया। मैंने अपनी ग़लती मान ली और वादा किया कि दोबारा कभी ऐसा नहीं होने दूँगा।

1985 में मैं पुणे में मुंबई अंडर-15 के लिए खेला और वहाँ भी पहले सीज़न में पहले मैच में मेरे ख़राब प्रदर्शन का सिलसिला जारी रहा। तब मैं केवल बारह साल का था और अपनी जेब में सिर्फ़ 95 रुपए लेकर पुणे गया था। इसमें वह थोड़ा सा यात्रा भत्ता भी जुड़ने वाला था, जो मुझे एक सप्ताह से ज़्यादा समय तक चलने वाली यात्रा के लिए मिलने वाला था। मुंबई के लिए मैं एक ही मैच खेला और उसमें मैं रन आउट हो गया। मैं अपने स्कूल के एक साथी के साथ बैटिंग कर रहा था, जो मुझसे बड़ा था और चूँकि वह ज़्यादा तेज़ दौड़ लेता था, इसलिए उसने रन ज़्यादा तेज़ी से भागे और तीसरे रन के लिए दबाव डाला, जिसे मैं पूरा कर ही नहीं सकता था। फलस्वरूप मैं रन आउट हो गया और अपनी

आँखों में आँसू लेकर पैविलियन लौटा। मुंबई के दो अनुभवी क्रिकेटरों मिलिंद रेगे और वासु परांजपे ने मुझे तसल्ली देते हुए कहा कि रन वहाँ था ही नहीं और उसके लिए मुझ पर दबाव नहीं डाला जाना चाहिए था।

अगले कुछ दिन पुणे में काफ़ी बारिश हुई और जैसा बाद में पता चला, यह मेरी इकलौती पारी थी। फलस्वरूप मुझे वेस्ट ज़ोन अंडर-15 टीम में नहीं चुना गया और मैं इस बात पर दुखी था कि मेरी टीम के कुछ साथियों को चुन लिया गया था, जिन्होंने एक गेंद भी नहीं खेली थी। मेरा दुख इस बात से और बढ़ गया कि मेरे पैसे ख़त्म हो गए थे, क्योंकि मैंने सारे पैसे नाश्ते और फ़ास्ट फ़ूड में उड़ा दिए थे। जब मैं दादर स्टेशन पहुँचा, तो मेरे पास घर लौटने के लिए बस का किराया भी नहीं था। मुझे दो बड़े बैग उठाकर शिवाजी पार्क में अंकल के घर जाना पड़ा और पूरे रास्ते मैं रोता रहा। मेरी आंटी मुझे इस हाल में देखकर बहुत चिंतित हुईं और पूछने लगीं कि क्या मामला है। मैंने उन्हें यह नहीं बताया कि मुझे वेस्ट ज़ोन टीम में नहीं चुना गया था। मैंने तो उनसे बस यह कह दिया कि तबियत ख़राब लग रही है।

क्रिकेट से मेरी पहली आमदनी

अपने स्कूल के लिए नियमित रूप से खेलने का परिणाम यह हुआ कि मैं बड़े स्कोर बनाने और लंबे समय तक बैटिंग करने की कला सीख गया। स्कूल की छुट्टियों में मैं लगभग हर दिन अपने क्लब की तरफ़ से प्रैक्टिस मैच खेलता था। वास्तव में, शारदाश्रम में अपने पहले साल में मैंने साठ दिनों की गर्मी की छुट्टियों में पचपन प्रैक्टिस मैच खेले। मेरे गर्मी के सत्र सुबह साढ़े सात बजे शुरू हो जाते थे। इस प्रातःकालीन सत्र में दरअसल पाँच नेट सेशन होते थे, जिनमें मैं दो घंटे तक बैटिंग करता था। ये सभी सेशन कठोर होते थे और इनमें बहुत ज़्यादा एकाग्रता की ज़रूरत होती थी। प्रातःकालीन सत्र के बाद मैं सीधे प्रैक्टिस मैच में जाता था, जो 4:30 बजे तक ख़त्म होता था और इसके आधा घंटे बाद ही मेरा सायंकालीन सत्र 5 बजे शुरू हो जाता था। इस आधे घंटे में सर अक्सर मुझे थोड़े पैसे दे देते थे, ताकि मैं जाकर *वड़ा पाव* (मुंबई का लोकप्रिय फ़ास्ट फ़ूड) या सॉफ़्ट ड्रिंक की पार्टी मना लूँ।

5 बजे से लेकर 7 बजे तक मेरे पाँच और नेट सत्र होते थे, जिसके बाद पंद्रह मिनट का एक अंतिम सत्र होता था, जब सर स्टंप के ऊपर एक रुपए का सिक्का रख देते थे और अगर मैं आउट होने से बच जाता था, तो वह सिक्का मेरा हो जाता था। इस सत्र में कैंप का हर गेंदबाज़ आकर मुझ पर ज़ोरदार हमला

करता था, जबकि साठ से सत्तर लड़के फ़ील्डिंग करते थे। अगर कोई लड़का 90 गज़ दूर भी कैच पकड़ लेता था, तो मैं आउट हो जाता था, हालाँकि भारत के किसी भी स्कूल के मैदान की बाउंड्री इतनी लंबी नहीं होती है। इसका मतलब था कि उन विकट पंद्रह मिनटों में अपना विकेट बचाने के लिए मुझे हर गेंद ज़मीन पर खेलनी पड़ती थी। यह एक गंभीर चुनौती थी, लेकिन समय के साथ मुझे इसी सत्र में सबसे ज़्यादा मज़ा आने लगा। एक रुपए का सिक्का जीतने से मुझे बड़ा सुख मिलता था और इसने मुझे सिखाया कि शारीरिक थकान के बावजूद एकाग्रता कैसे क़ायम रखी जाती है।

इसके बाद सर मुझसे पैड और ग्लव्ज़ पहनकर शिवाजी पार्क के दो पूरे चक्कर दौड़ने को कहते थे। यह मेरे प्रशिक्षण का आख़िरी हिस्सा होता था और यह करते-करते मैं पूरी तरह पस्त हो जाता था। यह एक ऐसी दिनचर्या थी, जिसे मैं अपनी गर्मी की छुट्टियों में हर दिन दोहराता था। यह कहने की ज़रूरत नहीं है कि इसने मेरे शारीरिक और मानसिक स्टैमिना को बहुत बढ़ा दिया।

कभी-कभार पिताजी मुझे घर ले जाने के लिए आ जाते थे और मैं हमेशा उनसे फ़रमाइश करता था कि वे मुझे क्लब के पास वाले जूस सेंटर में एक ख़ास फ्रूट कॉकटेल पिलाएँ। हालाँकि यह नियमित फ़रमाइश थोड़ी अतार्किक थी, क्योंकि उस वक़्त मुझे एहसास नहीं था कि मेरे माता-पिता को मेरे भाई-बहनों की ज़रूरतों का भी ध्यान रखना होता था, लेकिन पिताजी मुझे ख़ुश करने के लिए अंततः मेरे मन की मुराद पूरी कर देते थे।

बाक़ी दिनों जब मैं अकेले शिवाजी पार्क से घर लौटता था, तो मैं अक्सर बस में ही सो जाता था - बशर्ते मुझे बैठने की जगह मिल जाए। जो भी व्यक्ति व्यस्ततम समय में मुंबई की बस में बैठा है, वह जानता है कि सीट मिलना कितना मुश्किल होता है। जिन दिनों मैं इतना ख़ुशक़िस्मत नहीं होता था, तब किटबैग के साथ खड़े रहना एक चुनौती होती थी, क्योंकि बस कंडक्टर हमेशा चिल्लाते रहते थे कि मैं एक और यात्री की जगह घेर रहा हूँ। इससे शर्म आती थी, क्योंकि कंडक्टर प्रायः असभ्य होते थे और कई बार तो मुझसे दो टिकट लेने को कहते थे। मेरे पास दूसरे टिकट के लिए पैसे नहीं रहते थे और मैंने जल्दी ही इन टिप्पणियों को नज़रअंदाज़ करना सीख लिया। गंदे कपड़ों की वजह से मेरी शर्म और बढ़ जाती थी। दिन भर खेलने के बाद कपड़ों में से बदबू आने लगती थी और इस वजह से घर लौटते समय की यात्रा में मुझे बहुत बेचैनी और अपराधबोध होता था। समय के साथ मैंने किटबैग को अपने चारों ओर लपेटने का तरीक़ा ढूँढ़ निकाला। जिस तरह बल्लेबाज़ी करते वक़्त हेलमेट और पैड मेरा हिस्सा बन

गए, उसी तरह किटबैग बस में मेरे शरीर का हिस्सा बन गया।

कई लोग आजकल मुझसे पूछते हैं कि क्या मैं कभी सार्वजनिक बसों में बैठा हूँ। इन लोगों को मैं यह बताना चाहता हूँ कि शारदाश्रम में मेरे पहले साल मैं भीड़ भरी बसों और ट्रेनों में दिन में चार बार यात्रा करता था। और बहुत कम उम्र से ही मैं यह अकेले करता था। मैं प्रायः बांद्रा से चर्च गेट के लिए बस या ट्रेन पकड़ता था। और यह सब सीखने का एक बेहतरीन अनुभव था। कुछ ही महीनों में मैंने बहुत से मित्र बना लिए और हमें एक साथ मैच खेलने जाने में बहुत मज़ा आता था।

शिवाजी पार्क जाकर रहना

बांद्रा और स्कूल के बीच सफ़र करते-करते जब एक साल हो गया, तो मेरे परिवार को एहसास हुआ कि मेरा बहुत सारा समय तो यात्रा में ही बीत रहा है। मुझे यात्रा के बीच में एक बस पकड़नी होती थी और अगर मैं वह बस चूक जाता था, तो स्कूल के लिए देर हो जाती थी। इसके अलावा, डेढ़ घंटे की यात्रा मुझे बुरी तरह थका डालती थी और इसका असर मेरे प्रशिक्षण समय पर पड़ने लगा था। इससे भी ज़्यादा चिंता की बात यह थी कि शारदाश्रम की दैनिक यात्रा के पहले ही साल में मैं दो बार बीमार पड़ चुका था और मुझे पीलिया भी हो गया था।

तब यह निर्णय लिया गया कि मैं जाकर सुरेश अंकल और मंगला आंटी के साथ रहने लगूँ, क्योंकि वे इंद्रवदन सोसायटी में रहते थे, जो शिवाजी पार्क के क़रीब एक अपार्टमेंट ब्लॉक था। मैं उनके यहाँ चार साल तक रहा। उन्होंने मेरे प्रयासों में मेरी बहुत मदद की और मेरे बड़े होते समय उन्होंने एक निर्माणात्मक भूमिका भी निभाई। वास्तव में, मैं आंटी से कई बार कहता था कि वे लिविंग रूम में मेरी तरफ़ गेंद फेंकें। मैं कुछ गोल्फ़ बॉल ले आया था और ब्लेड की मदद से मैंने उन्हें अंडाकार बना दिया था। मैंने यह जान-बूझकर किया था, ताकि जब आंटी मुझे गेंद फेंकें, तो पिच होने के बाद यह दिशा बदल ले, या तो बाहर निकले या फिर अंदर आए। इसके पीछे विचार यह था कि घर पर समय काटते-काटते मैं हल्के हाथों से खेलना सीख लूँगा और हमारे लिविंग रूम के सामान को नुक़सान भी नहीं होगा। पूरे अभ्यास के दौरान आंटी अपनी कुर्सी पर बैठी रहती थीं और गेंद खेलने के बाद मैं उसे उठाकर लाता था और उनके हाथ में थमा देता था। जब आंटी आस-पास नहीं होती थीं, तो मैं गेंद को एक मोज़े में लटका देता था और बल्ले के किनारे से इसे मारता था। बल्ले के बीच से इसे मारना बहुत ज़्यादा आसान काम था, इसलिए मैं ऐसा नहीं करता था। बल्ले के कोने से इसे मारते

समय मैं यथासंभव इसे कोने के बीच से मारने की कोशिश करता था। जब मैं बीच से नहीं मार पाता था, तो यह अलग-अलग दिशाओं से लौटती थी (या तो यह इनस्विंगर बन जाती थी या फिर आउटस्विंगर) और इस चुनौती का मुक़ाबला करना मज़ेदार होता था। इन अभ्यासों ने मेरे हाथ-आँख के तालमेल (हैंड-आई कोऑर्डिनेशन) को बेहतर बनाया और इस बारे में मेरी जागरूकता भी बढ़ी कि गेंद पर प्रहार करने के लिए बल्ले को किस दिशा से आना चाहिए।

मेरे अंकल-आंटी का घर स्कूल से पैदल तीस मिनट की दूरी पर था। इसका मतलब था कि मुझे सुबह ज़्यादा आराम मिल जाता था और मैं लंच के लिए लगभग 1 बजे घर लौट सकता था और इसके बाद दोपहर में अपने क्लब का प्रैक्टिस मैच खेलने के लिए दोबारा जा सकता था। सर हमेशा मेरे लिए सप्ताह में तीन प्रैक्टिस मैच तय करते थे और यह सुनिश्चित करते थे कि मैं हर मैच में नंबर चार पर बल्लेबाज़ी करूँ। वे ऐसा इसलिए कर सकते थे, क्योंकि यह उनका खुद का क्लब था। मैंने जो मैच खेले, उन सभी में मैं अपनी प्रिय जगह पर बल्लेबाज़ी करता था और अगर मैं आउट हो जाता था, तो मुझे तुरंत कपड़े बदलकर फ़ील्डिंग के लिए उतरना पड़ता था। यह बल्लेबाज़ी करते रहने की एक अच्छी प्रेरणा थी, क्योंकि मुझे बल्लेबाज़ी करना जितना पसंद था, फ़ील्डिंग करना उतना पसंद नहीं था। मैच के बाद मैं सायंकालीन प्रशिक्षण लेता था और शाम को 7:30 बजे मेरा क्रिकेट का दिन ख़त्म होता था।

जिन दिनों स्कूल का मैच होता था, हम पूरी कोशिश करते थे कि यह दूसरे दिन तक खिंच जाए। मिसाल के तौर पर, अगर हमें 300 रन बनाने का लक्ष्य दिया जाता था, तो हम पहले दिन 260-270 रन बनाते थे और बाक़ी के रन अगली सुबह के लिए छोड़ देते थे। इससे हमें दूसरे दिन स्कूल न जाने की छूट मिल जाती थी और मैच को आधा घंटे में फटाफट ख़त्म करने के बाद पूरी टीम बीच क्रिकेट खेलने के लिए समुद्र किनारे चल देती थी। बीच क्रिकेट खेलना हमेशा बहुत मज़ेदार रहता था और हम सभी का समय बेहतरीन गुज़रता था।

मेरे माता-पिता दोनों ही लगभग हर दिन ऑफ़िस के बाद मुझसे मिलने के लिए अंकल-आंटी के यहाँ आते थे। ख़ास तौर पर माँ के लिए यह यात्रा मुश्किल रहती थी, क्योंकि बस में भारी भीड़ के समय सांता क्रूज़ के ऑफ़िस से वहाँ तक आना तब एक असली चुनौती थी। वे दोनों दिन भर मेहनत करने के बाद खुशी-खुशी यह समय देते थे, ताकि मैं उपेक्षित महसूस न करूँ, यह तथ्य आज दिल को छू जाता है।

1986-87 के सीज़न में मैं लगातार रन बनाने लगा और मैंने अपना पहला

शतक भी बना डाला। हम शिवाजी पार्क में डॉन बॉस्को स्कूल के ख़िलाफ़ खेल रहे थे और मैं पहले दिन के अंत में 94 पर नाबाद था। इस मैच से कुछ दिन पहले मैंने सर को अपने घर पर डिनर के लिए आमंत्रित किया था। लेकिन सर ने कहा कि वे तभी आएँगे, जब मैं स्कूल क्रिकेट में अपना पहला शतक बना लूँगा। रोमांचित और तनावपूर्ण महसूस करते हुए मैंने उस रात पिताजी के साथ सोने का निर्णय लिया और देर रात तक करवटें बदलता रहा तथा कसमसाता रहा। पिताजी ने मुझे तसल्ली देने की कोशिश करते हुए कहा कि मुझे सो जाना चाहिए और दिन भर बल्लेबाज़ी करने के बाद मेरे शरीर को आराम की ज़रूरत है। मैं ऐसा नहीं कर पाया और सिर्फ़ दो घंटे की नींद के बाद ही अगली सुबह बहुत जल्दी उठ गया।

मेरे तनाव को देखकर पिताजी मुझे बांद्रा के गणपति मंदिर भगवान का आशीर्वाद लेने के लिए ले गए। इसके बाद ही मैं शिवाजी पार्क गया। रास्ते में मैं एक और गणपति मंदिर गया, जहाँ मैं मैच से पहले हर बार जाता था। मंदिर के अहाते में एक नल था और मैं मैदान में जाने से पहले उससे नियमित रूप से पानी पीता था। मैंने उस दिन भी ऐसा ही किया और पहले ही ओवर में दो चौके लगाकर अपना शतक पूरा कर लिया। अपने वादे के मुताबिक़ सर उस रात डिनर पर घर आए और यह बहुत संतुष्टिदायक पल था।

मेरे सर्वश्रेष्ठ शुरुआती सीज़न में से एक 1987-88 में शारदाश्रम में था, जब मैं जाइल्स शील्ड और हैरिस शील्ड दोनों में खेला था। जो लोग मुंबई क्रिकेट की बारीकियाँ नहीं जानते, उन्हें बताना चाहूँगा कि जाइल्स शील्ड चौदह साल से कम उम्र के खिलाड़ियों के लिए होती है और हैरिस शील्ड सोलह साल से कम उम्र के खिलाड़ियों के लिए। पीछे पलटकर देखने पर यह उल्लेखनीय लगता है कि मैं दोनों शील्ड में खेला था, लेकिन उस वक़्त मैं इस बारे में ज़्यादा नहीं सोचता था। इन टूर्नामेंटों को मुंबई की युवा प्रतिभाओं की नुमाइश माना जाता था और यहाँ पर अगर अच्छा प्रदर्शन किया जाए, तो शहर के क्रिकेट हलकों में पहचान बन जाती थी।

उस साल हैरिस शील्ड में मैंने पाँच मैचों में 1,025 रनों का कीर्तिमान बनाया और केवल एक ही बार आउट हुआ। आज यह असाधारण लगता है, लेकिन क्वार्टर-फ़ाइनल, सेमी-फ़ाइनल और फ़ाइनल में मेरे स्कोर थे, 207 नॉट आउट, 326 नॉट आउट और 346 नॉट आउट। यही नहीं, हैरिस शील्ड के सेमी-फ़ाइनल में 326 रन बनाने के बाद मैं जाइल्स शील्ड का मैच खेलने के लिए सीधे दूसरे

छोर पर आज़ाद मैदान पहुँचा, जिसमें मैंने नाबाद 178 रन बनाए और अपनी टीम को मैच जिता दिया।

मैंने सीज़न के पहले मैच में शतक बनाकर शुरुआत की और आउट होने से पहले 125 रन बनाए। यहाँ मैं जिस तरह से आउट हुआ, उसे मैं कभी नहीं भूला। मुझे एक बधिर ऑफ़ स्पिनर की गेंद पर स्टंप किया गया था। जब मैं एक सुंदरता से फ़्लाइट की हुई गेंद चूक गया, तो उसके चेहरे पर जो भाव आया, वह मुझे अच्छी तरह याद है। लेकिन उसके दुर्भाग्य से गेंद ने कीपर को भी चकमा दे दिया और एक ही पल में गेंदबाज़ का भाव आनंद से निराशा में बदल गया, जब उसने देखा कि कीपर स्टंपिंग का अवसर चूक गया है। लेकिन मैं क्रीज़ में नहीं लौटा और इसके बजाय पैविलियन की ओर जाने लगा, जिससे विकेटकीपर को स्टंपिंग पूरी करने का मौक़ा मिल गया। उस पूरे सीज़न में मैं इसी एक बार आउट हुआ था। हालाँकि चेतन रूप से मैं गेंदबाज़ के प्रति सहानुभूति नहीं दिखाना चाहता था, लेकिन यह उन पलों में से एक था, जिसे स्पष्ट करना मुश्किल है। यह कोई परोपकार का काम नहीं था। इसके बजाय, गेंद अच्छी थी और मैं जानता था कि उसे खेलते वक़्त मैं पूरी तरह से चकमा खा गया था। कीपर ने गेंद पकड़ने में गड़बड़ कर दी और इस चूके हुए अवसर पर गेंदबाज़ निराश हो गया। उसने विकेट पाने के लिए हर संभव चीज़ की थी और उसे यह मिलना चाहिए था।

फ़रवरी 1988 में सेंट ज़ेवियर्स के ख़िलाफ़ हैरिस शील्ड का तीन दिवसीय सेमी-फ़ाइनल चल रहा था। इसमें हमारा स्कोर 84 पर 2 था, जब मैं नंबर चार पर विनोद कांबली के साथ बल्लेबाज़ी करने पहुँचा। कांबली उस वक़्त मुंबई के क्रिकेट हलकों में बहुत होनहार युवा माने जाते थे और नंबर तीन पर उतरने की वजह से पहले से ही विकेट पर मौजूद थे। हमने तुरंत ही सेंट ज़ेवियर्स के आक्रमण की धज्जियाँ उड़ा दीं और उस पारी में कभी नहीं रुके, जो रिकॉर्डतोड़ साझेदारी होने वाली थी। आज़ाद मैदान एक खुला मैदान है और बहुत बड़ा भी है, इसलिए कसकर मारे गए चौके के बाद विपक्षी खिलाड़ियों को गेंद उठाने के लिए दूर तक दौड़ना पड़ता था और इस दौरान हम पिच के बीच में खड़े होकर गाना गाते थे और मज़े लेते थे। लंबे समय तक एक साथ बल्लेबाज़ी करते वक़्त मज़े लेने का यह हमारा अंदाज़ था। दिन के अंत तक हम दोनों ही आउट नहीं हुए थे और उस वक़्त विनोद 182 पर थे और मैं 192 पर। कहने की ज़रूरत नहीं है कि इस मैच में शारदाश्रम बहुत अच्छी स्थिति में था।

अगली सुबह हम दोनों ने ही अपने दोहरे शतक बना लिए और बस

बल्लेबाज़ी करते गए - हालाँकि आचरेकर सर चाहते थे कि हम पारी घोषित कर दें। एक बार तो उन्होंने हमारे असिस्टेंट कोच को बाउंड्री लाइन पर भेजा, ताकि वह हमें पारी घोषित करने का निर्देश दे। हम उसे नाम और निर्देश चिल्लाते सुन सकते थे, लेकिन हमने उसकी बात न सुनने का नाटक किया और उसकी तरफ़ देखा तक नहीं। वह दस मिनट तक यह करता रहा और फिर जब उसे समझ आ गया कि यह एक निरर्थक प्रयास था, तो वह ड्रेसिंग रूम लौट गया। हम बस बल्लेबाज़ी करते रहना चाहते थे और पिच के बीच में आनंद लेना चाहते थे।

लंच तक हमारा स्कोर 748 पर 2 था, जिसमें मेरा योगदान 326 रनों का था। जैसे ही हम मैदान छोड़कर लंच के लिए गए, असिस्टेंट कोच ने मुझे बताया कि मैं गंभीर मुश्किल में हूँ। जब मैंने कारण पूछा, तो उसने कहा कि आचरेकर सर चाहते थे कि हम सुबह ही पारी घोषित कर दें और मैंने खेल जारी रखकर उनकी अवज्ञा की थी। सर की राय यह थी कि हमारे पास पर्याप्त से ज़्यादा रन हैं, इसलिए हमें पारी घोषित कर देनी चाहिए और अगर हम विरोधियों को इतने रनों के भीतर आउट नहीं कर पाए, तो हम फ़ाइनल में पहुँचने के हक़दार नहीं थे। शाम को सर के गुस्से से बचने के लिए मैंने तुरंत पारी घोषित करने का निर्णय लिया। विनोद ने कहा कि मैं ऐसा न करूँ, क्योंकि वे 349 पर थे। उन्होंने मुझसे आग्रह किया कि मैं उन्हें एक और गेंद खेलने का मौक़ा दूँ, ताकि वे अपने 350 रन पूरे कर सकें। मैंने कहा कि यह मेरा निर्णय नहीं है और आगे खेलने के लिए हमें सर की अनुमति ले लेनी चाहिए। इसलिए मैंने मैदान के बग़ल के एक सार्वजनिक फ़ोन से सर को फ़ोन किया और उन्होंने पहला सवाल यह पूछा कि लंच से पहले हमने कितने विकेट ले लिए हैं। यह सर की ख़ास शैली थी। वे अच्छी तरह जानते थे कि हमने पारी घोषित नहीं की है और कोई विकेट नहीं लिए हैं, लेकिन वे ऐसा कहना नहीं चाहते थे। मैंने उन्हें जानकारी दी कि हमने लंच तक बल्लेबाज़ी की है और मैं पारी घोषित करने वाला हूँ। बग़ल में खड़े विनोद मुझसे आग्रह किए जा रहे थे, इसलिए मैंने सर से कहा कि विनोद उनसे बात करना चाहते हैं और विनोद को फ़ोन थमा दिया। लेकिन विनोद सर से डरते थे और अंत में उन्होंने एक और ओवर बल्लेबाज़ी के बारे में एक शब्द भी नहीं कहा।

मैंने पारी घोषित कर दी और डेढ़ दिन तक बल्लेबाज़ी करने के बावजूद नई गेंद के साथ पहला ओवर डालने पहुँच गया और उस पारी में मैंने बहुत से ओवर डाले। मैं ज़रा भी थकान महसूस नहीं कर रहा था। समर कैंपों में की गई कड़ी मेहनत रंग लाने लगी थी। मैंने मध्यम तेज़ गेंदबाज़ी से शुरुआत की। जब गेंद थोड़ी पुरानी हो गई, तो मैं ऑफ़-स्पिन पर आ गया और जब गेंद की सारी

चमक चली गई, तो लेग स्पिन डालने लगा। विनोद ने भी बहुत अच्छी गेंदबाज़ी की और छह विकेट लिए। सेंट ज़ेवियर्स को 154 रनों पर समेटकर हम फ़ाइनल में पहुँच गए।

664 रनों की यह साझेदारी उस वक़्त संसार में किसी भी प्रकार के क्रिकेट में सर्वोच्च साझेदारी थी। चूँकि यह हैरिस शील्ड के सेमी-फ़ाइनल में बनी थी, इसलिए यह स्थानीय क्रिकेट समुदाय के लिए ज़्यादा महत्त्वपूर्ण थी। इसने हमं दोनों को मशहूर कर दिया। हमारी जोड़ी बन गई थी और विनोद के साथ बल्लेबाज़ी करने में मज़ा इसलिए आता था, क्योंकि मुझे कभी पता नहीं होता था कि अगले पल वे क्या कर देंगे। उसी सीज़न में एक मैच में जब हम इकट्ठे बल्लेबाज़ी कर रहे थे, तो वे पतंग उड़ाने लगे। अचानक मुझे विनोद नज़र नहीं आए, क्योंकि वे तो पिच से 20 मीटर दूर जाकर पतंग की डोर थामे थे - पारी के ठीक बीच में! यह आनंद लेने का उनका अंदाज़ था और मैं जानता था कि ऐसा करने के लिए सर उन्हें अच्छे से फटकारने वाले हैं।

उस दिन सर कहीं नज़र नहीं आ रहे थे और विनोद को विश्वास था कि वे डाँट से बच जाएँगे। मुझे नहीं था। मेरे मन में यह भावना थी कि सर कहीं न कहीं से हमें ज़रूर देख रहे थे और दिन का खेल ख़त्म होने पर इस मुद्दे को निश्चित रूप से उठाएँगे, जैसी कि उनकी शैली थी। सर कई बार हमें खेलते देखने के लिए पेड़ के पीछे भी छुप जाते थे और वास्तव में ऐसे मौक़े कम ही आते थे कि वे हमारा कोई मैच न देखें। दिन के अंत में वे एक 'प्रदर्शन' सत्र आयोजित करते थे। इसे प्रदर्शन इसलिए कहा जाता था, क्योंकि सर प्रदर्शित करते थे कि हमने फुटवर्क, स्टैन्स या स्ट्रोक के चयन में क्या ग़लती की थी। निश्चित रूप से उस शाम के प्रदर्शन सत्र में मुझे एक चिट दी गई, जिसे मुझे ज़ोर से पढ़ना था और उसमें पहला बिंदु लिखा था 'विनोद की पतंग।' सर विनोद की हरकत पर दुखी थे। उन्होंने विनोद से पूछा कि बल्लेबाज़ी करते वक़्त वे पतंग क्यों उड़ा रहे थे और उन्हें चेतावनी दी कि वे दोबारा कभी ऐसा न करें। विनोद ने ऐसा न करने का वादा किया, लेकिन विनोद के साथ आप कोई भी चीज़ मानकर नहीं चल सकते।

सेंट ज़ेवियर्स को बुरी तरह पछाड़ने के बाद हम अंजुमन-ए-इस्लाम के ख़िलाफ़ होने वाले फ़ाइनल के पसंदीदा दावेदार माने जाने लगे। यह मैच क्रिकेट क्लब ऑफ़ इंडिया में खेला जाने वाला था, जो एमसीसी का भारतीय समतुल्य है और जिसे 1933 में स्थापित किया गया था। यह सीसीआई में मेरा पहला प्रतिस्पर्धी मैच था और मुंबई की कई क्रिकेट हस्तियाँ फ़ाइनल में हमारी बल्लेबाज़ी

देखने आई थीं। उन्होंने विश्व कीर्तिमान वाली साझेदारी के बारे में सुना था और देखना चाहते थे कि क्या हम क्रिकेट के करियर के लायक़ थे। दिलीप वेंगसरकर, सुनील गावसकर और सीसीआई अध्यक्ष राज सिंह डूंगरपुर मौजूद थे और मैं उन्हें निराश नहीं करना चाहता था।

फ़ाइनल के पहले वाली शाम को सुनील गावसकर के भांजे हेमंत केकरे ने मुझे एक बेहतरीन तोहफ़ा दिया। इसने अच्छा खेलने की एक अतिरिक्त प्रेरणा दी। उस वक़्त मेरे पास खेलने के लिए अच्छे पैड नहीं थे और सर ने हेमंत को यह बात बता दी थी। हेमंत के पास सुनील गावसकर के पुराने पैड थे, जो बहुत हल्के थे। उन्होंने नीली पैडिंग वाले ये पैड मुझे देने का निर्णय लिया। मैं ख़ुशी से झूम उठा और अपना तोहफ़ा लेने अजीत भाई के साथ उनके घर गया।

मुझे बहुत गर्व था कि मैं वही पैड पहन रहा हूँ, जो कभी सुनील गावसकर ने पहने थे। मैं फ़ाइनल के पहले दिन लंच से तीस मिनट पहले बल्लेबाज़ी करने गया और लगभग दो दिनों तक बल्लेबाज़ी करता रहा। मैं अंततः 346 पर नाबाद रहा, जब तीसरे दिन चाय से पहले हमारी पूरी टीम आउट हो गई। मेरे करियर के लिहाज़ से यह बड़ी अहम पारी थी, क्योंकि इसके कुछ समय बाद ही मुझे मुंबई रणजी ट्रॉफ़ी टीम के संभावितों की सूची में शामिल कर लिया गया।

क्रिकेटर के रूप में मेरे शुरुआती दिनों में एक और व्यक्ति ने मेरी काफ़ी मदद की। ये थे हेमंत वायंगनकर। हेमंत पिताजी के विद्यार्थी थे और मुझे बचपन से जानते थे और उन्होंने शुरू से आख़िर तक मेरे करियर पर नज़र रखी। हेमंत की पहल पर मशहूर भारतीय कंपनी सनग्रेस मफ़तलाल के अनिल जोशी, विजय शिरके और संजू खामकर ने विनोद और मुझे क्रिकेट का सामान ख़रीदकर समर्थन दिया। मुझे ख़ुशी है कि हमारी तीन दशक पुरानी मित्रता आज भी क़ायम है।

मेरे सर

क्रिकेट के उन वर्षों की ओर पलटकर देखते हुए मुझे कहना होगा कि मैं अपने कोच रमाकांत आचरेकर सर का बहुत ऋणी हूँ - साथ ही उनके सहायकों दास शिवालकर और लक्ष्मण चौहान का भी। अगर सर नहीं होते, तो मैं वैसा क्रिकेटर नहीं बन पाता, जो मैं बना। वे अनुशासन के मामले में कठोर थे और वे मेरे लिए जितना कर सकते थे उन्होंने किया।

कुछ दिन ऐसे होते थे, जब समय पर मैच में पहुँचाने के लिए वे मुझे अपने स्कूटर पर बैठाकर मुंबई के दूसरे छोर तक ले जाते थे। हालाँकि मैं क्रिकेट से प्रेम

करता था, लेकिन कभी-कभार ऐसे दिन होते थे, जब मोहल्ले में दोस्तों के साथ खेलना इतना मज़ेदार होता था कि मैं जान-बूझकर नेट्स में जाने की बात भूल जाता था। जब मैं नहीं पहुँचता था, तो आचरेकर सर उछलकर अपने स्कूटर पर सवार हो जाते थे और मुझे खोजते हुए साहित्य सहवास आ धमकते थे। हमेशा मैं उन्हें बाहर ही मिलता था और अपने दोस्तों के साथ किसी न किसी खेल में खोया रहता था। सर इस झुंड में मुझे पहचान लेते थे और लगभग खींचते हुए हमारे अपार्टमेंट ले आते थे। मैं बहाने बनाता था, लेकिन वे एक नहीं सुनते थे। वे मुझसे कपड़े बदलने और जूते पहनने को कहते थे और फिर मैं उनके पीछे बैठकर शिवाजी पार्क की ओर चल देता था। रास्ते में वे मुझसे कहते थे, 'इन बच्चों के साथ मूर्खतापूर्ण खेल खेलने में वक़्त बर्बाद मत करो। नेट्स में क्रिकेट तुम्हारा इंतज़ार कर रहा है। कड़ा अभ्यास करो और फिर देखो कि क्या जादू हो सकता है।' उस वक़्त मुझे जबरन खींचकर ले जाए जाने से कोफ्त होती थी, लेकिन जब मैं पलटकर देखता हूँ, तो अपनी हरकतों पर खुद को शर्मिंदा महसूस करता हूँ और आचरेकर सर की दूरदृष्टि की भूरि-भूरि प्रशंसा ही कर सकता हूँ।

सर ने एक मौक़े पर मुझे सज़ा भी दी, जब उन्होंने मुझे एक बहुत महत्त्वपूर्ण सबक़ सिखाया। शारदाश्रम इंग्लिश और शारदाश्रम मराठी स्कूल हैरिस शील्ड के फ़ाइनल में पहुँच गए थे और यह मैच वानखेड़े स्टेडियम में खेला जाने वाला था। उस वक़्त मैं जाइल्स शील्ड का खिलाड़ी था और मेरा हैरिस शील्ड से कोई नाता नहीं था। सर जानते थे कि मैं वह मैच देखने जाना चाहता हूँ, लेकिन इसके बावजूद उन्होंने मेरे लिए एक प्रैक्टिस मैच रखवा दिया और मुझे चेतावनी दी कि मैं अपना मैच छोड़कर वानखेड़े न जाऊँ। लेकिन मैं उनकी आज्ञा का उल्लंघन करके फ़ाइनल देखने चला गया। मुझे यह पता थोड़े ही था कि सर भी वहीं होंगे। उस दिन वे जितने नाराज़ दिख रहे थे, उतने कभी नहीं दिखे थे। उन्होंने कहा कि मुझे दूसरे लोगों का खेल देखने नहीं जाना चाहिए, क्योंकि अगर मैं कड़ा अभ्यास करूँगा, तो एक दिन ऐसा आएगा, जब पूरे संसार के लोग मेरा खेल देखने आएँगे।

आचरेकर सर ने मुंबई और भारत में क्रिकेट के प्रति बहुत महत्त्वपूर्ण योगदान दिया है। भारत का प्रतिनिधित्व करने वाला मैं ही उनका अकेला शिष्य नहीं हूँ। उनके अन्य शिष्यों में लालचंद राजपूत, विनोद कांबली, प्रवीण आमरे, अजीत आगरकर, संजय बाँगड़, बलविंदर संधू, चंद्रकांत पंडित, पारस म्हाम्ब्रे, समीर दिघे और रमेश पवार शामिल हैं। आर्थिक लाभ में उनकी एक पल के लिए भी रुचि नहीं रही। इसके विपरीत, दरअसल ऐसे कई मौक़े आए, जब वे उन

ग़रीब लोगों की मदद करते थे, जो फ़ीस के उन चंद रुपयों का ख़र्च भी नहीं उठा सकते थे, जो वे अपने समर स्कूल के लिए लेते थे।

भारत के लिए खेलते वक़्त अपने करियर के हर दौरे और हर श्रृँखला से पहले मैं चार यात्राएँ करता था, जो मेरे लिए बहुत महत्त्वपूर्ण थीं : मुंबई के दो मंदिर, शिवाजी पार्क का गणेश मंदिर और प्रभादेवी का सिद्धिविनायक मंदिर; मेरे अंकल-आंटी और आचरेकर सर।

तेज़ गेंदबाज़ के रूप में मेरा संक्षिप्त करियर

शारदाश्रम की तरफ़ से मैंने पहला सीज़न बहुत अच्छा खेला, जिसकी बदौलत मुझे 1987 में चेन्नई में एमआरएफ़ पेस फ़ाउंडेशन में ट्रायल प्लेस मिल गई। ऑस्ट्रेलिया के तेज़ गेंदबाज़ डेनिस लिली वहाँ के मुख्य कोच थे। एमआरएफ़ पेस फ़ाउंडेशन स्थानीय तेज़ गेंदबाज़ी की प्रतिभा को निखारने के स्पष्ट उद्‌देश्य से बनाया गया था, जिसकी भारत में हमेशा कमी रही थी। भारत भर के कोचों से पूछा गया कि वे होनहार युवाओं के नाम बताएँ और मेरे नाम का सुझाव अनुभवी मुंबई क्रिकेटर और भारत के सर्वश्रेष्ठ कोचों में से एक वासु परांजपे ने दिया। वासु सर हमेशा मेरे प्रयासों में बहुत मदद करते रहे हैं और वे एक तरह से मेरे मार्गदर्शक हैं। हालाँकि कैंप का मूल उद्‌देश्य प्रतिभाशाली तेज़ गेंदबाज़ों को खोजना था, लेकिन अजीत भाई ने मुझे सलाह दी कि मैं अपना पूरा किट लेकर चेन्नई जाऊँ। विचार यह था कि अगर मुझे गेंदबाज़ के रूप में न चुना जाए, तब भी वहाँ नेट्स में बल्लेबाज़ी करने से मुझे फ़ायदा हो सकता है। मेरी क़द-काठी को देखते हुए इसमें शायद हैरानी की कोई बात नहीं है कि मैं संभावित अंतरराष्ट्रीय तेज़ गेंदबाज़ जैसा नहीं दिखता था और डेनिस लिली ने मज़ाक़ में मुझे सलाह दी कि मैं इसके बजाय बल्लेबाज़ी पर ध्यान केंद्रित करूँ। जैसा बाद में पता चला, मैं हमेशा एक बल्लेबाज़ ही था, जो तेज़ गेंदबाज़ी की कला सीखना चाहता था।

पहला अवसर

सर की सतर्क निगरानी में की गई कड़ी मेहनत रंग लाई, जब मुझे 14 नवंबर 1987 को रणजी ट्रॉफ़ी में मुंबई की टीम में चुन लिया गया। भारत की प्रमुख घरेलू प्रतिस्पर्धा रणजी ट्रॉफी 1933-34 में प्रारंभ हुई थी। इसका नामकरण मशहूर के. एस. रणजीत सिंहजी के नाम पर किया गया, जो भारतीय क्रिकेट के पहले विश्वविख्यात खिलाड़ी थे और 1896 में इंग्लैंड की तरफ़ से ऑस्ट्रेलिया के ख़िलाफ़ खेले थे। यह एक महत्त्वपूर्ण मंच है और रणजी ट्रॉफ़ी में निरंतर बेहतर प्रदर्शन

करने पर खिलाड़ी राष्ट्रीय खेल मंच पर पहुँच सकता है। 1980 के दशक में रणजी ट्रॉफ़ी ज़ोन के आधार पर खेली जाती थी। वेस्ट, नॉर्थ, साउथ, ईस्ट और सेंट्रल - इंटर ज़ोन की प्रथम श्रेणी की टीम एक दूसरे के साथ खेलती थीं और इसके बाद शिखर पर रहने वाली टीमें आगे बढ़कर नॉक-आउट अवस्था में पहुँच जाती थीं।

मुंबई की टीम में पहुँचने के बावजूद किसी भी मैच में मुझे अंतिम ग्यारह में नहीं लिया गया। इसका मतलब यह था कि मैं सुनील गावसकर के साथ खेलने से वंचित रह गया, जिन्होंने 1987 के क्रिकेट विश्व कप के बाद और रणजी दल में मेरे पहुँचने के कुछ ही महीने पहले क्रिकेट से संन्यास ले लिया था। जब मैं बड़ा हो रहा था, तो भारत के लिए बनाए गए गावसकर के चौंतीस शतक मुझे हमेशा प्रेरणा देते थे। यह किसी बल्लेबाज़ के लिए चरम मानदंड था और उनके साथ न खेल पाने का अफ़सोस आज भी बना हुआ है। लेकिन उस सीज़न में मुझे रणजी ट्रॉफ़ी का थोड़ा सा स्वाद ज़रूर मिला, एक अतिरिक्त खिलाड़ी के रूप में - और अंतरराष्ट्रीय क्रिकेट का भी, जब मैंने ब्रैबोर्न स्टेडियम में पाकिस्तान टीम की तरफ़ से भारत के ख़िलाफ़ फ़ील्डिंग की!

यह एक नुमाइशी मैच था और दो पाकिस्तानी क्रिकेटर जावेद मियाँदाद तथा लेग स्पिनर अब्दुल क़ादिर लंच के समय मैदान से बाहर चले गए थे। मुझसे अतिरिक्त ख़िलाड़ी के रूप में फ़ील्डिंग करने को कहा गया और कप्तान इमरान ख़ान ने मुझे वाइड लॉन्ग ऑन पर खड़ा किया। कुछ ही मिनटों में कपिल देव ने एक ऊँचा शॉट मारा और 15 मीटर अंदर दौड़ने के बावजूद मैं गेंद तक नहीं पहुँच पाया। मुझे याद है, उस शाम ट्रेन से घर लौटते समय मैंने अपने मित्र मार्कस कोटो के सामने अफ़सोस जताया था कि मैं कैच ले सकता था, बशर्ते मुझे लॉन्ग ऑन के बजाय मिड ऑन पर खड़ा किया जाता। मैं नहीं जानता कि इमरान ख़ान को वह मौक़ा याद है या उन्हें पता भी है कि मैंने कभी उनकी पाकिस्तानी टीम के लिए फ़ील्डिंग की थी।

अपने रणजी ट्रॉफ़ी पदार्पण सीज़न की एक घटना मुझे याद है। यह तब हुई, जब हम वेस्ट ज़ोन के एक मुक़ाबले में बड़ौदा में खेले। मैं तब सिर्फ़ चौदह साल का था और पूर्व भारतीय अंतरराष्ट्रीय खिलाड़ी सुरु नायक के साथ एक कमरे में रहता था। टीम कुछ दिन पहले बड़ौदा पहुँच गई थी और एक दिन हमने सामान्य से थोड़ा जल्दी डिनर लिया। इसके बाद सुरु नायक ने मुझसे जल्दी सोने को कहा और बोले कि मुझे थोड़ा आराम कर लेना चाहिए, क्योंकि बाक़ी खिलाड़ी वहाँ के किसी मंदिर में पूजा करने के लिए बाहर जाएँगे। मैं उनकी बात पर विश्वास करके अपने कमरे में सोने चला गया। बाद में मुझे पता चला कि बाक़ी खिलाड़ी

रात को पार्टी मनाने गए थे और चूँकि मेरी उम्र केवल चौदह साल थी, इसलिए मुझे सोने के लिए छोड़ दिया गया था।

ज़ाहिर है, मैं हमेशा इतना अच्छा बच्चा भी नहीं था। मुझे याद है कि 1987 में मैं पूर्वी भारत में कटक में मुंबई अंडर-15 टीम में खेल रहा था। हम एक कॉलेज के छात्रावास में रुके थे और पंद्रह पलंग एक क़तार में लगे थे। छात्रावास के एक तरफ़ बालकनी थी और उसके पास कॉलेज के खेल का मैदान था। टीम में मेरे दो मित्र थे जतिन परांजपे (जिन्होंने बाद में भारत के लिए एक दिवसीय अंतरराष्ट्रीय क्रिकेट खेला) और विनोद कांबली। मिलकर हम तीनों ने योजना बनाई कि बत्तियाँ बंद होने के बाद हम चुपके से बाक़ी खिलाड़ियों के जूते बटोर लेंगे, जिनमें उनके स्पाइक भी शामिल थे। हम वे जूते हमारे एक बेचारे साथी केदार गोडबोले पर फेंकने लगे। बाक़ी खिलाड़ी भी हमारे निशाने पर थे और इससे पहले कि उन्हें पता चल पाए कि उन पर किस चीज़ से वार हो रहा था, उन पर जूतों की मिसाइलें गिरने लगीं। जब उन्होंने पलटकर हम पर जूते फेंके, तो हमने सिर झुका लिया और उनके जूते हमारे सिर तथा बालकनी के ऊपर से उड़ते हुए बग़ल वाले मैदान में गिर गए। अंत में माजरा यह था कि रात को दो बजे पूरी टीम मैदान में सिर झुकाकर अपने जूते-चप्पलों की तलाश कर रही थी!

रणजी ट्रॉफ़ी में पदार्पण

अगले साल मुंबई के कप्तान दिलीप वेंगसरकर ने सीसीआई के नेट्स में मुझे ग़ौर से देखा, जब भारत की टीम न्यूज़ीलैंड की टीम के ख़िलाफ़ मैच खेलने वहाँ आई। मैं कपिल देव के ख़िलाफ़ जिस तरह खेला, उससे वेंगसरकर बहुत प्रभावित हुए और 10 दिसंबर 1988 को जब मैं पंद्रह साल का था, तो उन्होंने चयनकर्ताओं को बता दिया कि मैं मुंबई की तरफ़ से गुजरात के ख़िलाफ़ खेल सकता हूँ, जिससे मुझे मेरा पहला बड़ा अवसर मिल गया। वेंगसरकर खुद राष्ट्रीय कर्त्तव्य में व्यस्त थे, इसलिए उनकी जगह मैंने भर दी। अपने पहले ही मैच में मैंने 100 नाबाद रन बनाए और इस प्रक्रिया में अपने पहले प्रथम श्रेणी मैच में शतक लगाने वाला सबसे युवा भारतीय बन गया। 1988-89 सीज़न में मैं मुंबई की ओर से सबसे ज़्यादा रन बनाने वाला बल्लेबाज़ बन गया; मैंने सात मैच खेले थे, जिनमें से छह में अर्ध शतक लगाए थे। मुंबई की टीम एक मुश्किल सेमी-फ़ाइनल में दिल्ली से हार गई और मैंने अपना पहला सीज़न 64.77 के औसत पर ख़त्म किया। सेमी-फ़ाइनल में पूर्व भारतीय तेज़ गेंदबाज़ और कोच मदनलाल दिल्ली की तरफ़ से खेल रहे थे और मैंने उनकी गेंद पर एक स्ट्रेट

ड्राइव लगाया, जिसके बारे में उस शाम को काफ़ी चर्चा हुई। यह एक ऐसा शॉट था, जिससे मैं लोगों की नज़र में आया और इसने मेरे महत्त्व को बढ़ा दिया। उस शॉट के बारे में हर चीज़ आदर्श थी - संतुलन, सिर की स्थिति, टाइमिंग - और गेंद तेज़ी से बाउंड्री लाइन की ओर चली गई।

मुंबई की तरफ़ से मेरे प्रदर्शन की बदौलत मुझे नवंबर 1989 के प्रारंभ में ईरानी ट्रॉफ़ी मैच के लिए चुन लिया गया। रणजी ट्रॉफ़ी चैंपियन और रेस्ट ऑफ़ इंडिया के बीच होने वाली ईरानी ट्रॉफ़ी भारतीय घरेलू क्रिकेट कैलेंडर का एक महत्त्वपूर्ण घटक है और सबकी नज़रों में आने का एक बड़ा मौक़ा है। रेस्ट ऑफ़ इंडिया की तरफ़ से खेलते हुए मैंने अपने पहले ईरानी ट्रॉफ़ी मैच में रणजी चैंपियन दिल्ली के ख़िलाफ़ शतक बनाया और इस मैच के दौरान ही नवंबर-दिसंबर 1989 में पाकिस्तान जाने वाली भारतीय टीम की घोषणा भी हुई।

मुझे पता भी नहीं चला और सोलह साल की उम्र में ही मुझे भारत की तरफ़ से खेलने के लिए चुन लिया गया था।

3

मेरा पहला दौरा

भारत के लिए क्रिकेट खेलने का सपना मेरे मन में हमेशा से मौजूद था। और यह बड़े सौभाग्य की बात थी कि इतनी कम उम्र में मेरा सपना पूरा हो गया था। इसका महत्त्व इस बात से और भी बढ़ गया था कि हम पाकिस्तान में पाकिस्तान से खेल रहे थे। उस वक़्त पाकिस्तान के गेंदबाज़ी आक्रमण में इमरान ख़ान, वसीम अकरम, वक़ार युनुस और आक़िब जावेद जैसे बेहतरीन तेज़ गेंदबाज़ थे। इसके अलावा लेग स्पिनर मुश्ताक़ अहमद और अब्दुल क़ादिर का भी जलवा था। कुल मिलाकर यह श्रृंखला पहली बार टेस्ट मैच खेलने वाले नए बल्लेबाज़ की अग्निपरीक्षा की तरह लग रही थी।

यह वाक़ई एक अग्निपरीक्षा थी। टेस्ट क्रिकेट में मेरी पहली पारी में जब वसीम और वक़ार गेंदबाज़ी कर रहे थे, तो मुझे कुछ पल्ले ही नहीं पड़ रहा था। नौबत यहाँ तक आ गई कि पहली पारी के बाद मुझे बल्लेबाज़ी की अपनी योग्यता पर संदेह होने लगा। मेरे मन में यह सवाल बार-बार घुमड़ता रहा कि क्या मैं कभी अंतरराष्ट्रीय स्तर पर खेलने लायक़ अच्छा बन पाऊँगा।

मेरी पहली टेस्ट श्रृंखला का वर्णन करने से पहले मैं उस मैच के बारे में बताना चाहूँगा, जो मैंने इसके ठीक पहले भारत में खेला था। ईरानी ट्रॉफ़ी के उस मैच में मैं रेस्ट ऑफ़ इंडिया की तरफ़ से दिल्ली के ख़िलाफ़ खेला था। पहली पारी में मैंने 39 रन बनाए और मनिंदर सिंह ने मुझे बोल्ड कर दिया, जो उस वक़्त भारत के बाएँ हाथ के शानदार स्पिनर थे। मगर यह निराशा जल्दी ही हवा हो गई, जब उसी शाम मुझे पता चला कि मेरा नाम पाकिस्तान के दौरे पर जाने वाली भारतीय टीम में शामिल कर लिया गया है। इस बात से मैं इतना ख़ुश था कि मैंने ईरानी ट्रॉफ़ी के मैच की दूसरी पारी में कुछ कर दिखाने की ठान ली।

यह अवसर ख़ास इसलिए था, क्योंकि अजीत भाई मेरा मैच देखने आए थे। दरअसल हुआ यह था कि मैं नाबालिग़ होने की वजह से दौरे के अनुबंध पर हस्ताक्षर नहीं कर सकता था, इसलिए अजीत भाई को मेरी तरफ़ से हस्ताक्षर

करने थे। वासु परांजपे ने उस सुबह मेरे पिताजी से भी कहा था कि मैं ज़रूर शतक बनाऊँगा और उन्हें स्टेडियम में आकर मेरी बल्लेबाज़ी देखनी चाहिए। पिताजी ने ठीक यही किया और वासु सर की भविष्यवाणी सच होने से उन्हें बहुत संतुष्टि मिली। लेकिन अगर पंजाब के बल्लेबाज़ गुरशरण सिंह (जो बाद में 1990 में भारत की तरफ़ से न्यूज़ीलैंड के ख़िलाफ़ एक टेस्ट मैच खेले) नहीं होते, तो वह शतक संभव नहीं था।

दिल्ली के तेज़ गेंदबाज़ अतुल वासन (अतुल वासन भी 1990 में न्यूज़ीलैंड के ख़िलाफ़ भारतीय टीम में खेले थे) की गेंद पर बल्लेबाज़ी करते समय गुरशरण की अँगुली में फ्रैक्चर हो गया था। गुरशरण ड्रेसिंग रूम में घायल बैठे थे और उनके मैच में आगे कुछ कर पाने की कोई संभावना नहीं थी। मैं अच्छी बल्लेबाज़ी कर रहा था और हमारा नवाँ विकेट गिरने पर 86 पर नॉट आउट था। मैं जानता था कि गुरशरण बल्लेबाज़ी नहीं कर सकते, इसलिए मैंने सोचा कि हमारी पारी ख़त्म हो गई है और मैं ड्रेसिंग रूम की तरफ़ बढ़ने लगा। तभी मैंने गुरशरण को मैदान में आते देखा; वे एक हाथ से बल्लेबाज़ी करने को तैयार थे।

बाद में मुझे पता चला कि राष्ट्रीय चयन समिति के चेयरमैन राज सिंह डूंगरपुर ने गुरशरण से कहा था कि क्या वे मैदान में जाकर मेरा शतक बनवाने में मदद कर सकते हैं। बहादुर गुरशरण इस जीवट भरे काम के लिए तैयार हो गए। वास्तव में, जब पिच पर हमारी बातचीत हुई, तो मुझे बहुत शर्म आई कि मेरी वजह से उन्हें इतने गंभीर दर्द में खेलने आना पड़ा था। मैंने उनसे कहा कि अगर हम पारी ख़त्म करने की घोषणा कर दें, तो मुझे कोई दिक्क़त नहीं होगी। ज़बर्दस्त साहस के साथ उन्होंने जवाब दिया, *'अब तो तेरा हन्ड्रेड करके ही जाएँगे।'* वे अपने काम में दृढ़ता से जुटे रहे और मुझे यह कहते हुए ख़ुशी है कि उनकी बहादुरी का सम्मान विरोधी गेंदबाज़ों ने भी किया, जिन्होंने एक भी बाउंसर नहीं डाली।

यह एक ऐसा उपकार था, जिसे मैं कभी नहीं भूलूँगा। यह गुरशरण के उल्लेखनीय साहस की मिसाल थी और मैंने इस क़र्ज़ को उतारने की कोशिश करते हुए वह सब किया, जो मैं अप्रैल 2005 में दिल्ली में आयोजित उनके बेनिफ़िट मैच में कर सकता था। मैंने उनसे वादा किया था कि अगर वे मुझे कुछ दिनों का समय देंगे, तो मैं खेलने ज़रूर आऊँगा, चाहे मैं कहीं पर भी रहूँ। मुझे ख़ुशी है कि मैंने अपना वादा पूरा किया।

भारत पाकिस्तान में, नवंबर–दिसंबर 1989

मैंने भारत के घरेलू चैंपियन के ख़िलाफ़ शतक बनाया था, इस बात से मैं काफ़ी उत्साहित था। मैं बड़े आत्मविश्वास के साथ जल्दी ही पाकिस्तान दौरे पर चल दिया। मैं किशोर था, शायद इसीलिए मुझे पाकिस्तान के ख़िलाफ़ खेलते वक़्त कोई अतिरिक्त दबाव महसूस नहीं हुआ। भारत-पाकिस्तान क्रिकेट के राजनीतिक बोझ का मेरे लिए कोई मतलब नहीं था। मैं तो बस इसे अपना पहला दौरा मान रहा था, जो बहुत चुनौतीपूर्ण था। वैसे मेरी उम्र इतनी कम थी कि दरअसल किसी को भी यह उम्मीद नहीं थी कि मुझे खेलने वाले अंतिम ग्यारह खिलाड़ियों में शामिल किया जाएगा, कम से कम टेस्ट मैच में तो नहीं किया जाएगा। कुछ को लग रहा था कि शायद मुझे किसी एक दिवसीय मैच में मौक़ा दिया जा सकता है, जो श्रृंखला में टीम के प्रदर्शन पर निर्भर था, जबकि बाक़ी का मानना था कि मैं वहाँ बस अंतरराष्ट्रीय क्रिकेट का एहसास करने और अनुभव लेने गया था।

ईमानदारी से कहूँ, तो इन बातों का मुझ पर कोई असर नहीं हुआ। मैं तो बस भारत के लिए अच्छा प्रदर्शन करना चाहता था और बहुत सारे रन बनाना चाहता था। इसके अलावा किसी चीज़ का कोई महत्त्व नहीं था। यह स्वाभाविक था, क्योंकि मेरे जीवन में यह सब इतनी जल्दी हो गया था। प्रतिस्पर्धी क्रिकेट खेलने के सिर्फ़ पाँच साल के भीतर ही मैं भारतीय टीम में पहुँच गया था - स्कूल से अंतरराष्ट्रीय क्रिकेट तक की यात्रा तूफ़ानी गति से हुई थी।

पाकिस्तान पहुँचने पर मुझे तनाव का कोई एहसास नहीं हुआ। मैं शाम को बाक़ी खिलाड़ियों के साथ बाहर खाना खाने जाता था। उनके दोस्ताना रवैये से मैं आरामदेह महसूस करता था। जब तक हम लाहौर नहीं पहुँचे, तब तक शाम को बाहर जाने की पाबंदी वाला कर्फ़्यू नहीं लगा। भारत में मैं जब भी कहीं बाहर जाता था, तो हमेशा अपनी माँ और आंटी के लिए साड़ियाँ और अंकल तथा पिताजी के लिए शर्ट जैसे उपहार ख़रीदकर लाता था। पाकिस्तान में अपने शुरुआती दिनों में भी मैंने यही किया। इस बार मैंने उनके लिए कुछ बढ़िया जूते-चप्पल ख़रीदे।

लेकिन बीसीसीआई और खिलाड़ियों के बीच भड़के एक विवाद की वजह से टीम में तनाव था। विवाद इस बात पर था कि 1988 में वेस्ट इंडीज़ दौरे से लौटते समय कुछ खिलाड़ी कुछ अनाधिकृत मैच खेलने के लिए अमेरिका में रुक गए थे। यह मुद्दा भारत के सर्वोच्च न्यायालय तक गया, जहाँ अदालत ने बीसीसीआई द्वारा खिलाड़ियों पर लगाए प्रतिबंध को हटा दिया। दौरे की संध्या पर मैच फ़ीस को लेकर भी विवाद छिड़ गया। इस विवाद ने ज़ोर पकड़ लिया और

खिलाड़ी विरोधस्वरूप अपनी पूरी मैच फ़ीस छोड़ने के लिए तैयार थे। टीम के जूनियर खिलाड़ियों का सौभाग्य था कि कप्तान कृष्णमाचारी श्रीकांत ने हमें निर्देश दिया कि हम समस्याओं से दूर रहें और हाथ के काम पर ध्यान केंद्रित करें। और हाथ के काम का मतलब था इमरान, वसीम, वक़ार और अब्दुल क़ादिर से निबटने की रणनीति बनाना।

मेरे दौरे की शुरुआत अच्छी रही। पहला टेस्ट मैच होने से पहले दो अभ्यास मैच थे। रावलपिंडी में पाकिस्तान बोर्ड पैट्रन्स इलेवन के ख़िलाफ़ हुए मैच में मैंने 47 रन बनाए और पाकिस्तान की ओर से पचास टेस्ट मैच खेलने वाले बाएँ हाथ के स्पिनर इक़बाल क़ासिम ने मेरा विकेट लिया। यह एक अच्छी पारी थी और दर्शकों ने मेरा अभिनंदन किया। मुझे लगा कि मेरे पास टेस्ट टीम में शामिल होने का हल्का सा मौक़ा है और मैं अपने पहले टेस्ट मैच के सपने देखने लगा। आख़िरकार करांची में पहले टेस्ट की एक रात पहले कप्तान श्रीकांत ने मुझे बताया कि मुझे अंतिम ग्यारह खिलाड़ियों में चुन लिया गया है।

यह पता चलने पर मेरे मन में भावनाओं का जो सैलाब आया, उसका वर्णन करना बहुत मुश्किल है। मैं उन ग्यारह सौभाग्यशाली लोगों में से था, जिन्हें एक अरब भारतीयों के प्रतिनिधित्व का कर्त्तव्य सौंपा गया था। विश्व क्रिकेट में अपने देश के लिए खेलना एक ऐसा सम्मान था, जिसके लिए हर क्रिकेट खिलाड़ी प्रयास करता है। और सम्मान के साथ ज़िम्मेदारी भी आती है। मैं अपने देश के क्रिकेट प्रेमियों के प्रति जवाबदेह होने वाला था और मुझसे यह उम्मीद की जाती थी कि मैं उन्हें अपना सर्वश्रेष्ठ दूँगा। वास्तव में, मैं इससे ज़्यादा महत्त्वपूर्ण किसी चीज़ की कल्पना नहीं कर सकता था कि मैं अपनी राष्ट्रीय टीम और जोशीले भारतीय क्रिकेट प्रेमियों के लिए कोई सार्थक काम करूँ।

मैं उस वक़्त तेज़ गेंदबाज़ सलिल अंकोला के साथ एक कमरे में रहता था, जो आजकल अभिनेता बन गए हैं। सलिल उस वक़्त अच्छी गेंदबाज़ी कर रहे थे। वे भी टेस्ट मैच में पदार्पण कर रहे थे। हममें से कोई भी मैच के पहले वाली रात नहीं सो पाया। हम दोनों के ही जीवन का एक नया अध्याय शुरू होने वाला था और हम जानते थे कि यह एक ऐसा अवसर था, जो हमारी ज़िंदगी को हमेशा-हमेशा के लिए बदल सकता था।

पहला टेस्ट, करांची, 15-20 नवंबर 1989

पाकिस्तान ने टॉस जीतकर हरी विकेट पर पहले बल्लेबाज़ी करने का विकल्प चुना, इसलिए मुझे भारतीय खिलाड़ी के रूप में पहली बार मैदान में उतरने के

लिए लंबा इंतज़ार नहीं करना पड़ा। मेरे जीवन ने एक विशाल छलाँग लगा ली थी और यह पल मुझे हमेशा याद रहेगा। यह कपिल देव का 100वाँ टेस्ट मैच भी था और हमें इस बात की भारी खुशी थी। भारत में सिर्फ़ सुनील गावसकर और दिलीप वेंगसरकर ने ही उनसे पहले यह उपलब्धि हासिल की थी।

अंतरराष्ट्रीय क्रिकेट का मेरा पहला ही दिन नाटकीय रहा; ख़ास तौर पर एक अप्रिय घटना तो बहुत यादगार थी। सलवार कमीज़ पहने हुए एक दाढ़ी वाला मैदान में घुस आया। वह सीधे कपिल देव के पास जाकर उन्हें अनाप-शनाप बकने लगा कि वे पाकिस्तान क्यों आए। कपिल उस वक़्त गेंदबाज़ी करने की तैयारी कर रहे थे और उन्होंने बाद में हमें बताया कि उन्होंने उस आदमी से कहा कि वह खेल में बाधा न डाले और वहाँ से चला जाए। कपिल के साथ बातचीत के बाद वह घुसपैठिया मिड ऑफ़ की तरफ़ गया, जहाँ उस दौरे में हमारे शीर्ष तेज़ गेंदबाज़ मनोज प्रभाकर फ़ील्डिंग कर रहे थे। उसने प्रभाकर को भी उल्टा-सीधा कहा और फिर कप्तान श्रीकांत की ओर बढ़ा - और श्रीकांत के साथ तो उसने झूमाझटकी भी की। उन दिनों खेल आज जितना व्यावसायिक नहीं हुआ था, इसलिए खिलाड़ी अपनी पसंद की किट पहन सकते थे। हमारी ज़्यादातर टीम टी-शर्ट पसंद करती थी, लेकिन श्रीकांत बटन वाली शर्ट पहनते थे और झूमाझटकी में यह फट गई।

मैं उस वक़्त पॉइंट पर फ़ील्डिंग कर रहा था। मैं बुरी तरह डर रहा था कि अब अगला नंबर मेरा है। मैंने सोच लिया था कि अगर वह घुसपैठिया मेरी ओर आएगा, तो मैं सुरक्षित ड्रेसिंग रूम की तरफ़ दौड़ लगा दूँगा। इस बिंदु तक किसी भी सुरक्षाकर्मी ने घुसपैठिए को रोकने के लिए कुछ नहीं किया था। वह मैदान में घुसकर खेल में बाधा डाल रहा था, लेकिन एक भी पुलिस वाला मैदान में नहीं आया। जब भारतीय कप्तान से झूमाझटकी होने लगी, तब कहीं जाकर पुलिस वाले अंदर आए और उस उजड्ड दर्शक को घसीटकर ले गए। यह सुरक्षा की गंभीर चूक थी, लेकिन इससे आयोजनकर्ताओं के कान पर जूँ तक नहीं रेंगी। सच तो यह है कि दोनों टीमों के बीच क्रिकेट के अलावा दूसरी चीज़ें भी खेली जा रही थीं। विभाजन का राजनीतिक इतिहास हमेशा भारत-पाकिस्तान क्रिकेट पर हावी रहा है और मैंने इस दुर्भाग्यपूर्ण वास्तविकता का पहला स्वाद यहीं चखा। अगले दिन हमें अख़बारों में छपी यह ख़बर पढ़कर घोर आश्चर्य हुआ कि वह घुसपैठिया दरअसल कपिल देव को 100वाँ टेस्ट मैच खेलने की बधाई दे रहा था। श्रीकांत की फटी शर्ट का स्थानीय मीडिया ने कोई ज़िक्र नहीं किया।

हैरान-परेशान

मैच के दूसरे दिन पाकिस्तान की टीम 409 रन पर ऑल आउट हो गई, जिसमें कप्तान इमरान ख़ान के नाबाद 109 रन शामिल थे। आख़िरकार, अब वह घड़ी आ ही गई, जब हमें बल्लेबाज़ी करने उतरना था। पिच में उछाल था और हमें अच्छी शुरुआत नहीं मिली। जल्दी ही हमारे 4 विकेट केवल 41 रन पर चले गए, जबकि श्रीकांत, नवजोत सिद्धू, संजय मांजरेकर और मनोज प्रभाकर सस्ते में आउट हो गए। वसीम और वक़ार वाक़ई तेज़ गेंदबाज़ी कर रहे थे और हर भारतीय बल्लेबाज़ के लिए यह परीक्षा की घड़ी थी। जब मैं छठे स्थान पर बल्लेबाज़ी करने उतरा, तो मुझे पता नहीं था कि पिच पर मेरा क्या हाल होने वाला था। यह स्वीकार करने में कोई नुक़सान नहीं है कि टेस्ट क्रिकेट की अपनी पहली पारी में मैं वसीम और वक़ार के ख़िलाफ़ बहुत हैरान-परेशान रहा था। मैं लगभग हर गेंद पर आक्रामक शॉट खेलने की कोशिश कर रहा था, क्योंकि मैंने खेल को हमेशा इसी तरह खेला था। मैं गेंदबाज़ों पर चढ़कर खेलने की कोशिश कर रहा था, लेकिन अक्सर गेंद मुझे चकमा देकर चली जाती थी। गेंद की गति इतनी ज़्यादा थी कि मैंने अब तक कभी इतनी तेज़ गति की गेंदों का सामना नहीं किया था और योग्यता बहुत ऊँचे दर्जे की थी। दोनों गेंदबाज़ों की चालाकी भी मुझे परेशान कर रही थी।

वसीम के एक ओवर का विवरण बताने से आपको पिच पर मेरी हालत का अंदाज़ा हो जाएगा। मुझे उन्होंने उस ओवर की तीसरी गेंद डाली, जो एक ख़तरनाक बाउंसर थी। वसीम की गेंदबाज़ी का अध्ययन करने की वजह से मुझे विश्वास था कि अगली गेंद यॉर्कर आएगी और मैं मानसिक रूप से इसके लिए तैयार था। यह एक और बाउंसर निकली, जिसे मैंने छोड़ दिया। जब मैं एक ख़तरनाक यॉर्कर की उम्मीद कर रहा था, तो पाँचवीं और छठी गेंदें भी बाउंसर निकलीं। ओवर के अंत में मैंने खुद से कहा, 'टेस्ट क्रिकेट में स्वागत है।' टेस्ट क्रिकेट को इस खेल का सबसे चुनौतीपूर्ण स्वरूप यूँ ही नहीं कहा जाता!

क्रीज़ पर मैं बहुत कम देर तक रुक पाया और यह अनुभव अच्छा नहीं रहा। मैं सिर्फ़ चौबीस गेंद ही खेल पाया, जिनमें से आधी पर मैं चकमा खा गया। मैंने दो चौके मारे, लेकिन एक पल के लिए भी चैन का एहसास नहीं हुआ। कुछ ही समय में मुझे आउट कर दिया गया। मुझे 15 वर्षीय नए खिलाड़ी वक़ार युनुस ने बोल्ड कर दिया और पवेलियन की ओर लौटते वक़्त मेरा दिमाग़ आत्म-शंका से भरा था।

यह मेरे करियर का बहुत अहम पल था। मैं घरेलू क्रिकेट में झंडे गाड़ते

हुए अंतरराष्ट्रीय मंच पर आया था। मैंने रणजी और ईरानी ट्रॉफ़ी में अपने पहले मैच में शतक लगाया था, लेकिन अंतरराष्ट्रीय स्तर पर आने के बाद मैं यहाँ गेंद पर बल्ला भी नहीं लगा पा रहा था। सीधी-सीधी बात यह थी कि मैं संघर्ष कर रहा था। मुझे समझ में आ गया कि घरेलू क्रिकेट और अंतरराष्ट्रीय क्रिकेट के स्तर में ज़मीन-आसमान का फ़र्क़ था।

उस पहले टेस्ट मैच में मैंने सिर्फ़ एक ही बार बल्लेबाज़ी की और यह ड्रॉ हो गया। अगले कुछ दिनों तक मैंने हमारे कोच चंदू बोर्डे और टीम के वरिष्ठ खिलाड़ियों से पूछा कि मुझे क्या सुधार करने चाहिए। मेरी रवि शास्त्री से लंबी बातचीत हुई, जो उस वक़्त स्थापित खिलाड़ी थे। रवि ने मुझे सलाह दी कि मैं शुरुआती पंद्रह-बीस मिनट तक धैर्य से खेलूँ, क्योंकि शुरू का समय ही सबसे ज़्यादा मुश्किल होता है। रवि की राय थी कि जब मैं पाकिस्तानी गेंदबाज़ों के शुरुआती हमले को खेल जाऊँगा, तो इसके बाद परिस्थितियाँ आसान हो जाएँगी। असली बात पिच पर टिके रहना थी। लेकिन क्या मुझे ऐसा करने का एक और मौक़ा दिया जाएगा? मुझे दूसरे टेस्ट मैच में आसानी से बाहर रखा जा सकता था, न सिर्फ़ इसलिए क्योंकि पहले टेस्ट में मेरा स्कोर कम था, बल्कि इसलिए भी क्योंकि बल्लेबाज़ी की मेरी *शैली* क़तई प्रशंसनीय नहीं थी।

फ़ैसलाबाद में दूसरे टेस्ट के लिए मेरा नाम खेलने वाले ग्यारह खिलाड़ियों में होना बहुत ही राहत भरा था।

दूसरा टेस्ट, फ़ैसलाबाद, 23–28 नवंबर 1989

मैं जानता था कि इस मौक़े को गँवाना मैं किसी भी सूरत में बर्दाश्त नहीं कर सकता; यह मेरी क़ाबिलियत और स्वभाव का एक बड़ा इम्तहान था। काम और भी ज़्यादा मुश्किल इसलिए बन गया, क्योंकि पाकिस्तान ने हरी पिच पर टॉस जीतकर भारत को बल्लेबाज़ी करने के लिए आमंत्रित किया। मंच पूरी तरह सज गया था। अपने पूरे करियर में मैंने विपत्ति के इन पलों का आनंद लिया है। कमज़ोर विपक्षी टीम के सामने किसी बेजान पिच पर प्रदर्शन करने में शाबाशी की कौन सी बात है! किसी क्रिकेटर को सच्ची संतुष्टि तभी मिलती है, जब वह सर्वश्रेष्ठ गेंदबाज़ों के ख़िलाफ़ मुश्किल परिस्थितियों में बेहतरीन प्रदर्शन करता है।

एक बार फिर हमने शुरुआती विकेट खो दिए और जब मैं बल्लेबाज़ी करने उतरा, तब स्कोर 101-4 था और हमारे चार शीर्षस्थ बल्लेबाज़ पवेलियन लौट चुके थे। इस बार मैं अलग तरह से खेला। हालाँकि रुककर खेलना तब मेरी फ़ितरत में नहीं था, मगर वहाँ मैंने पहले पंद्रह मिनट तक ख़ुद को विकेट पर

रुकने के लिए विवश किया, ताकि मैं परिस्थितियों का आदी हो जाऊँ। मुझे यह स्वीकार करने में कोई हिचक नहीं है कि यह मुश्किल काम था। मेरी पारी की शुरुआत में गेंदबाज़ों का पलड़ा निश्चित रूप से भारी था, लेकिन चीज़ें समय के साथ आसान होती गईं। मैंने विकेट की गति और उछाल से तालमेल बैठा लिया और मेरा आत्मविश्वास धीरे-धीरे लौट आया।

मैंने टेस्ट क्रिकेट में अपना पहला अर्धशतक बनाने के लिए 172 गेंदें खेलीं और आख़िरकार इमरान ने मुझे 59 रन पर आउट कर दिया। मैंने संजय मांजरेकर के साथ 143 रन की साझेदारी भी की थी और हालाँकि मैंने केवल चार चौके लगाए, लेकिन इस पारी ने मुझे भारी संतुष्टि दी। इसने मुझे एक अच्छा सबक़ सिखाया : हर पारी में अंधाधुंध आक्रमण करने में कोई तुक नहीं है। इससे भी ज़्यादा अहम बात, इस पारी ने मुझे विश्वास दिलाया कि मैं दरअसल अंतरराष्ट्रीय क्रिकेट में खेल सकता हूँ, हालाँकि मुझे अब भी बहुत कुछ सीखना था। दूसरी पारी में मैंने आठ रन पर खुद को रन आउट करा लिया और शतक के क़रीब पहुँच रहे मोहम्मद अज़हरुद्दीन को बचाने के लिए अपने विकेट की कुर्बानी दे दी। अंत में हमने पाकिस्तान को जीतने नहीं दिया और मैच को ड्रॉ करा लिया। दो टेस्ट के बाद भी श्रृँखला ड्रॉ पर चल रही थी और स्पष्ट रूप से पाकिस्तान दबाव में था। कई लोगों ने तो श्रृँखला से पहले यह भविष्यवाणी की थी कि पाकिस्तान यह श्रृँखला 4-0 से जीत जाएगा और अब यह बात उन्हें कचोटने लगी थी।

तीसरा टेस्ट, लाहौर, 1–6 दिसंबर 1989

तीसरे टेस्ट के लिए हम फ़ैसलाबाद से लाहौर पहुँचे। हम रात को होटल से बाहर नहीं निकल सकते थे, इसलिए खिलाड़ी और भारतीय पत्रकार थोड़े बेचैन थे। मनोरंजन के लिए थोड़े मौलिक चिंतन की ज़रूरत थी। मेरे करियर में पहली और आख़िरी बार पत्रकार और खिलाड़ी 'संडे क्लब' में शामिल हुए। यह कहानियों, संगीत, भोजन और आनंद की शाम थी और हर एक को कोई न कोई फ़ैंसी ड्रेस पहननी थी। यह एक बहुत सफल प्रयोग साबित हुआ, लेकिन अफ़सोस कि इसे बाद में कभी नहीं दोहराया गया। इसने निश्चित रूप से टीम और मीडिया के संबंधों को मज़बूत करने में मदद की, जो कष्टकारी विदेशी दौरे में बहुत आवश्यक होता है।

मैं संडे क्लब में एक नीला स्वेटर पहनकर गया था और मोटी मूँछों वाली मेरी अक्सर छपने वाली तस्वीर वहीं ली गई थी, जो ऑस्ट्रेलिया के तेज़ गेंदबाज़

मर्व ह्यूज़ जैसी थी। उस शाम का खाना लाजवाब था। लाहौर भोजनप्रेमियों का स्वर्ग है और मैंने भरपेट ज़ायक़ेदार कबाब खाए और मुझे *हलीम* भी बहुत बढ़िया लगा (मीट और दाल की खिचड़ी)। दरअसल पूरे दौरे में मुझे खुलकर भूख लगी। मेरा शरीर अब भी बढ़ रहा था और मैं ढेर सारा खाना खा जाता था। जिन दिनों मैच नहीं होता था, उन दिनों मैं नाश्ते में *कीमा पराँठा* और *लस्सी* लेता था। भारत लौटने तक मेरा कुछ किलो वज़न बढ़ गया और मैं ज़्यादा ताक़तवर भी हो गया।

लाहौर टेस्ट स्थानीय हीरो जावेद मियाँदाद का 100वाँ टेस्ट था। करांची और फ़ैसलाबाद में पहले दो टेस्ट मैचों के विपरीत यहाँ हमारा सामना सबसे मुर्दा बैटिंग पिच से हुआ। साफ़ नज़र आ रहा था कि यह पिच जावेद के शतक के लिए तैयार की गई है, जो उन्होंने बाद में लगाया भी। पिच के बेजान होने का सबूत यह था कि पाँच दिन गुज़रने के बावजूद दोनों टीमों की पहली पारी ही ख़त्म नहीं हो पाई थी।

लाहौर में अपनी पारी की शुरुआत में मैंने इमरान की एक सीधी गेंद के उछाल को ग़लत समझ लिया और यह आकर मेरे बाइसेप्स पर लगी। मैं इस बात पर नाराज़ था कि एक बेजान पिच पर मैंने गेंद को अपने शरीर से कैसे टकराने दिया। जिस जगह गेंद लगी थी, वह जगह तुरंत सुन्न पड़ गई और मेरा पहला सहज भाव यह था कि बाहर निकलकर अगली गेंद को सीमारेखा के बाहर पहुँचा दूँ। लेकिन फ़ैसलाबाद में सीखा गया सबक़ मेरे काम आया और मैंने खुद पर क़ाबू कर लिया।

मैंने 90 गेंदों में 41 रन बनाए और अब्दुल क़ादिर की गेंद पर ऑन ड्राइव करने की कोशिश में बोल्ड हो गया। मैं अच्छी बल्लेबाज़ी कर रहा था और मुझे अफ़सोस है कि मैंने वहाँ एक लंबी पारी नहीं खेली। यह एक सुनहरा अवसर था, जिसे मैं चूक गया। वैसे यह कहना होगा कि यह टेस्ट फुस्सी ड्रॉ था और टेस्ट क्रिकेट का सर्वश्रेष्ठ विज्ञापन नहीं था।

मधुर स्वप्न

श्रृंखला का चौथा और आख़िरी टेस्ट सियालकोट में था और हम जानते थे कि वहाँ हमें एक हरी पिच दी जाएगी, जिससे कि पाकिस्तान को श्रृंखला जीतने का सर्वश्रेष्ठ अवसर मिल सके। इस मोड़ तक आते-आते वे जीतने के लिए बुरी तरह बेताब थे। अगर यहाँ भी ड्रॉ हो गया, तो यह इमरान और उनकी टीम के लिए श्रृंखला हारने जैसी बात हो जाएगी। जब हम सियालकोट पहुँचे, तो एमबी मलिक बैट निर्माता कंपनी ने मुझे अपने यहाँ आमंत्रित किया। सियालकोट में

बल्ले बनाने की अच्छी-ख़ासी परंपरा है और उस वक़्त मैंने किसी से भी बैट का कोई अनुबंध नहीं किया था, इसलिए मैं किसी भी बैट से खेल सकता था। मैं कुछ दूसरे खिलाड़ियों के साथ फ़ैक्ट्री जाकर अपने लिए दो-तीन बैट ले आया।

अपने नए बल्लों को लेकर मैं इतना रोमांचित था कि एक रात तो वे मुझे अपने सपने में भी दिखे। आधी रात के क़रीब का समय था और मैं अपने कमरे से बाहर निकलकर अपने बल्लों के बारे में पूछने लगा। मनिंदर सिंह और रमन लांबा ने मुझे गलियारे में बढ़ते देख लिया और मुझसे बोले, *'तेरे बैट्स तो तेरे पास ही हैं।'* जब मैंने कोई जवाब नहीं दिया, तो उन्हें एहसास हो गया कि मैं नींद में चल रहा था। उन्होंने मुझे वापस कमरे में लाकर बिस्तर पर सुलाया। दौरे की उस अवस्था तक रमन और मुझमें अच्छी दोस्ती हो गई थी और हम बल्लेबाज़ी की बारीकियों पर कई घंटे तक बातचीत करते रहते थे। उनके साथ रहना मज़ेदार था और यह बहुत दुखद था कि 1998 में ढाका में एक प्रथम श्रेणी मैच में फ़ील्डिंग करते समय उनकी मौत हो गई, जब एक गेंद उनके सिर से टकरा गई थी।

चौथा टेस्ट, सियालकोट, 9–14 दिसंबर 1989

सियालकोट टेस्ट मेरे लिए इस वजह से भी ख़ास बन गया, क्योंकि अजीत भाई मेरा खेल देखने के लिए वहाँ आए थे। यह अच्छा प्रदर्शन करने की एक अतिरिक्त प्रेरणा थी। अजीत भाई और मुझे अब भी याद है कि स्थानीय लोगों को जब पता चला कि वे भारत से क्रिकेट देखने आए हैं, तो लोगों ने उनके साथ बहुत अच्छा बर्ताव किया।

उम्मीद के मुताबिक़ पिच हरी थी, लेकिन दिसंबर का मौसम भी भारी था, जिस वजह से सुबह-सुबह बहुत कोहरा रहता था। कोहरा इतना ज़्यादा रहता था कि खेल कभी समय पर शुरू नहीं होता था और हर शाम को जल्दी ही ख़त्म हो जाता था। इसका मतलब था कि चारों पाकिस्तानी तेज़ गेंदबाज़ हम पर पूरे दिन चढ़ाई कर सकते थे, हमारी ईंट से ईंट बजाने की कोशिश कर सकते थे और अपनी टीम का पलड़ा भारी कर सकते थे। पहली पारी में मैंने काफ़ी अच्छा खेलते हुए 35 रन बनाए। वसीम के हाथों एलबीडब्ल्यू होने से पहले मैं अच्छा महसूस कर रहा था। मैं अपनी पारी की शुरुआत में उतना बेचैन नहीं था और शुरुआती डर का तो अब सवाल ही नहीं था। मैंने कुछ अच्छे शॉट लगाए और 51 गेंदों में अच्छी गति से रन बनाए।

भारत ने 74 रनों की बढ़त हासिल कर ली, क्योंकि भारत के लिए दो टेस्ट

खेलने वाले तेज़ गेंदबाज़ विवेक राज़दान ने पाकिस्तान की पहली पारी में 79 रन देकर पाँच विकेट झटक लिए। हमने पाकिस्तान को 250 रनों पर समेट दिया और जैसी कि उम्मीद थी, हमारी दूसरी पारी की शुरुआत में पाकिस्तान ने हमें नाकों चने चबवा दिए। हमारे शुरुआती विकेटों की तो झड़ी लग गई और जब मैं बल्लेबाज़ी करने उतरा, तब स्कोर 4 विकेट पर 38 रन था और मैच ख़त्म होने में अभी डेढ़ दिन का समय बाक़ी था।

वक़ार एक छोर से गेंदबाज़ी कर रहे थे और शुरुआती हमले से बचना अनिवार्य था। मैंने अभी पहला रन ही बनाया था कि तभी वक़ार ने एक शॉर्ट गेंद फेंकी। मुझे उम्मीद थी कि यह ठुड्डी की ऊँचाई तक उठेगी, लेकिन मैंने गेंद के उछाल का ग़लत अनुमान लगा लिया था। यह उम्मीद से छह इंच ज़्यादा उछली और मेरे हेलमेट के फ़्लैप पर टकराने के बाद मेरी नाक पर पड़ी। उस वक़्त मैं श्रीकांत के अलावा इकलौता बल्लेबाज़ था, जो जाली नहीं पहनता था। यह कोई बहादुरी का काम नहीं था; मुझे तो बस उसे पहनकर खेलने की आदत नहीं थी। अजीत भाई भारतीय ड्रेसिंग रूम के ठीक सामने बैठे थे और उन्होंने बाद में मुझे बताया कि गेंद के हेलमेट और फिर नाक से टकराने की आवाज़ उन्हें साफ़ सुनाई दी थी।

मेरी दृष्टि धुँधली हो गई और सिर भारी महसूस होने लगा। गेंद मुझसे टकराने के बाद स्लिप की ओर चली गई और मैंने आदतन मुड़कर देखा कि गेंद कहाँ गई थी। तब मुझे मेरी शर्ट पर ख़ून दिखाई दिया। जब मैं प्रहार से उबरने की कोशिश कर रहा था, तो मुझे जावेद मियाँदाद की टीका-टिप्पणी पर हँसी भी आ रही थी। मुझे मनोवैज्ञानिक दबाव में लाने के लिए वे इस तरह की बातें कह रहे थे, *'अरे तुझे तो अभी हॉस्पिटल जाना पड़ेगा; तेरा नाक टूट गया है।'* मुझे असहज बनाने के लिए दर्शक दीर्घा में एक बैनर भी फहराया जा रहा था, जिस पर लिखा था, *'बच्चे घर जा के दूध पी के आ।'*

जब हमारी टीम के डॉक्टर विश्वास रावत चोट की जाँच कर रहे थे, तो मैंने इन सारी बातों को नज़रअंदाज़ किया। उन्होंने मेरी नाक पर थोड़ी बर्फ़ रखी और पूछा कि क्या मैं मैदान से बाहर जाना चाहता हूँ। मैं बाहर नहीं जाना चाहता था, क्योंकि मेरी नज़रों में यह महत्त्वपूर्ण पल था। बाहर जाने से यह संकेत जाता कि मैं डर गया था। और मैं वास्तव में नहीं डर रहा था। क्रिकेट खेलते वक़्त मुझे यह पहली चोट नहीं लगी थी। यह अलग बात थी कि यह बाक़ी सारी चोटों से कहीं ज़्यादा गंभीर थी। मैंने खेलते रहने का फ़ैसला किया और कहा, *'मैं खेलेगा।'* यह मेरे आत्म-गौरव के लिए बहुत महत्त्वपूर्ण था और मुझे महसूस हुआ कि रुके

रहकर मैंने विपक्षी टीम को जवाब दे दिया था।

जब मैंने खेलना जारी रखने का निर्णय लिया, तो इमरान ने जावेद से दूर जाने को कहा और सभी पाकिस्तानी खिलाड़ी फ़ील्डिंग करने के लिए अपनी-अपनी जगह पर चले गए। खेल शुरू होने के बाद जल्दी ही वक़ार ने मेरे पैरों पर एक लंबी गेंद डाली, जिसे मैंने फ़्लिक करके बाउंड्री के बाहर भेज दिया। इसके बाद मैंने ऑफ़ साइड पर एक ड्राइव किया और मुझे अपने बारे में बहुत अच्छा महसूस हुआ। मैं गेंदों को योग्यता के आधार पर खेल रहा था और सिर्फ़ चोट की भड़ास निकालने के लिए आक्रामक तेवर नहीं दिखा रहा था। जल्दी ही चाय का समय हो गया और मुझे नए सिरे से शुरू करने का मौक़ा मिल गया। चाय के बाद मैं सचमुच अच्छी बल्लेबाज़ी करने लगा। मेरा आत्मविश्वास बढ़ रहा था और मैंने ठान लिया था कि मैं अपना विकेट नहीं गँवाऊँगा। टीम के लिए महत्त्वपूर्ण बात यह थी कि मैंने पूरा दिन निकाल दिया और हम मैच को ड्रॉ कराने की राह पर थे।

लेकिन होटल पहुँचने के कुछ ही समय बाद मुझे सिर में भारीपन महसूस हुआ। उस शाम टीम का एक कार्यक्रम था, लेकिन मैंने मैनेजर चंदू बोर्डे से अनुमति ली और अजीत व नवजोत सिद्धू के साथ डिनर लेने के बाद, जिसने मुझे शांत कर दिया, मैं कुछ दर्दनिवारक गोलियाँ लेकर जल्दी सोने चला गया। जब रात को अच्छी नींद लेने के बाद मैं अगली सुबह जागा, तो मैं आख़िरी दिन की चुनौती के लिए पूरी तरह तैयार था। पिछले दिन के अंत तक हमारा स्कोर 102-4 था और हमें विकेट पर कम से कम दो घंटे तक टिके रहना था, ताकि पाकिस्तान को टेस्ट जीतने का कोई अवसर न मिल सके।

नवजोत सिद्धू और मैं तब तक एक साथ डटे रहे, जब तक कि इमरान ने मुझे 57 पर आउट नहीं कर दिया। यह टेस्ट क्रिकेट में मेरा दूसरा अर्धशतक था। पाकिस्तान के घरेलू मैदान पर उसे न जीतने देना भारत के लिए एक बड़ी उपलब्धि थी, ख़ास तौर पर उनके गेंदबाज़ी के आक्रमण को देखते हुए। और इससे हमारी टीम का आत्मविश्वास बहुत बढ़ गया। हम सभी इस प्रदर्शन पर आनंदित थे।

अब्दुल क़ादिर का ओवर

टेस्ट मैचों के बाद हमने पाँच मैचों की एक दिवसीय श्रृंखला खेली, जिनमें से एक भी मैच पूरे पचास ओवर का नहीं हुआ। कुछ मैच तो बारिश के कारण प्रभावित हुए, जबकि तीसरा मैच इसलिए रद्द कर दिया गया, क्योंकि मनोज प्रभाकर की शानदार स्विंग गेंदबाज़ी की वजह से पाकिस्तान के 3 विकेट मात्र 29 रन पर ही गिर गए थे और इस बात पर भीड़ ने हुड़दंग मचा दिया था। पहला मैच पेशावर

में 16 दिसंबर 1989 को खेला जाने वाला था और इसे बारिश के कारण अंतिम पल रद्द कर दिया गया। लेकिन बुरे मौसम के बावजूद दर्शक वहाँ बहुत बड़ी तादाद में आए थे, इसलिए अंततः यह निर्णय लिया गया कि दर्शकों की ख़ातिर दोनों टीमें बीस-बीस ओवर का एक नुमाइशी मैच खेलें, जिसे संभवतः पहला 20-20 मैच कहा जा सकता है। यह एक अच्छा फ़ैसला था, क्योंकि दर्शक पैसों के बदले में मनोरंजन के हक़दार थे। आख़िर वही तो हैं, जो इस खेल को वह बनाते हैं जो यह है और वे संसार भर में इसकी सफलता के लिए अनिवार्य हैं।

ज़्यादातर लोग इस बात से सहमत होंगे कि भारत और पाकिस्तान के बीच अगर नुमाइशी मैच भी हो, तब भी यह गंभीर क्रिकेट मैच बने बिना नहीं रह सकता। पेशावर में पाकिस्तान ने अपनी पारी में 157 रनों का स्कोर बनाया और जब मैं तीन विकेट गिरने के बाद बल्लेबाज़ी करने पहुँचा, तो हमें 11 से ज़्यादा रन रेट से रन बनाने थे। श्रीकांत मेरे साथ बल्लेबाज़ी कर रहे थे और उन्होंने सलाह दी कि हमें आराम से खेलना चाहिए और आने वाले मैचों के लिए थोड़ा अभ्यास कर लेना चाहिए। मैं गेंदबाज़ों पर हमला करने का इरादा लेकर आया था और मुझे लग रहा था कि अगर हम अपने शॉट खेलें, तो हमारे पास मैच जीतने का मौक़ा है। मैंने यही बात श्रीकांत से कह दी। वे यह सुनकर थोड़े हैरान हुए, लेकिन उन्होंने मुझसे कहा कि मुझे जैसा अच्छा लगे, वैसा खेलूँ।

उस समय उदीयमान पाकिस्तानी लेग स्पिनर मुश्ताक़ अहमद गेंदबाज़ी कर रहे थे और मैंने जिस पहले ओवर का सामना किया, उसमें मैंने उनकी गेंद पर दो छक्के और एक चौका मारा। हालाँकि दोनों छक्के लॉन्ग ऑन के ऊपर मारे गए थे, लेकिन दूसरा छक्का काफ़ी दूर तक गया और इसने ड्रेसिंग रूम की खिड़की का काँच तोड़ दिया। पाकिस्तानियों को मुझसे इतनी दूर तक मारने की उम्मीद नहीं थी और उस वक़्त के अनुभवी गेंदबाज़ अब्दुल क़ादिर ने मेरे पास आकर कहा, *'बच्चे को क्यों मार रहे हो; दम है तो मुझे मारकर दिखाओ।'* मैंने उनसे कहा कि वे एक महान गेंदबाज़ हैं और मुझे यक़ीन है कि वे मुझे ऐसे शॉट नहीं मारने देंगे।

जब सिर्फ़ दो ओवर बचे थे, तो हमें 40 रनों की ज़रूरत थी और 19वाँ ओवर क़ादिर कर रहे थे। जीतने के लिए आक्रमण करना अनिवार्य था। मैंने मन बना लिया था कि अगर गेंद मेरे इलाक़े में आएगी, तो मैं शॉट मारूँगा। बाद में पता चला कि ज़्यादातर गेंदें मेरे इलाक़े में आईं और मैंने उस ओवर में 28 रन बनाए। मैंने पहली गेंद पर लॉन्ग ऑन के ऊपर छक्का मारा और इसके बाद तीसरी गेंद पर चौका मारा। चौथी गेंद पर मैंने उस ओवर का दूसरा छक्का मारा,

जिसे मैंने गेंदबाज़ के सिर के ठीक ऊपर से मारा था। मुझे सीधे मारते देखकर क़ादिर ने पाँचवीं गेंद स्टंप के बाहर की, ताकि मेरी स्टंपिंग कराई जा सके। मैंने उनकी इस चाल का पहले से ही अनुमान लगा लिया था और मैंने उस गेंद को तीसरे छक्के के लिए लॉन्ग ऑफ़ के ऊपर से मार दिया। आख़िरी बॉल तो उन्होंने ऑफ़ स्टंप के और बाहर की; मैंने अपने हाथ फैलाकर लॉन्ग ऑफ़ के ऊपर से एक और छक्का जड़ दिया, जिससे उस ओवर में चार छक्के हो गए।

एक ओवर पहले तक भीड़ को पाकिस्तानी विजय का विश्वास था, लेकिन इस अप्रत्याशित घटनाक्रम से वह उत्तेजित हो गई और बहुत शोर मचाने लगी। अचानक मैदान में ऊर्जा का सैलाब आ गया। अब मैच पूरी गंभीरता से खेला जा रहा था और किसी को भी दरअसल समझ नहीं आ रहा था कि कौन सी टीम जीतेगी। हमें आख़िरी ओवर में 14 रन चाहिए थे, जिसे वसीम अकरम फेंक रहे थे। अंततः हमारे तीन रन कम रह गए। मैच के ठीक बाद अब्दुल क़ादिर सच्चे खिलाड़ी वाले भाव से आकर बोले, *'बहुत आला बैटिंग।'*

पेशावर में 18 गेंदों में 53 रनों की उस पारी का मेरे करियर पर महत्त्वपूर्ण असर हुआ। जनता की निगाह में यह सियालकोट से ज़्यादा उम्दा पारी थी, जो मेरी दृष्टि में कहीं ज़्यादा मुश्किल और अहम थी। मेरी सियालकोट की पारी ने टेस्ट मैच और श्रृँखला दोनों बचाने में हमारी मदद की थी। लेकिन भारतीयों के लिए तो पेशावर वाली पारी ही बातचीत का असली बिंदु थी। इसने मुझे तुरंत लोकप्रिय बना दिया और मुझे घर-घर में चर्चित कर दिया। इसके बाद ही मुझसे पहली बार ऑटोग्राफ़ माँगे गए, जिससे मुझे अजीब सा एहसास हुआ। पाकिस्तान जाने से पहले मैं मुंबई में अपने दोस्तों के साथ बाहर जाकर *भेल* खा सकता था और सारी सामान्य चीज़ें कर सकता था। इसके बाद जब भी मैं अपने दोस्तों के साथ बाहर जाता था, तो लोग आकर मुझसे पूछने लगते थे कि क्या मैं ही सचिन तेंदुलकर हूँ। और यह सब पेशावर की उस एक पारी की बदौलत हुआ था। हालाँकि यह सुझाव देना अभी वाजिब नहीं था कि मैंने खुद को अंतरराष्ट्रीय स्तर पर स्थापित कर लिया था, लेकिन मैंने निश्चित रूप से पैर रखने की जगह बना ली थी।

जब मैं घर लौटा, तो मैं समझ सकता था कि माता-पिता को मेरी उपलब्धियों पर गर्व था, लेकिन मेरे घर में कभी भारी जश्न नहीं मनाया गया। हालाँकि पिताजी बहुत ख़ुश व संतुष्ट दिख रहे थे, लेकिन उन्होंने कभी असंयमी अंदाज़ में अपने जज़्बात नहीं दिखाए। जब मैं अच्छा प्रदर्शन करता था, तो माँ हमेशा भगवान के सामने *दीपक* जलाती थीं और मिठाई का प्रसाद चढ़ाती थीं, लेकिन बस इतना ही होता था। कई बार लोग मैदान के अंदर के प्रदर्शन के बजाय बाहर के व्यवहार

के लिए मेरी प्रशंसा करते हैं। वे कहते हैं कि मेरे पैर ज़मीन पर हैं। अगर यह सच है, तो मुझे यह कहने में कोई हिचक नहीं है कि इसका सारा श्रेय मेरे परिवार को जाता है।

पाकिस्तान में अजीत भाई की मौजूदगी से बहुत मदद मिली थी। हम हर शाम को मेरे खेल के बारे में बात करते थे और यह सोच-विचार करते थे कि इसे कैसे बेहतर बनाया जा सकता है। हालाँकि मैं कई वरिष्ठ टीम खिलाड़ियों के पास भी जा सकता था, लेकिन मैं अजीत के साथ इस बारे में बातचीत करने में सबसे आरामदेह अनुभव करता था, क्योंकि वे मेरे खेल को बाक़ी किसी से भी ज़्यादा अच्छी तरह जानते थे। उन्होंने मुझे क्रिकेटर के रूप में बड़ा होते देखा था, इसलिए यह स्वाभाविक था कि उनके अवलोकन हमेशा ज़्यादा सटीक रहेंगे।

पाकिस्तान से लौटने के बाद मैं क्रिकेट खिलाड़ी के रूप में अपने बारे में ज़्यादा सकारात्मक महसूस करने लगा और भारत के अगले विदेशी दौरे के बारे में सोचने लगा। हमें 1990 की शुरुआत में न्यूज़ीलैंड जाना था। मुझे काफ़ी विश्वास था कि मुझे चुन लिया जाएगा, लेकिन फिर भी जब दौरे के लिए टीम घोषित हुई, तो मुझे इसमें अपना नाम देखकर ख़ुशी हुई।

India in Pakistan 1989

1st Test. Karachi. 15–20 November 1989

Pakistan 409 (Imran Khan 109*, J Miandad 78, S Mohammad 67; M Prabhakar 5–104, Kapil Dev 4–69) and 305–5 dec (S Malik 102*, S Mohammad 95; Kapil Dev 3–82)

India 262 (KS More 58*, Kapil Dev 55. **SR Tendulkar 15;** W Akram 4–83, W Younis 4–80) and 303–3 (SV Manjrekar 113*, NS Sidhu 85)

Match drawn

2nd Test. Faisalabad. 23–28 November 1989

India 288 (SV Manjrekar 76, **SR Tendulkar 59;** Imran Khan 4–45) and 398–7 (M Azharuddin 109, SV Manjrekar 83, NS Sidhu 51, **SR Tendulkar 8**)

Pakistan 423–9 dec (A Malik 117, S Malik 63, R Raja 58; M Prabhakar 6–132)

Match drawn

3rd Test. Lahore. 1–6 December 1989

India 509 (SV Manjrekar 218, M Azharuddin 77, RJ Shastri 61, **SR Tendulkar 41;** A Qadir 3–97)

Pakistan 699–5 (S Mohammad 203*, J Miandad 145, A Malik 113)

Match drawn

4th Test. Sialkot. 9–14 December 1989

India 324 (SV Manjrekar 72, M Azharuddin 52, **SR Tendulkar 35;** W Akram 5–101) and 234–7 (NS Sidhu 97, **SR Tendulkar 57;** Imran Khan 3–68)

Pakistan 250 (R Raja 56; V Razdan 5–79)

Match drawn

Series drawn 0–0

4
विदेशी परिस्थितियाँ

न्यूज़ीलैंड का दौरा किसी भी भारतीय क्रिकेटर के लिए हमेशा बहुत मुश्किल रहता है। वहाँ अक्सर तेज़ हवाएँ चलती हैं और बहुत ठंड रहती है। इसके अलावा, ज़्यादातर मैदानों की बाउंड्री छोटी होती है। यह सब भारतीय परिस्थितियों के विपरीत होता है। 1990 में यह चुनौती दोगुनी मुश्किल थी, क्योंकि स्विंग गेंदबाज़ी के महारथी रिचर्ड हेडली अपने शबाब पर थे। उपमहाद्वीप के बाहर यह मेरा पहला दौरा था और सत्रह साल की उम्र में मैं इस अवसर को लेकर रोमांचित था।

भारत न्यूज़ीलैंड में, फ़रवरी–मार्च 1990

न्यूज़ीलैंड में पहले कुछ दिन आसान नहीं थे। वहाँ के स्थानीय लोगों के बोलने का अंदाज़ हमारे कानों को बहुत अजीब लग रहा था। इसके अलावा, वहाँ के विदेशी भोजन की आदत पड़ने में भी समय लगा। दौरे में बहुत जल्दी ही मनोज प्रभाकर के साथ एक मज़ेदार घटना हुई, जो बोलने के लहज़े से जुड़ी थी। प्रभाकर को अपने उपकरण चार्ज करने के लिए एक एडाप्टर चाहिए था और होटल के हाउसकीपिंग स्टाफ़ से इसे माँगते समय उन्होंने न्यूज़ीलैंड के लहज़े की नक़ल की। इंटरकॉम पर एडाप्टर माँगते समय वे शुरुआती 'ए' अक्षर चबा रहे थे, जिस वजह से वह शब्द 'डाप्टर' जैसा सुनाई दे रहा था। स्टाफ़ समझ नहीं पा रहा था कि वे आख़िर चाहते क्या थे। कुछ पलों के बाद प्रभाकर नाराज़ होकर बोले कि उन्हें 'डाप्टर' तुरंत चाहिए। कुछ ही मिनटों में दरवाज़े पर दस्तक हुई और बाहर एक डॉक्टर खड़ा था। स्टाफ़ ने 'डाप्टर' के बजाय 'डॉक्टर' सुन लिया था (आंशिक तौर पर इसलिए क्योंकि वे डॉक्टर का उच्चारण 'डाक्टर' करते थे) और होटल के डॉक्टर को प्रभाकर के कमरे में भेज दिया था।

दौरे का पहला मैच न्यू प्लाईमाउथ में हुआ और मैदान पहाड़ियों से घिरा था। ऐसा लग रहा था, मानो पहाड़ों के बीच में स्टेडियम को रख दिया गया था और हमारे मैनेजर बिशन सिंह बेदी ने इसका सबसे ज़्यादा फ़ायदा उठाने का

फ़ैसला किया। बेदी को सार्वकालिक सर्वश्रेष्ठ बाएँ हाथ के स्पिनरों में गिना जाता है। वे बहुत सख़्त मैनेजर थे और चाहते थे कि अपनी फ़िटनेस को बेहतर बनाने के लिए हम बहुत दूर तक दौड़ें। न्यू प्लाईमाउथ में हमारी फ़िटनेस प्रैक्टिस में हम पहाड़ों पर दौड़ते थे और प्रशिक्षण सत्र के अंत तक हममें रत्ती भर भी ऊर्जा नहीं बचती थी।

जैसा पाकिस्तान में हुआ था, क्राइस्ट चर्च में पहले टेस्ट में मेरी शुरुआत ख़ास अच्छी नहीं हुई। डैनी मॉरिसन ने मुझे शून्य पर चलता कर दिया। गेंद अच्छी थी, लेकिन विदाई रोचक थी। न्यूज़ीलैंड के ज़्यादातर खिलाड़ी मुझे स्कूली लड़का कह रहे थे और काफ़ी सारे अश्लील शब्दों का इस्तेमाल भी कर रहे थे। उन्होंने ताना मारते हुए सलाह दी कि मैं अपने स्कूल के दोस्तों के साथ क्रिकेट खेलूँ, क्योंकि मैं अंतरराष्ट्रीय स्तर पर खेलने लायक़ नहीं था। मैंने अपना मुँह बंद रखा।

दूसरी पारी ज़्यादा अच्छी थी, जिसमें मैं एक घंटे तक विकेट पर रुकने में कामयाब हुआ और मैंने 44 गेंदें खेलीं। मेरे 24 रनों ने मुझे आत्मविश्वास दिया कि मैं विपरीत परिस्थितियों में भी सफल हो सकता हूँ। हालाँकि मैं अपने शरीर के क़रीब की गेंद को कट करते वक़्त जॉन ब्रेसवैल की गेंद पर आउट हो गया, लेकिन मैंने रिचर्ड हेडली का सफलतापूर्वक सामना कर लिया था, जो मेरे लिए काफ़ी बड़ी उपलब्धि थी। हेडली की मुझे फेंकी पहली दो गेंदें बाउंसर थीं, लेकिन दोनों एक-दूसरे से बहुत अलग थीं। पहली बाहर निकलने वाली बाउंसर थी, जो टप्पा खाने के बाद दूर चली गई। दूसरी उसी जगह पर टप्पा खाकर अंदर आई और मुझे अपना सिर हटाने के लिए आख़िरी मिनट तक गेंद पर निगाह रखनी पड़ी। हेडली में इतनी कमाल की योग्यता थी कि आपको उसका प्रतिकार करने के लिए हर पल अपने सर्वश्रेष्ठ स्तर पर खेलना पड़ता था।

न्यूज़ीलैंड ने पहला टेस्ट दस विकेट से जीत लिया। इसके कुछ ही दिन बाद 9 फ़रवरी को नेपियर में दूसरा टेस्ट मैच हुआ। हमने टॉस जीतने के बाद पहले बल्लेबाज़ी करने का निर्णय लिया, लेकिन पहला दिन बारिश में धुल गया। मैच आख़िरकार दूसरे दिन शुरू हुआ और तीसरे दिन के अंत तक मैं 80 रन पर नाबाद था। गेंद करतब दिखा रही थी और बल्लेबाज़ी बहुत आसान नहीं थी, लेकिन मैंने एक बार भी गेंदबाज़ों पर हावी होने की कोशिश नहीं की, जो मैं घरेलू क्रिकेट में करता था।

जब मैं चौथी सुबह बल्लेबाज़ी करने पहुँचा, तो शतक की संभावना मेरे दिमाग़ में थी। मुझे सिर्फ़ 20 रन और चाहिए थे और मैं अपने अवसर को भुनाने की ठान चुका था। मैंने अच्छी शुरुआत करते हुए मॉरिसन की पहली ही

गेंद पर चौका जड़ दिया। उन्होंने उस ओवर की बाक़ी गेंदें शॉर्ट फेंकीं, जिन्हें मैंने इत्मीनान से छोड़ दिया। अगले ओवर में मैंने एक बार फिर पहली गेंद पर चौका मार दिया। अगली गेंद मेरे बल्ले के क़रीब फेंकी गई थी और मैंने एक बड़ा ड्राइव करने का मन बना लिया था, लेकिन यह शॉट हवा में चला गया और मिड ऑफ़ पर खड़े न्यूज़ीलैंड के कप्तान जॉन राइट ने 88 रनों पर मेरा कैच लपक लिया।

मेरा दिल टूट गया। पवेलियन की तरफ़ जाते वक़्त मैं अपने आँसुओं पर क़ाबू नहीं रख पाया। जब शतक में सिर्फ़ बारह रन कम थे, तो मैंने वह शॉट खेला ही क्यों? जब तक मैं बाउंड्री की रस्सी तक पहुँचा, आँसू मेरे गालों पर बहने लगे थे। मुझे ख़ुशी है कि उस ज़माने में इतने ज़्यादा कैमरे नहीं होते थे, वरना कोई न कोई कैमरामैन निश्चित रूप से मेरा रोता हुआ फ़ोटो ले लेता और मुझे बाद में शर्मिंदा होना पड़ता। ड्रेसिंग रूम पहुँचने के बाद मैं सीधे बाथरूम गया और वहाँ कुछ मिनट तक फूट-फूटकर रोया। पहले टेस्ट शतक को चूकना बहुत दर्दनाक था। बाद में मुझे बताया गया कि अगर मैं उस दिन शतक बना लेता, तो मैं इतिहास में सबसे कम उम्र में टेस्ट शतक बनाने वाला खिलाड़ी बन जाता। यह एक ऐसा अवसर था, जो मैं चूक गया था। मुझे याद है कि जब 2005 में जॉन राइट भारत के कोच बने, तो मैंने उनसे कहा था कि उन्हें दरअसल वह कैच नहीं पकड़ना चाहिए था!

हम अंततः तीन टेस्ट मैचों की वह श्रृँखला 0-1 से हार गए। इसके बाद हमने एक दिवसीय मैचों की त्रिकोणीय श्रृँखला रॉथमैन्स कप खेली, जिसमें तीसरी टीम ऑस्ट्रेलिया थी। पहले टेस्ट मैच की तरह ही 1 मार्च को डनीडिन में न्यूज़ीलैंड के ख़िलाफ़ हुए पहले एक दिवसीय मैच में मैं शून्य पर आउट हो गया। मध्यम तेज़ गेंदबाज़ शेन थॉमसन ने अपनी ही गेंद पर मेरा कैच पकड़ लिया। इकलौता फ़र्क़ यह था कि यहाँ मैं एक गेंद ज़्यादा टिका। अंततः हम वह मैच 108 रनों से हार गए।

मैंने 6 मार्च 1990 को अपने अगले मैच में ज़्यादा श्रेष्ठ प्रदर्शन किया, जो टूर्नामेंट के लिहाज़ से अहम था। हम दूसरे मैच में ऑस्ट्रेलिया से हार गए थे और फ़ाइनल की दौड़ में बने रहने के लिए अब हमें न्यूज़ीलैंड को हराना था। मैंने 39 गेंदों में 36 रन बनाए और इस प्रक्रिया में पहली बार उनके तेज़ गेंदबाज़ों पर आक्रमण करते हुए कुछ चौके मारे। हमने यह मैच एक रन से जीत लिया, जब मार्टिन स्नीडन रन आउट हो गए और आख़िरी ओवर में कपिल देव ने रिचर्ड हेडली को बोल्ड कर दिया। कपिल देव के बहुमुखी प्रदर्शन के लिए उन्हें

मैन ऑफ़ द मैच घोषित किया गया। पहली बार किसी आधिकारिक एक दिवसीय मैच में मेरी पारी टीम के लिए उपयोगी साबित हुई थी। मैं ज़्यादा जश्न नहीं मना सकता था, क्योंकि मैच के दौरान मेरी दाईं क्वाड्रिसेप्स में चोट आ गई थी और मुझे मैदान से उठाकर बाहर ले जाना पड़ा था। मैं शाम तक चलने की स्थिति में नहीं था और अगले कुछ दिन बैसाखियों पर रहा। यह मेरे करियर की पहली गंभीर चोट थी और मेरा टूर्नामेंट ख़त्म हो गया था।

जब हम न्यूज़ीलैंड में थे, तब भारत की महान गायिका आशा भोसले वेलिंगटन में आयोजित एक संगीत समारोह में आईं और हमारी टीम उनके संगीत समारोह में गई। यह पहली बार था, जब मैंने उनका गाना आमने-सामने सुना और मुझे उस अनुभव में बड़ा मज़ा आया। आशा भोसले और लता मंगेशकर (जो भारत की सबसे महान गायिकाओं में गिनी जाती हैं) अब भी मेरी प्रिय गायिकाएँ हैं और उन्हें सामने गाते देखना हमेशा बहुत ख़ास अनुभव रहा है।

भारत लौटने पर पिताजी बोले कि मुझे अपनी ईश्वर-प्रदत्त क्रिकेट योग्यता को निखारना चाहिए। उनकी बात सही थी। यह ज़्यादा कड़ी मेहनत का समय था। मुझे तेज़ स्विंग गेंदबाज़ी का सामना करने की अपनी क़ाबिलियत को निखारना था और मैंने ठान लिया कि मैं इसके लिए नेट्स में घंटों मेहनत करूँगा।

भारत इंग्लैंड में, जुलाई–अगस्त 1990

न्यूज़ीलैंड श्रृंखला के बाद भारत की टीम इंग्लैंड के दौरे पर गई, जो हमारा उस साल का सबसे महत्त्वपूर्ण दौरा था। भारत ने 1986 में इंग्लैंड में टेस्ट श्रृंखला जीती थी और हम सभी उसी सफलता को दोहराने की उम्मीद कर रहे थे। हमारा प्रशिक्षण कैंप श्रृंखला के ठीक पहले बैंगलोर में लगा और बिशन सिंह बेदी ने हर दिन मीलों दौड़ाने की अपनी आदत नहीं छोड़ी। हम चिन्नास्वामी स्टेडियम के सामने वाले कबन पार्क में एक लाइन में जॉगिंग करते थे और लाइन के आख़िरी व्यक्ति को दौड़कर सामने आना होता था। यह अभ्यास सभी खिलाड़ियों को करना पड़ता था और यह बहुत थकाने वाला काम था। इसके बाद मनोज प्रभाकर ने तो मज़ाक़ में एक बार यहाँ तक कहा कि अब वे इतनी तेज़ दौड़ने लगे हैं कि गेंद फेंकने के बाद वे गेंद से पहले ही बल्लेबाज़ के पास पहुँच जाएँगे।

मैं 1987-88 और 1988-89 में दो बार पहले भी इंग्लैंड जा चुका था। तब मैं स्टार क्रिकेट क्लब की तरफ़ से गया था, जो कैलाश गट्टानी की टीम थी (पूर्व तेज़ गेंदबाज़, जो भारतीय घरेलू क्रिकेट में राजस्थान की तरफ़ से प्रथम श्रेणी क्रिकेट खेले थे)। पहले मौक़े पर कोलकाता स्थित यंग क्रिकेटर्स एसोसिएशन ने

मुझे प्रायोजित किया था और मेरी विमान यात्रा का ख़र्च उठाया था। दूसरी बातों के अलावा, मुझे वह दौरा उस भोजन के कारण याद है, जो हमने खाया था। हम कॉलेज और स्कूल के छात्रावास में ठहरे थे और हमने उनके डाइनिंग हॉल में नाश्ता किया। ज़िंदगी में पहली बार नाश्ते में मुझे ठंडा मीट परोसा गया। मीट को ठंडा खाया जा सकता है, यह बात मुझे किसी चमत्कार से कम नहीं लगी!

मैं इतनी सारी अलग-अलग तरह की कारें देखकर भी दंग रह गया। कारों में मेरी हमेशा से रुचि थी, हालाँकि उस वक़्त हमारे पास कार नहीं थी। कैलाश गट्टानी ने एक लग्ज़री सिडैन किराए पर ली थी और मैं इन मनमोहक मशीनों के इंजीनियरिंग विवरणों के बारे में ज़्यादा से ज़्यादा जानने के लिए उत्सुक था। क्रिकेट खेलने के अलावा मैंने ख़ुद को अन्य चीज़ों में भी व्यस्त रखा और मैंने किसी दूसरे देश की खोज करने के अवसर का भरपूर आनंद लिया। विश्व क्रिकेट के मक्का यानी लॉर्ड्र्स की यात्रा करना एक सपना था, जो साकार हो गया। इसके बाद मेरे मन में यह महत्त्वाकांक्षा आ गई कि मैं भारतीय क्रिकेट टीम का सदस्य बनकर ऐसी जगहों पर खेलूँ।

1990 का हमारा दौरा कुछ प्रथम श्रेणी मैचों से शुरू हुआ, जिसके बाद दो एक दिवसीय मैच थे। हालाँकि मैं दौरे की शुरुआत में अच्छे फ़ॉर्म में था और प्रथम श्रेणी मैचों में मैंने अच्छे रन बनाए, लेकिन लीड्स में 18 जुलाई को हुए पहले एक दिवसीय मैच में मैं इतना अच्छा प्रदर्शन नहीं कर पाया और सिर्फ़ 19 रन ही बना पाया। सुखद बात यह थी कि इससे कोई फ़र्क़ नहीं पड़ा, क्योंकि मांजरेकर और अज़हरुद्दीन की बल्लेबाज़ी की बदौलत टीम जीत गई। अब हमारे पास श्रृँखला जीतने का मौक़ा था, बशर्ते हम 20 तारीख़ को नॉटिंघम में होने वाला अगला मैच जीत सकें।

दूसरे मैच में इंग्लैंड ने बेहतर प्रदर्शन किया। पहले बल्लेबाज़ी करते हुए उन्होंने 281 रन खड़े किए, जिसमें दक्षिण अफ़्रीका में जन्मे मध्य क्रम के बल्लेबाज़ रॉबिन स्मिथ ने 103 रन बनाए। जब मैं छठे क्रम पर बल्लेबाज़ी करने पहुँचा, तो हमें बीस ओवर में 145 रन बनाने थे। उस ज़माने में इसे मुश्किल लक्ष्य माना जाता था। मैंने 26 गेंदों में फटाफट 31 रन बनाए और मेरे आउट होते वक़्त स्कोर 249 था और हमें जीतने के लिए 33 रन की ज़रूरत थी। अंततः अज़हर के नाबाद 63 रन की बदौलत हम मैच जीत गए और हमने श्रृँखला भी 2-0 से जीत ली। यह दौरे की आदर्श शुरुआत थी, जिसकी बदौलत हम पूरे आत्मविश्वास के साथ टेस्ट श्रृँखला में गए।

पहला टेस्ट, लॉर्ड्स, 26-31 जुलाई 1990

लॉर्ड्स का पहला टेस्ट हमेशा ग्राहम गूच की आतिशी पारी के लिए याद किया जाएगा। 33 रन पर उनका कैच छूटा और इसके बाद उन्होंने तिहरा शतक जड़ दिया। वे आख़िरकार 333 पर आउट हुए। यही नहीं, उन्होंने दूसरी पारी में एक और शतक बना दिया। भारत के लिए रोमांचक बात यह थी कि अज़हर ने शतक बनाया था और फ़ॉलो-ऑन बचाने के लिए कपिल देव ने ऑफ़ स्पिनर एडी हेमिंग्स की गेंदों पर लगातार चार छक्के मारे थे।

मैच में मेरा एकमात्र महत्त्वपूर्ण योगदान यह था कि मैंने इंग्लैंड की दूसरी पारी में एक कैच पकड़ा था। यह कैच इंग्लैंड के आधार स्तंभ एलन लैंब का था, जिसे मैंने लेग स्पिनर नरेन्द्र हिरवानी की गेंद पर पकड़ा था। यह आज भी मेरे करियर का सबसे यादगार कैच है। जब लैंब सीधे मारने के लिए क्रीज़ से बाहर निकले, तो हिरवानी ने उन्हें हवा में चकमा दे दिया। गेंद की पिच तक न आ पाने के बावजूद लैंब ने शॉट को नहीं रोका, जिससे गेंद हवा में उठ गई। ऐसा लग रहा था, मानो यह गेंदबाज़ से 25 गज़ दूर जाकर गिरने वाली थी। जैसे ही लैंब ने शॉट मारा, मैं लॉन्ग ऑफ़ की अपनी जगह से तेज़ी से दौड़ने लगा। सफलता की संभावना बहुत कम थी, क्योंकि मैं पारंपरिक लॉन्ग-ऑफ़ के बजाय कुछ गज़ तिरछा खड़ा था। आख़िरी कुछ क़दमों के दौरान ही मुझे एहसास हुआ कि मेरे पास ज़रा सा मौक़ा था। मैंने 25 गज़ से ज़्यादा की दूरी तय कर ली थी और अब ज़रा सा फ़ासला बचा था। मैं आगे की तरफ़ डाइव लगा सकता था, लेकिन मैं जानता था कि इससे मैं कैच पर नियंत्रण नहीं कर पाऊँगा। दूसरा विकल्प यह था कि मैं दौड़ता रहूँ और किसी तरह गेंद पर हाथ लगाने की कोशिश करूँ, जो अब नीचे आ रही थी। मैंने दूसरा विकल्प चुना और मुझे हैरानी हुई, जब गेंद घुटने की ऊँचाई पर मेरे फैले हुए दाएँ हाथ में समा गई।

कैच पूरा करने के बाद मैंने विशुद्ध उल्लास में इसे हवा में उछाल दिया। मेरी टीम के साथी स्वाभाविक रूप से आनंदित थे। हिरवानी मुझे बधाई देने के लिए दौड़कर आ गए और मैं कैच पकड़ने पर रोमांचित महसूस कर रहा था। दर्शकों ने इस कमाल की दौड़ की प्रशंसा की और जब मैं अपनी फ़ील्डिंग की जगह पर वापस लौटा, तो मुझे वे गर्मजोशी भरी तालियाँ याद हैं। मुझे लगता है कि इस तरह के कैच लेने की कुंजी यह है कि कोशिश करने से न डरें, जल्दी से निर्णय लें और हमेशा गेंद के मार्ग पर निगाह जमाए रखें।

हम लॉर्ड्स का टेस्ट 247 रन के विशाल अंतर से हार गए। एक सप्ताह बाद ओल्ड ट्रैफ़र्ड में दूसरा टेस्ट मैच होने वाला था और हमें श्रृंखला में बने रहने

के लिए उससे पहले अपने खेल को बेहतर करना था।

दूसरा टेस्ट, ओल्ड ट्रैफ़र्ड, 9-14 अगस्त 1990

ओल्ड ट्रैफ़र्ड में पहली पारी में इंग्लैंड ने एक बार फिर 500 रन से ज़्यादा का स्कोर खड़ा कर दिया, जिसमें गूच और माइक एथरटन के शतक शामिल थे। हमारा लक्ष्य उनके स्कोर के यथासंभव क़रीब पहुँचना था। हम जानते थे कि हमें मैच में चौथी पारी में बल्लेबाज़ी करनी थी और थकी हुई पिच पर 250 से ज़्यादा रनों का पीछा करना मुश्किल होगा। हमारी पहली पारी में अज़हर ने एक और शतक जमाया। इसके अलावा, शीर्ष क्रम के लगभग हर बल्लेबाज़ ने योगदान दिया। अगर निचले मध्य क्रम ने रन बनाए होते, तो हम इंग्लैंड के स्कोर के ज़्यादा क़रीब पहुँच सकते थे और यहाँ तक कि पहली पारी में बढ़त भी ले सकते थे। इससे मुझे अपना पहला शतक पूरा करने का अवसर भी मिल जाता। लेकिन वे फटाफट आउट हो गए और मेरे पास साथी कम पड़ गए। जब मैं छठे क्रम पर बल्लेबाज़ी करने उतरा था, तब टीम का स्कोर 246 था और मैं सबसे अंत में 68 पर आउट हुआ, जब मैं एडी हेमिंग्स की गेंद पर एक बड़ा शॉट मारने की कोशिश कर रहा था। मुझे यक़ीन है, हिरवानी इस बात से सहमत होंगे कि वे संसार के सर्वश्रेष्ठ नंबर इलेवन बल्लेबाज़ नहीं हैं। मुझे लगा कि मुझे अब अपने शॉट जल्दी मारने चाहिए और इस कोशिश में मैं डीप मिड विकेट पर क्रिस लुइस को कैच दे बैठा।

हिरवानी के साथ बल्लेबाज़ी करना हमेशा मज़ेदार रहता था। पिच पर आते वक़्त वे मुझसे बोले कि जब तक गेंद सीधी-सीधी आती है, तब तक चिंता की कोई बात नहीं है। उन्होंने कहा कि उन्हें बाउंसरों के सामने मुश्किल आती है। मैंने उन्हें तसल्ली देते हुए कहा कि इंग्लैंड के गेंदबाज़ उन्हें बाउंसर इसलिए नहीं डालेंगे, क्योंकि वे मान्यताप्राप्त बल्लेबाज़ नहीं हैं। उन्होंने कुछ समय तक बल्लेबाज़ी की और धीरे-धीरे उनका आत्मविश्वास बढ़ गया। यह इतना ज़्यादा बढ़ गया कि मध्यम-तेज़ गेंदबाज़ क्रिस लुइस की गेंद पर वे अचानक उछलकर आगे आ गए और कड़ाके का शॉट मार दिया। क्रिस के चेहरे के भाव ने सब कुछ बयां कर दिया। उन्हें यह बात अच्छी नहीं लगी कि ग्यारहवें नंबर का बल्लेबाज़ आगे निकलकर उनकी पिटाई करे। जब वे अगली गेंद डालने के लिए अपने निशान पर पहुँचे, तो वे आगबबूला थे और लग रहा था कि अगली गेंद बाउंसर आने वाली है। लेकिन आगे निकलकर शॉट मारते समय हिरवानी ने अपना बैट तोड़ लिया था और ड्रेसिंग रूम से दूसरा बैट लाने में थोड़ा समय लग गया। बैट बदलने

में जो समय लगा, उसमें सौभाग्य से क्रिस लुइस का गुस्सा ठंडा हो गया और हिरवानी सकुशल लौटने में कामयाब हुए।

हम आख़िरकार 432 रन पर आउट हुए और इंग्लैंड को पहली पारी में 87 रनों की बढ़त मिल गई। यह स्पष्ट था कि इंग्लैंड की टीम फटाफट स्कोर करके हमारे लिए एक लक्ष्य तय करेगी। इंग्लैंड की दूसरी पारी में एलन लैंब ने शतक बनाया और अंतिम दिन उन्होंने पारी 320-4 पर घोषित कर दी, जो हमें 92 ओवर में बनाने थे। इंग्लैंड के गेंदबाज़ों में एंगस फ्रेज़र, क्रिस लुइस, डेवॉन मैलकम और एडी हेमिंग्स शामिल थे, इसलिए इस आक्रमण में थोड़ी विविधता थी। हालाँकि तेज़ गेंदबाज़ों ने बादलों का अच्छा उपयोग किया, लेकिन हेमिंग्स ने पाँचवें दिन की पिच से काफ़ी मदद निकाली। जब सभी गेंदबाज़ अपना सर्वश्रेष्ठ प्रदर्शन कर रहे थे, तो जल्दी ही हमारा स्कोर 109 पर 4 हो गया। फिर 127 के स्कोर पर अज़हर आउट हो गए और एडी हेमिंग्स ने कपिल देव को यॉर्क कर दिया, जिससे हमारा स्कोर 183-6 के ख़तरनाक मोड़ पर पहुँच गया।

मेरा पहला टेस्ट शतक

जब मनोज प्रभाकर मेरा साथ देने आए, तो हमें मैच को बचाने के लिए एक साझेदारी की सख़्त ज़रूरत थी। अपनी पारी की शुरुआत में मैं खुशक़िस्मत था, क्योंकि ऑन ड्राइव खेलते वक़्त एडी हेमिंग्स ने मेरा कैच छोड़ दिया था। गेंद मेरे बैट के बाहरी हिस्से से टकराकर हेमिंग्स की ओर उछल गई थी और वे इसे नहीं पकड़ पाए थे। मैंने अपना सबक़ सीख लिया और ऊँचे शॉट न खेलने का निर्णय लिया। साथ ही मैंने ठान लिया कि मैं कुछ शॉट भी खेलूँगा और कछुए की तरह अपने खोल में सिमटा नहीं रहूँगा। अतिरिक्त रक्षात्मक होने से यह नुक़सान हो सकता था कि इंग्लैंड के गेंदबाज़ ज़्यादा से ज़्यादा फ़ील्डरों को बैट के चारों ओर लगा देंगे, जबकि रन बनाने की कोशिश करके मैं फ़ील्डरों को दूर रख सकूँगा। जब भी मुझे रन बनाने का मौक़ा मिलता था, मैं हर बार ऐसा कर लेता था। मैंने ज़्यादातर रन पंच करके बनाए, जिसमें बहुत कम जोखिम होता था। आक्रामकता और सावधानी के बीच का संतुलन अनिवार्य था और मैं हर गेंद पर ध्यान केंद्रित करने की कोशिश कर रहा था। मेरा अर्धशतक पूरा हो गया, लेकिन मैं इससे रोमांचित नहीं हुआ। हार का ख़तरा अभी टला नहीं था और मैच बचाना ही मेरा लक्ष्य था।

दूसरे छोर पर, मनोज प्रभाकर अच्छी तरह खेल रहे थे और कुछ समय बाद यह स्पष्ट हो गया कि हम इंग्लैंड के गेंदबाज़ों को कुंठित करने में कामयाब हो गए

थे। पहला काम पूरा हो गया था। मैच बचाने की कोशिश करते समय छोटे लक्ष्य तय करना ही सबसे मुख्य चीज़ है, जैसे अगले पाँच ओवर तक बल्लेबाज़ी करना या अगले एक घंटे तक बल्लेबाज़ी करना या एक सत्र तक बल्लेबाज़ी करना। अगर किसी सत्र में कोई विकेट न गिरे, तो विपक्षी टीम चाहे जितने नियंत्रण में हो, उसका दबाव महसूस करना तय है। समय इंग्लैंड के लिए धीरे-धीरे कम हो रहा था और बेचैनी साफ़ नज़र आने लगी थी।

जब मैंने 90 का आँकड़ा पार कर लिया, तो यह स्पष्ट था कि शतक बनाने का विचार मेरे खेलने के अंदाज़ पर असर डालेगा। आख़िर, यह मेरा पहला अंतरराष्ट्रीय शतक होगा और भीड़ इसकी उम्मीद करने लगी थी। मैंने ख़ुद को न्यूज़ीलैंड वाली घटना याद दिलाई और मैं इस बारे में सतर्क था कि इस बार वह ग़लती नहीं दोहराऊँगा। अब भी दिन के खेल में कुछ समय बचा था और अगर मैं आउट हो गया, तो इंग्लैंड जीत के लिए दबाव बढ़ा सकता था।

नब्बे और सौ के बीच में एंगस फ्रेज़र की एक गेंद पर क़िस्मत ने मेरा साथ दिया। उन्होंने एक गेंद बाउंसर की और मैं नीचे झुक गया, लेकिन मेरा बल्ला मेरे सिर के ऊपर पेरिस्कोप की तरह अड़ा रहा। गेंद बल्ले के पिछले हिस्से से टकराई और ज़मीन के सहारे फ़ाइन लेग तक चली गई। यह किसी क़रीबी फ़ील्डर या विकेटकीपर के हाथ में भी जा सकती थी। लेकिन यह नहीं गई। मुझे इस बात की ख़ुशी थी और इस ख़ुशक़िस्मती के लिए मैंने ईश्वर को धन्यवाद दिया।

ऐसा लगता था कि ओल्ड ट्रैफ़र्ड में क़िस्मत मेरे साथ थी। मैंने धैर्यपूर्वक बल्लेबाज़ी की और फिर 98 के स्कोर पर मैंने एंगस फ्रेज़र को मिड ऑफ़ पर पंच कर दिया। क्रिस लुइस ने गेंद का पीछा किया, लेकिन जब तक वे इसे गेंदबाज़ के पास पहुँचाते, तब तक मैंने तीन रन ले लिए थे और अपना पहला टेस्ट शतक पूरा कर लिया था। भीड़ खड़े होकर तालियाँ बजाने लगी, लेकिन मैं उनके अभिवादन को स्वीकार करने में बहुत अटपटा महसूस कर रहा था। मैं इस स्थिति में पहले कभी नहीं रहा था और स्टेडियम की ओर अपना बल्ला उठाने में मुझे बहुत संकोच हो रहा था।

जब भी मैं अपने पहले शतक की रिकॉर्डिंग देखता हूँ, तो हर बार मुझे एहसास होता है कि जश्न मनाना मेरे लिए स्वाभाविक नहीं था। समय के साथ मुझे मैदान में अपनी उपस्थिति के बारे में ज़्यादा विश्वास आया। 'उपस्थिति' दरअसल अंतरराष्ट्रीय खेल में बहुत महत्त्वपूर्ण होती है। मैदान में रहना एक बात है, लेकिन लोगों को अपनी 'उपस्थिति' के बारे में जागरूक बनाना दूसरी बात है। यह बॉडी लैंग्वेज और आत्मविश्वास के संचार की बात है, एक ऐसी चीज़ जो वेस्ट इंडीज़

के मशहूर खिलाड़ी विव रिचर्ड्स में थी। मेरे साथ यह तब हुआ, जब मैंने कई शतक बना लिए और अंतरराष्ट्रीय क्रिकेट में ज़्यादा स्थापित महसूस करने लगा। जब अपनी उपस्थिति के बारे में ज़्यादा आत्मविश्वास आया, तो मैंने अपना बैट ड्रेसिंग रूम की ओर दिखाकर जश्न मनाने की अपनी खुद की शैली ईजाद की। ज़्यादातर क्रिकेट खिलाड़ी जश्न मनाने की अपनी अनूठी शैली विकसित करते हैं। मिसाल के तौर पर, ग्लेन मैकग्राथ और शेन वॉर्न किसी पारी में पाँच विकेट लेने के बाद दर्शकों को गेंद दिखाते थे और यह एक ऐसी शैली थी, जो उन्होंने अपने करियर के दौरान विकसित की थी।

ओल्ड ट्रैफ़र्ड में शतक पूरा होने के बाद भी मैं बल्लेबाज़ी करता रहा और हर ओवर गुज़रने के साथ यह स्पष्ट होता जा रहा था कि मैच ड्रॉ में ख़त्म होगा। जब मैच को आख़िरकार ड्रॉ घोषित कर दिया गया, तब दो मैंडेटरी ओवर डाले जाने बाक़ी थे और हम बिना किसी अतिरिक्त नुक़सान के 343 पर पहुँच चुके थे। प्रभाकर और मैंने नाबाद 160 रनों की साझेदारी कर ली थी।

मुझे याद है कि जब मैं पवेलियन की ओर लौट रहा था, तब दर्शकों ने खड़े होकर बहुत शाबाशी दी। दोनों अंपायरों जॉन हैंपशायर और जॉन होल्डर ने मेरे शतक पर बधाई दी। इंग्लैंड के सारे खिलाड़ियों ने आकर मेरी प्रशंसा में कुछ अच्छे शब्द कहे। ड्रेसिंग रूम में टीम के साथियों ने मुझे बधाई दी – न सिर्फ़ मेरे पहले टेस्ट शतक के लिए, बल्कि इसलिए भी क्योंकि मैंने दिन भर बल्लेबाज़ी की थी और टीम के लिए मैच बचा दिया था, जिसका यह मतलब था कि तीसरे टेस्ट में हम जान की बाज़ी लगा सकते थे। यह दूसरा मौक़ा था, जब मैंने टीम के लिए मैच बचाया था। इस बार मुझे ज़्यादा संतुष्टि इसलिए थी, क्योंकि यहाँ मैंने केंद्रीय भूमिका निभाई थी, जबकि पाकिस्तान वाले चौथे टेस्ट में मैंने सिर्फ़ सहयोगी भूमिका अदा की थी।

जब मैं दिन भर की अच्छी मेहनत के बाद तनावरहित होने को था, तभी मुझे बताया गया कि मुझे मीडिया के सामने जाना था। प्रेस वार्ता को संबोधित करने का मेरा यह पहला मौक़ा था। मैंने हमारे मैनेजर माधव मंत्री से बात की, जो पूर्व टेस्ट क्रिकेटर थे और 1950 के दशक में इंग्लैंड के दौरे पर आ चुके थे। मैंने उनसे पूछा कि क्या जाना अनिवार्य है या मैं इसे रहने दूँ। उन्होंने मुझे आश्वस्त किया कि यह एक सामान्य मामला है और पत्रकार मुझसे मेरे प्रदर्शन तथा मैच के बारे में ही सवाल पूछेंगे। लेकिन मेरी टीम के साथी मेरी टाँग खींचने लगे और कहने लगे कि वे मुझसे ऐसे सवाल पूछेंगे, जिनका मैं जवाब नहीं दे पाऊँगा। उन्होंने डराते हुए कहा कि प्रेस वार्ता बहुत मुश्किल होगी। वैसे मुझे उस

अनुभव में काफ़ी मज़ा आया। प्रेस वार्ता की शुरुआत में मैं थोड़ा घबरा रहा था, लेकिन दरअसल यह काफ़ी सीधा-सादा मामला था। मुझे बस अपने विचार व्यक्त करने थे और यह कोई बड़ी भारी बात नहीं थी। ज़्यादातर प्रश्न अच्छे थे और मशहूर क्रिकेट पत्रकारों के मुँह से अपनी प्रशंसा सुनना अच्छा लगा।

मुझे प्लेयर ऑफ़ द मैच घोषित किया गया - जो पहली बार हुआ था - और सम्मान समारोह में भी मैं अटपटा महसूस कर रहा था। मुझे शैम्पेन की बोतल दी गई, लेकिन तब मैं अठारह का नहीं हुआ था, इसलिए मैंने यह उस वक़्त नहीं पी। मैं तो बस इतना चाहता था कि सम्मान समारोह जल्दी से ख़त्म हो जाए और मैं पुरस्कार के साथ जल्दी से जल्दी ड्रेसिंग रूम में पहुँच जाऊँ। अंत में मैं बोतल अपने साथ मुंबई ले आया और 1998 में मेरी बेटी सारा के पहले जन्मदिन के मौक़े पर मैंने इसे खोला।

मैच के बाद होटल लौटने पर मुझे घर से फ़ोन आया। मुझे याद है कि मैंने फ़ोन पर तीस-चालीस लोगों से बात की होगी। हमारे पड़ोसी के अपार्टमेंट में मेरे सारे मित्र जमा हो गए थे। यह बात मेरे दिल को छू गई कि कॉलोनी के लोग मेरी इस उपलब्धि पर इतने रोमांचित थे। कुछ ने मज़ाक़ में ज़िक्र किया कि चूँकि मैं शराब पीने लायक़ बड़ा नहीं हूँ, इसलिए मेरे बदले वे इसका आनंद ले रहे हैं। मेरे माता-पिता मेरे प्रदर्शन से बहुत ख़ुश थे और मेरे भाई को भी दोषमुक्त होने का एहसास हुआ।

अगस्त के अंत में होने वाला तीसरा टेस्ट मैच भी ड्रॉ हो गया, जिसका मतलब था कि हम यह श्रृँखला 0-1 से हार गए। इसके बावजूद मैं इंग्लैंड में अपने प्रदर्शन से ख़ासा संतुष्ट था और मुझे महसूस हो रहा था कि मैंने कुछ महत्त्वपूर्ण सोपान पार कर लिए हैं। मैं एक बेहतर टेस्ट क्रिकेटर बनकर भारत लौटा। अब अपने प्रदर्शन के बारे में मुझमें कहीं ज़्यादा आत्मविश्वास था और मैं आने वाली बड़ी चुनौतियों के लिए तैयार था : अगले साल के अंत में ऑस्ट्रेलिया का दौरा, जिसके बाद ऑस्ट्रेलिया और न्यूज़ीलैंड द्वारा संयुक्त रूप से आयोजित विश्व कप आने वाला था।

England v India

(2nd Test)

Played at Old Trafford, Manchester, on 9, 10, 11, 13, 14 August 1990

Umpires: JH Hampshire & JW Holder
Toss: England

ENGLAND

GA Gooch*	c More b Prabhakar	116		c More b Prabhakar	7
MA Atherton	c More b Hirwani	131		lbw b Kapil Dev	74
DI Gower	c Tendulkar b Kapil Dev	38		b Hirwani	16
AJ Lamb	c Manjrekar b Kumble	38		b Kapil Dev	109
RC Russell†	c More b Hirwani	8	(7)	not out	16
RA Smith	not out	121	(5)	not out	61
JE Morris	b Kumble	13	(6)	retired hurt	15
CC Lewis	b Hirwani	3			
EE Hemmings	lbw b Hirwani	19			
ARC Fraser	c Tendulkar b Kumble	1			
DE Malcolm	b Shastri	13			
Extras	(b 2, lb 9, w 1, nb 6)	18		(lb 15, nb 7)	22
Total	(160.5 overs)	**519**		(for 4 wkts dec) (81 overs)	**320**

INDIA

RJ Shastri	c Gooch b Fraser	25		b Malcolm	12
NS Sidhu	c Gooch b Fraser	13		c sub (CJ Adams) b Fraser	0
SV Manjrekar	c Smith b Hemmings	93		c sub (CJ Adams) b Hemmings	50
DB Vengsarkar	c Russell b Fraser	6		b Lewis	32
M Azharuddin*	c Atherton b Fraser	179		c Lewis b Hemmings	11
SR Tendulkar	c Lewis b Hemmings	68		not out	119
M Prabhakar	c Russell b Malcolm	4	(8)	not out	67
Kapil Dev	lbw b Lewis	0	(7)	b Hemmings	26
KS More†	b Fraser	6			
A Kumble	run out (Morris)	2			
ND Hirwani	not out	15			
Extras	(b 5, lb 4, nb 12)	21		(b 17, lb 3, nb 6)	26
Total	(119.2 overs)	**432**		(for 6 wkts) (90 overs)	**343**

INDIA	O	M	R	W		O	M	R	W
Kapil Dev	13	2	67	1		22	4	69	2
Prabhakar	25	2	112	1		18	1	80	1
Kumble	43	7	105	3	(4)	17	3	65	0
Hirwani	62	10	174	4	(3)	15	0	52	1
Shastri	17.5	2	50	1		9	0	39	0
ENGLAND	**O**	**M**	**R**	**W**		**O**	**M**	**R**	**W**
Malcolm	26	3	96	1		14	5	59	1
Fraser	35	5	124	5		21	3	81	1
Hemmings	29.2	8	74	2		31	10	75	3
Lewis	13	1	61	1	(5)	20	3	86	1
Atherton	16	3	68	0	(4)	4	0	22	0

Fall of wickets:

	Eng	Ind	Eng	Ind
1st	225	26	15	4
2nd	292	48	46	35
3rd	312	57	180	109
4th	324	246	248	109
5th	366	358	–	127
6th	392	364	–	183
7th	404	365	–	–
8th	434	396	–	–
9th	459	401	–	–
10th	519	432	–	–

Close of play:
Day 1: Eng (1) 322–3 (Lamb 20*, Russell 7*, 92 overs)
Day 2: Ind (1) 77–3 (Manjrekar 21*, Azharuddin 4*, 27 overs)
Day 3: Ind (1) 432
Day 4: Eng (2) 290–4 (Smith 40*, Morris 15*, 76 overs)

Man of the Match: SR Tendulkar
Result: **Match drawn**

भारत ऑस्ट्रेलिया में, नवंबर 1991–फ़रवरी 1992

हमने नवंबर 1991 में पर्थ में दो एक दिवसीय अभ्यास मैचों से अपना दौरा शुरू किया, पहला लाइलैक हिल में और दूसरा वाका में, जो संसार की सबसे तेज़ पिचों में से एक है। वाका में हमारी पूरी टीम ताश के पत्तों की तरह सिर्फ़ 64 रनों पर ही ढह गई और यह स्पष्ट था कि अगर हम श्रृंखला में किसी तरह की टक्कर देना चाहते हैं, तो हमें जल्दी से जल्दी ऑस्ट्रेलियाई परिस्थितियों के अनुरूप ढलना होगा।

हमारा पहला तीन दिवसीय मैच 23 से 25 नवंबर को लिज़्मोर में न्यू साउथ वेल्स टीम के ख़िलाफ़ था और इस मैच में मुझे असली ऑस्ट्रेलियाई प्रतिस्पर्धा का पहला स्वाद चखने को मिला। यह काफ़ी तेज़ और उछालदार विकेट था। एनएसडब्ल्यू के कप्तान जैफ़ लॉसन को टॉस जीतने के बाद हमें बल्लेबाज़ी कराने में कोई झिझक नहीं हुई। लॉसन के अलावा उनके गेंदबाज़ी आक्रमण में माइक व्हिटनी, स्टीव और मार्क वॉ, ग्रेग मैथ्यूज़ और वेन होल्ड्सवर्थ शामिल थे। यह हमारे लिए कठिन परीक्षा का समय था। टीम में मार्क टेलर और पाँच अन्य खिलाड़ी - व्हिटनी, लॉसन, स्टीव वॉ, मार्क टेलर और मैथ्यूज़ - ऑस्ट्रेलिया की टीम की ओर से टेस्ट क्रिकेट खेल चुके थे।

मैं बहुत शुरुआत से ही आक्रामक बनने की फ़िराक में था और मैंने पॉइंट तथा गली के ऊपर से आड़े बल्ले से कई शॉट खेले। इस मैच में ही स्टीव वॉ के साथ मेरी पहली नोंकझोंक हुई, जिन्हें यह अच्छा नहीं लग रहा था कि अठारह साल का कोई लड़का गेंदबाज़ी पर इस तरह हमला करे। मुझसे बहुत कुछ कहा गया और आगे आने वाले बरसों में और भी बहुत कुछ कहा जाने वाला था।

इसी मैच के दौरान ब्रिसबन में पहले टेस्ट के लिए ऑस्ट्रेलिया की टीम घोषित हुई। स्टीव वॉ को उस टीम में शामिल नहीं किया गया था, इसलिए मैंने उनसे कहा कि अगर वे मुझसे लड़ना चाहते हैं, तो सबसे पहले तो उन्हें ऑस्ट्रेलियाई टीम में शामिल होना चाहिए। यह सद्भावनापूर्ण नोंकझोंक थी और हमारे करियर में हमने एक-दूसरे का हमेशा सम्मान किया है; दरअसल यह कहा जाना चाहिए कि नोंकझोंक इसी वजह से थी। हम जानते थे कि स्टीव वॉ को जल्दी आउट करना बहुत महत्त्वपूर्ण है और हम उन्हें विचलित करने के लिए हर पैंतरा आज़माते थे। वॉ के बल्लेबाज़ी करते वक़्त कई मौक़ों पर हम पूर्ण ख़ामोशी की नीति अपनाते थे, क्योंकि हमारी सोच थी कि उनसे कुछ कहने से उनका बेहतरी का संकल्प मज़बूत हो जाता है।

मुश्किल शुरुआत

ब्रिसबन में 29 दिसंबर, 1991 को शुरू होने वाले पहले टेस्ट में ऑस्ट्रेलिया ने हमें अच्छी तरह पराजित कर दिया, काफ़ी हद तक क्रेग मैकडर्मट और मर्व ह्यूज़ की बेहतरीन गेंदबाज़ी की बदौलत। हमारी टीम के ज़्यादातर साथियों की तरह ही मैं भी बल्ले से ज़्यादा कमाल नहीं दिखा पाया और हम जानते थे कि मेलबर्न में बॉक्सिंग डे टेस्ट में हमें पलटवार करना है। एमसीजी में हम तीसरे दिन के बीच तक प्रतिस्पर्धी बने रहे, जब किरण मोरे ने पहली पारी में 67 रन बनाकर हमें बचाया और कपिल देव व प्रभाकर दोनों ने अच्छी गेंदबाज़ी की, लेकिन दूसरी पारी में बल्लेबाज़ों के ढह जाने से हमारी आशाओं पर पानी फिर गया। मैं ठीक-ठाक समय तक पिच पर रहा और मैंने 107 गेंदों में 40 रन बनाए, लेकिन मैं खुद से बहुत नाराज़ हुआ, जब इतनी कड़ी मेहनत करने और नज़रें जमाने के बाद मैंने ऑफ़ स्पिनर पीटर टेलर की गेंद पर एक बड़ा शॉट घुमाने की कोशिश की और एलन बॉर्डर ने मेरा कैच लपक लिया। मुझे इतनी कोफ्त हुई कि उस दिन मैंने ड्रेसिंग रूम में लंच नहीं किया और दिन भर उत्तेजित रहा!

मेलबर्न में कुछ और भी हुआ और मुझे यह कहते हुए खुशी है कि यह मेरे जीवन में दोबारा कभी नहीं हुआ। जब मैं ड्रेसिंग रूम में पहुँचा, तो मुझे एहसास हुआ कि ब्रूस रीड की एक गेंद लगने की वजह से मेरा एबडॉमिनल प्रोटेक्टर तीन टुकड़ों में टूट गया था। ब्रूस रीड बाएँ हाथ के लंबे तेज़ गेंदबाज़ हैं, जिन्हें श्रृंखला में बहुत से विकेट मिले थे और मैं खुशक़िस्मत था कि इस दुर्घटना से कोई बड़ा नुक़सान नहीं हुआ!

पलटवार

0-2 से पिछड़ने के बाद हम 2 जनवरी 1992 से शुरू होने वाले अगले टेस्ट के लिए सिडनी गए। हम जानते थे कि श्रृंखला में वापसी करने का यह आख़िरी मौक़ा था। यह एक सामान्य एससीजी विकेट था, जो शुरुआत में बल्लेबाज़ों के लिए मददगार था। मेरे ख़्याल से हमारे गेंदबाज़ों ने बहुत अच्छा प्रदर्शन किया, जो उन्होंने पहली पारी में ऑस्ट्रेलिया को 313 पर समेट दिया। अब हमारे लिए अच्छी-ख़ासी बढ़त लेना अनिवार्य था, ताकि हमारे गेंदबाज़ों को दूसरी पारी में ऑस्ट्रेलिया को आउट करने का मौक़ा मिल जाए। मैं बल्लेबाज़ी से पहले वाली रात को ज़्यादा नहीं सो पाया। मेरे कमरे में सौरव गाँगुली भी रहते थे, जो बाद में भारत के कप्तान और मेरे बहुत अच्छे मित्र बने। मुझे याद है कि जब आधी रात को सौरव की नींद खुली, तो मुझे शैडो-प्रैक्टिस करते देखकर वे चौंक गए

थे। सौरव उस मैच में नहीं खेल रहे थे और वे मुझे इतनी देर रात तक जागा देखकर हैरान थे। मैंने उन्हें बताया कि मैं मैकडर्मट और दूसरे गेंदबाज़ों को खेलने की योजना बना रहा था।

कोई हैरानी नहीं कि अगले दिन मैं थोड़ी थकान महसूस कर रहा था। भारत की टीम बल्लेबाज़ी कर रही थी और मुझे नंबर छह पर उतरना था, इसलिए मैंने एससीजी के ड्रेसिंग रूम के भीतर डाइनिंग टेबल पर झपकी लेने का फ़ैसला किया - सौरव से यह कहने के बाद कि अगला विकेट गिरने पर वे मुझे जगा दें। जब अज़हर आउट हुए, तो सौरव ने मुझे जगा दिया। तब तक मैं तरोताज़ा महसूस करने लगा था और बल्लेबाज़ी करने के लिए तैयार था।

श्रृँखला में पहली बार हमारे शीर्ष क्रम ने गोले बरसाए थे और मैं 201-4 के स्वस्थ स्कोर पर मैदान में उतरा, जिसमें वेंगसरकर ने अर्धशतक का योगदान दिया था। बढ़त हासिल करने के लिए हमें एक और अच्छी साझेदारी की ज़रूरत थी। सलामी बल्लेबाज़ रवि शास्त्री दूसरे छोर पर अच्छा खेल रहे थे, इसलिए हम ऐसा करने में कामयाब रहे। मेलबर्न की दूसरी पारी ने निश्चित रूप से मेरी मदद की थी और अब मैं बिलकुल शुरू से ही गेंद को बल्ले के बीचोबीच खेल रहा था। बीच में एक ऐसा दौर आया, जब मैं एकाग्रता खोने लगा और तनावग्रस्त महसूस करने लगा, लेकिन मैंने संयम रखने के लिए खुद को विवश किया और वह दौर जल्दी ही गुज़र गया।

अपने अर्धशतक तक पहुँचने के बाद मैं काफ़ी ज़्यादा शॉट खेलने लगा और जल्द ही अपने दूसरे शतक के क़रीब पहुँच गया। मुझे अब भी फ़ाइन लेग का वह ग्लांस याद है, जिससे मैंने यह शतक पूरा किया। मैं दो रन भागा और दूसरा रन मेरी ज़िंदगी का सबसे तेज़ रन है, जो मैं कभी भागा हूँ। रवि ने शानदार दोहरा शतक जमाया, जो किसी भारतीय द्वारा ऑस्ट्रेलिया में बनाया गया पहला दोहरा शतक था। हम दोनों ने पाँचवें विकेट की साझेदारी में 196 रन जोड़े। आज भी सिडनी भारत के बाहर मेरे प्रिय मैदानों में से एक है और ऑस्ट्रेलिया में एससीजी में पहला शतक बनाना ख़ास बात थी। मैं टीवी पर ऑस्ट्रेलिया में होने वाले क्रिकेट को देखते-देखते बड़ा हुआ था और मैं 1985 के विक्टोरिया कप को देखने के लिए सुबह जल्दी जाग जाता था। अब मैं अपनी देखी हुई जगहों पर सचमुच खेल रहा था और रन बना रहा था।

एससीजी टेस्ट एक स्थूल ऑस्ट्रेलियाई लेग-स्पिनर के टेस्ट पदार्पण के लिए भी याद रखा जाता है, जिसके सुनहरे बाल थे। हालाँकि शेन वॉर्न ने उस मैच में केवल एक ही विकेट लिया, लेकिन हम सभी को यह साफ़ नज़र आ रहा था कि

वे गेंद को अच्छी-ख़ासी घुमा सकते हैं। हालाँकि कोई भी यह भविष्यवाणी नहीं कर सकता था कि वॉर्न अपने करियर में 708 टेस्ट विकेट लेंगे, लेकिन उनकी प्रतिभा पहले दिन से ही स्पष्ट थी, जब वे जनवरी 1992 में गेंदबाज़ी करने के लिए आए।

तीसरे और चौथे दिन बारिश और ख़राब रोशनी के कारण काफ़ी क़ीमती समय बर्बाद हो गया था, इसलिए हम जानते थे कि हम केवल एक ही बार बल्लेबाज़ी कर सकते हैं। इसी कारण हमने आख़िरी दिन लगभग एक घंटे तक बल्लेबाज़ी की और 170 रनों की बढ़त लेने के बाद पारी घोषित कर दी। पिच काफ़ी मददगार थी और उछाल असमान था, जिससे हमें उम्मीद थी कि हम बाक़ी समय में मैच जीत सकते हैं। जब शास्त्री की गेंदबाज़ी ने ऑस्ट्रेलिया को 114-6 पर पहुँचा दिया, तब जीत संभव लग रही थी, मगर इसके बाद एलन बॉर्डर और मर्व ह्यूज़ की चट्टानी बल्लेबाज़ी ने ऑस्ट्रेलिया को हार से बचा लिया।

मैंने गेंदबाज़ी करते हुए एक ओवर डाला, जिसमें मैंने ह्यूज़ का विकेट निकाला। यह मेरे लिए बहुत बड़ा पल था, क्योंकि यह टेस्ट क्रिकेट में मेरा पहला विकेट था। ह्यूज़ को प्रभाकर ने स्लिप में 21 रनों पर लपक लिया, जब वे 73 गेंद खेल चुके थे और अगर हम उनका विकेट थोड़ी जल्दी ले लेते, तो हम यह मैच जीत सकते थे।

कुछ सबक़ सीखना

श्रृंखला का चौथा मैच 25 जनवरी 1992 को ऐडिलेड में शुरू हुआ और पहली बार मैं मशहूर क्रिकेट हस्ती सर डोनल्ड ब्रेडमैन के घरेलू मैदान पर बल्लेबाज़ी करने वाला था, जो क्रिकेट के सबसे महान बल्लेबाज़ थे। हालाँकि मैं ऐडिलेड ओवल में ज़्यादा कुछ नहीं कर पाया, लेकिन टीम ने अच्छा क्रिकेट खेला। हम अंत में 38 रनों से हार गए, लेकिन हम पूरे समय मुक़ाबले में बने रहे और मैच के पहले दो दिन हावी रहे। कपिल देव ने बल्ले और गेंद दोनों से कमाल दिखाया। हमारी दूसरी पारी में अज़हर ने कप्तान की शानदार पारी खेलते हुए 106 रन बनाए और प्रभाकर ने 64 रन बनाए। अज़हर और प्रभाकर मिलकर हमें विजय की कगार पर ले आए थे। लेकिन अफ़सोस, 371 रनों के लक्ष्य का पीछा करते हुए अंततः हम 333 रन पर आउट हो गए। अगर क़िस्मत मेहरबान होती, तो हम ऐडिलेड में 2-2 की बराबरी पर हो सकते थे। इसके बजाय हम 0-3 की पराजय के रिकॉर्ड के साथ अंतिम टेस्ट मैच खेलने के लिए पर्थ गए।

1 फ़रवरी को शुरू हुए पाँचवें टेस्ट में मैंने श्रृंखला का दूसरा शतक बनाया और मैं इसे अपने सबसे अच्छे शतकों में से एक मानता हूँ। यह काफ़ी तेज़

विकेट था और टेस्ट क्रिकेट में प्रवेश के बाद मैं पहली बार किसी टेस्ट मैच में चौथे क्रम पर बल्लेबाज़ी करने उतरा था। मैंने शुरुआत से ही इस अवसर का आनंद लिया और अपने 114 रनों में सोलह चौके मारे। दौरे की उस अवस्था तक मैं बैकफुट पंच में माहिर हो गया था। हालाँकि पर्थ में अतिरिक्त उछाल की वजह से ज़्यादातर बल्लेबाज़ कट शॉट का ज़्यादा इस्तेमाल करते थे, लेकिन मैंने हर अवसर पर बैकफुट पंच का इस्तेमाल किया और चूँकि मैं गुड लेंग्थ गेंदों पर भी ऐसा कर सकता था, इसलिए गेंदबाज़ों का काम और ज़्यादा मुश्किल हो जाता था। इससे मुझे आम तौर पर कम से कम दो रन मिल जाते थे और अगर टाइमिंग सही हुई, तो गेंद बाउंड्री के पार भी पहुँच जाती थी।

इससे पहले ऑस्ट्रेलिया के मीडिया ने वाका के तेज़, उछाल भरे विकेट के बारे में बात करते हुए कहा था कि हमें ऑस्ट्रेलिया के तेज़ गेंदबाज़ों से जूझने में मुश्किल आएगी। लेकिन वाका में बल्लेबाज़ी करते वक़्त मुझे कोई दिक्क़त नहीं आई। ऐसा इसलिए था, क्योंकि मैंने उछाल के साथ तालमेल बैठा लिया था। हर बार जब गेंद उछलती थी, तो मैं बैकफुट पर खड़ा हो जाता था और आख़िरी पल गेंद को हल्के हाथों से खेल देता था। सामान्य स्थिति के बजाय मैं पंजों के बल खड़े होकर रक्षात्मक स्ट्रोक खेलता था।

वाका की एक घटना ने ऑस्ट्रेलिया में खेल की उत्कटता और प्रतिस्पर्धा से मेरा परिचय कराया। मैंने अभी-अभी एक गेंद को रक्षात्मक तरीक़े से खेला था और रन लेने का कोई मौक़ा नहीं था। मैंने सोचा कि खेल भावना से गेंद उठाकर ऑस्ट्रेलियाई कप्तान एलन बॉर्डर की तरफ़ फेंक दूँ, जो गली में फ़ील्डिंग कर रहे थे। जब एलन बॉर्डर ने मुझे नीचे झुकते देखा, तो वे चिल्लाकर बोले, 'गेंद को छूने की भी जुर्रत मत करना।' उसके बाद मैंने कभी गेंद उठाकर फ़ील्डरों को देने की कोशिश नहीं की। यह इस बारे में एक सबक़ था कि अंतरराष्ट्रीय क्रिकेट किस तरह खेला जाता है और यह मुझे अपने करियर के आख़िरी दिन तक याद रहा।

एक नायक से मिलना

ऑस्ट्रेलिया के इस दौरे में मैंने उस बल्लेबाज़ को पहली बार देखा, जो बचपन से ही मेरे हीरो थे - हालाँकि यह क्रिकेट के मैदान पर नहीं हुआ। मैं ऐडिलेड में होटल की लॉबी में संजय मांजरेकर के साथ था, तभी एक टैक्सी बाहर रुकी। कैप पहने एक आदमी टैक्सी से उतरा और मैंने तुरंत कहा, 'मैंने इन्हें पहले कहीं देखा है।' जब वह आदमी ज़्यादा क़रीब आया, तो मैं बोला, 'मुझे अपनी आँखों पर यक़ीन नहीं हो रहा है - ये तो विवियन रिचर्ड्स हैं!'

जब वे हमारे पास से गुज़रते हुए अपने कमरे की ओर मुड़े, तो मैंने संजय से कहा कि मुझे अपने हीरो से मिलना है। हमने रिसेप्शन से उनका कमरा नंबर लिया और मैंने संजय से उन्हें फ़ोन कराया - संजय 1989 में वेस्ट इंडीज़ में उनके ख़िलाफ़ एक श्रृंखला खेल चुके थे - और जल्दी ही हम उनके कमरे में थे। यह विव के साथ मेरी पहली मुलाक़ात थी। मैंने उनके साथ केवल तीन मिनट गुज़ारे थे, सिर्फ़ हलो कहा था, लेकिन मेरे लिए यह बहुत रोमांचक और यादगार पल था।

ऑस्ट्रेलिया और न्यूज़ीलैंड में 1992 का विश्व कप

टेस्ट श्रृंखला के बाद हम ऑस्ट्रेलिया में ही रुके रहे, क्योंकि विश्व कप - मेरा पहला विश्व कप - सिर्फ़ कुछ सप्ताह दूर था। विचार यह था कि हम ऑस्ट्रेलिया की परिस्थितियों के अनुरूप ढल जाएँ, वैसे ऑस्ट्रेलिया में लगभग तीन महीने तक रहने के बाद इसकी कोई ख़ास ज़रूरत नहीं थी। हमारे पास कुछ सप्ताह का समय ख़ाली था और जब विनोद कांबली साथ हों, तो एक भी पल नीरस नहीं रह सकता। विनोद और मैं एक ही कमरे में रहते थे और उनके बारे में जो एक चीज़ ख़ास थी, वह थी उनका कपड़ों का चयन। विनोद के कपड़े हमेशा उतने रंगीन होते थे, जितने कि हो सकते थे। एक मौक़े पर तो हमारे मैनेजर रणबीर सिंह महेंद्र ने उनसे यहाँ तक कह दिया, *'अरे इंडिया के लिए खेल रहे हो, ऐसे जोकर जैसे ड्रेस क्यों पहनते हो तुम? कुछ ढंग का कपड़ा पहना करो।'* वैसे विनोद पर इसका कोई असर नहीं होना था!

ये कुछ सप्ताह तुलनात्मक रूप से तनावरहित थे और हमने एक दूसरे के साथ तनावमुक्त होने में काफ़ी समय गुज़ारा। एक मौक़े पर लेग स्पिनर नरेंद्र हिरवानी और मैं हमारे फिज़ियोथेरेपिस्ट डॉ. अली ईरानी के कमरे में चाय पी रहे थे। अली हमारे लिए ख़ास चाय बनाते थे, एक ख़ास तरह की शकर से। हमारी बातचीत के दौरान अली के पास रणबीर सिंह महेंद्र का फ़ोन आ गया, जो शाकाहारी थे, कि क्या वे उनके लिए थोड़ी गार्लिक ब्रेड ला सकते हैं। फ़ोन के बाद अली दार्शनिक अंदाज़ में आ गए और बोले, 'एक ऐसा समय आएगा, जब तुम लोग वहाँ रहोगे और बूढ़े अली ईरानी के बारे में सोचोगे कि वह हमारी कितनी देखभाल करता था और हमारे लिए सचमुच अच्छी चाय बनाता था।'

हिरवानी और मुझे यह मज़ेदार लगा कि वे अस्वाभाविक रूप से विचारक बन गए हैं और हिरवानी ने उनसे अपनी बात दोहराने को कहा। अली ऐसा नहीं करना चाहते थे, लेकिन हिरवानी के बार-बार ज़ोर डालने पर अली ने अपनी बात दोहरा दी। इस पर हिरवानी ने मज़ाक़ में अली को ताना मारा कि

वे रणबीर सिंह महेंद्र को खुश रखने की बहुत कोशिशें करते थे, *'तुम तो हर दिन 200 मारते हो। इंडिया टीम में तुम्हारा नाम पहले लिखा जाता है। उसके बाद हमारा नाम आता है।'*

विश्व कप में भारत सेमी-फ़ाइनल में नहीं पहुँच पाया, हालाँकि ज़्यादातर मैचों में काँटे का मुक़ाबला था। हम इंग्लैंड से सिर्फ़ नौ रन से हारे और ऑस्ट्रेलिया से तो केवल एक रन से शिकस्त खाई और 28 फ़रवरी को मैके में श्रीलंका के ख़िलाफ़ हमारा दूसरा मैच बारिश की वजह से धुल गया।

सिडनी में 4 मार्च 1992 को हमारा मुक़ाबला पाकिस्तान की टीम से हुआ, जिसने अंततः टूर्नामेंट जीता। यह मैच हमारे लिए टूर्नामेंट का उच्च बिंदु था। दो लगातार पराजयों के बाद हम पाकिस्तान के ख़िलाफ़ जीतने की ठान चुके थे। पहले बल्लेबाज़ी करते हुए हमें वसीम अकरम की तेज़ गेंदबाज़ी के शत्रुतापूर्ण स्पेल से पार पाना था। एक मौक़े पर वे विनोद कांबली को शानदार गेंदबाज़ी कर रहे थे और दूसरे छोर पर खड़े होकर मैं विनोद से बस गेंद को हल्के से छूने और दौड़ने को कहता रहा। हमने एक महत्त्वपूर्ण साझेदारी बनाई और इसके बाद मैंने कपिल देव के साथ एक और साझेदारी की, जिन्होंने सिर्फ़ 26 गेंदों में 35 मूल्यवान रन बनाए। मैं पारी के अंत में 54 पर नाबाद रहा।

हमारा 216 का लक्ष्य इतना बड़ा स्कोर नहीं था कि जीत सुनिश्चित कर दे। लेकिन पाकिस्तान की पारी में हमने अच्छी शुरुआत की और कपिल देव तथा प्रभाकर ने दो विकेट जल्दी निकाल दिए, जबकि बोर्ड पर बहुत कम रन थे। हमारे गेंदबाज़ों और फ़ील्डरों में बिजली जैसी फुर्ती आ गई और मैदान में बहुत सी बातचीत होने लगी। हम एक दूसरे का हौसला बढ़ा रहे थे और हमने पाकिस्तानी बल्लेबाज़ों की नाक में दम कर दिया।

इस मैच को अक्सर किरण मोरे और जावेद मियाँदाद के बीच हुई नोंक-झोंक के लिए याद किया जाता है। अगर मुझे सही याद है, तो जावेद की पीठ अकड़ी हुई थी और वे अपने स्ट्रोक खुलकर नहीं खेल पा रहे थे। उन्हें बल्लेबाज़ी में मुश्किल आ रही थी, लेकिन वे अपनी टीम के लिए एक ऐसा काम कर रहे थे, जो उनके पारंपरिक खेल के विपरीत था। वे पारी को सँभालने और एक छोर पर टिके रहने की कोशिश कर रहे थे। स्टंप के पीछे किरण लगातार उछल-कूद रहे थे और गेंदबाज़ों को चिल्लाकर कह रहे थे कि जावेद अपने शॉट खेलने की स्थिति में नहीं हैं। लगातार इस तरह की बातें सुनकर जावेद भड़क गए और उन्होंने मेंढक की तरह कूदकर किरण की हरकतों की नक़ल की। हम सभी स्तब्ध भी हुए और हँसे भी। किरण और जावेद की इस कहा-सुनी की वजह से

बाद में मिली विजय और भी मीठी लगी।

इस मैच में मैंने पूरे दस ओवर डाले, जिनमें मैंने मात्र 37 रन देकर आमिर सुहैल का महत्त्वपूर्ण विकेट लिया। यह एक संतुष्टिदायक विजय थी और मैच के अंत तक मेरा गला बैठ चुका था, क्योंकि इसमें मैं बहुत चिल्लाया था। 1975 में विश्व कप के शुरू होने के बाद भारत विश्व कप में पाकिस्तान से पहली बार खेला था और यह विश्व कपों में पाकिस्तान के ख़िलाफ़ विजयों की श्रँखला की शुरुआत थी। 1992 की विजय ख़ास तौर पर सुखद इसलिए थी, क्योंकि मैं प्लेयर ऑफ़ द मैच भी था।

जब हम ऑस्ट्रेलिया में साढ़े चार महीने बिताने के बाद मार्च के अंत में भारत लौटे, तो क्रिकेट खिलाड़ी के रूप में मेरा कायाकल्प हो चुका था। 1991-92 के ऑस्ट्रेलिया दौरे ने मेरे करियर पर बुनियादी असर डाला था।

एक साहसी आदमी

ऑस्ट्रेलिया के दौरे की कहानी एक ऐसी घटना के बिना अधूरी है, जो इतने बरसों तक मेरे मन में रही है। यह हमारे बाएँ हाथ के स्पिनर वेंकटपति राजू और मर्व ह्यूज़ के बारे में है। वे दोनों अच्छे दोस्त थे। सिडनी से चार घंटे की उड़ान भरकर पर्थ जाते समय हमने दुबले-पतले राजू को उकसाया कि वे जाकर ह्यूज़ की मशहूर मोटी मूँछ को पकड़ लें। मर्व भीमकाय थे और अपने गुस्सैल स्वभाव के लिए कुख्यात थे, इसलिए हममें से ज़्यादातर लोगों को विश्वास था कि राजू की हिम्मत जवाब दे जाएगी। हमें हैरानी हुई, जब वे बहादुरी के साथ मर्व के पास गए और उनकी मूँछ खींच दी, जो अविश्वसनीय बहादुरी - या मूर्खता - का नमूना था। मर्व ने इसे खेल भावना से लिया और विमान में बैठे हर व्यक्ति ने इस चुनौतीपूर्ण काम की प्रशंसा की, जिससे राजू तुरंत हीरो बन गए।

India in New Zealand 1990

1st Test. Christchurch. 2–5 February 1990
New Zealand 459 (JG Wright 185, KR Rutherford 69, AH Jones 52) and 2–0
India 164 (NS Sidhu 51, M Azharuddin 48, **SR Tendulkar 0**; DK Morrison 5–75) and 296 (f/o) (WV Raman 96, **SR Tendulkar 24**; RJ Hadlee 4–69)
New Zealand won by 10 wickets

2nd Test. Napier. 9–13 February 1990
India 358–9 dec (M Prabhakar 95, **SR Tendulkar 88**, KS More 73; DK Morrison 5–98)
New Zealand 178–1 (JG Wright 113*, TJ Franklin 50)
Match drawn

3rd Test. Auckland. 22–26 February 1990
New Zealand 391 (IDS Smith 173, RJ Hadlee 87; AS Wassan 4–108) and 483–5 dec (AH Jones 170*, MD Crowe 113, JG Wright 74)
India 482 (M Azharuddin 192, AS Wassan 53, KS More 50, **SR Tendulkar 5**; DK Morrison 5–145) and 149–0 (M Prabhakar 63*, WV Raman 72*)
Match drawn

New Zealand won the series 1–0

India in England 1990

1st Test. Lord's. 26–31 July 1990
England 653–4 dec (GA Gooch 333, AJ Lamb 139, RA Smith 100*) and 272–4 dec (GA Gooch 123, MA Atherton 72)
India 454 (M Azharuddin 121, RJ Shastri 100, Kapil Dev 77, **SR Tendulkar 10**; ARC Fraser 5–104) and 224 (SK Sharma 38, **SR Tendulkar 27**)
England won by 247 runs

2nd Test. Old Trafford, Manchester. 9–14 August 1990
England 519 (MA Atherton 131, RA Smith 121*, GA Gooch 116; ND Hirwani 4–174) and 320–4 dec (AJ Lamb 109, MA Atherton 74, RA Smith 61*)
India 432 (M Azharuddin 179, SV Manjrekar 93, **SR Tendulkar 68**; ARC Fraser 5–124) and 343–6 (**SR Tendulkar 119***, M Prabhakar 67*, SV Manjrekar 50)
Match drawn

3rd Test. The Oval. 23–28 August 1990
India 606–9 dec (RJ Shastri 187, Kapil Dev 110, M Azharuddin 78, KS More 61*, **SR Tendulkar 21**)
England 340 (GA Gooch 85, RA Smith 57, EE Hemmings 51; M Prabhakar 4–74) and 477–4 dec (f/o) (DI Gower 157*, GA Gooch 88, MA Atherton 86, AJ Lamb 52)
Match drawn

England won the series 1–0

India in Australia 1991–92

1st Test. Brisbane. 29 November–2 December 1991

India 239 (M Prabhakar 54*, **SR Tendulkar 16**; CJ McDermott 5–54) and 156 (RJ Shastri 41, **SR Tendulkar 7**; CJ McDermott 4–47, MG Hughes 4–50)

Australia 340 (MA Taylor 94, DC Boon 66; Kapil Dev 4–80) and 58–0

Australia won by 10 wickets

2nd Test. Melbourne. 26–29 December 1991

India 263 (KS More 67*, **SR Tendulkar 15**; BA Reid 6–66) and 213 (DB Vengsarkar 54, **SR Tendulkar 40**; BA Reid 6–66)

Australia 349 (GR Marsh 86, IA Healy 60, DM Jones 59; Kapil Dev 5–97, M Prabhakar 4–84) and 128–2 (MA Taylor 60, DC Boon 44*)

Australia won by 8 wickets

3rd Test. Sydney. 2–6 January 1992

Australia 313 (DC Boon 129*, MA Taylor 56) and 173–8 (AR Border 53*; RJ Shastri 4–45, **SR Tendulkar 1–2**)

India 483 (RJ Shastri 206, **SR Tendulkar 148***, DB Vengsarkar 54; CJ McDermott 4–147)

Match drawn

4th Test. Adelaide. 25–29 January 1992

Australia 145 (DM Jones 41; SLV Raju 3–11, Kapil Dev 3–33, **SR Tendulkar 2–10**) and 451 (DC Boon 135*, MA Taylor 100, AR Border 91*; Kapil Dev 5–130)

India 225 (Kapil Dev 56, **SR Tendulkar 6**; CJ McDermott 5–76) and 333 (M Azharuddin 106, M Prabhakar 64, **SR Tendulkar 17**; CJ McDermott 5–92)

Australia won by 38 runs

5th Test. Perth. 1–5 February 1992

Australia 346 (DC Boon 107, AR Border 59, TM Moody 50; M Prabhakar 5–101) and 367–6 dec (DM Jones 150*, TM Moody 101)

India 272 (**SR Tendulkar 114**, KS More 43; MR Whitney 4–68, MG Hughes 4–82) and 141 (K Srikkanth 38, **SR Tendulkar 5**; MR Whitney 7–27)

Australia won by 300 runs

Australia won the series 4–0

India in the 1992 World Cup

2nd match. England v India at Perth. 22 February 1992

England 236–9 (50/50 ov); India 227 (49.2/50 ov)

England won by 9 runs

9th match. India v Sri Lanka at Mackay. 28 February 1992

India 1–0 (0.2/20 ov)

No result

12th match. Australia v India at Brisbane. 1 March 1992
Australia 237–9 (50/50 ov); India 234 (47/47 ov, target: 236)
Australia won by 1 run (revised target)

16th match. India v Pakistan at Sydney. 4 March 1992
India 216–7 (49/49 ov); Pakistan 173 (48.1/49 ov)
India won by 43 runs

19th match. India v Zimbabwe at Hamilton. 7 March 1992
India 203–7 (32/32 ov); Zimbabwe 104–1 (19.1/19 ov, target: 159)
India won by 55 runs (revised target)

24th match. India v West Indies at Wellington. 10 March 1992
India 197 (49.4/50 ov); West Indies 195–5 (40.2/46 ov, target: 195)
West Indies won by 5 wickets (with 34 balls remaining) (revised target)

27th match. New Zealand v India at Dunedin. 12 March 1992
India 230–6 (50/50 ov); New Zealand 231–6 (47.1/50 ov)
New Zealand won by 4 wickets (with 17 balls remaining)

32nd match. India v South Africa at Adelaide. 15 March 1992
India 180–6 (30/30 ov); South Africa 181–4 (29.1/30 ov)
South Africa won by 6 wickets (with 5 balls remaining)

Final. England v Pakistan at Melbourne. 25 March 1992
Pakistan 249–6 (50/50 ov); England 227 (49.2/50 ov)
Pakistan won by 22 runs

5
अंजलि

जब मैं खुद को अंतरराष्ट्रीय क्रिकेटर के रूप में स्थापित करने की कोशिश कर रहा था, तो अगस्त 1990 में मेरी निजी ज़िंदगी अचानक बदल गई, क्योंकि इसी समय अपनी भावी पत्नी अंजलि से मेरी मुलाक़ात हुई। यह मेरे जीवन की सर्वश्रेष्ठ साझेदारी की शुरुआत थी।

मैं 1990 के इंग्लैंड के दौरे से लौटकर मुंबई में अभी उतरा ही था और अपने बैग उठाने का इंतज़ार कर रहा था, तभी मैंने एक बहुत आकर्षक युवती को हवाई अड्डे की दर्शक दीर्घा से नीचे देखते पाया। मैं तब कहाँ जानता था कि मैं उस वक़्त अपने जीवनसाथी को देख रहा था। वह अपनी सहेली डॉ. अपर्णा संथानम के साथ खड़ी थी, जो अब मुंबई की मशहूर त्वचा विशेषज्ञ हैं। हमारी नज़रें पल दो पल के लिए मिलीं और फिर वह ग़ायब हो गई।

अगली बार मैंने उन दोनों को तब देखा, जब मैं हवाई अड्डे से बाहर निकल रहा था। मैंने देखा कि नारंगी टी-शर्ट और नीली जीन्स पहने अंजलि गेट से बाहर दौड़ रही थी और यह स्पष्ट था कि वह मेरे पीछे आ रही थी। इतना ही नहीं, वह जल्दी ही यह भी चिल्लाने लगी, 'वह कितना क्यूट है!' मुझे अजीब महसूस हुआ और मेरा चेहरा शर्म से लाल पड़ने लगा, क्योंकि मैं जानता था कि अजीत भाई और नितिन भाई दोनों ही मुझे घर ले जाने के लिए बाहर इंतज़ार कर रहे हैं। मेरे बचपन का दोस्त सुनील हर्शे मेरे साथ था और वह मेरे कान में बोला कि एक बहुत सुंदर लड़की मेरा नाम लेकर आवाज़ लगा रही है और मुझसे मिलने के लिए उतावली है। ज़ाहिर है, मैंने उसे देख लिया था और वह मुझे बहुत सुंदर लगी थी, लेकिन मैंने हर्शे से कहा कि मैं उससे उस वक़्त किसी भी सूरत में बात नहीं कर सकता, क्योंकि अजीत भाई और नितिन भाई कभी भी टपक सकते हैं।

प्रेम के वर्ष

अंजलि और मैंने 1990 और 1995 के बीच पाँच साल तक प्रेम किया, जो सगाई और आख़िरकार विवाह की ओर ले गया। यह बताना ज़रूरी है कि हम दोनों बहुत अलग-अलग पृष्ठभूमियों से आए हैं। अंजलि आधी गुजराती, आधी अँग्रेज़ है और बहुत समृद्ध परिवार की दक्षिण मुंबई की लड़की है। वह सेंट ज़ेवियर्स कॉलेज गई और फिर उसने जेजे हॉस्पिटल में चिकित्सा का अध्ययन किया। वह बातचीत में निपुण है और उसकी परवरिश बुनियादी तौर पर मुझसे अलग हुई है। उसके परिवार में पाश्चात्य परिधान आम बात थे। मेरी स्थिति बिलकुल अलग थी। सामाजिक दृष्टि से मैं अपनी कॉलोनी से भी बाहर नहीं निकला था और मैं हमेशा क्रिकेट के दोस्तों से ही मिलता-जुलता था। किसी लड़की को घर लाने की बात तो रहने ही दें, मैं तो कभी किसी लड़की के साथ बाहर घूमने-फिरने भी नहीं गया था। मेरी उम्र के ज़्यादातर युवक लड़कियों से कॉलेज में मिल सकते हैं, लेकिन मैं तो सोलह साल की उम्र से भारत के लिए खेल रहा था और मेरे पास इस तरह का कोई मौक़ा था ही नहीं।

हालाँकि मैंने अंजलि को पहली बार मुंबई हवाई अड्डे पर देखा था, लेकिन बाद में मुझे पता चला कि उसने दरअसल मुझे कुछ सप्ताह पहले 14 अगस्त को देख लिया था, जब मैंने ओल्ड ट्रैफ़र्ड में अपना पहला टेस्ट शतक बनाया था। उस वक़्त वह अपने माता-पिता के साथ इंग्लैंड में थी। उसके पिता आनंद मेहता पूर्व राष्ट्रीय ब्रिज चैंपियन हैं और क्रिकेट के पक्के प्रशंसक हैं और उन्होंने अंजलि को टेलीविज़न पर पारी की झलकी देखने के लिए बुलाया था। बहरहाल, अंजलि की क्रिकेट में कोई रुचि नहीं थी और उसने ज़रा भी झलकी नहीं देखी। उसके बाद जल्दी ही वह भारत लौट आई और वह अपनी माँ एनाबेल को लाने के लिए हवाई अड्डे गई थी, जो हैं तो अँग्रेज़, लेकिन जिन्होंने सामाजिक कार्यकर्ता के रूप में तीन दशक से भी ज़्यादा समय तक भारत में अथक समाज सेवा की है। इस तरह हवाई अड्डे पर हम दोनों पहली बार एक दूसरे से टकराए।

जब उसने मुझे हवाई अड्डे पर देखा, उसके अगले दिन - और यह उसका कहना है - उसने अपने मित्र मूफ़ी मुफ़ज़्ज़ल लकड़ावाला से पूछा (जो क्लब क्रिकेट खेल चुके थे और अब बहुत मशहूर सर्जन हैं) कि क्या वे मेरे फ़ोन नंबर की जुगाड़ कर सकते हैं। हवाई अड्डे से घर लौटने पर उसने मज़ाक़-मज़ाक़ में अपने माता-पिता के सामने यहाँ तक ऐलान कर दिया कि उसने उस लड़के को देख लिया था, जिससे वह शादी करना चाहती है।

मूफ़ी ने उसे नंबर तो दे दिया, लेकिन यह विशुद्ध संयोग ही था कि उसका

फ़ोन मैंने उठाया। तब मोबाइल फ़ोन नहीं थे और मैं घर पर बहुत कम देर रहता था, इसलिए मेरे लैंड लाइन फ़ोन उठाने की संभावना बहुत कम थी। पीछे पलटकर देखने पर मैं यही कह सकता हूँ कि यह भाग्य का खेल था, विधि का विधान था। उसने अपना परिचय देते हुए कहा कि वह हवाई अड्डे वाली लड़की है और फिर पूछा कि क्या हम कहीं मिल सकते हैं। हालाँकि मैं बहुत ज़्यादा उत्सुक नहीं दिखना चाहता था, लेकिन मैंने उससे कहा कि मुझे वह याद है और मैं उससे क्रिकेट क्लब ऑफ़ इंडिया में मिल सकता हूँ, जहाँ मैं खेल रहा था। पहले तो उसे मेरी इस बात पर यक़ीन नहीं हुआ कि वह मुझे याद है। मेरी जाँच करने के लिए उसने पूछा कि जब मैंने उसे पहली बार देखा था, तब वह कौन से कपड़े पहने थी। जब मैंने नारंगी टी-शर्ट और नीली जीन्स कहा, तो उसे एतबार हुआ और वह प्रभावित हुई।

जैसा हमने तय किया था, वह सीसीआई आ गई, लेकिन हम दरअसल अच्छे से नहीं मिल पाए और खुलकर बातचीत नहीं कर पाए, क्योंकि आस-पास बहुत सारे लोग थे। ऐसे हालात में सावधान रहना ही सबसे अच्छी चीज़ थी। हमने बस नंबरों का आदान-प्रदान किया और उसके बाद हम काफ़ी नियमित रूप से फ़ोन पर बात करने लगे। कुछ ही समय में मीना भाभी को शक होने लगा कि हम दोनों का चक्कर चल रहा था। वे अक्सर मुझसे पूछती रहती थीं कि वह लड़की कौन है, जो मुझे इतना फ़ोन करती रहती है, लेकिन मैं खुलकर कुछ बताए बिना गोल-मोल जवाब देता था। मैं अपने परिवार वालों के साथ निजी मामलों पर बातचीत करने का आदी नहीं था और मुझे इसमें बड़ी उलझन महसूस होती थी।

हमारी पहली सही मुलाक़ात आख़िरकार मेरे घर पर हुई, जब हमने यह चाल सोची कि अंजलि को इंटरव्यू लेने वाली रिपोर्टर के रूप में हमारे घर आना चाहिए। यह पत्रकारिता में उसका पहला और आख़िरी इंटरव्यू था। कोई महिला रिपोर्टर पहले कभी इंटरव्यू लेने मेरे घर नहीं आई थी और इतने सारे फ़ोन आने के बाद भाभी का संदेह गहरा हो गया था कि यह ख़ास रिपोर्टर कौन थी।

उस पहले गृहप्रवेश पर मैं अंजलि के खाने के लिए कोई ढंग की चीज़ रखना चाहता था और मुझे बड़ी निराशा हुई कि मैं इंग्लैंड से जो चॉकलेट लाया था, उनमें से ज़्यादा नहीं बची थीं। वास्तव में, सिर्फ़ दो ही चॉकलेट बची थीं और स्थिति को सँभालने की उत्कंठा में मैंने उन्हें सावधानी से काटा और चॉकलेट के टुकड़ों की प्लेट उसके सामने रख दी। लेकिन अंजलि ज़्यादा लंबे समय तक नहीं रुक सकती थी और हमारी पहली मुलाक़ात बहुत छोटी रही, हालाँकि मेरा दिल चाहता था कि यह ज़्यादा लंबी चले।

छोटी होने के बावजूद इसने एक स्थायी प्रभाव छोड़ा। उसके साथ रहने से मुझे ख़ुशी मिलती थी। मैं दरअसल सटीकता से नहीं बता सकता कि मुझे उसमें क्या पसंद था, लेकिन मैं बस इतना कह सकता हूँ कि पहले ही दिन से मैं उसके साथ तनावरहित रह सकता था और अपने असली स्वरूप में रह सकता था। मैं उस पहली मुलाक़ात में जान-बूझकर बहुत कम बोला, क्योंकि मुझे यह चिंता थी कि कहीं मूर्खतापूर्ण बात निकलने की वजह से शर्मिंदा न होना पड़े। ज़्यादातर बातचीत उसने की और यह मुझे अच्छा लगा। वैसे भी, उस वक़्त मेरी अँग्रेज़ी ज़्यादा अच्छी नहीं थी और हमारी बातचीत अँग्रेज़ी में ही हो रही थी। यह शायद एक रक्षात्मक पैंतरा था, लेकिन अंजलि ने मुझे कभी शर्मिंदा महसूस नहीं कराया। वह मेरे लिए आदर्श जीवनसाथी थी, जिसे मैं माँग सकता था।

हमारी पहली मुलाक़ात के बाद भी हम फ़ोन पर लंबी बातें करते रहे, लेकिन हमें मिलने का मौक़ा बहुत कम मिला। कुछ अवसरों पर हम रात को 8:30 पर मिलने और कार से सैर पर जाने की योजना बनाते थे। बहरहाल, कई बार अंजलि के माता-पिता, जो तब हमारे संबंध के बारे में नहीं जानते थे, टी.वी. देख रहे होते थे और इसलिए मिलने की इच्छा के बावजूद अंजलि बिना शक जगाए घर से नहीं निकल सकती थी। मेरी स्थिति यह थी कि मैं बांद्रा से चालीस मिनट की यात्रा करके वॉर्डन रोड तक आता था और कार में बैठकर इंतज़ार करता था और फिर निराश होकर लौट आता था। लोग मुझे पहचान लेंगे, इस डर से मैं उसके घर के पास वाले पब्लिक बूथ से उसे फ़ोन भी नहीं कर सकता था (तब मोबाइल नहीं थे)। क्या गड़बड़ हो गई थी, यह पता लगाने के लिए मुझे बांद्रा तक लौटना पड़ता था। फिर मैं उससे दोबारा कोशिश करने को कहता था और पूरे रास्ते दोबारा कार चलाकर जाता था। कहने की ज़रूरत नहीं है कि अब मैं मोबाइल टेक्नोलॉजी का प्रबल समर्थक हूँ!

दूसरी बार हमारी मुलाक़ात तब हुई, जब अंजलि ने सुझाव दिया कि मैं उसे उसके घर से ले लूँ और हम उसकी मारुति 800 में बैठकर घूमने जाएँ, जो 1990 के दशक की शुरुआत में भारत की सबसे सस्ती छोटी कार थी। वह मरीन ड्राइव के पास नारियल पानी पीना चाहती थी और हमारे जीवन में यह इकलौता मौक़ा था, जब हमने मुंबई में एयर इंडिया की इमारत के सामने वाली बेंच पर बैठकर नारियल पानी पिया। उसे ख़ुश करने के लिए मैं तैयार हो गया था, हालाँकि मैं जानता था कि संभवतः लोग मुझे पहचान लेंगे और मुझसे बात करने आ जाएँगे। इंग्लैंड में बनाए शतक ने मुझे घर-घर में परिचित बना दिया था और लोग मुझसे ऑटोग्राफ़ माँगने लगे थे। मैंने यह सब उसे इसलिए नहीं

बताया कि कहीं वह मुझे घमंडी न समझने लगे। चूँकि अंजलि क्रिकेट के बारे में कुछ नहीं जानती थी, इसलिए उसे कभी यह लगा ही नहीं कि लोग मुझे पहचान सकते हैं। उसे पता ही नहीं था कि भारत में क्रिकेट खिलाड़ी का जीवन कितना सार्वजनिक होता है। कोई निजी जीवन नहीं रह जाता है, जिसका मतलब है कि हम वे चीज़ें कभी नहीं कर पाए, जो दंपति आम तौर पर करते हैं - फ़िल्म देखना, शाम को सड़क किनारे खोमचे वालों की चाट खाना, समुद्र तट पर टहलना आदि। यह एक ऐसा समझौता था, जो अंजलि और मैंने हमारे संयुक्त जीवन में बहुत जल्दी कर लिया था। एक बार हमने इस चुनौती का सामना बड़े मज़ेदार ढंग से किया, जब मैं अंजलि, उसके पिता आनंद और हमारे कुछ मित्रों के साथ 1993 में साउथ मुंबई में वर्ली में रोज़ा फ़िल्म देखने गया। इसके लिए हमने एक अच्छी योजना बनाई थी और मैंने अपनी पहचान छिपाने के लिए एक विग, एक नक़ली मूँछ और चश्मा पहन लिया था। इंटरवल तक सब कुछ सही रहा, लेकिन फिर मेरा चश्मा गिर गया और उसका एक लेंस टूट गया। मेरे मित्रों ने मुझसे कहा कि मैं टूटे चश्मे को दोबारा न लगाऊँ, कहीं कोई काँच ग़लती से मेरी आँख में न चला जाए, लेकिन हड़बड़ी में मेरी मूँछ भी उखड़ गई। जल्दी ही लोगों ने मुझे पहचान लिया, जिससे हमें काफ़ी उलझन हुई। इतना हंगामा हुआ कि हमें फ़िल्म को बीच में छोड़कर ही सिनेमा हॉल से भागना पड़ा।

कुछ साल पहले स्विट्ज़रलैंड में भी हमें एक ऐसा ही अनुभव हुआ था, जब हम पारिवारिक छुट्टियाँ मना रहे थे। मेरा सुझाव था कि हम होटल के बजाय लकड़ी के बँगले में रुकें और अपना खाना खुद पकाएँ। चीज़ें योजना के अनुसार हो रही थीं, लेकिन एक दिन हमने इंटरलाकन की सैर करने का निर्णय लिया, जो अब भारतीय पर्यटकों के लिए मशहूर है, क्योंकि वहाँ बॉलीवुड की हिट फ़िल्म *दिल वाले दुल्हनिया ले जाएँगे* की शूटिंग हुई थी। हमने सुबह जल्दी निकलने और वहाँ तक पैदल जाने की योजना बनाई थी। हमारे कुछ मित्रों ने हमें ऐसा न करने की सलाह दी। उन्होंने कहा कि हमें लोग रास्ते में पहचान सकते थे, इसलिए हमने एक घोड़ागाड़ी कर ली। जब हम निकल रहे थे, तभी कुछ भारतीय पर्यटकों ने मुझे पहचान लिया। कुछ ही मिनटों में वे हमारा पीछा करने लगे और जब मैंने गाड़ी वाले से ज़्यादा तेज़ चलाने को कहा, तो वे हमारे पीछे दौड़ने लगे और हमें पकड़ने की कोशिश करने लगे। जब उन्हें एहसास हो गया कि वे नहीं पकड़ पाएँगे, तभी उन्होंने पीछा छोड़ा।

इस तरह के हस्तक्षेप का मतलब था कि अंजलि और मैं किसी सार्वजनिक जगह पर कभी नहीं मिल सकते थे और हमारी दूसरी मुलाक़ात के बाद हम छह

महीने तक नहीं मिल पाए। मैं क्रिकेट के दौरों पर बाहर रहता था, जबकि अंजलि अपने मेडिकल के फ़ाइनल की तैयारी में व्यस्त रहती थी। मैं जानता था कि वह बहुत मेहनत से पढ़ती थी और मुझे भरोसा था कि परीक्षा में उसका प्रदर्शन अच्छा रहेगा। परीक्षा वाले दिन मैंने सुबह बहुत जल्दी ऑस्ट्रेलिया से फ़ोन करके उसे शुभकामनाएँ दीं। मुझे कहना होगा कि इतने लंबे अरसे बाद उसकी आवाज़ सुनना बहुत अच्छा लगा। वह दहशत में थी और चिंता कर रही थी कि वह परीक्षा में फ़ेल हो जाएगी। मैं जानता था कि यह असंभव है और मैंने उससे कहा कि अगर वह परीक्षा में फ़ेल हो गई, तो मुंबई का एक भी विद्यार्थी पास नहीं होगा। वह हमेशा अव्वल रही थी और यह हो ही नहीं सकता कि इस बार परिणाम अलग आए। मैंने यह भी कहा कि वह एक दिन में जितने घंटे पढ़ती है, उतना तो मैं एक महीने में भी नहीं पढ़ता था! वह तो बहुत बाद में उसने मुझे बताया कि मेरे फ़ोन का बहुत असर हुआ था। इससे उसे लगा कि मैं सचमुच उसकी परवाह करता था, तभी तो मैंने छह महीने बाद ऑस्ट्रेलिया से उसे फ़ोन किया। जहाँ तक मेरा सवाल था, मेरे दिल की भावना परवाह से ज़्यादा थी।

जैसी उम्मीद थी, वह परीक्षा में अव्वल रही और वह शिशु-चिकित्सा में एमडी करना चाहती थी। मुझे उसकी उपलब्धि पर बहुत गर्व था और मैंने उसे यह करने के लिए प्रोत्साहित किया, जिसका नतीजा यह निकला कि उसे इंटर्न के रूप में मुंबई की सीमा पर स्थित पालघर के एक अस्पताल में नियुक्त कर दिया गया। हम दोनों के लिए ही सौभाग्य की बात यह थी कि उसका मित्र मूफ़ी भी उसी अस्पताल में था। पालघर इतना छोटा क़स्बा था कि आस-पास सार्वजनिक फ़ोन भी नहीं था। मुझे फ़ोन करने के लिए अंजलि को ट्रेन से बोइसर तक आना पड़ता था, जहाँ तक पहुँचने में लगभग बीस मिनट लगते थे। इन यात्राओं के दौरान मूफ़ी उसके साथ रहता था।

एमडी की पढ़ाई करते वक़्त वह क्रिकेट में ज़्यादा रुचि लेने लगी। हम फ़ोन पर क्रिकेट के बारे में बात करने लगे और उसने क्रिकेट के नियमों की एक पुस्तक भी ख़रीद ली। अक्सर वह इस तरह के सवाल पूछा करती थी : काऊ कॉर्नर क्या होता है, या विकेटकीपर दाएँ हाथ का होता है या बाएँ हाथ का? लेकिन उसने खेल को जल्दी ही समझ लिया और मैं उसकी रुचि बनाए रखने के लिए समय-समय पर उससे सवाल पूछता रहता था। उसने टेलीविज़न पर जो पहला टूर्नामेंट देखा, वह 1992 का विश्व कप था। वह वेस्ट इंडीज़ के ख़िलाफ़ मुझे सस्ते में आउट होते देखकर निराश हो गई, जब मैंने कर्टली एम्ब्रोज़ की एक गेंद को कट कर दिया था। मूफ़ी को उसे तसल्ली देनी पड़ी कि गेंद इतनी

अच्छी थी कि दूसरे उसके क़रीब भी नहीं पहुँच पाते और बल्लेबाज़ी के असाधारण कौशल की वजह से मैं किसी तरह उसमें बल्ला लगाने में कामयाब हुआ था। काश यह सच होता!

उस वक़्त मोबाइल फ़ोन और एमएमएस के अभाव में अंजलि और मैंने एक दूसरे को ढेर सारे पत्र लिखे। चूँकि मैं दौरे पर रहते समय किसी शहर में कुछ दिनों से ज़्यादा नहीं रहता था, इसलिए अंजलि को यह सोचना पड़ता था कि मैं दो-तीन सप्ताह बाद कहाँ रहूँगा और उसी अनुसार डाक से पत्र भेजने होते थे। ये पत्र मेरे लिए बेशक़ीमती संपत्ति हैं और जब मैं उन्हें दोबारा देखता हूँ, तो जो एक चीज़ उभरकर सामने आती है, वह है अंजलि की लिखावट। मेरी तुलना में उसकी लिखाई बहुत सुंदर है। मैं यह भी स्वीकार करना चाहूँगा कि लिखना मेरे लिए स्वाभाविक नहीं रहा। मैं अपनी प्रियतमा के लिए जो शब्द लिखने वाला था, उनमें से हर शब्द को सोचने में मुझे बहुत समय लगता था।

मार्च 1992 में विश्व कप से लौटने के बाद मैं अंजलि से मिलने के लिए पहली बार उसके घर गया। एक बार फिर मूफ़ी ने महत्त्वपूर्ण भूमिका निभाई। अंजलि के माता-पिता को बताया गया कि यह हमारी पहली मुलाक़ात है और मूफ़ी ने ही इस मुलाक़ात की योजना बनाई थी। यह नाटक पूरी सतर्कता से खेला गया और हम सभी ने कमाल का अभिनय किया। वास्तव में, सगाई पक्की होने पर ही हमने उसके माता-पिता को असली कहानी बताई। मुझे कहना होगा कि मैं इतनी मदद के लिए मूफ़ी का बेहद शुक्रगुज़ार था।

हम इस बात से ज़्यादा खुश नहीं थे कि हमारा संबंध अब भी गोपनीय था। हमने सोचा कि अब परिवार वालों को यह बताने का वक़्त आ गया है कि हम एक दूसरे के बारे में गंभीर हैं। इसलिए मैंने अपने बचपन के दोस्त सुनील हर्शे से कहा कि वह अजीत भाई और अंजलि की मुलाक़ात करा दे। वे तीनों साउथ मुंबई में विलिंगडन क्लब में मिले। इस पूरी मुलाक़ात के दौरान मैं घर पर इंतज़ार कर रहा था और पूरे समय तनाव में था। ऐसा नहीं था कि अजीत भाई का अनुमोदन अनिवार्य था, लेकिन यह मेरे लिए बहुत मायने रखता था कि मेरे मित्र और परिवार वाले भी अंजलि को उतना ही पसंद करें, जितना कि मैं करता था। मुझे याद है कि इंतज़ार एक युग जैसा लग रहा था, लेकिन तभी मैंने आख़िरकार सुनील और अजीत भाई को लौटते देखा। सुनील अजीत भाई से एक क़दम पीछे चल रहा था और उसने अँगूठा दिखाकर इशारा किया कि मुलाक़ात अच्छी तरह हुई थी। मुझे यह जानकर खुशी हुई कि अजीत भाई के ख़्याल से अंजलि मेरे लिए सही थी।

इस दौरान अंजलि की क्रिकेट में रुचि बढ़ रही थी और जब तक मैं 1994 में न्यूज़ीलैंड गया, उसे खेल की बारीकियाँ समझ आने लगी थीं। इस श्रृंखला में मैंने एक दिवसीय क्रिकेट में भारत के लिए पहली बार ओपनिंग की। मैं अपनी नई भूमिका से बहुत आनंदित था और मुझे इस बात की खुशी थी कि न्यूज़ीलैंड से अंजलि से बात करते समय मैं उसे अपनी भावनाएँ बता सकता था।

न्यूज़ीलैंड दौरे के अंत तक हमें एक दूसरे से मिलते हुए चार साल हो गए थे और अब संबंध को अगले स्तर तक ले जाने का समय आ गया था। न्यूज़ीलैंड से हमारी कई फ़ोन चर्चाओं में से एक में अंजलि ने सगाई का ज़िक्र किया और मैंने तुरंत हाँ कर दी। मैंने उससे कहा कि वह जब चाहे मैं सगाई करने के लिए तैयार हूँ, लेकिन दोनों के माता-पिता से उसी को बात करनी होगी। मैं यह बात इसलिए नहीं करना चाहता था, क्योंकि मैं बातचीत में कभी कुशल नहीं था। वह पहले तो झिझकी, लेकिन फिर उसने अनिच्छा से यह ज़िम्मेदारी स्वीकार कर ली। इससे मुझे बड़ी राहत मिली, क्योंकि अपनी सगाई की बातचीत पिताजी से करने में मैं सहज महसूस नहीं करता। यह बात नहीं थी कि पिताजी राज़ी नहीं होते - मुझे पूरा विश्वास है कि वे हो जाते - बात बस इतनी थी कि मुझे उनके साथ अपनी भावी पत्नी के बारे में बातचीत करने में झिझक महसूस होती।

अंजलि ने बाद में मुझे बताया कि पहलेपहल तो उसे भी मेरे माता-पिता को यह बताने में संकोच हो रहा था कि उनका बेटा उससे शादी करना चाहता है। लेकिन मेरे माता-पिता मुझे बहुत अच्छी तरह जानते थे; वे समझ गए कि मेरे बजाय वह उनसे यह बात क्यों कर रही है। वे तो बस इतना जानना चाहते थे कि क्या सगाई के बारे में हम दोनों की राय एक सी है। वे दरअसल निर्णय से आनंदित थे। यही चीज़ एक साल बाद फिर हुई, जब अंजलि ने दोनों परिवारों से हमारी शादी की योजनाओं पर बात की। अंजलि में मुझसे बेहतर सामाजिक योग्यताएँ हैं और मुझे एक बार फिर राहत मिली कि उसने इतना मुश्किल काम अपने ज़िम्मे ले लिया था। मुझे यह स्वीकार करने में कोई झिझक नहीं है कि उसने तारीफ़ के क़ाबिल काम किया!

सगाई और विवाह

24 अप्रैल 1994 को हमारी सगाई हुई, जो मेरा 21वाँ जन्मदिन भी था। सगाई की पार्टी में सिर्फ़ परिवार वाले और क़रीबी मित्र आए थे और यह दक्षिण मुंबई में वॉर्डन रोड, ब्रीच कैंडी में अंजलि के घर पर आयोजित हुई थी। यह हमारे जीवन का बहुत महत्त्वपूर्ण अवसर था और हम हमेशा उस दिन की ख़ुशी को

याद रखेंगे। हमारे परिवार वाले इस मिलन पर आनंदित थे और मेरे लिए यह एक बिलकुल नई शुरुआत थी। हम आख़िरकार 25 मई 1995 को शादी के बंधन में बँध गए। अंजलि मेहता अब अंजलि तेंदुलकर बन गईं और मैं जीवन के एक नए दौर में दाख़िल हो गया।

सगाई से पहले ही अंजलि ने मुझे बता दिया था कि वह चाहती थी कि मैं अपने सपने का पीछा करूँ। वह परिवार की ख़ातिर अपने करियर का बलिदान देने को तैयार थी। यह बहुत बड़ी कुर्बानी थी। हम जानते थे कि हम दोनों एक साथ करियर जारी नहीं रख सकते और घर-परिवार की देखभाल के लिए हममें से एक को घर सँभालना होगा। मुझे राहत मिली, जब अंजलि ने घर का मोर्चा सँभाल लिया और मुझे अपना क्रिकेट जारी रखने का अवसर दिया। हमारे वैवाहिक जीवन की शुरुआत में उसने जो त्याग किया, उसकी मैं हमेशा क़द्र करूँगा।

शादी पारंपरिक तरीक़े से हुई। पारंपरिक मराठी परिवारों में जैसा होता है, मेरी माँ ने अंजलि को एक मंगलसूत्र, सिंदूर, हरी चूड़ियाँ, पायल और एक बिछिया दिया, जो सभी शादी की रस्म के हिस्से माने जाते हैं। मुझे याद है, अंजलि ने मुझसे पूछा था कि मेरी माँ ने उसे जो चीज़ें दी थीं, क्या मैं चाहता हूँ कि वह उन सभी को या किसी एक चीज़ को पहने। मैंने बस इतना कहा कि मैं चाहता हूँ कि वह मंगलसूत्र पहने और उसने इसे आज तक नहीं उतारा है।

पेशेवर और व्यक्तिगत दोनों ही जीवन में इस तरह के तालमेल बैठाना आसान नहीं था, लेकिन अंजलि ने कभी कोई आक्रोश या रोष प्रकट नहीं किया। इससे न सिर्फ़ अंजलि के प्रति मेरा सम्मान बढ़ा, बल्कि इसका यह भी मतलब था कि मुझे दरअसल कोई ऐसा मिल गया था, जिससे मैं प्रेम कर सकता था और जिस पर मैं विश्वास कर सकता था। मुझे स्वीकार करना होगा कि अपने दिल की बात कहना हमेशा मेरी फ़ितरत में नहीं है, लेकिन इसमें कोई शक नहीं है कि मैं उसका बहुत ज़्यादा ऋणी हूँ। मज़े की बात यह है कि मैंने उसे कभी किसी नाम से नहीं बुलाया है। मैंने उसे बुलाते समय 'अंजलि' या 'अंजा' या ऐसा कुछ नहीं कहा। इतने सालों में मैं कभी नहीं समझ पाया कि मुझे उसे क्या कहकर बुलाना चाहिए। सच कहूँ, तो यह दरअसल बेमानी है, क्योंकि मैं ऐसा ही हूँ और मेरी सारी कमियों के बावजूद मेरी पत्नी रास्ते के हर क़दम पर मेरे साथ रही है।

शुरुआत में विवाह का एक दुर्भाग्यपूर्ण परिणाम भी हुआ। वैवाहिक आनंद की दिनचर्या में सुख-चैन का बोलबाला रहा और नतीजा यह था कि मेरा वज़न बढ़ गया। मैंने हनीमून का भरपूर आनंद लिया और अपनी ज़बान को ख़ूब चटखारे लेने दिए। गोआ में कुछ मित्र भी हमारे साथ थे और वहाँ मैं एक डबल

विकेट टूर्नामेंट भी खेल रहा था, जिससे मज़ा बढ़ गया। हनीमून के दौरान लगभग हर दिन मैंने ज़ायक़ेदार मिठाइयों और दूसरे सुस्वादु व्यंजनों को दबाकर खाया, जिनसे मैं खेलने के सीज़न में मीलों दूर रहता था। बहुत सारी चॉकलेट, बहुत सारी आइसक्रीम... ज़ाहिर है, इस तरह के चटोरेपन की क़ीमत तो चुकानी ही थी।

जब मैं मुंबई लौटा, तो मेरा शरीर कपड़ों के अंदर नहीं जा पा रहा था; मेरी कमर कुछ इंच फैल गई थी। यह साफ़ था कि अब जीभ पर कठोर नियंत्रण करने का समय आ गया था। हम 1995 में बहुत ज़्यादा क्रिकेट नहीं खेल रहे थे और इस वजह से भी मैंने अपने रक्षाकवच को शिथिल कर लिया था। मगर मुंबई लौटने के बाद मैंने पूरे बीस दिन तक डाइटिंग की। इसमें मैंने सिर्फ़ बिना शकर की चाय, उबले *चने*, संतरे और मोसम्बी लिए और कुछ नहीं। दोबारा फ़िट होने के लिए मैंने कठोर व्यायाम भी शुरू कर दिया। मैं सुबह एक घंटे दौड़ता था और वेटलिफ़्टिंग करता था; हर शाम को मैं दो घंटे टेबल टेनिस खेलता था। टेबल टेनिस खेलते समय गेंद जहाँ भी जाती थी, उसे मैं ही उठाकर लाता था। भले ही शॉट मैंने मारा हो और गेंद मेरे विपक्षी के पीछे गई हो, लेकिन ज़्यादा व्यायाम करने के चक्कर में मैं ही उसे उठाकर लाता था। इस सबका परिणाम यह हुआ कि बीस दिनों में मेरा दस किलो वज़न कम हो गया। लेकिन तब तक मुझे चक्कर आने लगे थे, मैं कमज़ोर महसूस करने लगा था और मेरे पैंट बहुत ज़्यादा ढीले हो गए थे, इसलिए मैंने निर्णय लिया कि यह रुकने का समय था। डाइट पर तीन सप्ताह तक रहने के बाद मैंने जो पहला भोजन लिया, वह उबली पालक और ब्रॉकोली का था; उसके बाद मैं सामान्य रूप से खाने लगा।

आदर्श जोड़ीदार

इतनी भिन्न पृष्ठभूमि से आने के बावजूद पारंपरिक तेंदुलकर परिवार में घुलना-मिलना अंजलि के चरित्र और समर्पण के बारे में बहुत कुछ बयां कर देता है। सच कहूँ, तो उसकी जितनी भी प्रशंसा की जाए, कम है। वह एक असाधारण विद्यार्थी थी और उसका करियर भी असाधारण हो सकता था। लेकिन उसने मेरा साथ देने का फ़ैसला किया और दो दशकों से ज़्यादा समय से वह हर पल मेरे साथ रही है। ऐसे मौक़े रहे हैं, जब मैं घर से दूर रहा और मैंने महीनों तक अपने बच्चों सारा और अर्जुन को नहीं देखा। मिसाल के तौर पर, 2011 के विश्व कप के बाद मुझे अचानक एहसास हुआ कि मैंने इस बात पर ग़ौर ही नहीं किया था कि अर्जुन लगभग मेरे जितना लंबा हो गया है। (दरअसल अब वह मुझसे ज़्यादा लंबा हो चुका है।) इस बारे में कोई शक नहीं है कि मैंने अपने परिवार के साथ कुछ सचमुच क़ीमती पल गँवा दिए। ज़ाहिर है, ऐसे अलगाव हर पेशेवर खिलाड़ी

के जीवन का हिस्सा होते हैं, लेकिन मैं उनसे इसलिए गुज़र पाया, क्योंकि मैं हमेशा जानता था कि अंजलि वहाँ पर थी।

साथ ही मैं जानता था कि अंजलि यह समझती थी कि मैं क्यों दूर था और मैं जो कर रहा था, उस पर उसे गर्व था। मैं हर समय उसकी राय ले सकता हूँ, क्योंकि उसकी हर बात हमेशा मेरे सर्वश्रेष्ठ हित में होती है। न सिर्फ़ उसने बड़े निर्णयों पर अत्यंत महत्त्वपूर्ण राय दी है, बल्कि उसने घरेलू मोर्चे पर हर चीज़ भी सँभाली है। बच्चों, मेरी माँ, विस्तृत परिवार, आर्थिक विवरण और कई अन्य मुद्‌दों को अंजलि ने सँभाल लिया था, इसलिए मैं क्रिकेट खेलने पर ध्यान केंद्रित कर सकता था। वह मेरी भावनात्मक चट्‌टान भी है, जिसकी ओर मैं आत्म-शंका के हर पल में मुड़ता हूँ। उसने मुझ पर कभी कोई दबाव नहीं डाला कि मैं अपने कार्यक्रम छोड़कर जल्दी घर लौटूँ। इसके विपरीत अंजलि ने हमेशा ज़ोर देकर कहा है कि मुझे घर तभी लौटना चाहिए, जब मैं काम को संतुष्ट होने तक पूरा कर लूँ। ज़ाहिर है, मुझे अफ़सोस है कि मैं अपने क्रिकेट करियर के दौरान उसके और बच्चों के साथ ज़्यादा समय नहीं बिता पाया। मुझे उससे और बच्चों से जो समझ और सहारा मिला है, उसकी मैं इतनी क़द्र करता हूँ कि बता नहीं सकता। अंत में, मैं हमेशा शुक्रगुज़ार रहा कि मुझे एक डॉक्टर पत्नी मिली। यह मेरे बहुत काम आया, क्योंकि अपने करियर के दौरान मैं बहुत बार घायल हुआ हूँ।

6

मज़बूत बनाने वाले साल

मार्च 1992 में ऑस्ट्रेलिया के दुष्कर दौरे और विश्व कप से लौटने के बाद मुझे कुछ हफ़्तों के आराम की सख़्त ज़रूरत थी। उस साल के अंत में हमें दक्षिण अफ़्रीका के दौरे पर जाना था, इसलिए हमारे पास कुछ महीनों का ही समय था। खुशक़िस्मती से मैंने कुछ दिन घर पर बिताए। मैंने दोस्तों के साथ टेनिस बॉल से क्रिकेट खेला और परिचित माहौल में अपनी थकान उतारी।

एक दिन मैं अपने दोस्तों के साथ नीचे खेल रहा था, तभी अजीत भाई हमारे अपार्टमेंट की बालकनी से चिल्लाए कि यॉर्कशायर काउंटी क्रिकेट क्लब से फ़ोन आया है और वे चाहते हैं कि मैं उनकी तरफ़ से खेलूँ! मैं फ़ोन सुनने गया और इस प्रस्ताव पर बहुत रोमांचित था। मैंने अनुबंध या दूसरे विवरणों के बारे में पूछने की ज़हमत भी नहीं उठाई। मैं तो इंग्लैंड की काउंटी चैंपियनशिप में खेलने के अवसर का ज़्यादा से ज़्यादा फ़ायदा उठाना चाहता था। उस वक़्त मेरे दिमाग़ में यह आया ही नहीं कि मुझे वहाँ खाना बनाना होगा, कपड़े धोने होंगे, कार चलानी होगी और घर के बाक़ी काम भी करने होंगे। बातचीत के कुछ दिन बाद यॉर्कशायर सीसीसी के सीईओ क्रिस हैसल औपचारिकताएँ पूरी करने के लिए भारत आए। हम मुंबई के उपनगर थाने में मिले, जहाँ मैं एक मैच खेल रहा था। मैदान में ही मैंने अनुबंध पर हस्ताक्षर किए और मुझे इस बात पर गर्व था कि 128 साल के यॉर्कशायर के इतिहास में मैं उनका विदेश में जन्मा पहला खिलाड़ी था।

यॉर्कशायर का सदस्य

मेरे उन्नीसवें जन्मदिन के ठीक बाद अप्रैल 1992 के अंत में मैं इंग्लैंड गया और वहाँ साढ़े तीन महीने रहा। यह घर से दूर मेरी पहली लंबी यात्रा थी, जब मैं अकेला कहीं गया था। बहुत अलग सांस्कृतिक पृष्ठभूमि से आने की वजह से यात्रा आसान नहीं थी, लेकिन मेरे नियोक्ताओं की उदारता और निष्कपटता की

वजह से यह बहुत समृद्ध प्रवास बन गया और मुझे बहुत कुछ सीखने को मिला।

मेरी पहली समस्याओं में से एक यह थी कि मुझे सड़कों का बहुत कम अंदाज़ा था। इसलिए मैदान की ओर जाते समय मैं अपनी टीम के साथी रिचर्ड ब्लेकी के पीछे-पीछे कार चलाया करता था। मुझे दरअसल इंग्लैंड में कार चलाने की आदत नहीं थी और मैदान जाते समय मैं अक्सर सबसे तेज़ लेन चुनता था। कई बार मैं सही मोड़ पर बाहर निकलना भूल जाता था और इस प्रक्रिया में रिचर्ड को खो देता था। आगे जाकर मुड़ना बहुत मुश्किल होता था और मैं ख़ुद को कोसता था कि मैं सबसे धीमी लेन में क्यों नहीं चला, जहाँ से बाहर निकलने का रास्ता ज़्यादा आसानी से दिख जाता। तब मोबाइल फ़ोन नहीं थे और रास्ता भटकने की वजह से मुझे अभ्यास के लिए देर हो जाती थी, जिससे मैं नफ़रत करता था।

मैंने 1991 में इंग्लैंड में थोड़ी कार चलाई थी, जब मैं वहाँ लीग क्रिकेट के कुछ मैच खेलने गया था। तब मैं पूर्व भारतीय तेज़ गेंदबाज़ अतुल वासन के साथ रहता था और उन्होंने उदारतावश मुझे घूमने के लिए अपनी कार दे दी थी। उन्होंने मुझसे पूछा कि क्या मैंने पहले कार चलाई है। मैंने उन्हें आश्वस्त किया कि मैंने सारे टेस्ट पास किए थे, मेरे पास अंतरराष्ट्रीय लाइसेंस था और मुझे अपनी ड्राइविंग योग्यताओं पर भरोसा था। उन्होंने कहा कि इंग्लैंड में कार चलाने की कुंजी यह है कि ब्रेक का ज़्यादा इस्तेमाल न किया जाए और बस लेन का अनुसरण किया जाए। बहरहाल, कार चलाने के पहले ही दिन मुझे एक भयंकर अनुभव हुआ। फ़ास्ट लेन में चलते-चलते कार अचानक रुक गई। कार चालू ही नहीं हो रही थी और अपने पीछे कारों का क़ाफ़िला देखकर मैं दहशत में आ गया। मैंने अतुल से कहा, *'गाड़ी स्टार्ट नहीं हो रही है यार!'* पहले तो अतुल ने सोचा कि मैं मज़ाक़ कर रहा हूँ, इसलिए वे बोले कि मैं एक्सीलरेटर पर पैर दबा दूँ। चिंतित होकर मैंने उन्हें बताया कि पूरी कोशिश के बावजूद कार नहीं चल रही है और कोई चीज़ काम नहीं कर रही है। तब जाकर हमें एहसास हुआ कि कार का ईंधन ख़त्म हो गया है। अतुल ने तुरंत मुझसे कहा कि मैं इमरजेंसी लाइट जला दूँ। मैं इतना घबराया हुआ था कि अनजान कार में उस स्विच को खोजने में मुझे कई युग लग गए। अंततः अतुल ने इमरजेंसी लाइट चालू की। किसी तरह हम कार को सड़क के बग़ल वाली आपातकालीन पट्टी पर ले आए, फिर हमने एए को फ़ोन किया और कुछ समय बाद एक सहायता वाहन वहाँ आया।

एक और समस्या यह थी कि मुझे इंग्लैंड के भूगोल का कोई ज्ञान नहीं था। इस वजह से मैंने यॉर्कशायर प्रवास में कई ग़लतियाँ कर दीं। इनमें से कुछ मीठी

यादें हैं, जिन्हें मैं प्यार से याद करता हूँ। इनमें से एक यह थी कि मैंने लगातार दो दिनों में देश के विपरीत छोरों पर खेलने का वादा कर लिया था। मैं लंदन में भारत-पाकिस्तान नुमाइशी मैच में खेलने के लिए तैयार हो गया था, लेकिन साथ ही मैंने अगले दिन न्यूकासल में रेस्ट ऑफ़ द वर्ल्ड की तरफ़ से इंग्लैंड के ख़िलाफ़ खेलने का वादा भी कर लिया था। मेरी मुश्किलें इस बात से और बढ़ गईं कि भारत-पाकिस्तान मैच शाम को 6 बजे जाकर शुरू हुआ और आधी रात तक चला। मैं सोच रहा था कि मैच दोपहर को शुरू हो जाएगा, इसलिए मैं यॉर्कशायर से लंदन कार चलाकर आया था और मैच ख़त्म होते-होते बुरी तरह थक चुका था।

इसके बाद दूसरे खिलाड़ी आराम करने के लिए लंदन के होटल की ओर जाने लगे और उन्होंने मुझसे भी साथ चलने को कहा। मैंने उन्हें बताया कि मुझे न्यूकासल जाना था, जहाँ मुझे अगले दिन खेलना था। यह सुनकर उनके चेहरे पर सदमे और घोर आश्चर्य का भाव आ गया। मैंने ग़लती से यह मान लिया था कि इंग्लैंड में आप दो-तीन घंटे में कहीं से भी कहीं तक आसानी से पहुँच सकते हैं। जब उन्होंने मुझे बताया कि वहाँ पहुँचने में मुझे कम से कम छह-सात घंटे लगेंगे, तब कहीं जाकर मुझे स्थिति की गंभीरता का एहसास हुआ। मुझे सलाह दी गई कि मैं तुरंत न्यूकासल की ओर कूच कर दूँ। मुझे काटो तो ख़ून नहीं वाली स्थिति थी। मैं उस दिन दोपहर एक बजे लंदन आने के लिए यॉर्कशायर से चला था और अब आधी रात को कार से न्यूकासल जाने की तैयारी कर रहा था।

उस वक़्त जतिन परांजपे मेरे साथ थे और हम दोनों उस लंबी यात्रा पर निकल पड़े। दुर्भाग्य से हमें सड़कों का बहुत कम ज्ञान था और हम पूरी तरह से दिशासंकेतों पर निर्भर थे। हमारा दुख इस वजह से और बढ़ गया कि हम एक मोड़ चूक गए और लगभग पैंतीस मिनट तक दक्षिण दिशा में चलते रहे, जबकि हमें उत्तर दिशा में जाना चाहिए था। कुल मिलाकर, यह कभी न भूलने वाली रात थी।

लगभग दो घंटे तक कार चलाने के बाद मेरी आँखें जवाब देने लगीं। मैंने जतिन से गाड़ी चलाने को कहा, ताकि मैं कुछ देर झपकी लेकर तरोताज़ा हो जाऊँ। जतिन ने कुछ मिनट गाड़ी चलाई और इसके बाद मैंने दोबारा ड्राइविंग सीट सँभाल ली। कॉफ़ी पीने से मदद मिली और अंततः हम सुबह 8:15 पर होटल पहुँच गए। हमने देखा कि टीम की बस मैदान के लिए रवाना होने ही वाली थी। तब तक हम दोनों ही काफ़ी थक चुके थे और हमें अपनी आँखें बंद करने की सख़्त ज़रूरत थी। मैंने टीम मैनेजर को अपनी आपबीती सुनाई और पूछा

कि क्या वे मुझे पच्चीस मिनट की नींद लेने दे सकते हैं। मैंने एक घंटे में मैदान में पहुँचने का वादा किया। उन्होंने कृपापूर्वक हाँ कर दी और मैंने ठीक पच्चीस मिनट बाद का अलार्म लगा दिया।

जब मैं जागा, तो मुझे कुछ होश नहीं था कि मैं कहाँ हूँ। मैं उस वक़्त किसी रोबोट जैसा महसूस कर रहा था। मैं लड़खड़ाते हुए होटल से बाहर निकला और मैदान तक पहुँचा। मैं उनींदा और थका हुआ था और दिन भर क्रिकेट खेलने की शारीरिक स्थिति में नहीं था। मुझे अब भी यक़ीन नहीं होता कि वहाँ मैं मैदान में कैसे उतरा और अपनी पारी में मैंने कैसे शतक मारा। लेकिन लंच के बाद तो आलम यह था कि आँखें खुली रखना नामुमकिन था और ज़िंदगी में पहली बार मैं दो ओवरों के बीच में दस सेकंड की झपकी ले रहा था। फ़ील्डिंग करते समय तो मैं वाक़ई सो रहा था और मैं बिलकुल नहीं जानता कि मैं बाक़ी पूरा मैच कैसे खेलने में कामयाब हुआ।

जैसे ही मैच ख़त्म हुआ, जतिन और मैं होटल की ओर लपके। हमारी योजना बाक़ी टीम के साथ डिनर लेने से पहले दो घंटे की नींद लेने की थी। लेकिन हम सुबह भोर में जागे। मेरे मन में पहला विचार यह आया कि मैं डिनर चूक गया था। हमने रूम सर्विस को फ़ोन किया, लेकिन किसी ने भी फ़ोन नहीं उठाया। जब हमने रिसेप्शन को फ़ोन किया, तो उन्होंने बताया कि उस वक़्त वे हमें किसी तरह का खाना नहीं दे सकते। भोजन की कोई उम्मीद नहीं थी, इसलिए हमने तीन-तीन गिलास पानी पिया और सोने चले गए। इस बार हमने सुबह 7 बजे का अलार्म लगा लिया, ताकि नाश्ते के लिए समय पर उठ जाएँ। हम नाश्ते के लिए उठने में कामयाब रहे और अंडे और टोस्ट भरपेट खाए। इसके बाद हम रेस्ट ऑफ़ द वर्ल्ड इलेवन के लिए अपना कर्त्तव्य पूरा करने मैदान पहुँचे। इतनी थकान के बावजूद मैंने कुछ रन बनाए और मैं कहूँगा कि इस सारे झमेले के बीच भी जो इकलौती चीज़ सही हो रही थी, वह मेरी बल्लेबाज़ी थी।

मैच के बाद जतिन और मैंने शाम को कार से यॉर्कशायर लौटने का फ़ैसला किया, ताकि मैं अगली सुबह अपनी काउंटी के साथ दोबारा खेल सकूँ। यह यात्रा भी काफ़ी घटनापूर्ण थी। जब हम न्यूकासल से बाहर निकले, तो सड़कों पर हर तरफ़ काम चल रहा था, इसलिए गति सीमा 70 मील प्रति घंटे से घटाकर 55 मील प्रति घंटे कर दी गई थी। काफ़ी रात हो चुकी थी, इसलिए हमने सामने जा रही एक पुलिस कार के पीछे चलने का निर्णय लिया। हमने सोचा कि अगर हम सुरक्षित दूरी पर पुलिस कार के पीछे चलते हैं, तो हम सुरक्षित रहेंगे।

कुछ समय बाद मैंने देखा कि पुलिस की कार मेरी तरफ़ कोई इशारा कर

मेरे जीवन की सर्वश्रेष्ठ साझेदारी।

बाएँ : चार साल की उम्र में खेल का आनंद लेने को तैयार।

नीचे बाएँ : साहित्य सहवास के हमारे अपार्टमेंट में माँ की बाँहों में।

नीचे दाएँ : मैं हर चीज़ का श्रेय उन्हें देता हूँ - मेरे पिता के साथ, जिन्होंने मुझे वह इंसान बनना सिखाया, जो मैं हूँ।

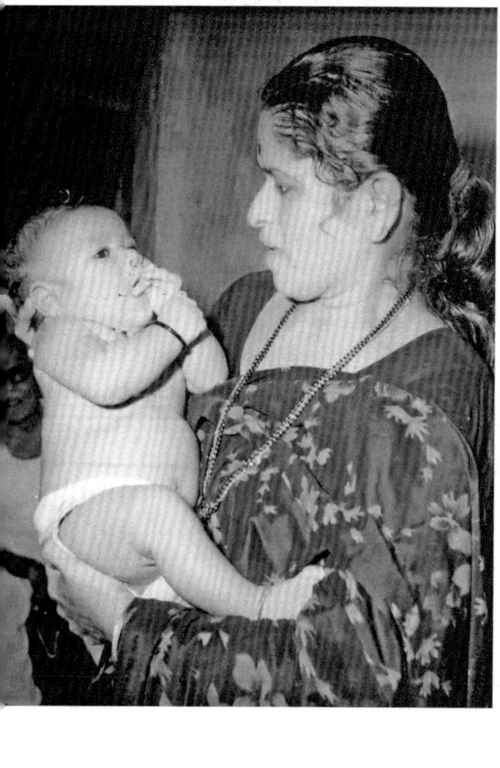

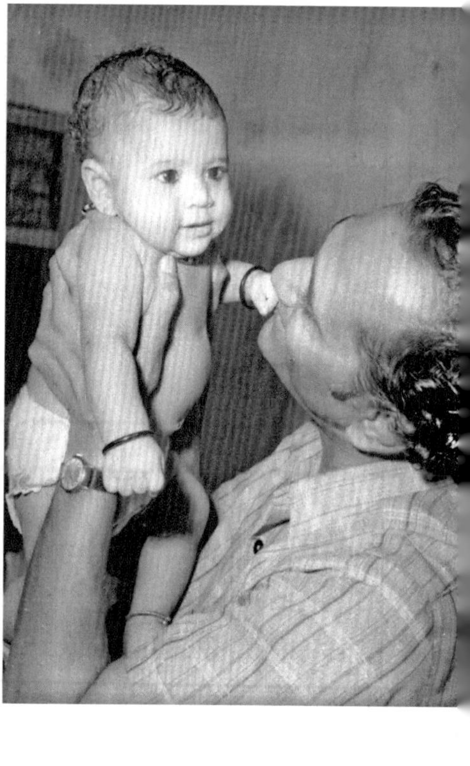

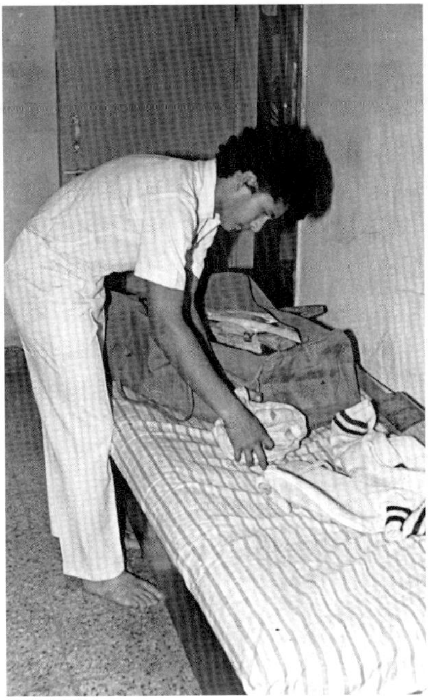

14 साल की उम्र में शिवाजी पार्क में मेरे अंकल और आंटी के घर पर अपना किटबैग पैक करते हुए। मैं उनका बहुत ऋणी हूँ।

मेरे कोच आचरेकर सर के साथ। वे प्रशंसा में सिर हिला देते थे, तो मेरा दिन सफल हो जाता था।

अपने पिता के साथ मेरे एक पसंदीदा बल्ले की जाँच करते हुए, और माँ हमें देख रही हैं।

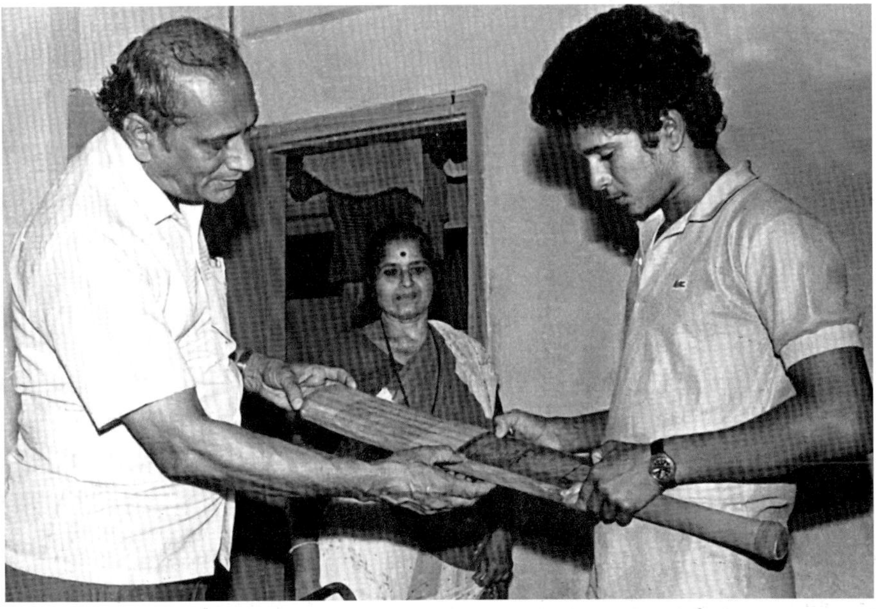

1989 में पाकिस्तान में मेरी पहली टेस्ट श्रृँखला एक अग्निपरीक्षा थी।

उस श्रृँखला में संजय मांजरेकर और मैंने लाहौर में एक कोर्ट देखा और टेनिस में हाथ आज़माए।

ओल्ड ट्रैफ़र्ड में 1990 में मेरे पहले टेस्ट शतक के बाद। तब मैं कहाँ जानता था कि इसके बाद 99 शतक और आने वाले हैं!

बाएँ : हीथ्रो में 1992 में, पहले विदेशी और ग़ैर-यॉर्कशायर खिलाड़ी के रूप में यॉर्कशायर जाते समय।

ऊपर : यॉर्कशायर गुलाब (चिन्ह) पहनकर गर्व की अनुभूति। इस चित्र को मेरे बेटे अर्जुन का फ़ोटो समझने की ग़लती न करें!

नीचे बाएँ : 1990 में इंग्लैंड में कई अद्‌भुत पलों में से एक। इस दौरे ने मुझे बहुत कुछ सिखाया।

नीचे दाएँ : 1992 में मेरे पहले काउंटी मैच में विकेट लेने के बाद अपनी नई टीम के साथियों के साथ जश्न मनाते हुए।

बायाँ पृष्ठ :

ऊपर : 1992 में जोहान्सबर्ग में नेल्सन मंडेला से मिलते हुए। उन्होंने मुझे 1997 में केपटाउन में भी खेलते हुए देखा और दोनों मौक़ों पर मैंने शतक बनाया!

नीचे : 1993 में कोलकाता में ईडन गार्डन्स पर इंग्लैंड को हराने के बाद। 70,000 भारतीय प्रशंसक आख़िरी दिन बचे थोड़े से विजयी रन देखने आए थे - इतना जोश!

दाएँ : चेन्नई के मेरे प्रिय मैदान में घरेलू धरती पर मेरे पहले शतक की ओर अग्रसर, फ़रवरी 1993 में इंग्लैंड के ख़िलाफ़।

नीचे : नवंबर 1993 में ईडन गार्डन्स में पाँच देशों का हीरो कप जीतने के बाद विजय का आनंद लेते हुए।

जिस दिन अंजलि मेहता अंजलि तेंदुलकर बनीं।

रही थी। ड्राइवर खिड़की से हाथ निकालकर पाँचों अँगुलियाँ दिखा रहा था। फिर उसने अपनी मुट्ठी बंद कर ली और दोबारा अँगुलियाँ फैला लीं। मैंने सोचा वह मुझसे कह रहा है कि मैं अपनी लाइट फुल बीम पर कर लूँ और मैंने यही किया। कुछ मिनट बाद पुलिस कार ने अपनी इमरजेंसी लाइट जला ली और हमें रुकने का संकेत किया।

मैं दुविधा में था, क्योंकि उसने जो कहा था, वही तो मैंने किया था। पुलिस वाले ने मुझसे पूछा कि क्या मैंने उसका पहले वाला संकेत देखा था। मैंने हाँ कहते हुए बताया कि मैंने उसके निर्देश पर अमल किया था और अपनी लाइट फुल बीम पर कर ली थी। उसने कहा कि उसका यह मतलब नहीं था; वह तो धीमी गति से कार चलाने का संकेत कर रहा था, क्योंकि मैं निर्धारित गति से ज़्यादा तेज़ गति से कार चला रहा था। पुलिस की कार 65 मील प्रति घंटे की गति से जा रही थी, जबकि गति सीमा 55 मील प्रति घंटा थी। चूँकि मैं पिछले डेढ़ घंटे से उतनी ही दूरी बनाए था, इसलिए मैं तेज़ गति से कार चला रहा था। उसने आगे बताया कि पाँच अँगुलियाँ दो बार फैलाकर वह मुझे संकेत देना चाहता था कि गति सीमा 55 मील प्रति घंटा है और मुझे धीमे हो जाना चाहिए।

मैं हैरान रह गया और मैंने अपनी ग़लती तुरंत मान ली। मैंने कहा कि मैंने ऐसा जान-बूझकर नहीं किया था और मैं तो अंधों की तरह पुलिस कार के पीछे चल रहा था, क्योंकि मैं इसे सबसे सुरक्षित विकल्प मान रहा था। इस दौरान पुलिस वाले ने मेरी कार पर सफ़ेद गुलाब और यॉर्कशायर सीसीसी लिखा देख लिया। उसने पूछा कि इसका क्या मतलब था। मैंने उसे बताया कि मैं यॉर्कशायर के लिए क्रिकेट खेल रहा हूँ और काउंटी ने ही मुझे यह कार दी थी। इस पर उसने मेरा नाम पूछा और कहा कि क्या मैं ही यॉर्कशायर के लिए खेलने वाला पहला विदेशी खिलाड़ी हूँ। मैं सोचता हूँ कि मेरी पहचान की बदौलत ही मैं जुर्माने से बचा और मुझे बस यह चेतावनी देकर छोड़ दिया गया कि कार चलाते वक़्त मुझे हमेशा गति सीमा का ख़्याल रखना चाहिए।

जीवन के सबक़

यॉर्कशायर में हम अक्सर एक के बाद एक मैच खेलते थे और इससे मेरी बल्लेबाज़ी काफ़ी बेहतर हुई। परिस्थितियाँ भारत से बहुत अलग थीं और काउंटी क्रिकेट के दौरान मैं बल्लेबाज़ के रूप में निश्चित रूप से परिपक्व हुआ। गेंद भारत के मुक़ाबले काफ़ी ज़्यादा स्विंग होती थी और इस वजह से मुझे अपनी तकनीक तथा अलग परिस्थितियों से तालमेल बैठाने की योग्यता को निखारने का

मौक़ा मिला। बाद के वर्षों में मैं जब भी भारतीय टीम के साथ इंग्लैंड के दौरे पर गया हूँ, तो यॉर्कशायर में सीखे गए सबक़ों ने मेरी काफ़ी मदद की है।

सामाजिक दृष्टि से भी यह सीखने का अच्छा अनुभव रहा। अधिकारी बहुत मिलनसार थे, जिनमें अध्यक्ष सर लॉरेंस बाइफ़ोर्ड शामिल थे। टीम का समय बेहतरीन गुज़रा। मुझे संडे क्लब का एक जुड़ाव सत्र ख़ास तौर पर याद है, जो बहुत रोचक था। एक संडे क्लब में यह तय किया गया कि हर कोई शर्ट के बिना सिर्फ़ टॉवेल और टाई पहनकर होटल के कन्वेंशन सेंटर में पहुँचेगा। यह सुनकर मैंने सोचा कि टीम के साथी मेरी टाँग खींच रहे हैं। मैं तब तक ऐसे कपड़ों में निकलने को तैयार नहीं था, जब तक कि मैं दूसरे कुछ खिलाड़ियों को इस विचित्र वेशभूषा में न देख लूँ। मैंने लॉबी पर क़रीबी निगाह रखी और जब मैंने अपनी टीम के कुछ साथियों को टॉवेल और टाई में देखा, तभी मैंने ऐसा किया। अंततः यह एक अजीब लेकिन मज़ेदार शाम साबित हुई।

यॉर्कशायर में हर कोई जानता था कि मैं सिर्फ़ उन्नीस साल का हूँ, इसलिए वे हमेशा मदद करने को तैयार रहते थे। यह अच्छी बात थी, क्योंकि वहाँ की परिस्थितियाँ बिलकुल वैसी नहीं थीं, जिनकी आदत मुझे मुंबई में थी। ज़ाहिर है, मैं 1990 में भी इंग्लैंड के दौरे पर गया था, लेकिन तब मैं भारत की टीम के साथ था और हमारे लिए हर चीज़ की व्यवस्था पहले से कर दी गई थी। इस बार मुझे हर चीज़ अपने दम पर करनी थी - अपने खाने की व्यवस्था से लेकर कपड़े धोने तक।

कई बार अकेले काम करने की वजह से मुझे कई शर्मनाक अनुभव भी हुए। एक घटना तो तब हुई, जब मैंने ज़िंदगी में पहली बार वॉशिंग मशीन चलाई। मुझे ज़रा भी पता नहीं था कि मशीन में कितना डिटर्जेन्ट डालना चाहिए, इसलिए मैंने वॉशिंग मशीन में तक़रीबन आधा पैकेट डिटर्जेन्ट डाल दिया और उसे चालू करके बाहर चला गया। लौटकर मैंने देखा कि सामने वाले दरवाज़े से कुछ रिस रहा है। पहले तो मुझे कुछ समझ नहीं आया, लेकिन फिर मुझे याद आया कि मैं वॉशिंग मशीन चालू छोड़कर गया था। ज़्यादा डिटर्जेन्ट की वजह से झाग बाहर निकल गए थे और हर तरफ़ बिखरे हुए थे।

यह पहला और आख़िरी मौक़ा था, जब मैंने अपने दम पर कपड़े धोए। बाक़ी हर बार सॉली भाई के परिवार ने कृपापूर्वक मेरी मदद की। सॉली ऐडम्स, जिन्हें मैं प्यार से सॉली भाई कहता हूँ, वेस्ट यॉर्कशायर में ड्यूज़बरी के बाशिंदे थे। मैं सॉली और उनकी पत्नी मरियम से पहली बार 1990 में दिलीप वेंगसरकर के साथ मिला था। इंग्लैंड में लीग क्रिकेट खेलने वाले मुंबई के हर क्रिकेटर ने मुझसे

सॉली भाई की मेहमाननवाज़ी की बड़ी तारीफ़ की थी, इसलिए यह स्वाभाविक था कि मैं उनसे संपर्क करूँ। उनका घर उस इलाक़े के सारे भारतीय क्रिकेटरों की शरणस्थली था और हम सभी उस ज़ायक़ेदार भोजन के दीवाने थे, जो हमें सॉली भाई के घर परोसा जाता था, ख़ास तौर पर बिरयानी, तंदूरी चिकन, रायता और आम की लस्सी। जल्दी ही यह मेरी आदत बन गई कि यॉर्कशायर में रहते वक़्त मैं सप्ताह में तीन बार उनके यहाँ चला जाता था।

सॉली भाई के भाई युनुस और उनकी पत्नी रुख़साना भी बेहतरीन मेज़बान थे। उनसे मैंने सैलड बोल (सलाद का कटोरा) भरने की कला सीखी। जब मेरे कुछ मित्र जतिन परांजपे, मूफ़ी और विनोद कांबली यॉर्कशायर में मेरे साथ रहने आए, तो हम सस्ते फ़ास्ट फूड पर गुज़ारा करते थे। हम चार लोगों में से मैं ही वहाँ कमा रहा था, इसलिए बिलों का भुगतान मुझे ही करना होता था और हमारे सीमित बजट को देखते हुए फ़ास्ट फूड ही सबसे सस्ता विकल्प था। हम केएफ़सी या बर्गर किंग जैसी जगहों पर खाने जाते थे, लेकिन पिज़्ज़ा हट का ऑल-यू-कैन-ईट बफ़े हमारा सबसे प्रिय विकल्प था। हालाँकि हम निश्चित क़ीमत पर जितने चाहे उतने पिज़्ज़ा भरपेट खा सकते थे, लेकिन हम अपना सैलड बोल केवल एक ही बार भर सकते थे। यहीं पर युनुस और रुख़साना का प्रशिक्षण काम आया। उन्होंने मुझे सिखाया था कि सबसे पहले सलाद की पत्तियों से एक दीवार बना लेनी चाहिए, ताकि सलाद के कटोरे का आकार, जो आम तौर पर सिर्फ़ दो-तीन इंच ऊँचा होता है, पाँच-छह इंच का हो जाए। फिर हम इसमें जितना चाहे, उतना सलाद भर सकते हैं।

मैं आख़िरकार दिलीप ट्रॉफ़ी खेलने के लिए अगस्त के बीच में यॉर्कशायर छोड़कर भारत आया, जो भारत की दूसरी सबसे महत्त्वपूर्ण घरेलू प्रतियोगिता थी। इसका नाम रणजीत सिंहजी के भतीजे दिलीप सिंहजी के नाम पर रखा गया था, जो 1930 के दशक की शुरुआत में इंग्लैंड के लिए खेले थे। दिलीप ट्रॉफ़ी में देश के पाँच ज़ोनों की टीमें रहती हैं : वेस्ट, नॉर्थ, साउथ, ईस्ट और सेंट्रल। मुझे सुझाव दिया गया था कि अक्टूबर में दक्षिण अफ़्रीका के चुनौतीपूर्ण दौरे से पहले मुझे इसमें खेलना चाहिए। यॉर्कशायर के प्रबंधन ने कृपापूर्वक मुझे जल्दी लौटने की इजाज़त दे दी, जिससे काउंटी क्रिकेट में एक बहुत लाभदायक दौर का अंत हुआ।

भारत दक्षिण अफ़्रीका में, नवंबर 1992–1993

यह एक ऐतिहासिक दौरा था, क्योंकि 1991 में अंतरराष्ट्रीय खेल में वापसी करने के बाद दक्षिण अफ़्रीका पहली बार अपने घर पर कोई टेस्ट श्रृंखला खेलने

वाली थी। इससे पहले दक्षिण अफ़्रीका नवंबर 1991 में भारत का दौरा कर चुकी थी, जिसमें इसने 21 साल के अंतरराष्ट्रीय एकांतवास को ख़त्म किया था। तीन एक दिवसीय मैचों में इसने दिखा दिया था कि यह बहुत अच्छी टीम है। एलन डोनल्ड उनके लिए तुरुप का इक्का थे, जो संसार के सबसे अच्छे तेज़ गेंदबाज़ों में से एक थे। इसके अलावा उनकी टीम में रिचर्ड स्नेल, ब्रायन मैकमिलन, क्रेग मैथ्यूज़, मेरिक प्रिंगल, ब्रेट शुल्ट्ज़ और अन्य सचमुच अच्छे गेंदबाज़ थे। कोई शक नहीं था कि दक्षिण अफ़्रीकी परिस्थितियों में ये तेज़ गेंदबाज़ हमारे सामने गंभीर चुनौती पेश करेंगे।

युनाइटेड क्रिकेट बोर्ड ऑफ़ साउथ अफ़्रीका ने दौरे को यादगार बनाने के लिए कोई कसर बाक़ी नहीं रखी। जब हम डरबन में उतरे, तो मेज़बानों ने हमारा स्वागत करके हमें खुली कारों में बैठा दिया। होटल की तरफ़ जाते वक़्त हर कार में दो क्रिकेट खिलाड़ी थे और बहुत सारे लोग सड़क के दोनों किनारों पर क़तार में खड़े थे। मैं मध्य क्रम के बल्लेबाज़ और रमाकांत आचरेकर के एक और विद्यार्थी प्रवीण आमरे के साथ था। मुझे होटल के पूरे रास्ते किशोर कुमार के गाने सुनना याद है। यह एक ज़बर्दस्त अनुभव था।

हम रैंजेसफ़ॉन्टाइन में उस दौरे का अपना पहला मैच खेले, जो बहुत यादगार था। हम निकी ऑपनहाइमर के निजी मैदान में निकी ऑपनहाइमर्स इलेवन के ख़िलाफ़ खेल रहे थे। मैच से पहले भारी बारिश हुई थी और पूरे दिन का खेल होना संभव नहीं लग रहा था। लेकिन मैंने मेज़बानों के दृढ़ संकल्प को कम आँक लिया था। पिच को सुखाने के लिए उन्होंने उस पर जो डाला, उसे देखकर मैं हक्का-बक्का रह गया। उन्होंने सूखने की प्रक्रिया को तेज़ करने के लिए पिच पर पेट्रोल जलाया। मैं इसकी कभी कल्पना भी नहीं कर सकता था। और सिर्फ़ इतना ही नहीं था। हमें यह देखकर हैरानी हुई कि पिच सुखाने के लिए दो हेलिकॉप्टर पैंतालीस मिनट तक मैदान के ऊपर मँडराते रहे। जीतोड़ कोशिशों की बदौलत पिच आख़िरकार खेलने लायक़ बन गई और मैच शुरू हो गया। इसमें मैंने एक शतक जमाया और हम वह मैच आसानी से जीत गए। यह हमारे दौरे की बहुत अच्छी शुरुआत थी। इसके बाद ड्रेसिंग रूम में यह बातचीत होने लगी कि हम दक्षिण अफ़्रीका को आसानी से हरा देंगे। हम झूठी आत्म-संतुष्टि के इस एहसास को साथ लेकर अगले मैच में गए, जहाँ हमने कम्बाइन्ड बोल इलेवन को 230 रन में आउट कर दिया और इसके बाद 500 से ज़्यादा रन बनाए। यह दौरा पार्क में टहलने जितना आसान लग रहा था।

लेकिन जब हम 6 नवंबर 1992 को सेंचुरियन में साउथ अफ़्रीकन बोर्ड

प्रेसिडेंट्स इलेवन से खेले, तो परिस्थितियाँ नाटकीय रूप से बदल गईं। हमने पहले गेंदबाज़ी की और स्लिप पर खड़े होकर मैं देख सकता था कि गेंद कीपर तक नहीं पहुँच पा रही थी। मनोज प्रभाकर के साथ सुब्रतो बैनर्जी हमारी गेंदबाज़ी की शुरुआत कर रहे थे, जो ज़बर्दस्त हास्यबोध वाले मध्यम-तेज़ गति के होनहार स्विंग गेंदबाज़ थे। दोनों में से किसी को भी विकेट से ज़्यादा गति नहीं मिली। तेज़ गेंदबाज़ी करने की क्षमता रखने वाले श्रीनाथ के अलावा हमारा कोई भी गेंदबाज़ उस धीमी पिच पर अपनी गेंद कीपर तक नहीं पहुँचा पाया और हम विपक्षी टीम को 268 रनों पर आउट करके तार्किक रूप से खुश थे।

जब हमारी पारी शुरू हुई, तो हमें विश्वास था कि हम एक बार फिर विशाल स्कोर खड़ा करके विपक्षी टीम को मैच से बाहर कर देंगे, लेकिन हमारी योजना के मुताबिक़ कुछ नहीं हो पाया। दूसरा ओवर ब्रेट शुल्ट्ज़ ने डाला था और उन्होंने अपने पहले ही ओवर में बहुत तेज़ गति प्राप्त की। वास्तव में, यह मेरे देखे गए सबसे तेज़ शुरुआती ओवरों में से एक था। हमें इसकी उम्मीद नहीं थी और कुछ ही मिनटों में ड्रेसिंग रूम के भीतर का माहौल बुझा-बुझा सा हो गया। विकेट में उछाल दिखने लगा था और बल्लेबाज़ों को सभी तरह की समस्याएँ हो रही थीं। साफ़ नज़र आ रहा था कि टेस्ट श्रँखला क़तई आसान नहीं होने वाली थी।

मैच के दौरान थोड़ा पानी गिर गया, जिस वजह से मैदान में फिसलन हो गई। 19 साल के ऊर्जावान लड़के के रूप में मैंने तय किया कि इस फिसलन में पवेलियन के विपरीत छोर पर फ़ील्डिंग का अच्छा अभ्यास किया जा सकता है। हमारे साथ साउथ ज़ोन के प्रथम श्रेणी के पूर्व खिलाड़ी चामुंडेश्वरनाथ थे, जो वहाँ क्लब क्रिकेट खेल रहे थे। उन्होंने फ़ील्डिंग अभ्यास में भारतीय टीम की मदद की थी और मुझे भी नेट्स में खिलाया था। वे मेरे साथ थे और मेरे अभ्यास में मदद कर रहे थे। अगर सामान्य परिस्थितियों में मैं लगभग तीन-चार गज़ स्लाइड कर सकता था, तो बारिश की वजह से मैं गेंद का पीछा करते वक़्त कुछ अतिरिक्त गज़ फिसलने लगा। यह मूर्खतापूर्ण था, क्योंकि इस चक्कर में मेरा टखना मुड़ गया और मुझे उठाकर मैदान से बाहर ले जाना पड़ा। जब मैं अपनी चोट की जाँच कराने अस्पताल गया, तो मुझे बताया गया कि ठीक होने में कम से कम चार-पाँच सप्ताह का समय लगेगा।

पहला टेस्ट मैच सिर्फ़ एक सप्ताह दूर था और मैं श्रँखला में खेलने के लिए बेताब था, इसलिए मैंने जल्दी से जल्दी फ़िट होने की कोशिश की। कुछ दिनों बाद मैं चलने लगा, लेकिन दौड़ना अब भी मुश्किल था। टीम प्रबंधन मुझे खिलाना चाहता था, क्योंकि मैं अच्छी बल्लेबाज़ी कर रहा था। मगर खेलना तभी संभव

था, जब मैं स्लिप में खड़ा रहूँ, जहाँ मुझे ज़्यादा दौड़ना न पड़े। वैसे इस बात को लेकर मुझे काफ़ी शर्म आई, क्योंकि मैं युवा होने के बावजूद स्लिप में खड़ा था और टीम के वरिष्ठ सदस्य कपिल देव को सीमारेखा पर दौड़ना पड़ रहा था।

13 नवंबर 1992 को डरबन में पहला टेस्ट मैच शुरू हुआ। इसमें हमने अच्छी बल्लेबाज़ी की और पूरे मैच में बराबरी की टक्कर दी। अंततः यह मैच ड्रॉ हो गया। प्रवीण आमरे ने अपने पहले ही मैच में शानदार शतक बनाया और यह बड़ी साहसिक पारी थी। दुर्भाग्य से इस मैच में मेरा नाम इतिहास की पुस्तकों में आ गया। मैं वह पहला बैट्समैन था, जिसे थर्ड अम्पायर ने टीवी रीप्ले का इस्तेमाल करके आउट दिया था, जिनका इस्तेमाल उसी समय शुरू हुआ था। मैंने गेंद को पॉइंट की तरफ़ खेला था, जहाँ जॉन्टी रोड्स फ़ील्डिंग कर रहे थे। वे पलक झपकते ही गेंद तक पहुँच गए और आनन-फानन में इसे कीपर तक पहुँचा दिया। टखने की चोट की वजह से मुझे पलटने में थोड़ी देर हो गई और जॉन्टी की फुर्ती की वजह से दो-तीन इंच कम पड़ गए। अम्पायर सिरिल मिचली ने तीसरे अम्पायर कार्ल लीबनबर्ग से निर्णय देने को कहा, जिन्होंने मुझे रन आउट घोषित कर दिया।

इस तरह मैंने जॉन्टी रोड्स के फ़ील्डिंग कौशल का स्वाद पहली बार चखा, जिसकी वजह से हमें पूरे दौरे में समस्याएँ आईं। एक दिवसीय मैचों की श्रृँखला में जॉन्टी ने ख़ास जौहर दिखाया और वे बेशक सबसे अच्छे फ़ील्डर थे, जिनके ख़िलाफ़ मैं खेला हूँ। उनके पूर्वानुमान और प्रतिक्रियाएँ सबसे फुर्तीली थीं, इसलिए वे पॉइंट, कवर पॉइंट तथा थर्ड मैन की तरफ़ के सारे एक-एक रन रोक लेते थे। मुश्किल पिचों पर ये एक-एक रन महत्त्वपूर्ण होते थे और अचानक वे रुक जाते थे, क्योंकि जॉन्टी ऑफ़ साइड में अविश्वसनीय फुर्ती से पहरेदारी करते थे। उन्होंने हममें से कई खिलाड़ियों को रन आउट किया और हर मैच में बहुत से रन बचाए, जिससे इस श्रृँखला के परिणाम पर महत्त्वपूर्ण फ़र्क़ पड़ा।

जॉन्टी के बारे में दूसरी चीज़ उनकी विकेटों के बीच दौड़ थी। तीसरे एक दिवसीय मैच में जॉन्टी ने रवि शास्त्री की गेंद पर स्क्वेयर लेग की तरफ़ स्लॉग स्वीप खेला, जहाँ कपिल ने उनका कैच छोड़ दिया। इस दौरान जॉन्टी ने पहला रन बहुत तेज़ी से पूरा कर लिया और दूसरे रन को पूरा करने के लिए स्ट्राइकर के छोर के बहुत क़रीब पहुँच गए थे, तभी उन्हें नज़र आया कि उनके जोड़ीदार ऐंड्रू हडसन दूसरा रन दौड़ने की कोई कोशिश ही नहीं कर रहे थे। हमें हैरानी हुई कि जॉन्टी पलटे और तेज़ी से भागते हुए दूसरे छोर पर विकेट के बहुत क़रीब पहुँच गए थे, लेकिन तभी उन्हें रन आउट करने वाली गिल्लियाँ बिखेर दी गईं।

एक तरह से उन्होंने लगभग तीन रन दौड़ लिए थे, जबकि इस दौरान उनका जोड़ीदार सिर्फ़ एक ही रन पूरा कर पाया था।

टेस्ट श्रृंखला की ओर लौटते हुए, हमने डरबन के ड्रॉ के बाद जोहैनिसबर्ग में दूसरे टेस्ट में अच्छा प्रदर्शन किया, जो 26 नवंबर को शुरू हुआ। मैंने इस मैच में एक शतक लगाया, जो टेस्ट क्रिकेट में मेरा चौथा शतक था। इस पारी को मैं बहुत संतुष्टि के साथ याद कर सकता हूँ। मैं दूसरे दिन के अंत में 75 पर नॉट आउट था और तीसरी सुबह मुझे सचमुच कड़ा संघर्ष करना पड़ा। एलन डोनल्ड शानदार स्पेल डाल रहे थे और धैर्य ही बचाव की कुंजी था। मैं ऑफ़ स्टंप के बाहर की गेंदों को छोड़ता रहा। मैं जानता था कि स्कोरिंग शुरू करने से पहले मुझे डोनल्ड के गेंदबाज़ी से हटने का इंतज़ार करना होगा। लंच से पहले मैंने सिर्फ़ एक कवर ड्राइव खेला, वरना यह संघर्ष और धैर्य का युद्ध था। एलन डोनल्ड के ख़िलाफ़ यह यादगार प्रतिस्पर्धा मेरे लिए टेस्ट क्रिकेट की वह ख़ूबी है, जो इसे क्रिकेट के सभी स्वरूपों के शिखर पर पहुँचाती है। यहाँ एक तेज़ गेंदबाज़ 150 कि.मी. प्रति घंटे की गति से गेंद डाल रहा था। किसी बल्लेबाज़ के लिए इससे ज़्यादा चुनौतीपूर्ण कुछ नहीं होता कि गेंदबाज़ी के लिए माकूल परिस्थितियों में कोई गेंदबाज़ शत्रुतापूर्ण तेज़ गेंदबाज़ी करे। आपको घरेलू क्रिकेट में इस तरह के स्पेल खेलने को नहीं मिलते हैं और इनमें अपना विकेट बचाना बल्लेबाज़ की क्षमता का सच्चा इम्तहान होता है।

जोहैनिसबर्ग में मैं आख़िरकार लंच के बाद अपने शतक तक पहुँचा। इसके लिए मैंने पारी में 270 गेंदों का सामना किया, जो साढ़े छह घंटे तक चली। दक्षिण अफ़्रीका की दूसरी पारी में कुंबले ने छह विकेट लिए, जिसकी बदौलत हम मैच को ड्रॉ करने में कामयाब हो गए। फिर हम पोर्ट एलिज़ाबेथ में तीसरा टेस्ट खेलने गए, जहाँ सब कुछ दाँव पर लगा था। क्रेग मैथ्यूज़ दक्षिण अफ़्रीका के लिए बहुत अच्छी गेंदबाज़ी करने वाले दूसरे गेंदबाज़ थे। वे बेहद सटीक थे और उन्होंने ऑफ़ स्टंप के बाहर चतुराई भरी दिशा पकड़ ली, जहाँ से गेंद आम तौर पर स्विंग होकर बाहर निकलती थी। कभी-कभार वे किसी गेंद को तेज़ी से अंदर ले आते थे और इस गेंद को खेलना टेढ़ी खीर साबित होता था। इतना ज़्यादा कि लगभग पूरी टीम की जाँघों पर मैथ्यूज़ की गेंदों के काफ़ी मिलते-जुलते काले निशान पड़ गए थे। इस बारे में ड्रेसिंग रूम में काफ़ी मज़ाक़ भी होता था और हम बोलते थे, *'अरे इसको भी मेडल मिला है देख!'*

दुर्भाग्य से, एलन डोनल्ड की गति और चालाकी की वजह से हम पोर्ट एलिज़ाबेथ में तीसरा टेस्ट हार गए, जिन्होंने मैच में बारह विकेट लिए। जब दोनों

टीमों की पहली पारी ख़त्म हुई थी, तब दोनों टीमें बराबरी पर थीं। लेकिन दूसरी पारी में डोनल्ड के शुरुआती तूफ़ान ने क़हर बरपाया और सब कुछ बदल गया। सिर्फ़ 31 रन पर हमने शुरुआती छह विकेट खो दिए। हालाँकि कपिल देव ने शानदार शतक लगाया, लेकिन इसके बावजूद हमारे पास दरअसल वापसी करने का कोई मौक़ा ही नहीं था। मुझे अंपायर का शिकार होना पड़ा और ब्रेट शुल्ट्ज़ की गेंद पर मुझे विकेटकीपर द्वारा कैच आउट घोषित कर दिया गया, जबकि गेंद दरअसल मेरी जाँघ से टकराई थी। मैच के अंत में अंपायर मुझसे मिले और ग़लत आउट देने पर अफ़सोस ज़ाहिर किया। क्रिकेट में ऐसा होता रहता है, क्योंकि अंपायरिंग क्रिकेट के सबसे मुश्किल कामों में से एक है और मानवीय भूलें होना स्वाभाविक है।

हम चौथे और अंतिम टेस्ट मैच में श्रृँखला को बराबर करने के लिए कृतसंकल्प थे, जो केपटाउन में 2 जनवरी 1993 को शुरू होने वाला था। हालाँकि यहाँ हम श्रृँखला बराबर नहीं कर पाए, लेकिन हम ख़राब नहीं खेले थे। जवागल श्रीनाथ ने ख़ास तौर पर प्रभावी गेंदबाज़ी करते हुए छह विकेट लिए। इस बार एलन डोनल्ड ने मुझे राउंड द विकेट बहुत से ओवर डाले और शॉर्ट ऑफ़ लेंग्थ गेंदें कीं, ताकि केपटाउन के स्पन्जी बाउंस का अधिकतम लाभ लिया जा सके। मैंने एक नई नीति आज़माई। वे शॉर्ट गेंद कर रहे थे और गेंदों को मेरे शरीर की ओर अंदर ला रहे थे। मुझे लगा कि उनसे मुक़ाबला करने का सबसे अच्छा तरीक़ा उन्हें कुंठित करना होगा। मेरी सोच सरल थी : अगर ज़्यादा लंबे लोग अपने पंजों पर खड़े होकर बाउंसर के ऊपर आने के लिए अपने क़द का इस्तेमाल कर सकते हैं, तो नाटे खिलाड़ी गेंद के *नीचे* आने के लिए अपने क़द का इस्तेमाल क्यों न करें। इसलिए मैंने इस मैच में अपने स्टैंस यानी खड़े होने के अंदाज़ को बदल लिया। आम तौर पर बल्लेबाज़ी करते वक़्त मैं अपने पैरों के बीच दस इंच से लेकर एक फुट तक की दूरी रखता हूँ, लेकिन केपटाउन में मैंने इस दूरी को बढ़ाकर ढाई फुट कर दिया। इसका मतलब था कि मैं सामान्य से ज़्यादा नाटा हो गया और आसानी से डोनल्ड की गेंदों के नीचे आ सकता था। इस वजह से वे अपनी गेंदबाज़ी की लेंग्थ बदलने के लिए मजबूर हो गए। मेरा यह पैंतरा सफल साबित हुआ और मैंने साढ़े चार घंटे से ज़्यादा समय तक बल्लेबाज़ी की। इस दौरान मैंने 208 गेंदों का सामना करके 73 रन बनाए, जिससे हमें ड्रॉ करने में मदद मिली।

एक दिवसीय श्रृँखला किसी कारणवश दूसरे और तीसरे टेस्ट के बीच खेली गई। इसमें हम दो नई गेंदों से खेले, जबकि हर छोर से एक नई गेंद डाली जा रही थी। इसमें हमारा प्रदर्शन अच्छा रहा, हालाँकि हम सात मैचों की यह श्रृँखला

2-5 से हार गए। ज़्यादातर मैच कम स्कोर वाले थे और 200 के आस-पास का स्कोर भी टक्कर का माना जाता था, जो आजकल के ज़माने में बहुत कम लगेगा।

हम दक्षिण अफ़्रीका से टेस्ट और एक दिवसीय दोनों तरह के क्रिकेट में हार गए थे, लेकिन मुझे कहना होगा कि मुझे संसार के कुछ सर्वश्रेष्ठ तेज़ गेंदबाज़ों के ख़िलाफ़ खेलने की चुनौती का आनंद आया था। हर टीम विदेशी दौरे पर मुश्किलों का सामना करती है और दक्षिण अफ़्रीका के इस मुश्किल दौरे के अंत में हम यह चाहते थे कि हम ग्राहम गूच की इंग्लैंड टीम को कुछ चुनौतियाँ दें, जो फ़रवरी-मार्च 1993 में भारत का दौरा करने आने वाली थी। उल्लेखनीय बात यह है कि यह घरेलू ज़मीन पर मेरी पहली टेस्ट श्रृंखला होने वाली थी।

इंग्लैंड भारत में, जनवरी-मार्च 1993

घरेलू भीड़ के सामने और घरेलू परिस्थितियों में खेलने जैसा कुछ भी नहीं होता। पहला टेस्ट कोलकाता के ईडन गार्डन्स में 29 जनवरी 1993 को शुरू हुआ। इसमें दर्शकों के उत्साह ने हमें भारी प्रेरणा और प्रोत्साहन दिया। हमारे कप्तान मोहम्मद अज़हरुद्दीन को ईडन गार्डन्स में खेलने में हमेशा खुशी होती थी और उन्होंने शानदार 182 रन बनाकर अच्छी बुनियाद डाल दी, जबकि मैंने अर्ध शतक लगाया। पाँचवें दिन हमें जीतने के लिए बस 34 रनों की ज़रूरत थी और मुझे घोर आश्चर्य हुआ कि इसके बावजूद 70,000 लोग स्टेडियम में आए थे, ताकि वे हमें जीत के रन मारते देख सकें और तीन टेस्ट मैचों की श्रृंखला में 1-0 की बढ़त लेते देख सकें। मुझे याद है कि मैंने इंग्लैंड के तेज़ गेंदबाज़ पॉल जारविस की गेंद पर स्क्वेयर लेग के ऊपर से चौका मारकर अपनी टीम को वह मैच जिताया था।

इसके बाद तो ड्रेसिंग रूम में सारी सीमाएँ टूट गईं। दक्षिण अफ़्रीका की निराशा के बाद हमें इस जीत की सख़्त ज़रूरत थी और यह देखना ख़ास तौर पर बेहतरीन था कि स्पिनर ऐसी परिस्थितियों में खेले, जो उनकी कला के लिहाज़ से उपयुक्त थीं। इंग्लैंड के यही बल्लेबाज़ 1990 में इंग्लैंड में हमारे स्पिनरों को आड़े बल्ले से मार रहे थे, लेकिन अब वही घूमती हुई गेंद के ख़िलाफ़ संघर्ष कर रहे थे। अब ऊँट पहाड़ के नीचे आ गया था और हम इसके हर पल का आनंद ले रहे थे। उपमहाद्वीप में स्पिन गेंदबाज़ी को खेलना काफ़ी चुनौतीपूर्ण होता है और इंग्लैंड की टीम को इसमें बहुत मुश्किल आ रही थी। हमारे पास तिहरा स्पिन आक्रमण था, जिसमें अनिल कुंबले, राजेश चौहान और वेंकटपति राजू की ख़तरनाक तिकड़ी थी। तेज़ गेंदबाज़ कपिल देव और मनोज प्रभाकर बल्लेबाज़ी में भी माहिर थे, इसलिए हमें पाँच गेंदबाज़ों के साथ उतरने की छूट थी, जिससे

हमारा आक्रमण और भी शक्तिशाली बन गया था।

श्रृँखला का दूसरा टेस्ट मैच चेन्नई में 11 फ़रवरी को शुरू हुआ और इस मैच में मैंने अपना पहला घरेलू टेस्ट शतक बनाया। पिच बल्लेबाज़ी के लिए बहुत अच्छी थी और इस सख़्त विकेट पर थोड़ा उछाल था। मैंने 165 रन बनाए और अगर मैं लेग स्पिनर इयान सेलिसबरी की एक गेंद पर बहुत ढीला शॉट नहीं खेलता, तो आसानी से दोहरा शतक मार सकता था। मैं गेंद को मिड विकेट के ऊपर से मारना चाहता था, लेकिन अंत में यह बल्ले का ऊपरी किनारा लेकर गेंदबाज़ के पास चली गई, जिससे मैं बहुत निराश हुआ।

नवजोत सिद्धू ने भी एक शतक बनाया और हमने 560 का अच्छा-ख़ासा स्कोर खड़ा कर दिया। पहली पारी में नील फ़ेयरब्रदर के थोड़े प्रतिरोध के बावजूद इंग्लैंड को फ़ॉलो-ऑन के लिए विवश होना पड़ा। क्रिस लुइस ने दूसरी पारी में अच्छा संघर्ष करते हुए अपना पहला शतक बनाया, लेकिन कुंबले ने छह विकेट लेकर हमें मैच आराम से जिता दिया। चार दिन बाद हम तीसरे टेस्ट के लिए मुंबई गए, जबकि हम श्रृँखला में पहले ही 2-0 की बढ़त ले चुके थे, जिसका मतलब था कि हम श्रृँखला जीत चुके थे।

यह वानखेड़े स्टेडियम में मेरा पहला टेस्ट मैच होने वाला था, जहाँ मैंने बड़े होते समय बहुत सा क्रिकेट खेला था। यह एक तरह से घर लौटने जैसा था। विनोद कांबली के लिए भी यही बात थी, जिन्होंने इस मैच में दर्शनीय दोहरा शतक जमाया। इंग्लैंड अपनी पहली पारी में इस श्रृँखला का सबसे बड़ा स्कोर बनाकर खुश हुई होगी, जिसमें ग्राहम हिक ने 178 का अपना सर्वोच्च टेस्ट स्कोर बनाया। जवाब में हमने प्रभावशाली 591 रन बनाए, जिसमें मेरे 78 रन शामिल थे। इसके बाद मनोज प्रभाकर ने तीन विकेट जल्दी झटक लिए और बाक़ी का काम फिरकी गेंदबाज़ों ने कर दिया, जिससे इंग्लैंड दोबारा एक पारी से हार गई। यह कहना सही होगा कि हमने दक्षिण अफ़्रीका की निराशा को अपने पीछे सफलतापूर्वक छोड़ दिया था।

अनिल कुंबले ने तीनों टेस्ट मैचों में सुंदरता से गेंदबाज़ी की थी और उन्हें प्लेयर ऑफ़ द सीरीज़ घोषित किया गया। अनिल उस तरह के मैच विजेता बन गए थे, जिसकी हमें तलाश थी। अनुशासन और दृढ़ता उनकी कला की विशेषताएँ थीं। वे गेंद को ज़्यादा स्पिन नहीं करा पाते थे, लेकिन बेहतरीन सटीकता और दृढ़ संकल्प से इसकी भरपाई करते थे। मैंने कभी अनिल की दृढ़ता में कोई कमी नहीं देखी और मैं उनका बेहद सम्मान करता हूँ, क्योंकि वे भारत का प्रतिनिधित्व करने वाले महानतम खिलाड़ियों में से एक हैं।

एक दिवसीय मैचों की श्रृँखला ज़्यादा टक्कर की थी और हम 5 मार्च 1993 को ग्वालियर में आख़िरी मैच खेलने गए। श्रृँखला को बराबर करने के लिए हमें यह मैच जीतना था। उस समय तक मैं नंबर पाँच या छह पर बल्लेबाज़ी कर रहा था और मेरा योगदान सामान्य था। लेकिन ग्वालियर में मैंने मैच में एक महत्त्वपूर्ण मोड़ पर 30 गेंदों में ताबड़तोड़ 34 रन बना दिए। मेरी अज़हर के साथ एक अहम साझेदारी भी हुई, जिन्होंने शानदार नाबाद 95 रन बनाकर हमें विजयश्री दिलाई।

इंग्लैंड की श्रृँखला से भारतीय क्रिकेट का एक बहुत सफल दौर शुरू हुआ। इसके बाद हमने भारत में खेले गए एकमात्र टेस्ट मैच में ज़िम्बाब्वे को हराया। हम घरेलू परिस्थितियों में जीतने की स्वस्थ आदत डाल रहे थे। एक दिवसीय मैचों में हम क़रीबी मैच जीतने लगे थे और हम अगले मुख्य एक दिवसीय टूर्नामेंट हीरो कप के संभावित विजेता दिख रहे थे। हीरो कप में दक्षिण अफ़्रीका, श्रीलंका, वेस्ट इंडीज़ और ज़िम्बाब्वे की टीमें भी खेलने वाली थीं।

हाथ घुमाना

हीरो कप से कुछ समय पहले मैंने बैंगलोर में एक नुमाइशी मैच खेला। इसमें विकेटकीपर किरण मोरे भी गेंदबाज़ी करने लगे और उन्होंने मुझे एक ललचाने वाली फुल टॉस डाली। उस पर छक्का मारने की कोशिश में मेरी कलाई मुड़ गई। यह बड़ी अजीब चोट थी और बल्लेबाज़ी करते समय मुझे काफ़ी दर्द होता रहा। जब कुछ दिन बाद भी दर्द कम नहीं हुआ, तो मुझे एक इंजेक्शन लगवाना पड़ा। यह मेरा पहला कॉर्टिसोन इंजेक्शन था और डॉ. अनंत जोशी मुंबई से इस इंजेक्शन को लगाने के लिए दिल्ली आए। मुझे हथेली के क़रीब कलाई पर इंजेक्शन लगने वाला था और हीरो कप में कुछ ही दिन शेष रहने की वजह से मुझे ठीक होने की चिंता सता रही थी। हालाँकि इंजेक्शन काफ़ी दर्द भरा था, लेकिन अपने पूरे करियर में मैंने सौ या इससे ज़्यादा कॉर्टिसोन इंजेक्शन लगवाए होंगे और यह उनमें पहला था।

हीरो कप के एक मैच को मैं कभी नहीं भूल पाऊँगा। यह 24 नवंबर 1993 को दक्षिण अफ़्रीका के ख़िलाफ़ हुआ सेमी-फ़ाइनल था। हमने पहले बल्लेबाज़ी की और अपने पचास ओवर में 195 का सामान्य स्कोर बनाया। हम जानते थे कि अगर हमें दक्षिण अफ़्रीका को फ़ाइनल में पहुँचने से रोकना है, तो हमें काफ़ी अच्छी गेंदबाज़ी और फ़ील्डिंग करनी होगी। अनिल के नेतृत्व में हमारे गेंदबाज़ों ने बहुत अच्छा काम किया और दक्षिण अफ़्रीका को अंतिम ओवर में जीतने के लिए छह रनों की ज़रूरत थी। स्कोर बोर्ड पर इतने कम रन होने के बावजूद हम

इतनी दूर तक आ गए थे और अब हमें यह निर्णय लेना था कि सबसे अहम आख़िरी ओवर डालने का काम किसे सौंपा जाए।

मैंने यह ज़िम्मेदारी लेने की पेशकश की। मैंने उस दिन गेंदबाज़ी नहीं की थी, इसलिए मैंने सोचा कि मेरी गेंदबाज़ी में आश्चर्य का पुट रहेगा। इसके अलावा, पिच ने धीमे गेंदबाज़ों की मदद की थी और कपिल की तेज़ गति को खेलना दक्षिण अफ़्रीका के बल्लेबाज़ों के लिए ज़्यादा आसान रहेगा। फिर मुझे एहसास हुआ कि 49 ओवर तक फ़ील्डिंग करने और शाम की ठंडक की वजह से मेरा शरीर अकड़ गया था और मेरे हाथों की कुल्फ़ी जम गई थी। मैं जानता था कि मुझे जल्दी से खुद को तैयार करना था, क्योंकि यहाँ कोई दूसरा मौक़ा नहीं था। एक वाइड हुई और मैच ख़त्म हो जाएगा।

मैंने संसार के बेहतरीन ऑल-राउंडर्स में से एक ब्रायन मैकमिलन को पहली गेंद गुड लेंग्थ पर फेंकी, जिन्होंने एक रन लिया। लेकिन इस प्रक्रिया में दक्षिण अफ़्रीका ने फ़ैनी डिविलियर्स का विकेट गँवा दिया, जो मैकमिलन को दोबारा स्ट्राइक देने के चक्कर में दूसरे रन की फ़िराक में थे और सलिल अंकोला के थ्रो ने उन्हें रन आउट कर दिया। इससे भी अहम बात, इसका मतलब था कि मैकमिलन नॉन-स्ट्राइकर वाले छोर पर ही रहेंगे और नए खिलाड़ी को मेरा सामना करना था। यह मेरे लिए सुनहरा अवसर था। एलन डोनल्ड नए बल्लेबाज़ के रूप में उतरे थे और वे बल्लेबाज़ी में ज़्यादा माहिर नहीं थे। मैंने सोचा, अगर मैं उन्हें बाँधने में कामयाब हो जाऊँ, तो हमारे पास निश्चित रूप से यह मैच जीतने का मौक़ा था। कुंजी यह थी कि बड़े शॉट मारने वाले ब्रायन मैकमिलन को गेंद के सामने न आने दिया जाए।

जब डोनल्ड विकेट पर आए, तो मैं जानता था कि वे तनाव महसूस कर रहे होंगे। मुझे बस अपनी घबराहट पर क़ाबू रखना था और किसी अनोखी चीज़ की कोशिश नहीं करनी थी। मैंने जान-बूझकर उन्हें धीमी गेंद फेंकी और एक गेंद ऊपर भी फेंकी, जिसमें थोड़ा घुमाव था। डोनल्ड इतनी धीमी गति की गेंदों को नहीं खेल पाए। जब वे तीन गेंदों पर कोई रन नहीं बना पाए, तो इससे वे ख़ुद और उनकी पूरी टीम दबाव में आ गई। आख़िर उन्होंने ओवर की पाँचवीं गेंद पर एक रन बनाने में कामयाबी पाई। दक्षिण अफ़्रीका को अब आख़िरी गेंद पर एक चौके की ज़रूरत थी। दूसरी ओर, हमें बस यह ज़रूरत थी कि गेंद सीमारेखा के पार न जाए और हम फ़ाइनल में पहुँच जाएँगे।

इस तरह की दबाव भरी स्थितियों से निबटने की कुंजी यह है कि खुद को स्थिर रखा जाए, अपने सहज बोध का अनुसरण किया जाए और स्पष्टता से सोचा

जाए। मैं जानता था कि अतीत में ऐसे मौक़े रहे हैं, जब किसी बल्लेबाज़ ने बड़ा शॉट मारने की कोशिश की और गेंद बैट के अंदरूनी किनारे से लगकर विकेट के पास खड़े कीपर को चकमा देती हुई सीमारेखा तक पहुँच गई। ऐसी परिस्थितियों में गेंदबाज़ी करने वाली टीम कुछ नहीं कर सकती। इस बात को ध्यान में रखते हुए मैंने हमारे कीपर विजय यादव से कहा कि वे पीछे जाकर खड़े हों, जैसे वे किसी तेज़ गेंदबाज़ की गेंद पर खड़े होते हैं।

इस बात पर यक़ीन करना मुश्किल है, लेकिन मैकमिलन ने सचमुच ज़ोरदार शॉट मारने की कोशिश की और उनके बल्ले का अंदरूनी किनारा लगा। यादव ने बीस गज़ पीछे गेंद को आसानी से उठा लिया और दक्षिण अफ़्रीका केवल एक ही रन ले पाई। बेहद नाटकीय अंदाज़ में हम जीतने में कामयाब हो गए थे और फ़ाइनल में पहुँच गए थे। उस आख़िरी ओवर में मैंने केवल तीन रन दिए थे और हम दो रनों से जीत गए थे। लगभग एक लाख दर्शकों से खचाखच भरे ईडन गार्डन्स की भीड़ पगला गई। दर्शकदीर्घाओं में चारों तरफ़ काग़ज़ों की मशालें जलने लगीं, जिससे एक अविश्वसनीय माहौल बन गया। मुझे उल्लास महसूस हुआ और जल्दी ही मेरी टीम के साथी मुझ पर कूद पड़े। यह मेरे सबसे अच्छे एक दिवसीय मैचों में से एक था।

भारत की विजय में किसी और ने भी अनपेक्षित योगदान दिया था। यह एक नेवला था, जो ईडन गार्डन्स पर दिन-रात के इस मैच के दूसरे हाफ़ में बार-बार मैदान में आ जाता था। ऐसा लगता था कि जब भी नेवला मैदान में आता था, बाज़ी पलट जाती थी और दक्षिण अफ़्रीका का एक विकेट गिर जाता था। ज़ाहिर है, यह महज़ संयोग हो सकता है, लेकिन भारत के लिए यह काफ़ी ख़ुशक़िस्मत संयोग साबित हुआ!

ऐसे तनावपूर्ण सेमी-फ़ाइनल के बाद फ़ाइनल तुलनात्मक रूप से आसान मामला था, जब अनिल ने वेस्ट इंडीज़ की पारी को ध्वस्त करते हुए हमें ख़िताब दिलवा दिया। उन्होंने कमाल की गेंदबाज़ी की और 12 रन देकर 6 विकेट लिए। यह उनके करियर का सर्वश्रेष्ठ प्रदर्शन था और इसकी बदौलत हमने खचाखच भरे ईडन गार्डन्स के सामने हीरो कप जीत लिया। विजय को और मधुर बनाने के लिए मैंने ब्रायन लारा का विकेट ले लिया। ब्रायन लारा को आउट करना रोचक था, क्योंकि अजीत भाई मेरे साथ सेमी-फ़ाइनल और फ़ाइनल मैच देखने कोलकाता आ गए थे। उन्होंने होटल में मुझसे कहा था कि अगर मुझे ब्रायन लारा को गेंद करने का मौक़ा मिले, तो मुझे उन्हें आउट करने की ताक में रहना चाहिए। उनकी सलाह विकेट पर गेंद करने की थी। और यही हुआ। मुझे ब्रायन को गेंद

करने का मौक़ा मिला, जिन्होंने वेस्ट इंडीज़ के लिए बल्लेबाज़ी की शुरुआत की थी। जब उन्होंने मुझे कुछ रन मारे, तो मैंने उन्हें ऑफ़ स्टंप के ज़रा सी बाहर गेंद डाली, जो हल्की सी अंदर आई और उनकी गिल्लियाँ उड़ाती हुई चली गई। विकेट से आनंदित होकर मुझे तुरंत अजीत भाई से हुई बातचीत याद आ गई।

घरेलू ज़मीन पर क्रिकेट का मेरा पहला वर्ष सचमुच अच्छी तरह बीता था। लेकिन कई चीज़ें थीं, जिन्हें मैं अब भी बुरी तरह करना चाहता था। इनमें से एक थी पहला एक दिवसीय शतक बनाना। दूसरी हसरत थी एक दिवसीय मैचों में भारत की ओर से ओपनिंग करना।

भारत न्यूज़ीलैंड में, मार्च-अप्रैल 1994

यह 27 मार्च 1994 की सुबह की बात है। उस दिन हमें ऑकलैंड में न्यूज़ीलैंड से चार मैचों की एक दिवसीय श्रृंखला का दूसरा मैच खेलना था। हमारे सलामी बल्लेबाज़ नवजोत सिद्धू की गर्दन सोते में अकड़ गई थी और वे खेलने की स्थिति में नहीं थे। तब मैं अज़हर और हमारे मैनेजर अजीत वाडेकर के पास गया, जो भारत के पूर्व कप्तान और अपने ज़माने के अग्रणी बल्लेबाज़ थे। मैंने उनसे मिन्नतें कीं कि वे मुझे ओपनिंग करने का एक मौक़ा दें। मैं ऐसा क्यों सोचता हूँ कि मुझे ओपनिंग करनी चाहिए? देखिए, मुझमें गेंदबाज़ों पर हमला करने की क़ाबिलियत थी और मैं पहली गेंद से ही शॉट खेल सकता था और एक दिवसीय मैच में पहले पंद्रह ओवर में फ़ील्डिंग की पाबंदियों का लाभ लेना बहुत महत्त्वपूर्ण था। मुझे भरोसा था कि मुझे खुद को साबित करने के लिए बस एक मौक़े की ज़रूरत थी। मैंने वाडेकर सर से कहा कि अगर मैं नाकाम रहा, तो मैं उनसे दोबारा कभी मौक़ा नहीं माँगूँगा। वैसे भी, टीम में कोई रिज़र्व सलामी बल्लेबाज़ नहीं था और उन लोगों को सिद्धू की जगह पर किसी न किसी से तो ओपनिंग करानी ही थी। उनके पास प्रयोग करने के अलावा दूसरा कोई विकल्प नहीं था और वे जानते थे कि अगर वे मुझे सलामी बल्लेबाज़ के रूप में उतारते हैं, तो वे किसी मध्य क्रम के बल्लेबाज़ को मेरी जगह नंबर चार या पाँच पर उतार सकते थे, इसलिए बड़ी मिन्नतों के बाद वे आख़िरकार मान गए।

न्यूज़ीलैंड ने पहले बल्लेबाज़ी करते हुए सिर्फ़ 142 रन बनाए, लेकिन इसके बावजूद हमें अच्छी शुरुआत चाहिए थी। जब मैं बल्लेबाज़ी करने पहुँचा, तो मैं थोड़ा अलग महसूस कर रहा था। मैंने खुद से कहा कि यह भारत की ख़ातिर बल्लेबाज़ी शुरू करने का मेरा बड़ा मौक़ा था। मैं कप्तान और कोच की नज़रों में नहीं गिरना चाहता था। एक बार जब मैं विकेट पर पहुँच गया, तो मैंने अपने

दिमाग़ को साफ़ किया और गेंद की पिटाई करने पर आमादा हो गया, गेंद चाहे जैसी भी आए। यह उन दिनों में से एक था, जब हर चीज़ सही हुई और जल्दी ही मुझसे अगली गेंद का इंतज़ार नहीं हो रहा था। मेरे लिए तो तेज़ी ही बेहतर का पर्याय थी। मैंने 48 गेंदों में 82 रन बनाए और आख़िरकार बाएँ हाथ के स्पिनर मैथ्यू हार्ट की गेंद पर बल्ले का किनारा लग गया। अपनी इस पारी में मैंने पंद्रह चौके और दो छक्के मारे थे।

उसके बाद मुझे वाडेकर सर से मिन्नत नहीं करनी पड़ी कि वे मुझे ओपनिंग करने दें। सलामी बल्लेबाज़ के रूप में मैंने बाक़ी की श्रृंखला में भी रन बनाए, जो 2-2 की बराबरी पर छूटी। इसमें कोई हैरानी की बात नहीं थी, क्योंकि उनके देश में न्यूज़ीलैंड वाले हमेशा विकट प्रतिद्वंद्वी रहते हैं। इस श्रृंखला में मैं गेंदबाज़ों पर हावी होने में कामयाब हुआ था और मेरी सारी योजनाएँ अच्छी तरह कारगर हुई थीं। मिसाल के तौर पर, मैंने गेविन लार्सन के ख़िलाफ़ एक योजना बनाई थी, जो विकेट के अंदर गेंद डालते थे। उनके सामने मैं दो-तीन बार आगे आ गया और उन्हें अपनी लंबाई बदलने के लिए मजबूर किया। जब उन्होंने एक शॉर्ट गेंद डाली, जिसका मैं इंतज़ार कर रहा था, तो मैंने उस गेंद को तुरंत दर्शक दीर्घा में पहुँचा दिया।

एक लक्ष्य तो हासिल हो गया था। अब मैं दूसरे लक्ष्य को भी जल्दी से जल्दी हासिल करने के लिए संकल्पवान था। मुझे इस बात पर थोड़ी कुंठा और शर्म महसूस होने लगी थी कि लगभग सत्तर मैच खेलने के बावजूद मैं एक दिवसीय मैचों में अब तक एक भी शतक नहीं लगा पाया था। वह पल आख़िरकार सितंबर 1994 में सिंगर वर्ल्ड सीरीज़ में आया, जब मैं श्रीलंका में ऑस्ट्रेलिया के ख़िलाफ़ खेल रहा था। शतक मारने के बाद सबसे बड़ा भाव राहत का था; अब शतक न बनने का बोझ दिमाग़ से हट गया था। जब आप एक शतक मार लेते हैं, तो आप जानते हैं कि आप दूसरा भी मार सकते हैं और तब शंका नहीं रहती है - पहला शतक ही है, जो मुश्किल होता है। मेरे पहले एक दिवसीय शतक ने घबराहट को निश्चित रूप से शांत कर दिया और यह मेरे करियर में एक महत्त्वपूर्ण मील का पत्थर था।

ब्रायन लारा के ख़िलाफ़ खेलना

अब मैं पाँच साल के अनुभव के बाद भारतीय टीम में अच्छी तरह स्थापित हो चुका था और लोग मेरी तुलना दूसरे अंतरराष्ट्रीय खिलाड़ियों से करने लगे थे। प्रेस वालों को प्रतिद्वंद्विता खड़ी करने में मज़ा आता है, इसलिए जब 1994 के अंत में वेस्ट इंडीज़ के ख़िलाफ़ घरेलू श्रृंखला होने वाली थी, तो यह अवश्यंभावी

था कि प्रशंसक और मीडिया मेरी तुलना ब्रायन लारा के साथ करें।

ब्रायन लारा निर्विवाद रूप से क्रिकेट के सर्वश्रेष्ठ खिलाड़ियों में से एक हैं। मैं सबसे पहले ब्रायन से नवंबर 1990 में मिला था, जब टोरंटो में वेस्ट इंडीज़ और वर्ल्ड इलेवन के बीच एक नुमाइशी मैच हो रहा था। यह मैच स्काईडोम में खेला गया, जो मेजर लीग बेसबॉल के लिए बना स्टेडियम था। तुरंत ही हमारी पटरी बैठ गई और मुझे उनसे बातचीत करने और उनकी ज्ञानवर्धक बातें सुनने में मज़ा आया। वे काफ़ी स्पष्ट विचारक थे और खेल की बारीकियों में बहुत माहिर थे। उनकी अतुलनीय भव्यता के अलावा उनके पास बेहतरीन हाथ और फुटवर्क भी था, जिससे वे हमारे समय के चैंपियन बल्लेबाज़ बन गए। ब्रायन एक ही गेंद पर कई शॉट खेलने की क्षमता रखते थे और आख़िरी पल शॉट चुनने की योग्यता उन्हें अनूठा बनाती थी। उनकी तकनीक पारंपरिक नहीं थी, लेकिन यह उनके लिए कभी मायने नहीं रखता था। उन्होंने कुशलता और फुटवर्क के ज़रिये इसकी बहुत अच्छी भरपाई की थी।

जब तक वेस्ट इंडीज़ नवंबर-दिसंबर 1994 में भारत आई, ब्रायन इसके प्रमुख बल्लेबाज़ बन चुके थे। हम जानते थे कि हमें टेस्ट श्रृँखला में ब्रायन को स्कोर करने से रोकना होगा, लेकिन यह कहना आसान है, करना कठिन। ब्रायन ने मोहाली में तीसरे और अंतिम टेस्ट में वेस्ट इंडीज़ के लिए बड़ी अहम भूमिका निभाई। यह उनकी 91 रनों की पारी थी, जिसने वेस्ट इंडीज़ को जिताकर श्रृँखला बराबर करने का मंच तैयार किया। वेस्ट इंडीज़ के लिए जिमी ऐडम्स ने भी महत्त्वपूर्ण भूमिका निभाई और मैच में 252 रन बनाए।

मेरी यह श्रृँखला काफ़ी अच्छी रही और मुंबई में पहले मैच में मैं दूसरी पारी के अपने प्रदर्शन से ख़ुश था। मैं तब बल्लेबाज़ी करने उतरा था, जब भारत की हालत ख़राब थी और स्कोर 11-3 था। मैंने 85 रन बनाए। हम 96 रनों से जीत गए, क्योंकि हम दोनों पारियों में लारा को जल्दी आउट करने में कामयाब हो गए थे। नागपुर में वीसीए स्टेडियम में हुए दूसरे टेस्ट मैच में मैंने पहली पारी में 179 रन बनाए। मुझे यह पारी शतक बनाने के बाद अपने उल्लेखनीय जश्न के लिए याद है, एक ऐसी चीज़ जो मैंने अपने करियर में शायद ही कभी की थी। वास्तव में यह कई कारणों का मिला-जुला परिणाम था। मैं रात को 81 रन पर नाबाद था और दूसरे दिन दूसरी नई गेंद के ख़िलाफ़ खेल रहा था। मैंने पहले कुछ ओवरों में केनेथ बेंजामिन को चार चौके लगाए और कुछ ही समय में 97 पर पहुँच गया। दूसरे छोर से कर्टनी वॉल्श गेंदबाज़ी कर रहे थे और मैं उनके दिमाग़ में घुसकर यह पता लगाने की कोशिश कर रहा था कि वे क्या करना

चाहते हैं। मेरे मन में यह भावना थी कि अगर वे मुझे आउट करना चाहते होंगे, तो ऑफ़ स्टंप के बाहर या फुल बॉल करेंगे। दूसरी ओर, अगर वे मुझे बस शांत रखना चाहते होंगे, तो वे शायद बाउंसर फेंकेंगे। उन्होंने शॉर्ट गेंद फेंकी और तब मुझे एहसास हुआ कि अगली गेंद शायद एक बार फिर बाउंसर आने वाली है। मैं तैयार था। मैंने आदर्श तरीक़े से हुक किया और गेंद उड़कर दर्शक दीर्घा में पहुँच गई। यह शतक तक पहुंचने का बहुत आनंददायक तरीक़ा था और मैं अपने जज़्बातों पर क़ाबू नहीं रख पाया। मैंने अपनी मुट्ठी लहराई और ख़ुशी से चिल्ला पड़ा, हालाँकि इसमें से किसी का भी वॉल्श से कोई संबंध नहीं था। मैं इतना ख़ुश इसलिए था, क्योंकि मेरी योजना कामयाब हुई थी।

आलोचना का सामना करना

वेस्ट इंडीज़ के ख़िलाफ़ इस श्रृँखला की कहानी अधूरी रहेगी, अगर मैं पाँच मैचों की एक दिवसीय श्रृँखला की बात न करूँ, जो अक्टूबर-नवंबर 1994 में टेस्ट मैच से पहले हुई थी। यह दो हिस्सों में खेली गई थी। पहले दो एक दिवसीय मैचों के बाद एक त्रिकोणीय श्रृँखला हुई, जिसमें न्यूज़ीलैंड भी भारत और वेस्ट इंडीज़ के अलावा तीसरी टीम के रूप में शामिल हुई। इसके बाद हमने द्विपक्षीय श्रृँखला के आख़िरी तीन मैच खेले।

17 और 20 अक्टूबर को वेस्ट इंडीज़ के ख़िलाफ़ हुए पहले दोनों एक दिवसीय मैचों में मैं शून्य पर आउट हो गया। 23 अक्टूबर को त्रिकोणीय श्रृँखला के पहले मैच में भी मैंने ज़्यादा अच्छा प्रदर्शन नहीं किया और कुल आठ रन बनाए। केवल तीन असफलताओं के बाद ही ढेर सारे लोग मेरे खेल में दोष खोजने लगे, जो मेरे लिए आश्चर्यजनक था। हालाँकि उनके इरादे नेक थे, लेकिन ऐसा लग रहा था कि त्रिकोणीय श्रृँखला के दौरान मुझे जो भी पूर्व क्रिकेटर मिल रहा था, वह मुझे सलाह देने पर आमादा था। हर कोई मुझे यह बताने की कोशिश कर रहा था कि मेरे खेल में क्या गड़बड़ी थी, जो मुझे थोड़ा अजीब लगा।

हाँ, मैंने दो लगातार शून्य बनाए थे, लेकिन फिर भी इस तरह की प्रतिक्रिया असाधारण थी। हर खिलाड़ी बुरे फ़ॉर्म के दौर से गुज़रता है। मैं अब भी खुद को सहज महसूस कर रहा था और जानता था कि एक अच्छा स्कोर बनते ही सारी चीज़ें अपने आप सही हो जाएँगी। त्रिकोणीय श्रृँखला के फ़ाइनल में ठीक यही हुआ, जब मैंने ईडन गार्डन्स में 66 रन बनाए। इसके बाद मैंने द्विपक्षीय श्रृँखला में लगातार तीन अर्धशतक बनाए, जो 11 नवंबर को जयपुर में फ़ाइनल मैच में शतक में बदल गए। अंततः मुझे प्लेयर ऑफ़ द सीरीज़ घोषित किया गया।

हम त्रिकोणीय श्रृँखला के अलावा पाँच मैचों की एक दिवसीय श्रृँखला भी जीत गए। हमने अपने प्रशंसकों को खुश होने के लिए बहुत कुछ दे दिया था। एक साल पहले की हीरो कप की जीत के बाद इन सारी विजयों ने 1996 के विश्व कप से पहले भारत में एक दिवसीय क्रिकेट की लोकप्रियता बढ़ा दी, जिसकी मेज़बानी भारत, पाकिस्तान और श्रीलंका एक साथ कर रहे थे। यह एक बड़ा आयोजन होने वाला था।

India in South Africa 1992–93

1st Test. Durban. 13–17 November 1992

South Africa 254 (KC Wessels 118, JN Rhodes 41; Kapil Dev 3–43) and 176–3 (AC Hudson 55)

India 277 (PK Amre 103, KS More 55, **SR Tendulkar 11**; BM McMillan 3–52)

Match drawn

2nd Test. Johannesburg. 26–30 November 1992

South Africa 292 (BM McMillan 98, JN Rhodes 91; M Prabhakar 4–90) and 252 (AC Hudson 53, DJ Richardson 50; A Kumble 6–53)

India 227 (**SR Tendulkar 111**; BM McMillan 4–74) and 141–4 (A Jadeja 43, **SR Tendulkar 1**; CR Matthews 2–23, AA Donald 2–43)

Match drawn

3rd Test. Port Elizabeth. 26–29 December 1992

India 212 (M Azharuddin 60, **SR Tendulkar 6**; AA Donald 5–55) and 215 (Kapil Dev 129, **SR Tendulkar 0**; AA Donald 7–84, BN Schultz 2–37)

South Africa 275 (WJ Cronje 135, AC Hudson 52) and 155–1 (KC Wessels 95*; **SR Tendulkar 1–9**)

South Africa won by 9 wickets

4th Test. Cape Town. 2–6 January 1993

South Africa 360–9 dec (JN Rhodes 86, BM McMillan 52; A Kumble 3–101) and 130–6 dec (KC Wessels 34; J Srinath 4–33)

India 276 (**SR Tendulkar 73**, M Prabhakar 62; CR Matthews 3–32) and 29–1

Match drawn

South Africa won the series 1–0

England in India 1993

1st Test. Kolkata. 29 January–2 February 1993

India 371 (M Azharuddin 182, **SR Tendulkar 50**; GA Hick 3–19, DE Malcolm

3–67) and 82–2 (NS Sidhu 37, **SR Tendulkar 9***; GA Hick 2–9)

England 163 (MW Gatting 33; RK Chauhan 3–30, SLV Raju 3–39, A Kumble 3–50) and 286 (f/o) (MW Gatting 81, AJ Stewart 49; A Kumble 3–76, SLV Raju 3–80)

India won by 8 wickets

2nd Test. Chennai. 11–15 February 1993

India 560–6 dec (**SR Tendulkar 165**, NS Sidhu 106, PK Amre 78, Kapil Dev 66, VG Kambli 59)

England 286 (NH Fairbrother 83, AJ Stewart 74, GA Hick 64; SLV Raju 4–103) and 252 (f/o) (CC Lewis 117, RA Smith 56; A Kumble 6–64)

India won by an innings and 22 runs

3rd Test. Mumbai. 19–23 February 1993

England 347 (GA Hick 178, CC Lewis 49; Kapil Dev 3–35, A Kumble 3–95) and 229 (RA Smith 62, MW Gatting 61, GA Hick 47; A Kumble 4–70)

India 591 (VG Kambli 224, NS Sidhu 79, **SR Tendulkar 78**, PK Amre 57; PCR Tufnell 4–142

India won by an innings and 15 runs

India won the series 3–0

West Indies in India 1994

1st Test. Mumbai. 18–22 November 1994

India 272 (NR Mongia 80, SV Manjrekar 51, **SR Tendulkar 34**; CA Walsh 6–79) and 333 (**SR Tendulkar 85**, SV Manjrekar 66, J Srinath 60; KCG Benjamin 4–82)

West Indies 243 (SC Williams 49; SLV Raju 5–60) and 266 (JR Murray 85, JC Adams 81; J Srinath 4–48, SLV Raju 3–85)

India won by 96 runs

2nd Test. Nagpur. 1–5 December 1994

India 546–9 dec (**SR Tendulkar 179**, NS Sidhu 107, M Azharuddin 97, A Kumble 52*) and 208–7 dec (NS Sidhu 76, **SR Tendulkar 54**)

West Indies 428 (JC Adams 125*, CL Hooper 81, JR Murray 54, BC Lara 50, PV Simmons 50; SLV Raju 5–127) and 132–5 (CL Hooper 67; A Kumble 3–45)

Match drawn

3rd Test. Mohali. 10–14 December 1994

West Indies 443 (JC Adams 174, AC Cummins 50; A Kumble 4–90, SLV Raju 3–73) and 301–3 dec (BC Lara 91, JC Adams 78*, KLT Arthurton 70*)

India 387 (M Prabhakar 120, J Srinath 52*, **SR Tendulkar 40**) and 114 (J Srinath 17*, S Manjrekar 17, **SR Tendulkar 10**; KCG Benjamin 5–65, CA Walsh 3–34)

West Indies won by 243 runs

Series drawn 1–1

7

विश्व कप 1996

विश्व कप की हमारी तैयारी जनवरी 1996 में बैंगलोर में एक प्रशिक्षण कैंप से शुरू हुई। इसमें न जाने क्यों प्रबंधन ने यह अजीबोग़रीब निर्णय लिया कि टीम हर सुबह होटल से चिन्नास्वामी स्टेडियम तक दौड़ लगाए, जबकि टीम की बस और सुरक्षा कारें पीछे-पीछे चलें। मैं अब भी इस ज़ोरदार विचार के पीछे के तर्क को नहीं समझ पाया हूँ या यह भी कि यह किसी के दिमाग़ में आख़िर आया ही क्यों। हममें से कोई भी सड़क पर दौड़ने का आदी नहीं था, इसलिए चोटें लगना तय था। पहले ही दिन के अंत में मेरी पिंडली में दर्द होने लगा, जबकि कई दूसरे खिलाड़ियों को पीठ और हैमस्ट्रिंग में समस्याएँ हो गईं।

ड्रेसिंग रूम में एक मज़ाक़ लोकप्रिय होने लगा कि हम क्रिकेट के मैदान पर फ़ील्डिंग करेंगे या फिर सड़क पर। हम सभी घास पर जितना कहो, उतना दौड़ने को तैयार थे, लेकिन विश्व कप के कुछ सप्ताह पहले सख़्त सड़कों पर दौड़कर चोट का जोखिम लेने में कोई तुक नहीं थी। कुछ खिलाड़ियों ने सुझाव दिया कि होटल और मैदान के बीच की दूरी नाप ली जाए और फिर हमें स्टेडियम के भीतर उतनी दूर तक दौड़ा लिया जाए। सौभाग्य से प्रबंधन ने हमारी बात मान ली और सड़क पर दौड़ने का विचार जल्द ही त्याग दिया गया। अगली सुबह विश्व कप की हमारी तैयारी गंभीरता से शुरू हो गई।

कैंप में हम सुबह 7 बजे मैदान पर पहुँच जाते थे और दोपहर 2 बजे तक वहीं रहते थे। सत्र लंबे और थकाने वाले होते थे। अपनी ऊर्जा के स्तर को क़ायम रखने के लिए मैं डटकर नाश्ता करता था। 1996 में मैं सिर्फ़ 23 साल का था और सब कुछ हज़म कर सकता था। मैं केचप और टैबेस्को सॉस के साथ चार तले अंडे खाता था, पीला वाला हिस्सा ऊपर की तरफ़। मैं चार अंडों के दो सैंडविच बना लेता था। यह मेरा प्रिय नाश्ता था। यह मुझे घंटों तक ऊर्जावान बनाए रखता था और मैंने लंबे प्रशिक्षण सत्रों का पूरी तरह आनंद लिया। शाम को हम पूल या जिम में समय बिताते थे। जल्दी ही सारे खिलाड़ी टूर्नामेंट की राह

देख रहे थे। किसी भी टीम ने उस समय तक घरेलू धरती पर कप नहीं जीता था और हम इतिहास रचने के लिए बेताब थे।

समूह मैच, फ़रवरी-मार्च 1996

हमारा पहला मैच पूर्वी भारत में उड़ीसा में होने वाला था। कटक में 18 फ़रवरी को कीनिया के ख़िलाफ़ हुआ यह मैच हमने आराम से जीत लिया। इसमें मैंने शतक लगाया और मैन ऑफ़ द मैच बन गया। फिर हम तीन दिन बाद वेस्ट इंडीज़ से खेलने के लिए देश के पश्चिमी हिस्से में ग्वालियर गए और हमें विश्वास था कि हमारी गति क़ायम रहेगी। फ़रवरी में पूर्वी भारत में ठंड होती है, जबकि पश्चिमी भारत में तापमान दिन के दौरान 30 डिग्री तक पहुँच सकता है। मुझे वेस्ट इंडीज़ मैच के पहले वाली रात को बुखार था, लेकिन फिर भी मैं यह मैच खेला और हमारी जीत में 70 रनों का योगदान दिया, जो एक बार फिर प्रभाकर और कुंबले की शानदार गेंदबाज़ी ने दिला दी। मेरी पारी की शुरुआत में ही वेस्ट इंडीज़ के विकेटकीपर कर्टनी ब्राउन ने शॉर्ट स्क्वेयर लेग पर मेरा ऊँचा कैच छोड़ दिया था और मैंने इस जीवनदान का फ़ायदा उठा लिया।

अपने पहले दो मैच जीतने के बाद हम 27 फ़रवरी को मुंबई में ऑस्ट्रेलिया के ख़िलाफ़ खेले और हम टूर्नामेंट की सबसे पसंदीदा टीम को हराने के इरादे से उतरे थे। ऑस्ट्रेलिया ने अच्छी बल्लेबाज़ी करते हुए 258 का अच्छा स्कोर बनाया, जिसमें मार्क वॉ की 126 रनों की बढ़िया पारी थी। लक्ष्य का पीछा करते हुए हमारी शुरुआत अच्छी नहीं रही। पूरे टूर्नामेंट में अच्छी गेंदबाज़ी करने वाले डेमियन फ़्लेमिंग ने हमारे दो विकेट जल्दी चटका दिए। तब मैंने पलटवार की कोशिश में ग्लेन मैक्ग्राथ पर धावा बोल दिया।

मैंने नियंत्रण अपने हाथ में ले लिया और सब कुछ अच्छी तरह चल रहा था, जब तक कि ऑस्ट्रेलिया ने ऑफ़ स्पिनर मार्क वॉ को गेंद नहीं थमाई। मैंने तुरंत स्क्वेयर लेग पर दो रन लिए और फिर स्वीप मारकर चौका जड़ दिया। जैसी मुझे उम्मीद थी, डीप मिड विकेट के फ़ील्डर को स्क्वेयर लेग की तरफ़ थोड़ा सा खिसका दिया गया। अब मिड विकेट पर जगह ख़ाली थी, जिसका मतलब था कि मैं अब हवा में शॉट खेलकर चौका मार सकता था। मुझे बाहर कूदते देखकर मार्क वॉ ने वाइड बॉल फेंक दी। मैं उस तक नहीं पहुँच पाया और 90 रनों पर स्टंप हो गया। मुझे स्वीकार करना होगा कि मैं वैचारिक युद्ध में हार गया था। यह मैच का एक अहम पल था और विकेटों की पतझड़ में हमने जल्दी ही नियंत्रण गँवा दिया। जीतने की स्थिति में होने के बाद मैच हार जाना बहुत हताशा की बात थी।

मेरे हितों की देखभाल करना

ऑस्ट्रेलिया के उस मैच में दोनों पारियों के बीच एक अजीब वाकया हुआ। उस वक़्त मैं शायद एकमात्र भारतीय खिलाड़ी था, जिसके बल्ले का कोई प्रायोजक नहीं था। ज़्यादातर खिलाड़ियों के बल्लों पर 'फ़ोर स्क्वेयर' या 'विल्स' लिखा रहता था, लेकिन मैंने ठान लिया था कि मैं सिगरेट के किसी ब्रांड का विज्ञापन नहीं करूँगा, इसलिए मैं बिना किसी बैट स्टिकर के खेल रहा था। टूर्नामेंट शुरू होने से कुछ महीनों पहले एक अग्रणी मल्टीनैशनल ने मुझसे बात की थी, जो उसी समय भारत में आई थी, लेकिन बात ज़्यादा आगे नहीं बढ़ी थी। मैंने उनसे जो धनराशि माँगी थी, उसके लिए वे तैयार नहीं थे। इसलिए मैं हैरान रह गया, जब मैच के बीच में इस कंपनी के मैनेजिंग डायरेक्टर मुझसे मिलने आए और बोलने लगे कि अगर मैं उसी समय उनकी कंपनी का स्टिकर अपने बल्ले पर चिपका लूँ, तो वे मुझे मुँहमाँगी रक़म देने को तैयार हैं।

मैंने प्रस्ताव को ठुकरा दिया। मैंने साफ़ बता दिया कि मैं टूर्नामेंट के बीच में किसी तरह का कोई विघ्न नहीं चाहता था। मैं अपने बल्ले पर एक अजनबी तत्व नहीं चाहता था, जिसके साथ मेरा तालमेल न जमा हो और जो बल्लेबाज़ी करते वक़्त मेरी आँख को चुभे। इससे मेरी लय बिगड़ सकती है। मैंने कहा कि मैं अपने बल्ले पर स्टिकर किसी के कहने पर नहीं, बल्कि *अपनी* इच्छा से लगाऊँगा। मैंने तब तक बैट पर स्टिकर लगाए बिना अच्छा प्रदर्शन किया था और ज़्यादातर खिलाड़ियों की तरह ही (जो अमूमन इस बात को स्वीकार नहीं करते हैं) मैं भी ऐसी चीज़ों के बारे में अंधविश्वासी था। अच्छी बल्लेबाज़ी का दौर चल रहा था और ऐसे में मैं चीज़ों को बदलने का जोखिम नहीं लेना चाहता था। बैट का स्टिकर इंतज़ार कर सकता था।

मेरे मित्र और मैनेजर मार्क मस्कारेन्यस वर्ल्डटेल नामक खेल प्रबंधन कंपनी के मुखिया थे। टूर्नामेंट की अंतिम अवस्थाओं में उन्होंने मुझे बताया कि उन्होंने मशहूर भारतीय कार टायर ब्रांड एमआरएफ़ से बैट को प्रायोजित करने के बारे में बात की थी, लेकिन वह सौदा टूर्नामेंट के *बाद* ही प्रभावी होगा। कनेक्टिकट में रहने वाले मार्क ने 1996 विश्व कप के टेलीविज़न अधिकार जीतकर अपने लिए नाम कमाया था और वे मेरी चिंताओं को अच्छी तरह समझते थे, इसलिए उन्होंने मेरी इच्छाओं के विरुद्ध कोई चीज़ करने के लिए मुझ पर कभी दबाव नहीं डाला। मेरी चिंताओं को समझने और उनका सम्मान करने की इस क़ाबिलियत की वजह से वे मेरे लिए सचमुच ख़ास इंसान बन गए। मार्क मैनेजर से बढ़कर मित्र थे और मैं अपनी सारी ज़रूरतों के मामले में उन पर पूरा विश्वास कर

सकता था। हालाँकि उन्होंने टेबल पर बड़ी कंपनियों का ताँता लगाकर क्रिकेट खिलाड़ियों के विज्ञापन की प्रकृति बदल दी थी, लेकिन उन्होंने मुझ पर एक भी विज्ञापन नहीं थोपा।

मार्क से मैं पहली बार 1995 में मिला था, जब रवि शास्त्री ने श्रीलंका में हमारा परिचय कराया था। रवि ने मुझसे कहा कि वे एक ऐसे आदमी हैं, जो चीज़ों में आमूल परिवर्तन कर सकते हैं और वे मेरे सामने एक बहुत रोचक प्रस्ताव रखना चाहते हैं। जैसे ही मैं उनसे मिला, मैं उनके पेशेवर अंदाज़ और विवरण के प्रति ध्यान से प्रभावित हुआ। मार्क कभी कोई चीज़ संयोग के भरोसे नहीं छोड़ते थे। हम सचमुच क़रीब थे और हमने दो बार पारिवारिक छुट्टियाँ भी साथ मनाईं। एक बार हम छुट्टी मनाने के लिए दक्षिण भारत में कुन्नूर गए, जहाँ हमारा बेहतरीन समय गुज़रा, जब हमने स्थानीय व्यंजनों का स्वाद लिया और गोल्फ़ खेला। मेरी ही तरह मार्क भी भोजनप्रेमी थे और मेरे पास उन कई शानदार आहारों की मीठी यादें हैं, जो हमने 1998 में कनेक्टिकट के उनके घर में एक साथ किए थे, जब मैं वहाँ एक सप्ताह रहा था। मुझे गहरा सदमा लगा, जब मैंने 2002 में नागपुर के पास खारबी में उनकी घातक कार दुर्घटना के बारे में सुना। मुझे कहना होगा कि मैंने एक बहुत क़रीबी और विश्वस्त दोस्त खो दिया। हमारी जोड़ी शानदार थी और उनकी असमय मृत्यु से जो जगह ख़ाली हुई है, उसे भरना असंभव है।

मार्क के जाने के बाद कई एजेंट मेरे पास आए और मेरे मामलों के प्रबंधन में रुचि दिखाई। लेकिन मार्क के साथ मेरा संबंध ऐसा था कि मेरे मन में कभी वर्ल्डटेल छोड़ने की बात आई ही नहीं। मुझे यह कहते हुए ख़ुशी है कि मैं सही साबित हुआ हूँ, क्योंकि विनोद नायडू, जो मेरे वर्तमान मैनेजर और मित्र हैं, एक दशक से ज्यादा समय से मेरे मामले सँभाल रहे हैं, पहले वर्ल्डटेल के लिए और फिर डब्ल्यूएसजी (वर्ल्ड स्पोर्ट ग्रुप) की तरफ़ से। मैं सबसे पहले विनोद से शारजाह में 1998 में मिला। इसके बाद लंदन में मेरे प्रिय थाई रेस्तराँ पटारा में एक ज़ायक़ेदार लंच पर हमारी मुलाक़ात हुई, जिसमें मार्क ने हम दोनों का परिचय कराया। मार्क की असमय मृत्यु के बाद विनोद और मैंने मिलकर काम शुरू किया। हम एक दूसरे से नियमित बातचीत करते थे और मार्क की तरह ही विनोद भी मेरी चिंताओं को समझ गए और उनका सम्मान करने लगे। उन्हें अच्छी तरह पता था कि मेरा क्रिकेट ही मेरी शीर्ष प्राथमिकता है। मैं ख़ुशक़िस्मत हूँ कि मैंने मार्क और विनोद जैसे दो बेहतरीन लोगों के साथ काम किया। वास्तव में यह कहना शायद ग़लत नहीं होगा कि मैंने पिछले दशक में पेशेवर क्षेत्र में विनोद के

साथ जितने ज़्यादा दिन बिताए हैं, उतने किसी दूसरे के साथ नहीं बिताए और मुझे हर पल आनंद आया है। विनोद मुझे अंदर से बाहर तक जानते हैं और मेरी ज़रूरत के समय हमेशा मौजूद रहे हैं। मेरे हितों की ख़ातिर अपने परिवार से इतने ज़्यादा समय तक दूर रहना पेशे के प्रति उनके समर्पण का प्रमाण है और उनकी मित्रता को भी मैं अपने दिल में सँजोए हूँ।

एक बार फिर पाकिस्तान

9 मार्च 1986 को पाकिस्तान के ख़िलाफ़ हमारा क्वार्टर-फ़ाइनल उस विश्व कप का सबसे बड़ा मैच था। टीम के होटल के चारों ओर सुरक्षा के भारी इंतज़ाम थे और हम जानते थे कि पूरे देश की निगाह हम पर टिकी थी। वैसे तो भारत-पाकिस्तान मैच हमेशा ख़ास होता है, लेकिन विश्व कप ने इस आर-पार के मुक़ाबले में एक और महत्त्वपूर्ण आयाम जोड़ दिया था। मैच वाले दिन हम जल्दी ही मैदान में पहुँच गए। चिन्नास्वामी स्टेडियम के माहौल को देखकर यक़ीन नहीं हो रहा था। मैच के घंटों पहले ही पूरा स्टेडियम खचाखच भर गया था और भीड़ जमकर शोर मचा रही थी। कुल मिलाकर, बड़ा उत्सवी माहौल था।

हमने पहले बल्लेबाज़ी की और मैं सबसे पहले 31 रन पर आउट हुआ। मुझे पाकिस्तान के तेज़ गेंदबाज़ अता-उर-रहमान ने आउट किया, जब मैं गेंद को थर्ड मैन की तरफ़ राह दिखाने की कोशिश कर रहा था। नवजोत सिद्धू मेरे साथ बल्लेबाज़ी करने आए थे और उन्होंने अच्छी बल्लेबाज़ी करते हुए 93 रन बनाए। अजय जाड़ेजा ने अंत में शानदार पारी खेलते हुए 25 गेंदों में 45 रन बनाए। इस तरह हम 50 ओवर में 287 के बहुत सम्मानजनक स्कोर पर पहुँच गए।

जवाब में पाकिस्तान ने तेज़ शुरुआत की और पहले दस ओवर में ही 80 रन बना डाले। रनों की बाढ़ को रोकने के लिए हमें एक विकेट की सख़्त ज़रूरत थी और तभी पाकिस्तानी ओपनर आमिर सुहैल तथा हमारे मध्यम-तेज़ गेंदबाज़ वेंकटेश प्रसाद के बीच की मशहूर घटना हुई। सुहैल ने वेंकी की एक गेंद पर पॉइंट की दिशा में चौका मारा और थोड़ी आक्रामकता से सुझाव दिया कि वे वेंकी को सारे दिन वहीं मारना चाहते हैं। उन्होंने अपना बल्ला सीमारेखा की ओर लहराया और कई बदतमीज़ी भरी बातें कीं। स्वाभाविक रूप से वेंकी इस पर नाराज़ हो गए और उन्होंने अगली ही गेंद पर सुहैल को बोल्ड कर दिया। यह मीठा प्रतिशोध था। आउट करने के बाद अब वेंकी की बारी थी कि वे आमिर सुहैल को ड्रेसिंग रूम का रास्ता दिखाएँ।

इस घटना के बाद टीम प्रेरित हो गई और हमने जल्दी ही मैच की कमान

थाम ली। प्रसाद ने दो और महत्त्वपूर्ण विकेट निकाले। अजय जाड़ेजा तथा मैंने मिलकर दस कसे हुए ओवर डाले, जबकि कुंबले ने तीन विकेट चटकाए। जावेद मियाँदाद 38 पर रन आउट हो गए और बाद में यह उनकी अंतिम अंतरराष्ट्रीय पारी साबित हुई, जिससे पाकिस्तान के लिए एक यशस्वी करियर का अंत हुआ। विकेटकीपर राशिद लतीफ़ के अच्छे शॉटों के बावजूद, जिनकी वजह से हमें थोड़ी दहशत होने लगी थी, हम पूरे समय हावी रहे और मैच को 39 रनों के अच्छे अंतर से जीत लिया, जिससे पूरे देश में जश्न का माहौल बन गया।

होटल लौटते वक़्त हम देख सकते थे कि लोग सड़कों पर क़तार लगाए थे और टीम की बस पर फूल और मालाएँ फेंक रहे थे। होटल में भी हमारे साथ महाराजाओं जैसा व्यवहार किया जा रहा था। हम बैंगलोर में एक दिन ज़्यादा रुके और अगली दोपहर पूल में कुछ घंटे आराम किया। हमें एहसास था कि स्टाफ़ हमें खुश करने की अतिरिक्त कोशिश कर रहा था और हमारी ओर अलग नज़रों से देख रहा था। वे हमारी आवभगत में कोई कमी नहीं रख रहे थे; जब किसी खिलाड़ी ने प्रॉन का ऑर्डर दिया, तो तीन अलग-अलग प्रकार के प्रॉन परोसे गए, सभी होटल के ख़र्च पर। हमारे साथ शाही व्यवहार किया जा रहा था और यह देखना अद्भुत था कि देश इतना खुश और गौरवान्वित है।

परिस्थितियाँ गड़बड़ा गईं

हमें 13 मार्च को श्रीलंका के साथ सेमी-फ़ाइनल खेलना था। हम इसके दो दिन पहले कोलकाता पहुँचे और हवाई अड्डे पर उतरते ही हमें सबसे पहले जो बात असामान्य लगी, वह थी सुरक्षा। कमांडो हर तरफ़ थे और किसी प्रशंसक को होटल की लॉबी के क़रीब आने की अनुमति नहीं थी। यह कोई सामान्य मैच नहीं था।

किसी ने हमसे कहा कि ईडन गार्डन्स की सतह को ऑस्ट्रेलिया से लाई मिट्टी से दोबारा बनाया गया है। सतह को देखने पर पहलेपहल यही लगता था; पिच ऊपर से सख़्त और कड़क दिख रही थी। वास्तव में, यह ऑस्ट्रेलियाई विकेट जैसी दिख रही थी। हमने सर्वसम्मति से फ़ैसला किया कि टॉस जीतने पर हमें पहले फ़ील्डिंग करनी चाहिए, ख़ास तौर पर इसलिए क्योंकि श्रीलंका ने पूरे टूर्नामेंट में रनों का पीछा बहुत अच्छी तरह किया था। उनके ओपनर सनत जयसूर्या और रोमेश कालूवितरणा पहले पंद्रह ओवर में गेंदबाज़ों की धुलाई कर रहे थे और ज़्यादातर मैचों में उन्हें बहुत अच्छी शुरुआत दे रहे थे। वे हमें प्रतिस्पर्धा के समूह चक्र में हरा चुके थे और जल्दी विकेट निकालकर उन्हें दबाव में लाना महत्त्वपूर्ण था।

हम टॉस जीत गए और हमने श्रीलंका को बल्लेबाज़ी के लिए आमंत्रित किया। निश्चित रूप से हमें बेहतरीन शुरुआत मिली, क्योंकि हमने सनत को एक पर और कालू को शून्य पर आउट कर दिया। वे दोनों ही थर्ड मैन पर कट शॉट खेलते समय आउट हुए, जिससे हमारा यह विश्वास पुख़्ता हो गया कि विकेट सख़्त और कड़क है। मगर जब मैं गेंदबाज़ी करने आया, तब जाकर मुझे एहसास हुआ कि हमने विकेट को ग़लत समझ लिया था। गेंद रुकने लगी थी और बल्लेबाज़ के पास रुककर आ रही थी। ऊपरी परत भले ही पर्याप्त सख़्त थी, लेकिन सतह के ठीक नीचे यह भुरभुरी थी। मैं समझ गया कि यह पिच पूरे सौ ओवर नहीं चल पाएगी। अब यह ज़्यादा महत्त्वपूर्ण हो गया था कि हम श्रीलंका को ज़्यादा रन न बनाने दें। हालाँकि हम श्रीलंका को पचास ओवर में 251 पर रोकने में कामयाब हो गए, लेकिन अंत में ये बहुत ज़्यादा साबित हुए।

जब हमारी बल्लेबाज़ी शुरू हुई, तो विकेट अजीब से कमाल दिखाने लगा। गेंद घूम रही थी, रुक रही थी और बल्लेबाज़ी करना बहुत मुश्किल हो गया था। ओपनिंग करते हुए मैंने 65 रन बनाए और मैं सनत जयसूर्या की एक गेंद पर अजीब तरीक़े से आउट हुआ। वे बाएँ हाथ की सामान्य स्पिन गेंदबाज़ी कर रहे थे और गेंद मेरे पैड से टकराकर ऑन साइड पर लुढ़क गई। मैंने सोचा कि फटाफट एक रन लिया जा सकता है, इसलिए मैं क्रीज़ से बाहर निकला। तभी मैंने देखा कि गेंद विकेटकीपर कालूवितरणा के बहुत क़रीब रुक गई थी और मैं वह रन किसी तरह पूरा नहीं कर सकता था, लेकिन तब तक बहुत देर हो चुकी थी। उन्होंने एक झटके में गिल्लियाँ बिखेर दीं और मैंने थर्ड अंपायर के निर्णय का इंतज़ार भी नहीं किया, क्योंकि मैं जानता था कि मैं आउट हूँ। पवेलियन तक की राह लंबी और कुंठाजनक थी। मैं जानता था कि आने वाले बल्लेबाज़ों के लिए यह काम आसान नहीं होगा।

और यही हुआ। तू चल मैं आया शैली में हमने जल्दी ही कई विकेट गँवा दिए और श्रीलंका को मैच की सौग़ात दे दी। भीड़ भारतीय विजय के लिए बेक़रार थी और हमारे इस तरह के प्रदर्शन को देखकर यह अशांत हो गई और इसने मैदान में सामान फेंककर मैच को बाधित कर दिया। बहरहाल, तब तक मैच ख़त्म हो चुका था। हमारा विश्व कप जीतने का सपना चूर-चूर हो गया था और ड्रेसिंग रूम में मातम छा गया था।

इस बार मैदान से होटल तक की यात्रा दुख भरी थी और जब हम होटल पहुँचे, तो हमें एहसास हुआ कि हर चीज़ बदल गई थी। हमें ऐसा महसूस कराया गया, मानो हमने कोई गंभीर अपराध कर दिया हो। इसमें कोई शक नहीं कि

हमने अपने प्रशंसकों को निराश किया था, लेकिन हमें भी तो उतना ही दुख हो रहा था, जितना बाक़ी सबको हो रहा था। यह एक लंबी और मुश्किल रात थी, जब हमने बैठकर सोच-विचार किया कि मैच किस तरह से घटा था।

हम अगली सुबह कोलकाता से उपलब्ध पहली उड़ान से लौटे। मुझे अब भी यह स्वीकार करना मुश्किल लग रहा था कि भारत नहीं, बल्कि श्रीलंका विश्व कप के फ़ाइनल में ऑस्ट्रेलिया से खेलने के लिए पाकिस्तान जाएगी। हमने क्वार्टर फ़ाइनल में पाकिस्तान के ख़िलाफ़ इतनी बढ़िया जीत हासिल की थी, जो हमारे विश्व कप का सर्वोच्च बिंदु था। व्यक्तिगत रूप से, मेरा टूर्नामेंट अच्छा रहा था और मैंने उसमें सबसे ज़्यादा 523 रन बनाए थे - जिसमें दो शतक और तीन अर्ध-शतक शामिल थे - लेकिन इससे ज़्यादा तसल्ली नहीं मिली। हमारी सबसे बड़ी ग़लती ईडन गार्डन्स की पिच को ग़लत समझने की थी। हमने मैच हारकर इसकी क़ीमत चुकाई।

भारतीय क्रिकेट अच्छे दौर से नहीं गुज़र रहा था। विश्व कप का सपना ख़त्म होने पर टीम का मनोबल कम था और हमारे पास इंग्लैंड के एक मुश्किल दौरे से पहले उबरने के लिए बहुत कम समय था, जिसमें हम 1-0 से हार गए, हालाँकि हमने इस दौरान राहुल द्रविड़ और सौरव गाँगुली के रूप में दो बेहतरीन हीरे खोज लिए। इस श्रृँखला में मैंने एजबैस्टन और ट्रेन्ट ब्रिज में दो शतक लगाए और सौरव ने भी लॉर्ड्स में अपने पहले मैच तथा ट्रेन्ट ब्रिज में शतक लगाए, लेकिन हम तीन टेस्ट मैचों में से पहला मैच हारने के बाद श्रृँखला में वापसी नहीं कर पाए। क्रिस लुइस, डोमिनिक कॉर्क और एलन मलली ने पूरी श्रृँखला में इंग्लैंड के गेंदबाज़ों का अच्छा नेतृत्व किया और रन बनाना कभी आसान नहीं रहा। इंग्लैंड के कप्तान नासिर हुसैन की श्रृँखला भी अच्छी रही और उन्होंने हर दृष्टि से आगे बढ़कर नेतृत्व किया।

इस दौरे में पिच के बाहर एक ऐसी घटना हुई, जिसे भुलाना मुश्किल है। सौरव गाँगुली और नवजोत सिद्धू लंदन में ट्यूब में यात्रा कर रहे थे, तभी कुछ युवक ट्रेन में चढ़े, जिन्होंने शायद थोड़ी ज़्यादा पी ली थी। किसी कारण वे सौरव और नवजोत की तरफ़ देखकर इशारे करने लगे और अंततः उनमें से एक ने नवजोत पर बियर कैन फेंक दिया। नवजोत उनका सामना करने के लिए तुरंत खड़े हो गए। स्थिति बदतर हो गई और हाथापाई की नौबत आ गई, तब तक ट्रेन अगले स्टेशन पहुँच गई, जहाँ उन पर हमला करने वाले लड़खड़ाते हुए उतर गए - लेकिन फिर उनमें से एक ट्रेन में लौटकर आया और नवजोत को बंदूक दिखाने लगा। इस पर सौरव की पहली प्रतिक्रिया यह थी कि वे ज़मीन पर लेट

गए और डर के कारण अपना चेहरा ढँक लिया, लेकिन इसके बाद उन्होंने उस युवक से नम्र निवेदन किया और नवजोत को जल्दी से दूर ले गए। इस घटना को याद करने पर यह कई मायनों में मज़ेदार लगती है, लेकिन उस वक़्त यह काफ़ी डरावनी रही होगी!

मैदान में इंग्लैंड के निराशाजनक दौरे के बाद जब हम भारत लौटे, तो इसके कुछ ही समय बाद मुझे तेईस साल की उम्र में भारत का कप्तान बना दिया गया। मैंने अज़हर की जगह ली थी, जो 1990 से कप्तान थे। अब समय आ गया था कि टीम नई शुरुआत करे और जल्दी से जल्दी जीत की मंज़िल तक पहुँचे।

India in the 1996 World Cup

6th match. India v Kenya at Cuttack. 18 February 1996
Kenya 199–6 (50/50 ov); India 203–3 (41.5/50 ov)
India won by 7 wickets (with 49 balls remaining)

10th match. India v West Indies at Gwalior. 21 February 1996
West Indies 173 (50/50 ov); India 174–5 (39.4/50 ov)
India won by 5 wickets (with 62 balls remaining)

19th match. India v Australia at Mumbai. 27 February 1996
Australia 258 (50/50 ov); India 242 (48/50 ov)
Australia won by 16 runs

24th match. India v Sri Lanka at Delhi. 2 March 1996
India 271–3 (50/50 ov); Sri Lanka 272–4 (48.4/50 ov)
Sri Lanka won by 6 wickets (with 8 balls remaining)

29th match. India v Zimbabwe at Kanpur. 6 March 1996
India 247–5 (50/50 ov); Zimbabwe 207 (49.4/50 ov)
India won by 40 runs

2nd quarter-final. India v Pakistan at Bangalore. 9 March 1996
India 287–8 (50/50 ov); Pakistan 248–9 (49/49 ov)
India won by 39 runs

1st semi-final. India v Sri Lanka at Kolkata. 13 March 1996
Sri Lanka 251–8 (50/50 ov); India 120–8 (34.1/50 ov)
Sri Lanka won by default

Final. Australia v Sri Lanka at Lahore. 17 March 1996
Australia 241–7 (50/50 ov); Sri Lanka 245–3 (46.2/50 ov)
Sri Lanka won by 7 wickets (with 22 balls remaining)

India in England 1996

1st Test. Birmingham. 6–9 June 1996
India 214 (J Srinath 52, **SR Tendulkar 24**; DG Cork 4–61) and 219 (**SR Tendulkar 122**; CC Lewis 5–72)
England 313 (N Hussain 128; BKV Prasad 4–71, J Srinath 4–103) and 121–2 (MA Atherton 53*)
England won by 8 wickets

2nd Test. Lord's. 20–24 June 1996
England 344 (RC Russell 124, GP Thorpe 89; BKV Prasad 5–76) and 278–9 dec (AJ Stewart 66; A Kumble 3–90)
India 429 (SC Ganguly 131, R Dravid 95, **SR Tendulkar 31**; AD Mullally 3–71)
Match drawn

3rd Test. Nottingham. 4–9 July 1996
India 521 (**SR Tendulkar 177**, SC Ganguly 136, R Dravid 84; CC Lewis 3–89) and 211 (**SR Tendulkar 74**, SC Ganguly 48, NR Mongia 45; MA Ealham 4–21)
England 564 (MA Atherton 160, N Hussain 107, MA Ealham 51, AJ Stewart 50; SC Ganguly 3–71)
Match drawn

England won the series 1–0

8

कप्तानी – पहली पारी

भारत की कप्तानी करना निस्संदेह बड़े गौरव की बात है। यह एक ऐसा काम था, जिसके लिए मैं अपने करियर के उस बिंदु पर तैयार था। मैं मुंबई की कप्तानी कर चुका था और इसे 1995-96 में विजयश्री दिलाई थी। कुल मिलाकर मैं मुंबई की ओर से जिन 38 रणजी ट्रॉफ़ी मैचों में खेला, उनमें से 16 में मैंने कप्तानी की और इन मैचों में बल्लेबाज़ के रूप में मेरा प्रदर्शन अच्छा रहा, जहाँ मैंने 99.53 के औसत से रन बनाए। मैं दिलीप ट्रॉफ़ी में वेस्ट ज़ोन की कप्तानी भी कर चुका था, इसलिए कप्तानी अपने आप में कोई नया अनुभव नहीं था। लेकिन भारत की कप्तानी करना बुनियादी तौर पर अलग बात है, जिसकी अपनी ख़ास चुनौतियाँ हैं।

सबसे पहले तो मीडिया की अनवरत माँगों से जूझना होता है। भारतीय कप्तान का हर क़दम अख़बार में प्रमुखता से छपता है और मीडिया की लगातार चकाचौंध से खुद को बचाना कोई आसान काम नहीं था। शायद इससे भी ज़्यादा महत्त्वपूर्ण यह सीखना था कि चयन समिति और इससे जुड़े क्षेत्रीय प्रतिनिधित्व की परंपरा से कैसे निबटा जाए।

भारत की चयन समिति में पाँच चयनकर्ता होते हैं, हर ज़ोन से एक : वेस्ट, नॉर्थ, साउथ, ईस्ट और सेंट्रल। क्षेत्रीय प्रतिनिधित्व का परिणाम कई बार यह होता था कि चयनकर्ता अपने क्षेत्र के खिलाड़ियों को बढ़ावा देते थे। कप्तान के रूप में मेरी पहली पारी के दौरान इस वजह से टीम को बेशक नुक़सान हुआ। ऐसे मौक़े थे, जब मुझे अपनी पसंद की टीम नहीं दी गई और मेरे माँगे हुए ख़ास खिलाड़ी नहीं दिए गए। मेरे लिए प्राथमिकता हमेशा भारतीय टीम थी। लेकिन हो सकता है कि कुछ चयनकर्ताओं के लिए परिस्थितियाँ अलग रही हों। मुझे महसूस हुआ कि टीम के चुनाव को दूसरे घटक तय कर रहे थे और चयन समिति की बैठकों के बाद मैं कई बार निराश महसूस करता था।

होनहार शुरुआत

कप्तान के रूप में मेरा पहला मैच ऑस्ट्रेलिया के ख़िलाफ़ कोटला, नई दिल्ली में अक्टूबर 1996 में था। गर्मी में इंग्लैंड में श्रृँखला हारने के बाद हम यहाँ जीतने के लिए उत्सुक थे। हमें अपने आश्चर्यजनक घरेलू टेस्ट रिकॉर्ड को अक्षुण्ण रखने के लिए भी टेस्ट मैच जीतना लाज़िमी था। और हम ऐसा करने में कामयाब भी हुए, क्योंकि हमारे विकेटकीपर और स्थानापन्न ओपनर नयन मोंगिया ने 152 रनों की उल्लेखनीय पारी खेल दी। कप्तान के रूप में यह कोई बुरी शुरुआत नहीं थी।

असामान्य बात यह थी कि ऑस्ट्रेलिया सिर्फ़ एक टेस्ट मैच खेलने की ख़ातिर भारत आई थी, जिसे बॉर्डर-गावसकर ट्रॉफ़ी के शुभारंभ के रूप में खेला गया था। ट्रॉफ़ी का नाम विश्व क्रिकेट के दो दिग्गजों के नाम पर रखा गया था। इस अकेले मैच के पीछे कम से कम एक अच्छा कारण तो था; बाक़ी समय तो हमें समझ ही नहीं आता था कि छोटे दौरे क्यों रखे जाते हैं। मिसाल के तौर पर, दो साल पहले हम सिर्फ़ एक टेस्ट मैच और चार एक दिवसीय मैच खेलने के लिए न्यूज़ीलैंड तक गए थे, जिसमें कहीं कोई अभ्यास मैच नहीं हुआ और इसे न्यूज़ीलैंड का दौरा मान लिया गया। हमने इतने बरसों में दो टेस्ट मैचों की श्रृँखलाएँ भी काफ़ी खेली हैं और वे भी पूरी तरह संतोषजनक नहीं होती हैं – आप चार बार पलक झपकाते हैं और दो टेस्ट मैचों की श्रृँखला ख़त्म हो जाती है।

इसके बाद दक्षिण अफ़्रीका के ख़िलाफ़ एक घरेलू टेस्ट श्रृँखला होने वाली थी, मगर इससे पहले एक दिवसीय टूर्नामेंट टाइटन कप होना था, जिसमें भारत, ऑस्ट्रेलिया और दक्षिण अफ़्रीका की टीमें खेलने वाली थीं। ख़िताब जीतने के लिए ऑस्ट्रेलिया और दक्षिण अफ़्रीका को हराना कोई छोटी उपलब्धि नहीं थी, जो उस वक़्त संसार की दो सर्वश्रेष्ठ टीमें थीं। 6 नवंबर को वानखेड़े में हुए फ़ाइनल में मैंने हमारे 220 रन के साधारण से दिखने वाले स्कोर में 67 का योगदान दिया था, जबकि जाड़ेजा ने 43 रन बनाए। गेंदबाज़ी में सारा दारोमदार अनिल कुंबले के कंधों पर था और उन्होंने चार विकेट लिए। हमने दक्षिण अफ़्रीका की पूरी टीम को 185 रन पर आउट करके 35 रन से मैच जीत लिया। विश्व कप के सेमी-फ़ाइनल में श्रीलंका से हुई निराशाजनक हार के बाद यह बहुत सुखद विजय थी। यह मेरे लिए ख़ास तौर पर संतुष्टिदायक थी, क्योंकि मैंने कप्तान के रूप में कई अनूठे प्रयोग किए थे।

श्रीनाथ और वेंकटेश प्रसाद ने जब शुरुआती अच्छे स्पेल कर लिए और अनिल ने दो विकेट निकाल दिए, तो मैं पाँचवें गेंदबाज़ के ओवर कराने के लिए हमारे ऑल-राउंडर रॉबिन सिंह के पास गया। रॉबिन ने मध्यम-तेज़ गेंदें कीं

और वे बहुत सटीक थे। मैंने चार-पाँच की फ़ील्ड सजाने का निर्णय लिया। एक दिवसीय मैच में मध्यम तेज़ गेंदबाज़ी के वक़्त फ़ील्डिंग की यह जमावट बहुत असामान्य होती है, क्योंकि इसमें ऑफ़ साइड पर केवल चार खिलाड़ी होते हैं और ऑन साइड में पाँच। मैंने कोई डीप पॉइंट नहीं रखा, बल्कि फ़ील्डरों को थर्ड मैन, शॉर्ट पॉइंट, कवर और लॉन्ग ऑफ़ पर रखा। ऑन साइड में मैंने फ़ाइन लेग, शॉर्ट स्क्वेयर लेग, शॉर्ट मिड विकेट, डीप स्क्वेयर लेग और लॉन्ग ऑन पर फ़ील्डर रखे। मैंने रॉबिन से विकेटों पर गेंद करने को कहा और ताक़ीद की कि एक भी गेंद ऑफ़ स्टंप के बाहर टप्पा नहीं खानी चाहिए, वरना दक्षिण अफ़्रीका के खिलाड़ी थर्ड मैन पर एक रन बना लेंगे। एक ओवर में तीन-चार रन लेने से उनका दबाव कम हो जाएगा, क्योंकि यह तुलनात्मक रूप से कम स्कोर का मुक़ाबला था। मुझे इस बात की चिंता नहीं थी कि रॉबिन की गेंद लेग स्टंप पर वाइड हो जाएगी; बस उन्हें ऑफ़ स्टंप के बाहर गेंद नहीं करनी थी। मुझे विश्वास था कि दक्षिण अफ़्रीका वाले इस रणनीति के लिए तैयार नहीं होंगे। रॉबिन ने अपना काम बख़ूबी किया। उन्होंने अपने दस ओवरों में केवल 40 रन दिए और हैन्सी क्रोनिये तथा डैरिल कलिनन के महत्त्वपूर्ण विकेट निकाले।

टाइटन कप के बाद होने वाली टेस्ट श्रँखला बहुत प्रतिस्पर्धी होने वाली थी। दक्षिण अफ़्रीका उस ज़माने की बेहतरीन टीमों में से एक थी। इसमें एलन डोनल्ड और फ़ैनी डिविलियर्स जैसे उच्च कोटि के तेज़ गेंदबाज़ थे और क्रोनिये, गैरी कर्स्टन, डेरिल कलिनन तथा जॉन्टी रोड्स जैसे उच्च कोटि के बल्लेबाज़ थे। श्रँखला का पहला टेस्ट मैच अहमदाबाद में 20 नवंबर 1996 को शुरू हुआ। यह एक बेहतरीन मुक़ाबला था, जिसमें बहुत से रोचक मोड़ आए। पहली पारी में हम सिर्फ़ 223 रनों पर आउट हो गए और इसके बाद दक्षिण अफ़्रीका ने 21 रनों की बढ़त हासिल कर ली। यह कम स्कोर वाले मैच के लिहाज़ से अच्छी बढ़त थी और दूसरी पारी में उन्हें अच्छा लक्ष्य देने के लिए हमें अच्छी बल्लेबाज़ी करनी थी। हम फिसल गए और दक्षिण अफ़्रीका को जीतने के लिए केवल 170 रनों की ज़रूरत थी, जबकि अभी लगभग दो दिन का समय बाक़ी था।

लेकिन मैच अभी ख़त्म नहीं हुआ था। तीसरे दिन के अंत तक पिच की हालत बहुत ख़स्ता हो गई थी और हम जानते थे कि उस पर 170 रन बनाने में भी एड़ी-चोटी का ज़ोर लगाना पड़ सकता है। हमारी टीम में अनिल कुंबले और नरेन्द्र हिरवानी दो लेग स्पिनर थे। इसके अलावा, बाएँ हाथ के स्पिनर सुनील जोशी भी थे। दक्षिण अफ़्रीका की टीम बेशक मुझसे यह उम्मीद कर रही थी कि मैं एक चरमराती पिच पर स्पिनरों से हमला करूँगा। इसके बजाय मैंने जवागल श्रीनाथ का इस्तेमाल किया, क्योंकि श्रीनाथ के पास तेज़ गति के अलावा रिवर्स

स्विंग का कौशल भी था। तेज़ गति से स्विंग होती गेंद का मुकाबला करना बहुत मुश्किल है और बात की बात में ही श्रीनाथ ने हमें वह शुरुआत दे दी, जो हम सपने में भी नहीं सोच सकते थे। दक्षिण अफ़्रीका का स्कोर शून्य पर दो हो गया।

संक्षिप्त सफल शुरुआती झटकों के बाद मैंने श्रीनाथ को थोड़ी देर आराम कराया और इसके बाद उनसे एक और लंबा स्पेल कराया। मैं बीच-बीच में उनसे पूछता रहता था कि कहीं वे थक तो नहीं गए हैं। वे सुंदर गेंदबाज़ी कर रहे थे और बल्लेबाज़ों के सामने तमाम तरह की मुश्किलें पेश कर रहे थे। मैंने दूसरे छोर से सुनील जोशी को लगाया, ताकि बल्लेबाज़ों को ज़्यादा रन न दिए जाएँ। मैंने सुनील से कहा कि वे गेंद का टप्पा बाएँ हाथ के बल्लेबाज़ों के ऑफ़ स्टंप के बाहर वाले क़दमों के निशान पर रखें और उन्हें एक छोर पर बाँधे रखें। इससे श्रीनाथ को दाएँ हाथ वाले बल्लेबाज़ों के ख़िलाफ़ गेंद करने का मौक़ा मिल जाता था। यह इसलिए ज़रूरी था, क्योंकि रिवर्स स्विंग दाएँ हाथ के बल्लेबाज़ों के ख़िलाफ़ ज़्यादा कारगर होती है। इस चाल से बहुत फ़ायदा हुआ। सुनील ने रनों के प्रवाह को रोक दिया, जबकि दूसरे छोर से श्रीनाथ नियमित अंतराल से विकेट निकालते रहे।

किसी भी समय दक्षिण अफ़्रीका की टीम लक्ष्य तक पहुँचती नज़र नहीं आई। हमने दबाव बनाए रखा और उन्हें सिर्फ़ 39 ओवर में 105 रनों पर ऑल आउट कर दिया, जिससे हमें एक मशहूर विजय मिली। यह मेरी कप्तानी का उच्च बिंदु था; एक छोर से श्रीनाथ का इस्तेमाल करना वाक़ई कारगर रहा था। मैच के बाद हैन्सी क्रोनिये ने मुझसे कहा कि वे इसके लिए तैयार नहीं थे। उन्हें उम्मीद थी कि मैं स्पिनरों का इस्तेमाल करूँगा और उन्होंने एक थकी हुई पिच पर घूमती गेंद से निबटने की रणनीति तैयार कर रखी थी। उनके पास श्रीनाथ के लिए कोई योजना ही नहीं थी और जब तक वे हमारी रणनीतियों को समझ पाए, तब तक मैच ख़त्म हो चुका था।

उस टेस्ट मैच में मैंने एक और चीज़ पहली बार आज़माई, जिससे भारत को डेढ़ दशकों तक फ़ायदा हुआ। यह चीज़ थी बल्लेबाज़ी के क्रम में परिवर्तन। मैंने राहुल द्रविड़ से नंबर तीन पर और सौरव गाँगुली से नंबर पाँच पर बल्लेबाज़ी कराने का निर्णय लिया, हालाँकि दोनों ने ही इनसे भिन्न क्रमों पर अपने करियर की बेहतरीन शुरुआत की थी। सौरव ने नंबर तीन पर बल्लेबाज़ी करते हुए दो लगातार शतक जमाए थे। ऑस्ट्रेलिया के ख़िलाफ़ अपने तीसरे टेस्ट में, जो मेरी कप्तानी का पहला टेस्ट मैच था, उन्होंने एक बार फिर नंबर तीन पर खेलते हुए पहली पारी में 66 रन बनाए और दूसरी पारी में अविजित 21 रन। वे

आत्मविश्वास से भरे थे और तीसरे स्थान पर बल्लेबाज़ी करने के लिए उत्सुक थे। राहुल ने भी इंग्लैंड में अपने पहले दो टेस्ट मैचों में लगातार पचास मारे थे और वे पाँचवें स्थान पर अच्छे दिख रहे थे। लेकिन मुझे महसूस हुआ कि बल्लेबाज़ी का क्रम बदलकर मैं लंबे समय में उन दोनों से सर्वश्रेष्ठ योगदान पा सकता हूँ।

सौरव चौके-छक्के वाले बल्लेबाज़ थे और पारी की शुरुआत से ही शॉट खेलना पसंद करते थे। वे तड़क-भड़क वाले और ज़्यादा आक्रामक थे और मुझे महसूस हुआ कि उनकी शैली पाँचवें क्रम के लिहाज़ से ज़्यादा उपयुक्त थी। दूसरी ओर, राहुल अपनी पारी की शुरुआत में अपने भीतर खेलते थे और ऑफ़ स्टंप के बाहर बहुत सी गेंदें छोड़ने में उन्हें कोई दिक्क़त नहीं होती थी। यह तीसरे क्रम के बल्लेबाज़ के लिए एक महत्त्वपूर्ण योग्यता है। दोनों की शक्तियाँ बहुत अलग थीं और मैं जानता था कि दोनों ही ज़बर्दस्त खिलाड़ी हैं और उनके पास इतनी योग्यता है कि वे कई साल तक भारत की सेवा कर सकते हैं। मुझे महसूस हुआ कि अगर राहुल नंबर तीन पर और सौरव नंबर पाँच पर आएँगे, तो इससे टीम का संतुलन बेहतर हो जाएगा, ख़ास तौर पर विदेशी परिस्थितियों में। वैसे इस श्रृंखला के तीसरे टेस्ट मैच और उसके कुछ समय बाद ही दक्षिण अफ़्रीका में पहले दो टेस्ट मैचों में हमने सौरव को नंबर तीन पर और राहुल को नंबर पाँच पर ही खिलाया। लेकिन जनवरी 1997 में हमने जोहैनिसबर्ग में उस श्रृंखला के तीसरे और अंतिम टेस्ट मैच में प्रयोग को दोहराया। यह बहुत अच्छी तरह कामयाब रहा और एक दशक से ज़्यादा समय तक भारत की बल्लेबाज़ी का स्थायी क्रम बना रहा।

नवंबर 1996 के अंत में ईडन गार्डन्स में घरेलू श्रृंखला का दूसरा टेस्ट मैच हुआ। इसमें लान्स क्लूज़नर और गैरी कर्स्टन के शानदार प्रदर्शन की बदौलत दक्षिण अफ़्रीका ने हमें आराम से हरा दिया। क्लूज़नर ने अपने टेस्ट मैच पदार्पण में आठ विकेट लिए और गैरी ने दोनों पारियों में शतक जमाए। दक्षिण अफ़्रीका के बहुत उर्वर सलामी बल्लेबाज़ गैरी में यह उल्लेखनीय योग्यता थी कि वे मिड विकेट और स्क्वेयर लेग के बीच की ख़ाली जगह में गेंद को धीरे से खेलकर इच्छानुसार एक रन ले सकते थे, जिससे उन्हें गेंदबाज़ी करना बहुत मुश्किल होता था। वे ख़ूँख़ार प्रतिस्पर्धी भी थे और विपक्षी के रूप में मेरे मन में उनके प्रति सर्वोच्च सम्मान था।

हम एक-एक की बराबरी पर तीसरा टेस्ट खेलने के लिए कानपुर गए। अज़हर ने दूसरी पारी में शानदार खेल दिखाते हुए नाबाद 163 रन बनाए। जब हमने दक्षिण अफ़्रीका को जीतने के लिए 450 रनों से ऊपर का लक्ष्य दे दिया,

तो हम जानते थे कि हम नियंत्रण में हैं। हमने दक्षिण अफ़्रीका को 180 रनों पर आउट करके टेस्ट मैच 280 रनों से जीत लिया और श्रृँखला 2-1 से जीत ली। कप्तान के रूप में पहली दो टेस्ट श्रृँखलाओं में ऑस्ट्रेलिया और दक्षिण अफ़्रीका को हराना वह सबसे अच्छी शुरुआत थी, जिसकी मैं उम्मीद कर सकता था और जब हम दिसंबर 1996 में दक्षिण अफ़्रीका के दौरे पर गए, तो हमारी टीम आत्मविश्वास से भरपूर थी।

भारत दक्षिण अफ़्रीका में, दिसंबर 1996–फ़रवरी 1997

इस श्रृँखला का जो कार्यक्रम तय किया गया था, उसे सबसे अच्छा नहीं कहा जा सकता। हम 19 दिसंबर को दक्षिण अफ़्रीका पहुँचे और बॉक्सिंग डे पर डरबन में होने वाले पहले टेस्ट से पहले हम सिर्फ़ एक ही अभ्यास मैच खेले। दरअसल इस तरह के दौरे में आपको कम से कम दो-तीन अभ्यास मैचों की ज़रूरत होती है और अच्छी टक्कर देने के लिए दो सप्ताह का ढलने का समय चाहिए होता है। यहाँ की परिस्थितियाँ भारत से इतनी अलग थीं कि खिलाड़ियों को सीम की गतिविधि और उछाल का आदी होने में इतना समय लग जाता है। जो गेंदें भारत में बल्ले के सबसे निचले हिस्से से टकराती हैं, वे दक्षिण अफ़्रीका में बल्ले के हत्थे तक उछलती हैं।

हम डरबन टेस्ट बुरी तरह हारे और दक्षिण अफ़्रीका के तेज़ गेंदबाज़ों ने दूसरी पारी में हमें 34 ओवर में सिर्फ़ 66 रन पर ढेर कर दिया। यह मनोबल का कचूमर बनाने वाली हार थी और मुझे पहले कभी ऐसा अनुभव नहीं हुआ था। दक्षिण अफ़्रीका खेल के सारे पहलुओं में हमसे श्रेष्ठ साबित हुई और यह स्पष्ट था कि हमें केपटाउन में होने वाले दूसरे टेस्ट से पहले बहुत सा काम करना था।

मेरी समस्याएँ इसलिए भी बढ़ गईं, क्योंकि डरबन में गेंदबाज़ी करते समय मैं ज़ख़्मी हो गया था और चोट भरने में कुछ दिन लगने के आसार थे। यह तब हुआ, जब मैंने पहले दिन लंच से ठीक पहले ऐंड्रू हडसन को गेंदबाज़ी करने का निर्णय लिया। मैंने सोचा कि मैं धीरे से दौड़कर जाऊँगा और उन्हें एक अप्रत्याशित बाउंसर कर दूँगा, जिससे शायद उनके बल्ले का ऊपरी किनारा मिल जाए। ऐसा करते समय मेरे बग़ल की मांसपेशी खिंच गई। दर्द आश्चर्यजनक रूप से तेज़ था और लंच के दौरान मुझे कॉर्टिसोन के तीन इंजेक्शन लगवाने के लिए अस्पताल जाना पड़ा। जब मैं मैदान में लौटा, तब भी मैं बहुत दर्द में था और मुझे दौड़ने या झुकने में काफ़ी मुश्किल हो रही थी।

दूसरा टेस्ट 2 जनवरी 1997 को शुरू होने वाला था, इसलिए टीम के पास

उबरने और दोबारा एकजुट होने के लिए केवल चंद दिनों का समय था। दक्षिण अफ़्रीका की बेहतरीन टीम के ख़िलाफ़ टेस्ट बचाने के लिए इतना कम समय काफ़ी नहीं था। दक्षिण अफ़्रीका के पास विश्व के दो सर्वश्रेष्ठ तेज गेंदबाज़ एलन डोनल्ड और शॉन पॉलक थे और वे घरेलू परिस्थितियों में एक दूसरे के बेहतरीन पूरक थे। डोनल्ड तेज़ थे और पॉलक गेंद को दोनों तरफ़ स्विंग करा सकते थे और वे अपनी कला में माहिर थे। फिर भी हमने केपटाउन में कुछ टक्कर दी और अज़हर तथा मैंने शतक लगाए।

मैं दूसरे दिन के अंत में बल्लेबाज़ी करने गया और खेल के अंत में एक रन बनाकर नॉट आउट था। उस वक़्त टीम का स्कोर 29-3 था। अगली सुबह मैं मैच से पहले थ्रो बॉल से अभ्यास कर रहा था और कुछ गेंदों पर मैंने पैर पीछे ले जाने की नीति आज़माई। इससे वाक़ई अच्छा महसूस हुआ और टाइमिंग भी अच्छी रही। मेरा दिल कह रहा था कि मुझे उस दिन पैर पीछे ले जाने यानी शफ़ल करने की नीति को अपनाना चाहिए। मैंने ऐसा ही किया और पाया कि हालाँकि गेंदबाज़ लगभग 150 कि.मी. प्रति घंटे की गति से गेंदबाज़ी कर रहे थे, लेकिन फिर भी मेरे पास पर्याप्त समय रहता था। सामान्य तौर पर मैं गार्ड लेते समय बस अपने लेग स्टंप के ठीक बाहर खड़ा होता था, लेकिन केपटाउन में मैं शफ़ल के साथ तालमेल बैठाने के लिए क्रीज़ से कुछ इंच बाहर खड़ा हुआ। अंततः मैंने 169 रन बनाए। मैंने हमेशा पाया है कि तकनीक पर ध्यान केंद्रित करने से पहले मुझे अपने दिमाग़ में आरामदेह होना चाहिए। अगर मैं आरामदेह नहीं हूँ, तो तकनीक की चिंता करने से मेरी बल्लेबाज़ी को ज़्यादा फ़ायदा नहीं होता था।

केपटाउन टेस्ट की जो दूसरी घटना मुझे याद है और जिसका मैंने भरपूर आनंद लिया, वह एलन डोनल्ड और भारतीय मध्यम तेज़ गति के गेंदबाज़ डोडा गणेश के बीच थी। डोनल्ड उस श्रृँखला में बहुत अच्छे फ़ॉर्म में थे। निचले क्रम के बल्लेबाज़ों को विकेट पर रुके देखना उन्हें सख़्त नापसंद था और वे गणेश को वहाँ अटके देखकर कुंठित हो गए। जब डोडा ने उनके आक्रमण का निडरता से सामना किया, तो एलन उन पर शब्द-बाण छोड़ने लगे। तीन लगातार गेंदों पर डोडा कभी इधर, कभी उधर हुए, लेकिन सौभाग्य से उन्होंने अपना विकेट नहीं गँवाया। ओवर के अंत में एलन डोडा के पास गए और स्पष्टता से उन्हें बता दिया कि वे उनके बारे में क्या सोचते हैं। डोडा का चेहरा भावहीन बना रहा।

मैं अंपायर के पास खड़ा-खड़ा यह सब देख रहा था। जब एलन अंपायर से अपनी कैप लेने आए, तो मैं उनसे बोला, 'एलन, डोडा केवल कन्नड़ नामक भारतीय भाषा समझते हैं। मुझे खुद उनसे बातचीत करने में मुश्किल आती है,

इसलिए वे आपके अँग्रेज़ी में किए अपमान को कैसे समझ सकते हैं? अगर आपको उन तक अपनी बात पहुँचानी ही है, तो उनसे कन्नड़ में बोलें।' इससे एलन और भी ज़्यादा चिढ़ गए। उन्होंने अंपायर से अपनी कैप छीनी और अपने हाथों से उतावले इशारे करके पैर पटकते हुए अपनी फ़ील्डिंग की जगह पर चले गए।

केपटाउन मैच के अंत तक खिलाड़ी परिस्थितियों के ज़्यादा आदी हो गए थे और यह तीसरा टेस्ट खेलने के लिए जोहैनिसबर्ग जाते समय शुभ संकेत था। हम मैच को बहुत गंभीरता से ले रहे थे, हालाँकि इससे श्रँखला के परिणाम पर कोई असर नहीं होने वाला था। हम शुरुआत से ही अच्छा खेले और राहुल द्रविड़ ने शानदार शतक जमाया, जो श्रँखला में पहली बार नंबर तीन पर बल्लेबाज़ी कर रहे थे। वे तेज़ गेंदबाज़ों को देर से खेल रहे थे और उन्होंने हमें एक मज़बूत स्थिति में पहुँचा दिया। सौरव ने भी नंबर पाँच पर बहुत अच्छी बल्लेबाज़ी की और हमने अपनी पहली पारी में 410 रन बनाए, जिसकी वजह से दक्षिण अफ़्रीका की टीम श्रँखला में पहली बार दबाव में आ गई। गेंदबाज़ों ने भी अच्छा प्रयास किया और हमें पहली पारी की अच्छी बढ़त दिला दी।

हमारी दूसरी पारी में एक बार फिर राहुल और सौरव ने कमाल दिखाया। हमें विजय का एहसास होने लगा था और हम इस बात से उत्साहित हो गए। हमारे गेंदबाज़ों ने दक्षिण अफ़्रीका के शीर्ष क्रम को काफ़ी जल्दी समेट दिया। जब डेरिल कलिनन और लान्स क्लूज़नर के बीच आठवें विकेट की साझेदारी हुई, तब भी हम जानते थे कि हम जीतने की कगार पर हैं और हमें बस कोशिश करते रहने की ज़रूरत है।

आख़िरकार क्लूज़नर के आउट होने पर हमें सफलता मिली और हम मेहनत भरी विजय हासिल करने से बस दो विकेट दूर थे, लेकिन तभी बारिश होने लगी। बारिश भारी थी और जल्दी ही यह स्पष्ट हो गया कि हमने दक्षिण अफ़्रीका में टेस्ट मैच जीतने का एक सुनहरा अवसर गँवा दिया था।

मैं बहुत व्यथित था। हमने मैच जीतने के लिए जान लड़ा दी थी, लेकिन बारिश की वजह से उससे वंचित रह गए। मुझे लगा कि प्रकृति की शक्तियों ने हमारे साथ धोखा किया था। जैसे ही बारिश रुकी, मैंने अंपायरों से कहा कि हालाँकि बाहरी मैदान थोड़ा गीला है, लेकिन हम खेलने को तैयार हैं। अंपायर बोले कि वे खेल को दोबारा तब तक शुरू नहीं करा सकते, जब तक कि परिस्थितियाँ अनुकूल न हों और वे अपनी जगह पर सही थे। अंततः टेस्ट श्रँखला दक्षिण अफ़्रीका ने 2-0 से जीत ली, लेकिन इस आँकड़े से यह पता नहीं चलता कि हम इसे 2-1 बनाने के कितने क़रीब थे। इससे मैं ग़मगीन हो गया और निराशा में

मैंने खुद को बाथरूम में बंद किया और फूट-फूटकर रोने लगा।

मैच में दूसरी निराशा की बात यह थी कि युवा वीवीएस लक्ष्मण की अँगुली में फ्रैक्चर हो गया था और उन्हें भारत लौटना था। दुखी लक्ष्मण ड्रेसिंग रूम के एक कोने में आँसुओं में डूबे बैठे थे। मैंने उन्हें तसल्ली देने की कोशिश में कहा कि चोटें तो लगती रहती हैं और उन्हें उनकी ज़्यादा चिंता नहीं करनी चाहिए, क्योंकि उनके सामने एक लंबा करियर पड़ा है। अब यह एक भविष्यवक्ता कथन लगता है!

भारत वेस्ट इंडीज़ में, मार्च-अप्रैल 1997

1971 के बाद भारत ने कैरिबियन में कोई श्रँखला नहीं जीती थी और मैंने इस दौरे को दक्षिण अफ़्रीका की निराशा से उबरने के बड़े अवसर के रूप में देखा। यहाँ की परिस्थितियाँ दक्षिण अफ़्रीका की परिस्थितियों से अलग थीं और हमें तुरंत तालमेल बैठाने की ज़रूरत थी। लेकिन हमारी तैयारी को एक गंभीर झटका लगा; हमारे अग्रणी तेज़ गेंदबाज़ श्रीनाथ दौरे पर नहीं आ पाए, क्योंकि उन्हें कंधे का ऑपरेशन कराना था। मुंबई के मध्यम तेज़ गति के लंबे गेंदबाज़ एब कुरुविला ने उनकी जगह पर अच्छा प्रदर्शन किया, लेकिन इस स्थिति से एक बहुत गंभीर समस्या का पता चलता है, जिसका सामना मैंने पहले दक्षिण अफ़्रीका और बाद में कैरिबियन में किया।

मेरा मानना था कि इस तरह के दौरों में हमें तीन अच्छे तेज़ गेंदबाज़ चाहिए, लेकिन दुर्भाग्य से मुझे कभी दो से ज़्यादा तेज़ गेंदबाज़ नहीं मिले। दक्षिण अफ़्रीका में एब कुरुविला तो दल का हिस्सा भी नहीं थे। हालाँकि मैं उन्हें टीम में लेने के लिए बेताब था, लेकिन चयनकर्ताओं ने उन्हें शामिल करने से इंकार कर दिया था। 1991 में रणजी ट्रॉफ़ी में पदार्पण करने वाले कुरुविला तब तक प्रथम श्रेणी क्रिकेट के पाँच सीज़न खेल चुके थे और वे दक्षिण अफ़्रीका में हमारे लिए काफ़ी उपयोगी साबित होते। स्थिति यह थी कि श्रीनाथ और प्रसाद के शुरुआती स्पेल के बाद हम दबाव क़ायम नहीं रख पाते थे। वेस्ट इंडीज़ में हमें एक बार फिर तीसरे तेज़ गेंदबाज़ की कमी पर अफ़सोस होने वाला था।

श्रीनाथ को खोने के बाद भी हम मार्च 1997 में हुए पहले दो टेस्ट मैचों में पर्याप्त अच्छा खेले, जो सबीना पार्क और पोर्ट-ऑफ़-स्पेन में हुए। दोनों ही मैच काँटे के ड्रॉ रहे और लग रहा था कि हम परिस्थितियों से तालमेल बैठाने में कामयाब हो गए थे। वेस्ट इंडीज़ के कर्टली एम्ब्रोज़, मर्विन डिलन, इयान बिशप और फ्रैंकलिन रोज़ के सामने हमारी बल्लेबाज़ी ठोस दिख रही थी। जब हम 27

मार्च को पाँच टेस्ट मैचों की श्रृंखला का तीसरा मैच खेलने के लिए बारबेडॉस पहुँचे, तो मुझे विश्वास था कि यहाँ हम कुछ ख़ास कर सकते हैं।

हमने केनसिंगटन ओवल में अच्छी शुरुआत की और वेस्ट इंडीज़ को 300 से कम में आउट करने में कामयाबी पाई। इसमें वेंकटेश प्रसाद की 5-82 की अच्छी गेंदबाज़ी का योगदान था और इसमें शिवनारायण चंद्रपॉल के शतक का भी योगदान था। यह लिखते वक़्त चंद्रपॉल अपने करियर में 150 से ज़्यादा टेस्ट मैच खेल चुके हैं। वे लगभग दो दशकों से वेस्ट इंडीज़ के मध्य क्रम के सबसे निरंतर बल्लेबाज़ रहे हैं, जो काफ़ी उल्लेखनीय बात है। गेंदबाज़ी के बाद हमने बल्लेबाज़ी में भी अच्छा प्रदर्शन किया और पहली पारी में छोटी बढ़त ले ली। मैंने 92 रन बनाए और अंपायर लॉयड बार्कर ने मुझे इयान बिशप की एक गेंद पर ग़लत आउट दिया। रिप्ले में साफ़ दिख रहा था कि बिशप ने वह गेंद क्रीज़ से कम से कम चार इंच आगे से डाली थी, जिसे नो बॉल क़रार दिया जाना चाहिए था और यह मैच का अहम पल था। जैसा बाद में पता चला, लॉयड बार्कर ने उसके बाद मैच में ज़्यादा अंपायरिंग नहीं की, क्योंकि – जैसा मुझे उनकी जगह आए स्थानापन्न अंपायर ने बताया – उन्हें भारी सिर दर्द की वजह से अस्पताल जाना पड़ा था और वे ठीक से ध्यान केंद्रित नहीं कर पा रहे थे।

मैच के तीसरे दिन दूसरी पारी में हमारे गेंदबाज़ों ने अच्छा काम करते हुए वेस्ट इंडीज़ को 140 रनों पर समेट दिया। एब कुरुविला ने 68 रन देकर 5 विकेट लिए और हमें एक ऐसी पिच पर जीतने के लिए 120 रन चाहिए थे, जिस पर उछाल असमान होता जा रहा था और जिस पर काफ़ी टूट-फूट थी, जिसका लाभ वेस्ट इंडीज़ के तेज़ गेंदबाज़ उठाने वाले थे। हमने उनमें से दो रन तो कुछ ओवरों में बिना किसी नुक़सान के निकाल लिए, क्योंकि हम चाहते थे कि रविवार का खेल सही-सलामत ख़त्म हो जाए। हम जानते थे कि उस पिच पर अगले दिन रन बनाना आसान नहीं होगा, लेकिन हमें यह भी महसूस हुआ कि एक अच्छी साझेदारी हमें विजय तक पहुँचा सकती है।

अपमानजनक पतन

सोमवार 31 मार्च 1997 भारतीय क्रिकेट के इतिहास में एक काला दिन था; यह निश्चित रूप से मेरी कप्तानी का तो सबसे बुरा दिन था ही। लेकिन इस दिन की शुरुआत हमने बड़ी उम्मीदों से की थी। दरअसल मुझे याद है, मैंने एक रात पहले बारबेडॉस में सेंट लॉरेंस गैप के एक रेस्तराँ में एक वेटर के साथ मज़ाक़ किया था, जो वेस्ट इंडीज़ की जीत की भविष्यवाणी कर रहा था। उसे विश्वास

था कि एम्ब्रोज़ अगली सुबह बाउंसर के बलबूते पर भारत को आउट कर देंगे। देखिए, इस मैच की पहली पारी में फ्रैंकलिन रोज़ ने मुझे एक बाउंसर डाली थी और मैंने छक्का मारकर उसे दर्शक दीर्घा में पहुँचा दिया था। मैंने वेटर को वह शॉट याद दिलाया और मज़ाक़ में उससे कहा कि अगर एम्ब्रोज़ मुझे बाउंसर डालने की कोशिश करते हैं, तो मैं उनकी गेंद को एंटीगुआ तक पहुँचा दूँगा। मुझे जीत के बारे में इतना विश्वास था कि मैंने फ्रिज की ओर इशारा करके कहा कि उसे तुरंत शैम्पेन की एक बोतल ठंडी कर लेनी चाहिए और मैं आकर इसे अगले दिन खोलूँगा तथा मैच जीतने की ख़ुशी में उसे एक गिलास पिलाऊँगा।

इसके बजाय हमारी पारी मात्र 81 रनों पर ही सिमट गई, जिससे वेस्ट इंडीज़ की टीम 38 रनों से मैच जीत गई। हालाँकि यह एक मुश्किल पिच थी, लेकिन दरअसल इतनी ख़राब बल्लेबाज़ी के लिए कोई बहाने नहीं चलेंगे। मैं निश्चित रूप से पराजय के लिए किसी को दोष नहीं देना चाहता, क्योंकि यह मेरी आदत नहीं है। चाहे जो हो, मैं उस टीम का हिस्सा था और कप्तान होने के नाते यह मेरी ज़िम्मेदारी थी कि मैं इसे विजय तक पहुँचाऊँ। मुझे नहीं लगता कि हम अति विश्वासी थे, लेकिन लक्ष्मण को छोड़कर एक भी बल्लेबाज़ दूसरी पारी में दो अंकों में नहीं पहुँचा और यह बल्लेबाज़ी का वह सबसे बुरा प्रदर्शन था, जिसका मैं हिस्सा रहा हूँ।

मैं ख़ुद चार रनों पर आउट हो गया। गेंद का जायज़ा लेने की व्यग्रता में मैंने बल्ले का किनारा लगा दिया था। मुझे या तो गेंद को छोड़ देना चाहिए था या फिर उस पर हमला करना चाहिए था। पराजय से मैं पूरी तरह बिखर गया और इस हार को जज़्ब करने के लिए मैं दो दिन तक अपने कमरे में बंद रहा। जब मैं उस श्रृँखला की ओर पलटकर देखता हूँ, तो अब भी उस पराजय की टीस महसूस होती है।

बद से बदतर

पाँच टेस्ट मैचों की श्रृँखला 0-1 से हारने के बाद हम एक दिवसीय मैचों की श्रृँखला भी हार गए। दौरे की अच्छी शुरुआत के बाद लगन और मेहनत नदारद थीं और यही हमारे पतन का कारण था। इस ख़राब प्रदर्शन का सर्वश्रेष्ठ उदाहरण सेंट विन्सेंट में होने वाला तीसरा एक दिवसीय मैच था, जिसमें हमें अंतिम दस ओवरों में जीतने के लिए केवल 47 रन चाहिए थे और हमारे छह विकेट हाथ में थे। राहुल और सौरव ने मंच सजा दिया था और हमें बस टहलते हुए विजय तक पहुँचना था। बार-बार मैंने बल्लेबाज़ों को हिदायत दी कि वे बड़े शॉट न लगाएँ

और गेंद को ज़मीन पर खेलें। मैंने कहा कि जब पाँच रन प्रति ओवर चाहिए, तो जोखिम लेने की कोई ज़रूरत नहीं है। लेकिन इसके बावजूद मध्य और निचले क्रम के हमारे सभी बल्लेबाज़ गेंद को हवा में खेलते रहे। कुछ विकेट गिर जाने के कारण दहशत छा गई, जिससे कुछ आत्मघाती रन आउट भी हुए। विजेता स्थिति में रहने के बाद टीम को हारते देखकर मुझे बहुत गुस्सा आया।

मैच के अंत में मैंने टीम की बैठक बुलाई और ड्रेसिंग रूप में संयम खोकर टीम पर बरस पड़ा। मैंने अपने दिल की भड़ास निकालते हुए कहा कि इस तरह का प्रदर्शन स्वीकार नहीं किया जा सकता। मैंने कहा कि जिन मैचों में विपक्षी टीम बेहतर क्रिकेट खेलती है, उनमें हारना एक बात है - ऐसी पराजयों से मुझे कोई दिक्क़त नहीं है - लेकिन एक ऐसा मैच खोना, जो पूरी तरह से हमारे नियंत्रण में था, इससे पता चलता है कि टीम में कोई गंभीर गड़बड़ है।

हम जिस तरह से खेल रहे थे, उससे मैं बुरी तरह विचलित था। शाम को अनिल और श्रीनाथ मेरे कमरे में मुझे शांत करने आए। अनिल ने कहा कि मुझे पराजयों के लिए खुद को दोष नहीं देना चाहिए और हमें उन ग़लतियों से सीखना चाहिए, जो हमने दक्षिण अफ़्रीका और वेस्ट इंडीज़ में की थीं। लेकिन अब चीज़ें मुझ पर सचमुच हावी होने लगी थीं। मुझे हारने से नफ़रत थी और टीम का कप्तान होने के नाते मैं लगातार दुखद प्रदर्शनों के लिए ज़िम्मेदार महसूस कर रहा था। इससे ज़्यादा चिंता की बात यह थी कि मैं नहीं जानता था कि मैं इसका कायाकल्प कैसे कर सकता हूँ, क्योंकि मैं पहले ही अपना सर्वश्रेष्ठ प्रयास कर रहा था।

श्रृँखला के ख़त्म होने के कुछ ही समय बाद मैंने अंजलि को बताया कि मेरे ख़्याल से मैं पराजयों की बाढ़ को रोकने के लिए इससे ज़्यादा कुछ नहीं कर सकता था। बहुत क़रीबी मैचों में लगातार हार ने मेरे दिल को छलनी कर दिया था। मैंने इसमें जीजान लगाई थी और मुझे नहीं लगता था कि मैं इससे 0.1 प्रतिशत भी ज़्यादा दे सकता था। हम अगर 120 रनों का लक्ष्य हासिल नहीं कर पाए, तो इसका योग्यता की कमी से कोई संबंध नहीं था। बात बस यह थी कि हम उस दिन बहुत ख़राब खेले थे। इससे मुझे बुरी तरह चोट पहुँच रही थी और इन असफलताओं से तालमेल बैठाने में मुझे लंबा समय लगा। मैंने खेल से हटने के बारे में भी सोचा, क्योंकि ऐसा लग रहा था कि कोई भी चीज़ सही नहीं हो रही थी। हमेशा की तरह अंजलि ने चीज़ों को सही दृष्टिकोण में रखा और मुझे तसल्ली दी कि परिस्थितियाँ आने वाले महीनों में निश्चित रूप से बेहतर हो जाएँगी। पीछे पलटकर देखने पर मुझे लगता है कि यह बस कुंठा थी, जो मुझ पर हावी हो रही थी।

अंतिम कुछ माह

पराजयों की श्रृँखला अस्थायी तौर पर थम गई, जब हमने अगस्त 1997 में श्रीलंका में दो टेस्ट मैचों की श्रृँखला बराबर की और इसके बाद सितंबर में सहारा कप में पाकिस्तान को टोरंटो की एक दिवसीय श्रृँखला में 4-1 से हराया। टूर्नामेंट इसलिए यादगार था, क्योंकि सहारा ने न सिर्फ़ प्रायोजक के रूप में अपना नाम दिया था, बल्कि अभिजीत सरकार जैसे वरिष्ठ अधिकारी वहाँ मौजूद थे, ताकि हर चीज़ पूरी तरह से अच्छी रहे और खिलाड़ी आरामदेह महसूस करें। यह जीत और भी संतुष्टिदायक इसलिए थी, क्योंकि हम श्रीनाथ, प्रसाद और अनिल कुंबले के बिना खेल रहे थे तथा हमारे पास एक युवा गेंदबाज़ी इकाई थी। सौरव गाँगुली इस श्रृँखला में हमारे सितारे थे और उन्होंने लगातार चार मैन ऑफ़ द मैच पुरस्कार जीते।

इस श्रृँखला के दूसरे मैच में इंजमाम-उल-हक़ के साथ थोड़ी अजीब घटना हुई। हालाँकि अब यह मज़ेदार नज़र आती है, लेकिन उस वक़्त नहीं थी। जब हमने पाकिस्तान को 116 रनों पर आउट कर दिया और इसके बाद बल्लेबाज़ी कर रहे थे, तो एक ड्रिंक ब्रेक में एक अतिरिक्त पाकिस्तानी खिलाड़ी इंजमाम के लिए एक बल्ला लेकर आया, जिससे ड्रेसिंग रूम से देखने वाले सभी लोगों को भारी हैरानी हुई। हमने शुरुआत में सोचा कि वह शायद बल्ले पर ऑटोग्राफ़ लेने जा रहा है। बाद में जाकर हमें एहसास हुआ कि इंजमाम भीड़ में कुछ प्रशंसकों को बल्ला दिखाना चाहते थे, जो उनके भारी शरीर को लेकर उन पर ताने कस रहे थे!

जब हम टोरंटो से दिल्ली आए, तो सुबह डेढ़ बजे दिल्ली हवाई अड्डे पर 5,000 से ज़्यादा प्रशंसक हमारा स्वागत करने के लिए मौजूद थे। पुलिस वालों को भीड़ पर क़ाबू रखने में मुश्किल आ रही थी, लेकिन मैंने इस बात पर ज़ोर दिया कि हवाई अड्डा छोड़ने से पहले हमें हाथ हिलाकर अपने प्रशंसकों का अभिवादन करना चाहिए। यह एक भव्य स्वागत था। बहरहाल, पाकिस्तान को हराने की संतुष्टि अल्पकालीन निकली, क्योंकि कुछ ही सप्ताह बाद हम पाकिस्तान में तीन एक दिवसीय मैचों की श्रृँखला हार गए।

हमने इस श्रृँखला का दूसरा मैच जीता था और मुझे याद है कि इसमें मैंने हमारे ऑफ़-स्पिनर राजेश चौहान को पाँच मिनट तक समझाया था कि सक़लेन मुश्ताक़ की दूसरा गेंद किस तरह खेली जाए। फिर मैंने उनसे कहा कि बेहतर होगा कि वे स्ट्राइक रॉबिन सिंह को दे दें, जो दूसरे छोर पर अच्छी बल्लेबाज़ी कर

रहे थे। मुझे हैरानी हुई, जब राजेश ने आख़िरी ओवर में छक्का मारकर हमें मैच जिता दिया! लेकिन हम दरअसल जश्न नहीं मना सकते थे, क्योंकि हमारे होटल के कमरों के बाहर सुरक्षा कारणों से सशस्त्र प्रहरी तैनात थे, जिससे हम असहज हो रहे थे और जिस वजह से हमारा उत्साह थोड़ा ठंडा हो गया। श्रृंखला का निर्णायक मैच एजाज़ अहमद के नाम था, जिन्होंने हमारे गेंदबाज़ों को पूरे मैदान में मारते हुए 139 रन बनाए, जिससे पाकिस्तान ने आराम से मैच जीत लिया।

जब हम 1-2 से श्रृंखला हारकर दिल्ली लौटे, तो कुछ सप्ताह पहले जमा प्रशंसकों की भारी भीड़ कहीं नज़र नहीं आ रही थी। इससे भी बड़ी बात, मुझे यह भी याद है कि हममें से जो लोग हवाई जहाज़ से मुंबई जा रहे थे, उनसे अतिरिक्त लगेज के पैसे माँगे गए। मैंने अपनी टीम के साथियों से कहा कि हमें बहस किए बिना भुगतान कर देना चाहिए।

पाकिस्तान में पराजय से मेरे भीतर का दबाव बढ़ गया। नवंबर-दिसंबर 1997 में श्रीलंका के ख़िलाफ़ घरेलू टेस्ट श्रृंखला की एक घटना शायद यह बता सकती है कि मैं उस वक़्त कैसा महसूस कर रहा था। कप्तान के रूप में मुझसे उम्मीद की जा रही थी कि मैं तीन टेस्ट मैचों की इस प्रतिस्पर्धा में विजेता प्रदर्शन करूँ। पहले दो टेस्ट मैचों में मैं अच्छी बल्लेबाज़ी नहीं कर पाया। मेरा दुख इस बात से भी बढ़ गया कि नागपुर में दूसरा टेस्ट मैच बारिश में धुल गया। मीडिया का एक हिस्सा 3 दिसंबर 1997 को मुंबई में होने वाले तीसरे टेस्ट से पहले मेरी बखिया उधेड़ रहा था और मेरे बुरे फ़ॉर्म के बारे में बहुत कुछ लिखा गया। यह एक मुश्किल स्थिति थी और मुझे बल्लेबाज़ तथा कप्तान दोनों के रूप में परिणाम देने की ज़रूरत थी।

जब मैं पहले दिन बल्लेबाज़ी करने गया, तो एक घंटे का समय बचा था और खेल ख़त्म होते वक़्त मैं आठ रन पर नाबाद था। मैंने अपने सर्वश्रेष्ठ स्तर पर बल्लेबाज़ी नहीं की थी, लेकिन अपना विकेट बचाने में कामयाब रहा था। रात को नॉट-आउट बल्लेबाज़ के रूप में मुझे आराम की ज़रूरत थी, लेकिन जैसा मेरे साथ अक्सर होता रहा है, मैं सो नहीं पाया। रात 10:30 बजे तक मैं बहुत विचलित महसूस करने लगा। होटल के दमघोटू माहौल से बाहर निकलने के लिए मैंने अपने दोस्त अतुल रानाडे को फ़ोन करके बुलवा लिया। जब वे आए, तो मैंने उनसे कहा कि मैं कार से घूमना चाहता हूं और शिवाजी पार्क वाले मंदिर जाना चाहता हूँ। आधी रात के बाद प्रार्थना करके मुझे अच्छा महसूस हुआ। इससे मुझे शांति मिली और मेरा दिमाग़ मैच से हट गया। फिर हम सिद्धि विनायक मंदिर गए और आख़िरकार होटल की ओर लौटते वक़्त हमने हाजी अली में मिल्कशेक

पीने का फ़ैसला किया। हालाँकि यह अजीब लग सकता है, लेकिन अतुल और मैं रात को एक बजे सड़क किनारे बैठकर मिल्क शेक पी रहे थे और तनावमुक्त हो रहे थे। हमने क्रिकेट को छोड़कर हर चीज़ के बारे में बात की और होटल लौटने पर मैं काफ़ी बेहतर महसूस कर रहा था। मैं थोड़ी नींद लेने में भी कामयाब रहा और अगले दिन मैंने 148 रन बनाए।

दुर्भाग्य से, इससे वह जीत नहीं मिल पाई, जिसकी मुझे ज़रूरत थी, हालाँकि एक मोड़ पर हम बेहतरीन स्थिति में थे। उस पारी में एक अत्यंत महत्त्वपूर्ण पल में हमने एक कैच छोड़ दिया, जिससे वे भारी दबाव में आ जाते। हमारी कुंठा इस बात से भी बढ़ गई, क्योंकि बारिश होने लगी थी और खेल रोक दिया गया। मुझे महसूस हुआ कि चूके हुए अवसरों और बदक़िस्मती ने मिलकर हमसे मैच छीन लिया था।

श्रीलंका की श्रँखला के बाद दिसंबर 1997 में शारजाह में चार देशों का टूर्नामेंट आयोजित हुआ। हमने इंग्लैंड, पाकिस्तान और वेस्ट इंडीज़ के ख़िलाफ़ बहुत ख़राब क्रिकेट खेला। हम अपने सारे मैच हारे और फ़ाइनल तक नहीं पहुँच पाए। 14 दिसंबर को पाकिस्तान के ख़िलाफ़ हुआ मैच बताता है कि परिस्थितियाँ किस तरह मेरी इच्छा के विपरीत हो रही थीं। इस प्रतिस्पर्धा में चयनकर्ताओं के आग्रह पर मैं नंबर चार पर बल्लेबाज़ी कर रहा था। सौरव और नवजोत सिद्धू ने हमें पाकिस्तान के ख़िलाफ़ अच्छी शुरुआत दे दी थी और जब सिद्धू आउट हुए, तब स्कोर 143-2 था। मैंने रन गति तेज़ करने के लिए ऑल-राउंडर रॉबिन सिंह को उतार दिया। इस रणनीति पर मैंने काफ़ी सोच-विचार किया था। लेग स्पिनर मंज़ूर अख़्तर एक छोर से दाएँ हाथ के बल्लेबाज़ों को राउंड द विकेट गेंदबाज़ी कर रहे थे। विचार यह था कि बाएँ हाथ के बल्लेबाज़ होने के नाते रॉबिन उनकी लेग स्पिन को ज़्यादा अच्छी तरह से खेल पाएँगे और बड़े शॉट भी मार सकते हैं। लेकिन रॉबिन तीन गेंद बाद बिना कोई स्कोर बनाए मध्यम तेज़ गेंदबाज़ अज़हर महमूद की गेंद पर आउट हो गए और प्रयोग नाकाम रहा।

प्रेस में इस बात के लिए मेरी आलोचना हुई कि मैंने रॉबिन को अपने से आगे क्यों भेजा और हमारी पराजय का ठीकरा इसी बात पर फोड़ा गया। एक महीने बाद ही जनवरी 1998 में अज़हर, जो दोबारा कप्तान बन गए थे, ने पाकिस्तान के ख़िलाफ़ ढाका में सिल्वर जुबली इंडिपेंडेंस कप के फ़ाइनल में यही दाँव दोहराया। जब सौरव और मैंने तेज़ शुरुआत दे दी, उसके बाद रॉबिन को तीसरे नंबर पर भेजा गया और इस बार रॉबिन ने ज़बर्दस्त पारी खेलते हुए 82 का स्कोर बनाया और रनों का पीछा करने की गति तेज़ कर दी। अज़हर का

जुआ शायद ज़्यादा बड़ा था, क्योंकि रॉबिन सिंह को ऑफ़ स्पिनर सक़लेन मुश्ताक़ के ख़िलाफ़ उतारा गया था और यह कोई गोपनीय बात नहीं है कि बाएँ हाथ के बल्लेबाज़ ऑफ़-स्पिनरों के ख़िलाफ़ ज़्यादा आरामदेह नहीं रहते। मीडिया वालों ने इसी प्रयोग को इस बार चतुराई भरा निर्णय क़रार दिया। सही कहा गया है कि विजय के कई जनक होते हैं, जबकि पराजय अनाथ होती है।

शारजाह की हारों के बाद भारत में श्रीलंका के ख़िलाफ़ तीन एक दिवसीय मैचों की श्रँखला हुई। पहले मैच को जीतकर हमने श्रँखला में 1-0 की बढ़त ली, दूसरा मैच बारिश में धुल गया और तीसरे में श्रीलंका ने बेहतरीन खेल कर हमें गोआ में हरा दिया। श्रँखला के अंत में मुझे कप्तान के पद से बिना किसी गरिमा के हटा दिया गया। बीसीसीआई के किसी भी पदाधिकारी ने मुझे फ़ोन करके यह जानकारी नहीं दी कि मुझे कप्तान के पद से हटाया जा रहा है। वह तो एक मीडिया वाले ने मुझे फ़ोन करके बताया कि अब मैं कप्तान नहीं था। मैं दरअसल उस वक़्त साहित्य सहवास में अपने मित्रों के साथ था। यह सुनकर मैंने बेहद अपमानित महसूस किया, लेकिन जिस अंदाज़ में यह वाकया हुआ था, उसने आने वाले वर्षों में बेहतर क्रिकेटर बनने के मेरे संकल्प को मज़बूत किया। मैंने ख़ुद से कहा कि बीसीसीआई के आका मुझसे कप्तानी छीन सकते हैं, लेकिन जहाँ तक मेरे ख़ुद के क्रिकेट का प्रश्न है, कोई भी ऐसा नहीं कर सकता। लेकिन फिर भी अपमान और दर्द का एहसास सालता रहा। कप्तान के रूप में मेरे कार्यकाल में कुछ खिलाड़ी मुझे 'स्किप' कहते थे, इसलिए ढाका में हमारे अगले मैच में जब भी कोई खिलाड़ी 'स्किपर' चिल्लाता था, तो मैं उस आवाज़ का जवाब देने के लिए अपने आप मुड़ जाता था। तब यह वास्तविकता मुझे समझ में आई कि अब मैं भारतीय क्रिकेट टीम का कप्तान नहीं था। अब मुझे बस अपनी बल्लेबाज़ी पर ध्यान केंद्रित करना था और टीम के लिए कुछ मैच जीतने थे। तो मैंने यही किया। वास्तव में, इसके कुछ ही समय बाद मैं अच्छा प्रदर्शन करने पर इतना ज़्यादा एकाग्र हो गया कि मैं किसी ऐसे व्यक्ति पर चिल्ला पड़ा, जो आज एक अच्छे मित्र हैं। यह घटना, जिस पर हम दोनों को ही काफ़ी शर्म आई, 1998 में ढाका में सिल्वर जुबली इंडिपेंडेंस कप के तीन फ़ाइनलों में से दूसरे में हुई। साइटस्क्रीन के सामने और आस-पास काफ़ी हलचल हो रही थी। मेरे बार-बार शिकायत करने के बावजूद परिस्थितियाँ बेहतर नहीं हुईं। मेरा ध्यान भंग हो गया और इसके बाद मैं जल्दी ही आउट हो गया। पवेलियन लौटते समय मैं आगबबूला था और जब कोई क्षमा माँगने आया, तो मैं उस पर बरस पड़ा कि अगर बुनियादी बातें ही सही नहीं हैं, तो बंगलादेश को अंतरराष्ट्रीय क्रिकेट आयोजित करने का कोई हक़ नहीं है। बाद में मुझे पता चला कि मैं जिस पर चिल्लाया था, वे

बंगलादेश क्रिकेट बोर्ड के अध्यक्ष और एशियन क्रिकेट काउंसिल के वर्तमान चीफ़ एक्ज़ीक्यूटिव अशरफ़ उल हक़ थे। तब से हम जब भी मिलते हैं, उस घटना के लिए एक दूसरे से सॉरी कहकर बात शुरू करते हैं।

Australia in India 1996 – The Border-Gavaskar Trophy

One-off Test. Delhi. 10–13 October 1996

Australia 182 (MJ Slater 44; A Kumble 4–63, AR Kapoor 2–30, SB Joshi 2–36) and 234 (SR Waugh 67*; A Kumble 5–67, BKV Prasad 3–18)

India 361 (NR Mongia 152, SC Ganguly 66, **SR Tendulkar 10**; PR Reiffel 3–35) and 58–3 (SC Ganguly 21, M Azharuddin 21, **SR Tendulkar 0**)

India won by 7 wickets

India won the series 1–0

South Africa in India 1996

1st Test. Ahmedabad. 20–23 November 1996

India 223 (**SR Tendulkar 42**; AA Donald 4–37) and 190 (VVS Laxman 51, **SR Tendulkar 7**; AA Donald 3–32)

South Africa 244 (PS de Villiers 67*; SB Joshi 4–43) and 105 (WJ Cronje 48*; J Srinath 6–21, A Kumble 3–34)

India won by 64 runs

2nd Test. Kolkata. 27 November–1 December 1996

South Africa 428 (AC Hudson 146, G Kirsten 102; BKV Prasad 6–104) and 367–3 dec (DJ Cullinan 153*, G Kirsten 133)

India 329 (M Azharuddin 109, A Kumble 88, **SR Tendulkar 18**; AA Donald 3–72) and 137 (M Azharuddin 52, **SR Tendulkar 2**; L Klusener 8–64)

South Africa won by 329 runs

3rd Test. Kanpur. 8–12 December 1996

India 237 (**SR Tendulkar 61**, WV Raman 57; PR Adams 6–55) and 400–7 dec (M Azharuddin 163*, R Dravid 56, **SR Tendulkar 36**)

South Africa 177 (G Kirsten 43; A Kumble 4–71, J Srinath 3–42) and 180 (WJ Cronje 50; J Srinath 3–38, SB Joshi 3–66)

India won by 280 runs

India won the series 2–1

India in South Africa 1996–97

1st Test. Durban. 26–28 December 1996

South Africa 235 (AC Hudson 80; BKV Prasad 5–60) and 259 (AM Bacher 55, AC Hudson 52, BM McMillan 51*; BKV Prasad 5–93)

India 100 (SC Ganguly 16, **SR Tendulkar 15**; AA Donald 5–40, SM Pollock

2–18, BM McMillan 2–27) and 66 (R Dravid 27*, **SR Tendulkar 4**; AA Donald 4–14, SM Pollock 3–25, L Klusener 2–16)

South Africa won by 328 runs

2nd Test. Cape Town. 2–6 January 1997

South Africa 529–7 dec (G Kirsten 103, BM McMillan 103*, L Klusener 102*, DJ Cullinan 77; BKV Prasad 3–114, J Srinath 3–130) and 256–6 dec (BM McMillan 59*, AC Hudson 55, DJ Cullinan 55; J Srinath 3–78)

India 359 (**SR Tendulkar 169**, M Azharuddin 115) and 144 (VVS Laxman 35*, **SR Tendulkar 9**; AA Donald 3–40)

South Africa won by 282 runs

3rd Test. Johannesburg. 16–20 January 1997

India 410 (R Dravid 148, SC Ganguly 73, **SR Tendulkar 35**; L Klusener 3–75, AA Donald 3–88) and 266–8 dec (R Dravid 81, SC Ganguly 60, NR Mongia 50, **SR Tendulkar 9**; AA Donald 3–38, PR Adams 3–80)

South Africa 321 (SM Pollock 79, BM McMillan 47; J Srinath 5–104) and 228–8 (DJ Cullinan 122*, L Klusener 49; A Kumble 3–40)

Match drawn

South Africa won the series 2–0

India in the West Indies 1997

1st Test. Kingston. 6–10 March 1997

West Indies 427 (CL Hooper 129, BC Lara 83, S Chanderpaul 52; A Kumble 5–120) and 241–4 dec (BC Lara 78, S Chanderpaul 48; A Kumble 3–76)

India 346 (NR Mongia 78, VVS Laxman 64, **SR Tendulkar 7**; FA Rose 6–100) and 99–2 (R Dravid 51*, **SR Tendulkar 15***)

Match drawn

2nd Test. Port-of-Spain. 14–18 March 1997

West Indies 296 (RIC Holder 91, S Chanderpaul 42; A Kumble 5–104) and 299–6 (SC Williams 128, S Chanderpaul 79; SB Joshi 3–57)

India 436 (NS Sidhu 201, **SR Tendulkar 88**, R Dravid 57; CEL Ambrose 5–87)

Match drawn

3rd Test. Bridgetown. 27–31 March 1997

West Indies 298 (S Chanderpaul 137*, CEL Ambrose 37; BKV Prasad 5–82) and 140 (BC Lara 45; A Kuruvilla 5–68, BKV Prasad 3–39)

India 319 (**SR Tendulkar 92**, R Dravid 78; FA Rose 4–77, IR Bishop 3–70) and 81 (VVS Laxman 19, **SR Tendulkar 4**; IR Bishop 4–22, FA Rose 3–19, CEL Ambrose 3–36)

West Indies won by 38 runs

4th Test. St John's. 4–8 April 1997

West Indies 333 (BC Lara 103, RIC Holder 56; SB Joshi 3–76)

India 212–2 (A Jadeja 96, VVS Laxman 56)

Match drawn

5th Test. Georgetown. 17–21 April 1997
India 355 (R Dravid 92, **SR Tendulkar 83**; CL Hooper 3–34, FA Rose 3–90)
West Indies 145–3 (S Chanderpaul 58*, SC Williams 44)
Match drawn

West Indies won the series 1–0

India in Sri Lanka 1997

1st Test. Colombo (RPS). 2–6 August 1997
India 537–8 dec (**SR Tendulkar 143**, M Azharuddin 126, NS Sidhu 111, R Dravid 69; ST Jayasuriya 3–45)
Sri Lanka 952–6 dec (ST Jayasuriya 340, RS Mahanama 225, PA de Silva 126, A Ranatunga 86, DPMD Jayawardene 66; SC Ganguly 2–53)
Match drawn

2nd Test. Colombo (SSC). 9–13 August 1997
Sri Lanka 332 (PA de Silva 146, M Muralitharan 39; DS Mohanty 4–78) and 415–7 dec (ST Jayasuriya 199, PA de Silva 120; A Kumble 3–156, A Kuruvilla 2–90)
India 375 (SC Ganguly 147, **SR Tendulkar 139**; M Muralitharan 4–99) and 281–5 (M Azharuddin 108*, SC Ganguly 45, **SR Tendulkar 8**; M Muralitharan 3–96)
Match drawn

Series drawn 0–0

Sri Lanka in India 1997

1st Test. Mohali. 19–23 November 1997
Sri Lanka 369 (MS Atapattu 108, ST Jayasuriya 53; A Kuruvilla 4–88, J Srinath 4–92) and 251–6 (PA de Silva 110*; J Srinath 3–75)
India 515–9 dec (NS Sidhu 131, SC Ganguly 109, M Azharuddin 53, **SR Tendulkar 23**; M Muralitharan 3–174, ST Jayasuriya 2–59)
Match drawn

2nd Test. Nagpur. 26–30 November 1997
India 485 (SC Ganguly 99, R Dravid 92, NS Sidhu 79, A Kumble 78, **SR Tendulkar 15**; KR Pushpakumara 5–122)
Match drawn

3rd Test. Mumbai. 3–7 December 1997
India 512 (SC Ganguly 173, **SR Tendulkar 148**, R Dravid 93; KR Pushpakumara 3–108, HDPK Dharmasena 3–144) and 181–9 dec (R Dravid 85, NS Sidhu 43, **SR Tendulkar 13**; HDPK Dharmasena 5–57)
Sri Lanka 361 (MS Atapattu 98, PA de Silva 66, ST Jayasuriya 50; RK Chauhan 4–48) and 166–7 (ST Jayasuriya 37, RS Mahanama 35; A Kumble 3–56, RK Chauhan 3–59)
Match drawn

Series drawn 0–0

9

चार महीने का हनीमून

मार्च 1998 में तीन टेस्ट मैचों की श्रृंखला ऑस्ट्रेलिया के ख़िलाफ़ मेरे करियर की पहली पूरी घरेलू श्रृंखला थी। इसमें प्रेस ने काफ़ी रोमांचक प्रचार का माहौल बनाया और इसमें से ज़्यादातर मेरे और शेन वॉर्न की प्रतिस्पर्धा को लेकर था। कई बार दो व्यक्तियों के बीच का युद्ध ही केंद्रबिंदु बन जाता है। मिसाल के तौर पर, ब्रायन लारा बनाम ग्लेन मैकग्राथ, रिकी पॉन्टिंग बनाम कर्टनी वॉल्श या तेंदुलकर बनाम लारा भी, जैसा कि 1994 में हुआ। मैं हमेशा कहता रहा कि यह श्रृंखला दो व्यक्तियों के नहीं, बल्कि दो टीमों के बीच प्रतिस्पर्धा थी, हालाँकि अपने दिल में मैं यह बात जानता था कि यह वॉर्न के ख़िलाफ़ एक बहुत महत्त्वपूर्ण मुक़ाबला होगा। शेन सुंदरता से गेंदबाज़ी कर रहे थे और ऑस्ट्रेलिया में दक्षिण अफ़्रीका के ख़िलाफ़ उनकी श्रृंखला बेहतरीन रही थी, जिसमें उन्होंने तीन टेस्ट मैचों में बीस विकेट लिए थे।

मैं जल्दी ही उनका सामना करूँगा, यह जानते हुए मैंने उस श्रृंखला में वॉर्न की गेंदबाज़ी का सावधानी से अध्ययन किया। मुझे यह नज़र आया कि उनकी सबसे बड़ी शक्ति गेंद का वह झुकाव था, जो पाने में उन्हें कामयाबी मिलती थी। इसका मतलब यह होता था कि पारंपरिक स्थान पर खड़े होकर बल्लेबाज़ी करते वक़्त बल्लेबाज़ गेंद को पूरी तरह नहीं देख पाता था। अतिरिक्त झुकाव की वजह से गेंद बल्लेबाज़ की दृष्टि से ओझल हो जाती थी और अतिरिक्त स्पिन को खेलना और ज़्यादा मुश्किल हो जाता था। फलस्वरूप मैंने वॉर्न के लिए अपने खड़े होने की मुद्रा को थोड़ा खोलने और लेग स्टंप से थोड़ा बाहर खड़े होने का निर्णय लिया। मैंने यह योजना भी बनाई कि मैं उन्हें क्रीज़ से ज़्यादा खेलूँगा और जितनी देर से संभव होगा, उतनी देर से खेलूँगा। मैंने पूरी श्रृंखला में उनके ख़िलाफ़ शायद ही कभी क़दम बाहर निकाले और जब भी वे लेग स्टंप या उसके थोड़ी बाहर से अतिरिक्त स्पिन निकालने की कोशिश करते थे, तो मैं अक्सर उनकी गेंद को आड़े बल्ले से मिड विकेट की तरफ़ मारता रहा। क्रीज़ से

खेलकर और आड़े बल्ले का इस्तेमाल करने का लाभ यह था कि अगर वे शॉर्ट गेंद करते, तो मैं उन्हें सज़ा देते हुए ऑफ़ साइड पर कट शॉट भी खेल सकता था। हालाँकि ऊपरी किनारे का ख़तरा हमेशा मौजूद था, लेकिन वॉर्न को हैरान करने की ख़ातिर मैं यह जोखिम लेने को तैयार था। आख़िर, वे ऑस्ट्रेलिया के सबसे शक्तिशाली अस्त्र थे और मुझे उनके ख़िलाफ़ रणनीति तो बनानी ही थी।

इस सिद्धांत पर काम करने के लिए मुझे वैसी गेंदों का अभ्यास करना था, जिनका इस्तेमाल वॉर्न दबाव में करेंगे। मैंने जनवरी में यह प्रशिक्षण शुरू किया, जबकि श्रृँखला शुरू होने में एक महीना बाक़ी था। मैंने मुंबई में उपलब्ध सर्वश्रेष्ठ लेग स्पिनरों से कहा कि वे राउंड द विकेट से मुझे लेग स्टंप के बाहर की ऊबड़-खाबड़ जगह में गेंद फेंकें। मुझे विश्वास था कि जब मैं वॉर्न की सामान्य गेंदबाज़ी पर आक्रमण करूँगा, तो वे राउंड द विकेट आ जाएँगे। मैंने सिराज बहुतुले और नीलेश कुलकर्णी (जो दोनों ही 2001 में भारत की ओर से ऑस्ट्रेलिया के ख़िलाफ़ खेले) के ख़िलाफ़ अभ्यास किया। इसके बाद मैंने चेन्नई में लक्ष्मण शिवरामाकृष्णन के ख़िलाफ़ अभ्यास किया, जो अब एक सम्मानित टेलीविज़न कमेंटेटर हैं और जो 1980 के दशक के बीच में भारत के लिए खेले भी थे। मेरा यह अभ्यास बहुत उपयोगी साबित हुआ और जब ऑस्ट्रेलिया की टीम फ़रवरी 1998 में भारत आई, तब तक मैं वॉर्न का सामना करने के लिए तैयार हो चुका था।

शुरुआती भिड़ंत

ऑस्ट्रेलिया की टीम ने अपना पहला मैच 24 फ़रवरी को मुंबई के ख़िलाफ़ खेला। मैं मुंबई की कप्तानी कर रहा था और जानता था कि दौरे की शुरुआत में आगंतुकों को मनोवैज्ञानिक दृष्टि से पराजित करना अनिवार्य था। सबसे महत्त्वपूर्ण बात यह थी कि वॉर्न पर हमला किया जाए। मैंने अपने सारे बल्लेबाज़ों को निर्देश दे दिए कि जब भी वॉर्न गेंदबाज़ी करने आएँ, उन पर ताबड़तोड़ हमला किया जाए। विकेट गिरते हैं, तो गिर जाएँ, लेकिन हम वॉर्न को उनकी लय में आने और हम पर हावी होने की इजाज़त नहीं देंगे।

जब बल्लेबाज़ी करने की हमारी बारी आई, तो मुंबई के सलामी बल्लेबाज़ अमित पगनीस ने ठीक वही किया, जिसकी हमने योजना बनाई थी। हालाँकि हमने सुलक्षण कुलकर्णी का विकेट जल्दी खो दिया, लेकिन पगनीस और मैं शुरू से ही वॉर्न की धुलाई करने में जुट गए। पगनीस ने वॉर्न के दो ओवर में चार चौके मारे। दूसरी ओर, मैंने उनके पहले ही ओवर में उन पर एक छक्का टाँग दिया और पूरी पारी में उन पर चढ़ाई करता रहा। अपने सोलह ओवरों में उन्होंने 111

रन दिए थे और यह जितना महत्त्वपूर्ण था, उतना 192 गेंदों में गेरे दो सौ रन भी नहीं थे - हालाँकि मैं अपने प्रयास से ख़ासा खुश था, क्योंकि मैंने गेंदबाज़ी पर हावी होने की योजनाबद्ध कोशिश की थी और यह प्रथम श्रेणी क्रिकेट में मेरा पहला दोहरा शतक था। पहली पारी में 100 से ज़्यादा रनों की बढ़त देने के बाद ऑस्ट्रेलिया की दूसरी पारी 135 पर ही ढह गई। 1996 में भारत के लिए पहली बार खेलने वाले नीलेश कुलकर्णी आधी टीम के पतन के लिए ज़िम्मेदार थे। हम अपनी दूसरी पारी में एक भी विकेट गँवाए बिना लक्ष्य तक पहुँच गए और हमने ऑस्ट्रेलिया को दस विकेटों से हरा दिया।

दौरे के पहले ही मैच में इतनी ज़ोरदार हार विश्व की सर्वश्रेष्ठ टीम के लिए सबसे बुरी संभव शुरुआत थी और इतनी उम्मीद तो हमें भी नहीं थी। अब हमें इसी रफ़्तार को चेन्नई में होने वाले पहले टेस्ट मैच में बनाए रखना था। ज़ाहिर है, मैं अच्छी तरह जानता था कि ऑस्ट्रेलिया की टीम ने मुंबई वाले मैच में अपने सारे पत्ते नहीं खोले थे। जब हम शेन वॉर्न पर हमला कर रहे थे, तो एक बार भी उन्होंने राउंड द विकेट आकर लेग स्टंप के बाहर के ऊबड़-खाबड़ क्षेत्र में गेंद नहीं डाली थी। मुझे भरोसा था कि चेन्नई में पहला मौक़ा मिलते ही वे ऐसा ज़रूर करेंगे और मैंने यह बात मैच के बाद होने वाली मुंबई की प्रेस वार्ता में भी कह दी थी। श्रृंखला दिलचस्प होने वाली थी।

पहला टेस्ट, चेन्नई, 6-10 मार्च 1998

मैंने चेन्नई में बहुत क्रिकेट खेला है, इसलिए मैं जानता था कि चेन्नई टेस्ट से पहले होने वाली शारीरिक तैयारी सामान्य से हटकर होगी। आपको अपने शरीर को गर्मी और उमस के लिए पहले से तैयार करना होता है। इसके लिए मैं मैच से कम से कम छत्तीस घंटे पहले से सामान्य से बहुत ज़्यादा पानी पीने लगता था। अतिरिक्त पानी पीना बेहद महत्त्वपूर्ण था, क्योंकि चिदंबरम स्टेडियम में होने वाले मैचों में बहुत पसीना निकल जाता था।

1980 और 1990 के दशकों में खिलाड़ियों की खुराक और प्रशिक्षण दिनचर्या के बारे में ज़्यादा शोध नहीं हुआ था, जबकि आज क्रिकेट भी ऐसे मामलों में बहुत आगे निकल गया है। अब विशेषज्ञ डाइटीशियन चार्ट बनाते हैं कि खिलाड़ी क्या खा सकते हैं और क्या नहीं। लंबी और दुष्कर बल्लेबाज़ी के बाद खिलाड़ी आइस बाथ लेते हैं और विशेष शेक पीते हैं, ताकि शरीर में पानी की दोबारा भरपाई की जाए और खोई ऊर्जा दोबारा हासिल हो जाए। मिसाल के तौर पर, मुझे हमारे उच्च-प्रदर्शन प्रशिक्षक पैडी अप्टन याद हैं, जिन्होंने मेरे साथ कुछ ऐसा

ही किया था। जब 2010 में मैंने ग्वालियर में एक बहुत पसीना बहाने वाली पारी खेली, तो उन्होंने मुझे कुचले ड्राई फ्रूट्स से बने शेक के दो गिलास पिलाए थे।

चेन्नई में हमने टॉस जीतकर पहले बल्लेबाज़ी करने का विकल्प चुना। यह टॉस जीतना महत्त्वपूर्ण था, क्योंकि चौथी पारी में गेंद घूमने की उम्मीद थी और हम तीन स्पिनरों अनिल कुंबले, राजेश चौहान और वेंकटपति राजू के साथ खेल रहे थे। हमारे शीर्ष क्रम के तीन बल्लेबाज़ों मोंगिया, सिद्धू और द्रविड़ ने अर्धशतक मारा, लेकिन इसके बाद पहली पारी के बीच में हम रास्ता भटक गए, अपनी अच्छी शुरुआत का लाभ नहीं ले पाए और 257 के बड़े साधारण स्कोर पर आउट हो गए। चौथे नंबर पर बल्लेबाज़ी करते हुए मैंने बस चार रन बनाए और वॉर्न का शिकार हो गया। मैंने उन्हें एक चौका मारा और दोबारा वही शॉट दोहराने की कोशिश की, जिससे गेंद बैट का बाहरी किनारा लेती हुई स्लिप में खड़े मार्क टेलर के पास चली गई। मैं खुद से बहुत निराश था कि मैं क्यों नहीं जमा और मैं दूसरी पारी में इसका बदला चुकाने के लिए संकल्पवान था।

हमारे गेंदबाज़ों, ख़ास तौर पर कुंबले और राजू, ने पहले आठ ऑस्ट्रेलियाई विकेट 201 पर ही गिरा दिए। हमें पहली पारी में बढ़त मिलने की अच्छी संभावना दिख रही थी, लेकिन हम तब कुंठित हो गए, जब ऑस्ट्रेलिया के विकेटकीपर इयान हीली और ऑफ़ स्पिनर गेविन रॉबर्टसन (जो अपना पहला मैच खेल रहे थे) ने बहुत अच्छी साझेदारी की। उन्होंने कुल मिलाकर 96 रन बनाए और ऑस्ट्रेलिया ने अंततः 71 रनों की बढ़त हासिल कर ली। यह बढ़त काफ़ी महत्त्वपूर्ण नज़र आ रही थी। बीसीसीआई के पूर्व अध्यक्ष एसी मुथैया द्वारा आयोजित एक डिनर में भारत के पूर्व कप्तान और 1970 के दशक के अग्रणी ऑफ़ स्पिनर श्रीनिवास वेंकटराघवन ने मुझसे कहा कि अब मैच में दोबारा वापसी करना हमारे लिए बहुत मुश्किल होगा। उन्होंने कहा कि इस मैच में इतना समय नहीं बचा है कि हम इस फ़ासले को पाटें, एक लक्ष्य तय करें और मैच जीतने के लिए अंततः ऑस्ट्रेलिया को पूरा आउट करें। मैंने विश्वास के साथ जवाब दिया कि अब भी काफ़ी समय है और मुझे यक़ीन है कि हम बाज़ी पलट देंगे।

मुझे याद है, हमारी दूसरी पारी की शुरुआत से पहले मैंने ड्रेसिंग रूम में कहा था कि यह बल्लेबाज़ों की ज़िम्मेदारी है कि वे अपने हाथ खोलें और हर बल्लेबाज़ टीम के लिए 75 रन बनाने की कोशिश करे। आपको हमेशा उम्मीदों को ऊँचा रखने और शतक माँगने की ज़रूरत नहीं होती। मैंने सोचा था कि चेन्नई में दूसरी पारी में अगर हर शीर्ष क्रम का बल्लेबाज़ 75 बना लेता है, तो हम मैच में सही स्थिति में आ जाएँगे।

जब सिद्धू 64 रन बनाकर आउट हुए, तो मैं 115-2 पर बल्लेबाज़ी करने आया, जो 71 रनों की ऑस्ट्रेलियाई बढ़त को घटाने के बाद दरअसल 44-2 था और अपने करियर के कई मौक़ों की तरह ही इस बार भी मुझे मैदान में राहुल द्रविड़ मिले। मैंने सजग शुरुआत की और जल्दी ही अपनी लय में आ गया। जैसी उम्मीद थी, शेन वॉर्न राउंड द विकेट गेंदबाज़ी करने लगे और मैंने उन पर हमला करते हुए उन्हें तुरंत मिड विकेट के ऊपर से मार दिया। व्यक्तिगत परिप्रेक्ष्य में यह मैच का एक महत्त्वपूर्ण पल था। हम एक और विकेट खोना गवारा नहीं कर सकते थे, लेकिन हम बहुत ज़्यादा रक्षात्मक खेलना भी गवारा नहीं कर सकते थे।

राहुल और मैंने सौ से भी ज़्यादा रनों की साझेदारी करके एक मज़बूत मंच बना दिया। जब राहुल अपना अर्धशतक पूरा करने के बाद आउट हुए, तो मैं पूरे नियंत्रण में महसूस करने लगा। मैं आक्रमण पर उतर आया और काफ़ी तेज़ी से रन बनाने लगा। मैं नियमित रूप से चौके-छक्के मारता रहा। अज़हर ने मुझे अच्छा समर्थन दिया और हमारे बीच भी सौ से ज़्यादा रनों की साझेदारी हुई। हमने ये रन लगभग पाँच रन प्रति ओवर की गति से बनाए थे, जो संभावित रूप से मैच विजेता साझेदारी थी।

जब हमने पारी घोषित की, तो मैं 155 रन पर नाबाद था, पहली पारी की बढ़त का कोई महत्त्व नहीं रह गया था और हमारे पास मैच जीतने की काफ़ी संभावना थी, क्योंकि हमने घुमावदार पिच पर ऑस्ट्रेलिया की टीम के सामने 348 रनों का लक्ष्य रखा था। यह निश्चित रूप से मेरे बेहतरीन शतकों में से एक था। अनुभूति और भी मधुर इसलिए बन गई, क्योंकि बाद में हमने ऑस्ट्रेलिया के खिलाड़ियों को 168 रनों पर आउट कर दिया, जिसमें कुंबले ने चार विकेट लिए। हम 179 रनों से मैच जीत गए। यह एक ज़बर्दस्त शुरुआत थी और मेरी ख़ुशी तब और बढ़ गई, जब मुझे मैन ऑफ़ द मैच घोषित किया गया। मैंने मैच की पहली पारी में वॉर्न की गेंद पर सस्ते में आउट होने की भरपाई कर दी थी।

इससे भी अहम बात, हमने एकजुट टीम की तरह प्रदर्शन किया था और ज़्यादातर वरिष्ठ सदस्यों ने अपनी भूमिका आदर्श तरीक़े से निभाई थी। अनिल ने मैच में आठ विकेट लिए थे, जबकि सलामी बल्लेबाज़ नवजोत सिद्धू ने दोनों पारियों में अच्छा खेला था। उन्होंने हमारी दूसरी पारी की शुरुआत से ही वॉर्न पर धावा बोल दिया था और बाक़ी बल्लेबाज़ों के सामने मिसाल पेश की थी। राहुल ने भी दोनों पारियों में अच्छी बल्लेबाज़ी की थी और स्लिप में दो महत्त्वपूर्ण कैच लिए थे। हमने अच्छा जुझारूपन दिखाया था और यह उसी माह कोलकाता में ईडन गार्डन्स में होने वाले दूसरे टेस्ट मैच के लिए शुभ संकेत था।

दूसरा टेस्ट, कोलकाता, 18-21 मार्च 1998

चेन्नई का मैच किसी झूले की तरह कभी इधर कभी उधर झूला था, लेकिन कोलकाता में हम शुरुआत से ही नियंत्रण में थे। ईडन गार्डन्स में टॉस ऑस्ट्रेलिया ने जीता था, लेकिन वे शुरुआती लाभ नहीं ले पाए और पहले ही घंटे में उनके चार चोटी के बल्लेबाज़ पवेलियन में पहुँच गए। श्रीनाथ ने एक अच्छा शुरुआती स्पेल करके तीन विकेट झटक लिए और सौरव ने मार्क टेलर का विकेट निकाल दिया। स्टीव वॉ और रिकी पॉन्टिंग ने ऑस्ट्रेलिया की पारी को कुछ समय तक सँभालने की कोशिश की, लेकिन हमने हौसला बनाए रखा और उन्हें पहली पारी में 233 रनों पर आउट कर दिया।

हमारे बल्लेबाज़ों ने बड़े रन बनाए और टेस्ट क्रिकेट में यह दुर्लभ होता है कि पाँचों शुरुआती बल्लेबाज़ 75 रन बनाएँ, जबकि अज़हर ने अपने प्रिय स्थान पर सौ रन बनाए। मैंने 79 का स्कोर बनाया और एक बार फिर शेन वॉर्न पर हमला कर दिया, जो अपने बयालीस ओवरों में 147 रन देने के बाद भी विकेटरहित थे। वॉर्न के ख़िलाफ़ योजना काम कर रही थी और उनके विकेटों के बिना ऑस्ट्रेलिया मुश्किल में थी। मुझे दूसरे दिन वॉर्न के ख़िलाफ़ लगाया एक ख़ास शॉट याद है। उन पर हमला करने के मेरे संकल्प के चलते मैंने ग़ौर ही नहीं किया था कि यह चाय के पहले का आख़िरी ओवर है और मैंने लॉन्ग ऑन के ऊपर उन्हें छक्का टाँग दिया, जिसका जोखिम मैं आम तौर पर चाय के इतने क़रीब नहीं लेता। इससे यह पता चलता है कि वॉर्न से मुक़ाबला करते समय आपको कितना ज़्यादा एकाग्र होना पड़ता है।

ज़ाहिर है, हम जानते थे कि सभी ऑस्ट्रेलिया वाले उत्कृष्ट खिलाड़ी हैं, हालाँकि उस वक़्त वे बुरी हालत में थे। हम यह भी जानते थे कि उन्हें पूरे मैच में दबाव में रखना ज़रूरी था। इतने बरसों में मैंने यह सीखा है कि चैंपियन टीम को वापसी के लिए अवसर की बस एक छोटी सी खिड़की की ही ज़रूरत होती है। अगर ऑस्ट्रेलिया वाले दबाव में हों, तो आप उन्हें वापसी के लिए अवसर की एक छोटी सी झिरी भी नहीं दे सकते। हमें निर्मम बनने की ज़रूरत थी और हम ऐसे ही बने। अपनी पहली पारी में 633 रन बनाने के बाद हमने एक ऐसे विकेट पर कुंबले और श्रीनाथ को बाक़ी का काम करने दिया, जो असमान उछाल देने लगा था। ऑस्ट्रेलिया अपनी दूसरी पारी में 181 पर ढह गई, जिससे हम बहुत बड़े अंतर से जीत गए। यह हमारी सबसे बड़ी टेस्ट जीतों में से एक थी। इससे भी महत्त्वपूर्ण बात, हम संसार की सबसे अच्छी टीम के ख़िलाफ़ तीन टेस्ट मैचों की श्रृंखला में 2-0 से आगे थे और हमें इस उपलब्धि पर उचित गर्व था।

तीसरा टेस्ट, बैंगलोर, 25-28 मार्च 1998

श्रृँखला के आख़िरी मैच में भारत ने एक किशोर ऑफ़ स्पिनर हरभजन सिंह को पहली बार टेस्ट मैच खेलने का मौक़ा दिया। मैंने पहली पारी में एक बड़ा शतक मारा और एक बार फिर हमने ऑस्ट्रेलिया के गेंदबाज़ों पर दबाव बना दिया। हालाँकि वॉर्न ने तीन विकेट झटक लिए, लेकिन उनकी बहुत पिटाई भी हुई। उन्हें इस बात का श्रेय दिया जाना चाहिए कि हमला होने के बावजूद वे हमेशा कोशिश करते रहे। वास्तव में, जब मैंने उनके ख़िलाफ़ पहले दिन का आख़िरी ओवर खेला, तब मैं बार-बार खुद से कहता रहा कि जब तक आख़िरी गेंद नहीं हो जाती, तब तक मुझे लगातार ध्यान एकाग्र करना है। महान वॉर्न आपको कभी एक गेंद के लिए भी चैन से नहीं बैठने देते हैं।

मार्क वॉ ने ऑस्ट्रेलिया की पहली पारी में बहुत अच्छी तरह खेलते हुए अविजित 153 रन बनाए और तेज़ गेंदबाज़ माइकल कैस्प्रोविज़ ने हमारी दूसरी पारी में पाँच विकेट लिए। मुझे कैस्प्रोविज़ ने 31 रनों पर अपनी ही गेंद पर कैच कर लिया, जब मैंने एक गेंद को जल्दी खेल दिया और हम मात्र 169 रनों पर धराशायी हो गए। इस बारे में कोई शक नहीं था : बैंगलोर में ऑस्ट्रेलिया हमसे बेहतर खेली थी और इसने हमें दिखा दिया था कि यह किस मिट्टी की बनी थी। जहाँ तक हमारा सवाल था, हम इस बात पर निराश थे कि हमने श्रृँखला का अंत जीत के साथ क्यों नहीं किया।

यह उन सबसे गहन श्रृँखलाओं में से एक थी, जिनमें मैं खेला हूँ। व्यक्तिगत रूप से यह काफ़ी सफल श्रृँखला रही, जिसमें मैंने 111 के औसत से लगभग 450 रन बनाए। कई हफ्तों का कठोर अभ्यास रंग लाया था और इससे बहुत संतुष्टि मिली।

पेप्सी त्रिकोणीय श्रृँखला, अप्रैल 1998

टेस्ट श्रृँखला के बाद एक दिवसीय त्रिकोणीय श्रृँखला आई, जिसमें तीसरी टीम ज़िम्बाब्वे थी। हमारा पहला मैच 1 अप्रैल को ऑस्ट्रेलिया के ख़िलाफ़ कोची में था और यह एक ऐसा मैच है, जिसकी मेरे मन में बहुत मधुर यादें हैं। मैं इस समय तक एक दिवसीय क्रिकेट में सलामी बल्लेबाज़ के रूप में उतर रहा था, लेकिन इस मैच में दुर्भाग्य से जल्दी आउट हो गया। अच्छी बात यह रही कि इससे कोई फ़र्क़ नहीं पड़ा, क्योंकि मध्य क्रम में अजय जाड़ेजा ने बेहतरीन बल्लेबाज़ी करते हुए शतक बनाया और हमारे स्कोर को 300 के पार पहुँचा दिया।

ऑस्ट्रेलिया ने तेज़ शुरुआत की। हमारी पीढ़ी के सर्वश्रेष्ठ विकेटकीपर-बल्लेबाज़

ऐडम गिलक्रिस्ट ने गेंदबाज़ों पर चढ़ाई कर दी और ऑस्ट्रेलिया सिर्फ़ 12 ओवर में ही 100 के पार निकल गई। यह स्पष्ट था कि अगर वे पूरे पचास ओवर खेल लेते हैं, तो उनकी जीत तय थी। पारी के बीच में गेंदबाज़ी की ज़िम्मेदारी मुझे सौंपी गई और मैं बाएँ हाथ के बल्लेबाज़ों को ऑफ़ स्पिन तथा दाएँ हाथ के बल्लेबाज़ों को लेग स्पिन डालने लगा।

अजीब बात है, लेकिन किसी कारण ऐसा होता है कि कोई बल्लेबाज़ किसी ख़ास गेंदबाज़ का सामना नहीं करना चाहता है। मेरे मामले में, मैं हैन्सी क्रोनिये की गेंदबाज़ी पर कभी सहज नहीं रहा, जिन्होंने अपनी मध्यम तेज़ गेंदबाज़ी से मुझे कई मौक़ों पर आउट किया। हालाँकि मैं एलन डोनल्ड जैसे दिग्गजों के ख़िलाफ़ नियंत्रण में रहता था, लेकिन हैन्सी न जाने कैसे मुझे चकमा दे देते थे और मैं उनकी गेंद पर सबसे अप्रत्याशित तरीक़ों से आउट हो जाता था। इसका मतलब है कि आपको किसी ख़ास बल्लेबाज़ को परेशान करने के लिए अग्रिम पंक्ति का गेंदबाज़ होने की ज़रूरत नहीं होती है - और यही हाल स्टीव वॉ का मेरी गेंदों के सामने होता था। अपने पूरे करियर में मेरे मन में यह भावना रही कि स्टीव मेरी लेग स्पिन के ख़िलाफ़ सहज नहीं थे। कोची में मैंने उन्हें एक आदर्श लेग स्पिनर गेंद फेंकी और उन्होंने उसे हवा में मेरी तरफ़ उछालकर एक लड्डू पकड़ा दिया।

मैं इस विकेट पर आनंदित था और यह मैच में काफ़ी बड़ा पल था। यही वह सुराख़ था, जिसकी ज़रूरत हमें ऑस्ट्रेलिया की टीम पर दोबारा दबाव डालने के लिए थी। इसके बाद मुझे माइकल बेवन का दूसरा बड़ा विकेट मिल गया, जिससे मुझे बहुत संतुष्टि हुई। बेवन सीमित ओवर क्रिकेट में बहुत प्रभावी बल्लेबाज़ थे और स्पिन को भौंथरा करने के लिए पिच पर आगे आने की लगातार कोशिश कर रहे थे। मैंने हमारे विकेटकीपर नयन मोंगिया को चेतावनी दे दी थी कि अगर मैंने बेवन को आगे आते देखा, तो मैं लेग साइड पर तेज़ गेंद फेंक दूँगा। यह योजना काम कर गई और बेवन लेग साइड की वाइड बॉल पर स्टंप हो गए।

यह उन दुर्लभ मैचों में से एक था, जब हाथ से छूटने वाली हर गेंद सही जगह पर गिर रही थी और मैंने तीस ओवर के बाद भी स्लिप में एक फ़ील्डर लगा रखा था। अजीब बात यह है कि अपने पूरे करियर में मैंने यह पाया है कि जब भी मैं लेग स्पिन फेंकने का कड़ा अभ्यास करता था, तो मैं कभी गेंद को सही टप्पे पर नहीं गिरा पाता था। लेकिन कई बार जब मैंने महीनों से ज़रा भी अभ्यास नहीं किया होता था, तो यह किसी मैच के अति महत्त्वपूर्ण मौक़ों पर सही जगह पर टप्पा खाने लगती थी। अंत में मैंने यह फ़ैसला किया कि जब मेरा मन होगा, तो मैं नेट्स में लेग स्पिन डालूँगा और तकनीकी पहलुओं की ज़्यादा परवाह

नहीं करूँगा। वैसे अनिल कुंबले ने एक बार मुझे बताया था कि सटीक लेग स्पिन डालने के लिए मुझे गेंद फेंकते समय अपने कंधे को रोकने की ज़रूरत थी। उनका मतलब यह था कि मुझे अपनी अँगुलियों, बाँह और कंधों की स्थिति को लंबे समय तक पंक्तिबद्ध रखना था। मैं ऐसा कभी नहीं कर पाया, इसलिए मैं अपनी नैसर्गिक योग्यता के भरोसे लेग स्पिन करता रहा। वैसे भी मैं सामान्यतः किसी मैच में लगातार तीन से ज़्यादा ओवर नहीं करता था, जब तक कि मैं सचमुच अच्छी गेंदबाज़ी न कर रहा होऊँ। इससे मुझे प्रयोग करने की छूट मिल गई और मैं इच्छा होने पर गेंद को अच्छा-ख़ासा घुमा सकता था। कोची में यह सुंदरता से कारगर रहा। मेरे आँकड़े अंत में 5-32 थे और ऑस्ट्रेलिया 46वें ओवर में 268 रनों पर ऑल आउट हो गई। हम 41 रन से मैच जीत गए।

हम 7 अप्रैल को कानपुर के ग्रीन पार्क स्टेडियम में होने वाले अगले एक दिवसीय मैच में ऑस्ट्रेलिया की टीम के ख़िलाफ़ अच्छे फ़ॉर्म में बने रहे। यह कम स्कोर वाला मुक़ाबला था, जिसमें ऑस्ट्रेलिया की टीम ने हमारे सामने 222 रनों का लक्ष्य रखा। गेंद नीची रह रही थी और मैंने सोचा, शुरुआत में आक्रामक होना ही सबसे अच्छा विकल्प रहेगा। मैंने इस मैच में एक और शतक जमाया। वैसे मुझे टॉम मूडी की गेंद पर लगाया एक ख़ास शॉट आज तक याद है। उनके गेंद छोड़ने से पहले ही मैं बाहर निकल गया और उन्होंने मेरा पीछा किया। गेंद लेग साइड पर जा रही थी और क्रीज़ के बाहर होने के कारण मैं उसे खेलने की सबसे अच्छी स्थिति में नहीं था। मैंने उस फुल गेंद को बल्ले से छुआ तो सही, लेकिन इस प्रयास में मेरा संतुलन गड़बड़ा गया। मुझे हैरानी हुई, जब गेंद सीमारेखा के बहुत आगे जाकर दर्शक दीर्घा में गिरी। इसी तरह मैं वॉर्न की गेंद पर आगे निकला और इस बार गेंद मेरे बल्ले के निचले हिस्से से टकराई। वॉर्न तुरंत चिल्लाए 'कैच!' - लेकिन उन्होंने गेंद को लॉन्ग ऑन फील्डर के ऊपर से निकलकर लगभग 10 गज़ पीछे छक्के में गिरते देखा। मैंने कुल सात छक्के मारे और हमने आसानी से मैच जीत लिया। हम फ़ाइनल में पहुँच गए, जिसमें हम दुर्भाग्यवश ऑस्ट्रेलिया से हार गए। सारे समूह मैच जीतने के बाद यह निराशाजनक था और इसकी वजह से दौरे का आदर्श से कमतर अंत हुआ।

कोका-कोला कप, अप्रैल 1998

श्रँखला ख़त्म होने के बाद जल्दी ही हम एक और त्रिकोणीय श्रँखला खेलने के लिए शारजाह गए, जहाँ हम ऑस्ट्रेलिया और न्यूज़ीलैंड के साथ खेलने वाले थे। यह टूर्नामेंट मुझे अच्छी तरह याद है, क्योंकि वहाँ मैंने शायद अपना सर्वश्रेष्ठ खेल खेला था। और शारजाह की उड़ान में हुई एक रोचक घटना भी मुझे याद

है। भारतीय टीम में दो तुलनात्मक रूप से नए खिलाड़ी हरभजन सिंह और मध्यम-तेज़ गेंदबाज़ हरविंदर सिंह शामिल किए गए थे। एयर होस्टेस ने उन दोनों से पूछा कि क्या उन्हें सूप चाहिए। उस वक़्त हरविंदर की अँग्रेज़ी ख़ास अच्छी नहीं थी, इसलिए वे शायद सवाल को समझ नहीं पाए। मैंने सुना, हरविंदर भज्जी को बता रहे थे कि जो भी दिया जा रहा है, उसे लेने में ही समझदारी है। फिर हरविंदर यह खोजने लगे कि अपने सूप में क्या मिलाएँ और अंत में नमक के बजाय शुगर-फ़्री स्वीटनर मिला बैठे। भज्जी हमेशा हँसी-मज़ाक़ पसंद करते हैं और वे अच्छी तरह जानते थे कि हरविंदर ने क्या मिलाया था, इसलिए वे उनसे बार-बार पूछते रहे कि उन्हें सूप कैसा लग रहा है! हरविंदर को अपनी ग़लती मानने में शर्म आ रही थी, इसलिए वे इसे पसंद करने का नाटक किए जा रहे थे।

अप्रैल में शारजाह गर्म, बहुत गर्म था। गर्मी उमसदार थी और यह स्टैमिना का असल इम्तहान था। मैं अपने जूतों के नीचे से गर्मी को महसूस कर सकता था और इससे अक्सर एक जलने वाली अनुभूति होती थी, जो बहुत बेचैन कर देती थी। वहाँ लंबे घंटों तक बल्लेबाज़ी करना शारीरिक तौर पर पस्त करने वाला होता था और मैचों के बीच सँभलने का समय कम होने के कारण यह किसी खिलाड़ी की सख़्त परीक्षा थी, शारीरिक भी और मानसिक भी।

जो दो मैच हर किसी को याद हैं, वे दोनों ऑस्ट्रेलिया के ख़िलाफ़ थे, 22 और 24 अप्रैल 1998 को। पहला हमारा अंतिम लीग मुक़ाबला था, जिसे फ़ाइनल में पहुँचने के लिए हमें जीतना था या एक निश्चित स्कोर बनाना था। ऑस्ट्रेलिया अपने समूह मैचों के तीनों मैच जीतकर पहले ही फ़ाइनल में पहुँच चुकी थी।

दो मैचों में से पहले में ऑस्ट्रेलिया ने पहले बल्लेबाज़ी करते हुए 284 रनों का बहुत स्वस्थ स्कोर खड़ा किया, जिनमें बेवन का शतक और मार्क वॉ के 81 रन शामिल थे। हमें अपनी रफ़्तार को सही रखने के लिए एक अच्छी शुरुआत की ज़रूरत थी। दुर्भाग्य से हमारे चार विकेट 29 ओवर में सिर्फ़ 138 रनों पर चले गए और तभी मैच में एक अप्रत्याशित व्यवधान हुआ। मैंने तब तक ज़िंदगी में कभी सैंडस्टॉर्म नहीं देखा था। रेत की लहरें मैदान के एक छोर से उड़कर दूसरे छोर तक जा रही थीं और हवा इतनी तेज़ थी कि मुझे डर था कि कहीं मेरा पाँच फुट पाँच इंच का ढाँचा उड़ न जाए। हवा एक अजीब सी आवाज़ भी कर रही थी और हम अपने आगे केवल कुछ मीटर तक ही देख सकते थे। खिलाड़ी और अम्पायर अपनी आँखों में रेत जाने की चिंता कर रहे थे और सहज बोध से मैदान पर लेट गए। मैं जल्दी से जाकर ऐडम गिलक्रिस्ट के पीछे लेट गया। मुझे लग रहा था कि वे इतने शक्तिशाली थे कि हवा की शक्ति झेल लेंगे। मेरी

योजना सरल थी - अगर कभी हवा और ज़्यादा तेज़ हुई, तो मैं सहारे के लिए गिलक्रिस्ट को पकड़ लूँगा। हालाँकि ऑस्ट्रेलिया के विकेटकीपर का इस्तेमाल ढाल के रूप में करना मज़ेदार लगता है, लेकिन पूरा अनुभव ही अजीब था।

चूँकि मैच में पैंतालीस मिनट से ज़्यादा की बाधा आई थी, इसलिए इसे घटाकर 46 ओवर का कर दिया गया, लेकिन लक्ष्य में केवल आठ रन ही कम किए गए। मैच जीतने के लिए हमें अब 17 ओवर में 138 रन चाहिए थे, जो 20-20 क्रिकेट के वर्तमान युग में बहुत आसान नज़र आते हैं, लेकिन 1998 में यह सचमुच भारी लक्ष्य था। चार ओवर कम करने के बदले में सिर्फ़ आठ रन कम करने की बात हमें हज़म नहीं हुई और हम जानते थे कि इससे हमें नुक़सान हुआ था। मुद्‌दे की बात यह थी कि जीतने का लक्ष्य अब और बड़ा बन गया था। दूसरी ओर, फ़ाइनल में पहुँचने के लिए हमें केवल 100 रनों की ज़रूरत थी।

भारत के पूर्व सलामी बल्लेबाज़ और बाद में हमारे कोच अंशुमान गायकवाड़ गणना प्रभारी थे और मैंने पारी दोबारा शुरू करने से पहले उनसे सटीक लक्ष्य पूछा। मेरे कई टीम साथियों की सोच यह थी कि हमें केवल 100 रन बनाने पर ध्यान केंद्रित करना चाहिए था, जिनकी ज़रूरत हमें फ़ाइनल में पहुँचने के लिए थी, ताकि ऐसा न हो कि जीतने की कोशिश में कहीं हम फ़ाइनल में ही न पहुँच पाएँ। लेकिन मैं मैच जीतकर फ़ाइनल में पहुँचने पर आमादा था, क्योंकि मैं गेंद को अच्छी तरह टाइम कर रहा था और अपनी बल्लेबाज़ी के बारे में अच्छा महसूस कर रहा था। और ऑस्ट्रेलिया को हराने से हमें फ़ाइनल में मनावैज्ञानिक लाभ हासिल हो जाएगा।

ऑस्ट्रेलिया के गेंदबाज़ों को लय में न आने देना महत्त्वपूर्ण था। जैसे ही खेल शुरू हुआ, मैंने टॉम मूडी को छक्का जमा दिया और अपने इरादे स्पष्ट कर दिए। इसके बाद मैंने वॉर्न की गेंद पर छक्का मारा और जिस भी ओवर का मैंने सामना किया, उसमें ऑस्ट्रेलिया के गेंदबाज़ों पर आक्रमण किया। वे मुझे स्ट्राइक से दूर रखने की पूरी कोशिश कर रहे थे, लेकिन मेरे साथी वीवीएस लक्ष्मण भी अपनी पुरज़ोर कोशिश कर रहे थे कि वे मुझे ज़्यादा से ज़्यादा गेंदें खेलने दें। पीछे पलटकर देखने पर, मुझे महसूस होता है कि मुझे उनसे माफ़ी माँगनी चाहिए, क्योंकि एक बार मुझे उन पर गुस्सा आ गया था, जब उन्होंने दूसरा रन लेने से इंकार कर दिया था, क्योंकि उन्हें लग रहा था कि इसमें मेरे रन आउट होने का ख़तरा था। मैं तो बस हर गेंद खेलना चाहता था।

जब हमने 200 रनों का आँकड़ा पार कर लिया, तो मुझे महसूस होने लगा कि ऑस्ट्रेलिया का स्कोर पहुँच के भीतर था। मैं बल्लेबाज़ी करते रहने और मैच

को अंजाम तक पहुँचाने के लिए संकल्पवान था। जब मैच के तीन ओवर बचे थे, तब अंपायर ने अगर एक संदिग्ध निर्णय देकर मुझे आउट नहीं किया होता, तो मैं सोचता हूँ कि हम ऑस्ट्रेलिया के स्कोर को पार कर जाते। जब मैं 143 रनों पर खेल रहा था, तो मुझे डेमियन फ़्लेमिंग की गेंद पर गिलक्रिस्ट के हाथों कैच आउट घोषित किया गया, जबकि गेंद कंधे से ज़्यादा ऊँची थी, इसलिए उसे नो-बॉल घोषित करना चाहिए था। लेकिन ऐसी चीज़ें क्रिकेट में होती रहती हैं। हम मैच हार गए थे, लेकिन इसके बावजूद फ़ाइनल में पहुँच गए थे, इसलिए हमारे पास अब भी प्रतिशोध का मौक़ा था।

इस मैच के बारे में सोचने पर मुझे अंशुमान गायकवाड़ से जुड़ा एक प्रसंग याद आ जाता है। मेरे मन में हमारे कोच के रूप में अंशु भाई की बहुत मीठी यादें हैं और उनका बहुत सकारात्मक प्रभाव रहा और उन्होंने बहुत से मायनों में मेरी मदद की, लेकिन मैं कभी नहीं भूल सकता कि उनमें ज़्यादा से ज़्यादा मिर्च वाला खाना खाने की कितनी कमाल की क्षमता थी। 1999 में एक मौक़े पर उन्होंने न्यूज़ीलैंड में होटल के शेफ़ से कहा कि वह उनके लिए हरी मिर्च का पेस्ट बना लाए। शेफ़ ने इस चुनौती को स्वीकार किया और कुछ समय बाद चिली पेस्ट का कटोरा लेकर आया और उन्हें चेतावनी दी कि वे बस थोड़ा सा लें, क्योंकि यह बहुत तीखा है। शेफ़ को हैरानी हुई, जब अंशु भाई ने उसके हाथ से कृतज्ञतापूर्वक कटोरा लिया और बिना पसीना छोड़े पूरा कटोरा साफ़ कर दिया - और इसके बाद और भी माँगा! सच कहा जाए, तो कोई दूसरा उसे आधा चम्मच भी नहीं खा सकता था।

एक यादगार फ़ाइनल

जब हम आख़िरी समूह मैच के बाद होटल पहुँचे, तो मैं बहुत थका हुआ था, लेकिन फिर भी सो नहीं पा रहा था। मुझे अंततः रात को 2 बजे के बाद नींद आई। फ़ाइनल में सिर्फ़ एक दिन बचा था, इसलिए यह शुभ संकेत नहीं था। तेज़ गर्मी में मेरा बहुत सा द्रव बह गया था और मुझे पानी की भरपाई करने और अपने शरीर तथा मन को स्वस्थ करने के लिए भी समय चाहिए था।

जब मैं सुबह उठा, तो मेरा शरीर अकड़ा हुआ था। मेरी पीठ अकड़ी हुई थी और मुझे बाथरूम तक चलकर जाने में भी मुश्किल महसूस हो रही थी। अकड़न आंशिक रूप से डिहाइड्रेशन का नतीजा थी और मैंने सबसे पहले तो ढेर सारा पानी पिया। मेरे करियर में कई मौक़े रहे हैं, जब मुझे सुबह सीधे खड़े होने में भी मुश्किल आई है। कई बार मुझे बिस्तर से उठने के लिए भी ख़ुद

पर ज़ोर डालना पड़ता था और चरम स्थितियों में फिज़ियोथेरेपिस्ट और मालिश वाले की मदद लेनी होती थी। ज़ाहिर है, मुझे अकड़न से इतनी ज़्यादा दिक्क़त नहीं होती, अगर मैंने पिछले दिन शतक मारा होता या मैच जिताने वाली पारी खेली होती। उस प्रकरण में यह एक सुखद भाव और मेरे प्रयास की मधुर स्मृति होती! लेकिन अगर अकड़न दो दिन तक फ़ील्डिंग करने की वजह से हुई हो, तो इससे मुझे बहुत चिढ़ होती थी। इसलिए शारजाह में दर्द के बारे में शिकायत करने का कोई कारण नहीं था - यह बहुत छोटी क़ीमत थी, जो मैं ख़ुशी-ख़ुशी चुकाने के लिए तैयार था।

मैं मार्क मस्कारेन्यस से लंच पर उनके होटल में मिला। रवि शास्त्री, शेन वॉर्न और ऑस्ट्रेलिया के पूर्व कप्तान तथा क्रिकेट के महानतम खिलाड़ियों में से एक रिची बैनो भी वहाँ मौजूद थे। उन सभी से क्रिकेट को छोड़कर बाक़ी छुटपुट बात करने के बाद मैं होटल लौट आया। मुझे स्वास्थ्य के शारीरिक पहलू की ख़ास चिंता नहीं थी, क्योंकि मुझे विश्वास था कि मैं अपने अतिरिक्त भंडार में से शक्ति ग्रहण कर सकता हूँ। मैं तो प्रचंड प्रतिस्पर्धा के ऐसे मुक़ाबले के बाद मानसिक स्वास्थ्य के बारे में ज़्यादा चिंतित था।

शाम को मेरी मार्क के साथ एक रोचक बातचीत हुई। यह कोका-कोला कप था और मुझे जानकारी दी गई कि प्रायोजक कोका-कोला पिछली रात की मेरी पारी के लिए एक पुरस्कार घोषित करना चाहती थी। यह मुझे 25,000 पौंड देना चाहती थी, जो भारी रक़म थी। जब मार्क ने मुझसे पूछा कि मैं इस पैसे का क्या करूँगा, तो मैंने कहा कि मैं अपनी टीम के साथियों के साथ इसे बाँट लूँगा। यह हमारी परंपरा थी कि हम पुरस्कार की राशि सभी खिलाड़ियों के बीच बाँटते थे और मैं इससे भिन्न कुछ नहीं करने वाला था। उसके बाद वह मुद्दा दोबारा नहीं उठाया गया और जब तक मैं सोने गया, मैंने उसे अपने दिमाग़ से बाहर निकाल दिया था।

फ़ाइनल में ऑस्ट्रेलिया ने पहले बल्लेबाज़ी करके 272 रन बोर्ड पर लगा दिए। फ़ाइनल के लिहाज़ से यह बहुत अच्छा स्कोर था। हम जल्दी विकेट खोने का जोखिम नहीं ले सकते थे और मैं जानता था कि मैच जीतने के लिए मुझे विकेट पर टिके रहना था। लोग मुझसे पहली ही गेंद से ऑस्ट्रेलिया के हमले की धज्जियाँ उड़ाने की उम्मीद कर रहे थे, लेकिन यह असंभव काम था। शायद लोग सोच रहे होंगे कि मैंने दो रात पहले खेल को जहाँ छोड़ा था, वहीं से शुरू कर सकता हूँ। ज़ाहिर है, सच्चाई अलग थी। यह एक नया मैच था और मैं एक नई पारी शुरू कर रहा था। मुझे दोबारा अपनी आँखें जमानी थीं और यह आसान

नहीं होने वाला था।

मामला और ज़्यादा मुश्किल हो गया, क्योंकि ऑस्ट्रेलिया के गेंदबाज़ों ने अच्छी लाइन पर गेंदबाज़ी की और मुझे अपना विकेट बचाने के लिए बहुत जतन करना पड़ा। पहले ओवर में मैंने डेमियन फ़्लेमिंग का सामना किया और मैंने पाँच गेंदें बिना किसी रन के खेलीं और छठी गेंद को छोड़ने की कोशिश कर रहा था, तभी यह मेरे बल्ले के अंदरूनी किनारे से टकराई और मेरे स्टंप के दो इंच दूर से निकलकर चौके के लिए चली गई। यह सौभाग्यशाली जीवनदान था और मैंने ख़ुद से कहा कि मैं शायद अब भी थका हुआ हूँ और सही तरीक़े से पैर नहीं चला रहा हूँ। मुझे मैदान के बीच में समय गुज़ारना चाहिए, ताकि मेरे पैर परिस्थितियों के आदी हो जाएँ और मेरी टाइमिंग लौट आए।

हम पहले पाँच ओवर में सिर्फ़ 12 रन ही बना पाए और ऑस्ट्रेलिया के खिलाड़ी ऑफ़ स्टंप के क़रीब बहुत सटीक लाइन पर गेंदबाज़ी करके दबाव डालते रहे। कोई भी ढीली गेंद नहीं दी गई और मैं ख़ुश नहीं था। दबाव बढ़ता जा रहा था और अब कुछ अलग करने की कोशिश का समय आ चुका था। मुझे रन गति बढ़ाने के लिए जोखिम लेने के लिए मजबूर होना पड़ा और मैं छठे ओवर में माइकल कैस्प्रोविज़ की गेंद को खेलने के लिए क्रीज़ से बाहर कूद पड़ा। मैंने अच्छा संपर्क स्थापित किया और गेंद सीमारेखा के ऊपर से तैरती हुई निकल गई। भीड़ उल्लास में थी और गेंदबाज़ हैरान थे। अब मैंने अनुमान लगाया कि वे अगली गेंद बाउंसर फेंकेंगे। यह तेज़ गेंदबाज़ की स्वाभाविक प्रतिक्रिया होती है और मैं इसके लिए बहुत अच्छी तरह तैयार था। मैं क्रीज़ में पीछे बना रहा और आसानी से शॉर्ट गेंद पर एक और छक्का जड़ दिया। इससे निश्चित रूप से कैस्प्रोविज़ और ऑस्ट्रेलियाई खिलाड़ियों के हाथ-पैर फूल गए। मैंने जो जोखिम लिए थे, वे कामयाब हो गए थे और लय वापस लौट आई थी। अब आगे जोखिम लेने में कोई तुक नहीं था और रनों का पीछा करने के लिए हम पटरी पर आ गए थे।

नयन मोंगिया को बल्लेबाज़ी के क्रम में तरक्क़ी दी गई थी और उन्होंने तथा अज़हर ने मुझे अच्छा सहारा दिया। मैं अपनी पारी को उचित गति में लाया, ताकि ऑस्ट्रेलिया के गेंदबाज़ों को हावी होने की अनुमति न दूँ। मैच धीरे-धीरे हमारी ओर मुड़ रहा था। शेन वॉर्न ने राउंड द विकेट गेंदबाज़ी की और एक बार फिर मैंने उन्हें मिड विकेट तथा स्क्वेयर लेग के ऊपर से मारकर उनका प्रतिकार किया। जब वॉर्न नाकाम रहे - उन्होंने अपने स्पेल में प्रति ओवर छह से ज़्यादा रन दिए - तो ऑस्ट्रेलिया की टीम को टॉम मूडी की ओर मुड़ने के लिए विवश होना पड़ा। हमने उनके पूरे स्पेल में उन पर हमला किया और ऑस्ट्रेलिया के

अनियमित गेंदबाज़ों मार्क और स्टीव वॉ पर भी दबाव बनाया।

जब मैं आख़िरकार 134 रनों पर आउट हुआ, उस वक़्त परिणाम महज़ औपचारिक रह गया था। हमें छह ओवरों में केवल 24 रन चाहिए थे। जब मैं पवेलियन की ओर जा रहा था, तो मैं देख सकता था कि मार्क मस्कारेन्यस साइट स्क्रीन के पास मेरा इंतज़ार कर रहे थे। मैं पसीने में नहा रहा था और जब मैंने देखा कि मार्क मुझे गले लगाने वाले हैं, तो मैंने उन्हें चेतावनी दी कि इससे उनके अच्छे कपड़े गंदे हो जाएँगे। मार्क को परवाह नहीं थी और उन्होंने मुस्कुराते हुए मुझे हवा में उठा लिया।

मैच के बाद का सम्मान समारोह सचमुच ख़ास साबित हुआ। स्टीव वॉ ने कहा कि वे मुझसे हारे थे, जो सचमुच बड़ी बात थी, क्योंकि ऑस्ट्रेलिया का कप्तान यह बात उस दिन कह रहा था, जो मेरा पच्चीसवाँ जन्मदिन भी था। जन्मदिन का इससे बेहतर तोहफ़ा और कुछ हो ही नहीं सकता था।

प्रस्तुति के दौरान कोका-कोला ने यह घोषणा की कि इसने मुझे मर्सिडीज़ एसएल600 देने का निर्णय लिया है। कारों में मेरी हमेशा रुचि रही है और मुझे बीएमडब्ल्यू जैसी शानदार कारों से अपना पहला परिचय याद आ गया, जब मैं 1988 में स्टार क्रिकेट क्लब के साथ इंग्लैंड की अपनी पहली यात्रा पर गया था।

वापस लौटना अच्छा लगा

मुंबई लौटने पर हमारा स्वागत मानवता के महासागर ने किया और यह देखकर दिल भर आया कि प्रशंसक खिलाड़ियों पर कितना प्यार लुटा रहे हैं। अंतिम विश्लेषण में, हम अपने प्रशंसकों के लिए ही खेलते हैं और उन्हें ख़ुश करना हमेशा बेहद महत्त्वपूर्ण होता है।

वैसे कई बार चीज़ें हाथ से थोड़ी बाहर हो सकती हैं। शारजाह से लौटने के बाद मुझे मुंबई में शिवाजी पार्क जिमखाना में डबल-विकेट टूर्नामेंट में आमंत्रित किया गया। प्रवीण आमरे ने मुझे फ़ोन करके कहा कि आयोजनकर्ता बहुत उत्सुक थे कि खिलाड़ियों को प्रोत्साहित करने के लिए मैं भी वहाँ आऊँ। शिवाजी पार्क हमेशा मेरे लिए ख़ास रहा है और मैंने अंजलि के साथ वहाँ जाने का निर्णय लिया। जब हम वहाँ पहुँचे, तो हमने पाया कि मुझे देखने के लिए भारी भीड़ इकट्ठी हो गई थी। मेरी वजह से क़ानून-व्यवस्था की स्थिति निर्मित हो गई और अंत में उस भीड़ भरे माहौल से निकलना मुश्किल हो गया। हम किसी तरह शिवाजी पार्क जिमखाना से घर लौटे और मैंने ख़ुद को धन्य महसूस किया कि

मुझे इतना प्रेम मिला था। ऑटोग्राफ़ माँगने वाले प्रशंसक हमेशा मुझे ख़ास महसूस कराते हैं और मैं जब भी दे सकता हूँ, ऑटोग्राफ़ ज़रूर देता हूँ। जो लोग घंटों तक इंतज़ार करते हैं, उन्हीं की बदौलत तो आज इस खेल का भारत में यह दर्जा है और हम ख़ुशक़िस्मत हैं कि इस देश में इस खेल के प्रति इतना जोशीला प्रेम है।

जनवरी और अप्रैल 1998 के बीच के चार महीनों की ओर पलटकर देखने पर मैं गहरी संतुष्टि का भाव महसूस करता हूँ। मैंने ऑस्ट्रेलिया के ख़िलाफ़ आक्रमण का नेतृत्व किया था और शेन वॉर्न के ख़िलाफ़ व्यक्तिगत प्रतिस्पर्धा का आनंद लिया था। लेकिन यह सिलसिला यहीं नहीं थमा। मैं पूरे 1998 में अपने सर्वश्रेष्ठ स्तर के क़रीब बल्लेबाज़ी करता रहा और नवंबर में मैंने शारजाह में चैंपियन ट्रॉफ़ी त्रिकोणीय श्रृंखला में श्रीलंका और ज़िम्बाब्वे के ख़िलाफ़ भारत को जिताने में अपनी भूमिका निभाई।

उस प्रतिस्पर्धा के बारे में मुझे जो याद है, वह यह है कि समूह अवस्था के आख़िरी मैच में ज़िम्बाब्वे के तेज़ गेंदबाज़ हेनरी ओलोन्गा ने मुझे एक शॉर्ट गेंद से हैरान कर दिया था और मैं जिस तरह आउट हुआ, उसकी वजह से पूरे फ़ाइनल तक बेचैन रहा। इतना कि मैंने ईंट का जवाब पत्थर से देने का निर्णय लिया। यह बॉक्सिंग जैसा था - या तो आप नीचे गिरते हैं या मैं नीचे गिरता हूँ। फ़ाइनल में मैंने 92 गेंदों में 124 रन बनाए, लेकिन मुझे स्वीकार करना चाहिए कि मेरे कुछ शॉट परंपरागत क्रिकेट शॉट नहीं थे, क्योंकि मैं तो सिर्फ़ गेंद की धुनाई कर रहा था। यह तब होता है, जब आप अच्छी बल्लेबाज़ी कर रहे हों - पट्टे भी चौके के लिए चले जाते हैं - जबकि जब आप फ़ॉर्म में नहीं होते हैं, तो आप ख़राब गेंद पर भी आउट हो जाते हैं।

आमंत्रण जिन्हें मैं ठुकरा नहीं पाया

उस चैंपियन्स ट्रॉफ़ी के कुछ महीनों पहले जुलाई और अगस्त 1998 में दो चीज़ें हुईं, जिन्हें मैं कभी नहीं भुला पाऊँगा। पहली यह थी कि मुझे 18 जुलाई को लॉर्ड्स में प्रिंसेस डायना मेमोरियल मैच में खेलने के लिए आमंत्रित किया गया था। विपक्षी गेंदबाज़ी ख़ेमे में ग्लेन मैकग्राथ, जवागल श्रीनाथ, एलन डोनल्ड और अनिल कुंबले शामिल थे और मैंने बल्लेबाज़ी की शुरुआत करते हुए उनके ख़िलाफ़ 125 रन बनाने में कामयाबी पाई। हालाँकि मैं टेस्ट क्रिकेट में लॉर्ड्स में कभी शतक नहीं बना पाया, लेकिन यह एक ऐसा शतक था, जिसकी मीठी यादें मेरे साथ हैं, ख़ास तौर पर इसलिए क्योंकि इसे शीर्ष गुणवत्ता के गेंदबाज़ी आक्रमण के ख़िलाफ़ बनाया गया था।

दूसरी यादगार घटना अगस्त में हुई, जब शेन वॉर्न और मुझे सर डॉन ब्रेडमैन के 90वें जन्मदिवस पर ऐडिलेड में उनके घर पर आमंत्रित होने का गौरव मिला। हम दोनों ही इस महान व्यक्ति से मिलने को लेकर बहुत घबरा रहे थे और वहाँ जाते वक़्त मैंने टैक्सी में शेन के साथ बहस की कि उनसे पहले कौन बात करेगा। मैंने कहा कि शेन को पहले बात करनी चाहिए, क्योंकि वे एक साथी ऑस्ट्रेलियाई हैं; शेन ने कहा कि बात मुझे करनी चाहिए, क्योंकि मैं एक साथी बल्लेबाज़ हूँ। लेकिन दरअसल इस बहस की कोई ज़रूरत ही नहीं थी। जैसे ही हम वहाँ पहुँचे, सर डॉन (जो मुझे प्यार से 'बॉन्ज़र' कहते हैं) ने कार्यवाही की बागडोर सँभाल ली और हमें आरामदेह महसूस कराया।

मुझे याद है मैंने उनसे एक बात यह पूछी थी कि उनके विचार से वे समकालीन खेल में कैसे खेलते। उन्होंने कहा कि वे नहीं सोचते कि वे इतने ज़्यादा रन बना पाते, क्योंकि आजकल ज़्यादा रक्षात्मक फ़ील्डिंग जमाई जाती है। वे बोले कि जब वे खेलते थे, तब फ़ील्डिंग ज़्यादा नहीं बदलती थी, भले ही कोई बल्लेबाज़ बहुत सारे रन बना रहा हो, और डीप पॉइंट जैसी फ़ील्डिंग की जगहें तो 1930 के दशक में प्रचलित ही नहीं थीं। उन्होंने यह भी कहा कि समकालीन खेल में फ़ील्डिंग का स्तर बहुत बेहतर था।

अंत में हमने पूछा कि अगर वे आज खेलते, तो उनके हिसाब से उनका टेस्ट औसत क्या होता। उनका जवाब था, '70 के आस-पास।' हम थोड़े हैरान रह गए और हमने पूछा कि क्या यह उनके करियर के मशहूर औसत 99.94 से इतना ज़्यादा कम होता। वे बोले, 'देखो, 90 साल के आदमी के लिहाज़ से 70 का औसत बुरा नहीं है!'

कुल मिलाकर, 1998 का वर्ष मेरे करियर का एक ख़ास वर्ष था।

Australia in India 1998 – The Border–Gavaskar Trophy

1st Test. Chennai. 6–10 March 1998

India 257 (NS Sidhu 62, NR Mongia 58, R Dravid 52, **SR Tendulkar 4**; GR Robertson 4–72, SK Warne 4–85) and 418–4 dec (**SR Tendulkar 155***, NS Sidhu 64, M Azharuddin 64, R Dravid 56)

Australia 328 (IA Healy 90, ME Waugh 66, GR Robertson 57; A Kumble 4–103, SLV Raju 3–54) and 168 (SK Warne 35, IA Healy 32*; A Kumble 4–46)

India won by 179 runs

2nd Test. Kolkata. 18–21 March 1998

Australia 233 (SR Waugh 80, RT Ponting 60; SC Ganguly 3–28, A Kumble 3–44, J Srinath 3–80) and 181 (MA Taylor 45; A Kumble 5–62, J Srinath 3–44)

India 633–5 dec (M Azharuddin 163*, NS Sidhu 97, VVS Laxman 95, R Dravid 86, **SR Tendulkar 79**, SC Ganguly 65)

India won by an innings and 219 runs

3rd Test. Bangalore. 25–28 March 1998

India 424 (**SR Tendulkar 177**, NS Sidhu 74, M Azharuddin 40; AC Dale 3–71, SK Warne 3–106) and 169 (NS Sidhu 44, **SR Tendulkar 31**; MS Kasprowicz 5–28, GR Robertson 3–28, SK Warne 2–80)

Australia 400 (ME Waugh 153*, MJ Slater 91, DS Lehmann 52; A Kumble 6–98) and 195–2 (MA Taylor 102*, MJ Slater 42; **SR Tendulkar 1–41**)

Australia won by 8 wickets

India won the series 2–1

10

उथल–पुथल भरा समय

जब मैं अपने करियर का कुछ सबसे अच्छा क्रिकेट खेलना शुरू कर रहा था, तो घर पर मेरी ज़िंदगी में एक भारी परिवर्तन हुआ। 12 अक्टूबर 1997 को मुझे अपना सबसे बड़ा तोहफ़ा मिला, जब अंजलि ने हमारी पहली संतान को जन्म दिया। जब हम फ़रवरी 1997 में ज़िम्बाब्वे का दौरा कर रहे थे, तभी मैंने अपनी टीम के साथियों को बता दिया था कि मेरे घर संतान होने वाली है और इस ख़ुशी में एक आकस्मिक पार्टी भी दे डाली थी। मैं पिता बनने के ख़्याल से रोमांचित था।

जब वह पल आख़िरकार आया, तो मैं अपने मित्र सुनील हर्शे के साथ ब्रीच कैंडी में अंजलि के परिवार के मकान की छत पर था। मकान अस्पताल से बस दो मिनट की दूरी पर था और अंजलि के शिशु रोग चिकित्सक मित्र डॉ. अजीत गजेन्द्रगड़कर ने मुझे बताया था कि जिस पल वे अंजलि को डिलिवरी रूम के बाहर लाएँगे, उसी पल वे मुझे फ़ोन कर देंगे। अस्पताल में मेरे ज़्यादा समय रहने से अधिकारियों के लिए मुश्किलें खड़ी हो सकती थीं और सबसे अच्छा यही था कि मैं फ़ोन का इंतज़ार करूँ। बेचैन और व्यग्र अवस्था में मैं छत पर लेटे-लेटे आसमान को निहार रहा था और मुझे याद है, मैं सुनील से कह रहा था कि कुछ ही घंटों में मैं पिता बन जाऊँगा और मेरे जीवन का एक नया अध्याय शुरू होगा। मैं इस बात के लिए प्रार्थना कर रहा था कि अंजलि और संतान दोनों ही सुरक्षित व स्वस्थ रहें।

आख़िरकार जब डॉ. गजेन्द्रगड़कर ने अगले दिन मुझे फ़ोन करके अच्छी ख़बर सुनाई, तो मैं कुछ ही मिनट में वीडियो कैमरा लेकर अस्पताल पहुँच गया। मैटरनिटी वॉर्ड में मेरे पहुँचने के कुछ ही पल बाद मैंने डॉक्टर को मेरी संतान को लाते देखा और तब मुझे बताया गया कि ईश्वर ने हमें बिटिया का तोहफ़ा दिया था। मैंने पूरी घटना को रिकॉर्ड किया और जब डॉक्टर मेरी बेटी को मेरे पास ला रहे थे, उस रिकॉर्डिंग को मैं सँजोकर रखता हूँ। अपनी संतान को पहली बार देखने की अत्यधिक तीव्र अनुभूति का वर्णन करना असंभव है। मैंने अंजलि से

कहा कि हम अपनी बेटी का नाम सारा रखेंगे। दरअसल यह नाम अजीत भाई ने सुझाया था और अंजलि तथा मुझे यह बहुत पसंद आया था। जब डॉक्टर ने मुझसे सारा को थामने को कहा, तो पहलेपहल तो मैं ऐसा करने में बहुत घबरा रहा था, हालाँकि मैं उसे गोद में लेने के लिए बेताब भी था। मैंने पहले कभी किसी नवजात शिशु को बाँहों में नहीं लिया था।

सारा जिस दिन पैदा हुई, उस दिन मैंने अस्पताल के अधिकारियों से अनुमति माँगी कि मैं अंजलि के साथ उसके कमरे में रुकना चाहता हूँ। मैं अपनी पत्नी और बेटी को अकेला नहीं छोड़ना चाहता था। हालाँकि मैं जानता था कि वे अच्छे हाथों में थे, लेकिन फिर भी मैं सारे समय उनके साथ रहना चाहता था। अधिकारी बहुत भले थे और उन्होंने कहा कि हालाँकि मेरे लिए कोई अतिरिक्त पलंग नहीं है, लेकिन मैं अंजलि के साथ उसके कमरे में रह सकता हूँ और उन्होंने फ़र्श पर एक गद्दा लगवा दिया। मैं इसी में खुश था और मैं हमेशा उनकी मदद के लिए आभारी रहूँगा।

जिसने भी सारा को देखा, उसने यही कहा कि वह मेरी कार्बन कॉपी थी। उसे अपनी बाँहों में सुलाना मेरा प्रिय काम था। मैं बस उसे एक-दो मिनट के लिए झुलाता था और वह फट से सो जाती थी। तब मेरी दाढ़ी थी और जब वह कुछ महीनों की थी, तो एक बार मैंने उसे अपनी गोद में लिटाया और उसके बाल अपनी दाढ़ी से रगड़े। यह पिता-पुत्री का प्रिय मनोरंजन बन गया और इसे हर दिन करना हम दोनों को ही बहुत पसंद था।

मेरा क्रिकेट कैलेंडर खचाखच भरा था, जिस वजह से मुझे घर से लंबे समय तक दूर रहना पड़ता था। ऐसे में छोटी सारा को अकेले पालना अंजलि के लिए आसान नहीं रहा होगा, लेकिन एक बार भी वह इस बात पर नहीं चिड़चिड़ाई और उसने कभी मुझसे घर पर ज़्यादा समय रहने को नहीं कहा। मेरी तरफ़ से मैं जानता हूँ कि मुझे अपनी नवजात बेटी से जुदा होने में मुश्किल आती थी। जब भी मैं किसी दौरे के बाद लौटता था, तो हर बार मैं उसमें कई परिवर्तन देखता था और मैं जानता था कि मैं सचमुच किसी ख़ास चीज़ से वंचित रह रहा हूँ।

छोटी सारा विदेश में सबसे पहले जहाँ गई, वह न्यूज़ीलैंड था, जहाँ हम दिसंबर 1998 में गए। हम सबसे पहले नेपियर पहुँचे और वहाँ टीम को रुकने के लिए आरामदेह अपार्टमेंट दिए गए। मुझे दो बेडरूम का अपार्टमेंट दिया गया था और यह तय हुआ कि अंजलि और सारा एक बेडरूम में सोएँगी, जबकि दूसरे का इस्तेमाल मैं करूँगा। सारा उसी वक़्त एक साल की हुई थी और उसे समय में हुए परिवर्तन से तालमेल बैठाने में काफ़ी मुश्किल आई। वह रात भर जागती

रहती थी और अंजलि से सारे समय उसके साथ खेलने की उम्मीद करती थी। मैं उसे अच्छी तरह सुला तो देता था, लेकिन एक घंटे बाद ही वह जाग जाती थी और पूरे अपार्टमेंट में इधर से उधर घूमने लगती थी। चूँकि मुझे या तो अगले मैच के लिए प्रशिक्षण लेना होता था या खेलना रहता था, इसलिए मैं उसके साथ नहीं जाग सकता था। इसके फलस्वरूप यह ज़िम्मेदारी अंजलि के सिर आ गई।

एक समय ऐसा आया, जब हम दोनों को ही इससे जूझना बेहद मुश्किल लग रहा था और अंजलि ने कहा कि वह भारत लौटना ज़्यादा पसंद करेगी। एक छोटी बच्ची को अकेले सँभालना, खाना बनाना, सफ़ाई करना और उसके कपड़े धोना मुश्किल था और जब सोने का समय होता था, तो वह पूरी तरह जाग्रत और खेलने को तैयार होती थी। लेकिन फिर हम उसे पार्क ले गए और तालाब में बतखों को दाना डलवाया, जो उसे बहुत पसंद था और इससे हमें इतनी ज़्यादा खुशी मिली कि लौटने का विचार दफ़न कर दिया गया।

न्यूज़ीलैंड में सारा के बारे में एक और प्रसंग है, जिसे मैं कभी नहीं भूल पाऊँगा। मेरे बेडरूम का दरवाज़ा हमेशा खुला रहता था, ताकि सारा जब चाहे आ-जा सके। एक सुबह भज्जी ने मुझसे कहा कि मुझे जाँच करनी चाहिए कि क्या उसके मुँह में कुछ है। मैं हैरान था, क्योंकि हमने उसे कुछ नहीं दिया था। मुझे सारा को मुँह खोलने के लिए राज़ी करना पड़ा और जब उसने मुँह खोला, तो मैं यह देखकर सदमे में आ गया कि उसके मुँह में चेरी के चार-पाँच बीज थे। कम से कम कुछ मिनट से वे बीज उसके मुँह में रहे होंगे और अगर भज्जी वहाँ नहीं होते, तो गंभीर समस्या हो सकती थी।

1998-99 में टीम ने क्रिसमस और नववर्ष न्यूज़ीलैंड में ही मनाया और हम हमेशा दो प्रवासी भारतीयों के कृतज्ञ रहेंगे, जिन्होंने क्रिसमस के दिन हमें बचा लिया। हममें से किसी को भी पता नहीं था कि वेलिंगटन में हर चीज़, जिसमें रेस्तराँ भी शामिल थे, 24 दिसंबर की रात से 26 दिसंबर की सुबह तक बंद रहेगी। भारत में क्रिसमस के दिन सभी रेस्तराँ और होटल खुले रहते हैं और लोग इस मौक़े पर खुशियाँ मनाने के लिए बाहर भोजन करते हैं। वेलिंगटन में टीम के होटल ने भी कहा कि यह हमें क्रिसमस पर भोजन नहीं दे सकता और टीम को अपनी व्यवस्था खुद करनी थी। तब मोरी पटेल, इलेश पटेल और नानू भाई ने आकर हमें संकट से उबारा।

मोरी भाई, इलेश भाई और नानू भाई वेलिंगटन के निवासी हैं और क्रिसमस के दिन वे हमारे होटल में एक तरह से छप्पन पकवान लेकर आए। हम सभी ने ज़बर्दस्त भारतीय भोजन की दावत का आनंद लिया, जो ख़ास तौर पर हमारे

लिए बनाया गया था। क्रिसमस के दिन हम भूखे मरने से तो बच ही गए, इसके अलावा घर पर बने बेहतरीन भारतीय भोजन का भी स्वाद मिल गया। इतने बरसों में पटेल परिवार न्यूज़ीलैंड में हमारे बहुत से मैच देखने आया और कई बार तो हमें खेलते देखने के लिए वे लोग ऑस्ट्रेलिया भी गए। हर बार वे हमारे लिए खाना और चाय लेकर आते थे। इलेश भाई की *देसी चाय* खिलाड़ियों में बहुत लोकप्रिय थी और जब भी मैं उन्हें देखता था, मैं पूछने लगता था, *'इलेश भाई, चाय नहीं पिलाएँगे क्या?'*

न्यूज़ीलैंड में ही सारा ने पहली बार बोलना शुरू किया। इसी दौरे में उसने अपनी पहली नर्सरी राइम बोली और उसके हर शब्द को सुनकर मैं गदगद हो जाता था।

दुख भरी श्रृँखला

हालाँकि मैं पितृत्व की ज़िम्मेदारियों से धीरे-धीरे तालमेल बैठा रहा था, लेकिन मुझे कमर की पहली गंभीर चोट लगी, जिससे पूरी तरह उबरने में मुझे आठ महीने से ज़्यादा लग गए। समस्या जनवरी 1999 के अंत में पाकिस्तान के ख़िलाफ़ पहले टेस्ट के दौरान चेन्नई में सामने आई।

पाकिस्तान की टीम तेरह साल के अंतराल के बाद भारत आई थी और पूरे देश की निगाह दो टेस्ट मैचों की इस श्रृँखला और इसके बाद होने वाली एशियन टेस्ट चैंपियनशिप पर गड़ी हुई थी, जिसमें भारत, पाकिस्तान और श्रीलंका की टीमें खेलने वाली थीं। पाकिस्तान का गेंदबाज़ी आक्रमण बहुमुखी था, जिसमें तेज़ गेंदबाज़ वसीम अकरम और वक़ार युनुस, ऑफ़ स्पिनर सक़लेन मुश्ताक़, लेग स्पिनर शाहिद आफ़रीदी और बाएँ हाथ के पारंपरिक स्पिनर नदीम ख़ान सभी अच्छे फ़ॉर्म में थे। इसमें कोई शक नहीं था कि ज़ोरदार मुक़ाबला होने वाला था।

चेन्नई मैच इस रोमांचक माहौल के अनुरूप हुआ और तीन दिन के दिलचस्प टेस्ट क्रिकेट के बाद भारत को चौथी पारी में 271 रन बनाने का लक्ष्य मिला। इस लक्ष्य का पीछा करना मुश्किल था, क्योंकि वसीम और वक़ार ने पाकिस्तान को बहुत अच्छी शुरुआत दी और तीसरी शाम को एक समय हमारा स्कोर 6-2 था। मैं जब अंदर गया, तो तीसरे दिन का खेल ख़त्म होने में एक घंटे से भी कम समय बचा था। उस वक़्त भी वसीम और वक़ार ऊर्जा से भरपूर थे तथा आक्रामक मुद्रा में थे। राहुल पहले से ही वहाँ मौजूद थे और हम जानते थे कि हमें बाक़ी का दिन काटना है और अगली सुबह युद्ध को दोबारा शुरू करना था। ये छोटे सत्र हमेशा थोड़े पेचीदा होते हैं, क्योंकि गेंदबाज़ी करने वाली टीम

जानती है कि यह अगली सुबह तरोताज़ा होकर लौट सकती है और इसलिए यह बल्लेबाज़ों पर इस आशा में चौतरफ़ा हमला करती है कि किसी तरह एक बोनस विकेट मिल जाए। बल्लेबाज़ी करने वाली टीम के पास हासिल करने के लिए बहुत कम रहता है और उसकी प्राथमिकता यह होती है कि कोई विकेट न गँवाया जाए।

वक़ार ने क्रीज़ पर मेरा स्वागत दो बाउंसरों से किया और एक मौक़े पर तो चलकर मेरे पास भी आए और पूछने लगे, *'बॉल नज़र आई?'* मैंने कहा तो कुछ नहीं, लेकिन मेरी आँखों का संपर्क उन्हें संदेश देने के लिए पर्याप्त था। मुझे याद है, मैंने खुद से बुदबुदाकर कहा था, 'दोस्त, तुम इतनी तेज़ गेंद भी नहीं डाल रहे हो।' इस वार्तालाप ने मेरे संकल्प को और मज़बूत बना दिया तथा मैं खेल ख़त्म होने तक 20 पर नाबाद था। मेरे मन में चौथे दिन टेस्ट मैच जीतने का संकल्प था।

राहुल दूसरे छोर पर नॉट आउट थे और उनसे बेहतर खिलाड़ी कम ही हैं, जिनके साथ आप ऐसी स्थिति में बल्लेबाज़ी करना पसंद करें। वे हमेशा दीवार की तरह दृढ़ रहे हैं। लेकिन अगली सुबह यह फ़ौलादी दीवार गिर गई, जब वसीम ने एक सुंदर गेंद पर राहुल को बोल्ड कर दिया। अज़हर भी जल्दी ही पवेलियन लौट गए और जब सौरव आउट हुए, तो हमारा स्कोर 82-5 था और हमें एक साझेदारी की सख़्त ज़रूरत थी।

जब नयन मोंगिया मेरा साथ देने आए, तो मैंने उनसे कहा कि वे धैर्यपूर्वक खेलें और अपनी आँखें जमाएँ। हमारी बल्लेबाज़ी का शीर्ष क्रम अब ड्रेसिंग रूम में पहुँच चुका था, इसलिए मुझे लगा कि मेरे बागडोर थामने का वक़्त आ गया था। मैं हाथ के काम पर पूरी तरह एकाग्र था और मैं ऐसी मनोदशा में पहुँच गया था, जहाँ मैं हर गेंद से पहले प्रार्थना कर रहा था। जब नयन गेंदबाज़ी का सामना करते थे, तब भी मैं अपने मन में रिहर्सल करता था कि मैं उस गेंद को कैसे खेलता। एक तरह से मैं दोनों छोर से बल्लेबाज़ी कर रहा था। जब मैंने सचमुच पूरा ध्यान केंद्रित कर लिया, तो मेरे आस-पास की हर चीज़ धुँधलके में घिर गई और मैं बस इतना जानता था कि मुझे मैच के अंत तक बल्लेबाज़ी करनी है।

लेकिन तभी दर्द ने मुझ पर हमला कर दिया। चाय के पैंतालीस मिनट पहले मुझे अपनी पीठ में भयंकर दर्द महसूस हुआ। तब तक नयन और मैंने अच्छी साझेदारी कर ली थी और मैच भारत के पक्ष में हल्का सा झुक रहा था। लेकिन पाकिस्तान जल्दी ही नई गेंद ले सकता था और मैं जानता था कि हमें अब भी काफ़ी काम करना था। वसीम और वक़ार एक आख़िरी हल्ले में अपना सब कुछ झोंक देंगे। चेन्नई में गर्म और उमस भरी परिस्थितियाँ कठोर थीं और मैं मरोड़

व ऐंठन की वजह से कष्ट में था। हर गेंद को खेलना एक आफ़त थी और मेरी पीठ का दर्द असहनीय होता जा रहा था। चाय का अंतराल वरदान की तरह लगा। मुझे याद है कि मैं ड्रेसिंग रूम में एक तौलिए पर लेटा हुआ था और मेरे शरीर के तापमान को कम करने के लिए मेरे ऊपर ठंडे तौलिए डले थे। मेरा पूरा शरीर अकड़ रहा था और मैं जानता था कि दो और घंटे बल्लेबाज़ी करना सचमुच मुश्किल होगा।

चाय के बाद मेरे पास गेंदबाज़ी पर हमला करने के सिवा दूसरा कोई विकल्प नहीं था, क्योंकि मैं जानता था कि मेरी पीठ जवाब देने वाली थी। मैंने नयन को रणनीति बदलने की जानकारी दे दी और अगले कुछ ओवरों में कुछ चौके जमाए। जल्दी ही लक्ष्य आसान होने लगा और हमें बस दूसरी नई गेंद को खेलने भर की ज़रूरत थी। हमने छठे विकेट के लिए 136 रनों की साझेदारी की थी और पाकिस्तान मैच पर अपनी पकड़ धीरे-धीरे गँवा रहा था। वास्तव में, हम लक्ष्य की ओर आराम से बढ़ रहे थे, तभी नयन एक ख़राब शॉट पर आउट हो गए। उन्होंने वसीम की गेंद पर पट्टा मारा और इस प्रक्रिया में बल्ले का ऊपरी किनारा लग गया। उस शॉट को खेलने की कोई ज़रूरत नहीं थी और इसने एक बार फिर पाकिस्तान को आशा की किरण दिखा दी। यह नयन की बहुत अच्छी पारी का दुखद अंत था।

इसके बाद आने वाले सुनील जोशी अच्छी तरह जमे और उन्होंने विकेट पर चालीस मिनट रहने के दौरान सक़लेन को एक छक्का भी मारा। हमने नयन के आउट होने के बाद छह ओवरों में 36 रन बनाए और अब लक्ष्य केवल 17 रन दूर था। इस दौरान मेरी पीठ जवाब दे रही थी और मुझे सीधे खड़े होना भी मुश्किल लग रहा था। हर गतिविधि से कष्ट हो रहा था और हर शॉट से दर्द बढ़ता जा रहा था। मुझे जल्दी ही एहसास हुआ कि ज़ोरदार हमला ही मेरा एकमात्र विकल्प था। दर्द को और सहन करने में असमर्थ होकर मैंने सक़लेन की दूसरी गेंद पर मिड ऑफ़ के ऊपर से एक और चौका जमाने की कोशिश की - ऑफ़ स्पिनर की वह गेंद जो टप्पा खाने के बाद सामान्य से दूसरी तरफ़ जाती है, जिसमें सबसे पहले सक़लेन ही माहिर हुए थे। गेंद उम्मीद से ज़्यादा उछली और अंततः बल्ले का ऊपरी किनारा ले गई। मैं देख सकता था कि वसीम मिड ऑफ़ पर गेंद के नीचे आ रहे थे और मैं प्रार्थना कर रहा था कि उनसे वह कैच छूट जाए। लेकिन मैं 136 पर आउट हो गया और मैं बहुत दुखी था।

पवेलियन लौटना एक दर्द भरी यात्रा थी। भीड़ की करतल ध्वनि से भी मैच खुद न जीत पाने का दर्द कम नहीं हुआ। लेकिन मुझे कहना होगा कि मैं सचमुच

यह उम्मीद नहीं कर रहा था कि हम वहाँ से मैच हार जाएँगे, क्योंकि सिर्फ़ 17 रन बनाने थे और तीन विकेट बाक़ी थे, जिनमें श्रीनाथ और कुंबले अब भी बचे थे। वास्तव में, जब हम 258 रन पर ऑल आउट होकर 12 रन से हार गए, तो मुझे घटनाक्रम पर यक़ीन ही नहीं हुआ। मेरा संसार मेरे चारों तरफ़ ढह रहा था और मैं ड्रेसिंग रूम में अपने आँसू नहीं रोक पाया। मेरी पीठ बहुत बुरे हाल में थी और मानसिक रूप से मैं बेहद निराश था।

यह मेरे जीवन में एकमात्र समय था, जब मैं मैन ऑफ़ द मैच अवॉर्ड लेने के लिए मंच पर नहीं गया। राज सिंह डूंगरपुर ने मुझे मनाने की कोशिश की, लेकिन मैंने उनसे कहा कि मैं ड्रेसिंग रूम से बाहर निकलने की स्थिति में नहीं था, न शारीरिक रूप से, न ही मानसिक रूप से। वे समझ गए और मुझे मेरे हाल पर छोड़ दिया। अगली सुबह जब हम दिल्ली जा रहे थे, तो मुझसे मेरा हैंड लगेज भी नहीं उठाया गया। ऐसा लग रहा था, जैसे कोई हर समय मेरी पीठ में सुइयाँ चुभा रहा था और मैं दो-तीन मिनट से ज़्यादा समय तक एक स्थिति में नहीं बैठ सकता था।

पीछे पलटकर देखने पर अब मैं सोचता हूँ कि मुझे इसके बाद होने वाले दिल्ली और कोलकाता के टेस्ट मैच में नहीं खेलना चाहिए था, लेकिन पाकिस्तान के ख़िलाफ़ खेलने की मेरी उत्कंठा ने मुझे इसके लिए प्रेरित कर दिया। मैंने बीसीसीआई को अपनी शारीरिक स्थिति के बारे में बता दिया था और उन्होंने यह निर्णय मुझ पर छोड़ दिया था कि मैं खेलना चाहता हूँ या नहीं। उस वक़्त मुझे महसूस हुआ कि मैं किसी तरह खेल लूँगा।

दूसरा टेस्ट दिल्ली में 4 फ़रवरी 1999 को शुरू हुआ। यह काफ़ी हद तक अनिल कुंबले का मैच था। दूसरी पारी में उनके 10-74 के विश्व-कीर्तिमान वाले स्पेल ने श्रृंखला बराबर करने में हमारी मदद की। अनिल ने भारत को कई टेस्ट मैच जिताए हैं और उस दिन दिल्ली के कोटला में उन्हें खेलना मुश्किल ही नहीं, नामुमकिन था। 1956 में जिम लेकर के बाद अनिल कुंबले टेस्ट क्रिकेट के इतिहास में दूसरे गेंदबाज़ बने, जिन्होंने किसी पारी के सभी दस विकेट लिए। पाकिस्तान की दूसरी पारी में मैंने अनिल के गेंदबाज़ी करने से पहले अनिल के स्वेटर और कैप अंपायर अरानी जयप्रकाश को दिए थे। यह हमारे लिए अच्छी तरह कारगर रहा और इसमें हेरफेर करने की कोई ज़रूरत नहीं समझी गई। यह सोचना अविश्वसनीय लगता है कि अनिल ने अकेले अपने दम पर हमें पाकिस्तान के ख़िलाफ़ एक टेस्ट मैच जिता दिया, लेकिन उन्होंने निश्चित रूप से ऐसा कर दिया।

दो टेस्ट मैचों की इस श्रृंखला के बाद एशियन टेस्ट चैंपियनशिप हुई। इस

प्रतियोगिता का शुरुआती मैच भारत और पाकिस्तान के बीच 16 फ़रवरी को कोलकाता के ईडन गार्डन्स में शुरू हुआ। कई लोग इसे द्विपक्षीय श्रृँखला का तीसरा और निर्णायक मैच मान रहे थे। मुझे यह मैच इस कारण याद है, क्योंकि दूसरी पारी में मैं अजीब तरीक़े से रन आउट हुआ था। जीतने के लिए हम 279 रनों का पीछा कर रहे थे और जब मैं बल्लेबाज़ी करने उतरा, तो हम 134-2 पर अच्छी स्थिति में थे। मैं अपनी आँखें जमाने की प्रक्रिया में था, तभी मैंने वसीम की एक गेंद को वाइड मिड ऑन से दूर खेल दिया। सबस्टीट्यूट फ़ील्डर नदीम ख़ान ने गेंद को रस्सी से कुछ गज़ अंदर रोका। मैं तीसरे रन के लिए आराम से जॉगिंग करके क्रीज़ तक जा रहा था कि तभी थ्रो आकर सीधे विकेट से टकराया। सीधे टकराने के बावजूद मैं आराम से अंदर पहुँच जाता, अगर मैं शोएब अख़्तर से नहीं टकराया होता। शोएब मिड ऑफ़ पर फ़ील्डिंग कर रहे थे और वे थ्रो को रोकने के लिए आगे आ गए थे। वे स्टंप के कुछ गज़ पीछे सीधे मेरे दौड़ने के मार्ग में खड़े थे। मैं यह नहीं समझ पाया कि वे स्टंप के ठीक पीछे खड़े होने के बजाय वहाँ क्यों खड़े थे। मेरी आँखें गेंद पर थीं, इसलिए मैं उनसे टकरा गया। मैंने अपना बल्ला अंदर रख दिया था, लेकिन जब गेंद स्टंप से टकराई, तो शोएब से भिड़ने की वजह से मेरा बल्ला हवा में था।

हालाँकि मैं यह नहीं कहना चाहता कि शोएब ने यह जान-बूझकर किया था, लेकिन यह देखकर मैं सदमे में था कि पाकिस्तानी खिलाड़ी रन आउट की अपील कर रहे थे। अन्याय को भाँपकर भीड़ हिंसक हो गई और मैदान में चीज़ें फेंकने लगी। मैदान से वापस आने पर मुझसे बर्दाश्त नहीं हुआ और मैं सीधे थर्ड अंपायर के कमरे में रिप्ले की जाँच करने गया और जो हुआ था, उसे देखकर निराश हुआ।

भीड़ के विघ्न की वजह से मैच बीस मिनट के लिए रोकना पड़ा। अंततः आईसीसी के अध्यक्ष और भारत के सबसे असाधारण प्रशासकों में से एक जगमोहन डालमिया हमारे ड्रेसिंग रूम में यह आग्रह करने आए कि मैं चलकर भीड़ को शांत कर दूँ। मेरा दरअसल यह करने का मन नहीं था, क्योंकि मुझे लगता था कि मेरे साथ ग़लत हुआ था, लेकिन मैंने अपना इरादा इसलिए बदला, ताकि ईडन गार्डन्स पर कोई उपद्रव न हो। जब जगमोहन डालमिया और मैंने भीड़ से आग्रह किया, तभी मैच दोबारा शुरू हो पाया। लेकिन नाराज़गी का एहसास अब भी वहाँ मौजूद था और अगली सुबह भीड़ एक बार फिर हिंसक हो गई, जिससे मैच के अंत के क़रीब अनोखे दृश्य दिखाई दिए। एक अप्रत्याशित क़दम उठाते हुए 65,000 दर्शकों को स्टेडियम से बाहर निकाल दिया गया और मैदान

में एक भी दर्शक के बिना मैच पूरा खेला गया। शायद इस सबसे बचा जा सकता था, अगर शोएब मेरे रास्ते में नहीं खड़े होते या अगर वसीम ने अपील वापस ले ली होती।

भारत यह टेस्ट मैच 46 रनों से हार गया और जिस तरह से मैच ख़त्म हुआ, उससे हम सभी का दिल खट्टा हो गया।

अपने पिता को खोना

पीठ की चोट के बावजूद खेलते रहने से समस्या बढ़ गई। मई-जून 1999 में मैं इंग्लैंड का विश्व कप काफ़ी शारीरिक कष्ट में खेला। लेकिन विश्व कप ऐसा टूर्नामेंट तो था नहीं, जिसे मैं चूक जाता। तैयार होने के लिए जो बन पड़ा, वह सब मैंने किया। जब मैं प्रशिक्षण लेता था, तो हर बार मेरी कमर अकड़ जाती थी और मुझे दोबारा सही होने के लिए इसे थोड़ा समय देना पड़ता था। चंचल ब्रिटिश मौसम भी मददगार नहीं था। मुझे सलाह दी गई कि मैं होटल के कमरे के फ़र्श पर सोऊँ और घुटने के नीचे तकिया रख लूँ, ताकि मेरी पीठ ज़मीन पर सीधी रहे। समय के साथ मैं ज़्यादातर होटलों के कमरों में पलंग और अलमारी के बीच की छोटी सी जगह में सोना सीख गया, क्योंकि वहाँ करवट बदलने के लिए मेरे पास जगह ही नहीं रहती थी।

अजीत, अंजलि और सारा विश्व कप से पहले इंग्लैंड में थे और यह बहुत आरामदेह था। हम एक साथ लंच करने बाहर जाते थे और एक चाइनीज़ रेस्तराँ में ऐसे ही एक डिनर में मैंने क्रिस्पी एरोमेटिक डक का ऑर्डर दिया। यह मुझे बहुत पसंद है। पतले पैनकेक और कटी ककड़ी के साथ मैं इसकी एक पूरी प्लेट अपने दम पर साफ़ कर सकता हूँ। लेकिन जैसे ही मैंने ऑर्डर दिया, अजीत भाई ने इसे बदलने को कहा। उन्होंने ऐलान किया कि वे विश्व कप से पहले मुझे डक नहीं खाने देंगे। पहले तो मुझे यह रोचक लगा, लेकिन जल्दी ही मुझे एहसास हो गया कि वे गंभीर थे और मैं उनकी कही बात मानने के लिए बाध्य हो गया। जब मैंने उनसे कारण पूछा, तो वे बोले कि उन्होंने एक लेख पढ़ा था, जिसमें लिखा था कि तीन ब्रिटिश खिलाड़ी एक डिनर के लिए बाहर गए थे और उन सभी ने डक खाई थी। बाद में उनमें से हर खिलाड़ी शून्य पर आउट हुआ था। ज़ाहिर है, क्रिकेट में 'डक' का संबंध बल्लेबाज़ के शून्य बनाने से होता है और ऑस्ट्रेलिया के टेलीविज़न कवरेज में अगर कोई बल्लेबाज़ बगैर कोई रन बनाए आउट हो जाता है, तो उसके पवेलियन जाते समय एक बतख को भी साथ जाते दिखाया जाता है। अजीत भाई ने मुझसे कहा कि विश्व कप के बाद मैं जी भरकर जितनी

चाहे उतनी डक खा सकता हूँ।

टूर्नामेंट शुरू होने से ठीक पहले अंजलि ने लंदन लौटने का निर्णय लिया, ताकि मैं अपना पूरा ध्यान क्रिकेट पर केंद्रित कर सकूँ। उसकी गर्भावस्था की दूसरी तिमाही चल रही थी और डेढ़ साल की सारा जब उसके साथ थी, तो अकेले सब कुछ करना उसके लिए भारी मुश्किल रहा होगा। हालाँकि मुझे उसकी कमी बहुत खलती थी और मैं मदद करने के लिए उसके साथ रहने को छटपटा रहा था, लेकिन मैं इस बात की क़द्र करने से ज़्यादा कुछ नहीं कर सकता था कि वह मेरे और परिवार की ख़ातिर कितना कुछ कर रही थी।

इस सबके बीच में मुझे पिताजी के दिवंगत होने की ख़बर मिली। अजीत भाई तब तक भारत पहुँच गए थे और उन्होंने अंजलि को फ़ोन करके कहा कि वह व्यक्तिगत रूप से मुझे यह ख़बर दे। अंजलि ने मेरी टीम के दो साथियों रॉबिन सिंह और अजय जाड़ेजा को फ़ोन करके बताया कि वे मेरे कमरे के बाहर रहें और वह लेस्टर के टीम होटल में 18 मई की रात को बहुत देर से आई - टूर्नामेंट के हमारे दूसरे मैच के एक दिन पहले, जो ज़िम्बाब्वे के ख़िलाफ़ होने वाला था। उसने होटल मैनेजर को भी फ़ोन करके कह दिया कि वह मेरे कमरे में कोई फ़ोन ट्रांसफ़र न करे।

जब मैंने आधी रात के बाद दरवाज़ा खोला और उसे अजय तथा रॉबिन के साथ खड़े देखा, तो मुझे तुरंत आभास हो गया कि कोई गंभीर घटना हो गई है। मेरा बहुत क़रीबी मित्र अतुल रानाडे कमरे में मेरे साथ था और अंजलि के अंदर आने पर मैंने अतुल से कहा कि वह बाहर चला जाए। अंजलि की कही बात पर मुझे यक़ीन नहीं हुआ। यह एक निर्मम प्रहार था और इसकी मुझे क़तई उम्मीद नहीं थी। इससे कुछ मिनट तक मेरे हाथ-पाँव फूल गए और मैं स्तब्ध रह गया। मेरे मुँह से एक शब्द भी नहीं निकला। पिताजी मेरे लिए हमेशा वहाँ रहे थे। मेरे दिमाग़ ने काम करना बंद कर दिया और मैं अंजलि के गले लगकर रोने से ज़्यादा कुछ नहीं कर पाया। मैं असहाय महसूस कर रहा था और कुछ समय तक सदमे को झेलना मेरे वश में नहीं था।

मेरा पहला विचार यह था कि अपनी माँ के साथ रहने और पिताजी को आख़िरी बार देखने के लिए जल्दी से जल्दी भारत चला जाऊँ। मार्क मस्कारेन्यस ने हमेशा की तरह अगली सुबह के सारे इंतज़ाम पहले से ही कर दिए थे और वे हम दोनों को भोर से ठीक पहले कार में हीथ्रो तक छोड़ने आए। पूरी यात्रा के दौरान मैं पिताजी के बारे में सोचता रहा। जब मैं विश्व कप खेलने के लिए भारत से चला था, तो उनकी सेहत काफ़ी ठीक थी। वास्तव में, मैं यक़ीन नहीं

कर पाया कि वे अब जीवित नहीं हैं और मुझे लग रहा था कि मेरे भारत लौटने पर वे अपनी आँखें दोबारा खोल लेंगे। कुछ महीनों पहले उन्होंने एंजियोप्लास्टी कराई थी और हमारे साथ रहे थे, जब अंजलि ने उनकी देखभाल की थी। जब मैं विश्व कप खेलने गया, तो ऐसा लग रहा था कि वे अपने सामान्य स्वरूप में लौट आए थे और तीन मंज़िलें भी चढ़ने लगे थे। डॉक्टरों ने उनसे हर शाम को एक ड्रिंक लेने को कहा था और मैंने ज़्यादातर शामों को घर आकर उनके साथ ड्रिंक लेने का नियम बना लिया था। अपने सबसे निरंकुश सपनों में भी मैंने कभी कल्पना नहीं की थी कि मैं पिताजी के साथ ड्रिंक लूँगा, लेकिन डॉक्टर की सलाह ने मुझे ऐसा करने के लिए मजबूर कर दिया था। मैं उन्हें दोबारा कभी नहीं देख पाऊँगा, यह विचार मैं किसी तरह बर्दाश्त नहीं कर पा रहा था।

मेरे भाई और मित्र मुंबई हवाई अड्डे पर मुझे लेने आए, लेकिन यह घर वापसी सामान्य से बहुत अलग थी। जब मैं घर लौटा, तो मैंने देखा कि पिछले कुछ दिनों में माँ की उम्र काफ़ी बढ़ गई थी और वे दीवार के सामने बैठी थीं। उन्होंने किसी से एक शब्द भी नहीं कहा और वे सदमे की अवस्था में थीं। मुझे माँ की यह हालत देखकर बहुत बुरा लगा और ज़्यादा चिंता की बात यह थी कि वे दो दिनों तक अपनी जगह से हिली भी नहीं। यह असहनीय हो गया, जब मैं दादी के सामने पहुँचा, जिन्होंने अपना बेटा खो दिया था। उन्होंने मुझसे कहा कि वे अपने बेटे के साथ शांति के कुछ पल बिताना चाहती हैं और मैंने तुरंत सभी मौजूद लोगों से कहा कि वे हमें कुछ समय के लिए अकेला छोड़ दें। मैं दादी के साथ उस कमरे में गया, जहाँ पिताजी का शरीर रखा हुआ था, फिर मैंने उन्हें शांति में अपने बेटे के पास शोक करने के लिए छोड़ दिया। मैं उनसे कुछ गज़ दूर खड़ा था और उन्हें वह समय दे रहा था, जिसकी उन्हें ज़रूरत थी।

अपनी सबसे बड़ी प्रेरणा को खोने के बाद मैं कई रात तक सो नहीं पाया। और यह हम सभी के लिए एक गहन भावनात्मक पल था, जब चौकीदार, डाकिया और वे सभी लोग, जिनकी उन्होंने अपने जीवनकाल में मदद की थी, उनकी अंत्येष्टि में आए। मैंने अंत्येष्टि से पहले अपने चेहरे वाला सोने का सिक्का भी उनकी जेब में रख दिया, ताकि मैं हमेशा उनके साथ रह सकूँ।

पिताजी के बिना मेरा जीवन कभी पहले जैसा नहीं रहने वाला था।

एक बहुत मुश्किल टूर्नामेंट

भारत में चार दिन रहने के बाद मैं कीनिया के ख़िलाफ़ होने वाले मैच की पूर्व संध्या पर टीम में दोबारा शामिल होने के लिए इंग्लैंड पहुँचा। मुझे लगा कि पिताजी

यही चाहते और इसी ने मुझे विश्व कप के बचे हुए मैच खेलने और लंदन लौटने के लिए प्रेरित किया। लेकिन मानसिक रूप से पूरे टूर्नामेंट में मैं अपने सर्वश्रेष्ठ स्वरूप में नहीं था। मुझे अभ्यास सत्रों में काला चश्मा लगाना पड़ता था, क्योंकि कई बार मैं अपने आँसू नहीं रोक पाता था। हालाँकि कीनिया के ख़िलाफ़ मैच में मैंने एक शतक लगाया - जो मेरे सबसे यादगार शतकों में से एक है और जिसे मैंने अपने पिताजी को समर्पित किया था - लेकिन मेरा दिमाग़ हमेशा खेल पर केंद्रित नहीं था।

पीठ की चोट, जिसमें सुधार के कोई लक्षण नज़र नहीं आ रहे थे, मुझे बाक़ी के विश्व कप में भी परेशान करती रही, जिसकी बदौलत यह मेरे सबसे मुश्किल टूर्नामेंटों में से एक बन गया। यह भारत का सर्वश्रेष्ठ विश्व कप भी नहीं था और हम समूह मैचों में श्रीलंका और इंग्लैंड के ख़िलाफ़ दो यादगार मैच जीतने के बाद सुपर सिक्स से बाहर हो गए।

26 मई 1999 को टॉन्टन में श्रीलंका के ख़िलाफ़ सौरव और राहुल ने दो सबसे अच्छी पारियाँ खेलीं, जो मैंने विश्व कप में देखी हैं। सौरव शानदार 183 रन बनाते समय सर्वश्रेष्ठ रूप में थे और राहुल अपने 145 रनों के लिए सुंदरता से खेले। हमारे अगले मैच में, जो 29 मई को इंग्लैंड के ख़िलाफ़ था, सौरव ने एक बार फिर महत्त्वपूर्ण बहुमुखी योगदान दिया, जिससे हमें वह जीत मिली जिसकी बहुत ज़रूरत थी और राहुल पूरे टूर्नामेंट में लगातार अच्छा प्रदर्शन करते रहे।

सुपर सिक्स दौर में हमारी एकमात्र तसल्ली पाकिस्तान के ख़िलाफ़ एक और जीत थी। मैच दोनों देशों के तनावपूर्ण राजनीतिक संबंधों की पृष्ठभूमि में और भी महत्त्वपूर्ण हो गया था - उस वक़्त कश्मीर में कारगिल का युद्ध हुआ था। भारत इस बहुत भावनात्मक रूप से आवेशित मुक़ाबले में 47 रनों से जीत गया, जिसमें वेंकटेश प्रसाद ने पाँच विकेट लिए।

एक अप्रत्याशित नियुक्ति

पीठ का दर्द मुझे विश्व कप के बाद भी सताता रहा। यह दरअसल अगस्त-सितंबर 1999 में श्रीलंका और सिंगापुर के दो टूर्नामेंटों में बदतर हो गया, जिसके अंत में मैंने अपनी पीठ की जाँच कराने के लिए ऑस्ट्रेलिया जाने का निर्णय लिया। मैं पहले ही एक्युपंक्चर और एक्युप्रेशर को आज़मा चुका था - यहाँ तक कि सिंगापुर में एक विशेषज्ञ ने उन दबाव वाले बिंदुओं की खोज में मेरी जीभ भी छेद दी थी, जो स्वास्थ्यलाभ में मदद कर सकते थे। ये लगातार मायूस होते आदमी के काम थे, जो किसी तरह ठीक होने की कोशिश कर रहा था।

डॉ. अनंत जोशी भारत के अग्रणी डॉक्टर हैं और वे मेरे पूरे करियर में हमेशा मेरे साथ रहे हैं। सितंबर 1999 में जब मैं कई विशेषज्ञों से मिलने के लिए ऐडिलेड गया, तो वे भी मेरे साथ थे। कई जाँचों के बाद मुझे चोट के लिए चार इंजेक्शन दिए गए। मुझे ख़ुशी थी कि उस वक़्त मैंने इंजेक्शन नहीं देखे थे, क्योंकि बाद में मुझे एहसास हुआ कि मैंने अपने जीवन में इससे ज़्यादा बड़ी सुइयाँ नहीं देखी थीं। मैं दरअसल एक इंजेक्शन अपने दोस्तों और परिवार वालों को भी दिखाने के लिए लाया और किसी को भी उनके आकार पर यक़ीन नहीं हुआ। लेकिन उन्होंने असर कर दिया और भारत लौटने के बाद आठ महीनों से मुझे परेशान करने वाली पीठ की चोट जल्दी ही ठीक हो गई। दर्द से मुक्ति पाना निश्चित रूप से राहत भरा था। मेरा संकल्प और भी ज़्यादा बढ़ गया था, क्योंकि अगस्त 1999 में मुझे एक बार फिर भारत का कप्तान बना दिया गया था, हालाँकि दूसरी बार इसे लेकर मेरे मन में गहरे संदेह थे। हुआ यूँ कि अजीत वाडेकर ने मेरे घर आकर मुझसे पूछा था कि क्या मैं दोबारा भारत का कप्तान बनने को तैयार हूँ। मैंने उनसे कहा कि मैं ऐसा करने का अनिच्छुक हूँ। अगली चीज़ मैंने यह सुनी कि मुझे अगस्त में श्रीलंका में त्रिकोणीय श्रृंखला के पहले कप्तान नियुक्त कर दिया गया था। ऐसा लगता है कि वाडेकर सर बीसीसीआई की तरफ़ से मुझसे बात करने आए थे और उनके साथ विचार-विमर्श करने के बाद चयनकर्ताओं ने मेरी अनिच्छा के बावजूद मुझे यह ज़िम्मेदारी सौंपने का निर्णय लिया था। एक बार जब नियुक्ति सार्वजनिक हो गई, तो इसे ठुकराना मुश्किल था। मैं कभी किसी चुनौती से नहीं कतराया हूँ, इसलिए मैंने इस काम को स्वीकार कर लिया और अपना सर्वश्रेष्ठ देने का संकल्प लिया। हमें साल के अंत में ऑस्ट्रेलिया का दौरा करना था और मैं जानता था कि उस वक़्त यह क्रिकेट में सबसे मुश्किल कार्यभार था।

एक नया आगंतुक

यह सब मेरे दूसरे बेटे के जन्म के साथ हुआ, जब अंजलि और मुझे 24 सितंबर 1999 को एक बेटे का वरदान मिला। मैंने उसका नाम अर्जुन रखने का निर्णय लिया और मुझे याद है कि अपने बेटे को पहली बार देखने के बाद जल्द ही मैंने अंजलि के सामने अपने इस इरादे का ऐलान कर दिया था। उसने बाद में मुझे बताया कि उसने कई दूसरे नाम सोच रखे थे, लेकिन अर्जुन नाम के प्रति मेरे उत्साह को देखते हुए उसने मेरे चुने हुए नाम को स्वीकार कर लिया। एक बार फिर मैंने उस दिन का फ़िल्मांकन किया और मैं पहली बार अर्जुन को मेरे पास लाए जाने की रिकॉर्डिंग को सँजोकर रखता हूँ।

बच्चों को बड़े होते देखना कमाल की बात होती है और मैं कहना चाहूँगा कि मैं जब भी उनसे दूर रहा, तो मुझे उनकी बड़ी याद आई। अर्जुन के साथ यह ख़ास तौर पर मुश्किल था। वह मेरे जाने से चिढ़ जाता था और मुझसे फ़ोन पर बात तक नहीं करता था। जब मैं दौरे पर होता था, तो अपने जीवन के पहले छह साल में अर्जुन ने मुझसे कभी फ़ोन पर बात नहीं की। उसकी आवाज़ सुनने के उतावलेपन में मैं प्रायः अंजलि से आग्रह करता था कि वह उससे हलो बुलवा दे, लेकिन वह हमेशा इंकार कर देता था। फिर मेरी वापसी पर वह खोए हुए समय की भरपाई करने के लिए तीन दिन तक मुझसे चिपका रहता था।

हालाँकि सारा मेरे जाने से उस तरह नहीं चिढ़ती थी, जिस तरह अर्जुन चिढ़ता था, लेकिन मेरे लौटने पर उसे कई मौक़ों पर मुझसे दोबारा बंधन जोड़ने में दिक्क़त होती थी। सारा बस कुछ महीने की थी, जब मैं एक दौरे पर श्रीलंका गया। कोलंबो में बहुत गर्मी थी और जब मैं उस दौरे से लौटा, तो मेरी त्वचा का रंग बदल गया था। मैं साँवला हो गया था, इसलिए वह मुझे नहीं पहचान पाई। उसने सोचा कि कोई अजनबी घर में आ गया है और पहले कुछ मिनट तक उसने मेरे क़रीब आने से भी इंकार कर दिया!

जब सदी के मोड़ पर मेरे बच्चों का जन्म हुआ, तब प्रौद्योगिकी आज जितनी उन्नत नहीं थी, इसलिए तब स्काइप या फ़ेसटाइम के इस्तेमाल का विकल्प उपलब्ध नहीं था। अगर प्रौद्योगिकी उपलब्ध होती, तो मुझे यक़ीन है मैंने अंजलि से कहा होता कि वह सारा और अर्जुन को वेबकैम के सामने ले आए, ताकि मैं संसार के किसी दूसरे हिस्से में बैठकर कम से कम अपने बच्चों को देख तो लूँ। इसका मतलब होता कि मैं उनमें होने वाले इतने सारे परिवर्तनों से अनजान नहीं रहता।

न्यूज़ीलैंड भारत में, अक्टूबर–नवंबर 1999

अर्जुन के जन्म के बाद मैंने दो सप्ताह घर पर बिताए। इसके बाद मैं 10 अक्टूबर को मोहाली के मैदान में आ गया, जहाँ मैं तीन टेस्ट मैचों की श्रृँखला के पहले टेस्ट में न्यूज़ीलैंड के ख़िलाफ़ भारत की कप्तानी कर रहा था। पहली बार की तरह ही इस बार भी मेरी कप्तानी की शुरुआत अच्छी रही। हमने श्रृँखला में न्यूज़ीलैंड को हरा दिया, हालाँकि हमने मोहाली की पहली पारी में इसे मुश्किल बना लिया था, जब डियॉन नैश के छह विकेटों की बदौलत हम 83 रनों पर ऑल आउट हो गए थे। यह एक ऐसा दिन था, जब कोई चीज़ कारगर नहीं हुई थी और हम घरेलू ज़मीन पर अपने सबसे कम स्कोरों में से एक पर धराशायी हो गए। ऐसा लग रहा था, जैसे बारबैडॉस का भूत मुझे सताने के लिए वापस लौट आया

था। लेकिन इस बार गेंदबाज़ों ने न्यूज़ीलैंड के खिलाड़ियों को 215 पर समेटने का अच्छा काम किया और हमने दूसरी पारी में बहुत अनुशासित बल्लेबाज़ी की। हमने सिर्फ़ तीन विकेट पर 505 रन का स्कोर खड़ा किया। राहुल और मैंने शतक जमाए और मैच ड्रॉ हो गया।

बहरहाल, दूसरी पारी घटनाविहीन नहीं रही। न्यूज़ीलैंड के ऑल-राउंडर क्रिस केर्न्स ने बेहतरीन रिवर्स स्विंग का स्पेल फेंका। राहुल और मेरे सामने समस्या यह थी कि वे गेंद के चमकदार हिस्से को इतनी अच्छी तरह छिपाते थे कि बल्लेबाज़ किसी तरह यह पता नहीं लगा सकता था कि गेंद किस तरफ़ स्विंग करने वाली है। तब मैंने एक योजना सोची। मैंने राहुल को सुझाव दिया कि हालाँकि यह बल्लेबाज़ के लिए असंभव था, लेकिन नॉन-स्ट्राइकर के लिए पता लगाना उतना मुश्किल नहीं था, क्योंकि वह केर्न्स के ज़्यादा क़रीब रहता था। यह तय हुआ कि जब मैं नॉन-स्ट्राइकर छोर पर खड़ा रहूँगा, तो मैं चमकदार हिस्से का पता लगाऊँगा और अगर यह गेंद के बाहरी तरफ़ रहा, तो मैं बल्ला अपने बाएँ हाथ में पकड़ लूँगा, जिससे राहुल को संकेत मिल जाएगा कि गेंद उनसे दूर स्विंग होने वाली है। अगर चमकदार हिस्सा अंदर की तरफ़ रहा, तो मैं बल्ले को अपने दाएँ हाथ में थामे रहूँगा, ताकि यह संकेत मिल जाए कि गेंद उनकी तरफ़ अंदर आ रही है। और अगर मैं यह पता नहीं लगा पाया कि गेंद किस तरफ़ स्विंग होने वाली है, तो मैं अपने बल्ले को बीच में पकड़ लूँगा।

योजना आश्चर्यजनक रूप से कारगर रही और जल्दी ही हम केर्न्स पर हमला करने में कामयाब हुए, जिन्होंने अपने 24 ओवर में कोई विकेट लिए बिना 76 रन दिए। केर्न्स को हमारी हरकतों को समझने में थोड़ा समय लगा। हमें हैरान करने के लिए उन्होंने क्रॉस-सीम गेंद फेंकी, इसलिए मैं अपने बल्ले को बीच में पकड़े रहा, ताकि राहुल को यह संकेत मिल जाए कि मैं नहीं जानता कि गेंद किस तरफ़ स्विंग होने वाली है। गेंद फेंकने के बाद केर्न्स ने तुरंत ही मेरी तरफ़ मुड़कर देखा कि मैं क्या कर रहा था। वे नाराज़ और कुंठित थे और जानना चाहते थे कि क्रॉस-सीम गेंद पर मैंने किस तरह संकेत दिया था। क्रिस केर्न्स के ख़िलाफ़ यह जंग जीतने से हमें निश्चित रूप से मैच को बचाने में मदद मिली।

कानपुर के दूसरे टेस्ट मैच में हमने न्यूज़ीलैंड को पूरी तरह से हरा दिया, जिसमें कुंबले ने दस विकेट लिए और अहमदाबाद के अंतिम टेस्ट मैच में मैंने एक ड्रॉ में दोहरा शतक जमाया। अहमदाबाद में हमने पहली पारी में 583 रनों का विशालकाय स्कोर खड़ा किया और विपक्षी टीम को 308 रन पर आउट करने के बाद फ़ॉलो-ऑन नहीं दिया। यह सर्वसम्मति से लिया गया निर्णय था और

तेज़ गेंदबाज़ पहली पारी के थकाऊ प्रयास के बाद थक चुके थे और उन्हें दोबारा गेंदबाज़ी करने से पहले थोड़े आराम की ज़रूरत थी। हमने श्रृँखला 1-0 से जीत ली और फिर एक दिवसीय श्रृँखला भी 3-2 से जीत ली। यह शायद महीने के अंत में शुरू होने वाले ऑस्ट्रेलिया दौरे की आदर्श तैयारी नहीं थी, लेकिन श्रृँखला जीतने से कभी कोई नुक़सान नहीं होता।

भारत ऑस्ट्रेलिया में, नवंबर 1999–जनवरी 2000

कप्तान के रूप में मेरी दूसरी पारी में कपिल देव हमारे कोच थे। वे भारत के लिए खेलने वाले सबसे अच्छे क्रिकेटरों में से एक हैं और सारे समय के सर्वश्रेष्ठ ऑल-राउंडरों में गिने जाते हैं। मुझे ऑस्ट्रेलिया में उनसे बहुत उम्मीदें थीं। मेरा हमेशा मानना रहा है कि कोच का काम बहुत महत्त्वपूर्ण होता है, क्योंकि वे टीम की रणनीति बनाने में मुख्य भूमिका निभाने की स्थिति में होते हैं। ऑस्ट्रेलिया के मुश्किल दौरे में मेरे लिए कपिल से बेहतर विकल्प कौन सुझा सकता था? लेकिन संलग्नता और उनकी विचार प्रक्रिया का तरीक़ा इसी बात तक सीमित था कि वे टीम को चलाने का काम कप्तान पर छोड़ देते थे, इसलिए जब हम यह विचार करते थे कि किस रणनीति से हमें मैदान में मदद मिलेगी, तो वे रणनीति संबंधी विचार-विमर्श में शामिल नहीं होते थे।

ऑस्ट्रेलिया में शुरुआती परिस्थितियाँ बुरी नहीं थीं। 1996-97 में दक्षिण अफ़्रीका में हुई घटना के विपरीत हम श्रृँखला शुरू होने से दो सप्ताह पहले ही ऑस्ट्रेलिया पहुँच गए और पहले टेस्ट मैच से पहले तीन अभ्यास मैच खेले। कुल मिलाकर जब हम 10 दिसंबर 1999 को ऐडिलेड ओवल के मैदान पर उतरे, तो हमारी तैयारी कम नहीं थी और अगर पहली सुबह कोई संकेत थी, तो हमारे पास संसार की सबसे अच्छी टीम के ख़िलाफ़ जीतने का एक अच्छा अवसर था।

जवागल श्रीनाथ और वेंकटेश प्रसाद ने बहुत अच्छी गेंदबाज़ी की और लंच से पहले ऑस्ट्रेलिया को 52-4 पर ला खड़ा किया। हमें ऑस्ट्रेलियाई निम्न मध्य क्रम तक पहुँचने के लिए सिर्फ़ एक और विकेट चाहिए था। हमें यह विकेट हमेशा ख़तरनाक रिकी पॉन्टिंग के रूप में मिलने ही वाला था, लेकिन पारी की शुरुआत में जल्दी ही वे एक बहुत क़रीबी एलबीडब्ल्यू अपील में बच गए। वे एक बार फिर बचे, जब उन्होंने स्पष्टता से अजीत आगरकर की एक गेंद पर बल्ला अड़ाया और गेंद निचले कोने को चूमती हुई विकेटकीपर एमएसके प्रसाद के पास चली गई। उस वक़्त उनका स्कोर 62 रन था, लेकिन एक बार फिर उन्हें नॉट आउट घोषित किया गया। इस मोड़ पर ऑस्ट्रेलिया मुश्किलों से बाहर नहीं निकली थी

और यह वह सेंध हो सकती थी, जिसकी हमें तलाश थी, लेकिन क़िस्मत उस दिन पॉन्टिंग पर मेहरबान थी और उन्होंने तथा स्टीव वॉ ने बड़े शतक जमाए।

जब बल्लेबाज़ी करने की हमारी बारी आई, तो दिन का खेल ख़त्म होते समय मैंने ग्लेन मैकग्राथ के शानदार स्पेल का सामना किया और इस प्रक्रिया में पाँच-छह ओवर मेडन खेले। कुछ लोगों को यह हैरानी हो सकती है कि मैंने मैकग्राथ को वे मेडन क्यों डालने दिए और अपना स्वाभाविक खेल क्यों नहीं खेला, लेकिन टेस्ट क्रिकेट विपक्षी टीम के दिमाग़ को पढ़ने के बारे में होता है। खेल की उस अवधि के बाद ऑस्ट्रेलिया ने अपनी रणनीति बदल ली और बाद में शेन वॉर्न ने मुझे बताया कि मैंने ही उन्हें यह परिवर्तन करने के लिए मजबूर किया था। मुझे बताया गया कि ऑस्ट्रेलिया की योजना यह थी कि हर पारी में वे मुझे 70 प्रतिशत गेंदें ऐसी डालेंगे, जो मुझे छोड़कर बाहर निकलें। लेकिन जब मैं मेडन ओवर खेलता रहा, तो उन्हें एहसास हो गया कि मुझे कुंठित करने की कोशिशें कारगर नहीं होंगी। अगली सुबह मैंने अपनी रणनीति बदल ली और पहले ही ओवर में मैकग्राथ को दो चौके जड़ दिए।

इस टेस्ट मैच में हम अंपायर डेरिल हार्पर की भारी ग़लतियों के शिकार हुए। सौरव और मैंने अच्छा जुझारूपन दिखाया और मैंने 61 रन बनाए। टीम का स्कोर 215-4 था। अगर सौ रन और बन जाते, तो हम मैच को सही स्थिति में ला सकते थे, लेकिन जब हम पारी मज़बूत करने की कोशिश कर रहे थे, तो डेरिल हार्पर ने मुझे शेन वॉर्न की गेंद पर बैट-एंड-पैड कैच आउट दे दिया, जिसे फ़ॉरवर्ड शॉर्ट लेग पर जस्टिन लैंगर ने पकड़ा था। मुझे पक्का पता था कि गेंद मेरे बल्ले से नहीं लगी थी। वॉर्न ने गेंद मेरे पैरों पर फेंकी थी और गेंद बस पैड से टकराई थी, जिसके बाद लैंगर ने उसे पकड़ लिया था। दूसरी पारी में मुझे महसूस हुआ कि मैं एक बार फिर बदक़िस्मत रहा। ग्लेन मैकग्राथ ने मुझ पर एक बाउंसर डालने की कोशिश की, लेकिन गेंद दरअसल नीची रह गई। मैंने सहज बोध से सिर झुका दिया और यह मेरे कंधे पर पड़ी। हर एक को यह देखकर हैरानी हुई कि अंपायर हार्पर ने मुझे एलबीडब्ल्यू क़रार दिया। यह एक अजीब निर्णय था, क्योंकि वह गेंद किसी तरह से विकेटों पर नहीं पड़ सकती थी।

हालाँकि मैं हमारे कमतर प्रदर्शन के लिए बहाने नहीं बना रहा हूँ, लेकिन इसमें कोई शक नहीं कि इन निर्णयों ने काँटे के टेस्ट मैच में काफ़ी बड़ी भूमिका निभाई। ऑस्ट्रेलिया को इस बात का श्रेय दिया जाना चाहिए कि उसने अवसरों का लाभ लिया और फलस्वरूप 1-0 से आगे हो गई। श्रृंखला के दूसरे और तीसरे टेस्ट में ऑस्ट्रेलिया की टीम हमसे बहुत अच्छा खेली। जब सिडनी में हुए तीसरे

टेस्ट में वीवीएस लक्ष्मण ने 167 रनों की जादुई पारी खेली, जिसकी बदौलत मैंने चयनकर्ताओं से कहा कि वे उन्हें एक दिवसीय मैचों की श्रृँखला के लिए वहीं रुके रहने दें, तब भी परिणाम को लेकर कहीं कोई संदेह नहीं था। मैकग्राथ और उस श्रृँखला में पदार्पण करने वाले ब्रेट ली असाधारण थे। इसके अलावा, डेमियन फ़्लेमिंग और शेन वॉर्न के रूप में उनके पास बेहतरीन समर्थन मौजूद था। हमें कभी भी ऊपर आने की अनुमति नहीं दी गई और यह स्वीकार करने में कोई नुक़सान नहीं है कि 1999 में स्टीव वॉ की ऑस्ट्रेलियाई टीम उन सबसे अच्छी टीमों में से एक थी, जिनके ख़िलाफ़ मैं खेला हूँ।

व्यक्तिगत रूप से मेरे लिए यह काफ़ी अच्छी श्रृँखला रही और मैंने बॉक्सिंग टेस्ट में एमसीजी पर अच्छी बल्लेबाज़ी करते हुए शतक बनाया। लेकिन इसका महत्त्व कुछ भी नहीं रहा, क्योंकि मैं टीम की तक़दीर नहीं बदल पाया। हारे हुए मैच में शतक कड़वी गोली की तरह होता है। दूसरी पारी में भी मैंने 52 का स्कोर बनाया और हालाँकि यह व्यक्तिगत दृष्टि से मील का पत्थर था, लेकिन यह मैच को बचाने के लिए पर्याप्त नहीं था।

टेस्ट श्रृँखला में 3-0 की पराजय के बाद हम पाकिस्तान और ऑस्ट्रेलिया के साथ हुई एक दिवसीय त्रिकोणीय श्रृँखला भी हार गए; हम इसके फ़ाइनल में पहुँचने में भी नाकाम रहे। दौरा बद से बदतर हो गया था और मैं बहुत कुंठित था। भारत लौटते समय मैं गंभीर मानसिक खलबली से गुज़र रहा था। मुझे तनावरहित होने में मुश्किल आ रही थी। इससे पहले मैं क्रिकेट की निराशाओं को पीछे छोड़कर स्विच बंद कर देता था। इस बार मैं ऐसा नहीं कर पाया। जब मैं अपने बच्चों के साथ रहता था, तब भी मेरा दिमाग़ उस श्रृँखला में ही उलझा रहता था। मैं यह नहीं समझ पा रहा था कि मुझसे कहाँ या क्या ग़लती हो रही थी। मैं टीम को इसकी संभावना के अनुरूप खेलने के लिए प्रेरित नहीं कर पा रहा था और यह मेरे दिल को कचोट रहा था।

बल्लेबाज़ के रूप में मैं अपनी खुद की ग़लतियों के प्रति जवाबदेह था और मेरे दोषों को दूर करने के लिए आवश्यक सुधार करके दोबारा फ़ॉर्म में लौट सकता था। कप्तान के रूप में ऐसा नहीं था। कप्तान के रूप में मैं अपनी टीम के साथियों के कार्यों के लिए ज़िम्मेदार था, लेकिन मैं उनके हर काम को नियंत्रित नहीं कर सकता था। मिसाल के तौर पर, मैंने कई बार सावधानी से योजना तैयार की, लेकिन उस पर अमल ही नहीं हुआ, जिसे समझना मुझे मुश्किल लगा।

ब्रिसबन में 10 जनवरी 2000 को पाकिस्तान के ख़िलाफ़ हुआ एक दिवसीय मैच इसका उदाहरण है। यह मैच कम स्कोर वाला था और हमने पचास ओवर

में पहले बल्लेबाज़ी करते हुए 195 रन बनाए थे। पाकिस्तान को धीमी गति से गेंदबाज़ी करने के लिए एक ओवर खोना पड़ा और उनकी पारी में एक बिंदु पर उनका स्कोर 71-6 हो गया था। ज़ाहिर है, हमें उस स्थिति से यह मैच जीत जाना चाहिए था। लेकिन अंततः पाकिस्तान आख़िरी गेंद पर वह मैच जीत गया, जब सक़लेन मुश्ताक़ और वक़ार युनस नवें विकेट के लिए 43 रन की अविजित साझेदारी करके टीम को सीमारेखा के पार ले गए।

इस पराजय से मुझे ख़ास तौर पर चोट पहुँची, क्योंकि मैंने पहले ही भविष्यवाणी कर दी थी कि पाकिस्तान के बल्लेबाज़ पारी की अंतिम अवस्थाओं में क्या योजना बना रहे थे। जब मैं मिड ऑफ़ पर फ़ील्डिंग कर रहा था, तो मैंने बार-बार अपने तेज़ गेंदबाज़ों से बात की थी और उनसे ख़ास तौर पर कहा था कि मुझे बताए बिना वे धीमी गेंद न डालें। मेरे बार-बार चेतावनी देने के बावजूद उनमें से एक ने धीमी गेंद डाल दी, जबकि उसके लिए उचित फ़ील्ड नहीं सजाई गई थी और पाकिस्तान के बल्लेबाज़ ने तुरंत उस पर चौका मार दिया। ऐसी घटनाओं से मुझे भारी कुंठा हुई और मैं उन्हें अपने दिमाग़ से नहीं निकाल पा रहा था।

वापस सौरव को

ऑस्ट्रेलिया की श्रृंखला शुरू होने से पहले भी मैंने चयनकर्ताओं से बात की थी कि वे सौरव गाँगुली को मेरा उपकप्तान बना दें। मुझे हमेशा महसूस हुआ था कि उनमें मेरी ग़ैर-मौजूदगी में टीम का नेतृत्व करने की योग्यता थी। अगर मैं ऑस्ट्रेलिया में घायल हो जाऊँ या मुझे कुछ समय के लिए मैदान छोड़कर जाना पड़े, तो मैं चाहता था कि कप्तानी का दायित्व सौरव सँभालें।

ऑस्ट्रेलिया से लौटने के कुछ सप्ताह बाद ही मैंने बीसीसीआई अध्यक्ष एसी मुथैया और चयन समिति को बता दिया था कि मैं कप्तानी छोड़ना चाहता हूँ। यह टीम के सर्वश्रेष्ठ हित में था कि मैं बागडोर सौरव को थमा दूँ और अपनी बल्लेबाज़ी पर ध्यान केंद्रित करूँ। साथ ही, हम भारतीय कप्तानी उन पर अचानक नहीं थोपना चाहते थे, जिससे वे विचलित हो जाएँ। सौरव को दबावों का अभ्यस्त होने के लिए थोड़े समय की ज़रूरत थी और यह सुनिश्चित करना मेरी ज़िम्मेदारी थी कि यह परिवर्तन सुचारु हो। इसलिए मैंने चयनकर्ताओं को बता दिया कि मैं फ़रवरी 2000 में दक्षिण अफ़्रीका के ख़िलाफ़ दो घरेलू टेस्ट मैचों में टीम का नेतृत्व करने के लिए ख़ुशी-ख़ुशी तैयार हूँ। यह सहमति बनी कि टेस्ट श्रृंखला के बाद सौरव पाँच मैचों की एक दिवसीय श्रृंखला में कप्तानी

की बागडोर सँभाल लेंगे।

मैंने इस निर्णय पर अपने परिवार वालों के साथ लोनावला में बात की थी, जहाँ हम छुट्टी मनाने गए थे। वे सभी सहमत थे कि मैं टीम से जो चाहता था, उसे हासिल न कर पाने की कुंठा मुझे बुरी तरह प्रभावित कर रही थी और मैं खुद पर ज़्यादा ही दबाव डाल रहा था। अंजलि जानती थी कि मैं कैसा महसूस कर रहा था और मैंने अजीत भाई से भी इस बारे में लंबी बात की कि मैं किस दौर से गुज़र रहा था।

दोबारा कभी नहीं

2000 की शुरुआत में कप्तानी छोड़ने के बाद मैंने फिर कभी भारत की कप्तानी नहीं की। इसका मतलब यह नहीं है कि मुझे इसके बाद टीम की कप्तानी करने का मौक़ा नहीं मिला। दरअसल इस पद का प्रस्ताव कई बार रखा गया, लेकिन मेरे मन में इसका प्रलोभन कभी नहीं जागा। ऐसा एक मौक़ा तब आया, जब सितंबर 2007 में राहुल द्रविड़ इंग्लैंड के दौरे के बाद हट गए थे।

अंतिम बार मेरे सामने कप्तानी का प्रस्ताव तब रखा गया, जब 2008 के अंत में अनिल की कप्तानी का अंत हुआ। हम ऑस्ट्रेलिया के ख़िलाफ़ एक घरेलू श्रृंखला के मध्य में थे और अनिल के रिटायरमेंट ने एक भारी शून्य छोड़ दिया था। इस बार मैंने एमएस धोनी की सिफ़ारिश की। इससे पहले मैं 20-20 विश्व कप के लिए उन्हें कप्तान बनाने की सिफ़ारिश कर चुका था और टेस्ट मैच में कप्तानी एक स्वाभाविक प्रगति थी।

धोनी 20-20 क्रिकेट में पहले ही टीम की बेहतरीन कप्तानी कर चुके थे और उन्होंने पचास ओवर के मैचों में भी अच्छा प्रदर्शन किया था। वे उन चंद खिलाड़ियों में से एक थे, जो सभी तरह के क्रिकेट मैच खेल सकते थे और महत्त्वपूर्ण मोड़ पर खेल को अच्छी तरह पढ़ सकते थे। स्लिप में फ़ील्डिंग करते समय उनके साथ बातचीत करने से मैं जानता था कि वे इस काम के लिए अच्छा चयन थे और मुझे उनका नाम सामने रखने में कोई झिझक नहीं हुई। इसके अलावा, उनकी उम्र भी कम थी और वे भविष्य में लंबे समय तक भारतीय क्रिकेट का मार्गदर्शन कर सकेंगे।

मैंने कप्तानी छोड़ने के बाद जितने भी लोगों की सिफ़ारिश की या जिनके नेतृत्व में खेला - सौरव गाँगुली, राहुल द्रविड़, अनिल कुंबले या एमएस धोनी - उनके साथ मेरा अच्छा संबंध था और जब मुझे ज़रूरी लगता था, तो मैं उन्हें

अपनी राय देता था और फिर अंतिम निर्णय उन पर छोड़ देता था। मुझे महसूस हुआ कि टीम का वरिष्ठ खिलाड़ी होने के नाते कप्तान को विकल्प सुझाना मेरा काम था, क्योंकि उनके पास इतनी सारी परेशानियाँ रहती थीं कि वे कई चीज़ें आसानी से चूक सकते थे। मैं निर्णयों में शामिल होने से प्रेम करता था और वे सभी मेरे योगदान का स्वागत करते थे। अंतिम निर्णय हमेशा कप्तान का होता था, लेकिन मुझे यह बताना हमेशा उचित लगा कि मेरे हिसाब से टीम के लिए क्या सर्वश्रेष्ठ था।

मैं जिस भी कप्तान के नेतृत्व में खेला, उसकी अपनी शक्तियाँ थीं। सौरव उत्कृष्ट रणनीतिकार थे और खेल की बहुत अच्छी समझ रखते थे। वे आक्रामक कप्तान थे और मुश्किल स्थितियों में भी प्रयोग करने से नहीं घबराते थे। सौरव के अधीन ही हमने विदेशी टेस्ट मैच लगातार जीतने शुरू किए।

अनिल कुंबले उत्कृष्ट संप्रेषक थे और स्पष्टता से खिलाड़ियों को बता देते थे कि वे उनमें से प्रत्येक से क्या चाहते थे। वे आक्रामक थे और अपने सहज बोध पर भरोसा करते थे। सौरव और अनिल दोनों ही महान खिलाड़ी थे और समान रूप से सक्षम लीडर थे।

दूसरी ओर, राहुल ज़्यादा पारंपरिक थे। वे ज़्यादा नियमशील थे और उनकी मानसिक दृढ़ता एक अतिरिक्त शक्ति थी। वे काम के प्रति समर्पित थे, लेकिन बहुत ज़्यादा प्रयोग करने से बचते थे। इसके विपरीत धोनी आवेगशील थे और अपने सहज बोध का अनुसरण करना पसंद करते थे। उनकी खेल पर सचमुच अच्छी पकड़ है और वे कोई अलग चीज़ आज़माने से नहीं डरते हैं। वे कभी नहीं घबराते हैं और दबाव का अच्छी तरह सामना करते हैं। इन लोगों के नेतृत्व में भारत ने कुछ बड़ी श्रृंखलाएँ और टूर्नामेंट जीते और मुझे उन सभी के साथ खेलने में आनंद आया।

मैं जिन कप्तानों के ख़िलाफ़ खेला हूँ, उनमें मैं नासिर हुसैन को सर्वश्रेष्ठ मानता हूँ। वे उत्कृष्ट रणनीतिकार थे और भले ही उनकी कुछ चालें कभी-कभार नकारात्मक होती थीं - मिसाल के तौर पर, उन्होंने अपने बाएँ हाथ के स्पिनर एश्ले जाइल्स से मेरे लेग स्टंप के बाहर गेंदें कराई थीं - लेकिन वे खेल के बहुत अच्छे चिंतक थे और दूरदर्शी थे। नासिर किसी शॉट के खेले जाने के *बाद* खिलाड़ी को किसी ख़ास जगह पर तैनात नहीं करते थे। इसके बजाय उनमें उस शॉट का पूर्वानुमान लगाने की योग्यता होती थी और वे फ़ील्डर को पहले से ही वहाँ पर तैनात कर देते थे, जिससे उनकी टीम को सचमुच फ़ायदा होता था।

ऑस्ट्रेलिया के जिन कप्तानों के ख़िलाफ़ मैं खेला हूँ, उनमें मैं माइकल क्लार्क को सर्वश्रेष्ठ कप्तान मानता हूँ। हालाँकि मैं 1992 में एलन बॉर्डर का मूल्यांकन करने के लिहाज़ से बहुत छोटा था, लेकिन मार्क टेलर, स्टीव वॉ और रिकी पॉन्टिंग जैसे दूसरे ऑस्ट्रेलियाई कप्तानों को यह लाभ मिला था कि उनकी टीम में हमारी पीढ़ी के कुछ सबसे महान खिलाड़ी थे। इतने सारे मैच जिताने वाले खिलाड़ी हों, तो कप्तान की भूमिका अपने आप कम हो जाती है। लेकिन क्लार्क की स्थिति भिन्न थी। उन्हें ऑस्ट्रेलिया की टीम को शून्य से बनाना था और इतने कम समय में ऐसा करना लीडर के रूप में उनकी योग्यता का खुद बखान कर देता है।

दक्षिण अफ़्रीका के ग्राहम स्मिथ एक और खिलाड़ी हैं, जिनका मैं कप्तान के रूप में बहुत सम्मान करता हूँ। बाईस साल की उम्र में टीम की बागडोर सबसे गड़बड़ परिस्थितियों में सँभालकर स्मिथ ने दक्षिण अफ़्रीका को विश्व टेस्ट रैंकिंग के शिखर पर पहुँचाने के लिए ज़ोरदार काम किया।

जब मैं अपने खुद के कप्तानी करियर को पलटकर देखता हूँ, तो मुझे लगता है कि अगर मुझे ज़्यादा सहयोग मिलता, तो मैं कप्तान की अपनी पहली पारी में बेहतर परिणाम हासिल कर सकता था। मैंने कभी भी चयनकर्ताओं को लेकर पूरी तरह आरामदेह महसूस नहीं किया। यह उन टीमों में झलकता था, जो मुझे दी गई थीं। मुझे टीमें हमेशा वही नहीं मिलती थीं, जिन्हें मैं चुनता। भारत के कप्तान के रूप में मेरे पहले कार्यकाल में तो मुझे ऐसा लगता था कि हर श्रृंखला एक व्यक्तिगत इम्तहान थी और एक श्रृंखला में बुरी तरह हारने का मतलब था कि मेरे पद पर तुरंत प्रश्नचिन्ह लग गया था। इतना भारी दबाव हमेशा सबसे अच्छे संकेत नहीं भेजता था और ऐसा लगता था, मानो मेरा सतत मूल्यांकन चल रहा हो। हर कप्तान जीतने के लिए कमर कसता है और एड़ी-चोटी का ज़ोर लगाता है, लेकिन अंतरराष्ट्रीय खेल जगत में ऐसा कर पाना हमेशा संभव नहीं होता। हम यह भूल जाते हैं कि विपक्षी टीम भी जीतने के लिए खेल रही थी और कई बार वे हमसे बेहतर क्रिकेट खेलते थे। दिसंबर 1999 में ऑस्ट्रेलिया में यही हुआ था।

यह अफ़सोस करने में कोई तुक नहीं है कि क्या हो सकता था। अब कप्तानी से परे जाकर यह देखने का समय था कि टीम को अपने सर्वश्रेष्ठ संभव तरीक़े से योगदान दिया जाए। मुझे खुशी है कि फ़रवरी 2000 में कप्तानी छोड़ने के बाद भी मैं तेरह साल तक ऐसा कर पाया।

तेंदुलकर होने की मुश्किल

यह एक आम ग़लतफ़हमी है कि क्रिकेटरों के परिवारों को बड़े आराम की ज़िंदगी नसीब होती है। इसके विपरीत मेरी अनुपस्थिति में अंजलि को बच्चों की ज़्यादातर परवरिश करनी पड़ी थी और लगभग अकेले ही दो छोटे बच्चों को पालना क़तई आसान नहीं कहा जा सकता। बच्चों के लिए भी कई बार यह मुश्किल था। वे हमेशा ऐसी चीज़ें नहीं कर पाते थे, जिनका आनंद सामान्य बच्चे लेते हैं और जब उनका पिता लंबे समय तक दूर रहता था, तो वे पिता के प्रेम और परवाह से वंचित रह जाते थे।

मिसाल के तौर पर, जब अर्जुन सिर्फ़ नौ महीने का था, तो मैं एडिडास की फ़ैक्ट्री की यात्रा करने के लिए जर्मनी जा रहा था। मैंने अंजलि से पूछा कि क्या वे भी साथ चलना चाहेंगी। मैं सिर्फ़ पाँच दिनों के लिए जा रहा था और अंजलि नौ महीनों से - अर्जुन के जन्म के बाद से - घर से बाहर नहीं निकली थीं। हमने सारा और अर्जुन को अंजलि के माता-पिता के पास भारत में ही छोड़ दिया। घर छोड़ने के बाद तीसरी रात को हमारे होश उड़ गए। हमने एडिडास फ़ैक्ट्री में काम पूरा कर लिया था और शाम को मनोरंजन के लिए एक छोटे गाँव में थे, तभी अंजलि के पास डॉ. अजीत गजेन्द्रगड़कर का फ़ोन आया, जिन्होंने हमसे जल्दी से जल्दी लौटने को कहा। हमें बताया गया कि अंजलि की माँ को ब्रेन हैमरेज हो गया था (जिससे वे बाद में उबर गईं) और वे अस्पताल में बेहोश पड़ी थीं, जबकि अर्जुन घर पर गंभीर रूप से बीमार था।

जर्मनी में यह रात का समय था और हम अगली सुबह से पहले भारत रवाना नहीं हो सकते थे। अगले दिन पूरी यात्रा में हम यही चिंता करते रहे कि नौ महीने के अर्जुन की देखभाल कौन कर रहा होगा। जब हम आख़िरकार घर पहुँचे, तो अर्जुन को देखते ही हम दोनों की आँखों में आँसू तैरने लगे। उसका वज़न कम हो गया था और उसकी आँखों में दर्द का भाव था। हालाँकि हम दोनों को देखकर उसकी आँखों में ख़ुशी की चमक भी थी, लेकिन उसका ज़्यादातर भाव आहत होने का था, मानो पूछ रहा हो कि हम उसे छोड़कर क्यों चले गए थे। तब से अंजलि ने मेरे साथ विदेश जाने के लिए बच्चों को कभी घर पर अकेला नहीं छोड़ा।

एक और उदाहरण उसके ठीक बाद की घटना का है, जब मार्च 2007 में हम कैरिबियन में विश्व कप से बाहर हो गए थे। हम उस टूर्नामेंट में ख़राब खेले थे और इससे हमारे देशवासी बहुत निराश हुए थे। मेरा परिवार जानता था कि पहले चक्र में ही बाहर होने की प्रतिक्रिया बच्चों तक पहुँच सकती है। सावधानी

के तौर पर अंजलि ने सात साल के अर्जुन को समझाया था कि अगर कोई स्कूल में उसके डैडी पर छींटाकशी करे, तो उसे नज़रअंदाज़ कर देना चाहिए; उसे बस यह कह देना चाहिए कि यह निराशाजनक था और हम निश्चित रूप से अगली बार ज़्यादा अच्छा प्रदर्शन करेंगे। जब उसके एक मित्र ने स्कूल में उसे घेर लिया और कहा कि भारत इसलिए हार गया, क्योंकि उसके डैडी शून्य पर आउट हो गए थे, तो हमारी सलाह उसके दिमाग़ से निकल गई और अर्जुन ने उस लड़के को मुक्का मारकर कहा कि उसके पिता के बारे में आगे से कोई बुरी बात न बोले।

हालाँकि सारा की रुचि विज्ञान के अध्ययन में है, लेकिन अर्जुन, जिसने फुटबॉल से शुरुआत की थी, अब क्रिकेट खेलना चाहता है। मैं पूरी तरह खुश हूँ कि मैं उन्हें वही करने दूँ, जो वे करना चाहते हैं। पिछले कुछ वर्षों में सारा में स्पष्ट बदलाव हुए हैं और अब वह कहीं ज़्यादा ज़िम्मेदारी लेने लगी है। अंजलि ने उसे उसका टाइमटेबल बनाने की छूट दे दी है और वह परिपक्वता के लक्षण दिखा रही है। वह 2012 की गर्मी में अपने समर स्कूल के लिए ऑक्सफ़ोर्ड गई और अब डॉक्टर बनने के सपने का ख़ुशी-ख़ुशी पीछा कर रही है। मैं उसे ऐसा करते देखकर ख़ुश होऊँगा और मैंने हमेशा महसूस किया है कि माता-पिता के लिए सबसे अच्छी चीज़ यह है कि वे बच्चों को उनके ख़ुद के सपने का पीछा करने की अनुमति दें। यही मैंने किया था और यही मैं अपनी बेटी को भी करते देखना चाहता हूँ।

दूसरी ओर, अर्जुन क्रिकेट को लेकर बहुत जोशीला है। वैसे जब तक वह सात साल का नहीं हुआ, तब तक उसके और मेरे बीच क्रिकेट संबंधी कोई बातचीत नहीं हुई। मैं उससे बाक़ी हर चीज़ के बारे में बात करता था, लेकिन घर पर क्रिकेट की बात कभी नहीं करता था। यह मेरे पेशेवर संसार को अलग रखने की कोशिश थी। मैंने पाया कि दोनों पहलुओं को एक दूसरे से दूर रखने से अक्सर मदद मिलती है। स्थिति यह थी कि मेरी पत्नी और बच्चे मेरा खेल देखने के लिए शायद ही कभी स्टेडियम आते थे। अंजलि अपनी ज़िंदगी में केवल कुछ ही मौक़ों पर स्टेडियम में आई है। पहली बार जब उसने मुझे बल्लेबाज़ी करते देखा, वह 1996 में एडबैस्टन में था, जब मैंने शतक मारा था। तब वह अपने पिता के साथ वहाँ आई थी और हमारी मुलाक़ात भी नहीं हुई थी। दूरारी बार वह मेलबर्न में 2004 में स्टेडियम आई, जब मैं पहली गेंद पर शून्य पर आउट हो गया। इसके बाद वह नवंबर 2013 में ईडन गार्डन्स में मेरे 199वें टेस्ट मैच तक स्टेडियम में नहीं आई। इसके बजाय, वह घर पर एक ख़ास जगह पर बैठकर टीवी पर मैच देखती थी और जब मैं बल्लेबाज़ी करता था, तो वह किसी

से बात नहीं करती थी या फ़ोन नहीं सुनती थी। यह पूरे समय मेरे साथ रहने की उसकी शैली थी।

अर्जुन मेरे मैच देखने अक्सर आता था और मेरे साथ इंग्लैंड, ऑस्ट्रेलिया और दक्षिण अफ़्रीका की यात्रा कर चुका है। सितंबर 2007 में पहले वर्ल्ड 20-20 में भारत की जीत देखने के बाद अर्जुन गंभीरता से क्रिकेट के प्रति आकर्षित हो गया। हमने घर पर मिलकर मैच देखे और वह दक्षिण अफ़्रीका में भारतीय विजय को देखकर बहुत प्रेरित हुआ।

कई लोगों ने मुझसे पूछा है कि क्या मुझे अतिरिक्त दबाव महसूस होता है कि अर्जुन क्रिकेटर बनने की कोशिश कर रहा है। मुझे सचमुच नहीं होता। मैं खुश हूँ कि वह कोई ऐसी चीज़ करने की कोशिश कर रहा है, जिसमें उसे आनंद आता है, क्योंकि इससे उसे अपने आप खुशी मिलेगी। इसके अलावा किसी खेल को खेलने में कुछ भी नकारात्मक नहीं है। हालाँकि प्रदर्शन की गारंटी देना कभी संभव नहीं है, लेकिन इंसान हमेशा प्रयास की गारंटी दे सकता है और इसमें कोई शक नहीं है कि वह अपने सबसे अच्छे प्रयास कर रहा है। मुझे इस बात की परवाह नहीं है कि अपने खेल में वह कितनी दूर तक जाता है, लेकिन मुझे खुशी है कि वह जिस चीज़ से प्रेम करता है, उसमें उत्कृष्ट बनने के लिए वह अपना सर्वश्रेष्ठ प्रयास कर रहा है। मुझे दृढ़ विश्वास है कि आप क्रिकेट को तभी खेलें, अगर आप इससे बुरी तरह प्रेम करते हों। और यही पिछले कुछ सालों में अर्जुन के साथ हुआ है। इसमें कोई शक नहीं है कि जब भी वह खेलेगा, तो हर बार उस पर दबाव होगा। लेकिन उसी ने तो यह चुना है कि वह क्या करना चाहता है और जितनी अच्छी तरह बन पड़ेगा, उसे उस दबाव से निबटना होगा।

India in New Zealand 1998–99

1st Test. Dunedin. 18–22 December 1998
Match abandoned without a ball bowled

2nd Test. Wellington. 26–30 December 1998
India 208 (M Azharuddin 103, **SR Tendulkar 47**; SB Doull 7–65) and 356 (**SR Tendulkar 113**, SC Ganguly 48, M Azharuddin 48; DJ Nash 3–20, SB Doull 2–49)
New Zealand 352 (DJ Nash 89*, DL Vettori 57, NJ Astle 56; A Kumble 4–83 **SR Tendulkar 2–7**) and 215–6 (CD McMillan 74*, CL Cairns 61; J Srinath 3–82, A Kumble 2–70)
New Zealand won by 4 wickets

3rd Test. Hamilton. 2–6 January 1999

New Zealand 366 (CD McMillan 92, RG Twose 87, MJ Horne 63; J Srinath 5–95) and 464–8 dec (CL Cairns 126, CD McMillan 84, DJ Nash 63, AC Parore 50; **SR Tendulkar 2–30**)

India 416 (R Dravid 190, J Srinath 76, **SR Tendulkar 67**; CL Cairns 4–107, SB Doull 3–64) and 249–2 (R Dravid 103*, SC Ganguly 101*; CL Cairns 2–30)

Match drawn

New Zealand won the series 1–0

Pakistan in India 1999

1st Test. Chennai. 28–31 January 1999

Pakistan 238 (M Khan 60, Y Youhana 53; A Kumble 6–70, J Srinath 3–63, **SR Tendulkar 1–10**) and 286 (S Afridi 141, Inzamam-ul-Haq 51; BKV Prasad 6–33, **SR Tendulkar 2–35**)

India 254 (SC Ganguly 54, R Dravid 53, **SR Tendulkar 0**; S Mushtaq 5–94, S Afridi 3–31) and 258 (**SR Tendulkar 136**, NR Mongia 52; S Mushtaq 5–93, W Akram 3–80)

Pakistan won by 12 runs

2nd Test. Delhi. 4–7 February 1999

India 252 (M Azharuddin 67, S Ramesh 60, **SR Tendulkar 6**; S Mushtaq 5–94) and 339 (S Ramesh 96, SC Ganguly 62*, **SR Tendulkar 29**; S Mushtaq 5–122, W Akram 3–43)

Pakistan 172 (S Afridi 32, S Malik 31; A Kumble 4–75, H Singh 3–30) and 207 (S Anwar 69, S Afridi 41; A Kumble 10–74)

India won by 212 runs

Series drawn 1–1

Asian Test Championship 1999

1st Match. India v Pakistan. Kolkata. 16–20 February 1999

Pakistan 185 (M Khan 70; J Srinath 5–46, BKV Prasad 2–27, **SR Tendulkar 1–8**) and 316 (S Anwar 188, Y Youhana 56; J Srinath 8–86)

India 223 (S Ramesh 79, **SR Tendulkar 0**; S Akhtar 4–71, W Akram 3–65) and 232 (VVS Laxman 67, S Ramesh 40, **SR Tendulkar 9**; S Akhtar 4–47, S Mushtaq 3–69)

Pakistan won by 46 runs

2nd Match. Sri Lanka v India. Colombo (SSC). 24–28 February 1999

India 518–7 dec (S Ramesh 143, R Dravid 107, M Azharuddin 87, SC Ganguly 56, **SR Tendulkar 53**) and 306–5 (**SR Tendulkar 124***, SC Ganguly 78; KEA Upashantha 2–41, PA de Silva 2–59)

Sri Lanka 485 (DPMD Jayawardene 242, A Ranatunga 66; A Kumble 4–134, H Singh 3–127)

Match drawn

Pakistan beat Sri Lanka in the final

India in the 1999 World Cup

2nd match. India v South Africa at Hove. 15 May 1999
India 253–5 (50/50 ov); South Africa 254–6 (47.2/50 ov)
South Africa won by 4 wickets (with 16 balls remaining)

8th match. India v Zimbabwe at Leicester. 19 May 1999
Zimbabwe 252–9 (50/50 ov); India 249 (45/46 ov)
Zimbabwe won by 3 runs

15th match. India v Kenya at Bristol. 23 May 1999
India 329–2 (50/50 ov); Kenya 235–7 (50/50 ov)
India won by 94 runs

21st match. India v Sri Lanka at Taunton. 26 May 1999
India 373–6 (50/50 ov); Sri Lanka 216 (42.3/50 ov)
India won by 157 runs

25th match. England v India at Birmingham. 29–30 May 1999
India 232–8 (50/50 ov); England 169 (45.2/50 ov)
India won by 63 runs

1st super. Australia v India at The Oval. 4 June 1999
Australia 282–6 (50/50 ov); India 205 (48.2/50 ov)
Australia won by 77 runs

4th super. India v Pakistan at Manchester. 8 June 1999
India 227–6 (50/50 ov); Pakistan 180 (45.3/50 ov)
India won by 47 runs

8th super. India v New Zealand at Nottingham. 12 June 1999
India 251–6 (50/50 ov); New Zealand 253–5 (48.2/50 ov)
New Zealand won by 5 wickets (with 10 balls remaining)

Final. Australia v Pakistan at Lord's. 20 June 1999
Pakistan 132 (39/50 ov); Australia 133–2 (20.1/50 ov)
Australia won by 8 wickets (with 179 balls remaining)

New Zealand in India 1999

1st Test. Mohali. 10–14 October 1999
India 83 (J Srinath 20, **SR Tendulkar 18**, MSK Prasad 16*; DJ Nash 6–27, CL Cairns 2–23, SB O'Connor 2–20) and 505–3 dec (R Dravid 144, **SR Tendulkar 126***, DJ Gandhi 75, S Ramesh 73, SC Ganguly 64*)
New Zealand 215 (CM Spearman 51, NJ Astle 45, SP Fleming 43; J Srinath 6–45) and 251–7 (SP Fleming 73; A Kumble 3–42, SB Joshi 2–38)
Match drawn

2nd Test. Kanpur. 22–25 October 1999
New Zealand 256 (CL Cairns 53, DJ Nash 41*; A Kumble 4–67, J Srinath 3–62) and 155 (AC Parore 48; A Kumble 6–67, H Singh 3–33)
India 330 (DJ Gandhi 88, S Ramesh 83, R Dravid 48, **SR Tendulkar 15**;

DL Vettori 6–127) and 83–2 (**SR Tendulkar 44***, DJ Gandhi 31)
India won by 8 wickets

3rd Test. Ahmedabad. 29 October–2 November 1999
India 583–7 dec (**SR Tendulkar 217**, SC Ganguly 125, S Ramesh 110; DL Vettori 4–200) and 148–5 dec (SC Ganguly 53, **SR Tendulkar 15**)
New Zealand 308 (NJ Astle 74, CL Cairns 72, SP Fleming 48; A Kumble 5–82) and 252–2 (GR Stead 78, SP Fleming 64*, CM Spearman 54*)
Match drawn

India won the series 1–0

India in Australia 1999–2000 – The Border-Gavaskar Trophy

1st Test. Adelaide. 10–14 December 1999
Australia 441 (SR Waugh 150, RT Ponting 125, SK Warne 86; BKV Prasad 3–83) and 239–8 dec (GS Blewett 88, AC Gilchrist 43; AB Agarkar 3–43, J Srinath 3–64)
India 285 (**SR Tendulkar 61**, SC Ganguly 60, VVS Laxman 41; SK Warne 4–92, DW Fleming 3–70) and 110 (SC Ganguly 43, **SR Tendulkar 0**; DW Fleming 5–30, GD McGrath 3–35)
Australia won by 285 runs

2nd Test. Melbourne. 26–30 December 1999
Australia 405 (MJ Slater 91, AC Gilchrist 78, RT Ponting 67; J Srinath 4–130, AB Agarkar 3–76) and 208–5 dec (AC Gilchrist 55, ME Waugh 51*; AB Agarkar 3–51, A Kumble 2–72)
India 238 (**SR Tendulkar 116**, SC Ganguly 31; B Lee 5–47, GD McGrath 3–39) and 195 (**SR Tendulkar 52**, HH Kanitkar 45; ME Waugh 2–12, B Lee 2–31, DW Fleming 2–46)
Australia won by 180 runs

3rd Test. Sydney. 2–4 January 2000
India 150 (**SR Tendulkar 45**, R Dravid 29; GD McGrath 5–48, B Lee 4–39) and 261 (VVS Laxman 167, **SR Tendulkar 4**; GD McGrath 5–55, B Lee 2–67)
Australia 552–5 dec (J Langer 223, RT Ponting 141*, SR Waugh 57; J Srinath 2–105, **SR Tendulkar 1–34**)
Australia won by an innings and 141 runs

Australia won the series 3–0

South Africa in India 2000

1st Test. Mumbai. 24–26 February 2000
India 225 (**SR Tendulkar 97**, AB Agarkar 41*; JH Kallis 3–30, AA Donald 2–23, SM Pollock 2–43) and 113 (R Dravid 37, **SR Tendulkar 8**; SM Pollock

4–24, WJ Cronje 3–23)
South Africa 176 (G Kirsten 50, HH Gibbs 47; **SR Tendulkar 3–10**, J Srinath 3–45) and 164–6 (HH Gibbs 46, JH Kallis 36*; A Kumble 4–56)
South Africa won by 4 wickets

2nd Test. Bangalore. 2–6 March 2000
India 158 (A Kumble 36*, **SR Tendulkar 21**; N Boje 2–10, SM Pollock 2–26, M Hayward 2–40) and 250 (M Azharuddin 102, A Kumble 28, **SR Tendulkar 20**; N Boje 5–83, AA Donald 2–56)
South Africa 479 (L Klusener 97, JH Kallis 95, N Boje 85, G Kirsten 79, DJ Cullinan 53; A Kumble 6–143, M Kartik 3–123)
South Africa won by an innings and 71 runs

South Africa won the series 2–0

11
सर्वश्रेष्ठ श्रँखला

सौरव के नेतृत्व में भारत ने अच्छी शुरुआत की और मार्च 2000 में दक्षिण अफ़्रीका के ख़िलाफ़ एक दिवसीय श्रँखला 3-2 से जीत ली। लेकिन इसके बाद जल्दी ही मैच फ़िक्सिंग स्कैंडल की वजह से क्रिकेट की छवि धूमिल हो गई। खेल की विश्वसनीयता पर आँच आ गई और मुझे पैसे के लिए मैच हारने के भंडाफोड़ अप्रिय तथा बुरे लगे। पूरा मामला घिनौना था और सबसे ज़्यादा चिंताजनक बात यह थी कि प्रशंसकों का विश्वास उठने लगा था और हमारे खेल की ईमानदारी संदिग्ध हो गई थी। हमें खेल में विश्वसनीयता को दोबारा लाने की सख़्त ज़रूरत थी। हमें उम्मीद थी कि जब हम ऑस्ट्रेलिया की टीम से घरेलू मैदानों पर फ़रवरी-मार्च 2001 में बहुप्रतीक्षित टेस्ट श्रँखला खेलेंगे, तो हम इस विश्वास को दोबारा लौटा सकते हैं। इससे प्रशंसक भ्रष्टाचार की घिनौनी कहानियों से दूर जा सकेंगे और वे असली चीज़ पर ध्यान केंद्रित कर पाएँगे : गुणवत्तापूर्ण टेस्ट क्रिकेट।

उस वक़्त स्टीव वॉ की ऑस्ट्रेलियाई टीम घरेलू और विदेशी दोनों मैदानों पर विपक्षी टीमों को बुरी तरह रौंद रही थी। जब वे भारत आए, तो वे लगातार पंद्रह टेस्ट मैच जीतकर आ रहे थे। ग्लेन मैकग्राथ, जैसन गिलेस्पी, डेमियन फ़्लेमिंग, माइकल कैस्प्रोविज़ और शेन वॉर्न के रूप में उनके पास ऐसी गेंदबाज़ी थी, जो हर तरह की परिस्थितियों में विकेट लेने में सक्षम थी। बल्लेबाज़ी भी असाधारण थी, जिसमें मैथ्यू हेडन, माइकल स्लेटर, जस्टिन लैंगर, वॉ बंधु, रिकी पॉन्टिंग और ऐडम गिलक्रिस्ट सभी अच्छे फ़ॉर्म में थे।

ऑस्ट्रेलिया की श्रँखला के कुछ महीने पहले मेरा परिवार साहित्य सहवास से हमारे नए घर पर रहने चला गया। हमने मुंबई के बांद्रा वेस्ट में ला मेर रेसिडेंसी में एक अपार्टमेंट लिया था। मुझे स्वीकार करना होगा कि इसमें मेरा योगदान बहुत कम था। यह तो अंजलि थी, जिसने हर चीज़ की व्यवस्था की और मैंने तो बस यह किया कि मैं एक लंबे-चौड़े अपार्टमेंट में रहने चला गया, जिसमें मुझे सभी चीज़ें सुंदरता से जमी हुई मिलीं।

'कृपया अपनी शर्ट ख़राब न करें, मैं पसीना-पसीना हो रहा हूँ!' मार्क मस्कारेन्यस को कोई दिक्क़त नहीं हुई और 1998 में शारजाह में ऑस्ट्रेलिया के ख़िलाफ़ शतक बनाने के बाद उन्होंने मुझे गले लगा लिया।

दिल्ली में बॉर्डर-गावस्कर ट्रॉफ़ी के साथ, अक्टूबर 1996 में कप्तान के रूप में मेरे पहले टेस्ट में ऑस्ट्रेलिया को हराने के बाद।

लॉर्ड्स के मशहूर लॉन्ग रूम में। सभी देशों के क्रिकेट कप्तान 1997 में आईसीसी की एक बैठक में। बाएँ से : हैन्सी क्रोनिये, मैं, वसीम अकरम, मार्क टेलर, अलेस्टेयर कैंपबेल, माइकल एथरटन, कर्टनी वॉल्श, अर्जुन राणातुंगा और स्टीफ़न फ़्लेमिंग।

'मुझे आशा है कि आप इसे स्वर्ग से देख रहे होंगे।' - 1999 के विश्व कप में कीनिया के ख़िलाफ़ यह शतक हमेशा ख़ास रहेगा। यह पिताजी को समर्पित था, जिन्हें मैंने एक सप्ताह पहले खोया था।

इंग्लैंड में 1999 वर्ल्ड कप के दौरान महारानी के साथ। साथ में ज़िम्बाबवे के हीथ स्ट्रीक और पाकिस्तान के मोईन ख़ान भी हैं।

नवंबर 1999 में न्यूज़ीलैंड के ख़िलाफ़ एक दिवसीय श्रृँखला जीतने के बाद जश्न, कप्तान के रूप में मेरी दूसरी अवधि के दौरान।

बाएँ : 1999 में एडीलेड में ग्लेन मैक्ग्राथ की एक गेंद पर मैं झुका और गेंद के कंधे पर लगने के बाद मुझे आश्चर्य हुआ कि अंपायर डैरिल हार्पर ने मुझे एलबीडब्ल्यू आउट दे दिया।

नीचे बाएँ : 2001 शृंखला में ऑस्ट्रेलिया के ख़िलाफ़ पहले टेस्ट की पूर्व संध्या पर मुंबई में शेन वॉर्न के साथ।

नीचे दाएँ : हरभजन सिंह 2001 में ईडन गार्डन्स में भारत की पहली टेस्ट हैट्रिक लेते हुए।

सामने का पृष्ठ :

ऊपर : क्या ख़ूब साझेदारी थी - ईडन गार्डन्स में चौथे दिन 335 रन और वह भी नाबाद! अंत में वीवीएस लक्ष्मण ने 281 रन बनाए और राहुल द्रविड़ ने 180, जिसने 2001 शृंखला का रुख़ ही पलट दिया।

नीचे : मैंने गेंद के साथ अपनी भूमिका निभाई और लेग स्पिन करते हुए पाँच ओवर में तीन विकेट लिए। यहाँ ऐडम गिलक्रिस्ट एलबीडब्ल्यू आउट हुए।

SS
BRITANNIA

बाएँ : 2002 में हेडिंग्ले के तीसरे टेस्ट में एंड्रयू फ़्लिंटॉफ़ के एक प्रतिरोधी स्पेल में एक बाउंसर से बचते हुए।

नीचे बाएँ : हेडिंग्ले में आक्रमण करते हुए। एक मशहूर विजय और हमने श्रृंखला को 1-1 से बराबर कर लिया।

नीचे दाएँ : 2002 में ओवल में गेंदबाज़ी करते हुए, जो बहुत रोमांचक टेस्ट श्रृंखला थी।

अगला पृष्ठ :

ऊपर : 2002 में पूरी टीम न्यूज़ीलैंड में एक सैर पर गई। वे हमें सीधे एक चट्टान तक ले गए और आख़िरी मिनट पर ही मुड़े - बड़ा ही मज़ा आया।

नीचे बाएँ : सुनील जोशी और आशीष नेहरा के साथ - 2002 में कैरिबियन में आनंद मनाते हुए।

नीचे दाएँ : सेंचुरियन का मैदान : 2003 विश्व कप में पाकिस्तान के साथ बहु-प्रतीक्षित मुक़ाबले में 98वां रन लेते हुए।

SHOTOVER JET
NEW ZEALAND
www.shotoverjet.com
SHOTOVER

MRF

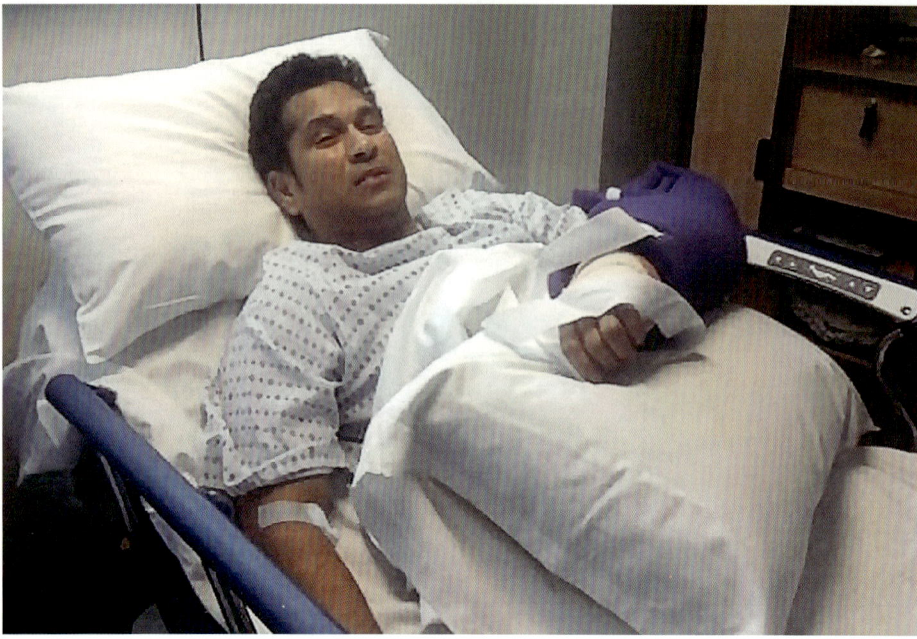

2005 में कोहनी के ऑपरेशन से उबरते हुए। यह मेरे करियर की सबसे कष्टदायक चोट थी।

2003 में बैंगलोर की एक संस्था में ग़रीब/असहाय बच्चों की बात सुनते हुए।

नए अपार्टमेंट में हमारे रहने जाने के बस दस महीने बाद 26 जनवरी 2001 की सुबह मैंने अंजलि को डर से चीख़ते सुना, 'भूकंप!' इमारत इधर से उधर हिल रही थी और मेरे मन में पहला विचार यह आया कि भवन निर्माता ने निर्माण कार्य में गड़बड़ कर दी थी। लेकिन कुछ ही पलों में मुझे एहसास हो गया कि यह इससे ज़्यादा गंभीर मामला था। पास की इमारतों से लोग चिल्ला रहे थे, *'भागो, भागो!'* चूँकि हम दसवीं और ग्यारहवीं मंज़िलों पर थे, इसलिए दो बच्चों के साथ नीचे पहुँचने में कुछ मिनट तो लग ही जाते, इसलिए हमने बस यह किया कि हमारा पूरा परिवार ड्रॉइंग रूम के बीच में एक दूसरे से सटकर खड़ा रहा और इस आपदा के थमने की प्रार्थना करता रहा।

पश्चिमी भारत को झकझोरने वाला यह भूकंप एक मिनट से भी कम समय चला, लेकिन इसने क़हर बरपा दिया। गुजरात का भुज क़स्बा लगभग तबाह हो गया था और मुंबई भी बेदाग़ नहीं बचा था। ला मेर के अपने बेडरूम से मैं एक तरफ़ माउंट मैरी चर्च देख सकता था और दूसरी तरफ़ सिद्धिविनायक मंदिर। भूकंप के बाद कई दिनों तक मैं रात को प्रार्थना करते समय ईश्वर से विनती करता था कि वे हम पर इस तरह का क्रोध न दिखाएँ।

फ़रवरी की शुरुआत में मैं वेस्ट ज़ोन की तरफ़ से ईस्ट ज़ोन के ख़िलाफ़ पुणे में दिलीप ट्रॉफ़ी का एक मैच खेल रहा था। तब भी मैं रात को ठीक से नहीं सो पाता था। भूकंप का दुःस्वप्न इतना ताज़ा था कि भूलना आसान नहीं था। पुणे में हम एक सामान्य होटल में रुके थे, लेकिन स्टाफ़ ने मुझे आराम पहुँचाने का हर संभव प्रयास किया। वास्तव में, कई बार तो उन्होंने ज़रूरत से कुछ ज़्यादा ही प्रयास कर डाला, जिसके फलस्वरूप उन्हें खुद शर्मिंदा होना पड़ा। हम सभी को गर्म पानी मिल जाए, यह सुनिश्चित करने के लिए रखरखाव करने वाले ने सुबह बहुत जल्दी बॉइलर चालू कर दिया। फलस्वरूप बॉइलर ज़रूरत से ज़्यादा गर्म हो गया और हम सभी को कमरे में काला मटमैला पानी मिला। फ़ाइव स्टार होटलों में रुकने का आदी होने के कारण शुरुआत में तो मुझे होटल स्टाफ़ पर गुस्सा आया, लेकिन बाद में मुझे यह मज़ेदार लगा कि वे मुझे आराम पहुँचाने की इतनी कड़ी कोशिश कर रहे थे। प्रयास ज़बर्दस्त था और इसने स्थायी छाप छोड़ी।

दिलीप ट्रॉफ़ी के मैच में मैंने हमारी एकमात्र पारी में 199 रन का स्कोर बनाया। मैच ख़त्म होने के बाद कुछ पत्रकारों ने मुझसे पूछा कि क्या ऑस्ट्रेलिया के ख़िलाफ़ हमारे पास कोई मौक़ा है। मैंने कहा कि हमारे पास मौक़ा था और मुझे विश्वास था कि हम उन्हें हरा सकते हैं, बशर्ते हम उन्हें दबाव में ला सकें। मुझे लग रहा था कि वे दबाव झेलने के आदी नहीं थे और अगर हम हावी हो

गए, तो उनकी प्रतिक्रिया देखना रोचक होगा।

पहला टेस्ट, मुंबई, 27 फ़रवरी–1 मार्च 2001

हालाँकि हम मुंबई का पहला टेस्ट तीन ही दिनों में हार गए, लेकिन मैच में हमें कुछ पल ज़रूर मिले थे। मैंने पहली पारी में 76 रन बनाए और मैकग्राथ की एक गेंद पर लंबा शॉट खेलते समय आउट हुआ, जो ऑफ़ स्टंप के बहुत बाहर थी। ऑस्ट्रेलिया की पहली पारी में हमने एक मोड़ पर उन्हें 99-5 पर ला खड़ा किया, जबकि हरभजन सिंह ने तीन फटाफट विकेट निकाले, मगर इसके बाद हेडन और गिलक्रिस्ट की प्रत्याक्रमण वाली साझेदारी ने मैच हमारे हाथों से छीन लिया। हमने कुछ कैच भी छोड़े और उन दोनों ने शतक बनाए, जिससे ऑस्ट्रेलिया को पहली पारी की अच्छी-ख़ासी बढ़त मिल गई।

हमने जब अपनी दूसरी पारी शुरू की, तब दूसरे दिन तीस ओवर का खेल बाक़ी था और आख़िरी ओवर होने तक हमने दो विकेट खो दिए थे। फिर गिलेस्पी की एक गेंद नाइट वॉचमैन नयन मोंगिया की अँगुली पर लग गई, जिससे वे घायल होकर पवेलियन लौट गए। मुझे मैदान में उतरकर उस दिन की अंतिम पाँच गेंदें खेलनी थीं। यह एक ऐसा काम है, जो कभी आसान नहीं होता, ख़ास तौर पर जब गिलेस्पी अपने सर्वश्रेष्ठ फ़ॉर्म में गेंदबाज़ी कर रहे हों। अगली सुबह मैंने राहुल द्रविड़ के साथ पारी दोबारा शुरू की। मैं जानता था कि हमारे साहस का सख़्त इम्तहान होने वाला था। मैकग्राथ और गिलेस्पी लगातार गेंदबाज़ी कर रहे थे और एक तरफ़ राहुल ने गिलेस्पी की ज़्यादातर गेंदबाज़ी का सामना किया, तो दूसरी तरफ़ मैंने मैकग्राथ का बहुत अच्छा स्पेल खेला। हमने शायद ही कभी छोर बदले और हम जानते थे कि अगर हम इन दोनों गेंदबाज़ों के शुरुआती आक्रमण को खेल जाएँगे, तो परिस्थितियाँ ज़्यादा आसान हो जाएँगी।

मैंने अर्धशतक बना लिया, लेकिन मैं सोचता हूँ कि मेरा सबसे कठोर आलोचक भी मानेगा कि मैं बहुत दुर्भाग्यपूर्ण तरीक़े से आउट हुआ। मैंने पूरी ताक़त से मार्क वॉ की शॉर्ट गेंद पर पुल शॉट खेला, जो शर्तिया चौका होता। मगर दुर्भाग्य कि गेंद फ़ॉरवर्ड शॉर्ट लेग पर खड़े जस्टिन लैंगर की पीठ से टकराई और मिड विकेट पर हवा में उछल गई। रिकी पॉन्टिंग पंद्रह गज़ दौड़े और उन्होंने आगे की तरफ़ छलाँग लगाकर एक बहुत अच्छा कैच पकड़ लिया। पाँसा पलट गया था और ऑस्ट्रेलिया ने जल्दी ही इसका लाभ उठाया और मैच जीत लिया। अब ऑस्ट्रेलिया ने लगातार सोलह टेस्ट मैच जीत लिए थे और उसे नया विश्व कीर्तिमान बनाने के लिए केवल एक और टेस्ट मैच जीतना था।

दूसरा टेस्ट, कोलकाता, 11-15 मार्च 2001

कोलकाता टेस्ट मैच बेशक सबसे अच्छे मैचों में से एक रहा है, जिनमें मैं खेला हूँ, लेकिन हमारे लिए इसकी शुरुआत अच्छी नहीं थी। ऑस्ट्रेलिया ने अपनी पहली पारी में 445 का स्कोर खड़ा किया, जिसमें स्टीव वॉ ने 110 और मैथ्यू हेडन ने 97 रनों का योगदान दिया। दूसरे दिन के अंत में हम 128-8 के निराशाजनक स्कोर पर थे। जब ऑस्ट्रेलिया की चौकड़ी मैकग्राथ, गिलेस्पी, कैस्प्रोविज़ और वॉर्न सभी विकेट ले रहे थे, तब सबसे जोशीला भारतीय प्रशंसक भी यह नहीं सोच सकता था कि हम मैच को बचाने में कामयाब हो जाएँगे। मैंने हमारी पहली पारी में दस रन बनाए और बल्लेबाज़ी के इतने ख़राब प्रदर्शन से निराश था। हमारे कोच जॉन राइट आगबबूला थे और उन्होंने ड्रेसिंग रूम में प्लास्टिक की कुछ बोतलों पर अपना गुस्सा निकाला।

कमज़ोर प्रदर्शन से और भी ज़्यादा चोट इसलिए पहुँची, क्योंकि यह टेस्ट क्रिकेट में भारत की पहली हैट्रिक के बाद हुआ था। जब पहले दिन ऑस्ट्रेलिया 252-4 की शक्तिशाली स्थिति में थी, तो हरभजन ने पॉन्टिंग, गिलक्रिस्ट और वॉर्न को लगातार आउट करके मैच को हमारे पक्ष में कर दिया था। भज्जी पूरी श्रृंखला में ज़बर्दस्त फ़ॉर्म में थे और मैंने यहाँ उन्हें सबसे अच्छी गेंदबाज़ी करते देखा। पहले तो उन्होंने पॉन्टिंग को एलबीडब्ल्यू किया, फिर उन्होंने ऐडम गिलक्रिस्ट का विकेट लिया। ज़ाहिर है, हैट्रिक गेंद से पहले खिलाड़ियों के बीच काफ़ी बातचीत हुई और मेरे मन में भज्जी को यह बताने की प्रबल इच्छा हो रही थी कि मेरे ख़्याल से उन्हें नए बल्लेबाज़ वॉर्न को कौन सी गेंद डालनी चाहिए। लेकिन मैंने ऐसा न करने का निर्णय लिया और मैंने बस इतना कहा कि उन्हें वही गेंद डालनी चाहिए, जो उन्हें सबसे अच्छी लगे। अंततः उन्होंने नीची फुल टॉस डाली, जिसे वॉर्न ने फ़ॉरवर्ड शॉर्ट लेग के हाथों में खेल दिया।

ईडन गार्डन्स में तीसरी सुबह हमारी पहली पारी में हम फ़ॉलो-ऑन नहीं बचा पाए, लेकिन फिर भी हमारे लिए बेहतर चीज़ों के संकेत थे, क्योंकि पिछली शाम को छह पर बल्लेबाज़ी कर रहे लक्ष्मण ने पुछल्ले बल्लेबाज़ों के साथ कुछ रन जोड़ने में कामयाबी पाई। उन्होंने 59 रन बनाए और वे आउट होने वाले आख़िरी खिलाड़ी थे। ड्रेसिंग रूम में संक्षिप्त बातचीत हुई और हम सभी ने सर्वसम्मति से तय किया कि लक्ष्मण स्पष्ट रूप से अच्छे फ़ॉर्म में हैं, इसलिए दूसरी पारी में उन्हें तीसरे क्रम पर बल्लेबाज़ी करना चाहिए और राहुल को छठे स्थान पर बल्लेबाज़ी करनी चाहिए। हममें से किसी को भी अंदाज़ा नहीं था कि इस अदला-बदली के फलस्वरूप हम इतिहास रच देंगे।

दूसरी पारी में लक्ष्मण और राहुल ने चैंपियनों जैसी बल्लेबाज़ी की और मुझे अपनी आँखों के सामने असाधारण बल्लेबाज़ी देखने का आनंद मिला। भारत ने चौथे दिन कोई विकेट खोए बिना दूसरी पारी में 335 रन बना लिए। एक दिन में एक भी विकेट न गिरना अविश्वसनीय था और विश्व की सर्वश्रेष्ठ टीम के ख़िलाफ़ तो यह किसी चमत्कार से कम नहीं था। लक्ष्मण ने वॉर्न के ख़िलाफ़ कुछ अविश्वसनीय शॉट खेले। हालाँकि उन्हें और राहुल को तेज़ गर्मी तथा उमस में गंभीर शारीरिक थकान से जूझना पड़ा, लेकिन वे डटे रहे और अंततः लक्ष्मण ने 281 और राहुल ने 180 का स्कोर बनाया और दिन ख़त्म होते-होते हमें समझ में आ गया कि हम यह टेस्ट मैच नहीं हार सकते। दरअसल हमें अब यह यक़ीन होने लगा था कि हमारे पास जीतने की हल्की संभावना है, बशर्ते हम आख़िरी दिन अच्छी गेंदबाज़ी कर लें। यह अपने आप में एक नाटकीय कायाकल्प था, क्योंकि श्रृंखला में पहली बार हम ऑस्ट्रेलिया को दबाव में ले आए थे, जैसी मुझे उम्मीद थी।

पाँचवें दिन जल्दी ही हमने 383 रनों की बढ़त लेकर पारी घोषित कर दी और हम जानते थे कि हमारे पास मौक़ा था, बशर्ते हम फटाफट कुछ विकेट निकालकर ऑस्ट्रेलिया पर दबाव बढ़ा दें। हरभजन असाधारण कौशल के साथ गेंदबाज़ी कर रहे थे, लेकिन दूसरे छोर पर उनका साथ देने के लिए हमें किसी की ज़रूरत थी। हमें लंच के बाद वाले सत्र में वे विकेट नहीं मिले, जिनकी हमें तलाश थी और चाय तक ऑस्ट्रेलिया के केवल तीन विकेट गिरे थे। मैच ड्रॉ की तरफ़ बढ़ रहा था, जब तक कि कोई नाटकीय चीज़ न हो।

कुछ अलग करने की कोशिश में सौरव ने मुझे गेंदबाज़ी करने का निर्णय लिया। उन्हें उम्मीद थी कि एक-दो विकेट निकलने से मैच खुल सकता है और वे जानते थे कि अगर अवसर नज़र आया, तो कोलकाता की विशाल भीड़ हमें प्रोत्साहित करने लगेगी। जब भी कोई साझेदारी जमती थी, तो मैं हमेशा दो-तीन ओवर करता था और अनियमित गेंदबाज़ होने के नाते मेरे पास प्रयोग करने की छूट थी। पाँचवें दिन की पिच पर मैंने लेग स्पिन गेंदबाज़ी करने और क्रीज़ पर मौजूद बाएं हाथ के दोनों बल्लेबाज़ों को ऊबड़-खाबड़ क्षेत्र में गेंद डालने का निर्णय लिया। यह उन दुर्लभ दिनों में से एक था, जब गेंद आदर्श तरीक़े से टप्पा खाई और पाँच ओवर के स्पेल में मैंने तीन विकेट फटाफट निकाल लिए, जिनमें शानदार फ़ॉर्म वाले मैथ्यू हेडन और ख़तरनाक ऐडम गिलक्रिस्ट के विकेट शामिल थे।

लेकिन जिस विकेट ने मुझे सबसे ज़्यादा संतुष्टि दी, वह शेन वॉर्न का विकेट

था। मैंने उन्हें एक गुगली डालने की कोशिश की, लेकिन गेंद अंततः हाफ़-ट्रैकर निकली, जो पिच के बीच में गिरी और घूमकर सीधे वॉर्न के पैर पर पड़ी। वॉर्न ने शायद गेंद को ग़लत समझ लिया था और आधा पुल खेलने से पहले इसे कट करने की कोशिश की थी। मैंने सार्वकालिक महानतम स्पिनरों में से एक की आँखों में धूल झोंक दी थी!

अब हमारे पास वह अवसर था, जिसकी हमें तलाश थी और बाक़ी का काम भज्जी ने कर दिया। जब हमने आख़िरकार ग्लेन मैकग्राथ का आख़िरी विकेट लिया, तो मैच में लगभग तीन ओवर बचे थे और इसके बाद तो स्टेडियम बौरा गया। ईडन गार्डन्स में बैठे तक़रीबन एक लाख दर्शकों को यक़ीन ही नहीं हो रहा था कि हम जीत गए हैं - और यह इतिहास में सिर्फ़ तीसरी बार हुआ था, जब फ़ॉलो-ऑन खेलने वाली किसी टीम ने मैच जीता हो।

हमने मैच के बाद बहुत लंबा जश्न मनाया। ऐसी अविश्वसनीय जीत के बाद ड्रेसिंग रूम का माहौल पूरी तरह बदल गया था। सकारात्मकता का ज़बर्दस्त एहसास था और हमें यक़ीन होने लगा कि हम श्रृँखला भी जीत सकते हैं। सतत दबाव के सामने ऑस्ट्रेलिया की पारी ढह गई थी। अजेयता का मिथक टूट गया था। श्रृँखला अब 1-1 की बराबरी पर थी और चेन्नई में होने वाले तीसरे तथा अंतिम टेस्ट मैच में श्रृँखला के विजेता का फ़ैसला होना था।

विजय का जश्न सारे देश में मनाया गया और इसका प्रभाव टेस्ट मैच के एक अंपायर एसके बंसल के साथ हुई एक घटना से समझा जा सकता है। श्री बंसल ने बाद में मुझे बताया कि मैच के बाद वे डिनर पर गए थे और उनका ड्राइवर ग़लती से एक ग़लत मोड़ पर मुड़ गया था। वह एकांगी मार्ग पर ग़लत दिशा से जा रहा था और ट्रैफ़िक हवलदार ने उसे जल्दी ही रोक लिया। श्री बंराल डर रहे थे कि ड्राइवर पर कार्यवाही की जाएगी, इसलिए उन्होंने कार से उतरकर हवलदार से कहा कि वह बेचारे ड्राइवर को माफ़ कर दे। हवलदार, जो उत्साही क्रिकेट प्रेमी निकला, ने श्री बंसल को पहचान लिया और तुरंत ही ड्राइवर को बख़्श दिया।

तीसरा टेस्ट, चेन्नई, 18-22 मार्च 2001

आस्ट्रेलिया की टीम ने अच्छी शुरुआत की और मैथ्यू हेडन ने एक बार फिर राह दिखाई। उन्होंने पूरी श्रृँखला में कमाल की बल्लेबाज़ी की थी और वे एकमात्र ऑस्ट्रेलियाई बल्लेबाज़ थे, जो हरभजन के ख़िलाफ़ आरामदेह थे। उन्होंने बढ़िया दोहरा शतक जमाया और ऑस्ट्रेलिया की टीम ने पहली पारी में 391 का स्कोर

खड़ा कर लिया। मैंने पहले दिन एक अच्छा स्पेल किया और कोलकाता के प्रदर्शन को जारी रखा। गेंद तो तेज़ी से घूम रही थी, लेकिन मुझे कोई विकेट नहीं मिला और स्पेल के अंत तक मेरी अँगुलियों की त्वचा उखड़ने लगी थी और मुझे गेंद पकड़ने में मुश्किल आ रही थी।

पहले दिन के अंत तक ऑस्ट्रेलिया का स्कोर 326-3 था, लेकिन दूसरे दिन इसकी पारी बिखर गई और यह कुल 391 रन ही बना पाई। यह सब एक असामान्य विकेट के गिरने से शुरू हुआ। ऑस्ट्रेलिया के कप्तान स्टीव वॉ को हम बाँधकर रखने की कोशिश कर रहे थे और जब उन्होंने शॉट कवर पर एक रन लेने की कोशिश की, तो मैंने रन रोकते हुए कहा कि वे स्ट्राइक से दूर जाने की कोशिश कर रहे हैं। लेग स्लिप पर फ़ील्डिंग कर रहे राहुल ने भी कुछ शब्द कहे और कुछ ही समय में बात वॉ की चमड़ी के नीचे चली गई। अंत में, जब हरभजन ने एक अच्छी ऑफ़-स्पिन गेंद पर उन्हें चकमा दे दिया और एलबीडब्ल्यू की अपील की, तो वॉ ने एकाग्रता की क्षणिक चूक में गेंद को अपने हाथ से दूर हटा दिया। हमने गेंद को स्टंप पर लगने से रोकने की अपील की और ऑस्ट्रेलिया के कप्तान ड्रेसिंग रूम की ओर चल दिए। लक्ष्य हासिल होने के बाद हम उनसे एक शब्द भी नहीं बोले।

मैं कोलकाता में अपनी बल्लेबाज़ी की असफलताओं की भरपाई करने के लिए संकल्पवान था। मैंने दोनों टेस्ट मैचों के बीच में रिवर्स स्विंग के ख़िलाफ़ कड़ा अभ्यास किया था। मैंने पूरी पारी में गेंद का पीछा करने का निर्णय लिया और तय किया कि मैं किसी भी समय इसे नज़रों से ओझल नहीं होने दूँगा। रिवर्स स्विंग के ख़िलाफ़ अच्छी तरह से खेलने के लिए आपको अपनी निगाह यथासंभव गेंद पर रखनी होती है और मैंने सारे दिन यही किया, जब यह विकेटकीपर से स्लिप तक गई और विभिन्न फ़ील्डरों के माध्यम से गेंदबाज़ तक पहुँची। मैंने गेंद पर ध्यान केंद्रित किया और किसी दूसरी चीज़ पर नहीं किया। मैं गेंद को सिर्फ़ तभी नहीं देखता था, जब मैं अपने साथी बल्लेबाज़ से किसी बारे में बात करता था, लेकिन बाक़ी सारे समय मेरी निगाह गेंद पर ही टिकी रहती थी। जब गेंदबाज़ गेंद करने आता था, तो मैं गेंद पर ध्यान केंद्रित करता था और गेंद छूटने की निगरानी पूरे ग़ौर से करता था। बाँह की स्थिति और छोड़ने के बिंदु से मैं आकलन कर सकता था कि कौन सी गेंद मेरी तरफ़ आ रही है। इसके अलावा, मैंने यथासंभव विलंब से खेलने की कोशिश की।

यह अभ्यास बहुत थकाने वाला था और शाम तक मैं मानसिक रूप से पस्त हो चुका था। लेकिन मैंने वह कर दिया था, जो टीम मुझसे चाहती थी :

मैंने एक शतक बना दिया था। मैंने राहुल के साथ एक महत्त्वपूर्ण साझेदारी बनाई थी, जो और भी ज़्यादा संतुष्टिदायक थी, क्योंकि हमें जेसन गिलेस्पी के एक बहुत शत्रुतापूर्ण स्पेल से निबटना पड़ा था। गिलेस्पी पूरे दिन गेंदबाज़ी करने के कारण थके हुए थे, इसलिए वे दूसरी नई गेंद से उतनी तेज़ गेंदबाज़ी नहीं कर रहे थे, लेकिन अचानक उन्हें एक अनपेक्षित स्त्रोत से प्रेरणा हासिल हो गई। साइटस्क्रीन के ऊपर एक अकेला ऑस्ट्रेलियाई प्रशंसक बैठा था और एक बड़ा खिलौना कंगारू लिए था। उस दर्शक ने हर गेंद के बाद चिल्लाना शुरू कर दिया और गिलेस्पी को प्रोत्साहित करने लगा। जब भी गिलेस्पी रन-अप पर जाते थे, वह प्रशंसक चिल्लाता था, 'कम ऑन ऑसी।' इस प्रशंसक का उन पर काफ़ी प्रभाव पड़ा। कुछ ही मिनटों में गिलेस्पी एक बार फिर सचमुच तेज़ गेंदबाज़ी करने लगे और बहुत उत्साहित हो गए। राहुल और मैंने इस बारे में बातचीत भी की कि अचानक उन्हें क्या हो गया था। इससे यह पता चलता है कि प्रेरणा के लिए आपको हमेशा हज़ारों प्रशंसकों की ज़रूरत नहीं होती।

169 रनों की हमारी साझेदारी की बदौलत टीम को 110 रन की महत्त्वपूर्ण बढ़त मिल गई, जिससे हमारे गेंदबाज़ों को दूसरी पारी में कुछ रन मिल गए। मैच अच्छी तरह से हमारे पक्ष में था और हम जानते थे कि हमारे पास श्रृँखला जीतने का मौक़ा था। हेडन एक बार फिर महत्त्वपूर्ण विकेट होने वाले थे। वे नीलेश कुलकर्णी की गेंद पर 35 पर आउट हो गए। गिलक्रिस्ट निचले क्रम में एक और ख़तरनाक खिलाड़ी थे, क्योंकि हम जानते थे कि वे जल्दी से रन बना सकते थे और हमें दबाव में ला सकते थे। लेकिन भज्जी ने पूरी श्रृँखला में गिलक्रिस्ट और पॉन्टिंग पर पकड़ बनाए रखी थी और उन्होंने यहाँ एक बार फिर ज़्यादातर ऑस्ट्रेलियाई विकेट लिए और इस पारी में अपने करियर के सर्वश्रेष्ठ 8-84 के आँकड़े दिए। हमें श्रृँखला जीतने के लिए 155 रनों की ज़रूरत थी।

रनों का पीछा अच्छी तरह से शुरू हुआ और हम अपनी मंज़िल की ओर सुगमता से बढ़ रहे थे, तभी मार्क वॉ ने शॉर्ट मिड विकेट पर एक कमाल का कैच पकड़ लिया। यह वीवीएस लक्ष्मण का बहुत तेज़ पुल शॉट था और वॉ ने पूरे शरीर को झोंककर एक आश्चर्यजनक कैच पकड़ लिया। लक्ष्मण ने 66 रनों की अच्छी पारी खेली और उनके आउट होने पर हमारा स्कोर 135-6 हो गया, जिससे मैच एक बार फिर पलटी खा गया। अचानक हमारे सामने चुनौती थी।

इस समय तक पूरी टीम चेंजिंग रूम के सामने घबराई बैठी थी। हर एक से कह दिया गया था कि वह अपने बैठने की स्थिति न बदले और हम सभी तनाव महसूस कर रहे थे। ज़्यादा रन नहीं बनाने थे, लेकिन विश्व की सर्वश्रेष्ठ

क्रिकेट टीम के ख़िलाफ़ श्रँखला की जीत दाँव पर लगी थी। भीड़ हर भारतीय रन पर उत्साह बढ़ा रही थी। कोई मैच इससे ज़्यादा बड़ा और रोमांचक नहीं हो सकता था।

एक महत्त्वपूर्ण मोड़ पर हरभजन सिंह और हमारे विकेटकीपर तथा मेरे बहुत क़रीबी मित्र समीर दिघे ने एक साझेदारी बनाई, जो हालाँकि बड़ी नहीं थी, लेकिन श्रँखला की शायद सबसे अहम साझेदारी थी। चरम दबाव से जूझते हुए उन्होंने सही तरीक़े से काम किया और हमें विजय तक पहुँचाया। हमारी पूरी टीम परम आनंद में थी। जिस तरह वे दोनों विजयी रन दौड़े, वह लगभग हास्यास्पद था, लेकिन यह जानना एक अविश्वसनीय भाव था कि हम मैच और श्रँखला जीत गए थे। हम सभी आनंद में चिल्ला रहे थे और हथेलियाँ टकरा रहे थे तथा एक-दूसरे के गले मिल रहे थे। हमने संसार की सर्वश्रेष्ठ टीम को हरा दिया था और यह सचमुच आश्चर्यजनक महसूस हुआ कि मैंने श्रँखला के शुरू होने से पहले जो भविष्यवाणी की थी, उसे हमने सच कर दिया था। हम ऑस्ट्रेलिया के खिलाड़ियों को दबाव में ले आए थे और हमें इसका पुरस्कार मिला। पहला टेस्ट हारने के बावजूद पूरी टीम एकजुट बनी रही और यह श्रँखला बेशक उन सबसे अच्छी श्रँखलाओं में से एक रही है, जिनमें मैं अपने करियर में खेला हूँ।

एक अत्यंत महत्त्वपूर्ण समय पर आने की वजह से इस श्रँखला ने क्रिकेट के खेल में भारतीय प्रशंसकों के विश्वास को लौटाने में भी मदद की। क्रिकेट एक बार फिर सारी आशाओं और संभावनाओं के ख़िलाफ़ जीत गया था। दोनों टीमों ने जुझारू क्रिकेट खेला था और जोश तथा गहनता पूरे समय उच्च स्तर पर थी। विशाल भीड़ के सामने खेला गया यह टेस्ट मैच क्रिकेट का सर्वश्रेष्ठ संभव विज्ञापन था। ऑस्ट्रेलिया को इस बात का श्रेय दिया जाना चाहिए कि वे हमेशा प्रतिस्पर्धी थे और वे चेन्नई में दरअसल जीतने की कगार पर पहुँच गए थे, जब उन्होंने दूसरी पारी में भारत के आठ विकेट झटक लिए थे।

जब हमने श्रँखला की विजय का जश्न मनाया, तो मैं अनिल को देखकर बहुत ख़ुश हुआ, जो चोट की वजह से श्रँखला में नहीं खेले थे। वे श्रँखला से पहले के प्रशिक्षण कैंप में मौजूद थे और वे तीसरे तथा निर्णायक टेस्ट में टीम की हौसलाअफ़ज़ाई करने के लिए वहाँ आ गए थे।

इसके बाद एक दिवसीय मैचों की श्रँखला हुई, जिसमें हम 2-3 से हार गए। इसी में इंदौर में तीसरे मैच में मैंने एक दिवसीय मैचों में अपने 10,000 रन पूरे किए। गोआ के आख़िरी मैच में मैंने एक ऐसी चीज़ की, जो मैंने अपने जीवन में दोबारा कभी नहीं की। मेरी तर्जनी में चोट थी, इसलिए मैंने दस ओवर

तक अपनी बीच की अँगुली से ऑफ़-स्पिन गेंदबाज़ी की। मेरे आँकड़े 3-35 थे, जिनमें स्टीव वॉ का विकेट शामिल था। जिस पल वॉ बल्लेबाज़ी करने आए, मैंने मिड विकेट फ़ील्डर की तरफ़ इशारा करना शुरू किया और वॉ को सुझाव दिया कि मैं उन्हें वहीं आउट कराऊँगा। यह दोस्ताना नोंकझोंक थी और वॉ ने पलटकर कहा कि मैं अपने बगीचे में नहीं खेल रहा हूँ। क़िस्मत की बात, स्टीव ने मिड विकेट की तरफ़ एक स्लॉग स्वीप खेला और वहाँ खड़े अजीत आगरकर ने उनका कैच पकड़ लिया।

Australia in India 2001 – The Border-Gavaskar Trophy

1st Test. Mumbai. 27 February–March 1 2001

India 176 (**SR Tendulkar 76**; SK Warne 4–47, GD McGrath 3–19) and 219 (**SR Tendulkar 65**, S Ramesh 44; ME Waugh 3–40, JN Gillespie 3–45)

Australia 349 (AC Gilchrist 122, ML Hayden 119, SK Warne 39; H Singh 4–121) and 47–0

Australia won by 10 wickets

2nd Test. Kolkata. 11–15 March 2001

Australia 445 (SR Waugh 110, ML Hayden 97, JL Langer 58; H Singh 7–123) and 212 (ML Hayden 67, MJ Slater 43; H Singh 6–73, **SR Tendulkar 3–31**)

India 171 (VVS Laxman 59, **SR Tendulkar 10**; GD McGrath 4–18) and 657–7 dec (f/o) (VVS Laxman 281, R Dravid 180, SC Ganguly 48, **SR Tendulkar 10**; GD McGrath 3–103)

India won by 171 runs

3rd Test. Chennai. 18–22 March 2001

Australia 391 (ML Hayden 203, ME Waugh 70, SR Waugh 47; H Singh 7–133) and 264 (ME Waugh 57, MJ Slater 48, SR Waugh 47; H Singh 8–84)

India 501 (**SR Tendulkar 126**, SS Das 84, R Dravid 81, VVS Laxman 65, S Ramesh 61; GD McGrath 3–75) and 155–8 (VVS Laxman 66, **SR Tendulkar 17**; CR Miller 3–41, GD McGrath 2–21)

India won by 2 wickets

India won the series 2–1

12

अन्याय के ख़िलाफ़ खड़े होना

ऑस्ट्रेलिया की श्रृँखला के दो महीने बाद जुलाई 2001 में हमने हरारे में वेस्ट इंडीज़ और ज़िम्बाब्वे के ख़िलाफ़ एक त्रिकोणीय श्रृँखला खेली। मैंने इस दौरान जमकर प्रशिक्षण लिया था और इस श्रृँखला से पहले अच्छी शारीरिक स्थिति में था। अगस्त 1999 से लेकर जुलाई 2001 तक लगभग दो साल तक मैं चोटरहित था। सीज़न से पहले के प्रशिक्षण ने निश्चित रूप से मेरी फ़िटनेस को बेहतर बनाने में मदद की थी। मैं सुबह दौड़ता था और अपने ऊपरी शरीर को मज़बूत बनाने के लिए दोपहर को जिम जाता था। इसके अलावा, मैं अपने खान-पान पर भी क़ाबू रखता था। अनुशासन ने मदद की थी और 1999 का पीठ का दर्द सिर्फ़ एक बुरी याद बनकर रह गया था।

मैंने ज़ोरदार फ़ॉर्म में टूर्नामेंट शुरू किया और चार पूल मैचों में दो अर्ध शतक तथा एक शतक लगाया और केवल एक ही बार आउट हुआ। लेकिन जब मैं फ़ाइनल का इंतज़ार कर रहा था, तो मुझे थोड़ी अप्रत्याशित परिस्थितियों में अपने करियर की दूसरी बड़ी चोट लगी।

यह 4 जुलाई 2001 को वेस्ट इंडीज़ के ख़िलाफ़ हमारे आख़िरी समूह मैच में हुआ। राहुल और मैं एक साथ बल्लेबाज़ी कर रहे थे और हम विजय की ओर आसानी से बढ़ रहे थे। जब जीतने के लिए लगभग 20 रन बचे थे, तो मैंने एक गेंद मिड विकेट की तरफ़ घुमाई और दो रनों के लिए दौड़ने लगा। तभी मैंने अपने पैर के अँगूठे में किसी चीज के चटकने की आवाज़ सुनी। तुरंत ही मुझे दर्द का एहसास हुआ और मुझे दूसरा रन पूरा करना मुश्किल लगा। अगली गेंद से पहले मैं राहुल के पास जाकर बोला कि मेरे अँगूठे में चोट आ गई है और मेरे पैर का तापमान अचानक कुछ डिग्री बढ़ गया है। लेकिन चूँकि कुछ ही रन चाहिए थे, इसलिए मैंने रुके रहकर जल्दी से जल्दी मैच ख़त्म करने का फ़ैसला किया और इस प्रक्रिया में 122 रन का स्कोर बनाया।

मैच के बाद मैंने ऐंड्रू लीपस को अपना अँगूठा दिखाया, जो हमारे

फिज़ियोथेरेपिस्ट बन चुके थे और अगली सुबह हमने एक्सरे कराया। इस दौरान दर्द दरअसल बढ़ गया था और मैं अब सही तरीक़े से चल भी नहीं पा रहा था। अस्पताल जाते वक़्त मैंने ऐंड्रू से कहा कि वे मुझे एक्सरे के परिणाम न बताएँ, क्योंकि चाहे जो हो, मैं फ़ाइनल में खेलना चाहता हूँ। एक्सरे के तुरंत बाद ऐंड्रू ने थोड़े असहाय दिखते हुए मुझसे बस इतना ही कहा, 'तुम पागल आदमी हो।'

मैच के पहले यह फ़ैसला किया गया कि ऐंड्रू अँगूठे को मोड़कर उस पर पट्टी बाँध देंगे, ताकि कोई गतिविधि न हो और मैंने काफ़ी दर्द में वेस्ट इंडीज़ के ख़िलाफ़ फ़ील्डिंग सँभाली। मैं पूरे टूर्नामेंट में ज़ोरदार फ़ॉर्म में था और सोच यह थी कि मेरी बल्लेबाज़ी टीम के लिए मेरी फ़ील्डिंग और गेंदबाज़ी से ज़्यादा महत्त्वपूर्ण थी। व्यक्तिगत रूप से मैंने महसूस किया कि मैं मैच खेलने में कामयाब हो जाऊँगा, क्योंकि यह फ़ाइनल मैच था। संयोग की बात, तमाम कोशिशों के बाद मैं शून्य पर आउट हो गया और हम मैच हार गए। बाद में पता चला कि मेरी सेसमॉइड बोन को चोट पहुँची थी।

भारत लौटने पर मुझे पूरे आराम की सलाह दी गई, लेकिन दो महीने बाद भी सुधार इतनी धीमी गति से हो रहा था कि मैं ख़ुश नहीं था। मैं अब भी दर्द के बिना नहीं चल पाता था। हताशा में मैंने एक विशेषज्ञ से सलाह ली, जिसने मुझे ऑपरेशन कराने की सलाह दी। हमने एक अनुमानित तारीख़ भी तय कर ली, लेकिन तभी अंजलि ने मुझे किसी दूसरे डॉक्टर से परामर्श लेने की सलाह दी। उसे लगता था कि ऑपरेशन हमेशा अंतिम विकल्प होना चाहिए और इससे पहले हमें यह सुनिश्चित कर लेना चाहिए कि चोट ठीक करने का कोई दूसरा उपाय नहीं है।

हम बॉम्बे हॉस्पिटल गए और वहाँ के वरिष्ठ चिकित्सक डॉ. ढोलकिया से मिले। उन्होंने मुझे सेसमॉइड बोन्स पर एक बड़ी मोटी पुस्तक दिखाई और बताया कि पुस्तक के लेखक और सेसमॉइड चोटों के विश्वविख्यात विशेषज्ञ शत-प्रतिशत गारंटी नहीं दे सकते हैं कि ऑपरेशन उन्हें ठीक करने का सबसे अच्छा तरीक़ा है। उन्होंने आगे कहा कि मुझे किसी को भी अपना अँगूठा छूने की अनुमति नहीं देनी चाहिए, क्योंकि इससे नुक़सान हो सकता है। स्थायी क्षति की भी आशंका थी, जिससे मेरा करियर ख़त्म हो जाता और यह एक डरावना विचार था। उसी दिन डॉ. ढोलकिया ने यह तलाश शुरू कर दी कि मैं अपने अँगूठे की जाँच कराने के लिए किस विशेषज्ञ के पास जा सकता हूँ।

अंततः मैंने ख़ुद को जोहैनिसबर्ग में रोज़बैंक क्लीनिक में पाया, जहाँ बहुत से खिलाड़ियों के साथ काम कर चुके डॉ. फ़र्गसन ने सलाह दी कि मैं कुछ इनसोल

आज़माकर देखूँ। दक्षिण अफ़्रीका में एक सप्ताह में मैं पंद्रह मिनट से लेकर लगभग एक घंटे तक पैदल चलने लगा। मुंबई लौटने पर भी मैंने यही दिनचर्या जारी रखी और जॉगिंग से दौड़ने पर पहुँच गया। स्पाइक की वजह से क्रिकेट के जूतों में दौड़ने में दिक्क़त आ रही थी, इसलिए कुछ महीनों तक मैंने अपने अँगूठों के नीचे बिना स्पाइक वाले जूते पहने। ऐसा लगा कि अब चोट सही होने की राह पर थी।

वापसी का मेरा पहला दौरा इत्तफ़ाक से अक्टूबर-नवंबर 2001 में दक्षिण अफ़्रीका का ही था। हम दक्षिण अफ़्रीका और कीनिया के ख़िलाफ़ एक त्रिकोणीय श्रँखला खेल रहे थे, जिसके बाद हमें दक्षिण अफ़्रीका के ख़िलाफ़ तीन टेस्ट मैचों की एक श्रँखला खेलनी थी। लेकिन 1 अक्टूबर को निकी ऑपनहाइमर इलेवन के ख़िलाफ़ मेरे पहले ही मैच में अँगूठे का दर्द दोबारा लौट आया। यह एक अजीब अनुभूति थी और मैं उपचार कराने के लिए मैदान छोड़कर चला गया।

सौभाग्य से उस वक़्त हम रैंजेसफ़ॉन्टाइन में थे, जो जोहैनिसबर्ग से दूर नहीं था, इसलिए मैं एक बार फिर रोज़बैंक क्लीनिक पहुँच गया। मुझे यह जानकर बहुत राहत मिली कि यह कोई ख़ास बात नहीं थी और हल्का दर्द लौटना सेसमॉइड अस्थि चोटों में आम था। उन्होंने मुझे बताया कि दहशत में आने की कोई ज़रूरत नहीं है। मैं क्लीनिक से राहत की साँस लेते हुए निकला और दोबारा क्रिकेट खेलने के लिए उत्सुक था।

त्रिकोणीय श्रँखला का पहला मैच 5 अक्टूबर को जोहैनिसबर्ग में था और मैंने दक्षिण अफ़्रीका के ख़िलाफ़ शतक लगाया। मैच की गहनता की वजह से चोट का ख़्याल मेरे दिमाग़ से निकल गया था, लेकिन बाद में मुझे इस बात से राहत मिली कि मैंने बहुत कम दर्द के साथ इतनी लंबी बल्लेबाज़ी कर ली थी। ऐसा लग रहा था, मानो मैंने नए सिरे से इसे शुरू किया था।

भारत दक्षिण अफ़्रीका में, नवंबर 2001

दक्षिण अफ़्रीका की घरेलू परिस्थितियों में उनके ख़िलाफ़ खेलना हमेशा चुनौतीपूर्ण होता है और यह और भी ज़्यादा चुनौतीपूर्ण इसलिए था, क्योंकि मैं अपने अँगूठे की चोट से हाल ही में उबरा था। बहरहाल, मैं ब्लोमफ़ॉन्टाइन में नेट प्रैक्टिस के बाद ज़्यादा आत्मविश्वास महसूस करने लगा, जहाँ तीन टेस्ट मैचों में से पहला टेस्ट मैच होने वाला था। मुझे वह सत्र बहुत अच्छी तरह याद है, क्योंकि हर गेंद मेरे बल्ले के बीचोबीच टकराई थी और मुझे ऐसा लग रहा था, जैसे मैं कोई ग़लती नहीं कर सकता।

पहला टेस्ट 3 नवंबर को शुरू हुआ और सुखद बात यह है कि बल्ले के साथ मेरा अच्छा फ़ॉर्म पहली पारी में भी क़ायम रहा। मैंने 379 के योग में 155 रन बनाए और यहीं मैंने पहली बार स्लिप के ऊपर से अपर कट खेला। यह वह शॉट था, जो मैंने अपने करियर के उत्तरार्ध में नियमित रूप से खेला। मैंने दक्षिण अफ़्रीका के तेज़ गेंदबाज़ मखाया एन्टीनी से मुक़ाबला करने के लिए यह विचार सोचा, जिनकी शक्ति गेंद को थोड़ी शॉर्ट करके बल्लेबाज़ के अंदर लाना था। मैं जानता था कि अगर मैं एन्टीनी के ख़िलाफ़ अपर कट का इस्तेमाल करूँ, तो इससे उनकी लय पर असर पड़ेगा, क्योंकि वे इस तरह के प्रत्याक्रमण के लिए तैयार नहीं थे। ब्लोमफ़ॉन्टाइन की पिच में बहुत उछाल था और थर्ड मैन के फ़ील्डर की अनुपस्थिति में अपर कट एक ऐसा स्ट्रोक था, जो न्यूनतम जोखिम के साथ खेला जा सकता था। मैंने देर तक गेंद का पीछा किया और एन्टीनी की तेज़ गति का इस्तेमाल करते हुए बस इसे स्लिप के फ़ील्डरों के ऊपर से निकाल दिया।

वीरेन्द्र सहवाग ने अपने पदार्पण के पहले मैच में आक्रामक खेल खेला और अगर हम दूसरी पारी में थोड़ी बेहतर बल्लेबाज़ी करते, तो मैच बचा सकते थे। लेकिन हम नौ विकेट से हार गए, जबकि शॉन पॉलक ने 6-56 के आँकड़े दिए। सहवाग के साथ मेरी साझेदारी हमारा उच्च बिंदु था और मुझे याद है, मैंने उनसे पूछा था कि पहली बार टेस्ट मैच में बल्लेबाज़ी करने आते वक़्त क्या वे घबरा रहे थे। उन्होंने स्वीकार किया कि वे थोड़ा घबरा रहे थे और मैंने उन्हें तुरंत बताया कि यह सामान्य था। वास्तव में, थोड़ी घबराहट अच्छी होती है और जिसने भी टेस्ट क्रिकेट खेला है, उसने ऐसी ही घबराहट महसूस की है। उन्हें तो बस अपना स्वाभाविक खेल भर खेलना था और जब वे मैदान में कुछ समय गुज़ार लेंगे, तो घबराहट अपने आप ग़ायब हो जाएगी। उन्होंने ऐसा ही किया और अपने पहले ही मैच में ज़ोरदार शतक जड़ दिया।

घर के आराम की याद आना

हम दूसरा टेस्ट मैच खेलने के लिए पोर्ट एलिज़ाबेथ गए। सारा और अर्जुन दोनों मेरे साथ थे और मैच से पहले एक शाम को मैंने होटल स्टाफ़ से कोई ऐसा रेस्तराँ बताने को कहा, जहाँ हम अच्छा पारिवारिक भोजन कर सकें। मिलकर खाना एकमात्र तरीक़ा था, जिससे मैं अपने बच्चों के साथ गुणवत्तापूर्ण समय बिता सकता था। मैं लंबे, कड़ी मेहनत भरे दिन के अंत में साथ में भोजन करने की राह देखता था। होटल के स्टाफ़ ने मुझे एक रेस्तराँ के बारे में बताया, जहाँ खेलने की अच्छी सुविधा थी, जहाँ बच्चे मौज-मस्ती कर सकते थे और हम लगातार तीन दिनों तक उसी रेस्तराँ में गए। उसी रेस्तराँ से मैंने 'प्ले ऐरिया'

का विचार लिया, जिसे मैंने 2004 में मुंबई में तेंदुलकर्स खोलते वक़्त अपने ख़ुद के रेस्तराँ में बनाया।

दौरे में भोजन टीम के लिए हमेशा महत्त्वपूर्ण मसला होता था और हमें जैसा भोजन पसंद था, वैसा भोजन ज़िम्बाब्वे में बुलावायो और कुछ दक्षिण अफ़्रीकी शहरों में मिलना प्रायः असंभव था।

मुझे बुलावायो में एक मौक़ा याद है, जब सारे खिलाड़ी घर के भोजन के लिए छटपटा रहे थे। हम होटल में वही नाश्ता और लंच खाते-खाते उकता चुके थे और रेस्तराँ सर्वश्रेष्ठ नहीं थे। एक भारतीय परिवार हमारा खेल देखने आया था। उसे देखते ही समीर दिघे बहादुरी से उनके पास गए और बोले कि टीम अच्छा भारतीय भोजन करने के लिए बेताब है - क्या वे मदद कर सकते हैं?

जिस आदमी से उन्होंने यह सवाल किया था, वे झनक भाई थे। झनक भाई एक गुजराती थे, जो ज़िम्बाब्वे में बस गए थे और अंततः उन्होंने टीम को अपने घर पर आमंत्रित किया। वहाँ हमने गुजराती शैली में बनी दाल, चावल और घी के साथ घर पर बना भोजन छककर खाया। हम सभी ने तीन-तीन चम्मच घी लिया था और हम अपने सामने रखे भोजन पर बुरी तरह टूट पड़े। यह जल्दी ही एक नियमित सिलसिला हो गया और झनक भाई के परिवार ने हमें कई बार भोजन कराया। ज़िम्बाब्वे और दक्षिण अफ़्रीका में हमें घर पर बना अच्छा भोजन खिलाने वाले अन्य दयालु लोग थे राज और चेस्टर नायक और जयेश देसाई। जब भी हम उनके इलाक़े में गए, उन्होंने हमारी निःस्वार्थ मदद की और उन्होंने हमारे स्वास्थ्य के प्रति एक महत्त्वपूर्ण योगदान दिया। राज और चेस्टर नायक हमें गोल्फ़ खिलाने भी ले गए और हमने साथ में कुछ अद्भुत भोज किए। रवि शास्त्री इन रात के भोजनों में हमारे साथ हमेशा शामिल हो जाते थे, क्योंकि वे पहले उनके दोस्त थे। उनमें से कई के साथ मेरी अच्छी दोस्ती हो गई और मुझे कहना होगा कि मुझे उनसे और उनके परिवार वालों से जो स्नेह और गर्मजोशी मिली, वह मुझे हमेशा याद रहेगी।

स्वीकार न किए जा सकने वाले आरोप

हमने 16 नवंबर 2001 को शुरू हुए पोर्ट एलिज़ाबेथ टेस्ट में बल्लेबाज़ी का बेहतर प्रदर्शन किया। राहुल द्रविड़ और हमारे विकेटकीपर दीप दासगुप्ता आख़िरी दिन दृढ़ता से खेले और हमने अंत में मैच आराम से बचा लिया। लेकिन उस मैच के बारे में अख़बार की सुर्ख़ियों में वे आरोप छपे, जो मैच रेफ़री माइक डेनेस ने मुझ पर और मेरे साथ ही पाँच अन्य भारतीय खिलाड़ियों पर लगाए थे।

यह घटना तीसरे दिन हुई, जब मैंने चार ओवरों का एक स्पेल डाला, जिसमें मैंने हर्शल गिब्स का विकेट निकाला। मैं सीम को ऊपर रखकर गेंदबाज़ी कर रहा था और गेंद को दोनों तरफ़ स्विंग करा रहा था। इस स्पेल में मैंने गेंद पर लगी घास को साफ़ करने के लिए अपने अँगूठे का इस्तेमाल किया, क्योंकि वह सीम में फँस जाती थी।

उस दिन का खेल ख़त्म होने के कुछ ही समय बाद हमें जानकारी दी गई कि मैच रेफ़री ने छह भारतीय खिलाड़ियों को सुनवाई के लिए बुलाया था और मुझ पर गेंद से छेड़छाड़ करने का आरोप लगाया गया था। मैं सदमे में था, क्योंकि मैंने हमेशा क्रिकेट को ईमानदारी से खेला था और ऐसी चीज़ कभी कर ही नहीं सकता था।

जब मैं मैच रेफ़री से मिला, तो मैंने उन्हें जानकारी दी कि मैं तो केवल गेंद की सीम साफ़ कर रहा था। मेरी ग़लती, जिसे स्वीकार करने में मुझे कोई हिचक नहीं हुई, यह थी कि सीम साफ़ करते वक़्त मुझे नियम 42.3 के तहत फ़ील्ड पर मौजूद अंपायरों को सूचित कर देना चाहिए था, लेकिन यह बात उस पल की गहनता में मेरे दिमाग़ में आई ही नहीं। मैंने माइक डेनेस से कहा कि वे फ़ील्ड पर मौजूद अंपायरों से पूछ लें, क्योंकि हर दो-तीन ओवर बाद वे गेंद की जाँच करते थे और यह बताने की सबसे अच्छी स्थिति में थे कि क्या गेंद के साथ छेड़छाड़ की गई थी। डेनेस ने कहा कि उन्हें अंपायरों से पूछने की कोई ज़रूरत नहीं थी, क्योंकि मैंने खुद ही मान लिया था कि मैं सीम को साफ़ करके गेंद का आकार बदल रहा था।

मुझे यह अजीब लगा, क्योंकि पिच से अस्सी गज़ दूर बैठे डेनेस किसी तरह से यह नहीं जान सकते थे कि मैदान के बीच में क्या हो रहा था। किसी अंपायर ने मेरे ख़िलाफ़ कोई औपचारिक शिकायत दर्ज नहीं की थी और धोखेबाज़ का ठप्पा लगना अपमानजनक था। मैं इसे सहन करने के लिए तैयार नहीं था। मैंने माइक डेनेस को बता दिया कि मैं इस आरोप के बारे में बीसीसीआई से शिकायत करूँगा और चुप नहीं बैठूँगा।

मुझ पर गेंद के साथ छेड़खानी का आरोप लगाने के अलावा, माइक डेनेस ने कप्तान सौरव गाँगुली पर एक मैच का शिथिल प्रतिबंध लगाया, क्योंकि वे खिलाड़ियों को नियंत्रित करने में नाकाम रहे थे। उन्होंने बहुत ज़्यादा अपील करने के लिए वीरेंद्र सहवाग पर एक मैच का प्रतिबंध लगा दिया। दीप दासगुप्ता, हरभजन सिंह और सलामी बल्लेबाज़ शिव सुंदर दास सभी पर एक टेस्ट का शिथिल प्रतिबंध लगाया गया और इसी जुर्म में उनकी 75 प्रतिशत मैच फ़ीस का

जुर्माना किया गया। टीम को ये दंड कठोर लगे, ख़ास तौर पर इसलिए क्योंकि किसी भी दक्षिण अफ़्रीकी खिलाड़ी को दोषी नहीं माना गया, हालाँकि हमारे हिसाब से उन्होंने भी उतनी ही आक्रामकता से अपील की थी। यह एक कठोर खेल है और मैदान में परिस्थितियाँ कई बार गर्म हो जाती हैं। लेकिन हमें नहीं लगा कि हम उन सज़ाओं के हक़दार थे, जो हमें दी गई थीं।

हमने बीसीसीआई को सूचित किया कि आरोप निराधार और पक्षपातपूर्ण हैं। हमें ख़ुशी हुई, जब जगमोहन डालमिया के नेतृत्व में बीसीसीआई हमारे पीछे डटकर खड़ी रही और इसने आईसीसी को बता दिया कि मैच रेफ़री पर से टीम का विश्वास उठ चुका है। हमें मीडिया का भी समर्थन मिला। भारतीय पत्रकार बंधु, भारत में भी और दक्षिण अफ़्रीका में भी, पूरी तरह से टीम के साथ थे। ज़रूरत पड़ने पर हम दौरा छोड़ने के लिए भी तैयार थे, लेकिन हम अपने ऊपर धोखेबाज़ का ठप्पा लगवाने को तैयार नहीं थे। यह सम्मान की बात थी और हम किसी तरह मैच रेफ़री को यह अनुमति नहीं दे सकते थे कि वह हमारी विश्वसनीयता पर कीचड़ उछाले।

परिस्थितियाँ एक बिंदु पर ऐसी हो गईं कि हमें पक्का नहीं पता था कि क्या दौरा सचमुच आगे जारी रहेगा। हर जगह विरोधी रिपोर्ट आ रही थीं और माहौल अविश्वास तथा दुविधा का था। हालात तीसरा टेस्ट मैच शुरू होने से चौबीस घंटे पहले संकटपूर्ण हो गए, जब आईसीसी के बजाय भारतीय और दक्षिण अफ़्रीकी बोर्ड ने आख़िरकार यह फ़ैसला किया कि माइक डेनेस को मैच रेफ़री नहीं बनाया जाना चाहिए। पूर्व दक्षिण अफ़्रीकी विकेटकीपर डेनिस लिंडसे उनकी जगह पर आ गए और मैच खेला गया, हालाँकि आईसीसी ने इसे अनधिकृत टेस्ट मैच क़रार दिया।

मुझे कहना होगा कि इस सबकी कोई ज़रूरत ही नहीं थी और इसकी वजह से नाहक ही कटुता भरा माहौल बना। माइक डेनेस के निर्णय एक ऐसे संकट की ओर ले गए थे, जिसने क्रिकेट जगत को दो धड़ों में विभाजित कर दिया। मैं मानता हूँ कि इस सारे विवाद को आसानी से टाला जा सकता था, जो अंततः सभी शामिल लोगों के लिए एक अप्रिय अनुभव रहा।

India in South Africa 2001

1st Test. Bloemfontein. 3–6 November 2001

India 379 (**SR Tendulkar 155**, V Sehwag 105; S Pollock 4–91, M Hayward 3–70) and 237 (SS Das 62, V Sehwag 31, **SR Tendulkar 15**; SM Pollock 6–56)

South Africa 563 (L Klusener 108, HH Gibbs 107, G Kirsten 73, J Kallis 68, ND McKenzie 68; J Srinath 5–140, A Kumble 3–132) and 54–1

South Africa won by 9 wickets

2nd Test. Port Elizabeth. 16–20 November 2001

South Africa 362 (HH Gibbs 196, MV Boucher 68*; J Srinath 6–76, **SR Tendulkar 1–22**) and 233–5 dec (JH Kallis 89*, SM Pollock 55*; J Srinath 2–28, H Singh 2–79)

India 201 (VVS Laxman 89, SC Ganguly 42, **SR Tendulkar 1**; SM Pollock 5–40) and 206–3 (R Dravid 87, D Dasgupta 63, **SR Tendulkar 22***; M Hayward 2–58)

Match drawn

South Africa won the series 1–0

13
इंग्लैंड का बेहतरीन दौरा

दक्षिण अफ़्रीका से लौटने के एक सप्ताह के भीतर ही हमारा सामना दिसंबर 2001 में भारत में नासिर हुसैन की ब्रिटिश टीम से हुआ। नासिर आजकल एक सम्मानित कमेंटेटर हैं और उस दौरे में उन्होंने डटकर खेला तथा मेरे ख़िलाफ़ कुछ बेहद सुरक्षात्मक नीतियाँ सोचीं। इसी श्रृंखला में नासिर ने अपने बाएँ हाथ के स्पिनर एश्ले जाइल्स से कहा कि वे ओवर द विकेट से मेरे लेग स्टंप के बाहर गेंद फेंकें। नासिर और जाइल्स सोच रहे थे कि वहाँ गेंद आएँगी, तो मेरे पास स्कोर करने के सीमित विकल्प रहेंगे। इस तरह वे मुझे कुंठित कर देंगे और ग़लत शॉट खेलने के लिए मजबूर कर देंगे। उन्होंने मुझे आउट करने की सारी कोशिशें छोड़ दी थीं और मुझे परेशान करने पर उतर आए थे।

हालाँकि जाइल्स मुझे बैंगलोर के तीसरे टेस्ट मैच में स्टंप कराने में कामयाब रहे, जो मेरे टेस्ट करियर में पहली बार हुआ था, लेकिन कुल मिलाकर इन रणनीतियों का श्रृंखला के परिणाम पर बहुत कम असर हुआ। मैंने तीनों टेस्ट मैचों में बहुत से रन बनाए और मुझे प्लेयर ऑफ़ द सीरीज़ घोषित किया गया।

मुझे इस श्रृंखला की याद तब आई, जब मेरे अच्छे मित्र नासिर मुझसे दो साल बाद 2003 के विश्व कप के दौरान दक्षिण अफ़्रीका में मिले। हम लोग उद्घाटन समारोह में वॉशरूम में थे और नासिर ने मज़ाक़ में बात छेड़ते हुए कहा, 'तो मैं वॉशरूम में महान तेंदुलकर के साथ हूँ।' यह बातचीत एक मिनट की थी और हम दोनों ही मज़े ले रहे थे। यह उन दो लोगों का दोस्ताना हँसी-मज़ाक़ था, जिनके मन में एक दूसरे के प्रति भारी सम्मान है। याददाश्त के अनुसार यह बातचीत कुछ इस तरह हुई :

> नासिर : आपको मानना पड़ेगा कि मैं आपको 2001 में इंग्लैंड के भारत दौरे में रोकने और कुंठित करने में कामयाब रहा था, जब मैंने एश्ले जाइल्स से आपको ओवर द विकेट गेंदबाज़ी कराई थी।

सचिन : आपने ऐसा ही किया था, लेकिन जाइल्स की तमाम कोशिशों के बावजूद उस श्रृँखला में मेरा बल्लेबाज़ी का औसत 76 था, जिसमें तीन टेस्ट मैचों में 88, 103 और 90 रनों के स्कोर थे और मुझे दरअसल प्लेयर ऑफ़ द सीरीज़ घोषित किया गया था। मैं अपने पूरे करियर में यही औसत शौक़ से रखने को तैयार हूँ।

हम श्रृँखला 1-0 से जीत गए, जिससे हमें काफ़ी आत्मविश्वास मिला, जब हम अगली गर्मी में इंग्लैंड के जवाबी दौरे पर जाने की राह देख रहे थे। श्रृँखला के रोचक होने की पूरी संभावना थी।

बल्लेबाज़ी पर कुछ विचार

इंग्लैंड के 2002 दौरे की शुरुआती अवस्थाओं में मैंने पहली मास्टरक्लास ली। यह रोज़ बाउल में हुआ, जहाँ हम हैम्पशायर के ख़िलाफ़ एक वॉर्म-अप मैच खेल रहे थे और इसे मार्क निकोलस द्वारा चैनल 4 टेलीविज़न के लिए आयोजित किया गया था। लड़कों के समूह से बल्लेबाज़ी की बुनियादी बातों को लेकर बात करने में मुझे मज़ा आया।

लोगों ने अक्सर मेरे बैट पकड़ने पर टिप्पणी की है, जिसे मैं हैंडल पर बहुत नीचे से पकड़ता हूँ। पर यह तो तब से है, जब मैंने ग्यारह साल की उम्र में अपने भाई अजीत के साथ क्रिकेट खेलना शुरू किया, जो मुझसे दस साल बड़े थे। चूँकि मेरे पास अपना खुद का बैट नहीं था, इसलिए मुझे अजीत भाई के बड़े बैट से खेलना होता था और उस उम्र में इतना वज़न उठाने का इकलौता तरीक़ा यही था कि मैं हैंडल के सबसे निचले हिस्से से बल्ला पकड़ूँ। कुछ कोचों ने मेरी पकड़ बदलने का सुझाव दिया और मैंने प्रयोग किए, लेकिन यह कभी सही महसूस नहीं हुआ। मैं इस बात का आदी हो चुका था कि हैंडल का सिरा मेरी कलाई के ऊपर के अँदरूनी हिस्से पर दबाव डाले और अगर मैं बैट को ऊपर पकड़ता, तो मुझे वह दबाव नहीं मिलता और बल्लेबाज़ी स्वाभाविक महसूस नहीं होती।

यह कहने का मतलब यह नहीं है कि मेरी तकनीक ज़रा भी नहीं बदली। अपने पूरे करियर में मैंने हमेशा बेहतरी की तलाश की है और भिन्न-भिन्न स्थितियों से निबटने के लिए नई चीज़ें लगातार आज़माई हैं। मिसाल के तौर पर, मेरी बैकलिफ़्ट इतने बरसों में काफ़ी बदली है। मैं काफ़ी भारी बैट का इस्तेमाल करता था और मुझे कई बार ज़्यादा हल्के बैट के लिए प्रोत्साहित किया गया।

एक बार फिर, मैंने कोशिश की, लेकिन मैंने कभी आरामदेह महसूस नहीं किया, क्योंकि मेरी पूरी बैट स्विंग उस वज़न पर निर्भर करती थी। जब मैं ड्राइव मारता था, तो मुझे शक्ति उत्पन्न करने के लिए वज़न की ज़रूरत थी। इसका टाइमिंग से बहुत संबंध था। मेरे लिए बैट बाँह का विस्तार होना चाहिए और अगर आप उस अवस्था तक पहुँच चुके हैं, जहाँ यह आपकी बाँह का विस्तार बन चुका है, तो उसे बदलने की ज़रूरत ही क्या है?

बल्लेबाज़ी करते वक़्त मेरे लिए सबसे ज़्यादा महत्त्वपूर्ण यह था कि मैं आरामदेह महसूस करूँ। जब तक मैं आरामदेह महसूस करता था, तब तक इससे कोई फ़र्क़ नहीं पड़ता था कि मैं कहाँ खेल रहा था या किसके ख़िलाफ़ खेल रहा था। अगर आप भिन्न परिस्थितियों से तालमेल बैठाने के लिए तकनीकी हेरफेर करते हैं, जैसे कि हल्के बैट से खेलना, तो इस बात का जोखिम रहता है कि इससे आप असहज महसूस करेंगे और अपनी तकनीक के बारे में ज़रूरत से ज़्यादा सोचने लगेंगे। मैंने हमेशा महसूस किया है कि मैंने सबसे अच्छी बल्लेबाज़ी तब की है, जब मेरा दिमाग़ मेरे छोर के बजाय गेंदबाज़ वाले छोर पर केंद्रित रहा है। वास्तव में, बल्लेबाज़ों और गेंदबाज़ों दोनों के लिए मेरा हमेशा यही मानना रहा है कि सबसे अच्छा क्रिकेट तब खेला जाता है, जब आपका दिमाग़ विपरीत छोर पर केंद्रित रहता है और समस्याएँ तब उत्पन्न होती हैं, जब आपका दिमाग़ अपने ख़ुद के छोर पर अटका रहता है।

मिसाल के तौर पर, अगर कोई गेंदबाज़ नो-बॉल न फेंकने के बारे में बहुत ज़्यादा सोच रहा हो, तो वह उस गेंद को नहीं फेंक पाएगा, जो वह डालना चाहता है। इसके बजाय, उसका दिमाग़ बल्लेबाज़ के छोर पर रहना चाहिए, उस पर केंद्रित रहना चाहिए कि वह कहाँ गेंद फेंकने जा रहा है, वह किस तरफ़ गेंद स्विंग कराने जा रहा है आदि। बल्लेबाज़ के रूप में, अगर मैं चेतन रूप से अपने क़दमों के इस्तेमाल या अपनी बैकलिफ़्ट या अपनी कलाइयों के घूमने की चिंता नहीं कर रहा हूँ, तो मैं जानता हूँ कि मैं सही स्थिति में हूँ, क्योंकि मेरे दिमाग़ को विपरीत छोर पर रहना चाहिए, ताकि मैं यह पता लगा सकूँ कि गेंदबाज़ क्या करने की कोशिश कर रहा है। एक साथ दोनों छोरों के बारे में सोचने का समय ही नहीं होता है। इसलिए मुझे आम तौर पर हमेशा लगता था कि अगर मैं अपनी खेल सामग्री के साथ आरामदेह था, तो इससे मेरा दिमाग़ विपरीत छोर पर केंद्रित रह सकेगा और मैं बेहतर खेल सकूँगा।

भारत इंग्लैंड में, टेस्ट श्रृंखला, जुलाई–सितंबर 2002

मुझे इंग्लैंड में खेलने में हमेशा मज़ा आया है, लेकिन 2002 के दौरे में टीम को परिस्थितियों से संतुलन बनाने में थोड़ा समय लगा। चार टेस्ट मैचों में से पहला टेस्ट लॉर्ड्स में होने वाला था। यह 25 जुलाई 2002 को शुरू हुआ और इंग्लैंड ने इसे आराम से जीत लिया, जिसमें हुसैन ने पाँच सालों में अपना सर्वोच्च स्कोर बनाया और माइकल वॉघन ने भी शतक का योगदान दिया। भारत के लिए उच्च बिंदु मेरे मित्र अजीत आगरकर का दूसरी पारी का शतक था और मैं ख़ुश हुआ, जब उनका नाम ड्रेसिंग रूम के मशहूर ऑनर्स बोर्ड पर लगा।

हम जानते थे कि अगर हम चार मैच की श्रृंखला में बने रहना चाहते हैं, तो हमें दस दिन बाद ट्रेंट ब्रिज में होने वाले अगले टेस्ट में ज़्यादा टक्कर देनी होगी। एक बार फिर इंग्लैंड ने विशाल स्कोर खड़ा किया, क्योंकि वॉघन दोबारा अच्छे फ़ॉर्म में थे और हमें मैच बचाने के लिए बल्लेबाज़ी करके आख़िरी दिन निकालना था। पिच गेंदबाज़ों की सहायता कर रही थी और कई गेंदें तो गुड लेंग्थ से अप्रत्याशित रूप से उछल रही थीं, जबकि कुछ नीची रह रही थीं। मुश्किल परिस्थितियों में राहुल और मैंने एक महत्त्वपूर्ण साझेदारी बनाई। ऐसे मौक़े थे, जब हम उन गेंदों से चकमा खा गए, जो या तो अनायास उछल गई थीं या नीची रह गई थीं और हम बस मुस्कुराकर रह गए। हम हर ओवर के बाद बातचीत करते थे, लेकिन हमने एक बार भी उन गेंदों के बारे में बात नहीं की, जो हमें चकमा दे गई थीं। यह स्वाभाविक था कि पाँचवें दिन के विकेट के असमान उछाल की वजह से गेंद हमें कभी-कभार चकमा देगी; हमने इस चुनौती का आनंद लिया।

राहुल ने शतक बनाया और सौरव तथा मैं दोनों ही नब्बे और सौ के बीच आउट हुए। सौरव 99 पर आउट हुए, जबकि मैं पार्ट-टाइम ऑफ़ स्पिनर माइकल वॉघन की एक गेंद पर 92 पर आउट हुआ, जो शायद उनकी ज़िंदगी की सबसे अच्छी गेंद थी। गेंद मेरे ऑफ़ स्टंप के बाहर की ऊबड़-खाबड़ जगह पर टप्पा खाई और बहुत दूर तक घूमी तथा बल्ले व पैड के बीच की जगह से होती हुई स्टंप से टकरा गई। विकेटकीपर पार्थिव पटेल के कुछ कठोर प्रतिरोध की बदौलत, जो उस वक़्त किशोरावस्था में थे, हम यह मैच ड्रॉ कराने में कामयाब रहे। यह काफ़ी अहम बात थी और इसने तीसरे टेस्ट में हेडिंग्ली में हमारे संग्राम की बुनियाद डाली।

दूसरे और तीसरे टेस्ट के बीच लंबा अंतराल था, जिससे हमें तनावरहित होने और दोबारा एकाग्र होने में मदद मिली। तब तक हम परिस्थितियों के आदी हो चुके थे और ज़्यादा तनावरहित महसूस कर रहे थे। हम सामाजिक रूप

से आनंद ले रहे थे, अलग-अलग प्रकार का भोजन आज़माने के लिए रोचक रेस्तराँओं में खाने जा रहे थे और बहुत सा समय इकट्ठे बिता रहे थे, जो मुश्किल दौरे के बीच में हमेशा अनिवार्य होता है।

इसी समय के आस-पास मेरे एक मित्र ने वेस्ट यॉर्कशायर में गाइज़ली में मशहूर हैरी रैम्सडन्स रेस्तराँ जाने का सुझाव दिया। मुझे बताया गया कि इस रेस्तराँ में बेहतरीन फ़िश और चिप्स मिलती हैं। अजीत आगरकर और मैंने वहाँ जाने का फ़ैसला किया। मेन्यू में एक आइटम था, जिसका नाम था हैरीज़ चैलेंज। इसमें ग्राहक को चुनौती दी जाती थी कि वह कॉड या हैडक मछली का एक बड़ा हिस्सा खाए, जो चिप्स, ब्रेड और बटर, तथा दो अन्य व्यंजनों के साथ परोसी जाती थी। अगर वह खाने में सफल हो गया, तो हेड शेफ़ व्यक्तिगत रूप से ग्राहक को हस्ताक्षर करके प्रमाणपत्र देते थे। मैं हमेशा ज़्यादा खाने वाला रहा हूँ, इसलिए मैंने चुनौती स्वीकार कर ली। मुझे कहना होगा कि मैंने काफ़ी आराम से पूरी मछली खा ली और सलाद तथा अन्य अतिरिक्त व्यंजन भी चट कर गया। मैंने सिर्फ़ चिप्स नहीं खाए, जो मेरे ख़्याल से मुझे मोटा कर सकते थे। मेरे प्रदर्शन से प्रभावित होकर शेफ़ ने फिर भी मेरा हैरीज़ चैलेंज प्रमाणपत्र हस्ताक्षर करके मुझे दे दिया।

तीसरा टेस्ट, हेडिंग्ली, 22-26 अगस्त 2002

22 अगस्त 2002 को हेडिंग्ली टेस्ट की शुरुआत में विकेट में काफ़ी नमी थी। इसके बावजूद हमने टॉस जीतकर पहले बल्लेबाज़ी करने का निर्णय लिया। हम सभी इस बात पर एकमत थे कि हमें बोर्ड पर रन टाँगकर इंग्लैंड को दबाव में लाना चाहिए। सहवाग जल्दी आउट हो गए, लेकिन फिर राहुल द्रविड़ और हमारे कामचलाऊ सलामी बल्लेबाज़ संजय बाँगड़ ने 170 रनों की बेहतरीन साझेदारी की, जिससे परिस्थितियाँ हमारे अनुकूल बन गईं। ताज़े विकेट पर बल्लेबाज़ी आसान नहीं थी और वे दोनों बहुत उम्दा खेले तथा उन्होंने ऑफ़ स्टंप के बाहर की बहुत सी गेंदें छोड़ीं।

मैं पहले दिन के आख़िरी सत्र में बल्लेबाज़ी करने गया और मैंने एक इनर-थाई गार्ड पहनने का निर्णय लिया। मैंने इससे पहले कभी इसका इस्तेमाल नहीं किया था, अभ्यास में भी नहीं, लेकिन ऐंड्रू फ़्लिंटॉफ़ गेंदों को बल्लेबाज़ों की तरफ़ अंदर ला रहे थे और मैंने सोचा कि चोट से बचने के लिए इनर-थाई गार्ड पहनने में ही समझदारी है। बहरहाल, जल्दी ही मुझे एहसास हो गया कि इससे मेरे खड़े होने का अंदाज़ पूरी तरह बदल गया था। सामान्य तौर पर बल्लेबाज़ी

के लिए खड़े होते समय मेरे निचले हाथ की कलाई से ऊपर का हिस्सा मेरी जाँघ पर टिकता है, लेकिन नए गार्ड की वजह से हेडिंग्ली में यह पूरी तरह अलग महसूस हुआ। मैंने तुरंत इसे हटाने का निर्णय लिया और यह प्रयोग दोबारा कभी नहीं किया गया।

इस पारी में मैं शुरुआत में सतर्क था और मैंने दिन काटने तथा अगली सुबह अपने अवसर का इंतज़ार करने का निर्णय लिया। फ़्लिंटॉफ़ ने एक शत्रुतापूर्ण स्पेल किया और मुझे सचमुच कड़ा संघर्ष करना पड़ा। वे गेंद को स्विंग और बाउंस करा रहे थे और रक्षात्मक होने के अलावा मैं ज़्यादा कुछ नहीं कर सकता था। अगली सुबह मैथ्यू हॉगर्ड, जिनमें गेंद को दोनों तरफ़ स्विंग कराने की क़ाबिलियत थी, ने भी प्रभावशाली गेंदबाज़ी की और वे गेंद को अच्छी गति से बल्ले से दूर ले गए। अच्छी आउटस्विंग को खेलना मुश्किल होता है और मुझे गेंद के उठते समय बड़े ड्राइव लगाते समय सतर्क रहना पड़ा। इस पारी में शॉट का चयन ही अहम बात थी।

ऐंड्रू फ़्लिंटॉफ़ ने एक और जाँच-पड़ताल भरा स्पेल किया। वे सौरव के शरीर पर गेंदबाज़ी कर रहे थे और यह तय किया गया कि मैं उनका सामना करूँगा, जबकि बाएँ हाथ के होने के कारण सौरव ने एश्ले जाइल्स के ख़िलाफ़ यथासंभव अधिकतम स्ट्राइक लिया, जो मुझे लेग स्टंप के बाहर रक्षात्मक गेंदबाज़ी कर रहे थे। जब हम चाय के लिए ड्रेसिंग रूम में गए, तो सौरव ने कहा, *'वो बीच वाला फ़्लिंटॉफ़ का स्पेल हमने क्या झेला यार।'* मैं उनकी टाँग खींचने से बाज़ नहीं आया और मज़ाक़ में उनसे बोला, *'हमने झेला? वो तो मैंने झेला है।'* पूरा ड्रेसिंग रूम ठहाके लगाने लगा।

दिन के तीसरे सत्र में हमने गियर बदले और इंग्लैंड के बल्लेबाज़ों पर टूट पड़े, जो अब थक रहे थे। यह उन दुर्लभ मैचों में से एक था, जब हमने रोशनी ख़त्म होने की अपील को स्वीकार नहीं किया, हालाँकि अंपायरों ने हमसे इस बारे में पूछा था। हम मैच पर हावी हो रहे थे और बाहर जाने का कोई कारण नहीं था।

अंत में अंपायर हमारे पास आकर बोले कि चूँकि उन्हें गेंद नहीं दिख रही है, इसलिए अब वे खेल ख़त्म कर रहे हैं। मैं 185 पर नाबाद था और हमारे पास बोर्ड पर एक बड़ा स्कोर था। हम उस स्थिति से मैच नहीं हार सकते थे और हमारे पास पहले ही पर्याप्त रन थे, जिनसे हमारे गेंदबाज़ गेंदबाज़ी कर सकें। जब तक इंग्लैंड की बारी आई, उनका काम और भी ज़्यादा मुश्किल हो गया था, क्योंकि विकेट असमान था और कोई-कोई गेंद नीची रहने लगी थी। वास्तव

में, कम उछाल की वजह से ही तीसरे दिन की सुबह मेरा विकेट गया, जब मैं ऐंड्रू कैडिक की गेंद पर 193 पर एलबीडब्ल्यू हो गया। हमने आख़िरकार अपनी पहली पारी 628-8 पर घोषित कर दी, जो इंग्लैंड की धरती पर हमारे सर्वोच्च स्कोरों में से एक था।

इसके बाद गेंदबाज़ों ने कमान सँभाली और इंग्लैंड की पारी की शुरुआत से ही इसे दबाव में रखा। कुंबले और हरभजन ने ऐसी परिस्थितियों में सुंदर गेंदबाज़ी की, जो स्पिनरों के लिए मददगार नहीं थीं और दोनों ने तीन-तीन विकेट लिए। कोई बड़ी साझेदारी नहीं हो पाई और हम नियमित अंतराल से विकेट लेते रहे। अंततः हमने इंग्लैंड को 273 पर आउट कर दिया और फ़ॉलो ऑन खिलाया। पहली पारी के हमारे विशाल स्कोर की बदौलत हमें बहुत से फ़ील्डरों को कैचिंग पोज़ीशन पर रखने का लाभ मिला और हम पूरे समय आक्रमण पर रहे।

हमारे पास बैंक में 355 रन जमा थे, इसलिए हमने दूसरी पारी में दबाव क़ायम रखा और इंग्लैंड के हर बल्लेबाज़ की मुश्किल परीक्षा ली गई। हालाँकि नासिर ने दूसरी पारी में शतक जमाया, लेकिन उन्हें भी नहीं बख़्शा गया और बीच में बहुत सी नोंकझोंक हुई। हम सभी बेहद प्रेरित थे और यह नहीं चाहते थे कि इंग्लैंड का एक भी बल्लेबाज़ जम जाए और नियंत्रण सँभाल ले। किसी ने भी प्रयास में कमी नहीं रखी और हमारे गेंदबाज़ों ने इंग्लैंड की बल्लेबाज़ी में नियमित रूप से सेंध लगाई। हर विकेट के बाद बहुत सी बातचीत होती थी और नए बल्लेबाज़ का शानदार स्वागत किया जाता था। जब ऐंड्रू फ़्लिंटॉफ़ दो रन पर आउट हुए, जिन्हें द्रविड़ ने बाएँ हाथ के तेज़ गेंदबाज़ ज़हीर ख़ान की गेंद पर स्लिप में कैच किया, तो हम जान गए कि हम एक मशहूर विजय की दहलीज़ पर खड़े हैं। बाक़ी का काम अनिल ने चार विकेट लेकर कर दिया और हमने इंग्लैंड को 309 रन पर आउट कर दिया। हमने यह मैच एक पारी और 46 रन से जीत लिया।

ट्रेंट ब्रिज के पिछले टेस्ट में हम मैच को ड्रॉ कराने के लिए अच्छा खेले थे और अब हेडिंग्ली में हमने उसे भुना लिया था। कुंबले ने मुश्किल परिस्थितियों में सात विकेट के लिए जीजान लगा दी थी और बाक़ी सभी गेंदबाज़ों - ज़हीर, अजीत आगरकर, संजय बाँगड़ और हरभजन - ने महत्त्वपूर्ण विकेट लेकर अहम योगदान दिया।

चौथा टेस्ट, ओवल, 5–9 सितंबर 2002

हमने ओवल में एक बार फिर शानदार प्रदर्शन किया। राहुल ने कमाल की पारी खेली और बाक़ी की बल्लेबाज़ी उनके 217 रनों के इर्द-गिर्द घूमती रही। इस मैच

का मेरे लिए ख़ास महत्त्व था, क्योंकि यह मेरा 100वाँ टेस्ट था। मैच की सुबह मैं घबराया हुआ और रोमांचित था। सरी काउंटी क्रिकेट क्लब के चीफ़ एक्ज़ीक्यूटिव पॉल शेल्डन ने मुझे एक स्मृति चिन्ह भेंट किया। एक ख़ास घोषणा की गई और जब बल्लेबाज़ी करने की मेरी बारी आई, तो लोग उम्मीद कर रहे थे कि मैं वहीं से शुरू करूँगा, जहाँ मैंने हेडिंग्ली में छोड़ा था। मैंने अपने अर्धशतक में कुछ अच्छे शॉट लगाए, लेकिन फिर मैं अप्रत्याशित रूप से एक ऐसी गेंद पर आउट हो गया, जिसे मैंने पूरी तरह ग़लत समझ लिया था।

जब कैडिक अपना रन-अप शुरू करने वाले थे, तो मैंने गेंद उनके हाथ में देखी थी, और यह स्पष्ट था कि चमकदार हिस्सा उनके दाईं तरफ़ यानी ऑन साइड पर था। सामान्य स्विंग के हिसाब से इसका मतलब था आउटस्विंगर, इसलिए मैंने सोचा कि यह एक बड़े ड्राइव का अवसर है और मैं गेंद को मिड ऑफ़ और कवर के बीच से खेलने को तैयार था। मैं बिलकुल हैरान रह गया, जब गेंद काफ़ी दूर तक अंदर आई और मेरी एड़ी पर पड़ी। मैं शायद ही कभी इतनी बुरी तरह परास्त हुआ हूँ और मैं साफ़ एलबीडब्ल्यू था। गेंद रिवर्स स्विंग हुई थी और यह उस पारी में रिवर्स स्विंग होने वाली वह पहली तथा एकमात्र गेंद थी। सामान्य परिस्थितियों में कैडिक बड़ी इनस्विंगर नहीं फेंकते थे, बल्कि गेंद को बल्लेबाज़ों की ओर कट कराते थे। इस एक मौक़े पर उन्होंने किसी तरह गेंद को एक मील दूर तक रिवर्स स्विंग कराने में कामयाबी पाई। इससे निबटना ख़ास तौर पर मुश्किल इसलिए था, क्योंकि यह यॉर्कर थी।

इस तरह से किसी गेंदबाज़ की स्विंग को ग़लत समझना मेरे लिए असामान्य बात थी, क्योंकि मैं आम तौर पर गेंदबाज़ के हाथ में गेंद देखकर ही यह समझ जाता था कि गेंदबाज़ के इरादे क्या हैं। मिसाल के तौर पर, जब भी ऑस्ट्रेलिया के तेज़ गेंदबाज बेन हिल्फ़ेनहॉस किसी पुरानी गेंद को क्रॉस-सीम पर पकड़ते थे, तो मैं जान जाता था कि वे बाउंसर करने वाले हैं - और मैं इसके लिए तैयार रहता था। यह रणनीति 2010 में भारत-ऑस्ट्रेलिया श्रृंखला में बड़े काम आई, जब मैंने बैंगलोर में दोहरा शतक बनाया। इसी तरह, मैंने ग़ौर किया कि पाकिस्तान के तेज़ गेंदबाज़ शोएब अख़्तर अपनी गेंदबाज़ी की बाँह को दो बार घुमाने के बाद ही अपनी विशेष प्रयास वाली गेंद डालते थे, ताकि वे गेंद में ज़्यादा गति भर सकें। एक बार फिर, मैं इसके लिए तैयार रहता था।

स्पिन गेंदबाज़ों के मामले में मैंने हमेशा गेंदबाज़ के गेंद छोड़ने के बिंदु की निगरानी की है, ताकि यह जान सकूँ कि गेंदबाज़ क्या योजना बना रहा है। श्रीलंका के मशहूर मुथैया मुरलीधरन दूसरा फेंकते वक़्त अपना अँगूठा गेंद के

ऊपर रखते थे। सामान्य ऑफ़-स्पिन गेंदों के लिए वे अपना अँगूठा गेंद के नीचे रखते थे। हमारे बीच एक बार ड्रेसिंग रूम में बातचीत हो रही थी कि मुरली की दूसरा गेंद को किस तरह परखा जाए। मैंने हर एक को बताया कि इसके लिए तो उन्हें बस उनके अँगूठे पर नज़र रखनी थी। एक दिन हम कोलंबो में एसएससी ग्राउंड में अभ्यास कर रहे थे, तभी मुरली मैदान में आए। भज्जी ने उनसे पूछ लिया कि दूसरा कैसे की जाए। मुरली ने भज्जी से कहा कि वे ऊपर से गेंद को सहारा देने के लिए अपने अँगूठे का इस्तेमाल करें - यही राज़ था। मुझे इस बातचीत के बारे में कुछ पता नहीं था, जब तक कि भज्जी ने मुझे बाद में नहीं बताया। मैं काफ़ी संतुष्ट महसूस कर रहा था कि मैंने अपने आप ही यह पता लगा लिया था।

दूसरा को पहचानने की क़ाबिलियत से मुझे बहुत मदद मिली और सिर्फ़ बल्लेबाज़ी करते समय ही नहीं मिली। जब मैंने मई 2013 में आईपीएल के फ़ाइनल में कमेंट्री की, तो मैंने कहा कि भज्जी ने दक्षिण अफ़्रीका के तेज़ गेंदबाज़ क्रिस मॉरिस को आउट करने के लिए दूसरा गेंद की थी। मॉरिस पारंपरिक ऑफ़-स्पिन के लिए खेले थे, जबकि गेंद दरअसल दूसरी तरफ़ घूम गई। कमेंटेटरों में हर्षा भोगले भी थे और उन्होंने कहा कि वे इस बात से प्रभावित थे, क्योंकि वे दूसरा को पकड़ नहीं पाए थे और रिप्ले तब तक दिखाया नहीं गया था।

मुझे यहाँ यह भी बता देना चाहिए कि ऐसे दूसरे मौक़े थे, जब मुझे यह पता लगाने में मुश्किल आई थी कि गेंदबाज़ क्या करने की योजना बना रहा है। इस संदर्भ में एक गेंदबाज़ ख़ास तौर पर मुझे चुनौतीपूर्ण लगा, जब मैंने पहली बार उनका सामना किया। वे थे न्यूज़ीलैंड के तेज़-मध्यम गेंदबाज़ डियॉन नैश। उनका अंदाज़ ऐसा था कि मैं सोचता था कि वे मुझे इनस्विंगर फेंकने वाले हैं, जो उन्होंने कभी नहीं फेंकी। मैं सबसे सपाट विकेट पर भी नैश की गेंद पर आउट हो जाता था, क्योंकि मैं इनस्विंगर के लिए खेलता था, जबकि गेंद दरअसल आउटस्विंगर होती थी। अंततः मैंने उन्हें समझ लिया और वेलिंगटन में उनके ख़िलाफ़ एक शतक भी लगाया, लेकिन यह करने में मुझे थोड़ा समय लग गया।

एक और गेंदबाज़ को समझने में मुझे शुरुआत में बहुत मुश्किल आई। वे थे वेस्ट इंडीज़ के बाएँ हाथ के तेज़ गेंदबाज़ पेड्रो कॉलिन्स। मैंने सबसे पहले कॉलिन्स को वेस्ट इंडीज़ के मई-जून 2002 के दौरे में एक अभ्यास मैच में देखा था, जब उन्होंने हमारे सलामी बल्लेबाज़ वसीम जाफ़र को एक बड़ी इनस्विंगर डाली थी। मैंने दिमाग़ में यह बात दर्ज कर ली कि यह ऐसा गेंदबाज़ था, जो शुरुआत में इनस्विंग डालना पसंद करता है। इसी अनुसार, अगली कुछ पारियों

में मैं इनस्विंग के लिए खेलता था और गेंद मुझे छोड़कर निकलती थी और मेरे बल्ले का किनारा विकेट के पीछे ले जाती थी। मैं उनकी गेंद पर तीन बार आउट हुआ और इनमें से किसी भी पारी में दो-तीन गेंदों से ज़्यादा नहीं टिक पाया। श्रृंखला के मध्य में मैंने वेस्ट इंडीज़ के कुछ खिलाड़ियों से बातचीत की और मुझे बताया गया कि दरअसल कॉलिन्स शायद ही कभी इनस्विंग डालते थे - वे आम तौर पर गेंद को दाएँ हाथ के बल्लेबाज़ से दूर निकालते थे। जमैका में आख़िरी टेस्ट के समय तक मुझमें उनके ख़िलाफ़ ज़्यादा आत्मविश्वास आ गया और मैं 86 रन बनाने में कामयाब हो गया।

लेकिन कॉलिन्स के साथ पेश आने के बारे में सबसे अच्छी चीज़ भारत में हुई, जब वेस्ट इंडीज़ यहाँ नवंबर 2002 में आई। तब तक मैं उन्हें पूरी तरह समझ गया था और चमक को देखने लगा था कि गेंद किस तरफ़ जाने वाली है, क्योंकि वे गेंद को रिवर्स स्विंग करा रहे थे। अगर चमक बाहर की तरफ़ है, तो मैं मिडिल स्टंप पर पड़ने वाली गेंद को भी छोड़ सकता था, क्योंकि मैं जानता था कि जब तक गेंद स्टंप के पास से गुज़रेगी, यह छठे या सातवें स्टंप के क़रीब होगी। इससे कॉलिन्स कुंठित हो गए और कुछ समय बाद वे मेरी रणनीति भाँप गए और उन्होंने राउंड द विकेट गेंद करने का निश्चय किया। तब दिमाग़ के खेल शुरू हुए। उन्होंने सारे जतन किए, ताकि मैं गेंद की चमक न देख पाऊँ। वे अंपायर के पीछे से दौड़कर आए, ताकि वे मुझे दिखाई न दें। इस रणनीति का प्रतिकार करने के लिए मैं एक-दो बार जान-बूझकर हट गया और बाद में अंपायर से झुकने को कहा। मैंने कहा कि मैं गेंदबाज़ को देख नहीं पा रहा था और यह नहीं जानता था कि वे कब गेंद डालने वाले हैं।

फिर मैंने एक बिलकुल अनोखा काम किया। मैंने यह निर्णय लिया कि जब कॉलिन्स अपने रन अप पर पहुँच जाते थे, तब मैं सही स्थिति में खड़ा नहीं होता था। इसके बजाय मैं ऑफ़ साइड की तरफ़ चला जाता था, ताकि यह देख सकूँ कि कॉलिन्स गेंद को कैसे पकड़े हैं। मैं जानता था कि एक बार जब वे दौड़ना शुरू कर देंगे, तो वे अपनी पकड़ नहीं बदल सकते और मेरे पास इतना समय रहेगा कि मैं लौटकर सही जगह पर खड़ा हो सकूँ। यह सचमुच मज़ेदार था : बल्लेबाज़ ऑफ़ स्टंप के बहुत बाहर खड़ा है और गेंदबाज़ की पकड़ देखने के लिए अपनी गर्दन घुमा रहा है। अंतरराष्ट्रीय क्रिकेट में यह कोई रोज़मर्रा का दृश्य नहीं है। यह रणनीति आश्चर्यजनक रूप से कारगर रही और मैंने उस वर्ष वेस्ट इंडीज़ में उनके ख़िलाफ़ अपनी पुरानी शर्मनाक ग़लतियों की भरपाई कर ली।

नैटवेस्ट सीरीज़, जून–जुलाई 2002

हेडिंग्ली की जीत ने टेस्ट श्रृँखला बराबर करने में हमारी मदद की। इसके बाद नैटवेस्ट त्रिकोणीय श्रृँखला में एक यादगार विजय मिली, जिससे इंग्लैंड का यह दौरा भारत के लिए शानदार बन गया। इंग्लैंड, श्रीलंका और भारत तीनों टीमें सम्मान के लिए खेल रही थीं। फ़ाइनल में हम इंग्लैंड से खेले, जबकि इससे पहले हम राउंड रॉबिन मैचों में एक दूसरे से तीन बार खेल चुके थे। 13 जुलाई को हुआ फ़ाइनल मेरे करियर के सबसे रोमांचक एक दिवसीय अंतरराष्ट्रीय मैचों में से एक था और दर्जनों भारतीय क्रिकेट प्रेमी अब भी इसे प्रेम से याद करते हैं।

मैं पूरी नैटवेस्ट श्रृँखला में अच्छे फ़ॉर्म में रहा और छह पूल मैचों में दो शतक बनाए। हमने कई बड़े लक्ष्यों का सफलतापूर्वक पीछा किया और लॉर्ड्स में इंग्लैंड के स्कोर को देखकर हम नहीं घबराए। इसके बजाय हम 325 के मुश्किल लक्ष्य तक पहुँचने के बारे में शांत आत्मविश्वास का अनुभव कर रहे थे। हमने इस विशाल लक्ष्य का पीछा अच्छी तरह शुरू किया। सहवाग और सौरव ने खुलकर रन बनाए और अच्छी नींव डाली। लेकिन जैसा किसी बड़े स्कोर का पीछा करते समय अक्सर क्रिकेट में होता है, हमने कुछ विकेट जल्दी-जल्दी गँवा दिए और कुछ ही समय में हमारा स्कोर 146-5 हो गया। मैं एश्ले जाइल्स की गेंद को कट करने की कोशिश में आउट हुआ। तब तक ड्रेसिंग रूम का माहौल गंभीर हो चुका था और कोई भी कुछ नहीं बोल रहा था। लेकिन फिर बाएँ हाथ के प्रतिभाशाली बल्लेबाज़ युवराज सिंह और दाएँ हाथ के मध्यम क्रम के बल्लेबाज़ तथा बेहतरीन फ़ील्डर मोहम्मद कैफ़ ने मरम्मत का मुश्किल काम शुरू किया। वे खुलकर चौके मार रहे थे और किसी भी बिंदु पर जीत के लिए आवश्यक रन रेट सामान्य से ज़्यादा नहीं हो पाई।

एक बार जब साझेदारी पनपने लगी, तो मेरे मन में यह भाव था कि हम जीत सकते हैं। मैं यह नहीं बता सकता कि क्यों, लेकिन मुझे विश्वास था कि हमारे लिए मैच अब भी ख़त्म नहीं हुआ था। बाक़ी की टीम को भी अवसर का एहसास हो गया और जल्दी ही ड्रेसिंग रूम में हर रन पर तालियाँ बजने लगीं। मैं कमरे के बीच में एक टेबल पर बैठा था और एक के बाद एक एनर्जी बार खाए जा रहा था। मुझे ख़ास भूख नहीं थी, लेकिन पल के तनाव में मैं बार खाए जा रहा था। कुछ ही समय में माहौल नाटकीय रूप से बदल गया और हर कोई खेल में तल्लीन हो गया। क्रिकेटर लोग अंधविश्वासी होते हैं, इसलिए किसी को भी अपनी जगह से उठने की इजाज़त नहीं थी। अगर किसी को टॉयलेट जाना होता था, तो उसे किसी ओवर के बीच में ऐसा करने की इजाज़त नहीं थी। वह

केवल ओवर के अंत में ही जा सकता था और उसे अगला ओवर शुरू होने से पहले लौटना होता था।

चालीसवें ओवर तक युवराज और कैफ़ इंग्लैंड की गेंदबाज़ी की थाह पा चुके थे और हमें एहसास हो गया कि हमारे पास यह ख़िताब जीतने का वास्तविक मौक़ा था। अगले कुछ बल्लेबाज़ पूरी तरह से रोमांचित थे और जब युवराज 69 रनों पर आउट हो गए, तब भी गहनता में कोई कमी नहीं आई। कैफ़ अब भी वहाँ मौजूद थे और हम जानते थे कि लक्ष्य पहुँच के भीतर था। अंततः जब ज़हीर और कैफ़ ने मैच के आख़िरी ओवर में विजयी रन दौड़े, तो ड्रेसिंग रूम ख़ुशी से झूम उठा। हम मुस्कुराए जा रहे थे और एक दूसरे को गले लगाने से ख़ुद को रोक नहीं पाए - और सौरव ने एक ऐसा काम किया, जिसके बारे में हम सोच भी नहीं सकते थे। उन्होंने अपनी शर्ट उतारकर अपने सिर के ऊपर लहराई और वे लॉर्ड्स की बालकनी में खुले सीने में खड़े थे। यह एक यादगार छवि है, लेकिन न जाने क्यों जब भी मैं सौरव से इस बारे में बात करता हूँ, तो उन्हें हमेशा बहुत संकोच होता है।

हम घंटों तक ड्रेसिंग रूम में रुके रहे और विजय के सूक्ष्म बिंदुओं पर विचार करते रहे। हमने सुना था कि इंग्लैंड की टीम ने हमारी पारी के बीच में शैम्पेन का ऑर्डर दे दिया था और कुछ बोतलें बर्फ़ में रखवा दी थीं। जब भारत 146-5 था, तो इंग्लैंड की जीत महज़ एक औपचारिकता लग रही थी। मैं नहीं जानता कि यह कहानी सच है या नहीं, लेकिन हमारे कुछ खिलाड़ियों ने मैच के अंत में इंग्लैंड की टीम को यह सुझाव दिया कि वे शैम्पेन की बोतलें हमें दे दें; हम उन्हें सँभाल लेंगे। कुछ बोतलें हमारे ड्रेसिंग रूम में आईं और हमने लॉर्ड्स को छोड़ने से पहले उन्हें साफ़ कर दिया।

हर जगह भारतीय समर्थक नज़र आ रहे थे। डब्ल्यूजी ग्रेस गेट से लेकर सेंट जॉन्स वुड ट्यूब स्टेशन तक की सड़क प्रशंसकों से खचाखच भरी थी, जो तिरंगा लहरा रहे थे और जश्न मना रहे थे। ट्रैफ़िक ठहर गया था, लोग सड़क पर संगीत बजा रहे थे और पल का आनंद ले रहे थे। पुलिस वाले बहुत धैर्यवान थे और उन्हें एहसास हो गया था कि यह एक ख़ास मौक़ा है। एक बड़ी भीड़ हमारे वहाँ से रवाना होने का इंतज़ार कर रही थी और जब हम आख़िरकार ट्रॉफ़ी के साथ लॉर्ड्स से विदा हुए, तो वे सभी टीम की बस की ओर हाथ हिला रहे थे और फ़ोटो खींच रहे थे। यह एक ऐसा दिन था, जिसे हममें से बहुत कम लोग भूल पाएँगे।

इस विजय में युवराज और कैफ़ जैसे युवा खिलाड़ियों का काफ़ी योगदान

था। इससे यह संकेत मिलता था कि 2003 के विश्व कप के लिए भारतीय टीम की बुनियाद धीरे-धीरे खड़ी हो रही थी। इसने यह भी साबित किया कि हमारे पास एक ऐसी टीम थी, जो विदेश में भी अच्छा प्रदर्शन करने में सक्षम थी। ज़हीर ख़ान, आशीष नेहरा, जवागल श्रीनाथ, अनिल कुंबले और हरभजन सिंह के रूप में हमारे पास एक सक्षम गेंदबाज़ी आक्रमण था। दूसरी ओर, सहवाग, सौरव, राहुल, युवराज, कैफ़ और मैं मिलकर किसी भी विपक्षी टीम को बल्लेबाज़ी में परास्त कर सकते थे। अब इस गति को क़ायम रखना महत्त्वपूर्ण था और यह विश्व ख़िताब को हासिल करने का समय था, जो बहुत लंबे समय तक हमसे दूर रहा था।

England in India 2001

1st Test. Mohali. 3–6 December 2001

England 238 (N Hussain 85, ME Trescothick 66; H Singh 5–51) and 235 (GP Thorpe 62, ME Trescothick 46; A Kumble 6–81)

India 469 (D Dasgupta 100, **SR Tendulkar 88**, R Dravid 86, SC Ganguly 47; RKJ Dawson 4–134, M Hoggard 3–98) and 5–0

India won by 10 wickets

2nd Test. Ahmedabad. 11–15 December 2001

England 407 (C White 121, ME Trescothick 99, MA Butcher 51; A Kumble 7–115, **SR Tendulkar 1–27**) and 257 (MA Butcher 92, N Hussain 50; H Singh 5–71, A Kumble 3–118)

India 291 (**SR Tendulkar 103**, VVS Laxman 75; AF Giles 5–67) and 198–3 (D Dasgupta 60, SS Das 58, **SR Tendulkar 26**; RKJ Dawson 2–72)

Match drawn

3rd Test. Bangalore. 19–23 December 2001

England 336 (MP Vaughan 64, MR Ramprakash 58, JS Foster 48; J Srinath 4–73, S Singh 3–54) and 33–0

India 238 (**SR Tendulkar 90**, V Sehwag 66; A Flintoff 4–50, MJ Hoggard 4–80)

Match drawn

India won the series 1–0

India in England 2002

1st Test. Lord's. 25–29 July 2002

England 487 (N Hussain 155, JP Crawley 64, A Flintoff 59; Z Khan 3–90, A Kumble 3–128) and 301–6 dec (JP Crawley 100*, MP Vaughan 100;

A Kumble 3–84)

India 221 (V Sehwag 84, R Dravid 46, **SR Tendulkar 16**; MJ Hoggard 3–33, A Flintoff 2–22) and 397 (AB Agarkar 109*, VVS Laxman 74, R Dravid 63, W Jaffer 53, **SR Tendulkar 12**; MJ Hoggard 4–87)

England won by 170 runs

2nd Test. Nottingham. 8–12 August 2002

India 357 (V Sehwag 106, SC Ganguly 68, H Singh 54, **SR Tendulkar 34**; MJ Hoggard 4–105, SJ Harmison 3–57) and 424–8 dec (R Dravid 115, SC Ganguly 99, **SR Tendulkar 92**; DC Cork 2–54, SJ Harmison 2–63, MP Vaughan 2–71)

England 617 (MP Vaughan 197, C White 94*, AJ Stewart 87, MA Butcher 53; Z Khan 3–110, H Singh 3–175)

Match drawn

3rd Test. Leeds. 22–26 August 2002

India 628–8 dec (**SR Tendulkar 193**, R Dravid 148, SC Ganguly 128, SB Bangar 68; AR Caddick 3–150)

England 273 (AJ Stewart 78*, MP Vaughan 61; H Singh 3–40, A Kumble 3–93) and 309 (f/o) (N Hussain 110, AJ Stewart 47; A Kumble 4–66, SB Bangar 2–54)

India won by an innings and 46 runs

4th Test. The Oval. 5–9 Sep 2002

England 515 (MP Vaughan 195, ME Trescothick 57, MA Butcher 54; H Singh 5–115, SB Bangar 2–48, Z Khan 2–83) and 114–0 (ME Trescothick 58*, MP Vaughan 47*)

India 508 (R Dravid 217, **SR Tendulkar 54**, SC Ganguly 51; AR Caddick 4–114)

Match drawn

Series drawn 1–1

14

विश्व कप 2003

दक्षिण अफ़्रीका और ज़िम्बाब्वे में 2003 के विश्व कप के लिए भारत की तैयारी दरअसल दिसंबर 2002 में न्यूज़ीलैंड दौरे से ही शुरू हो गई थी। हम क्रिकेट के दोनों स्वरूपों में न्यूज़ीलैंड से हार गए और हालाँकि इन पराजयों से मनोबल कम हुआ, जैसा कि पराजय से हमेशा होता है, लेकिन इनसे टीम को विश्व कप से सिर्फ़ एक महीने पहले ध्यान एकाग्र करने में मदद मिली।

हमने न्यूज़ीलैंड में दो टेस्ट मैच खेले और दोनों में ही हार गए। वेलिंगटन में पहला टेस्ट 12 दिसंबर को शुरू हुआ और हम इसमें दस विकेट से हारे, जबकि मैच केवल तीन दिन में ही ख़त्म हो गया। पिच तेज़ गेंदबाज़ों की बहुत सहायता कर रही थी और यहाँ तक कि हमारे विकेटकीपर पार्थिव पटेल भी नेट्स में गेंद को आश्चर्यजनक रूप से स्विंग करा रहे थे।

मैंने पहला मैच चोटग्रस्त अँगुली के साथ खेला, जो अभ्यास के दौरान ज़ख़्मी हो गई थी। पहली सुबह जब बाक़ी टीम मैदान में खेलने की तैयारी कर रही थी, तब मैं ऐंड्रू लीपस के साथ अस्पताल में अपनी अँगुली की जाँच करा रहा था। दर्द काफ़ी तेज़ था और मुझे गेंद को कैच करना असंभव लग रहा था। जब कोई फ़ील्डर गेंदबाज़ तक पहुँचाने के लिए मेरी तरफ़ गेंद धीरे से भी फेंकता था, तब भी मुझे उसे कैच करने में मुश्किल आ रही थी। बल्लेबाज़ी इतनी बड़ी समस्या नहीं थी, क्योंकि मैं बैट को सामान्य ढंग से पकड़ सकता था, लेकिन फ़ील्डिंग असल मुद्दा था। मैंने डॉक्टर से कहा कि वे मेरी अँगुली को सुन्न कर दें, लेकिन उन्होंने यह कहते हुए इंकार कर दिया कि मुझे पता ही नहीं होगा कि मेरी अँगुली कहाँ थी; अगर मैंने गेंद को सही तरीक़े से नहीं पकड़ा, तो अँगुली टूट भी सकती है। कुल मिलाकर, इसका मतलब यह था कि मेरे पास दर्द को झेलने के सिवा दूसरा कोई चारा नहीं था।

जब मैं दोबारा मैदान में आया, तो मैंने कप्तान सौरव गाँगुली को सुझाव दिया कि मुझे शॉर्ट लेग पर फ़ील्डिंग करनी चाहिए। उस स्थान पर गेंद या तो मेरे

पास उछलकर आएगी या अगर ज़ोरदार प्रहार हुआ, तो मैं कैच करने की कोशिश के बजाय उस प्रहार को अपने शरीर पर सहन करूँगा। ये दोनों संभावनाएँ मेरे लिए ठीक थीं। शॉर्ट लेग पर कोई आपसे यह उम्मीद नहीं करता कि आप किसी तेज़ प्रहार को अपने हाथों से रोकें। यह उन कुछ मौक़ों में से एक था, जब मैं अपने करियर के उत्तरार्ध में उस स्थान पर खड़ा हुआ।

हालाँकि अगले सप्ताह हैमिल्टन में दूसरा टेस्ट मैच कम स्कोर वाला था, लेकिन अंत में यह टक्कर का साबित हुआ। हैमिल्टन पहुँचने पर हम यह देखकर सदमे में आ गए कि पिच को इतना ज़्यादा पानी पिलाया गया था कि टेस्ट मैच के दो दिन पहले पिच बहुत ज़्यादा गीली थी। फिर काफ़ी पानी बरस गया, जिस वजह से इसे सही तरीक़े से सुखाने के लिए कवर नहीं हटाए जा सके। हमारे कोच जॉन राइट ने मैच से एक दिन पहले पिच में एक चाबी घुसाई और पूरी चाबी बिना किसी कोशिश के अंदर चली गई। यह कहीं से कहीं तक अच्छी टेस्ट पिच नहीं थी।

नमी की वजह से पहले दिन चार घंटे तक खेल शुरू नहीं हो पाया, हालाँकि हैमिल्टन में सूरज शान से निकला हुआ था और तेज़ी से चमक रहा था। अंपायरों ने इंतज़ार करके सही काम किया, क्योंकि इन परिस्थितियों में टेस्ट क्रिकेट क़तई नहीं खेला जा सकता था। भीड़ बेचैन हो रही थी, लेकिन अंपायर या खिलाड़ी कुछ भी नहीं कर सकते थे। जब मैच आख़िरकार शुरू हुआ, तो हम टॉस हार गए और हमें बल्लेबाज़ी के लिए असंभव सी दिखने वाली परिस्थितियों में पहले बल्लेबाज़ी करने का न्योता दिया गया। हम 99 रनों पर आउट हो गए और कोई भी अपनी आँखें नहीं जमा पाया।

मैं जॉन राइट के पास बैठा था, जब भारत के छह विकेट गिरने के बाद हरभजन को बल्लेबाज़ी करने भेजा जा रहा था। जॉन राइट न्यूज़ीलैंड के ही हैं और उन्होंने हमें बताया कि हमें विकेट पर टिकने की ज़रूरत थी और बल्लेबाज़ी समय के साथ ज़्यादा आसान हो जाएगी। मैंने जॉन से कहा कि वे हरभजन से पिच पर टिकने के बारे में कुछ न कहें। इससे कहीं बेहतर यह था कि वे जाकर बस अपना बल्ला घुमाएँ। समय का कोई प्रश्न नहीं था, क्योंकि वैसे भी इस बात की कोई संभावना नहीं थी कि यह मैच पूरे पाँच दिन तक चलेगा और जो भी रन वे बनाने में कामयाब होते हैं, वे बहुमूल्य होंगे। हरभजन ने पाँच चौके मारकर फटाफट 20 रन बनाए और अपनी पारी की नवीं गेंद पर एक रक्षात्मक स्ट्रोक खेलने में आउट हो गए। उनकी पारी को देखकर कम स्कोर की सारी निराशा के बीच भी जॉन के चेहरे पर हँसी आ गई। भज्जी ने आनन-फानन में 20 रन

बना दिए, जबकि जो बल्लेबाज़ पारी जमाने के लिए पिच पर रुकने की कोशिश कर रहे थे, वे दो अंकों तक भी नहीं पहुँच पाए थे।

न्यूज़ीलैंड ने भी कोई ज़्यादा अच्छा प्रदर्शन नहीं किया। वास्तव में हमें पहली पारी में पाँच रनों की बढ़त मिल गई, जिससे पता चलता है कि पिच कितनी खटारा थी। दूसरी पारी में राहुल और मेरी अच्छी साझेदारी हुई, लेकिन हममें से कोई भी बड़ा स्कोर खड़ा नहीं कर पाया। जब साझेदारी टूटी, तो विकेट धड़ाधड़ गिरे और हमने आख़िरकार न्यूज़ीलैंड के सामने 160 रनों का लक्ष्य रखा।

मुझे इस खेल में आशीष नेहरा के अनूठे काम का ज़िक्र ज़रूर करना चाहिए। वे ऐसे पहले खिलाड़ी थे, जिन्होंने एक ही दिन में टेस्ट क्रिकेट की दोनों पारियों में बल्लेबाज़ी भी की और गेंदबाज़ी भी की। पहले दिन का खेल ख़त्म होने तक हमने 92-8 बना लिए थे और आशीष नाबाद बल्लेबाज़ों में से एक थे। उन्होंने दूसरे दिन पारी की शुरुआत की, लेकिन हम जल्दी ही 99 पर सिमट गए। जब हमने न्यूज़ीलैंड की पहली पारी को 94 पर समेटा, तो उन्होंने हमारे लिए अच्छी गेंदबाज़ी की। फिर उसी दिन हमारी दूसरी पारी में हम 154 रनों पर आउट हो गए। अंततः जब न्यूज़ीलैंड मैच की चौथी पारी में बल्लेबाज़ी करने उतरी, तो आशीष ने दिन के आख़िरी पलों में उनके ख़िलाफ़ एक बार फिर गेंदबाज़ी की।

हमने ड्रेसिंग रूम में उनकी इस अद्‌भुत उपलब्धि पर बात की और सोचा कि क्या ऐसी हैरतअंगेज़ घटना पहले कभी हुई थी। एक दिन में कुल 22 विकेट गिरे थे और इन परिस्थितियों में किसी भी टीम के बल्लेबाज़ ज़्यादा कुछ नहीं कर सकते थे। यह दर्शकों के लिए निराशाजनक था, जो पाँच दिन का मैच देखने आए थे। उनके लिए इकलौती सांत्वना की बात यह थी कि मैच अंत में बहुत क़रीबी रहा और घरेलू टीम चार विकेट से जीत गई।

फ़िटनेस के लिए जूझना

दोनों टेस्ट मैच जल्दी ख़त्म हो गए थे, इसलिए मैंने निर्णय लिया कि विश्व कप से पहले जिम में अपनी फ़िटनेस पर बहुत काम करूँगा। सहवाग इस काम में मेरे साझेदार थे। हम हर दिन शरीर के ख़ास हिस्सों पर काम करते थे और किए गए प्रयास पर एक दूसरे को अंक देते थे। हमने तो इस बारे में भी मज़ाक़ किया कि शायद हम जिम में इतने ज़्यादा अंक स्कोर कर रहे थे, जितने हमने पूरी श्रृँखला में रन स्कोर नहीं किए थे। लेकिन सहवाग और मुझे दोनों को ही विश्वास था कि हम जो मेहनत कर रहे थे, वह देर-सबेर ज़रूर रंग लाएगी।

टेस्ट श्रृँखला के बाद हमने सात मैचों की एक दिवसीय श्रृँखला खेली,

जिसमें हम 2-5 से हार गए। एक बार फिर, ज़्यादातर पिचें अंतरराष्ट्रीय क्रिकेट के लिए उपयुक्त नहीं थीं। मैं पहले चार मैच टखने की चोट की वजह से नहीं खेल पाया, जो मुझे ऑकलैंड में होने वाले पहले एक दिवसीय मैच से एक दिन पहले अभ्यास करते वक़्त लगी थी। यह उन कुछ विचित्र चोटों में से एक थी, जो मुझे अपने करियर में लगी थीं। हमारे हर बल्लेबाज़ को एक लंबा स्पेल फेंकने के बाद मैं लौट रहा था, तभी श्रीनाथ चिल्लाए, 'आख़िरी गेंद, जीतने के लिए चार रन चाहिए।' मैं गेंद उठाकर उन्हें अंतिम गेंद डालने गया। अभ्यास पिच के कोने में एक बड़ा गड्ढा था, जिसे मैं नहीं देख पाया था और यह मेरा दुर्भाग्य था कि जब मैं श्रीनाथ का शॉट रोकने के लिए दौड़ा, तो मेरा पैर गड्ढे में घुस गया और मैं दर्द में कराहते हुए ज़मीन पर गिर गया। कुछ कुंठाजनक सप्ताहों के बाद मैंने अंततः वेलिंगटन में श्रृंखला के पाँचवें मैच में वापसी की और तुरंत शून्य पर आउट हो गया। दरअसल, उसके अगले दोनों मैचों में मैंने एक-एक रन बनाया और अंजलि तथा मैं मेरे स्कोरों - जो 0, 1, 1 थे - के बारे में मज़ाक़ करते थे कि वे दिल्ली का एसटीडी कोड थे!

न्यूज़ीलैंड का अनुभव न्यूज़ीलैंड के कप्तान स्टीफ़न फ़्लेमिंग द्वारा सबसे अच्छी तरह सार में बताया गया था। दौरे के अंत में फ़्लेमिंग ने कहा था कि इस दौरे ने गेंदबाज़ों में घमंड का झूठा एहसास भर दिया था, जबकि बल्लेबाज़ अपनी तकनीक में ऐसे दोषों की चिंता करने लगे थे, जो दरअसल वहाँ थे ही नहीं। परिस्थितियाँ अंतरराष्ट्रीय क्रिकेट के लिए दरअसल उपयुक्त ही नहीं थीं और यह श्रृंखला टेस्ट क्रिकेट का सर्वश्रेष्ठ विज्ञापन नहीं थी।

ख़ुद को तैयार करना

इसमें कोई शक नहीं था कि जब टीम फरवरी 2003 में दक्षिण अफ़्रीका और ज़िम्बाब्वे में होने वाले विश्व कप के लिए रवाना हुई, तब मैं सर्वश्रेष्ठ शारीरिक स्थिति में नहीं था। मैं तीन चोटों से उबर रहा था : अँगुली, टखना और खिंची हुई हैमस्ट्रिंग। फलस्वरूप वेस्टर्न केप में पार्ल में हमारे प्रशिक्षण कैंप में मैं टीम के साथ नहीं दौड़ पाया और अपने कार्डियो व्यायाम को क़ायम रखने के लिए साइकल चलाई। यह कुंठाजनक था, लेकिन मैं जानता था कि मुझे 22 फ़रवरी को हॉलैंड के खिलाफ़ टूर्नामेंट के पहले मैच से पहले फिट होना ही था।

जो चोट मुझे सबसे ज़्यादा परेशान कर रही थी, वह टखने की थी। यह पूरी तरह नहीं भरी थी। मुझे हर अभ्यास सत्र और मैच से पहले इस पर पट्टा बाँधना पड़ता था। सारे समय टखने पर पट्टा बाँधना एक कटु अनुभव बन गया

और यह मुझे कुंठित करने लगा। एक दिन प्रशिक्षण के बाद पट्टा हटाते समय मैंने लापरवाही बरती और अचानक मुझे अपने हाथ में एक अजीब अनुभूति हुई। मैं पट्टे को थामे था, जिस पर मेरी त्वचा की मोटी परत चिपकी हुई थी, जो मेरी एड़ी से निकली थी। त्वचा को टेप से दोबारा चिपका दिया गया और मैंने पट्टा दोबारा लगा लिया, वरना पैर के संवेदनशील क्षेत्र में गड्ढा हो जाता। मैं जानता हूँ कि यह भयावह लगता है, लेकिन मैं उन परिस्थितियों में ज़्यादा कुछ कर भी नहीं सकता था। उसके बाद यह ख़ास तौर पर दर्दनाक होता था, जब मैं स्वास्थ्यलाभ दिनचर्या के तहत बाक़ी टीम के साथ समुद्र में जाता था और खारा पानी डंक मारता था। इस घटना ने मुझे अपनी चोटों के मामले में ज़्यादा सावधान रहना सिखाया, भले ही वे कितनी भी कुंठाजनक क्यों न हों।

हमने दो अभ्यास मैच खेले, दोनों ही क्वाज़ुलू-नैटल टीम के ख़िलाफ़। हालाँकि 4 फ़रवरी को पीटरमैरिट्ज़बर्ग में पहले मैच में हमने ठीक-ठाक बल्लेबाज़ी की, जिसमें युवी और द्रविड़ दोनों अच्छा खेले, लेकिन चैट्सवर्थ में 6 फ़रवरी को हुआ मैच योजना के अनुसार नहीं हुआ। हम विपक्षी टीम को काफ़ी सस्ते में आउट करने में कामयाब रहे और मुझे याद है सौरव ने कहा था कि चूँकि हमें बल्लेबाज़ी के अभ्यास की बहुत ज़रूरत है, इसलिए विपक्षी टीम को हमें पूरे पचास ओवर खिलाने चाहिए, भले ही हम लक्ष्य हासिल कर लें। वास्तव में, नैटल पारी के अंत के क़रीब हम सभी थोड़े अतिरिक्त रन देने की कोशिश कर रहे थे और सौरव ने क़रीबी फ़ील्डरों को रिंग में रखा, ताकि वे खुलकर रन बना लें और हमें हासिल करने के लिए अच्छा लक्ष्य मिल सके। लेकिन जवाब में हम पचास ओवर के पहले ही धराशायी हो गए और विपक्षी टीम के पूरे ओवर डालने का सवाल ही नहीं था! हम सभी 158 रनों पर आउट हो गए और यह मैच 32 रन से हार गए।

दोनों ही मैचों में मैं तीसरे क्रम पर बल्लेबाज़ी करने उतरा था। यह निर्णय हमारे दक्षिण अफ़्रीका पहुँचने के बाद जल्दी ही लिया गया था। वरिष्ठ खिलाड़ियों और कोच की एक बैठक हुई थी। मेरी टीम के ज़्यादातर साथियों, जिनमें सौरव, राहुल और श्रीनाथ शामिल थे, को लग रहा था कि मुझे प्रतिस्पर्धा में तीसरे क्रम पर बल्लेबाज़ी करनी चाहिए। केवल अनिल का सुझाव था कि मुझे सलामी बल्लेबाज़ के रूप में उतरना चाहिए। बहुमत का तर्क था कि सबसे ऊपर उतरने पर मैं एक अच्छी गेंद पर जल्दी ही आउट हो सकता हूँ, जिससे टीम दबाव में आ जाएगी। दूसरे अभ्यास मैच के बाद जॉन राइट मेरे कमरे में आए और मुझसे बोले कि क्या मैं तीसरे स्थान पर बल्लेबाज़ी करने में खुश हूँ। मैंने उन्हें

आश्वस्त किया कि मैं कहीं भी बल्लेबाज़ी करने को तैयार हूँ, जहाँ भी टीम मुझे उतारना चाहे। लेकिन जब जॉन ने ज़ोर दिया कि मुझे खिलाड़ी के रूप में अपनी व्यक्तिगत राय बतानी चाहिए, तब मैंने कहा कि अगर मेरी दिली इच्छा की बात है, तो मैं सलामी बल्लेबाज़ के रूप में उतरना ज़्यादा पसंद करूँगा। मैंने आगे कहा कि मेरे ख़्याल से उस जगह से मैं मैच को ज़्यादा अच्छी तरह नियंत्रित कर सकता हूँ और मैंने उनसे यह भी कहा कि अगर मैं तीसरे या चौथे स्थान पर उतरूँ, तब भी कोई गारंटी नहीं है कि मैं जल्दी आउट नहीं होऊँगा, क्योंकि इसके लिए केवल एक अच्छी गेंद की ज़रूरत होती है। मेरा विचार था कि भारत के लिए मैच को सही स्थिति में लाने का काम मैं ओपनर बनकर ही सर्वश्रेष्ठ ढंग से कर सकता हूँ। जॉन मुझसे सहमत थे और आख़िरकार उन्होंने सौरव तथा बाक़ी टीम को विश्वास दिला दिया कि मुझे ओपनर के रूप में भेजना ही हमारा सर्वश्रेष्ठ विकल्प था।

पूल मैच

अभ्यास मैचों में कमतर प्रदर्शन की वजह से 12 फ़रवरी 2003 को हॉलैंड के ख़िलाफ़ होने वाला पहला पूल मैच बहुत महत्त्वपूर्ण बन गया। हमें टूर्नामेंट में अपना अवसर बनाए रखने के लिए अच्छी शुरुआत करनी थी। भले ही हॉलैंड विश्व की सर्वश्रेष्ठ टीम नहीं थी, लेकिन उनकी टीम में कुछ अच्छे खिलाड़ी थे, जिनके पास इंग्लैंड में काउंटी क्रिकेट खेलने का अनुभव था। जब मैं बल्लेबाज़ी करने उतरा, तो मैं सामान्य से ज़्यादा घबराया हुआ था। भारत के लोगों की उम्मीदें भारी थीं और ड्रेसिंग रूम भी मुझसे बहुत आस लगाए बैठा था, क्योंकि अब उन्होंने बल्लेबाज़ी शुरू करने की मेरी इच्छा को मंजूरी दे दी थी। मैंने उनकी योजनाओं को पूरी तरह बदलवा दिया था और अब मुझे परिणाम देना था।

शुरुआत में मैंने जान-बूझकर सुरक्षात्मक नीति अपनाई और हमला करने से पहले एक ठोस नींव बनाई। अब तक हम 150 से कम स्कोर पर आउट हो रहे थे और यह महत्त्वपूर्ण था कि हम पूरे पचास ओवर बल्लेबाज़ी करें और एक अच्छा स्कोर बनाएँ। मैंने अर्धशतक बनाने में कामयाबी पाई और मोंगिया ने निचले क्रम पर 42 रनों का योगदान दिया, जिसकी बदौलत हम 200 से थोड़े से ज़्यादा रन बना पाए और कुल मिलाकर 204 पर पूरी टीम सिमट गई। यह कोई ऐसा स्कोर नहीं था, जिसकी डींगें हाँकी जाएँ और हम जानते थे कि हॉलैंड के किसी एक बल्लेबाज़ की अच्छी पारी ही हमें परेशान कर सकती है। उनकी पारी की शुरुआत से पहले टीम मीटिंग में हम इस बात पर एकमत थे कि हमें इस तरह खेलना चाहिए, मानो हमें विपक्षी टीम को 150 रनों पर आउट करना है,

ताकि हम अपना सर्वश्रेष्ठ प्रदर्शन करने के लिए विवश हों। अंततः श्रीनाथ और कुंबले ने चार-चार विकेट लेकर उन्हें 136 रनों पर आउट कर दिया और हम जीत गए। हमने अपने सर्वश्रेष्ठ स्तर पर नहीं खेला था, लेकिन फिर भी जीतने में कामयाब हो गए थे।

हमारा अगला मैच 15 फ़रवरी को सेंचुरियन में पुरानी चैंपियन टीम ऑस्ट्रेलिया के ख़िलाफ़ था। ऑस्ट्रेलिया वाले बेहतरीन क्रिकेट खेल रहे थे और एक बार फिर टूर्नामेंट जीतने के सबसे प्रबल दावेदार माने जा रहे थे। हम शुरू से ही बहुत बुरा खेले और शुरुआती विकेटों की झड़ी लग गई। मैंने 36 रन बनाए और हम 125 रनों के निराशाजनक स्कोर पर आउट हो गए। अंततः हम यह मैच नौ विकेट से हार गए।

दक्षिण अफ़्रीका में हमारा कमज़ोर प्रदर्शन भारतीयों को रास नहीं आया था। कुछ गुस्सैल प्रशंसकों ने अपनी भड़ास निकालते हुए उस रात उत्तरप्रदेश में मुहम्मद कैफ़ के घर पर कालिख फेंकी। भारत में शत्रुतापूर्ण प्रतिक्रिया के बारे में पढ़ना दहशत भरा था और प्रशंसकों को शांत करने के लिए अंततः मुझे मीडिया रिलीज़ के रूप में एक औपचारिक अनुरोध करना पड़ा। मैंने कहा कि हम सभी पूरी कोशिश कर रहे हैं और हमारे समर्पण में कोई कमी नहीं है। इसका थोड़ा असर हुआ और हम एक बार फिर हाथ के काम पर ध्यान केंद्रित करने में कामयाब हुए।

पतन को रोकना

2003 में ज़िम्बाब्वे घरेलू परिस्थितियों में बहुत अच्छी टीम थी और इसमें कुछ बहुत प्रतिभाशाली खिलाड़ी थे। जब देश राजनीतिक उथलपुथल का शिकार हुआ, तो 2004-5 के बाद इनमें से कई खिलाड़ियों ने ज़िम्बाब्वे के लिए खेलना छोड़ दिया। हरारे में उनके ख़िलाफ़ हमारे पूल मैच में हम शुरुआत से ही अच्छा खेले और अंततः 83 रनों से जीते। हमें यह एहसास था कि हम फ़ॉर्म में लौट रहे थे और यह आश्चर्यजनक था कि एक अच्छी जीत टीम के आत्मविश्वास को किस क़दर बढ़ा सकती है। मैंने 91 गेंदों में 81 रन बनाए और भज्जी ने ज़िम्बाब्वे के सबसे अच्छे बल्लेबाज़ एंडी फ़्लॉवर का विकेट लिया। अब हमें इस फ़ॉर्म को जारी रखने की ज़रूरत थी, क्योंकि हमें जल्द ही इंग्लैंड के ख़िलाफ़ खेलना था। इंग्लैंड के ख़िलाफ़ जीतना अनिवार्य था, क्योंकि इससे सुपर सिक्स में हमारा स्थान सुनिश्चित हो जाता।

लेकिन इंग्लैंड से पहले हमें 23 फ़रवरी को नामीबिया से खेलना था और

तुलनात्मक रूप रो कमज़ोर टीम के ख़िलाफ़ लापरवाही से न खेलना महत्त्वपूर्ण था। हमने दबाव क़ायम रखा और 311-2 का स्कोर बनाया, जिसमें सौरव और मैंने दोनों ने शतक बनाए। इसके बाद हमारे गेंदबाज़ों ने विपक्षी टीम को 130 रनों पर समेट दिया, जिसमें युवराज सिंह ने छह रन देकर चार विकेट लिए। हालाँकि नामीबिया जैसी टीम के ख़िलाफ़ हमारे अच्छे प्रदर्शन का ज़्यादा महत्त्व नहीं था, लेकिन यह स्पष्ट था कि चीज़ें सही दिशा में जा रही थीं।

26 फ़रवरी को इंग्लैंड के साथ डरबन में होने वाला मैच एक अलग बात थी। इंग्लैंड और भारत का मैच हमेशा बड़ा होता है, लेकिन इस बार यह विश्व कप में हो रहा था और इसे जीतना दोनों टीमों के लिए अनिवार्य था। स्पष्ट रूप से ऐंड्रू कैडिक ने मैच से पहले कई बातें कही थीं और उनके कथनों को पढ़ने वाले हमारे कुछ खिलाड़ी मैच की पूर्व संध्या पर जोश में आ गए थे। मैंने वे कथन नहीं पढ़े थे और मैं आज तक नहीं जानता कि क्या कहा गया था। मैंने अब तक के तीनों मैचों में रन बनाए थे और मैं एक और अवसर का इंतज़ार कर रहा था।

हमने एक बहुत महत्त्वपूर्ण टॉस जीता और पहले बल्लेबाज़ी करने का निर्णय लिया। डरबन में कृत्रिम रोशनी में बल्लेबाज़ी करना हमेशा एक चुनौती होती है और टॉस जीतने से हमें शुरुआती लाभ मिल गया। हमारी योजना यह थी कि हम जल्दी विकेट न गँवाएँ, भले ही तेज़ी से रन न बनें। पाँच-छह ओवर के बाद हमने गियर बदला और रनों की तलाश करने लगे। कुछ ही समय में हम 50 के पार निकल गए। डरबन में हमेशा तेज़ गेंदबाज़ों को थोड़ी मदद मिलती है और मैं जानता था कि कैडिक और इंग्लैंड के अन्य लंबे गेंदबाज़ शॉर्ट गेंदबाज़ी करके अतिरिक्त उछाल का लाभ लेने की कोशिश करेंगे। मैं शॉर्ट गेंद के लिए तैयार था और यह आख़िरकार पारी के नवें ओवर में मुझे मिली, जब कैडिक ने ऑफ़ स्टंप के डेढ़ फुट बाहर शॉर्ट गेंद फेंकी। मैं इसी का इंतज़ार कर रहा था और मैंने पीछे घूमकर उसे मिड विकेट के ऊपर से छक्का मार दिया। जिस पल गेंद मेरे बल्ले से टकराई, मैं समझ गया कि यह बाउंड्री के बाहर ही गिरेगी।

उनके अगले ओवर में मैंने विश्व कप के मेरे सबसे पसंदीदा शॉटों में से एक खेला। मैं आशा कर रहा था कि कैडिक अब भरपाई करते हुए फुल लेंग्थ गेंद डालेंगे और उन्होंने ऐसा ही किया। गेंद बुरी नहीं थी, लेकिन मैंने उस पर ऑफ़ ड्राइव कर दिया और मिड ऑफ़ तथा गेंदबाज़ के बीच से उसे सीमारेखा से बाहर पहुँचा दिया। टाइमिंग और संपर्क ज़बर्दस्त था। मैंने उसी ओवर में दो और चौके मारे, जिससे हम केवल ग्यारह ओवर में 75 तक पहुँच गए।

यह एक बहुत बड़े मैच में सपने जैसी शुरुआत थी और इंग्लैंड को दोबारा

मैच में लाने के लिए ऐंड्रू फ़्लिंटॉफ़ के बेहतरीन स्पेल की ज़रूरत पड़ी। उन्होंने अपने दस ओवर में केवल 15 रन दिए और दो विकेट लिए। उन्होंने सहवाग को 24 रनों पर अपनी ही गेंद पर कैच किया और फिर 50 के स्कोर पर मुझे कॉलिंगवुड के हाथों कैच कराया। यह एक असाधारण स्पेल था, जिसने हमारी अच्छी शुरुआत पर पानी फेर दिया। इस मोड़ पर ड्रेसिंग रूम में युवराज की अधीरता बढ़ती जा रही थी और मुझे याद है मैंने उनसे कहा था कि आज उनका दिन है। अब यह उनकी ज़िम्मेदारी थी कि वे धमाके के साथ पारी का अंत करें और यह सुनिश्चित करें कि हम शुरुआती लाभ को न गँवा दें। युवराज और राहुल ने सुंदरता से बल्लेबाज़ी करके हमारी पारी को 250 रन तक पहुँचाया, लेकिन फिर भी हमें लग रहा था कि बीस रनों की कमी रह गई।

इंग्लैंड की पारी हमारे लिहाज़ से अच्छी तरह शुरू हुई, जिसमें मुहम्मद कैफ़ की कमाल की फ़ील्डिंग का योगदान था। बाएँ हाथ के सलामी बल्लेबाज़ निक नाइट ने बैकफुट पर गेंद खेली थी और वे फुर्ती से एक रन ले रहे थे, तभी कैफ़ ने कवर से दौड़ते हुए गेंद उठाई और डाइव मारते हुए विकेट गिरा दिए। इंग्लैंड का स्कोर 6-1 था और हमें शुरुआती सफलता मिल गई थी। यह हमारे सर्वश्रेष्ठ खिलाड़ियों में से एक की धावक योग्यता का उत्कृष्ट नमूना था।

हमने दूसरे सलामी बल्लेबाज़ मार्कस ट्रेस्कोथिक को तब आउट किया, जब उन्होंने ज़हीर की गेंद पर लगाए पुल की टाइमिंग ग़लत कर दी और बैकवर्ड स्क्वेयर पर मुझे एक आसान कैच थमा दिया। तब आशीष नेहरा ने कमान सँभाली। आशीष की गेंदबाज़ी का इतना अच्छा स्पेल मैंने आज तक नहीं देखा और डरबन में उस रात ऐसा लग रहा था, जैसे उनमें कोई रूहानी ताक़त आ गई हो। वे गेंद को दोनों तरफ़ लहरा रहे थे और 140-145 कि.मी. की गति से गेंदबाज़ी कर रहे थे। उनकी गति और स्विंग दोनों से जूझने में इंग्लैंड के बल्लेबाज़ों को ख़ासी परेशानी हो रही थी। यह सीमित ओवर के अंतरराष्ट्रीय मैच में किसी भारतीय तेज़ गेंदबाज़ के सर्वश्रेष्ठ स्पेलों में से एक होना चाहिए। तीसवें ओवर तक इंग्लैंड के आठ विकेट गिर चुके थे और जीतने के लिए उन्हें अब भी 140 रन बनाने थे। आशीष की गेंदबाज़ी पर सहवाग और राहुल, जो उस मैच में विकेटकीपिंग कर रहे थे, ने कुछ अच्छे कैच लिए और पूरी टीम उत्साहित थी। हम यह एहसास कर सकते थे कि हम सुपर सिक्स के दरवाज़े पर दस्तक दे रहे थे।

भारत ने अंततः वह मैच 82 रनों से जीत लिया। अब बाक़ी टूर्नामेंट में इसी गति को क़ायम रखने का प्रश्न था। इस बार भारत में ज़ोरदार जश्न मनाया गया और भारत की टीम अचानक ख़िताब के दावेदारों में से एक बन गई। हालाँकि

डरबन ने हमें सही दिशा में ला दिया था, लेकिन पाकिस्तान के ख़िलाफ़ हमारा अगला मैच भी उतना ही बड़ा था। यह सबसे ज़्यादा दबाव वाले क्रिकेट मैचों में से एक था, जिनमें मैं खेला हूँ और इसका भारत में हमारे प्रशंसकों के लिए भारी महत्त्व था। बेशक यह विश्व कप का सर्वाधिक महत्त्वपूर्ण मैच था।

सेंचुरियन की युद्धभूमि

सेंचुरियन पार्क में भारत-पाकिस्तान मैच 1 मार्च 2003 को होना था और मैंने एक साल पहले लोगों को इसके बारे में बात करते सुना था, जब मेरे कुछ मित्र इस बारे में भारी रोमांच के साथ बात कर रहे थे। यह दोनों ही टीमों के लिए बड़ा मैच था। रोमांच इतना ज़्यादा था कि मैच से पहले मैं तीन रात तक ठीक से नहीं सो पाया। अगर हम कोई मैच कभी जीतना चाहते थे, तो इसे जीतना चाहते थे। देश किसी असफलता को बर्दाश्त नहीं करेगा और हमारे कई प्रशंसकों के लिए तो यही सच्चा फ़ाइनल था। उनके लिए दरअसल यह मायने नहीं रखता था कि बाक़ी के टूर्नामेंट में क्या होता है, जब तक कि हम सेंचुरियन में पाकिस्तान को हरा दें।

मैदान मैच के घंटों पहले से भरने लगा था। क्रिकेट अपने पूरे शबाब पर था। इसीलिए तो मैंने क्रिकेट खेला था, विश्व में क्रिकेट के सबसे बड़े मंच पर अपनी टीम की ख़ातिर मैदान में रहना और वह भी भारत के प्रमुख प्रतिद्वंद्वी के ख़िलाफ़। राष्ट्र गान को सुनने और इसके शब्दों को गाने से मेरे रोंगटे खड़े हो गए।

पाकिस्तान ने टॉस जीतकर पहले बल्लेबाज़ी की और बहुत अच्छा स्कोर खड़ा किया। सईद अनवर ने पारी को जमाया और अपनी टीम के लिए बहुत महत्त्वपूर्ण शतक बनाया। हम जितने रनों का पीछा करना चाहते थे, उसके हिसाब से उनका 273 रन का स्कोर कम से कम बीस रन ज़्यादा था। जब हम पिच से लौट रहे थे, तो सौरव ने मुझसे कहा कि हमें संक्षिप्त टीम बैठक करनी चाहिए। मैंने कहा कोई ज़रूरत नहीं है। सबको पता था कि क्या करना है और अब समय आ गया था कि हम बाहर जाकर उस काम को कर दें।

पारियों के अंतराल में मैं किसी से कुछ नहीं बोला। न ही मैंने ज़्यादा कुछ खाया। दरअसल, ज़्यादातर समय मैंने अपना हेडफ़ोन लगाए रखा और संगीत सुनकर ख़ुद को सही मानसिकता में लाने की कोशिश करता रहा। मैंने ऊर्जा के लिए बस आइसक्रीम का एक बड़ा कप और एक केला लिया। मैंने एक खिलाड़ी से कह दिया था कि जैसे ही अंपायर मैदान में पहुँचें, वह आकर मुझे बता दे। जब वे अपनी जगह पहुँच गए, तो मैंने अपना बल्ला उठाया और रनों का पीछा

करने के लिए मैदान में पहुँच गया।

आम तौर पर सहवाग पहली गेंद का सामना करते थे, लेकिन इस दिन एक फ़र्क़ था। मैदान में जाते समय मैंने उनसे कहा कि इस बार पहली गेंद मैं खेलूँगा। मैंने यह भी कहा कि आक्रमण शुरू करने से पहले हमें पाकिस्तानी तेज़ गेंदबाज़ों के शुरुआती आक्रमण को सुरक्षात्मक तरीक़े से खेलना चाहिए। कहने की ज़रूरत नहीं है कि वसीम अकरम, वक़ार युनुस और शोएब अख़्तर बहुत सा शुरुआती नुक़सान करने में सक्षम थे।

बहरहाल, यह इस तरह से नहीं हुआ। हमारी पारी के पहले ही ओवर में मैंने वसीम को कवर पर चौका लगा दिया। फिर अगली गेंद पर मैंने एक रन लिया और अंतिम गेंद पर सहवाग ने चौका लगाया। शोएब अख़्तर ने दूसरा ओवर फेंका और कई मायनों में यही मैच का निर्णायक ओवर था। उन्होंने मुझे जो पहली गेंद फेंकी, वह वाइड थी। अगली गेंद मैंने सुरक्षात्मक अंदाज़ में खेल दी। तीसरी गेंद पर मैंने एक रन बनाया और फिर उन्होंने सहवाग को एक और वाइड फेंकी, जिससे हमें एक रन दौड़ने की भी अनुमति मिल गई। यह उनकी छठी गेंद थी, जिसने मुझे उन पर चढ़ाई करने की अनुमति दी। यह शॉर्ट और वाइड थी। मैंने गेंद को पहले ही देख लिया था और एक ही पल में मैंने इसे थर्ड मैन के ऊपर से खेलने का मन बना लिया। यह अपर कट नहीं था, बल्कि थर्ड मैन के फ़ील्डर के ऊपर से एक तेज़ स्लैश ज़्यादा था, जो सीमारेखा के ऊपर से तैरता हुआ चला गया। शॉर्ट गेंद की भरपाई करने की कोशिश में शोएब ने अगली गेंद ऑफ़ स्टंप पर अच्छी लेंग्थ पर दी और मैंने क़दम निकालकर इसे स्क्वेयर लेग के पीछे चार रन के लिए फ़्लिक कर दिया।

यह सपनों जैसी शुरुआत थी। हमने अपनी शुरुआती हिचक छोड़ दी थी और आक्रमण करने लगे थे। उनकी अंतिम दो गेंदों पर 10 रन बना लेने के बाद मैंने निश्चय किया कि ओवर की आख़िरी गेंद को सावधानी से खेलूँगा, इसलिए मैंने इसे मिड ऑन की ओर बस पंच कर दिया। यह एक सुरक्षात्मक स्ट्रोक था, लेकिन टाइमिंग इतनी शानदार थी कि गेंद लॉन्ग ऑन सीमारेखा के पार पहुँच गई। हमने उस ओवर में 18 रन बना लिए थे।

पाकिस्तान की टीम स्पष्ट रूप से दबाव में आ गई। विनाशकारी ओवर के बाद शोएब को आराम दिया गया और चौथे ओवर में वक़ार गेंदबाज़ी करने आए। सहवाग ने वक़ार की पहली ही गेंद पर थर्ड मैन के ऊपर छक्का टाँग दिया और हमने शुरू से ही उन पर हमला बोल दिया। अब हम एक दूसरे को उत्साहित कर रहे थे और हम एक दूसरे से हिंदी में बोल रहे थे, जिसे पाकिस्तानी खिलाड़ी

अच्छी तरह समझ सकते थे। हमारी बॉडी लैंग्वेज आक्रामक हो चुकी थी और जब मैंने वक़ार के ओवर की अंतिम गेंद पर चौका मारा, तो हम दृढ़ता से नियंत्रण में थे। हमने गेंदबाज़ों को जमने का मौक़ा नहीं दिया था और शुरुआती लाभ ले लिया था। यह पाकिस्तान के ख़िलाफ़ सबसे अच्छा शुरुआती आक्रमण था, जिसमें मैं शामिल रहा था और यह इससे महत्त्वपूर्ण समय पर नहीं आ सकता था। हम सिर्फ़ 5 ओवर में 50 पर पहुँच गए और 273 का लक्ष्य अब पहाड़ जैसा नहीं लग रहा था, जितना कि पारी की शुरुआत में लग रहा था।

लेकिन ज़्यादातर भारत-पाकिस्तान मैचों की तरह ही यहाँ भी तराज़ू के पलड़े ऊपर-नीचे हुए। वक़ार के अगले ओवर में पाकिस्तान ने दो विकेट चटका दिए - पहले सहवाग और फिर अगली ही गेंद पर सौरव। पाकिस्तान मैच में वापस आ चुका था। इसके बाद मुहम्मद कैफ़ मैदान में आए और यह हमारे लिए महत्त्वपूर्ण था कि हम साझेदारी बनाएँ, लेकिन दबाव में भी न खेलें। कैफ़ अच्छा खेले और विकेट के बीच तेज़ दौड़कर उन्होंने मुझे ज़्यादा से ज़्यादा खेलने का मौक़ा दिया। रन रेट कम नहीं हुई और जब मैं अपने अर्धशतक पर पहुँचा, तो मेरी व्यक्तिगत स्कोरिंग रेट 150 से ज़्यादा थी।

यह पारी मेरी सबसे अच्छी पारियों में से एक थी, क्योंकि हम बेहद दबाव में खेल रहे थे। हर चौके पर शोर मचाती भीड़ खड़े होकर तालियाँ बजाने लगती थी। खेल के सबसे बड़े मंच पर अपने हेलमेट पर तिरंगा लगाना और देश के सबसे प्रमुख विरोधी के ख़िलाफ़ खेलना और एक अरब प्रशंसकों द्वारा देखा जाना - मैं और क्या चाह सकता था? मुझे तो बस बल्लेबाज़ी करके पाकिस्तान को हराना था।

जब मेरा स्कोर 70 के पार पहुँचा, तो मुझे दर्द और ऐंठन होने लगी। मैंने थोड़ा उपचार लिया, लेकिन रनर रखने से इंकार कर दिया, क्योंकि जब कोई दूसरा मेरी तरफ़ से दौड़ता है, तो मैं हमेशा उलझन महसूस करता हूँ। मेरी एकाग्रता प्रभावित हो गई थी और हालाँकि मैं आगे खेलते रहना चाहता था, लेकिन यह संभव नहीं था। मैं अंततः शोएब अख़्तर की एक शॉर्ट गेंद पर 98 पर आउट हुआ। उस शारीरिक अवस्था में उठती गेंद को नीचे रखने के लिए अपने पंजों के बल खड़े होना मुश्किल था। मैं भीड़ की करतल ध्वनि के बीच वापस लौटा।

महत्त्वपूर्ण बात यह थी कि हमें अब भी 96 रन बनाने थे और अगर हम जल्दी ही दो विकेट और गँवा देते, तो मेरी पारी का कोई मूल्य नहीं होता। वैसे डरने की कोई ज़रूरत नहीं थी, क्योंकि राहुल और युवराज ने बागडोर सँभालकर मैच को पाँच ओवर पहले ही ख़त्म कर दिया। उन दोनों ने अर्ध-शतक लगाए

और भारत ने एक मशहूर मुक़ाबला जीत लिया, जिससे विश्व कप में पाकिस्तान के ख़िलाफ़ हमारी सफलता का रिकॉर्ड बरक़रार रहा।

मुझे बहुत गर्व महसूस हुआ, जब मैं मैन ऑफ़ द मैच पुरस्कार के रूप में एक घड़ी लेने गया। यह पुरस्कार मैंने भारत में मौजूद हमारे सारे जोशीले समर्थकों की तरफ़ से लिया था। मैंने भारत में कई मित्रों को फ़ोन किया और मुझे बताया गया कि देश जश्न मना रहा था। हम ख़ुश थे कि हम अपने लोगों को याद रखने के लिए ऐसा पल दे सकते थे।

कोई भी ड्रेसिंग रूम में जश्न को रोकना नहीं चाहता था, जब तक कि आख़िरकार टीम ने बाहर जाकर कुछ खाने का फ़ैसला नहीं किया, क्योंकि हम सभी भूखों मर रहे थे। लगभग आधी रात का समय था और हम सड़क किनारे के एक चाइनीज़ फ़ूड के स्टॉल पर पहुँच गए। मेरे मित्र सुनील हर्शे और संजय नारंग, जो भारतीय टीम का उत्साह बढ़ाने के लिए आए थे, भी साथ थे और नूडल्स खाते वक़्त मैंने संजय को अपनी मैन ऑफ़ द वॉच वाली घड़ी दी कि वे इसे मुंबई ले जाएँ।

कुछ समय बाद जब हमने खाना पूरा कर लिया और हम होटल के रास्ते में थे, तो संजय दहशत में आ गए। उन्होंने मुझे बताया कि वे घड़ी चाइनीज़ फ़ूड स्टॉल पर ही भूल आए थे। पहले तो मैंने सोचा कि यह मज़ाक़ है, लेकिन ऐसा नहीं था। उन्होंने कहा कि वे विश्व कप के मैन ऑफ़ द मैच पुरस्कार जैसी क़ीमती चीज़ के बारे में कभी मज़ाक़ नहीं करेंगे। उन्होंने तुरंत स्टॉल फ़ोन किया और बताया कि वे अपना एडिडास बैग पीछे छोड़ आए थे और कहा कि इसमें सोने की घड़ी के बजाय उनके जूते थे। फिर हम तेज़ी से लौटे और हमारी जान में जान तब आई, जब एक बुज़ुर्ग महिला ने एक मुस्कान के साथ हमें बैग थमाया।

फ़ाइनल की राह

हमारे अगले तीन मैच कीनिया, श्रीलंका और न्यूज़ीलैंड के ख़िलाफ़ थे और हमने उन सभी को अच्छी तरह से जीता। भारत के खिलाड़ी ग़ज़ब का क्रिकेट खेल रहे थे और हमें यक़ीन होने लगा कि अगर हम फ़ाइनल में पहुँच जाते हैं, तो हम ऑस्ट्रेलिया की नाक में दम कर सकते हैं। यहाँ मैं श्रीलंका मैच संबंधी एक निहायत व्यक्तिगत रहस्य उजागर करने में थोड़ा संकोच कर रहा हूँ। मैच के पहले वाली शाम को मेरा पेट ख़राब था और मुझे शरीर में पानी की कमी महसूस हो रही थी। ऐसा इसलिए हुआ, क्योंकि मैं अब तक पेट की उस ऐंठन से पूरी तरह नहीं उबर पाया था, जो मुझे पाकिस्तान के ख़िलाफ़ खेलते समय हुई थी,

जिस वजह से मैंने बहुत सारे आइसोटॉनिक पेय पी लिए। मैंने एनर्जी ड्रिंक्स में एक चम्मच नमक भी डाला था और यह सोचा था कि इससे यह जल्दी ठीक हो जाएगा, लेकिन इस वजह से पेट ख़राब हो गया था। वास्तव में, स्थिति इतनी ख़राब थी कि मुझे अपने अंडरवियर के भीतर टिशू लगाकर बल्लेबाज़ी करनी पड़ी थी। मुझे एक ड्रिंक ब्रेक के दौरान ड्रेसिंग रूम में भी जाना पड़ा था और मैं मैदान में बहुत बेचैनी महसूस कर रहा था। मैंने किसी तरह 97 रन बना लिए, लेकिन पेट में मरोड़ के साथ बल्लेबाज़ी करना सुखद अनुभव नहीं था। मैं ख़ुद को सहनशक्ति की सीमा तक धकेल रहा था और अंत में मुझे ख़ुशी हुई कि यह प्रयास रंग लाया।

भारत अब सेमी-फ़ाइनल में था और हमें कीनिया से खेलना था, जिसने कुछ शीर्ष क्रम की टीमों को हराकर थोड़ी सनसनी फैला दी थी। जब हम अपने होटल के गेम्स रूम में कीनिया और श्रीलंका का मैच देख रहे थे, तो दरअसल एक अजीब बात हुई। जब भी हम श्रीलंका के किसी खिलाड़ी के बारे में कोई अच्छी बात कहते थे, तो हर बार वह खिलाड़ी आउट हो जाता था। यह अजीब संयोग था और बातों ही बातों में कीनिया ने भारी उलटफेर कर दिया।

हमने डरबन में कीनिया के ख़िलाफ़ सेमी-फ़ाइनल खेला और उसे आराम से जीत लिया। सौरव और मेरे बीच बहुत अच्छी साझेदारी हुई और टीम ने पचास ओवर में 270 रन बनाने में कामयाबी पाई, जिसके बाद हमने कीनिया को 179 पर आउट कर दिया। हम विश्व कप के फ़ाइनल में पहुँच चुके थे और हमारे पीछे आठ लगातार जीतों का सिलसिला था। क्वालिफ़ाइंग राउंड में ऑस्ट्रेलिया के हाथों हारना बहुत पुरानी बात लग रही थी। अब हम फ़ाइनल में खेल रहे थे और हमें विश्वास था कि हमारे पास वह टीम थी, जो उन्हें लगातार दो विश्व कप ख़िताब जीतने से रोक सकती थी।

इतने क़रीब और फिर भी इतनी दूर

तब तक टीम के सारे खिलाड़ियों ने दूसरी टीमों को विश्व कप के फ़ाइनल में खेलते देखा था। अब यह हमारी बारी थी। भारत में रोमांच असाधारण था और टीम का उत्साह बढ़ाने के लिए बहुत सारे लोग दक्षिण अफ़्रीका आए थे। हमने सही समय पर गति पकड़ी थी और हम सचमुच अच्छा क्रिकेट खेल रहे थे। स्वाभाविक रूप से हम सभी फ़ाइनल में अपना सर्वश्रेष्ठ योगदान देने के लिए तत्पर थे, लेकिन हमने शायद ख़ुद को कुछ ज़्यादा ही उत्तेजित कर लिया था। फ़ाइनल के पहले वाली शाम को टीम ने पूल में कुछ समय बिताने का फ़ैसला

किया। पानी बेहद ठंडा था, जिससे हमें हैरानी हुई, लेकिन इसके बावजूद हम उसमें एक साथ कूदने से नहीं घबराए। मैं उस रात अच्छी तरह नहीं सो पाया।

जब हम अगली सुबह मैदान में पहुँचे, तो हम तुरंत सतह को देखने गए। हम सभी के सामने स्पष्ट था कि पिच में नमी थी और चूँकि यह दिन का मैच था, इसलिए तेज़ गेंदबाज़ों को शुरुआत में मदद मिलना लगभग तय था। अगर हम टॉस जीते, तो पहले फ़ील्डिंग करना बुरा विचार नहीं होगा। हमने यही किया, लेकिन यह निर्णय बहुत बुरा साबित हुआ, क्योंकि रिकी पॉन्टिंग ने एक दिवसीय मैचों की सर्वश्रेष्ठ पारियों में से एक खेलते हुए 140 रन बनाए। ऑस्ट्रेलिया ने अपने पचास ओवरों में 359 का भारी-भरकम स्कोर खड़ा किया और ऐसा लग रहा था कि यह हमारे बूते का काम नहीं था।

अगर मुझे दोबारा मौक़ा दिया जाए, तब भी मैं फ़ील्डिंग करने का ही विकल्प चुनूँगा। हम अपने रोमांच पर क़ाबू नहीं रख पाए और इसी कारण हम घटनाओं पर उचित प्रतिक्रिया नहीं कर पाए। ज़हीर ने पहले ओवर में 15 रन दिए और हालाँकि हमें लगा कि उस एक बुरे ओवर के बाद हम वापसी कर सकते हैं, लेकिन ऐसा हुआ ही नहीं। उनकी पारी की अंतिम अवस्थाओं में पॉन्टिंग का हर बड़ा शॉट हमारे काम को ज़्यादा मुश्किल बनाता जा रहा था। फ़ाइनल में 300 रन के बाद बनाया गया हर रन दोगुने मूल्य का होता है और ऑस्ट्रेलिया के शानदार गेंदबाज़ी आक्रमण के ख़िलाफ़ 360 आतंकित करने वाला लक्ष्य था। पारियों के बीच में हमने सोचा कि हमें हर ओवर में एक चौका मारने की ज़रूरत थी और बची हुई 160 गेंदों में 250 रन बनाने थे। यह सकारात्मक होने की कोशिश थी, क्योंकि उस वक़्त हमारे पास कोई दूसरा विकल्प ही नहीं बचा था।

मैंने दोबारा पहली गेंद खेली और मैकग्राथ की गेंद पर एक पुल में टाइमिंग ग़लत हो गई, लेकिन फिर भी मुझे चौका मिल गया। जब मैंने दूसरा पुल शॉट मारने की कोशिश की, तो मेरे बल्ले का ऊपरी किनारा लग गया और मैं मैकग्राथ को कैच पकड़ने के लिए गेंद के नीचे आते देखकर बुरी तरह निराश हो गया। ऐसी स्थितियों में आप केवल यह प्रार्थना कर सकते हैं कि गेंद ख़ाली जगह पर गिरे या फ़ील्डर से ग़लती हो जाए। ऐसा कुछ नहीं हुआ और मैं पवेलियन की राह पर था। लौटते वक़्त मैं ख़ुद से पूछता रहा कि आख़िर मैंने वह शॉट खेला ही क्यों। शायद मुझे आँखें जमाने के लिए दो-तीन ओवर का समय लेना चाहिए था, लेकिन भारी स्कोर का दबाव इतना ज़्यादा था कि आक्रमण ही एकमात्र विकल्प नज़र आ रहा था।

पारी के बीच में हल्की बारिश हुई और आसमान स्याह हो गया। मुझे

जनवरी 1997 की याद आ गई, जब बारिश की वजह से हम जीत नहीं पाए थे। इस बार मैं बारिश होने के लिए प्रार्थना कर रहा था, ताकि मैच अगले दिन दोबारा खेला जाए। हम इतने ख़ुशक़िस्मत नहीं थे और अंततः 234 पर ऑल आउट हो गए।

सम्मान समारोह में ऑस्ट्रेलिया के खिलाड़ियों को जश्न मनाते देखना मुश्किल था, जबकि हमारा ख़ेमा पराजय के दर्द में सिसक रहा था। जब मेरा नाम मैन ऑफ़ द टूर्नामेंट अवॉर्ड के लिए पुकारा गया, क्योंकि मैंने इसमें 673 रन बनाए थे, तो इससे मुझे ज़्यादा रोमांच महसूस नहीं हुआ। मैं यह नहीं कह रहा हूँ कि मुझे सम्मान या गर्व महसूस नहीं हुआ, लेकिन यह भावना हार की भावना से दब गई थी। अब हमें विश्व कप जीतने के लिए फिर से चार साल इंतज़ार करना होगा।

अपनी निराशा में मैंने इस बात पर भी ग़ौर नहीं किया था कि मैन ऑफ़ द टूर्नामेंट के रूप में मुझे जो बैट दिया गया था, वह सोने का बना था। मैंने तो बस इसे अपने किटबैग में डाला और लगेज में रख दिया। जब मुंबई में उतरने के बाद लोगों ने बैट दिखाने को कहा, तब कहीं जाकर मुझे एहसास हुआ कि यह सोने का था और इस पर ख़ास कलाकारी की गई थी। मैं तो वापसी की उड़ान में ख़ूब सोया। ज़्यादातर खिलाड़ी अब भी खिन्न थे और बात करने की मनोदशा में नहीं थे। निराशा से उबरने में लंबा समय लगने वाला था।

पीछे पलटकर देखने पर 2003 का विश्व कप एक खट्टी-मीठी स्मृति बना हुआ है। हमने टीम के रूप में कुछ बेहतरीन क्रिकेट खेला और मैंने लगभग सभी मैचों में अच्छा योगदान दिया - लेकिन फ़ाइनल में नहीं। इंग्लैंड और पाकिस्तान को हराना न भूलने वाले उच्च बिंदु थे, लेकिन विश्व कप ट्रॉफ़ी मुझे अब भी चकमा दे रही थी।

India in the 2003 World Cup

7th match. India v Netherlands at Paarl. 12 February 2003
India 204 (48.5/50 ov); Netherlands 136 (48.1/50 ov)
India won by 68 runs

11th match. Australia v India at Centurion. 15 February 2003
India 125 (41.4/50 ov); Australia 128–1 (22.2/50 ov)
Australia won by 9 wickets (with 166 balls remaining)

17th match. Zimbabwe v India at Harare. 19 February 2003
India 255–7 (50/50 ov); Zimbabwe 172 (44.4/50 ov)
India won by 83 runs

25th match. India v Namibia at Pietermaritzburg. 23 February 2003
India 311–2 (50/50 ov); Namibia 130 (42.3/50 ov)
India won by 181 runs

30th match. England v India at Durban. 26 February 2003
India 250–9 (50/50 ov); England 168 (45.3/50 ov)
India won by 82 runs

36th match. India v Pakistan at Centurion. 1 March 2003
Pakistan 273–7 (50/50 ov); India 276–4 (45.4/50 ov)
India won by 6 wickets (with 26 balls remaining)

2nd super. India v Kenya at Cape Town. 7 March 2003
Kenya 225–6 (50/50 ov); India 226–4 (47.5/50 ov)
India won by 6 wickets (with 13 balls remaining)

4th super. India v Sri Lanka at Johannesburg. 10 March 2003
India 292–6 (50/50 ov); Sri Lanka 109 (23/50 ov)
India won by 183 runs

7th super. India v New Zealand at Centurion. 14 March 2003
New Zealand 146 (45.1/50 ov); India 150–3 (40.4/50 ov)
India won by 7 wickets (with 56 balls remaining)

2nd semi-final. India v Kenya at Durban. 20 March 2003
India 270–4 (50/50 ov); Kenya 179 (46.2/50 ov)
India won by 91 runs

Final. Australia v India at Johannesburg. 23 March 2003
Australia 359–2 (50/50 ov); India 234 (39.2/50 ov)
Australia won by 125 runs

15

विदेशों में जीत

जैसे ही विश्व कप ख़त्म हुआ, मैंने कई विशेषज्ञों से सलाह ली। मुझे बताया गया कि कैल्शियम जमा होने की वजह से मुझे अपने बाएँ हाथ की अनामिका का ऑपरेशन कराना होगा। कोई दूसरा विकल्प नहीं था, इसलिए अप्रैल 2003 में मैं ऑपरेशन कराने के लिए अपने परिवार के साथ बाल्टीमोर, अमेरिका की ओर चल दिया। डॉ. अनंत जोशी पहले भी कई मौक़ों पर मेरे साथ गए थे और वे इस बार भी मेरे साथ गए। उनकी आश्वस्तकारी उपस्थिति के अलावा मेरे मित्रों विनी देसाई तथा परेश भक्त के साथ रहने से ऐसे पलों में हिम्मत बँधी।

ऑपरेशन की प्रक्रिया सामान्य से थोड़ी हटकर थी, क्योंकि मैं सबसे अच्छा मरीज़ नहीं था। मैं इस बात को लेकर बेहद चिंतित था कि कहीं डॉक्टर मेरी हथेली में चीरा न लगा दें। हथेली में चीरा लगने का मतलब यह होता कि मेरे बल्ले पकड़ने की ग्रिप में काफ़ी परिवर्तन हो जाता, जो मैं नहीं करना चाहता था। मैंने अपने दोनों सर्जनों को क्रिकेट की बारीकियाँ समझाते हुए आग्रह किया कि वे मेरे हाथ के पिछले हिस्से में चीरा लगाएँ। मैं इस बारे में इतना चिंतित था कि ऑपरेशन के दौरान जाग गया और उनसे कहने लगा कि वे मुझे दिखाएँ कि उन्होंने कहाँ चीरा लगाया था। डॉ. जोशी ने बाद में मुझे बताया कि वे सभी एनेस्थीसिया के बावजूद मुझे जाग्रत देखकर हैरान थे। डॉक्टरों ने मुझे दिखाया कि मेरी हथेली को छुआ भी नहीं गया था और उन्होंने मुझे शांत होने को कहा, ताकि वे आगे का काम कर सकें। संतुष्ट होकर मैं तुरंत सो गया।

ऑपरेशन की वजह से मैं लगभग चार महीने तक मैदान से दूर रहा। उस वक़्त ज़्यादा क्रिकेट नहीं होने वाला था और मैं केवल बंगलादेश का दौरा ही चूका। स्वास्थ्यलाभ दर्द भरा था और जैसा प्रायः होता है, इस अवधि में कई मौक़ों पर मेरे हाथ को चोट पहुँची। जब मैं जून 2003 में लंदन में छुट्टियाँ मना रहा था, तब एक बार मैंने इसे सचमुच बुरी तरह चोट पहुँचाई। अंजलि और मैं डिनर के लिए बाहर गए थे और हमने होटल वापस लौटने के लिए टैक्सी कर ली थी।

टैक्सी ड्राइवर को पैसे देते वक़्त मेरी अँगुली विंडो के काँच में फँस गई और मैं गंभीर दर्द में ज़मीन पर लोट लगाने लगा। टैक्सी ड्राइवर दहशत में आ गया, लेकिन अंजलि ने उसे आश्वस्त किया कि इसमें उसकी कोई ग़लती नहीं थी। कुछ दर्द भरे मिनटों के बाद मैं आख़िरकार चलकर होटल पहुँचने में कामयाब हुआ।

भारत ऑस्ट्रेलिया में, नवंबर 2003–फ़रवरी 2004

अब तक 2003 भारतीय क्रिकेट के लिए अच्छा वर्ष साबित हुआ था। विश्व कप फ़ाइनल में पहुँचना गौरव की बात थी, लेकिन अब भी सामने काफ़ी चुनौतियाँ थीं। हमें साल के अंत में ऑस्ट्रेलिया में विश्व चैंपियन टीम के ख़िलाफ़ एक टेस्ट श्रृंखला खेलनी थी और इस दौरे के बाद 2004 के शुरू में पाकिस्तान का दौरा करना था।

ऑस्ट्रेलिया जाने से पहले हमने अक्टूबर–नवंबर 2003 में ऑस्ट्रेलिया और न्यूज़ीलैंड के ख़िलाफ़ भारत में एक दिवसीय त्रिकोणीय श्रृंखला खेली। मैं अच्छे फ़ॉर्म में था और मैंने फ़ाइनल में पहुँचने तक दो शतक बना लिए थे। हालाँकि हम ईडन गार्डन्स में ऑस्ट्रेलिया से हार गए, लेकिन मैं जब इसके बाद लौटा, तो मुझे यह विश्वास था कि मैं बड़ी ऑस्ट्रेलियाई भीड़ के सामने अच्छा प्रदर्शन करूँगा।

दुर्भाग्य से गाबा में 4 दिसंबर 2003 को सबसे बुरे संभव तरीक़े से शुरुआत हुई। मैंने बस तीन गेंदें खेलीं और मुझे जेसन गिलेस्पी की गेंद पर एलबीडब्ल्यू दे दिया गया, जब गेंद मेरे पैड के ऊपरी हिस्से से टकराई। मुझे लग रहा था कि गेंद स्टंप के छह इंच या इससे ज़्यादा ऊपर से निकलती और अंपायर के अँगुली उठाने से मैं ख़ासा निराश हुआ। सौरव और वीवीएस लक्ष्मण ने डगमगाती पारी को सँभाला और ऑस्ट्रेलिया में पहली बार भारत की कप्तानी कर रहे सौरव ने अपनी सर्वश्रेष्ठ टेस्ट पारियों में से एक खेली। ब्रिसबन में उनके 144 रनों ने श्रृंखला के लिए माहौल बनाने में मदद की। दिन का खेल ख़त्म होने तक वे अति आनंदित थे और उनके पास ऐसा होने का हर कारण था।

पहला टेस्ट ड्रॉ हो गया और दूसरे टेस्ट के लिए हम 12 दिसंबर को ऐडिलेड पहुँच गए। ऐडिलेड का विकेट बल्लेबाज़ी के लिए अच्छा था और ऑस्ट्रेलिया वालों ने इस अवसर का भरपूर फ़ायदा उठाया। जब उन्होंने पहले दिन 400 रन का स्कोर बना लिया, तो मुझे स्पष्टता से याद है कि ऑस्ट्रेलिया की टीम ड्रेसिंग रूम की बालकनी में खड़े होकर मैदान से लौट रहे बल्लेबाज़ों का उत्साहवर्धन कर रही थी। दूसरा दिन हमारे लिए ज़्यादा अच्छी तरह शुरू हुआ और अनिल की सुंदर गेंदबाज़ी के चलते हम ऑस्ट्रेलिया को पहली पारी में 556 रनों तक सीमित

रखने में कामयाब रहे। बल्लेबाज़ी की परिस्थितियाँ अच्छी थीं और मैच में अब भी काफ़ी समय बचा था, इसलिए हमारे पास इसे क़रीबी टक्कर बनाने का पूरा मौक़ा था, बशर्ते हम अच्छी तरह बल्लेबाज़ी करें।

राहुल असाधारण अंदाज़ में खेले और उनका दोहरा शतक हमें ऑस्ट्रेलिया के पहली पारी के योग के क़रीब ले गया। लक्ष्मण भी तेजस्वी थे और इससे हमें मार्च 2001 में ईडन गार्डन्स में राहुल तथा लक्ष्मण की अविश्वसनीय साझेदारी याद आ गई, हालाँकि इस बार भूमिकाएँ बदल गई थीं, क्योंकि राहुल ने दोहरा शतक जमाया और लक्ष्मण ने शतक। मैं केवल छह गेंद ही खेल पाया और तेज़ गेंदबाज़ एंडी बिशेल की गेंद पर मुझे गिलक्रिस्ट ने लपक लिया। यह आउट होने का बहुत ही घटिया अंदाज़ था, जिस पर मुझे कोफ़्त हुई।

ऑस्ट्रेलिया की दूसरी पारी मुंबई के मेरे साथी अजीत आगरकर के नाम थी। उन्होंने अपना सर्वश्रेष्ठ स्पेल करते हुए हमारे लिए मैच तैयार कर दिया। उन्होंने केवल 41 रन देकर छह ऑस्ट्रेलियाई विकेट लिए और हमने ऑस्ट्रेलिया को 196 रनों पर समेट दिया। अब हमें जीतने के लिए 230 रन बनाने थे। हमने इस पारी में कमाल की फ़ील्डिंग की थी और कुछ आश्चर्यजनक कैच भी लिए थे। अजीत की गेंद पर आकाश चोपड़ा ने पॉन्टिंग का जो कैच लिया था, वह देखते ही बनता था। मैंने भी लेग स्पिन गेंदबाज़ी करते हुए दो महत्त्वपूर्ण विकेट चटकाकर योगदान दिया। स्टीव वॉ और डेमियन मार्टिन ने मिलकर एक अच्छी साझेदारी की और यह बेहद संतुष्टिदायक था कि मैंने उन दोनों को स्लिप में कैच करा दिया। अब मैच जीतने का दारोमदार बल्लेबाज़ों पर था।

राहुल एक बार फिर चमके और मैंने लेग स्पिनर स्टुअर्ट मैकगिल की गेंद पर एलबीडब्ल्यू होने से पहले 37 रनों का योगदान दिया। हमने मैच में एक महत्त्वपूर्ण मौक़े पर 70 रनों की साझेदारी की, जो ख़ास तौर पर संतुष्टिदायक थी। राहुल ने हमारे लिए विजयी रन बनाए और 72 पर नॉट आउट रहे। टीम इस बात पर रोमांचित थी कि हमें श्रृंखला में 1-0 की बढ़त मिल गई थी। हम देर तक ड्रेसिंग रूम में बने रहे और पूरी तरह से पल का आनंद लिया। इतिहास में कभी भी हमने ऑस्ट्रेलिया में ऑस्ट्रेलिया के ख़िलाफ़ 1-0 की बढ़त नहीं ली थी। हमने खेल के हर पहलू में ऑस्ट्रेलिया को टक्कर दी थी और हमारे पास श्रृंखला जीतने का बहुत अच्छा मौक़ा था, बशर्ते हम आगे भी अपने सर्वश्रेष्ठ स्तर पर खेलते रहें। राहुल और लक्ष्मण शानदार फ़ॉर्म में थे। सहवाग और सौरव दोनों ने ही दोनों टेस्ट मैचों में महत्त्वपूर्ण योगदान दिया। हमारे दूसरे ओपनर आकाश चोपड़ा ने नई गेंद को पुराना करने का अच्छा काम किया था।

अगले मैच यानी मेलबर्न में बॉक्सिंग डे टेस्ट की पूर्व संध्या पर मैं अंजलि, सारा और अर्जुन को मैदान में ले गया, ताकि उन्हें एहसास हो सके कि स्टेडियम के भीतर कैसा लगता है। एमसीजी के बीच में खड़े होकर वे खुद ही कल्पना कर सकते थे कि दर्शक दीर्घा में 80,000 से ज़्यादा दर्शक रहने पर हमें कैसा अनुभव होता है। अर्जुन पहली बार किसी स्टेडियम में गया था।

हमने 26 दिसंबर को टॉस जीतकर पहले बल्लेबाज़ी की और वीरेंद्र सहवाग ने ऐसी पारी खेली, जो शायद एमसीजी में खेली गई सर्वश्रेष्ठ टेस्ट पारियों में से एक थी। वे अपने आक्रामक अंदाज़ में थे और उन्होंने कुछ ऐसे स्ट्रोक खेले, जो सिर्फ़ वे ही खेल सकते थे। मुझे कोई शक नहीं है कि ऊपरी क्रम में सहवाग भारतीय क्रिकेट के लिए होने वाली सबसे अच्छी चीज़ों में से एक थे और उन्होंने 2009 में भारत को विश्व टेस्ट रैंकिंग्स के शिखर पर पहुँचाने में एक मुख्य भूमिका निभाई। उन्हें दरअसल एमसीजी में दोहरा शतक लगाना चाहिए था, लेकिन वे स्टुअर्ट मैकगिल की फुल टॉस पर लॉन्ग ऑन पर कैच दे बैठे और 195 पर आउट हो गए।

बाक़ी के बल्लेबाज़ दुर्भाग्य से उस शुरुआत का लाभ नहीं ले पाए, जो सहवाग और आकाश चोपड़ा ने हमें दी थी। हम 366 पर ऑल आउट हो गए, जिससे ऑस्ट्रेलिया को खेल में वापसी का मौक़ा मिल गया। मैंने केवल एक गेंद खेली और लेग साइड पर गिलक्रिस्ट को हल्का सा किनारा दे दिया, जो ब्रेट ली की गेंद पर काफ़ी पीछे खड़े थे। मैंने पीछे घूमकर जब गेंद को गिलक्रिस्ट की ओर जाते देखा, तो मैं जान गया कि मेरा पतन हो गया था। यह आउट होने के सबसे बुरे तरीक़ों में से एक था और मुझे शर्म महसूस हुई। मुझे तब और भी बुरा लगा, जब मुझे बताया गया कि कुछ दूसरी पत्नियों के कहने पर अंजलि एमसीजी में मैच देखने आई थीं। मैंने सुना कि जैसे ही मैं आउट हुआ, उसी पल वे मैदान से बाहर निकल गईं और होटल तक पैदल गईं। मैं सोचने लगा कि हमारा बहुत प्रिय खेल भी कभी-कभार कितना क्रूर और अनिश्चित होता है।

ऑस्ट्रेलिया ने प्रभावी शुरुआत की और अपनी पहली पारी में कमाल की बल्लेबाज़ी की। पॉन्टिंग ने 257 रन बनाए और हेडन ने 136। कुल 558 रन बनाकर उन्होंने एक तरह से हमें मैच के बाहर कर दिया। हम लगभग 200 रन पीछे थे और मैच को बचाने के लिए हमें असाधारण रूप से अच्छा प्रदर्शन करना था। हम ऐसा नहीं कर पाए और श्रृँखला 1-1 से बराबर हो गई, जबकि अभी एक और टेस्ट मैच बाक़ी था।

एक बार फिर, मैंने वह योगदान नहीं दिया, जो मैं एमसीजी में दूसरी पारी

में देना चाहता था। चीज़ों को थोड़ा बदलने के लिए मैंने सौरव से पूछा कि वे मुझसे पहले बल्लेबाज़ी करने के बारे में क्या सोचते हैं। यह तीसरे दिन के अंत की बात है और सौरव, जो अच्छे फ़ॉर्म में थे, ऊपर जाने के लिए तैयार हो गए, जिससे मुझे अगले दिन नंबर पाँच पर बल्लेबाज़ी के लिए उतरने का सहारा मिल गया। यह रणनीति काम करती नज़र आई और सब कुछ अच्छा चल रहा था, जब तक कि तेज़ गेंदबाज़ ब्रैड विलियम्स ने मुझे 44 रनों पर गिलक्रिस्ट के हाथों कैच नहीं करा दिया। मैं तब तक नियंत्रण में था, जब तक कि मैंने एक ख़राब शॉट नहीं खेला, जो इस श्रृंखला में मेरी बल्लेबाज़ी का लक्षण था। ऐसा लग रहा था कि जब भी मैं गियर बदलने की कोशिश करता था, तो हर बार मेरा विकेट चला जाता था।

सब कुछ सिडनी पर निर्भर था

जनवरी 2004 की शुरुआत में सिडनी में चौथे और अंतिम टेस्ट मैच की पूर्व संध्या पर जॉन राइट मेरे कमरे में आए। वे मेरी सोच को सकारात्मक करना चाहते थे और मेरा आत्मविश्वास बढ़ाना चाहते थे, जिससे बहुत मदद मिली। मेरी अजीत भाई से भी लंबी बातचीत हुई और उन्होंने मेरे सामने एक चुनौती यह रखी कि मुझे दोनों पारियों में नाबाद रहने की कोशिश करनी है। उन्होंने कहा कि मैं बल्लेबाज़ों को अपना विकेट दे रहा हूँ, उनसे अपना विकेट लेने के लिए मेहनत नहीं करा रहा हूँ और अगर मैं खुद पर अंकुश रखूँ, तो कोई भी गेंदबाज़ मुझे आउट नहीं कर पाएगा। मैंने चुनौती स्वीकार कर ली और इंतज़ार का खेल खेलने का निश्चय किया। भले ही मैं मैदान में कितना ही बुरा दिखूँ, लेकिन मैं अपनी योजना पर डटे रहने पर आमादा था। श्रृंखला में दो बार आक्रामक शॉट खेलते हुए आउट होने के बाद मैं एससीजी में कोई भी असंयमी चीज़ नहीं करने वाला था। मैंने वह पारी अपने वादे के मुताबिक़ खेली, जो कुछ मायनों में मेरी सबसे मुश्किल टेस्ट पारियों में से एक थी। मैंने जान-बूझकर अपने शॉट रोके और आउट न होना मेरा प्रमुख लक्ष्य था। दस घंटे तक क्रीज़ पर डटे रहने के बावजूद मैंने एक भी कवर ड्राइव नहीं खेला। जब ऑस्ट्रेलियाई गेंदबाज़ों ने मुझ पर कुछ मज़ाक़ किए, तब भी मैं एकाग्र बना रहा। यह सच्चा इम्तहान था। जब गेंदें ड्राइव करने के लिए ललचा रही थीं, तब भी मैंने उन्हें छोड़ दिया। यह मेरे स्वाभाविक सहज बोध के बिलकुल विपरीत था और इसने मुझे पस्त कर दिया, लेकिन बहुत संतुष्टि भी दी। हमारी पहली पारी के अंत में मैं 241 रनों पर नाबाद था और टीम के स्कोर को 700 के पार ले गया था।

जब मैं इस टेस्ट के बारे में सोचता हूँ, तो मैं यह याद किए बिना नहीं रह

सकता कि किसी कारण मैं असामान्य रूप से अंधविश्वासी हो गया था। अंजलि, उसके माता-पिता, सारा और अर्जुन मैच की पूर्व संध्या पर मेरे साथ थे और हम डिनर के लिए एक मलेशियाई रेस्तराँ में गए। खाना बेहतरीन था और हमने नूडल्स, चिकन और कई अन्य डिश मँगाईं। फिर मेरा परिवार अगली सुबह भारत चला गया, लेकिन मेरा पहला दिन बहुत अच्छा रहा और मैं 73 पर नाबाद था। शाम को मैंने पिछली रात की दिनचर्या को दोहराने का निर्णय लिया और इस बार मैं अजीत आगरकर तथा दो अन्य खिलाड़ियों के साथ उसी मलेशियाई रेस्तराँ गया। न सिर्फ़ हम उसी टेबल पर बैठे, बल्कि मैंने ठीक वही खाना मँगाया। अगला दिन और भी बेहतर गया और मैं 220 पर नॉट आउट था। उस रात मैं तीसरी बार उसी रेस्तराँ में गया, उसी टेबल पर बैठा और वही भोजन किया। मैच के तीसरे दिन जब टेस्ट मैच दरअसल हमारे लिए सचमुच अच्छा घट रहा था, तो हम आख़िरी बार उसी रेस्तराँ में गए। रेस्तराँ के मैनेजर ने सोचा होगा कि हम पगला गए थे। साथ ही वह इस विचार से प्रफुल्लित होगा कि हम उसके स्वादिष्ट भोजन के कारण लौटे थे। हमारी चौथी लगातार यात्रा के असली कारण के बारे में वह कितना कम जानता था!

मेरे दोहरे शतक के बाद मुझे मीडिया को संबोधित करना था। एक स्थानीय पत्रकार ने कहा कि हाल में प्रेस में मेरी काफ़ी आलोचना हुई है, लेकिन अब जब मैंने एक नाबाद दोहरा शतक बना लिया था, तो क्या मैं अगली सुबह अख़बार पढ़ूँगा? मैंने उससे बस इतना कहा कि मैंने श्रृंखला के दौरान कुछ भी नहीं पढ़ा था - जो किसी भी प्रकार के उत्तेजक माहौल से ख़ुद को बचाने का मेरा तरीक़ा था - और मैं नहीं जानता कि उन्होंने मेरे बारे में क्या लिखा था। अगर मैंने अच्छा नहीं खेला, तो आलोचना होने में मुझे कोई समस्या नहीं थी। आख़िर, मीडिया को भी तो अपना काम करना था। लेकिन अब जब मैंने कुछ रन बना लिए हैं, तो सिर्फ़ इसलिए मैं अख़बार पढ़ने के लिए उत्सुक नहीं हूँ - मुझे मीडिया के प्रमाणीकरण की कोई आवश्यकता नहीं थी। आलोचना और प्रशंसा एक ही सिक्के के दो पहलू हैं और पंद्रह साल तक अंतरराष्ट्रीय क्रिकेट खेलने के बाद मैंने इन चीज़ों के साथ जीना सीख लिया था।

हमने अपनी पहली पारी की शानदार बल्लेबाज़ी का समर्थन बहुत अच्छी गेंदबाज़ी से किया और ऑस्ट्रेलिया को 474 रनों पर आउट कर दिया, जिसमें अनिल ने 141 रन देकर 8 विकेट लिए। हम 231 रनों से आगे थे और अब हमें जल्दी से कुछ रन बनाने थे, ताकि गेंदबाज़ों को मैच समाप्त करने का मौक़ा दे सकें। एक बार फिर हमने अच्छी बल्लेबाज़ी की। राहुल और मैं एक अच्छी

साझेदारी के बीच में थे, तभी सौरव ने दो-तीन संदेश भेजकर पूछा कि हमें कब पारी घोषित करनी चाहिए। राहुल टीम के उपकप्तान थे और मैंने कहा कि यह उनका तथा सौरव का निर्णय था। राहुल थोड़ी देर और बल्लेबाज़ी करने के लिए उत्सुक थे और हमने आख़िरकार पारी तब घोषित की, जब ब्रेट ली की एक बाउंसर उनके सिर से टकराई। उस वक़्त वे 91 पर और मैं 60 पर नाबाद था। पीछे पलटकर देखने पर मुझे लगता है कि हमने पारी घोषित करने में कुछ ज़्यादा देर कर दी। गेंद घूम रही थी और उछल रही थी और हमें अनिल और उनके गेंदबाज़ों को चौथी शाम को चार ओवरों से ज़्यादा का मौक़ा देना चाहिए था।

जीत के लिए 443 रन बनाने थे और दूसरी पारी में ऑस्ट्रेलिया दबाव में थी। अनिल ने लगातार 42 ओवर डाले, जिनमें उन्होंने पाँचवें दिन चार और विकेट झटके। टेस्ट क्रिकेट में अपनी आख़िरी पारी में स्टीव वॉ ने अच्छा खेलकर अपनी टीम को शर्मसार होने से बचा लिया। वे अंततः 80 पर आउट हुए और मैंने अनिल की गेंद पर डीप स्क्वेयर लेग पर उनका कैच पकड़ा। भीड़ स्टीव वॉ के अंतिम शतक को देखने के लिए बेताब थी, लेकिन यह नहीं हो पाया। कैच लेने के ठीक बाद मैं दौड़कर स्टीव के पास गया और उन्हें ज़बर्दस्त करियर की बधाई दी तथा उनके भावी प्रयासों के लिए उन्हें शुभकामना दी। इसके बाद सिडनी की भीड़ ने उनका शानदार अभिनंदन किया।

ऑस्ट्रेलिया ने डटे रहकर मैच ड्रॉ करा लिया और श्रृँखला अंततः 1-1 की बराबरी पर छूटी। व्यक्तिगत रूप से यह मेरे लिए बेहतरीन टेस्ट मैच था और मैं संतुष्ट था कि मैंने दोनों पारियों में आउट न होने का अजीत भाई से किया वादा निभाया था। अपनी स्वाभाविक प्रवृत्तियों के ख़िलाफ़ जाना बहुत मुश्किल था। लेकिन यह एक ऐसी श्रृँखला थी, जो दरअसल हमें जीतनी चाहिए थी। हम ज़्यादातर समय तक बेहतर टीम थे और हमने बीच-बीच में असाधारण क्रिकेट खेला था। अगर चौथी शाम को पारी की घोषणा थोड़ी जल्दी हो जाती और अगर हमने अपनी राह में आने वाले ज़्यादा मौक़े लपके होते, तो हम इतिहास रच सकते थे। श्रृँखला जीतने से चूकने के बाद भी हमारे पास खुश होने का कारण था और हम पाकिस्तान के दौरे की राह देख रहे थे, जो शुरू होने ही वाला था।

भारत पाकिस्तान में, मार्च-अप्रैल 2004

पाकिस्तान के दौरे को लेकर बहुत रोमांच था। पाकिस्तान से खेलना किसी भी भारतीय क्रिकेट खिलाड़ी के लिए हमेशा एक बड़ा मौक़ा रहता है और 1989 में मेरे पदार्पण की पहली श्रृँखला के बाद हम पाकिस्तान में पहली बार उनसे खेलने

वाले थे। दौरा भारत के लिए सर्वश्रेष्ठ संभव समय पर आया था, क्योंकि हमने ऑस्ट्रेलिया के ख़िलाफ़ श्रृंखला में अच्छा प्रदर्शन किया था और ज़्यादातर खिलाड़ी अच्छे फॉर्म में थे।

जैसे ही हम पाकिस्तान में उतरे, हमें एहसास हो गया कि यह दौरा कितना अलग होगा। पहली बार के विपरीत, जब मैं केवल सोलह साल का था, 2004 में मैंने भारत-पाकिस्तान श्रृंखला का पूरा महत्त्व समझा। सुरक्षा इतनी ज़्यादा थी कि यक़ीन नहीं हो रहा था। हमें तेज़ी से हवाई अड्डे से ले जाया गया और होटल के पूरे रास्ते टीम बस के आगे एक सुरक्षा वाहन चल रहा था। बस के साथ बाइक भी चल रही थीं और हमारे ऊपर एक हेलिकॉप्टर भी उड़ रहा था। होटल में हमारा स्वागत गर्मजोशी से किया गया और हमें सुरक्षा संबंधी निर्देश दिए गए, जिनका हमसे पालन करने की उम्मीद की जाती थी। हमें जानकारी दी गई कि हमारी मंज़िल के पहले कमरे में सुरक्षाकर्मी रहेंगे, जो उस मंज़िल पर आने वाले हर आगंतुक की जाँच करेंगे। हमारे ऊपर और नीचे की मंज़िलें सील कर दी गई थीं। मैंने कभी ऐसी सुरक्षा का अनुभव नहीं किया था और यह एक बहुत अजीब भावना थी, क्योंकि हम तो सिर्फ़ खिलाड़ी थे, जो क्रिकेट खेलने के लिए पाकिस्तान आए थे।

होटल से बाहर जाने का विकल्प मौजूद नहीं था। इसका मतलब था कि खिलाड़ी डिनर लेने, पत्ते खेलने और फ़िल्म देखने के लिए एक दूसरे के कमरों में बहुत समय बिताते थे। एक साथ समय बिताना हमेशा मज़ेदार था और टीम का मनोबल बेहतरीन था, जब हमने पहले एक दिवसीय अंतरराष्ट्रीय मैच की तैयारी की, जो कराची में 13 मार्च 2004 को होने वाला था।

यह श्रृंखला की सर्वश्रेष्ठ संभव शुरुआत थी, क्योंकि मैच का निर्णय बिलकुल आख़िरी गेंद पर हुआ। जब हमने पहले बल्लेबाज़ी करते हुए 349 रन बनाए, तो पाकिस्तान ने अच्छा जवाब दिया और अपने पचास ओवर में ज़रा सा पीछे रहते हुए 344 रन बनाए। दुर्भाग्य से, हम अगले दो मैच हार गए, लेकिन हम अंतिम दो मैचों में विजयी हुए और श्रृंखला 3-2 से जीत गए। अंतिम मैच किसी सनसनीख़ेज़ नाटक से कम नहीं था, जिसमें हमने अंत में पाकिस्तान को 40 रनों से हरा दिया। मेरे मन में इस मैच की मीठी यादें हैं, क्योंकि इसमें मैंने पाकिस्तानी कप्तान इंजमाम उल हक़ को आउट करने के लिए एक बहुत अच्छा कैच पकड़ा था। इस श्रृंखला में इंजमाम हमेशा धीमे गेंदबाज़ों को उनके सिर के ठीक ऊपर से उठाकर मारते थे, इसलिए पाँचवें एक दिवसीय मैच से पहले मुरली कार्तिक और मैंने उनके लिए एक योजना बनाई। हमने तय किया कि मैं लॉन्ग ऑन पर

सामान्य से थोड़ा ज़्यादा सीधा रहूँगा और जिस पल इंजमाम स्ट्राइक पर होंगे, मैं साइटस्क्रीन की तरफ़ जाने के लिए तैयार रहूँगा। निश्चित रूप से उन्होंने कार्तिक को उनके सिर के ऊपर से उठाकर मारा और मैं इसके लिए तैयार था। मैंने गेंद को अपने सिर के ऊपर सीमारेखा से कुछ इंच ऊपर पकड़ लिया और फिर अपनी टीम के साथियों की ओर भागा; मैं जानता था कि हम सबसे महत्त्वपूर्ण पाकिस्तानी विकेट लेने में कामयाब हो गए थे। अंत में यह एक शानदार परिणाम था और इसने मुल्तान के पहले टेस्ट से पहले हमारा आत्मविश्वास बहुत बढ़ा दिया।

पहला टेस्ट, मुल्तान, 28 मार्च–1 अप्रैल 2004

मुल्तान में वीरेंद्र सहवाग ने धुआँधार और विस्फोटक पारी खेली। हमने टॉस जीता और शुरुआत से ही वे नियंत्रण में थे। उन्होंने कुछ कमाल के शॉट खेले और उनकी पारी ने श्रृँखला के पहले ही दिन विपक्षी टीम के हौसले पस्त कर दिए। उन्होंने पाकिस्तानी गेंदबाज़ों की पूरे मैदान में हर तरफ़ धुनाई की और जब तक मैं उनका साथ देने के लिए मैदान में उतरा, वे अपने शतक के पार निकल चुके थे।

मुझे याद है कि चाय के ठीक बाद सहवाग की एकाग्रता थोड़ी डगमगा रही थी। वे हर गेंद को मारने की कोशिश करने लगे और थोड़े विचलित दिखने लगे। मैं उन्हें शांत करने के लिए उनके पास गया और उनसे बोला कि उन्हें बस वहाँ रुकने की ज़रूरत है और यह दौर गुज़र जाएगा। मैंने उनसे यह भी कहा कि उन्हें ख़ुद पर थोड़ा संयम रखना चाहिए, क्योंकि कोई बड़ी चीज़ होने वाली थी। इस अवसर को जकड़ना महत्त्वपूर्ण था और इसे गँवाने का कोई मतलब नहीं था। मुझे ख़ुशी हुई कि उन्होंने मेहनत करते हुए अपना दोहरा शतक बनाया। जैसे ही वे इस मील के पत्थर तक पहुँचे, वे दोबारा अपनी लय में आ गए और शॉट एक बार फिर प्रवाहित होने लगे। मैं और भी ज़्यादा ख़ुश हुआ, जब वे दूसरे दिन की सुबह तीसरे शतक तक पहुँच गए। यह एक अविश्वसनीय प्रयास था और पाकिस्तान के ख़िलाफ़ होने की वजह से यह और भी ख़ास बन गया था।

जब तक सहवाग इस ऐतिहासिक घटना तक पहुँचे, मैं शतक बना चुका था। मैंने अपनी पारी अच्छी तरह जमाई थी और हम अब पूरी तरह से नियंत्रण में थे। सौरव पीठ की चोट के कारण बाहर थे, इसलिए चाय के समय मैंने स्थानापन्न कप्तान राहुल द्रविड़ और कोच जॉन राइट से पूछा कि योजना क्या थी। मुझे बताया गया कि हम पाकिस्तान को बल्लेबाज़ी के लिए एक घंटा देने वाले हैं और इसलिए हम दूसरे दिन में पंद्रह ओवर का खेल बचने पर पारी घोषित कर देंगे।

Australia v India

(4th Test)

Played at Sydney Cricket Ground, Sydney, on 2–6 January 2004

Umpires:	BF Bowden & SA Bucknor (TV: PD Parker)
Referee:	MJ Procter
Toss:	India

INDIA

AS Chopra	b Lee	45		c Martyn b Gillespie	2
V Sehwag	c Gilchrist b Gillespie	72		c Gillespie b MacGill	47
RS Dravid	lbw b Gillespie	38		not out	91
SR Tendulkar	not out	241		not out	60
VVS Laxman	b Gillespie	178			
SC Ganguly*	b Lee	16			
PA Patel†	c Gilchrist b Lee	62			
AB Agarkar	b Lee	2			
IK Pathan	not out	13			
A Kumble					
M Kartik					
Extras	(b 4, lb 5, w 4, nb 25)	38		(lb 3, w 1, nb 7)	11
Total	(for 7 wkts dec)	**705**		(for 2 wkts dec) (43.2 overs)	**211**

AUSTRALIA

JL Langer	c Patel b Kumble	117		c Sehwag b Kartik	47
ML Hayden	c Ganguly b Kumble	67		c Dravid b Kumble	30
RT Ponting	lbw b Kumble	25		c and b Pathan	47
DR Martyn	c and b Kumble	7		c sub (Yuvraj Singh) b Kumble	40
SR Waugh*	c Patel b Pathan	40		c Tendulkar b Kumble	80
SM Katich	c Sehwag b Kumble	125		not out	77
AC Gilchrist†	b Pathan	6		st Patel b Kumble	4
B Lee	c Chopra b Kumble	0			
JN Gillespie	st Patel b Kumble	47	(8)	not out	4
NW Bracken	c Agarkar b Kumble	2			
SCG MacGill	not out	0			
Extras	(b 6, lb 9, w 3, nb 20)	38		(b 6, lb 7, w 2, nb 13)	28
Total	(117.5 overs)	**474**		(for 6 wkts) (94 overs)	**357**

AUSTRALIA	O	M	R	W		O	M	R	W
Lee	39.3	5	201	4		12.2	2	75	0
Gillespie	45	11	135	3		7	2	32	1
Bracken	37	13	97	0	(4)	8	0	36	0
MacGill	38	5	146	0	(3)	16	1	65	1
Waugh	2	0	6	0					
Katich	17	1	84	0					
Martyn	9	1	27	0					

INDIA	O	M	R	W		O	M	R	W
Agarkar	25	3	116	0		10	2	45	0
Pathan	26	3	80	2	(3)	8	1	26	1
Kumble	46.5	7	141	8	(2)	42	8	138	4
Kartik	19	1	122	0		26	5	89	1
Ganguly	1	1	0	0					
Tendulkar					(5)	6	0	36	0
Sehwag					(6)	2	0	10	0

Fall of wickets:

	Ind	Aus	Ind	Aus
1st	123	147	11	75
2nd	128	214	73	92
3rd	194	229	–	170
4th	547	261	–	196
5th	570	311	–	338
6th	671	341	–	342
7th	678	350	–	–
8th	–	467	–	–
9th	–	473	–	–
10th	–	474	–	–

Close of play:	Day 1:	Ind (1) 284–3 (Tendulkar 73*, Laxman 29*, 90 overs)
	Day 2:	Ind (1) 650–5 (Tendulkar 220*, Patel 45*, 180 overs)
	Day 3:	Aus (1) 342–6 (Katich 51*, Lee 0*, 80 overs)
	Day 4:	Aus (2) 10–0 (Langer 4*, Hayden 1*, 4 overs)

Man of the Match: SR Tendulkar

Result: **Match drawn**

यह समझदारी भरा क़दम था और मैं चाय के बाद इस योजना को दिमाग़ में रखकर खेला। वास्तव में, मैंने अपनी पारी की गति इस तरह बनाई, ताकि मैं अपने दोहरे शतक तक भी पहुँच जाऊँ और हम योजना के मुताबिक़ पाकिस्तान को बल्लेबाज़ी करने के लिए पंद्रह ओवर भी दे सकें। लेकिन अभी चाय के बाद वाले सत्र में आधा घंटा ही गुज़रा था कि बारहवें खिलाड़ी रमेश पवार ने मैदान में आकर मुझसे तेज़ खेलने को कहा। मैंने उनके साथ मज़ाक़ किया कि मैं जानता था कि हमें जल्दी रन चाहिए, लेकिन चूँकि फ़ील्ड फैली हुई थी, इसलिए हम ज़्यादा कुछ नहीं कर सकते।

कुछ समय बाद जब मैं 194 पर था, तब वे एक बार फिर आकर बोले कि मुझे इसी ओवर में अपना दोहरा शतक मारने की कोशिश करनी चाहिए, क्योंकि राहुल ने पारी घोषित करने का निर्णय ले लिया है। मैं हैरान था, क्योंकि मेरे हिसाब से मेरे पास अब भी बारह गेंदें थीं, जिनमें मुझे बचे हुए छह रन बनाने थे, तब भी दिन के लिए पंद्रह ओवर बचेंगे। लेकिन संयोग की बात, उस ओवर में मुझे एक भी गेंद खेलने को नहीं मिली। युवराज ने इमरान फरहत के ख़िलाफ़ बल्लेबाज़ी की, जो पाकिस्तान के सलामी बल्लेबाज़ और पार्ट-टाइम लेग-स्पिनर हैं। युवराज ने पहली दो गेंदें रक्षात्मक खेलीं, फिर तीसरी गेंद पर दो रन लिए। उन्होंने चौथी गेंद को रक्षात्मक खेला और पाँचवीं गेंद पर आउट हो गए। फिर जैसे ही अगले बल्लेबाज़ पार्थिव पटेल बाहर आने लगे, मैंने देखा कि राहुल हमें पवेलियन लौटने का इशारा कर रहे थे। उन्होंने पारी घोषित कर दी थी, जबकि मैं 194 पर अटका हुआ था। दिन में अभी सोलह ओवर का खेल बाक़ी था, जबकि चाय के समय हमारे बीच पंद्रह ओवर की बात हुई थी। मैं सदमे में था, क्योंकि इसमें कोई तर्क या तुक नज़र नहीं आ रहा था। यह टेस्ट मैच का दूसरा दिन था, चौथा दिन नहीं था, जैसा कि यह सिडनी में एक महीने पहले था।

निराश और नाराज़ मानसिकता में मैं ड्रेसिंग रूम में पहुँचा और मुझे महसूस हो रहा था कि पूरी टीम इस निर्णय पर हैरान थी। मेरे कुछ साथियों को शायद उम्मीद थी कि मैं अपने सामान को हिक़ारत से ड्रेसिंग रूम में फेंकूँगा और बवाल खड़ा करूँगा। लेकिन ऐसी चीज़ें मेरे स्वभाव में नहीं हैं और मैंने इस घटना के बारे में किसी से एक शब्द भी न कहने का निर्णय लिया। मैंने शांति से अपना सामान रखा और मैदान में जाने से पहले जॉन राइट से थोड़ा समय माँगा, क्योंकि मैं इतने लंबे समय तक बल्लेबाज़ी करने के बाद थोड़ी थकान महसूस कर रहा था। अंदर से मैं उबल रहा था।

जब मैं बाथरूम में अपना चेहरा धो रहा था, तब जॉन मेरे पास आए और

माफ़ी माँगने लगे। जो हुआ था, उस पर उन्हें अफ़सोस था। वे बोले कि इस निर्णय में उनका कोई हाथ नहीं था। मैंने हैरान होकर कहा कि कोच होने के नाते वे निर्णय लेने वालों में से एक थे और अगर वे उस फ़ैसले से सहमत थे, तो उन्हें अफ़सोस नहीं जताना चाहिए। मैंने यह भी कहा कि जो हो चुका है, उसे बदला नहीं जा सकता और इस मुद्‌दे को छोड़ देना ही सबसे अच्छा है। अंततः मैं उन्हें यह याद दिलाए बिना नहीं रह पाया कि पारी की घोषणा चाय पर बनी योजना के विपरीत हुई थी और यह अजीब था कि जब मुझे दोहरा शतक जल्दी बनाने का संदेश भेजा गया, उसके बाद मुझे एक गेंद भी खेलने का मौक़ा नहीं दिया गया।

जॉन के बाद सौरव मेरे पास आए और बोले कि जो हुआ था, उस पर उन्हें बहुत अफ़सोस था और पारी घोषित करने का निर्णय उनका नहीं था। यह थोड़े अचंभे की बात थी, क्योंकि कप्तान होने के नाते सौरव चाय के समय की बातचीत का हिस्सा थे और वे पारी की घोषणा के समय ड्रेसिंग रूम में मौजूद थे। मैंने उनसे कहा कि अब इस पर बात करने में कोई तुक नहीं है।

दिन का खेल समाप्त होने पर प्रेस ने मुझसे पूछा कि क्या मैं पारी की घोषणा से निराश था और मेरे पास सच्चाई से मुँह छिपाने का कोई कारण नहीं था। प्रेस वार्ता के बाद जल्द ही मैंने अपने हेडफ़ोन लगाए और होटल के पूरे रास्ते संगीत सुनता रहा। कुंठा में मैं जिम चला गया। कुछ पाकिस्तानी खिलाड़ी भी जिम में थे, लेकिन उनमें से कोई भी मुझसे कुछ नहीं बोला। उन्होंने भाँप लिया था कि मैं किस मानसिक अवस्था में हूँ। मैंने जमकर कसरत की और पारी की घोषणा को अपने दिमाग़ से निकालने की कोशिश की। फिर मैं कुछ समय एकांत में रहने के लिए अपने कमरे में चला गया।

शाम को हमारे मैनेजर प्रोफ़ेसर रत्नाकर शेट्टी मेरे कमरे में बातचीत करने आए। मैं प्रोफ़ेसर शेट्टी को तब से जानता हूँ, जब मैं मुंबई में युवा खिलाड़ी था। उन्होंने घटना पर अफ़सोस ज़ाहिर करते हुए कहा कि वे पारी की घोषणा से सहमत नहीं थे। लेकिन यह क्रिकेट संबंधी निर्णय था और वे मैनेजर होने के नाते क्रिकेट संबंधी निर्णयों में कभी हस्तक्षेप नहीं करते थे। मैंने उन्हें आश्वस्त किया कि जो हो गया, सो हो गया और इससे टीम के प्रति मेरे योगदान पर असर नहीं पड़ेगा।

जब मैं प्रोफ़ेसर शेट्टी से बात कर रहा था, तभी संजय मांजरेकर मेरे कमरे में आए, जो पाकिस्तान में कमेंटेटर के रूप में आए थे। संजय ने कहा कि पारी घोषित करने का निर्णय साहसिक था और यह भारतीय क्रिकेट के लिए एक अच्छा संकेत था। वे इसी तर्ज़ पर बोलते रहे, जब तक कि मैंने उनसे यह नहीं पूछा

कि क्या वे सचमुच जानते हैं कि वे क्या बोल रहे हैं। मैंने उन्हें बताया कि वे नहीं जानते कि ड्रेसिंग रूम में क्या बातें हुई थीं और मुद्दे के असल तथ्य जाने बिना अपने निर्णय पर कूद गए थे। मैंने यह स्पष्ट कर दिया कि मैं उनकी राय से सहमत नहीं हूँ, जो मेरे विचार से अलग होने का सोचा-समझा प्रयास था।

आख़िरकार अगली सुबह राहुल मेरे पास आए। वे बोले कि उन्होंने सुना था कि मैं विचलित हूँ और वे बात करना चाहते थे। मैंने उन्हें बताया कि मैं सचमुच विचलित हूँ और इसे छिपाने का नाटक करने में कोई तुक नहीं थी। मैंने उनसे पूछा कि जिस समय उन्होंने पारी घोषित की, उसी समय पारी घोषित करने के पीछे क्या सोच थी। ऐसा तो नहीं था कि हम जीत के लिए यह कर रहे हों और एक ओवर से ज़्यादा फ़र्क़ नहीं पड़ता। हमने चाय पर एक योजना बनाई थी और मैं ठीक वही कर रहा था, जो मुझे बताया गया था।

राहुल ने कहा कि ऐसा टीम के हित को ध्यान में रखकर किया गया था। पाकिस्तानियों के सामने यह दर्शाना महत्त्वपूर्ण था कि हमारे इरादे फ़ौलादी थे और हम जीतने के लिए उत्सुक थे। मुझे इस पर यक़ीन नहीं हुआ। सबसे पहले, मैंने उनसे कहा कि मैं भी टीम के लिए बल्लेबाज़ी कर रहा था। हाँ, मैंने 194 रन का स्कोर बनाया था, लेकिन 194 का इरादा टीम की मदद करना था और यह टीम के लिए मेरा व्यक्तिगत योगदान था। इसलिए यह कहना पूरी तरह सही नहीं था कि निर्णय टीम के सर्वश्रेष्ठ हित में लिया गया था।

मैंने उन्हें एक महीने से भी कम समय पहले सिडनी में हुई घटना याद दिलाई, जब हम दोनों चौथी शाम को बल्लेबाज़ी कर रहे थे और सौरव ने दो-तीन संदेश भेजकर पूछा था कि हमें पारी कब घोषित करनी चाहिए, लेकिन इसके बावजूद राहुल बल्लेबाज़ी करते रहे थे। दोनों स्थितियाँ समान थीं और अगर अंतर था, तो यह था कि सिडनी की पारी की घोषणा कहीं अधिक महत्त्वपूर्ण थी और हो सकता है कि इसकी वजह से एक टेस्ट मैच और श्रृंखला की जीत हाथ से निकल गई हो। अगर राहुल यहाँ मुल्तान में फ़ौलादी संकल्प दिखाने के लिए इतने उत्सुक थे, तो उन्हें सिडनी में भी यही करना चाहिए था।

राहुल ने इस पर कुछ नहीं कहा और बस यही बोले कि मुझे निश्चित रूप से दोहरा शतक बनाने का दूसरा मौक़ा मिलेगा। मैंने असहमत होकर कहा कि यह वही बात नहीं होगी। मुझे दोहरा शतक बनाने के लिए शून्य से शुरू करना होगा और मैं अपनी पारी 194 से शुरू नहीं करूँगा। बातचीत ख़त्म करने से पहले मैंने राहुल को आश्वस्त किया कि इस घटना का मैदान में मेरी संलग्नता पर कोई

असर नहीं होगा, लेकिन मैदान के बाहर मैं कुछ समय तक अकेले रहना पसंद करूँगा, जब तक कि मैं इस घटना से तालमेल नहीं बैठा लेता।

मुझे यह कहते हुए खुशी हो रही है कि इस घटना के बावजूद राहुल और मैं अच्छे दोस्त बने हुए हैं और मैदान पर भी हमारी मित्रता हमारे करियर के अंत तक अक्षुण्ण बनी रही। हम कुछ अच्छी साझेदारियाँ करते रहे और न तो हमारे क्रिकेट, न ही हमारी मित्रता पर इसका असर हुआ।

इतिहास से सीखना

एक इसी तरह की स्थिति कुछ साल बाद दिसंबर 2008 में फिर बनी, जब हम मोहाली में इंग्लैंड के ख़िलाफ़ खेल रहे थे। यह टेस्ट मैच का आख़िरी दिन था और गौतम गंभीर तथा युवराज दोनों ही सत्तर के ऊपर खेल रहे थे। एक बार फिर ड्रेसिंग रूम में पारी घोषित करने की बात उठी। यह तर्क दिया जा रहा था कि हमें तुरंत पारी घोषित कर देनी चाहिए और इंग्लैंड को लगभग तीस ओवर खेलने के लिए बुलाना चाहिए, ताकि हम जीतने की कोशिश कर सकें।

मैंने हस्तक्षेप करके पारी की घोषणा रुकवा दी। तब धोनी हमारे कप्तान थे और गैरी कर्स्टन हमारे कोच थे। मैंने कहा कि मैं इस स्थिति में रह चुका हूँ और मैं नहीं चाहता कि यहाँ भी वही दोहराया जाए, जो मेरे साथ हुआ था। लंच के बाद इंग्लैंड को खेलने के लिए आमंत्रित करके हम यह मैच किसी तरह नहीं जीत सकते थे। समय बहुत कम था - ख़ास तौर पर इसलिए, क्योंकि अब तक हर दिन मोहाली में रोशनी कम होने की वजह से खेल जल्दी रोकना पड़ा था और आख़िरी दिन भी ऐसा ही होने की उम्मीद थी। ऐसी स्थिति में पारी घोषित करने और दो बल्लेबाज़ों को उनके शतक तक पहुँचने से वंचित करने में क्या तुक थी? गौतम पहली पारी में एक शतक पहले ही लगा चुके थे, इसलिए उनके पास मैच की दोनों पारियों में शतक लगाने का एक दुर्लभ अवसर था। दूसरी ओर, युवराज ने चेन्नई में पहला टेस्ट जिताने में अहम भूमिका निभाई थी और उन्हें टेस्ट शतक का मौका देना वाजिब था।

अंत में, मैंने कहा कि यह हमारी ज़िम्मेदारी थी कि हम टीम के सभी खिलाड़ियों के हितों का ध्यान रखें, क्योंकि खुश खिलाड़ियों से ही एक खुश टीम बनती है। मेरे कहने का मतलब यह नहीं था कि हमें व्यक्ति के हितों को टीम के हित से ऊपर रखना चाहिए। लेकिन जब मैच जीतने का कोई मौक़ा ही न हो, तो उस स्थिति में दोनों बल्लेबाज़ों को उनके शतक पूरे करने का मौक़ा दिया जाना चाहिए। मैंने गैरी को राज़ी कर लिया कि यह करना टीम के लिए सही है

और मुझे ख़ुशी थी कि वे मुझसे सहमत हो गए।

दुर्भाग्य से, युवराज और गौतम दोनों ही अपना शतक चूक गए। युवी 86 पर रन आउट हो गए और फिर गौतम 97 पर आउट हो गए। उस समय हमने आख़िरकार पारी 251-7 पर घोषित कर दी। इसके बाद जल्दी ही मैंने युवराज और गौतम से मज़ाक़ में शिकायत की कि मैंने उन दोनों के लिए पारी की घोषणा रुकवाई थी, फिर भी वे दोनों अपने शतक नहीं लगा पाए। मैंने युवराज से कहा, *'तुम्हें मैं एक लात दूँगा, तुम रन आउट होकर आए 86 रन पर और मैंने तुम्हारे लिए डिक्लेरेशन को रोका!'*

एक यादगार श्रृंखला विजय

अंत में हमें 2004 में मुल्तान के पहले टेस्ट को समेटने में आख़िरी दिन सिर्फ़ तीस मिनट का समय लगा। इससे पहले मैंने पाकिस्तान के विकेटकीपर मुइन ख़ान के ख़िलाफ़ गेंदबाज़ी में अपनी भूमिका निभाई थी। मैंने प्रदर्शन मैचों में मुइन को आउट किया था और मैं उनके साथ मनोवैज्ञानिक खेल खेलने लगा। मैंने अपनी टीम के एक साथी से कहा, *'मैं इसे पहले भी आउट कर चुका हूँ। आज भी मैं इसको आउट करूँगा।'* मुइन ने बातचीत सुन ली और मुझसे मुस्कुराकर बोले, *'आज तो मैं तुझे छक्का मारूँगा।'* मैंने उनसे कहा कि मैं गेंद को फ़्लाइट करने का वादा करता हूँ, इसलिए *'चलो मारकर दिखाओ।'* फिर मैंने अपनी टीम के साथियों से कहा कि वे अब्दुल रज़्ज़ाक को एक रन लेने दें और मुइन को स्ट्राइक पर ले आएँ। दिन की अंतिम गेंद पर मैंने उन्हें एक गुगली फेंकने का निर्णय लिया, क्योंकि वे हर गेंद को पैड से रोक रहे थे। गेंद ऑफ़ स्टंप पर टप्पा खाई और उतनी ही घूमी जितनी मुझे उम्मीद थी और उनके पैरों के बीच से होती हुई लेग स्टंप से जा टकराई। यह एक अहम विकेट था और इसने पलड़े को हमारी ओर झुका दिया। लेकिन लाहौर के दूसरे टेस्ट मैच में पाकिस्तान की टीम हमसे बेहतर खेली। हालाँकि युवी ने बहुत अच्छा शतक जमाया, लेकिन हम हमेशा पीछे ही रहे और कभी टक्कर नहीं दे पाए।

रावलपिंडी में तीसरा और निर्णायक मैच 13 अप्रैल को शुरू हुआ। सौरव दोबारा टीम में आ गए थे और संतुलन बनाए रखने के लिए हमने पार्थिव से ओपनिंग कराने का निर्णय लिया। हमारे दोनों स्विंग गेंदबाज़ों लक्ष्मीपति बालाजी और इरफ़ान पठान ने पूरी श्रृंखला में अच्छी गेंदबाज़ी की और यह मैच भी भिन्न नहीं था। बालाजी ने चार विकेट लिए और हमने पाकिस्तान को पहली पारी में 224 रनों पर रोक दिया। फिर राहुल ने शानदार दोहरे शतक के साथ नेतृत्व

किया और हमने जवाब में बोर्ड पर 600 रन टाँग दिए।

इस बार पाकिस्तान दबकर खेला और हमने चौथे दिन औपचारिकताओं को पूरा करके उन्हें 245 रनों पर आउट कर दिया। अनिल ने चार विकेट लिए और मैंने लेग स्पिन करते हुए पारी का दसवाँ और अंतिम विकेट लिया। हालाँकि मैच चौथे दिन ही ख़त्म हो गया था, लेकिन यह नाटक या शर्मिंदगी के बिना नहीं हुआ था। उस सुबह हमने चार कैच जल्दी-जल्दी छोड़े। वे मुश्किल नहीं थे और हम सभी गेंद को गर्म आलू जितनी तेज़ी से नीचे गिरा रहे थे।

यह एक शानदार श्रृँखला विजय थी और पचास सालों में पाकिस्तान में हमारी पहली श्रृँखला विजय थी। 3-2 की एक दिवसीय मैचों की श्रृँखला जीतने के साथ यह एक शानदार दौरे का अंत था।

India in Australia 2003–04 – The Border-Gavaskar Trophy

1st Test. Brisbane. 4–8 December 2003

Australia 323 (JL Langer 121, RT Ponting 54; Z Khan 5–95, AB Agarkar 3–90) and 284–3 dec (ML Hayden 99, DR Martyn 66*, SR Waugh 56*, RT Ponting 50)

India 409 (SC Ganguly 144, VVS Laxman 75, **SR Tendulkar 0**; JN Gillespie 4–65, SCG MacGill 4–86) and 73–2 (R Dravid 43*; NW Bracken 2–12)

Match drawn

2nd Test. Adelaide. 12–16 December 2003

Australia 556 (RT Ponting 242, SM Katich 75, JL Langer 58; A Kumble 5–154) and 196 (AC Gilchrist 43, SR Waugh 42; AB Agarkar 6–41, **SR Tendulkar 2–36**)

India 523 (R Dravid 233, VVS Laxman 148, V Sehwag 47, **SR Tendulkar 1**; AJ Bichel 4–118) and 233–6 (R Dravid 72*, V Sehwag 47, **SR Tendulkar 37**; SCG MacGill 2–101)

India won by 4 wickets

3rd Test. Melbourne. 26–30 December 2003

India 366 (V Sehwag 195, R Dravid 49, A Chopra 48, **SR Tendulkar 0**; SCG MacGill 3–70) and 286 (R Dravid 92, SC Ganguly 73, **SR Tendulkar 44**; BA Williams 4–53)

Australia 558 (RT Ponting 257, ML Hayden 136; A Kumble 6–176, **SR Tendulkar 1–57**) and 97–1 (ML Hayden 53*, RT Ponting 31*)

Australia won by 9 wickets

4th Test. Sydney. 2–6 January 2004

India 705–7 dec (**SR Tendulkar 241***, VVS Laxman 178, V Sehwag 72, PA Patel 62; B Lee 4–201, JN Gillespie 3–135) and 211–2 dec (R Dravid 91*, **SR Tendulkar 60***, V Sehwag 47)

Australia 474 (SM Katich 125, JL Langer 117, ML Hayden 67; A Kumble 8–141) and 357–6 (SR Waugh 80, SM Katich 77*; A Kumble 4–138)

Match drawn

Series drawn 1–1

India in Pakistan 2004

1st Test. Multan. 28 March–1 April 2004

India 675–5 dec (V Sehwag 309, **SR Tendulkar 194**, Y Singh 59; M Sami 2–110)

Pakistan 407 (Y Hameed 91, Inzamam-ul-Haq 77, A Razzaq 47; IK Pathan 4–100, **SR Tendulkar 2–36**) and 216 (f/o) (Y Youhana 112; A Kumble 6–72, IK Pathan 2–26)

India won by an innings and 52 runs

2nd Test. Lahore. 5–8 April 2004

India 287 (Y Singh 112, IK Pathan 49, **SR Tendulkar 2**; Umar Gul 5–31) and 241 (V Sehwag 90, PA Patel 62*, **SR Tendulkar 8**; D Kaneria 3–14, S Akhtar 3–62)

Pakistan 489 (Inzamam-ul-Haq 118, I Farhat 101, A Kamal 73, Y Youhana 72; L Balaji 3–81, IK Pathan 3–107, **SR Tendulkar 1–38**) and 40–1

Pakistan won by 9 wickets

3rd Test. Rawalpindi. 13–16 April 2004

Pakistan 224 (M Sami 49; L Balaji 4–63, IK Pathan 2–49, A Nehra 2–60) and 245 (A Kamal 60*, Y Youhana 48; A Kumble 4–47, L Balaji 3–108, **SR Tendulkar 1–1**)

India 600 (R Dravid 270, SC Ganguly 77, VVS Laxman 71, PA Patel 69, **SR Tendulkar 1**; S Akhtar 3–47)

India won by an innings and 131 runs

India won the series 2–1

16

चाकू की धार के नीचे

यह एमस्टरडम में शुरू हुआ। यह अगस्त 2004 के अंत में ऑस्ट्रेलिया और पाकिस्तान के ख़िलाफ़ होने वाली वीडियोकॉन कप त्रिकोणीय श्रँखला के पहले के नेट सेशन की बात है। अजीत आगरकर मुझे गेंदबाज़ी कर रहे थे और उन्होंने एक शॉर्ट गेंद फेंकी, जिसे मैंने एक हाथ से रोक दिया। मुझे तुरंत ही एहसास हो गया कि मेरी कोहनी को कुछ हो गया था। हमारे फिज़ियो ऐंड्रू लीपस इसे देखकर चिंतित हो गए। बाद में पता चला कि उनकी चिंता वाजिब थी।

यह एक दुर्भाग्यपूर्ण स्थिति थी, क्योंकि मेरे सास-ससुर लंदन से अपने मित्रों के साथ मेरा खेल देखने के लिए एमस्टरडम आए थे और यहाँ मैं उसका शिकार हो गया था, जो बाद में टेनिस एल्बो निकला। मामला और पेचीदा हो गया, जब मुझे वाइरल इंफ़ेक्शन भी हो गया और मैं पूरे तीन दिन तक अपने होटल के कमरे से बाहर क़दम नहीं रख पाया। मैं जल्दी से जल्दी फ़िट होने के लिए बेताब था, क्योंकि इंग्लैंड में आईसीसी चैंपियन्स ट्रॉफ़ी सितंबर में शुरू होने वाली थी और अक्टूबर में ऑस्ट्रेलिया चार टेस्ट मैचों की श्रँखला के लिए भारत आने वाली थी।

मैंने कोहनी की चोट के उपचार के लिए वह सब किया, जो मैं कर सकता था। एमस्टरडम में एक विशेषज्ञ ने मेरी कलाई को मरोड़कर इसे ठीक करने की कोशिश की। उन्हें शक था कि मेरी कलाई में अकड़न के कारण कोहनी पर ज़्यादा ज़ोर पड़ रहा है, लेकिन दुर्भाग्य से इन यातना भरे सत्रों से ज़्यादा मदद नहीं मिली। फिर मैंने शॉकवेव थेरेपी को आज़माया, जिसमें हेयर ड्रायर जैसी दिखने वाली एक मशीन मेरी कोहनी पर रखी जाती थी। मुझे लगता था, जैसे कोई गुब्बारा फुलाया जा रहा हो और एक समय तो मुझे डर लगा कि कहीं दबाव की वजह से मेरी कोहनी ही न फट जाए।

अंजलि इंग्लैंड में मेरे पास आने वाली थीं और मैंने उन्हें फ़ोन करके कहा कि वह वीडियो कैमरा साथ ले आए। मैंने कहा कि वह मुझे इससे ज़्यादा शारीरिक दर्द में कभी नहीं देखेगी। हमने एक सत्र का वीडियो बनाया, ताकि इस

बात का रिकॉर्ड रख सकें कि मुझे किस यातना से गुज़रना पड़ा था। मुझे ऐसे तीन सत्र करने थे, लेकिन मैंने डॉक्टर से कहा कि अगर चौथे सत्र से मैं ज़्यादा जल्दी फ़िट हो सकता हूँ, तो वे चौथा सत्र भी कर दें। अंजलि के आने से मुझे स्वास्थ्यलाभ में जुटे रहने का साहस आ गया था और मैं फ़िट होने के लिए छटपटा रहा था, ख़ास तौर पर ऑस्ट्रेलिया के ख़िलाफ़ होने वाली टेस्ट श्रँखला के लिए। मेरी छटपटाहट देखकर एक डॉक्टर ने पूछा कि मेरे लिए वह टेस्ट श्रँखला क्यों महत्त्वपूर्ण थी और मैं खेलने के लिए इतना व्याकुल क्यों था। मैंने कहा कि यह खुद के वैवाहिक रिसेप्शन को चूकने जैसा होगा और मैं किसी सूरत में ऐसा नहीं करना चाहूँगा!

मेरी तमाम कोशिशों के बावजूद मैं चैंपियन्स ट्रॉफ़ी में शामिल होने की स्थिति में नहीं आ पाया और ऑस्ट्रेलिया के ख़िलाफ़ पहले दो टेस्ट मैच भी नहीं खेल पाया। बाहर बैठकर बैंगलोर के पहले टेस्ट मैच में क्लार्क और गिलक्रिस्ट को शतक जमाते देखना और ऑस्ट्रेलिया को 217 रनों की विजय दिलाते देखना मेरे लिए बेहद कुंठाजनक था। मैंने चेन्नई में दूसरे टेस्ट मैच की पूर्व संध्या पर स्टेरॉइड का इंजेक्शन भी लगवाया, लेकिन उससे भी मदद नहीं मिली। चेन्नई टेस्ट ड्रॉ रहा और फिर आख़िरकार दो सप्ताह के पूर्ण विश्राम के बाद दर्द इतना कम हो गया कि मैं 26 नवंबर को नागपुर में तीसरा टेस्ट मैच खेलने के लिए लौट सकूँ। यह सबसे महान वापसी वाला मैच नहीं था। एक सीम होती पिच पर गिलेस्पी ने नौ विकेट लिए और डेमियन मार्टिन दोनों पारियों में शतक लगाने से बाल-बाल चूक गए। अंततः ऑस्ट्रेलिया ने यह मैच 342 रनों से जीत लिया।

अगले सप्ताह वानखेड़े स्टेडियम में अंतिम टेस्ट में राहुल और मैं दूसरी पारी में क्रीज़ पर थे, तभी अचानक मेरी कोहनी में दोबारा बहुत तेज़ दर्द उठा। कम स्कोर वाले मैच में यह एक अत्यंत महत्त्वपूर्ण दौर था और मुझे चिंता हुई कि कहीं मैंने ज़्यादा जल्दी वापसी तो नहीं कर दी थी, लेकिन मैं अपनी टीम को निराश नहीं करना चाहता था। मैंने तुरंत कुछ दर्दनिवारक दवाएँ माँगीं और मैंने सोचा कि उन्हें निगलने के बजाय चूसने से ज़्यादा जल्दी असर होगा, इसलिए मैं उन्हें चूसने लगा। अपने दाँत भींचते हुए मैंने अपना संग्राम जारी रखा और 55 रन बनाए। लक्ष्मण ने शानदार 69 रन बनाए और हमने चौथी पारी में ऑस्ट्रेलिया के लिए 107 रनों का लक्ष्य रखा। ऑस्ट्रेलिया की दूसरी पारी में हरभजन ने एक बार फिर पाँच विकेट चटकाए और बाएँ हाथ के स्पिनर मुरली कार्तिक ने तीन विकेट लिए, जिसकी बदौलत हमने ऑस्ट्रेलिया को केवल 93 रनों पर समेट दिया और 13 रनों से मैच जीत लिया। निश्चित रूप से दर्द सहन करने लायक़ था।

कार्तिक को प्लेयर ऑफ़ द मैच घोषित किया गया। कार्तिक के लिए अफ़सोस की बात यह थी कि इसके बाद उन्हें भारत के लिए टेस्ट क्रिकेट खेलने का कोई मौक़ा नहीं मिला।

ऑस्ट्रेलिया की श्रृँखला के बाद हमने नवंबर 2004 में दक्षिण अफ़्रीका के ख़िलाफ़ दो घरेलू टेस्ट खेले। कानपुर में हुआ पहला टेस्ट ड्रॉ हो गया, लेकिन 28 नवंबर को कोलकाता में शुरू हुए दूसरे टेस्ट में हमें बहुत संतुष्टिदायक विजय मिली, जिसमें भज्जी ने एक बार फिर विजेता प्रदर्शन किया। उन्होंने दक्षिण अफ़्रीका की दूसरी पारी में सात विकेट लिए।

हालाँकि मैं अब भी पूरी तरह से फ़िट नहीं था, लेकिन मेरा योगदान धीरे-धीरे बेहतर हो रहा था। दिसंबर में बंगलादेश में दो टेस्ट मैचों की श्रृँखला के पहले मैच तक मैं इतने अच्छे फ़ॉर्म में था कि ढाका में अपना सर्वोच्च टेस्ट स्कोर 258 रन नॉट आउट बना सकूँ। यह मेरा चौंतीसवाँ टेस्ट शतक था, जिससे मैंने सुनील गावसरकर के विश्व कीर्तिमान की बराबरी कर ली। दरअसल उस वक़्त वे बंगलादेश में ही कमेंट्री कर रहे थे और उन्होंने 34 बोतल शैम्पेन का शानदार तोहफ़ा भेजकर इसे मेरे करियर का सचमुच यादगार दिन बना दिया।

कोहनी का ऑपरेशन

मार्च 2005 में पाकिस्तान तीन टेस्ट मैच और सात एक दिवसीय मैच खेलने के लिए भारत आने वाली थी। मैं इस दौरे को किसी हाल में नहीं चूकना चाहता था, इसलिए मैंने खुद को झोंक दिया और दर्द को अनदेखा करने की कोशिश की, लेकिन अंततः मुझे यह एहसास हो गया कि मेरा फ़ॉर्म ठीक नहीं था और इससे मेरी कोहनी का कोई भला नहीं हो रहा था। यह ऑपरेशन कराने का समय था, जिससे मैं बचना चाहता था।

यह ऑपरेशन 25 मई 2005 को हुआ और मुझे बताया गया कि साढ़े चार महीने बाद ही मैं क्रिकेट का बैट पकड़ सकता हूँ। वे महीने बेहद मुश्किल थे। मुझे यह चिंता सता रही थी कि कहीं मेरा करियर ख़त्म न हो जाए। मैं ईश्वर से बार-बार प्रार्थना करता था कि मेरे करियर का अंत इस तरह नहीं होना चाहिए। क्रिकेट से दूर रहना और कुछ न करना बहुत कुंठाजनक था। एक बार तो मैंने मोज़े में गेंद रखकर हमारे अपार्टमेंट के नीचे लटका ली और प्लास्टिक के बल्ले से थोड़ी शैडो प्रैक्टिस करने की कोशिश की, लेकिन यह भी बहुत दर्द भरा अनुभव था। आख़िरी दो महीने सबसे मुश्किल थे। मैं बमुश्किल सो पाता था और बेचैन मन को शांत करने के लिए आधी रात को अपने मित्र फ़ैज़ल मोमेन

के साथ लॉन्ग ड्राइव पर जाता था।

ऑपरेशन के बाद मैंने एक घरेलू प्रतिस्पर्धा में पहले मैच खेले। यह अक्टूबर 2005 में मोहाली में आयोजित सीमित ओवरों की चैलेंजर ट्रॉफ़ी थी। कोहनी अब भी पूरी तरह सामान्य नहीं हुई थी, लेकिन मुझे महसूस हुआ कि यह ज़ोर-आज़माइश का समय था। अभ्यास के पहले ही दिन मुझे एक थ्रो करने के बाद दाएँ कंधे में दर्द महसूस हुआ। मैं बाईं कोहनी के ऑपरेशन से उबर रहा था और अब दायाँ कंधा भी दुख रहा था। मैंने सोचा, शायद इसका कारण यह है कि मैं लंबे समय बाद खेल रहा हूँ, इसलिए मैं मैच खेलता गया, लेकिन हर दिन गुज़रने के साथ दर्द बढ़ता गया और मेरी दाईं कोहनी में भी समस्याएँ आने लगीं।

मैं बड़ौदा में था, जब मुझे पता चला कि मेरे सर्जन डॉ. ऐंड्रू वैलेस एक दिन के लिए दिल्ली में थे। लेकिन वहाँ से दिल्ली के लिए कोई फ़्लाइट नहीं थी, इसलिए मैं इस उधेड़बुन में था कि मैं उनसे मिलने वहाँ कैसे पहुँचूँ। तब मेरे अच्छे मित्र अमित भाटिया ने तारणहार की भूमिका निभाई। अमित बड़े जोशीले क्रिकेट प्रेमी हैं और उन्होंने मुझे अपने प्राइवेट जेट में बैठाकर डॉ. वैलेस के पास पहुँचा दिया। मेरे कंधे की जाँच करने के बाद डॉ. वैलेस ने कहा कि स्वास्थ्यलाभ के दौरान खिलाड़ी भरपाई करते हुए ग़ैर-चोटग्रस्त अंगों पर ज़रूरत से ज़्यादा ज़ोर डाल देते हैं और संभवतः मेरे साथ यही हुआ होगा। उन्होंने समस्या का पता लगाने के लिए मुझसे कुछ स्कैन कराने को कहा। मैं मीडिया को अपनी चोट की हवा नहीं लगने देना चाहता था, इसलिए मैं एक बुरका पहनकर स्कैन कराने गया, जिससे पता चलता है कि उस वक़्त परिस्थितियाँ कितनी मुश्किल थीं! हमारे नए फ़िज़ियो जॉन ग्लॉस्टर भी मेरे साथ अस्पताल गए और स्कैन में पता चला कि एक नस के पास एक छोटी सी गठान थी। मुझे बताया गया कि मुझे इसे जल्दी से जल्दी हटवा लेना चाहिए, हालाँकि उस पल मैं खेल सकता था।

आख़िरकार अंतरराष्ट्रीय क्रिकेट में मेरी वापसी 25 अक्टूबर 2005 को श्रीलंका के ख़िलाफ़ श्रृंखला के पहले एक दिवसीय मैच में हुई। यह बहुत भावनात्मक पल था, जब मैंने छह महीने बाहर रहने के बाद मैदान में दोबारा क़दम रखा। मैंने सबसे पहले आसमान की ओर देखकर ईश्वर को धन्यवाद दिया, जिसने मुझे एक और अवसर दिया था। मैंने 93 रन बनाए और इस बार यह ठीक वैसी ही वापसी थी, जिसकी मैं उम्मीद कर रहा था। मैंने जो पहला शॉट मारा, वह मध्यम तेज़ गेंदबाज़ परवेज़ मारूफ़ के ख़िलाफ़ कवर ड्राइव था और अगली ही गेंद को मैंने फ़्लिक करके स्क्वेयर लेग की तरफ़ एक और चौका मार दिया। मैं इस वापसी का अधिकतम फ़ायदा उठाने के लिए बेताब था। हम 152

रनों से मैच जीत गए और हमने श्रृंखला 6-1 से जीत ली।

तीन टेस्ट मैचों की श्रृंखला दिसंबर 2005 में हुई और इसमें मैंने अपना पैंतीसवाँ टेस्ट शतक बनाकर विश्व कीर्तिमान अपने नाम कर लिया। यह शतक कुछ समय से मुझे चकमा दे रहा था और चेन्नई में होने वाले पहले टेस्ट मैच में मैं यह सोचने लगा था कि मुझे इसके लिए कितना लंबा इंतज़ार करना पड़ेगा। हालाँकि चेन्नई टेस्ट का अंत ड्रॉ में हुआ और यह बारिश की भेंट चढ़ गया, लेकिन वहाँ एक ऐसी चीज़ हुई, जिससे मैं उत्साहित हो गया : मैंने एक सपने में देखा कि मैं दिल्ली में पैंतीसवाँ शतक बना रहा हूँ, जहाँ दूसरा टेस्ट मैच होने वाला था।

ज़ाहिर है, मुझे दरअसल इसके इसी तरह होने की उम्मीद नहीं थी, लेकिन दिल्ली टेस्ट के पहले दिन 10 दिसंबर के अंत में मैंने खुद को नब्बे के पार पाया, जब रोशनी तेज़ी से कम होने लगी थी। अंपायर बातचीत कर रहे थे कि क्या खेल रोक दिया जाए, लेकिन मैं वहाँ रुके रहने के लिए बेक़रार था और प्रार्थना कर रहा था कि खेल कुछ समय तक और चलता रहे। ऐसा ही हुआ और बाएँ हाथ के मध्यम तेज़ गेंदबाज़ चामिंडा वास को गेंदबाज़ी सौंपी गई। वास मेरे ऑफ़ स्टंप के बाहर गेंद फेंक रहे थे और ऑफ़ साइड का क्षेत्र खचाखच भरा हुआ था, इसलिए मैं जानता था कि मुझे कुछ हटकर करना होगा। मैंने ऑफ़ स्टंप के बहुत बाहर से विकेट के पीछे एक चिप शॉट खेला। किसी को भी उम्मीद नहीं होगी कि मैं शतक में कुछ रन बाक़ी रहने पर ऐसा शॉट खेल सकता हूँ। मैंने इसे बिलकुल सही किया और हर एक को हैरानी हुई कि मैं एक अच्छी तरह नपे-तुले जोखिम के साथ 97 रनों पर पहुँच गया।

उस ओवर के अंत में अंपायरों ने एक बार फिर रोशनी की जाँच की और मुझे यह जानकर राहत मिली कि उन्होंने खेल जारी रखने का निर्णय लिया। मैं जानता था कि शतक तक पहुँचने के लिए मेरे पास कम से कम कुछ और मिनट थे। वास के अगले ओवर तक मैं एक-एक रन लेकर दो रन बना चुका था। मैंने पहले ही मन बना लिया था कि मैं वास के सामने उस शॉट को नहीं दोहराऊँगा। मैंने अनुमान लगाया कि वास यह उम्मीद कर रहे होंगे कि मैं पैडल-स्वीप करूँगा और वे अपनी लाइन बदलकर स्टंप पर गेंद डालेंगे। मैं सही साबित हुआ और उन्होंने मेरे मिडिल स्टंप पर गेंद की, जिसे मैंने स्क्वेयर लेग की तरफ़ एक रन के लिए खेल दिया।

मैं इस शतक तक पहुँचने पर इतना आनंदित था कि मैंने एक ऐसी हरकत कर दी, जो मेरे स्वभाव में नहीं है। मैं जश्न के अंदाज़ में चिल्लाया और ऐसे

अंदाज़ में जश्न मनाया, जो मैंने अपने करियर में पहले कभी नहीं किया था। मुझे इस उपलब्धि पर बहुत गर्व था। इसके बाद जल्दी ही उस दिन का खेल समाप्त हो गया और जब मैं ड्रेसिंग रूम में पहुँचा, तो मैं अपने जज़्बातों पर क़ाबू नहीं रख पाया। आँसू मेरे गालों पर बह रहे थे और मैंने चार फ़ोन लगाए - अंजलि को, अजीत को, अपनी माँ को और आचरेकर सर को - उन्होंने मेरी ख़ातिर जो कुछ किया था, उसके लिए मैं उन्हें धन्यवाद देना चाहता था।

मैं श्रीलंका वाली श्रँखला खेलने में कामयाब रहा। इसके बाद मैंने जनवरी 2006 में पाकिस्तान के ख़िलाफ़ तीन टेस्ट खेले। इसके अलावा मैंने मार्च 2006 में इंग्लैंड के ख़िलाफ़ टेस्ट मैच भी खेले। इन मैचों में मैं ज़्यादा कुछ नहीं कर पाया। अब मुझे यह एहसास होने लगा कि अगर मैं मई में टेस्ट श्रँखला के लिए वेस्ट इंडीज़ जाना चाहता हूँ, तो कंधे का ऑपरेशन कराए बिना काम नहीं चलेगा। इसलिए मैंने इंग्लैंड के ख़िलाफ़ एक दिवसीय मैचों की श्रँखला में न खेलने का निर्णय लिया और 27 मार्च को ऑपरेशन कराने के लिए लंदन चला गया।

कंधे का ऑपरेशन

यह ऑपरेशन उतना सीधा नहीं था, जितना लग रहा था। ऑपरेशन थिएटर ले जाने से पहले सामान्य मरीज़ों की तरह ही मुझे भी बेहोश कर दिया गया था, लेकिन किसी कारणवश मैं अचानक ट्रॉली पर जाग गया और नर्स से पूछा कि क्या ऑपरेशन ख़त्म हो गया है। वह मुझे जागा देखकर हैरान रह गई और उसने बताया कि मेरा ऑपरेशन तो अभी शुरू भी नहीं हुआ है। पिछले ऑपरेशन में थोड़ी जटिलता आ गई थी, जिस वजह से मेरे ऑपरेशन में देर हो रही थी। मैं दोबारा नींद में चला गया, लेकिन कुछ समय बाद फिर से जाग गया और एक डॉक्टर से पूछा कि क्या मुश्किल की घड़ी बीत चुकी है। मुझे हैरानी हुई, जब उन्होंने मुझे बताया कि इस बार उन्होंने एक अप्रत्याशित बात पता चलने की वजह से मुझे जगाया था। उन्हें मेरे दाएँ बाइसेप्स में एक टूटा स्नायु मिला था और मेरे कंधे का ऑपरेशन करते समय वे इसे भी सही करना चाहते थे। लेकिन इसके लिए उन्हें मेरी सहमति चाहिए थी। मैंने सहमति दे दी, लेकिन उनसे कहा कि वे गारंटी दें कि मैं वेस्ट इंडीज़ श्रँखला के लिए समय पर ठीक हो जाऊँगा! जैसे ही मैं ऑपरेशन थिएटर से अपने कमरे में लौटा, मैं दरअसल ख़ूब रोया, क्योंकि मुझे लग रहा था कि मैं वेस्ट इंडीज़ श्रँखला नहीं खेल पाऊँगा, जिसमें खेलने के लिए मैं बहुत उतावला था।

दोहरे ऑपरेशन के पाँच सप्ताह बाद मैंने क्रिकेट का बैट उठाया और टेनिस

बॉल से कुछ शॉट भी खेले। मेरे परिवार वाले और अतुल रानाडे तथा जगदीश चौहान जैसे मित्र मेरे स्वास्थ्यलाभ के दौरान पूरे समय साथ रहे। मैंने उनसे कहा कि वे 18 गज़ से मुझे गेंद फेंकें, ताकि मैं उरा अतिरिक्त गति का आदी हो जाऊँ, जिसका सामना मुझे वेस्ट इंडीज़ में करना था। पलटकर देखने पर मैं मानता हूँ कि मैंने शायद खुद पर कुछ ज़्यादा ही ज़ोर डाला था। जब मेरे फिज़ियो और डॉक्टरों ने मुझसे एक दिन में तीस गेंद खेलने को कहा, तो मैंने साठ खेलीं।

चार दिनों तक शॉर्ट पिच गेंदबाज़ी पर अभ्यास करने के बाद मैंने अपने एक मित्र से कहा कि वह मुझे पूरे 22 गज़ से गेंदबाज़ी करे, ताकि मैं स्विंग और सीम गतिविधि का आदी हो सकूँ। अब तक सब कुछ ठीक था, लेकिन अचानक मुझे एक झटका लगा। मैं तुरंत रुक गया और एक निगाह ही मुझे डराने के लिए काफ़ी थी। मेरी बाइसेप्स किसी झूले की तरह झूल रही थीं और मेरा पहला भाव यह था कि ये एक बार फिर क्षतिग्रस्त हो गई थीं। मैं जॉन ग्लॉस्टर से बात करने के लिए छटपटा रहा था और उन्हें पूरी घटना बताना चाहता था, लेकिन उस वक़्त जॉन टीम के साथ वेस्ट इंडीज़ में थे और समय के अंतर के कारण मुझे उनसे बात करने से पहले आठ-नौ घंटे इंतज़ार करना पड़ा। वे घंटे किसी बुरे सपने से कम नहीं थे। जॉन ने मुझे सलाह दी कि मैं अगले कुछ दिनों तक पूर्ण विश्राम करूँ। इस घटना ने मुझे सचमुच हिला दिया था। एक सप्ताह बाद मैं चेन्नई जाकर हमारे प्रशिक्षक रामजी श्रीनिवासन से मिला। भले ही मैं बल्लेबाज़ी न कर पाऊँ, लेकिन मैं अपनी शारीरिक फ़िटनेस पर काम करना चाहता था। मैंने एक सप्ताह तक कड़ी मेहनत की, लेकिन कोई फ़ायदा नहीं हुआ। मेरा आत्मविश्वास पूरी तरह ख़त्म हो चुका था और मैंने जून 2006 की टेस्ट श्रृंखला के लिए वेस्ट इंडीज़ न जाने का निर्णय लिया।

अब सौरव गाँगुली की जगह राहुल द्रविड़ कप्तान बन गए थे और उनकी कप्तानी में टीम बहुत शानदार ढंग से खेली। राहुल ने वाक़ई मुश्किल परिस्थितियों में शानदार बल्लेबाज़ी की और हम चार टेस्ट मैचों की श्रृंखला 1-0 से जीत गए। कैरिबियन में पैंतीस साल बाद हमने पहली टेस्ट श्रृंखला जीती थी - और मैं कुंठित था कि मैं इसका हिस्सा क्यों नहीं बना। मैंने अपनी टीम के साथियों को फ़ोन करके श्रृंखला में ज़बर्दस्त विजय पर बधाई दी।

वेस्ट इंडीज़ से लौटने के बाद हमारी टीम अगस्त में तीन एक दिवसीय मैचों के लिए श्रीलंका जाने को तैयार थी। तब तक मैं टीम के साथ जाने लायक़ ठीक हो चुका था, हालाँकि थ्रो फेंकना अब भी चिंताजनक मुद्दा था। निराशा की बात यह थी कि श्रीलंका श्रृंखला बारिश में धुल गई - पहले मैच में बारिश की वजह

से सिर्फ़ 22 गेंदें फेंकी गईं और दूसरे तथा तीसरे मैच पूरी तरह रद्द कर दिए गए - हालाँकि इससे मुझे स्वस्थ होने के लिए ज़्यादा समय मिल गया। बारिश के कारण कुंठित होकर हम सभी होटल रूम की बालकनी में बैठकर कैरम खेलते थे।

अगला टूर्नामेंट सितंबर 2006 में मलेशिया की त्रिकोणीय श्रृंखला थी, जिसमें भारत ऑस्ट्रेलिया और वेस्ट इंडीज़ से खेलने वाला था। मैंने वेस्ट इंडीज़ के ख़िलाफ़ प्रतिस्पर्धा के पहले मैच में एक बड़ा शतक बनाया, जिससे मैं बहुत खुश हुआ। मेरी 141 नॉट आउट की पारी ने आख़िरकार चोट संबंधी मेरी सारी चिंताएँ ख़त्म कर दीं, हालाँकि डकवर्थ-लुइस नियम की वजह से इस वर्षा-प्रभावित मैच में हारना निराशाजनक था।

मेरी सफल वापसी से उत्साहित होकर मैंने अपनी टीम के साथियों से वादा किया कि मैं टूर्नामेंट में उन्हें एक रन आउट ज़रूर दूँगा। मैंने कहा कि सारे विपक्षी खिलाड़ी मेरी चोटों के बारे में जानते थे और वे निश्चित रूप से मेरे ख़िलाफ़ अतिरिक्त जोखिम लेंगे, क्योंकि उन्हें लगेगा कि मैं तेज़ थ्रो नहीं फेंक पाऊँगा। ठीक वैसा ही हुआ, जैसा मेरा पूर्वानुमान था। जब मैं थर्ड मैन पर फ़ील्डिंग कर रहा था, तो ऑस्ट्रेलिया के डेमियन मार्टिन ने मेरी बाँह को कमज़ोर समझकर अतिरिक्त जोखिम लिया और मैंने उन्हें रन आउट करा दिया। मैंने विकेट तक दौड़कर जश्न मनाया और मेरी टीम के साथी ख़ुश थे कि मैंने अपना वादा पूरा किया। मेरी वापसी हो चुकी थी।

Australia in India 2004 – The Border-Gavaskar Trophy

1st Test. Bangalore. 6–10 October 2004

Australia 474 (MJ Clarke 151, AC Gilchrist 104, SM Katich 81, JL Langer 52; H Singh 5–146, A Kumble 3–157) and 228 (DR Martyn 45, SM Katich 39; H Singh 6–78)

India 246 (PA Patel 46, SC Ganguly 45; GD McGrath 4–55) and 239 (R Dravid 60, IK Pathan 55; JN Gillespie 3–33)

Australia won by 217 runs

2nd Test. Chennai. 14–18 October 2004

Australia 235 (JL Langer 71, ML Hayden 58; A Kumble 7–48) and 369 (DR Martyn 104, AC Gilchrist 49; A Kumble 6–133, H Singh 3–108)

India 376 (V Sehwag 155, M Kaif 64, PA Patel 54; SK Warne 6–125, JN Gillespie 2–70) and 19–0

Match drawn

3rd Test. Nagpur. 26–29 October 2004

Australia 398 (DR Martyn 114, MJ Clarke 91, DS Lehmann 70; Z Khan 4–95, M Kartik 3–57) and 329–5 dec (SM Katich 99, DR Martyn 97, MJ Clarke 73; Z Khan 2–64, M Kartik 2–74)

India 185 (M Kaif 55, **SR Tendulkar 8**; JN Gillespie 5–56, GD McGrath 3–27) and 200 (V Sehwag 58, AB Agarkar 44*, **SR Tendulkar 2**; JN Gillespie 4–24)

Australia won by 342 runs

4th Test. Mumbai. 3–5 November 2004

India 104 (R Dravid 31*, **SR Tendulkar 5**; JN Gillespie 4–29, NM Hauritz 3–16, MS Kasprowicz 2–11) and 205 (VVS Laxman 69, **SR Tendulkar 55**; MJ Clarke 6–9, GD McGrath 2–29)

Australia 203 (DR Martyn 55; A Kumble 5–90, M Kartik 4–44) and 93 (ML Hayden 24; H Singh 5–29, M Kartik 3–32)

India won by 13 runs

Australia won the series 2–1

South Africa in India 2004

1st Test. Kanpur. 20–24 November 2004

South Africa 510–9 dec (AJ Hall 163, Z de Bruyn 83, HH Dippenaar 48; A Kumble 6–131) and 169–4 (GC Smith 47; M Kartik 2–17, H Singh 2–39)

India 466 (V Sehwag 164, G Gambhir 96, SC Ganguly 57, R Dravid 54, **SR Tendulkar 3**; AJ Hall 3–93, M Ntini 3–135)

Match drawn

2nd Test. Kolkata. 28 November–2 December 2004

South Africa 305 (JH Kallis 121, JA Rudolph 61; Z Khan 3–64, IK Pathan 3–72) and 222 (GC Smith 71, JH Kallis 55; H Singh 7–87, A Kumble 3–82)

India 411 (V Sehwag 88, R Dravid 80, **SR Tendulkar 20**; M Ntini 4–112) and 120–2 (R Dravid 47*, **SR Tendulkar 32**)
India won by 8 wickets

India won the series 1–0

India in Bangladesh 2004

1st Test. Dhaka. 10–13 December 2004
Bangladesh 184 (M Ashraful 60*, M Rafique 47; IK Pathan 5–45) and 202 (MI Rana 69, N Iqbal 54; IK Pathan 6–51)
India 526 (**SR Tendulkar 248***, SC Ganguly 71, G Gambhir 35, VVS Laxman 32)
India won by an innings and 140 runs

2nd Test. Chittagong. 17–20 December 2004
India 540 (R Dravid 160, G Gambhir 139, SC Ganguly 88, H Singh 47, **SR Tendulkar 36**; M Rafique 4–156, M Mortaza 3–60)
Bangladesh 333 (M Ashraful 158*, A Ahmed 43; A Kumble 4–55) and 124 (f/o) (T Jubair 31; IK Pathan 5–32, **SR Tendulkar 1–27**)
India won by an innings and 83 runs

India won the series 2–0

Pakistan in India 2005

1st Test. Mohali. 8–12 March 2005
Pakistan 312 (A Kamal 91, Inzamam-ul-Haq 57, T Umar 44; L Balaji 5–76) and 496–9 dec (K Akmal 109, Inzamam-ul-Haq 86, A Razzaq 71, Y Youhana 68; L Balaji 4–95, A Kumble 4–160)
India 516 (V Sehwag 173, **SR Tendulkar 94**, VVS Laxman 58, R Dravid 50; D Kaneria 6–150) and 85–1
Match drawn

2nd Test. Kolkata. 16–20 March 2005
India 407 (R Dravid 110, V Sehwag 81, **SR Tendulkar 52**; A Razzaq 3–62, S Afridi 3–80, D Kaneria 3–136) and 407–9 dec (R Dravid 135, KD Karthik 93, **SR Tendulkar 52**; A Razzaq 3–80, M Sami 3–82, D Kaneria 3–123)
Pakistan 393 (Y Khan 147, Y Youhana 104; A Kumble 3–98) and 226 (S Afridi 59, A Kamal 50; A Kumble 7–63)
India won by 195 runs

3rd Test. Bangalore. 24–28 March 2005
Pakistan 570 (Y Khan 267, Inzamam-ul-Haq 184; H Singh 6–152) and 261–2 dec (Y Khan 84*, Y Hameed 76, S Afridi 58; **SR Tendulkar 1–62**)
India 449 (V Sehwag 201, VVS Laxman 79*, **SR Tendulkar 41**; D Kaneria 5–127) and 214 (G Gambhir 52, **SR Tendulkar 16**; S Afridi 3–13, A Khan 2–21, D Kaneria 2–46)
Pakistan won by 168 runs

Series drawn 1–1

Sri Lanka in India 2005

1st Test. Chennai. 2–6 December 2005

India 167 (V Sehwag 36, **SR Tendulkar 22**; WPUJC Vaas 4–20, M Muralitharan 2–60)

Sri Lanka 168–4 (DPMD Jayawardene 71; A Kumble 3–41)

Match drawn

2nd Test. Delhi. 10–14 December 2005

India 290 (**SR Tendulkar 109**, VVS Laxman 69; M Muralitharan 7–100) and 375–6 dec (IK Pathan 93, Y Singh 77*, R Dravid 53, MS Dhoni 51*, **SR Tendulkar 16**)

Sri Lanka 230 (MS Atapattu 88, DPMD Jayawardene 60; A Kumble 6–72, IK Pathan 3–34) and 247 (MS Atapattu 67, DPMD Jayawardene 67; A Kumble 4–85, H. Singh 3–70)

India won by 188 runs

3rd Test. Ahmedabad. 18–22 December 2005

India 398 (VVS Laxman 104, IK Pathan 82, MS Dhoni 49, **SR Tendulkar 23**; SL Malinga 3–113, M Muralitharan 3–128) and 316–9 dec (Y Singh 75, AB Agarkar 48, **SR Tendulkar 19**; HMCM Bandara 3–84, M Muralitharan 3–90)

Sri Lanka 206 (TM Dilshan 65, KC Sangakkara 41; H Singh 7–62, A Kumble 2–87) and 249 (TM Dilshan 65, DPMD Jayawardene 57, WU Tharanga 47; A Kumble 5–89, H Singh 3–79)

India won by 259 runs

India won the series 2–0

India in Pakistan 2006

1st Test. Lahore. 13–17 January 2006

Pakistan 679–7 dec (Y Khan 199, M Yousuf 173, S Afridi 103, K Akmal 102*, S Malik 59; AB Agarkar 2–122)

India 410–1 (V Sehwag 254, R Dravid 128*; Naved-ul-Hasan 1–94)

Match drawn

2nd Test. Faisalabad. 21–25 January 2006

Pakistan 588 (S Afridi 156, Inzamam-ul-Haq 119, Y Khan 83, M Yousuf 65; Z Khan 3–135, A Kumble 3–150) and 490–8 dec (Y Khan 194, M Yousuf 126, K Akmal 78; Z Khan 4–61)

India 603 (MS Dhoni 148, R Dravid 103, VVS Laxman 90, IK Pathan 90, **SR Tendulkar 14**; D Kaneria 3–165) and 21–0

Match drawn

3rd Test. Karachi. 29 January–1 Feb 2006

Pakistan 245 (K Akmal 113, A Razzaq 45, S Akhtar 45; IK Pathan 5–61, RP Singh 3–66) and 599–7 dec (F Iqbal 139, M Yousuf 97, A Razzaq 90, Y Khan 77, S Afridi 60, I Farhat 57, S Butt 53; A Kumble 3–151)

India 238 (Y Singh 45, IK Pathan 40, **SR Tendulkar 23**; M Asif 4–78, A Razzaq 3–67) and 265 (Y Singh 122, **SR Tendulkar 26**; A Razzaq 4–88, M Asif 3–48)

Pakistan won by 341 runs

Pakistan won the series 1–0

England in India 2006

1st Test. Nagpur. 1–5 March 2006

England 393 (PD Collingwood 134*, AN Cook 60; S Sreesanth 4–95, IK Pathan 3–92) and 297–3 dec (AN Cook 104*, KP Pietersen 87, AJ Strauss 46; IK Pathan 2–48)

India 323 (M Kaif 91, W Jaffer 81, A Kumble 58, **SR Tendulkar 16**; MJ Hoggard 6–57) and 260–6 (W Jaffer 100, R Dravid 71, **SR Tendulkar 28***; SJ Harmison 2–48, A Flintoff 2–79)

Match drawn

2nd Test. Mohali. 9–13 March 2006

England 300 (A Flintoff 70, KP Pietersen 64, GO Jones 52; A Kumble 5–76, MM Patel 3–72) and 181 (IR Bell 57, A Flintoff 51; MM Patel 4–25, A Kumble 4–70)

India 338 (R Dravid 95, IK Pathan 52, **SR Tendulkar 4**; A Flintoff 4–96) and 144–1 (V Sehwag 76*, R Dravid 42*; MJ Hoggard 1–24)

India won by 9 wickets

3rd Test. Mumbai. 18–22 March 2006

England 400 (AJ Strauss 128, OA Shah 88, A Flintoff 50; S Sreesanth 4–70, H Singh 3–89) and 191 (A Flintoff 50, OA Shah 38; A Kumble 4–49, H Singh 2–40)

India 279 (MS Dhoni 64, R Dravid 52, **SR Tendulkar 1**; JM Anderson 4–40, MJ Hoggard 2–54) and 100 (**SR Tendulkar 34**; SD Udal 4–14, A Flintoff 3–14, JM Anderson 2–39)

England won by 212 runs

Series drawn 1–1

17

'एंडुलकर'

अब मेरा प्राथमिक लक्ष्य 2007 के विश्व कप को जीतना था, जो कैरिबियन में होने वाला था। हमने कुछ साल पहले विश्व कप जीतने का प्रयास किया था और आख़िरी बाधा पर गिर गए थे। हम सभी इस बार बेहतर प्रयास करने के लिए बेताब थे और भारत में उम्मीदें बहुत ज़्यादा थीं।

मार्च की शुरुआत में हमने जमैका में हॉलैंड और वेस्ट इंडीज़ के ख़िलाफ़ दो अभ्यास मैच खेले। हमने हॉलैंड के ख़िलाफ़ पहले बल्लेबाज़ी करते हुए 300 रन बनाए और 182 रनों की निर्णायक विजय हासिल की। इसके बाद वाले मैच में हमारे गेंदबाज़ों ने वेस्ट इंडीज़ को 85 रनों पर समेट दिया और इसमें हम नौ विकेट से जीत गए। हम 17 मार्च को बंगलादेश के ख़िलाफ़ हमारे पहले समूह मैच के लिए अच्छी लय में आ रहे थे, लेकिन साथ ही आत्मसंतुष्ट होने या हल्के में लेने का कोई सवाल नहीं था। बंगलादेश की टीम पहले भी कई अच्छी टीमों को हरा चुकी थी।

मैच कई कारणों से मुश्किल था। जब हमने बल्लेबाज़ी की, तो पिच गीली थी और पहले दस ओवरों में शॉट खेलना बहुत मुश्किल था। बंगलादेश के मध्यम तेज़ गेंदबाज़ मशरफ़ मुर्तज़ा अच्छी गेंदबाज़ी कर रहे थे और हमारे दो शुरुआती विकेट गिरने के बाद मैं बल्लेबाज़ी करने पहुँचा। इस प्रतिस्पर्धा में मैं टीम प्रबंधन के आग्रह की वजह से नंबर चार पर बल्लेबाज़ी कर रहा था। इस स्थान पर बल्लेबाज़ी करने को कहे जाने पर मैं थोड़ा हैरान था, क्योंकि 2003 के विश्व कप की संध्या पर भी हम मेरे बल्लेबाज़ी क्रम संबंधी प्रयोग कर चुके थे और हमने यह तय किया था कि मैं ओपनर के रूप में सर्वाधिक योगदान दे सकता था। लेकिन टीम प्रबंधन का विचार यह था कि वेस्ट इंडीज़ के विकेट धीमे और नीचे होंगे और मैं पारी के बीच में स्पिनरों को ज़्यादा अच्छी तरह खेल पाऊँगा। जैसा बाद में पता चला, लगभग सभी विकेटों में उछाल और गति थी और यह

रणनीति हम पर भारी पड़ गई।

मेरी योजना यह थी कि नई गेंद को पूरा खेल लूँ और इसके बाद धीरे-धीरे स्कोरिंग गति को बढ़ाऊँ। सौरव और मैंने सफलतापूर्वक शुरुआती स्विंग को खेला और जब स्पिनर आए, तो मैंने एक्स्ट्रा कवर के ऊपर से एक इनसाइड-आउट शॉट खेलने का निर्णय लिया। दुर्भाग्य से बाएँ हाथ के स्पिनर अब्दुल रज़्ज़ाक की गेंद मेरे बल्ले के अंदरूनी किनारे से टकराई, फिर छिटककर मेरे पैर पर पड़ी और फिर स्टंप पर लग गई। यह विश्व कप की वैसी शुरुआत नहीं थी, जिसकी मैं आशा कर रहा था।

उस दिन हमारे लिए ज़्यादा कुछ सही नहीं हुआ। हालाँकि सौरव ने बल्लेबाज़ी की शुरुआत करते हुए 66 रन बनाए, लेकिन कप्तान राहुल ने केवल 14 रन बनाए और धोनी एक कट शॉट खेलते हुए शॉर्ट थर्ड मैन पर शून्य पर आउट हो गए। यह उन दिनों में से एक था, जब परिस्थितियाँ सही नहीं थीं और हम 191 के औसत से कम स्कोर पर सिमट गए। जवाब में बाएँ हाथ के सलामी बल्लेबाज़ तमीम इक़बाल ने बंगलादेश को फर्राटेदार शुरुआत दी और बंगलादेश की टीम पाँच विकेट हाथ में रखते हुए काफ़ी आसानी से लक्ष्य तक पहुँच गई।

एक पराजय के बाद सब कुछ ख़त्म नहीं हुआ था और परिस्थितियों को दोबारा पटरी पर लाने के लिए अब भी समय था। हम जानते थे कि हमें बचे हुए दोनों समूह मैच जीतने थे और फिर रन रेट के आधार पर निर्णय हो सकता था। बरमुडा के ख़िलाफ़ हमारे दूसरे मैच में हमने अपने शॉट खेले और 257 रनों से जीत गए। हमारा कुल स्कोर 413 था, इसलिए हमारी रन रेट बहुत बढ़ गई थी और अब हमें अगले दौर में पहुँचने के लिए सिर्फ़ श्रीलंका को हराना था। हमने 23 मार्च को श्रीलंका के ख़िलाफ़ अच्छी शुरुआत की और 254 रनों के स्कोर पर उन्हें समेट दिया, जो पीछा करने योग्य था। कोई शक नहीं कि हम इस स्कोर का पीछा करने में सक्षम थे, लेकिन हमारी तमाम कोशिशों के बाद भी परिस्थितियाँ योजना के अनुसार नहीं हुईं। तेज़ गेंदबाज़ दिलहारा फ़रनान्डो की एक गेंद पर मेरे बैट का अंदरूनी किनारा लग गया। इतने महत्त्वपूर्ण मैच में गेंद के स्टंप पर लगने की आवाज़ सुनना बहुत सदमा पहुँचाने वाला पल था। जब पूरी टीम 185 रन पर आउट हो गई, तो ड्रेसिंग रूम सदमे में था और कुछ खिलाड़ियों के तो आँसू निकल आए थे। ज़्यादातर पूरी तरह ख़ामोश थे। मुझे निराशा से उबरना बहुत मुश्किल लगा। यह निश्चित रूप से मेरे क्रिकेट करियर के न्यूनतम बिंदुओं में से एक था।

मुश्किल घर वापसी

जब हम भारत लौटे, तो मीडिया घर तक मेरे पीछे आया और जब मैंने सुना कि मेरे अपने लोग खिलाड़ियों के समर्पण पर शक कर रहे थे, तो दिल दुखने लगा। हमारे असफल होने पर मीडिया को हमारी आलोचना करने का पूरा अधिकार था, लेकिन यह कहना उचित नहीं था कि हम इस काम में एकाग्रचित्त नहीं थे। हम प्रशंसकों की उम्मीदें पूरी करने में नाकाम रहे थे, लेकिन इसका मतलब यह नहीं था कि हम पर ग़द्दार का ठप्पा लगा देना चाहिए। आश्चर्यजनक रूप से कई बार तो प्रतिक्रिया शत्रुतापूर्ण थी और कुछ खिलाड़ी अपनी सुरक्षा को लेकर चिंतित थे।

'एंडुलकर' जैसी सुर्ख़ियों से गहरी चोट पहुँची। अंतरराष्ट्रीय क्रिकेट में अठारह साल के बाद ऐसी परिस्थितियाँ देखना मुश्किल था और ऐसे में रिटायरमेंट का विचार दिमाग़ में आने लगा। मेरे परिवार वालों और संजय नायक जैसे मित्रों ने मेरा उत्साह बढ़ाने के लिए वह सब किया, जो वे कर सकते थे और एक सप्ताह बाद मैंने इस बारे में कुछ करने का निर्णय लिया। मैंने थोड़ा दौड़ना शुरू कर दिया और विश्व कप को अपने दिमाग़ से पसीने के रूप में निकालने की कोशिश करने लगा।

यही नहीं, हमारे कोच ग्रेग चैपल हमें ढाढस बँधाने और नई शुरुआत के लिए प्रेरित करने के बजाय सार्वजनिक रूप से हमारे समर्पण पर प्रश्नचिन्ह लगा रहे थे। इससे हालात बदतर हो गए। मुझे लगता है कि ग्रेग चैपल को इस झमेले की काफ़ी ज़िम्मेदारी लेनी चाहिए थी। मेरे ख़्याल से यह कहना बहुत ग़लत नहीं होगा कि हममें से ज़्यादातर महसूस करते थे कि चैपल के नेतृत्व में भारतीय क्रिकेट कहीं नहीं जा रहा था।

जब बीसीसीआई ने अप्रैल 2007 में चैपल के कार्यकाल को समाप्त करने का निर्णय लिया, तो मेरी राय में भारतीय क्रिकेट को बहुत ज़्यादा लाभ हुआ। हमारे कई वरिष्ठ खिलाड़ी उन्हें जाते देखकर राहत में थे, जिसमें हैरानी की कोई बात नहीं थी, क्योंकि चैपल ने न जाने क्यों उनके साथ अच्छा बर्ताव नहीं किया था। मिसाल के तौर पर, सौरव के प्रति उनका नज़रिया आश्चर्यजनक था। चैपल ने साफ़ कहा था कि हो सकता है कि उन्हें सौरव की वजह से यह काम मिला हो, लेकिन इसका यह मतलब नहीं था कि वे सौरव पर पूरी ज़िंदगी एहसान करते रहेंगे। सच कहें, तो सौरव भारत के सर्वश्रेष्ठ क्रिकेटरों में से एक हैं और उन्हें टीम का हिस्सा बनने के लिए चैपल के एहसानों की कोई ज़रूरत नहीं थी।

चैपल सभी पुराने खिलाड़ियों को हटाने पर तुले रहते थे और इस प्रक्रिया

में उन्होंने टीम के भीतर के तालमेल को नष्ट कर दिया। एक मौक़े पर उन्होंने वीवीएस लक्ष्मण से कहा कि वे बल्लेबाज़ी की शुरुआत करने के बारे में सोचें। लक्ष्मण ने विनम्रता से उनकी बात ठुकराते हुए कहा कि उन्होंने अपने करियर की शुरुआत में ओपनिंग करने का सोचा था, क्योंकि वे दुविधाग्रस्त थे, लेकिन अब वे मध्य क्रम में आराम से हैं और ग्रेग को उन्हें मध्य क्रम का बल्लेबाज़ ही मानना चाहिए। ग्रेग का जवाब सुनकर हम सभी सन्न रह गए। उन्होंने लक्ष्मण से कहा कि उन्हें ज़्यादा सावधान रहना चाहिए, क्योंकि 32 साल की उम्र में वापसी करना आसान नहीं होता है।

जॉन राइट और गैरी कर्स्टन भी ग्रेग से पहले और बाद में भारत के कोच रह चुके थे। ग्रेग के विपरीत ये लोग खिलाड़ियों को खुश रखने को प्राथमिकता देते थे। इसके विपरीत ग्रेग एक रिंगमास्टर की तरह थे, जो अपने विचार खिलाड़ियों पर थोपते थे और इस बात की क़तई परवाह नहीं करते थे कि खिलाड़ी आरामदेह महसूस करते हैं या नहीं। वास्तव में, मुझे बाद में पता चला कि ग्रेग ने बीसीसीआई से कहा था कि वरिष्ठ खिलाड़ियों को हटा देना चाहिए, ताकि टीम तरोताज़ा हो जाए।

मुझे यह भी याद है कि जब भी भारत की जीत होती थी, तो ग्रेग होटल तक या टीम बस तक टीम का नेतृत्व करते थे, लेकिन जब भारत की टीम हार जाती थी, तो वे हर बार खिलाड़ियों को आगे धकेल देते थे। आम तौर पर जॉन और गैरी हमेशा पृष्ठभूमि में रहना पसंद करते थे, लेकिन ग्रेग तो मीडिया में प्रमुखता से आना और छाना चाहते थे।

विश्व कप के कुछ महीने पहले चैपल घर पर मुझसे मिलने आए और मुझे निराशा हुई, जब उन्होंने सुझाव दिया कि मुझे राहुल द्रविड़ से कप्तानी ले लेनी चाहिए। अंजलि भी मेरे साथ बैठी थीं और वे भी उनकी यह बात सुनकर उतने ही सदमे में आ गईं कि 'मिलकर हम भारतीय क्रिकेट को बरसों तक नियंत्रित कर सकते हैं,' और वे टीम की बागडोर दोबारा हथियाने में मेरी मदद करेंगे। मैं यह सुनकर हैरान था कि कोच के मन में कप्तान के लिए ज़रा भी सम्मान नहीं था, जबकि क्रिकेट का सबसे बड़ा टूर्नामेंट सिर्फ़ कुछ महीने दूर था। मैंने इस प्रस्ताव को सीधे-सीधे ठुकरा दिया। वे दो घंटे तक मुझे मनाने की कोशिश करते रहे और फिर चले गए।

ग्रेग के मेरे घर आने के कुछ दिनों बाद मैंने बीसीसीआई को सुझाव दिया कि सबसे अच्छा विकल्प यही रहेगा कि ग्रेग को भारत में रखा जाए और उन्हें टीम के साथ विश्व कप में न भेजा जाए। मैंने यह भी कहा कि वरिष्ठ खिलाड़ियों

के रूप में हम टीम को नियंत्रित कर सकते हैं और इसे एकजुट रख सकते हैं। ज़ाहिर है, ऐसा नहीं हुआ और 2007 का अभियान तबाही में ख़त्म हुआ।

इसके बाद से ग्रेग। भारतीय क्रिकेट टीम के बारे में बहुत सी बातें लिख चुके हैं। शायद अब समय आ गया है कि मामलों को सही रोशनी में पेश किया जाए। बाद में यह सामने आया कि ग्रेग उस दौरान एक डॉक्युमेंट्री गुरु ग्रेग का फ़िल्मांकन कर रहे थे, जिसने बहुत विस्तार से बताया कि पर्दे के पीछे क्या हो रहा था। यह कोच के रूप में उनके कार्यकाल के बारे में बहुत कुछ बयां कर देता है कि मैं और दूसरे खिलाड़ी इस बारे में जानते तक नहीं थे। खिलाड़ियों से कभी क्यों नहीं पूछा गया कि क्या वे इसके साथ आरामदेह महसूस करते हैं? क्या उन्होंने अपनी डॉक्युमेंट्री रिकॉर्ड करने के लिए बीसीसीआई से अनुमति ली थी। क्या यह खिलाड़ियों की निजता का स्पष्ट उल्लंघन नहीं था?

हालाँकि हो सकता है कि हमें इन प्रश्नों के उत्तर कभी न मिलें, लेकिन यह कहना पर्याप्त होगा कि कोच के रूप में ग्रेग का कार्यकाल मेरे करियर का सबसे बुरा कार्यकाल था। इसमें कोई शक नहीं है कि हम 2007 में सामूहिक रूप से असफल हुए, लेकिन उनके कठोर अंदाज़ ने हमारी निराशा को और बढ़ा दिया तथा पराजय के तुरंत बाद इसका भारतीय क्रिकेट पर हानिकारक प्रभाव पड़ा।

अवांछित राय

2007 के विश्व कप के बाद भारत में जो होहल्ला और बवाल हुआ, उसमें हज़ारों मील दूर कुर्सी पर बैठे विशेषज्ञों ने मदद नहीं की थी, जो भारतीय क्रिकेट के बारे में निर्णय दे रहे थे और सुझाव दे रहे थे कि मुझे 'आईने में अच्छी तरह देखना चाहिए' और रिटायर होने के बारे में सोचना चाहिए। भारतीय अख़बारों में प्रकाशित होने वाली ऐसी रायों ने देश भर के प्रशंसकों को उत्तेजित कर दिया। मैं कभी नहीं समझ पाया कि खेल पर रिपोर्टिंग करने वाले इयान चैपल की राय भारतीय अख़बारों की हेडलाइन क्यों बननी चाहिए। क्या रिकी पॉन्टिंग या माइकल क्लार्क पर हमारे किसी पूर्व खिलाड़ी की टिप्पणी *मेलबर्न एज* या *सिडनी मॉर्निंग हेराल्ड* में हेडलाइन बनेगी? बेहतर रहता कि चैपल ऑस्ट्रेलियाई क्रिकेट तक ही सीमित रहते।

मुझे याद है कि चैंपियन्स लीग 20-20 के दौरान मैं डरबन में इयान चैपल से 2010 में मिला और मेरी उनके साथ रोचक बातचीत हुई। जब मैं अपने फ़िज़ियो नितिन पटेल के साथ जिम में समय बिताकर एक हेल्थ क्लब से बाहर आ रहा था, तो मैं उनसे टकरा गया। नितिन इस पूरी बातचीत के गवाह थे।

इयान ने यह कहकर बात शुरू की कि अब वे मेरे बड़े स्कोर बनाने का रहस्य जान गए थे। मैंने उन्हें याद दिलाया कि वे आसानी से अपनी राय बदल रहे थे, क्योंकि 2007 में वे आईने और रिटायरमेंट के बारे में लिख चुके थे। मैंने उनसे कहा कि तब मैंने उनके दिए सुझाव पर अमल इसलिए नहीं किया, क्योंकि मैं अच्छी तरह जानता था कि मुझे क्या करने की ज़रूरत थी और मेरे भीतर कितना क्रिकेट बचा था।

मैंने यह भी कहा कि उनके सरीखे आलोचक हवा के साथ बदल जाते हैं। जब परिस्थितियाँ अच्छी होती हैं, तो वे अच्छी बातें लिखते हैं और जब परिस्थितियाँ मुश्किल हो जाती हैं, तो वे बहुत सारी नकारात्मक टिप्पणियाँ करने लगते हैं और यह पता लगाने की कभी कोशिश ही नहीं करते हैं कि किसी खिलाड़ी के शरीर या दिमाग़ में क्या चल रहा है। फिर उन्होंने मुझसे पूछा कि क्या मैंने अपने बल्ले का वज़न बदला था। मैंने उन्हें बताया कि मैंने एक भी चीज़ नहीं बदली थी और मैं बिलकुल वही कर रहा था, जो मैं बीस सालों से करता आ रहा था। वे ही थे, जिन्होंने आरामदेह तरीक़े से अपनी राय बदली थी, क्योंकि 2008 और 2010 के बीच मैं भारी रन बनाने लगा था।

अंततः बातचीत ग्रेग की ओर मुड़ गई। मैंने इयान को दोटूक बता दिया कि ग्रेग लोकप्रिय नहीं थे और मैं दोबारा उनके साथ ड्रेसिंग रूम में नहीं रहना चाहूँगा। इयान ने तर्क दिया कि ग्रेग को असफलता को समझने में हमेशा दिक्क़त आती थी और ऑस्ट्रेलिया के कप्तान के रूप में भी उनके साथ यही समस्या रही थी। मैंने कहा कि इससे मुझे कोई सरोकार नहीं था और मेरे लिए तो यही मायने रखता था कि वे भारतीय क्रिकेट को आगे ले जाने में नाकाम रहे थे। यह सब सुनकर इयान बेहद हैरान हुए। वास्तव में, नितिन पटेल ने जल्दी ही मुझे बताया कि मैं आख़िरी व्यक्ति था, जिससे उन्हें इस तरह के कठोर शब्दों की उम्मीद थी।

एक स्वागत योग्य फ़ोन

कुल मिलाकर 2007 के विश्व कप के बाद मेरी मनोदशा बहुत ख़राब थी। मैं अपने क्रिकेट का ज़रा भी आनंद नहीं ले रहा था और रिटायर होने के बारे में सोचने लगा था - तभी मुझे विव रिचर्ड्स के उत्साहवर्धक शब्द सुनने को मिले। अचानक उन्होंने वेस्ट इंडीज़ से भारत में मुझे फ़ोन किया और हमने लगभग पैंतालीस मिनट तक बातचीत की। उन्होंने मुझे आश्वस्त किया कि मेरे अंदर अभी बहुत सा क्रिकेट बाक़ी है और इस बात पर ज़ोर दिया कि मुझे खेलना छोड़ने के बारे में सोचना भी नहीं चाहिए।

जब मैं बड़ा हो रहा था, तब विव मेरे हीरो थे और वे हमेशा मेरे हीरो रहेंगे, चाहे मैंने कितनी भी सफलता क्यों न हासिल कर ली हो। इतने बरसों में हमने एक दूसरे को जाना है और जब भी हम मिलते हैं, वे मेरे साथ छोटे भाई जैसा बर्ताव करते हैं और मैं उन्हें अपना बड़ा भाई मानकर बर्ताव करता हूँ। मैं हमेशा उनका और उनके विचारों का सम्मान करता रहा हूँ, इसलिए जब उन्होंने मुझे फ़ोन करने और खेलना जारी रखने के लिए मनाने में इतना सारा समय बिताया, तो इसका मेरे लिए बहुत महत्त्व था। जब मैं आख़िरकार थोड़े अच्छे फ़ॉर्म में आया और 2008 की शुरुआत में मैंने सिडनी में एक बहुत संतुष्टिदायक शतक लगाया, तो मैंने याद से फ़ोन करके विव के अत्यंत महत्त्वपूर्ण समर्थन के लिए उन्हें धन्यवाद दिया।

India in the 2007 World Cup

8th match, Group B. Bangladesh v India at Port-of-Spain. 17 March 2007
India 191 (49.3/50 ov); Bangladesh 192–5 (48.3/50 ov)
Bangladesh won by 5 wickets (with 9 balls remaining)

12th match, Group B. Bermuda v India at Port-of-Spain. 19 March 2007
India 413–5 (50/50 ov); Bermuda 156 (43.1/50 ov)
India won by 257 runs

20th match, Group B. India v Sri Lanka at Port-of-Spain. 23 March 2007
Sri Lanka 254–6 (50/50 ov); India 185 (43.3/50 ov)
Sri Lanka won by 69 runs

Final. Australia v Sri Lanka at Bridgetown. 28 April 2007
Australia 281–4 (38/38 ov); Sri Lanka 215–8 (36/36 ov, target: 269)
Australia won by 53 runs (D/L method)

18

खेल में ग़लत भाषा का प्रयोग

विश्व कप के बाद भारतीय क्रिकेट को पटरी पर लौटाने की प्रक्रिया मई 2007 में बंगलादेश में दो टेस्ट मैचों की श्रँखला से शुरू हुई, जिसे हमने 1-0 से जीत लिया। इसमें रवि शास्त्री को अंतरिम कोच बनाया गया था और उन्होंने कैरिबियन की निराशा से उबरने में मुख्य भूमिका निभाई। निजी तौर पर यह एक स्वागत योग्य परिवर्तन था, क्योंकि रवि और मैं हमेशा बहुत अच्छे मित्र रहे हैं। न सिर्फ़ मेरे करियर के शुरुआती वर्षों में हमने इकट्ठे क्रिकेट खेला, बल्कि रवि के रिटायरमेंट के बाद जब वे कमेंट्री कर रहे थे, तब भी हम विदेशी दौरों के दौरान साथ रहे। उनके पास क्रिकेट का बहुत पारखी और कुशल मस्तिष्क है। इसके अलावा, उनके निष्कपट व पारदर्शी नज़रिये की वजह से हमें महसूस हुआ कि आख़िरकार हमारे पास एक कोच है, जिस पर हम विश्वास कर सकते हैं।

जून में हम दक्षिण अफ़्रीका के ख़िलाफ़ सीमित ओवरों की श्रँखला खेलने के लिए आयरलैंड गए। मैं आयरलैंड जाने को लेकर ख़ासा रोमांचित था, क्योंकि मेरा प्रिय रॉक बैंड यू2 वहीं का है। इस श्रँखला ने हमारे लिए एक असामान्य चुनौती पेश की, क्योंकि कड़ाके की सर्दी थी और परिस्थितियों का आदी बनने में हमें कुछ समय लगा। मौसम के बावजूद मेरे लिए यह अच्छी सैर रही और मैं तीन मैचों की प्रतिस्पर्धा में दो बार नब्बे के ऊपर आउट हुआ, जिसे हमने 2-1 से जीत लिया।

मुझे यह श्रँखला बेलफ़ास्ट में युवराज के साथ डिनर के वक़्त हुई एक घटना के लिए भी याद है। मैंने एक शाम को युवराज और ज़हीर जैसे अपनी टीम के कुछ साथियों से कहा कि हमें थोड़ा जापानी भोजन खाना चाहिए। हम एक रेस्तराँ में गए, जहाँ थाई, चाइनीज़ और जापानी व्यंजन मिलते थे। हमने कई डिश मँगाईं, जिनमें सुशी और साशिमी शामिल थीं। उन्होंने सुशी के साथ वसाबी भी परोसा और हमें अन्य प्रारंभिक व्यंजनों के साथ कुछ ब्रेड रोल्स भी दिए।

मैंने युवी से पूछा कि क्या उन्हें वसाबी पसंद है और उन्होंने बड़े जोश से कहा कि यह तो उन्हें बहुत पसंद है। हमें यह देखकर हैरानी हुई कि इसके बाद वे मिर्च वाली वसाबी को रोल पर इस तरह फैलाने लगे, मानो यह बटर हो। वे इसे अपने मुँह में डालने ही वाले थे कि तभी मैंने उन्हें रोक दिया। ज़हीर टेबल के नीचे से पैर मार रहे थे और संकेत दे रहे थे कि मैं यह युवी को खा लेने दूँ, ताकि मज़ा आ जाए। वसाबी बहुत तेज़ मिर्च वाली थी, और इसमें कोई शक नहीं है कि अगर युवी उस रोल को खा लेते, तो गंभीर मुश्किल में पड़ जाते!

फिर हमने युवी को यह स्वीकार करने के लिए विवश किया कि उन्होंने वसाबी पहले कभी नहीं चखी थी और हमने निर्ममता से उन्हें चिढ़ाया, हालाँकि उन्होंने बहादुरी के साथ नाटक करने की कोशिश की।

भारत इंग्लैंड में, जुलाई–अगस्त 2007

आयरलैंड दौरे के बाद हम टेस्ट मैचों और एक दिवसीय मैचों की श्रृँखलाओं के लिए इंग्लैंड गए। पहला टेस्ट मैच 19 जुलाई 2007 को शुरू हुआ और मुझे कहना होगा कि हम बहुत सौभाग्यशाली थे, जो हारने से बच गए, क्योंकि माइकल वॉघन की इंग्लैंड टीम बहुत अच्छी स्थिति में थी। एंडरसन और साइडबॉटम ने मिलकर नौ विकेट लिए और हम अपनी पहली पारी में 201 रन पर आउट हुए। केविन पीटरसन के शानदार 134 रनों की बदौलत उन्होंने दूसरी पारी में हमारे सामने 380 रनों का लक्ष्य रखा। मैच के आख़िरी दिन हमारे नौ विकेट गिर चुके थे और हम जूझ रहे थे, तभी स्टीव बकनर ने श्रीसंथ को एलबीडब्ल्यू की अपील पर नॉट आउट क़रार दिया, हालाँकि ऐसा लग रहा था कि गेंद मिडिल स्टंप के ठीक सामने उनसे टकराई थी। मैच कुछ ही समय बाद बारिश के कारण रुक गया और हम क़िस्मत के सहारे बच गए।

एक सप्ताह बाद नॉटिंघम में हुए दूसरे टेस्ट में हम ज़्यादा अच्छा खेले। पहले दिन मैच बारिश से थोड़ा प्रभावित हुआ, लेकिन इस दिन हमने नियंत्रण अपने हाथ में ले लिया। हमने इंग्लैंड को 200 से कम में आउट कर दिया, जिसमें ज़हीर ख़ान और अनिल कुंबले की उत्कृष्ट गेंदबाज़ी का योगदान था, जिन्हें आरपी सिंह और श्रीनाथ ने अच्छा समर्थन दिया था। इसके बाद हमने 481 रनों का स्कोर खड़ा किया। हमारे छह शीर्ष बल्लेबाज़ों में से पाँच 50 के पार पहुँचे, हालाँकि वे शतक नहीं बना पाए। मैंने 91 रनों का योगदान दिया, जिसके बाद साइमन टॉफ़ल ने मुझे एलबीडब्ल्यू दे दिया। बाद में उन्होंने मेरे सामने यह स्वीकार किया कि उन्होंने ग़लत निर्णय दिया था और उन्होंने रिप्ले में देखा था कि गेंद साफ़-साफ़

स्टंप को छोड़कर जा रही थी। इससे साइमन के प्रति मेरा सम्मान बढ़ गया और हम आज भी अच्छे मित्र हैं।

हमारी पारी विवाद से रंग गई, जब ज़हीर ख़ान का मैदान पर असामान्य स्वागत हुआ। जब ज़हीर विकेट पर बल्लेबाज़ी करने पहुँचे, तो उन्होंने देखा कि क्रीज़ पर कुछ जेली बीन बिखरी हुई थीं। स्पष्ट रूप से इंग्लैंड के किसी खिलाड़ी ने उनके साथ मज़ाक़ किया था। ज़हीर ने जेली बीन हटा दीं, लेकिन जब ज़हीर दोबारा स्ट्राइक पर पहुँचे, तो वे दोबारा प्रकट हो गईं। ज़हीर ने गली में खड़े केविन पीटरसन से कुछ शब्द कहे - हालाँकि यह कभी स्पष्ट नहीं हुआ कि यह काम किसने किया था - और जब वे पवेलियन में लौटे, तो बड़े गुस्से में थे। उन्होंने टीम से चिल्लाकर कहा कि हमें आक्रामक क्रिकेट खेलना चाहिए और दूसरी पारी में इंग्लैंड की ईंट से ईंट बजा देनी चाहिए। ज़हीर आम तौर पर ठंडे इंसान हैं और उन्हें बहुत कम गुस्सा आता है। वैसे उनका गुस्सा हमारे लिए अच्छा रहा, क्योंकि ज़हीर ने अपने शब्दों पर खरे उतरते हुए टेस्ट क्रिकेट के सबसे अच्छे स्पेलों में से एक किया और पाँच विकेट लेकर एक मशहूर विजय का मार्ग प्रशस्त किया। हमने यह टेस्ट श्रृँखला 1-0 से जीत ली। बंगलादेश में जो बहाली शुरू हुई थी, वह यहाँ पूरी हो गई थी।

हमने जमकर जश्न मनाया, जिसमें इस दौरे के हमारे मैनेजर राजीव शुक्ला ने बहुत मदद की। राजीव पूरे दौरे में सकारात्मक उपस्थिति थे और वे हमारी कुछ सबसे महत्त्वपूर्ण विदेशी विजयों में टीम का हिस्सा रहे थे, जिनमें 2002 की नैटवेस्ट त्रिकोणीय श्रृँखला शामिल थी। इस मौक़े पर वे विजय का जश्न मनाने के लिए पूरी टीम को डिनर पर फ़ोर सीज़न्स लेकर गए और *बॉम्बे ड्रम्स* म्यूज़िकल का एक विशेष प्रदर्शन भी आयोजित किया, जिसका हमने बहुत आनंद लिया।

हम अब बहुत अच्छा क्रिकेट खेल रहे थे और अक्टूबर 2007 में भारत में एक दिवसीय श्रृँखला में ऑस्ट्रेलिया का मुक़ाबला करने की राह देख रहे थे। इसके दो महीने बाद हमें पूरे दौरे के लिए ऑस्ट्रेलिया जाना था। लेकिन उस एक दिवसीय श्रृँखला के पहले भारतीय क्रिकेट को एक बड़ा प्रोत्साहन मिला, जब हमने सितंबर में एमएस धोनी के नेतृत्व में दक्षिण अफ़्रीका में आयोजित पहले विश्व 20-20 ख़िताब को जीत लिया। ज़ाहिर है, मैं 20-20 टीम का हिस्सा नहीं था, लेकिन मैंने बहुत रुचि के साथ टीम की प्रगति देखी। 20-20 ने क्रिकेट के प्रति देश के जोश को बढ़ा दिया और वापस लौटने पर खिलाड़ियों को महानायकों जैसा स्वागत मिला।

भारत ऑस्ट्रेलिया में, दिसंबर 2007-जनवरी 2008

2007-08 में भारत का ऑस्ट्रेलिया दौरा शायद मेरे करियर की सबसे घटनापूर्ण श्रृँखला थी। हालाँकि हम 2003-04 में ऑस्ट्रेलिया को हराने के क़रीब आ गए थे, जब हम एक-एक की बराबरी पर थे और सिडनी के आख़िरी टेस्ट में हावी थे, लेकिन 2007-08 में हम उससे भी अच्छा खेले। वैसे ऐंड्रू साइमंड्स और हरभजन सिंह के बीच सिडनी में हुई एक घटना के कारण इस टेस्ट श्रृँखला की सबसे ज़्यादा बात होती है, लेकिन बहुत से दूसरे मुद्दों ने मिलकर इसे बहुत महत्त्वपूर्ण बना दिया था।

जब हम ऑस्ट्रेलिया के लिए रवाना हुए, तो हमारे अंदर आत्मविश्वास हिलोरें मार रहा था। अक्टूबर में भारत में हुई एक दिवसीय श्रृँखला में ऑस्ट्रेलिया ने 4-2 से विजय हासिल की थी। इसके बाद हमने नवंबर और दिसंबर 2007 की शुरुआत में भारत में पाकिस्तान के ख़िलाफ़ खेला था और तीन टेस्ट मैचों की श्रृँखला 1-0 से जीत ली थी। ज़्यादातर बल्लेबाज़ अच्छे फ़ॉर्म में थे और हम ऑस्ट्रेलिया के ख़िलाफ़ पहली बार सीरीज़ डाउन अंडर जीतने की उम्मीद कर रहे थे। दुर्भाग्य से, एमसीजी में होने वाले पहले टेस्ट से पहले केवल एक ही अभ्यास मैच था, जैसी कि आजकल परंपरा बन गई है और यह भी एक तूफ़ान के कारण बारिश में लगभग पूरा धुल गया, जिसका मतलब था कि हमारे पास ऑस्ट्रेलियाई परिस्थितियों के अनुकूल होने का बहुत कम मौक़ा था।

पहला टेस्ट, मेलबर्न, 26-29 दिसंबर 2007

एमसीजी में हमारा पहला दिन सामान्य रूप से अच्छा रहा, जिसमें हमने ऑस्ट्रेलिया के नौ विकेट लिए। हमने अगले दिन सुबह उनकी पारी जल्दी ही 343 रनों पर ख़त्म कर दी। अनिल और ज़हीर ने अच्छी गेंदबाज़ी की और अब दारोमदार बल्लेबाज़ों पर था। जब मैं मैदान में आया, तो स्कोर 31-2 था।

मैंने सावधानी से सोचा था कि मैं किस तरह अपनी पारी को जमाऊँगा और मेरे पास हर ऑस्ट्रेलियाई गेंदबाज़ के ख़िलाफ़ एक योजना थी। वास्तव में श्रृँखला के मेरे स्कोरिंग चार्ट पर एक नज़र डालने से ही यह दिख जाएगा कि मैंने बड़े शॉट कहाँ मारे थे। मैं दरअसल लॉन्ग ऑन और मिड विकेट के बीच की जगह पर गेंदबाज़ी पर हमला कर रहा था। यह दो महीने पहले भारत में हुए एक दिवसीय मैचों में ऑस्ट्रेलियाई आक्रमण को खेलने के मेरे अनुभव पर आधारित था, जब बाएँ हाथ के चाइनामैन गेंदबाज़ ब्रेड हॉज ने हमें परेशान किया था। मैं उन पर हमला करने पर आमादा था, क्योंकि मैं जानता था कि इससे ऑस्ट्रेलिया

वालों को उनकी योजना बदलनी होगी। अगर वे हॉज पर निर्भर नहीं कर सकते, तो तेज़ गेंदबाज़ों को उम्मीद से ज़्यादा लंबे स्पेल डालने होंगे और जब वे गर्म और मुश्किल परिस्थितियों में थक जाएँगे, तो हम उन पर हमला कर सकते थे। मैं हॉज के ख़िलाफ़ एक निश्चित योजना लेकर मेलबर्न टेस्ट में उतरा। लेकिन बीच में पहुँचने पर मुझे एहसास हुआ कि मुझे अलग तरह से खेलने की ज़रूरत थी और मैंने मैदान में अपनी योजना बदल ली। फ़ील्ड प्लेसिंग को देखते हुए मैं हवाई मार्ग अपनाने लगा और डीप मिड विकेट तथा लॉन्ग ऑन के बीच वाले इलाक़े में उन्हें मारने लगा। इस तरह मैंने उन्हें उनका गेम प्लान बदलने पर विवश किया; उन्हें क़रीबी कैचिंग क्षेत्ररक्षक हटाने पर मजबूर होना पड़ा। यह रणनीति कारगर रही और मैं बाद में एक-एक रन ले सकता था, क्योंकि लेग साइड पर कोई भी क़रीब नहीं था। बहरहाल, दूसरे गेंदबाज़ों के लिए मैं उसी गेम प्लान पर डटा रहा, जो मैंने पहले बनाया था।

ब्रेट ली ने इस श्रृंखला में अपने सर्वश्रेष्ठ स्तर पर गेंदबाज़ी की। 1999 में ली तेज़ तो थे, लेकिन अनुभवहीन थे। 2008 में वे तरशे हुए हीरे थे। उनके पास सच्ची गति थी, एक ख़तरनाक बाउंसर थी, एक यॉर्कर थी, एक तेज़ स्विंग होती गेंद थी और एक धीमी गेंद भी थी। वे लगातार 145 कि.मी. प्रति घंटे की गति से गेंद डाल रहे थे और मुझे उनके साथ अपनी प्रतिस्पर्धा में मज़ा आया। दूसरे गेंदबाज़ों में मिचेल जॉनसन ने कुछ पैने स्पेल डाले, जबकि सटीक स्टुअर्ट क्लार्क ने परिस्थितियों को कसने का काम किया। उन्हें इस बात का श्रेय दिया जाना चाहिए कि उन्होंने कुछ मुख्य विकेट भी चटकाए।

मैं अपनी बल्लेबाज़ी की शुरुआत से ही गेंदबाज़ी पर आक्रमण करने लगा। मैं अच्छा महसूस कर रहा था और एक बड़ा स्कोर बनाने के लिए तैयार था। लेकिन आप अच्छा महसूस कर रहे हैं, इस वजह से आप हमेशा शतक नहीं बना पाते हैं और मैं 62 रन पर आउट हो गया। पूरी टीम 196 रनों पर आउट हो गई, जो बहुत कम स्कोर था। ऑस्ट्रेलिया ने जल्दी ही हमारे ऊपर शिकंजा कस लिया और अंततः यह टेस्ट चार दिनों में जीत लिया। यह वह शुरुआत नहीं थी, जिसकी हमें उम्मीद थी।

चारों ओर लाल चेहरे

मेलबर्न टेस्ट में मुझे एक अप्रत्याशित चीज़ से निबटना पड़ा। यह एक गंभीर एलर्जिक रिएक्शन थी। ऑस्ट्रेलिया आते समय हरभजन सिंह और मैंने सिंगापुर एयरपोर्ट पर हाल में निकली मॉइस्चराइज़िंग क्रीम ख़रीदी थी और पहले कुछ दिनों

तक उस क्रीम का इस्तेमाल करने पर मुझे कोई समस्या नहीं हुई। पहले टेस्ट मैच के दौरान मुझे अपने चेहरे पर भारी जलन महसूस हुई। हरभजन को ऐसी कोई समस्या नहीं आई थी, इसलिए पहले तो मैंने माना कि यह मसाज की वजह से हुआ होगा। मसाज के वक़्त मुझे अपना चेहरा तौलिए पर रखकर लेटना पड़ा था, इसलिए मैंने सोचा कि यह तौलिए पर लगे डिटर्जेन्ट की वजह से हुआ होगा।

यह समस्या मुझे तीसरे दिन सताने लगी और मुझे याद है कि सोने से पहले मैंने अपने चेहरे पर और ज़्यादा क्रीम लगाई थी, क्योंकि मैं सोच रहा था कि इससे मदद मिलेगी। अगली सुबह मैं भारी कष्ट में जागा। मेरे चेहरे में जैसे आग लग गई थी और ऐसा लग रहा था, मानो किसी ने इसे तंदूर में डाल दिया हो। शाम तक हालत और भी बिगड़ गई, जब मेरा चेहरा पूरा लाल हो गया और सूज गया। इतना कि मैं सबके सामने बाहर जाने में शर्म महसूस करने लगा और मुझे बड़े चश्मे के पीछे छिपना पड़ा।

अंजलि अगले दिन सिडनी पहुँच रही थीं। चूँकि मेलबर्न टेस्ट चौथे ही दिन ख़त्म हो गया था, इसलिए मैंने योजना से थोड़ी जल्दी सिडनी जाने की अनुमति माँगी और हवाई अड्डे पर उनका तथा बच्चों का स्वागत किया। वे लोग मेरा चेहरा देखकर दहशत में आ गए और पूछने लगे कि आख़िर मैंने इसके साथ क्या किया था। मैं सबसे अच्छे मूड में नहीं था और जल्दी से जल्दी होटल पहुँचना चाहता था। जब हम ट्रैफ़िक की वजह से पैंतालीस मिनट की कार यात्रा के बाद आख़िरकार होटल पहुँचे, तो मैं सचमुच चिड़चिड़े मूड में था। होटल का स्टाफ़ हमें कमरे देने में बहुत समय लगा रहा था और अंत में मैं होटल के मैनेजर पर बरस पड़ा। जब तक हम कमरे में पहुँचे, मेरी हालत और ख़राब हो गई। मैंने अंजलि से कहा कि वह बच्चों को बग़ल वाले कमरे में बैठाए और मुझे अकेला छोड़ दे। बेचारे बच्चे सोच रहे थे कि मुझे न जाने क्या हो गया था, जो मैं इस तरह का व्यवहार कर रहा था। तब तक मेरा चेहरा और भी ज़्यादा परेशान करने लगा था। हमने रिसेप्शन को फ़ोन करके डॉक्टर को कमरे में भेजने को कहा, लेकिन मुझे बताया गया कि उस वक़्त कोई डॉक्टर उपलब्ध नहीं था। मैंने पूछा कि सबसे नज़दीकी अस्पताल कहाँ था और तुरंत वहाँ चला गया। छुटपुट जाँच के बाद मुझे रात को लगाने के लिए एक लोशन दिया गया और कहा कि मैं अगली सुबह आऊँ।

हम अस्पताल से एक टैक्सी में लौटे। कुछ मिनट बाद ड्राइवर ने मुझसे हिंदी में कहा, *'आप वही हो, जो मैं समझ रहा हूँ।'* मैंने स्वीकार किया कि मैं वही था और उसने हमें सिडनी घुमाने की पेशकश की, जिसके मैं क़तई मूड में नहीं था।

मैंने उससे कहा कि इसके बजाय वह हमें किसी फ़ास्ट फूड वाली जगह ले चले। अंजलि डिनर के लिए कुछ बर्गर लेने उतर गईं, जबकि मैं टैक्सी में ही इंतज़ार करता रहा। ड्राइवर भी अंजलि के साथ गया और जब वे लौटे, तो अंजलि ने मुझे बताया कि ड्राइवर माना ही नहीं और उसने जबरन बर्गर का भुगतान कर दिया। होटल छोड़ने के बाद उसने हमसे पैसे भी नहीं लिए और अपना नंबर भी छोड़ गया, ताकि अगर हमें प्रवास के दौरान सिडनी में कहीं और जाना हो, तो उसे फ़ोन कर लें। उसकी यह बात मेरे दिल को छू गई और मैंने उससे कहा कि मैं रिसेप्शन पर उसके लिए मैच टिकट छोड़ जाऊँगा। बाद में मैंने अपनी एक टेस्ट शर्ट पर टीम से साइन कराए और टिकट के साथ शर्ट भी छोड़ दी।

मैं अगली सुबह अस्पताल लौटा और डॉक्टर से कहा कि मुझे फटाफट राहत देने के लिए वे हर ज़रूरी चीज़ करें, क्योंकि अगली सुबह मुझे एक टेस्ट मैच खेलना था। डॉक्टर मेरी हालत देखकर थोड़े चौंक गए थे, लेकिन मैं खेलने पर आमादा था। उस दोपहर को हमें अभ्यास करना था, लेकिन मैं धूप में किसी सूरत में नहीं निकल सकता था। मैंने अंत में अपने प्रिय मित्र और भारत के पूर्व मध्यम तेज़ गेंदबाज़ सुब्रतो बैनर्जी के साथ इनडोर नेट्स में पैंतालीस मिनट तक बल्लेबाज़ी की, जो उस वक़्त सिडनी में ही रहते थे। अगले दिन मैं फ़ील्डिंग करने में कामयाब हुआ और तभी मैंने पहली बार फ़्लॉपी सफ़ेद हैट पहना, जो तब से मैदान में मेरी विशेष पहचान बन गया। मैंने अपने चेहरे पर बहुत सी बर्फ़ लगाई और फिर ज़िंक क्रीम से इसे प्लास्टर किया। यह अजीब लगता था, लेकिन इससे मुझे फ़र्क़ नहीं पड़ा।

आख़िर दो-तीन दिन बाद चेहरा सही होने लगा और मैं एक बार फिर इंसान जैसा दिखने लगा।

दूसरा टेस्ट, सिडनी, 2-6 जनवरी 2008

हमें सिडनी टेस्ट की पूर्व संध्या पर एक झटका लगा, जब ज़हीर को एड़ी की चोट के कारण भारत लौटने पर मजबूर होना पड़ा। किसी का नुक़सान हमेशा किसी दूसरे का फ़ायदा होता है और ज़हीर के जाने का मतलब यह था कि युवा ईशांत शर्मा को पहली बार ऑस्ट्रेलिया में खेलने का मौक़ा मिल गया।

पहले दिन हमने अच्छी शुरुआत की और जल्दी ही ऑस्ट्रेलिया को पटियों पर ला दिया, जब उनके छह विकेट सिर्फ़ 134 रनों पर गिर गए, जिनमें से चार आरपी सिंह ने लिए थे। जब हम नियंत्रण में लग रहे थे और स्थिति का लाभ लेने की कोशिश कर रहे थे, तब हमें लगा कि अंपायर स्टीव बकनर की एक

ग़लती के कारण खेल का हुलिया ही बदल गया। उन्होंने ऐंड्रू साइमंड्स को नॉट आउट क़रार दिया, जबकि ईशांत की एक गेंद पर साइमंड्स के बल्ले का किनारा बहुत साफ़ लगा था - आवाज़ सिर्फ़ खिलाड़ियों ने ही नहीं, बल्कि दर्शकों ने भी सुनी थी। मेरे बेटे ने दर्शक दीर्घा में बैठकर उस किनारे की आवाज़ सुनी थी और जब भी हम सिडनी टेस्ट मैच की बात करते हैं, तो वह मुझे इसकी याद दिलाता है। साइमंड्स अपनी जगह पर खड़े रहे और अपनी क़िस्मत के सहारे उन्होंने ऑस्ट्रेलिया के लिए एक बहुत महत्त्वपूर्ण शतक बनाया। उनके 162 रनों ने मैच का रुख़ पलट दिया और ऑस्ट्रेलिया ने बहुत सी मुश्किलों के बाद 463 रन बनाने में कामयाबी पाई। वैसे यह उनकी एकमात्र ख़ुशक़िस्मती नहीं थी। साइमंड्स को यह मोहलत मिलने से पहले रिकी पॉन्टिंग को भी अंपायर मार्क बेन्सन ने नॉट आउट दिया था, जबकि ऐसा लगा था कि लेग साइड की एक गेंद उनके बल्ले को छूती हुई गई थी।

ऐसे में सबसे अच्छा जवाब पिच पर जाकर रन बनाना था। मैंने मेलबर्न में चूकने की भरपाई करते हुए 154 रन बनाए और दूसरे छोर पर लक्ष्मण को शतक लगाते देखना काफ़ी खुशनुमा अनुभव था, जबकि राहुल और सौरव ने अर्धशतकों का योगदान दिया। लेकिन जब पलड़ा हमारी तरफ़ झुकता नज़र आ रहा था, तभी ऐंड्रू साइमंड्स हरभजन को अपशब्द कहने लगे, जो मेरे साथ बल्लेबाज़ी कर रहे थे और सचमुच अच्छा खेल रहे थे।

भज्जी जब 50 के पार निकल गए, तब यह बखेड़ा शुरू हुआ। पिछले कुछ ओवरों से वे मुझे बता रहे थे कि ऐंड्रू साइमंड्स उन्हें उत्तेजित करने की कोशिश कर रहे थे। मैंने भज्जी से कहा कि वे संयम रखें और जिस तरह बल्लेबाज़ी कर रहे थे, उसी तरह से करते रहें। मैं बहुत अच्छी तरह जानता था कि पलटकर जवाब देने से ऑस्ट्रेलियाई खिलाड़ियों की मुराद पूरी हो जाएगी। ऐसी उत्तेजना को नज़रअंदाज़ करना ही सबसे अच्छा रहता है। यह कहना आसान है, लेकिन गहरे दबाव के पलों में धैर्य क़ायम रखना हमेशा इतना आसान नहीं होता।

भज्जी अपना सर्वश्रेष्ठ प्रयास कर रहे थे और दरअसल कुछ ऑस्ट्रेलियाई खिलाड़ियों के साथ सभ्य होने की कोशिश कर रहे थे, जिनमें ब्रेट ली शामिल थे। तभी बात का बतंगड़ बन गया। भज्जी ने एक रन लेने के बाद मज़ाक़ में ली की पीठ थपथपा दी और मिड ऑफ़ पर खड़े साइमंड्स ने इस पर आपत्ति की। वे नहीं चाहते थे कि कोई विपक्षी खिलाड़ी ली को हाथ लगाए और एक बार फिर वे भज्जी को भद्दी भाषा में कुछ-कुछ कहने लगे। भज्जी बहुत भावुक और जोशीले इंसान हैं और वे कितने समय तक यह सब चुपचाप सहते। उनके सब्र का बाँध

टूटना तय था और जल्दी ही यह टूट गया। यह उस विवाद की शुरुआत थी, जिसकी वजह से हमारा दौरा रद्द होते-होते बचा।

मैं बहुत स्पष्टता से बता देना चाहता हूँ कि वह घटना इसलिए हुई, क्योंकि ऐंड्रू साइमंड्स भज्जी को लगातार उत्तेजित कर रहे थे और किसी मोड़ पर दोनों के बीच तकरार तय थी। जब मैं स्थिति को शांत करने के लिए भज्जी के पास चलकर जा रहा था, तो मैंने सुना कि वे साइमंड्स को यह कह रहे थे, *'तेरी माँ की।'* यह एक ऐसा जुमला है, जिसका इस्तेमाल हम अक्सर उत्तरी भारत में अपने क्रोध को निकालने के लिए करते हैं और मेरे लिए यह सब खेल का हिस्सा था। वास्तव में, मुझे हैरानी हुई कि अंपायर मार्क बेन्सन ने भज्जी के पास जाकर उनसे बात की। जब अंपायर भज्जी से बात कर रहे थे, तो कुछ ऑस्ट्रेलियाई खिलाड़ियों ने चेतावनी दी कि उनके कहे शब्दों के गंभीर परिणाम होंगे, शायद उन्हें घबराहट में लाने के लिए और उनकी एकाग्रता को भंग करने के लिए। यह नीति कारगर रही और कुछ मिनट बाद भज्जी 63 रनों पर आउट हो गए।

मैंने सोचा कि भज्जी के आउट होने पर मामला शांत हो गया था और मुझे हैरानी हुई, जब बाद में मुझे बताया गया कि उस दिन के खेल के अंत में ऑस्ट्रेलियाई खिलाड़ियों ने एक औपचारिक शिकायत दर्ज की थी, जिसमें आरोप लगाया गया था कि भज्जी ने साइमंड्स को 'मंकी' यानी बंदर कहा था, जो एक जातिगत अपमान है। मुझे सबसे ज़्यादा हैरानी इस बात से हुई कि ऑस्ट्रेलिया के खिलाड़ियों ने शिकायत करने में इतनी जल्दबाज़ी की। मुझे बाद में बताया गया कि मुंबई की एक घटना के बाद ऑस्ट्रेलिया और भारत के क्रिकेट बोर्ड्स के बीच अक्टूबर 2007 में उनके भारत के दौरे के समय यह सहमति हुई थी कि दोनों कप्तान किसी भी तरह की जातिगत घटना की रिपोर्ट मैच रेफ़री को देंगे। लेकिन मुझे अब भी यक़ीन है कि यह मामला इतना नहीं फैलता और तूल नहीं पकड़ता, अगर पॉन्टिंग इस मुद्दे पर मैच रेफ़री माइक प्रॉक्टर को घटना की रिपोर्ट करने से पहले कप्तान अनिल कुंबले, हरभजन और भारतीय टीम प्रबंधन से बातचीत कर लेते। इसके अलावा, माइक प्रॉक्टर भी थोड़ी ज़्यादा संवेदनशीलता के साथ मामले को सुलझा सकते थे।

दिन का खेल ख़त्म होने के बाद जल्दी ही माइक प्रॉक्टर ने हमें बताया कि इस घटना की औपचारिक सुनवाई चौथे दिन के अंत में होगी, जिसे बाद में बदलकर मैच के अंत में कर दिया गया। इससे हम एक कठोर प्रतिस्पर्धा के बीच सर्वश्रेष्ठ मानसिकता में नहीं थे। हालाँकि यह सुनना दुखद था कि साइमंड्स को लगा था कि उनका जातिगत अपमान हुआ है, लेकिन यह देखना भी उतना ही

दुखद था कि भज्जी किस अनुभव से गुज़र रहे हैं। जहाँ तक हमारा संबंध था, उन्होंने उत्तेजित किए जाने पर प्रतिक्रिया की थी, जो ऑस्ट्रेलिया-भारत क्रिकेट मैच के हिसाब से जैसे को तैसा वाली बात थी। लेकिन उन्होंने किसी दूसरे क्रिकेटर का जातिगत अपमान नहीं किया था।

जब यह विवाद बाक़ी हर चीज़ पर हावी हो रहा था, तो टेस्ट मैच ने एक बिलकुल अलग रूप ले लिया। पाँचवें दिन तक आते-आते हम मैच बचाने के लिए बल्लेबाज़ी कर रहे थे। वैसे मेरे मन में कोई शक नहीं है कि अगर अंपायरों की ग़लतियाँ नहीं होतीं और कुछ ऑस्ट्रेलियाई खिलाड़ियों का असंयत व्यवहार नहीं होता, तो हम मैच ड्रॉ कर लेते।

अंपायर बकनर ने राहुल द्रविड़ को साइमंड्स की गेंद पर 38 रन पर कैच आउट दे दिया, जबकि उनका बल्ला गेंद से काफ़ी दूर था। उस वक़्त विकेटकीपर ऐडम गिलक्रिस्ट विकेट से सटकर खड़े थे और यह देखने की सबसे अच्छी स्थिति में थे कि क्या गेंद ने राहुल के बल्ले को छुआ है। लेकिन जो खिलाड़ी कट लगने पर ख़ुद ही मैदान से बाहर जाने पर गर्व का अनुभव करता था, उन्होंने कॉट-बिहाइंड की अपील की और हमें भारी हैरानी हुई, जब हमने अंपायर को अँगुली उठाते देखा। यह काफ़ी सदमा पहुँचाने वाला निर्णय था। हममें से कुछ लोगों को तो यह भी लगा कि कहीं राहुल को एलबीडब्ल्यू तो नहीं दिया गया था।

कुछ ओवर बाद अंपायर बेन्सन ने सौरव को आउट दे दिया, जब माइकल क्लार्क और रिकी पॉन्टिंग ने कैच की अपील की, जबकि हमें लग रहा था कि गेंद ज़मीन पर टप्पा खाकर हाथ में गई थी। अंत में अंपायर बकनर ने धोनी को एलबीडब्ल्यू दे दिया, जबकि हम लोगों को दिख रहा था कि गेंद स्टंप छोड़कर जा रही थी। ऐसा लग रहा था, जैसे जो भी निर्णय हमारे ख़िलाफ़ जा सकता था, वह चला गया था।

जब पाँचवें दिन के अंतिम क्षणों में टेस्ट मैच ऑस्ट्रेलिया की विजय के साथ ख़त्म हुआ, तो भारतीय टीम को भज्जी की सुनवाई के लिए मैदान पर ही रुकने का निर्देश दिया गया। तमाम विवादों और निराशा के बावजूद मैं पहला व्यक्ति था, जिसने जाकर ऑस्ट्रेलियाई खिलाड़ियों को बधाई दी। इन परिस्थितियों में इस जैसी किसी महत्त्वपूर्ण घटना में गवाही देने के लिए पीछे रुकना आदर्श नहीं था।

मेरे हिसाब से सुनवाई बड़े अजीब ढंग से हुई। ऑस्ट्रेलिया और भारत के खिलाड़ियों से अलग-अलग गवाही देने को कहा गया, जब कमरे में दूसरा पक्ष मौजूद न हो। इससे भारत और ऑस्ट्रेलिया के खिलाड़ियों का आपसी विश्वास

निश्चित रूप से बेहतर नहीं हुआ। मैं मुख्य गवाह था, क्योंकि मैं भज्जी के सामने दूसरे छोर पर बल्लेबाज़ी कर रहा था और मैंने पूरी घटना विस्तार से मैच रेफ़री को बता दी। भज्जी के अलावा इस दौरे के हमारे मैनेजर चेतन चौहान, मीडिया मैनेजर एमवी श्रीधर और कप्तान अनिल कुंबले को भी बुलाया गया।

माइक प्रॉक्टर घटनाओं के हमारे संस्करण पर ज़्यादा विश्वास करते नज़र नहीं आ रहे थे और हमें इस बात पर अचरज हुआ कि उन्होंने हमें अपने ड्रेसिंग रूम में आधी रात के बाद तक रोके रखा। दरअसल, 2 बजे रात तक हमें होटल लौटने की अनुमति नहीं दी गई। इस विवाद ने पूरी श्रृँखला पर एक काली छाया डाल दी। सुनवाई के बाद दोनों टीमों के बीच गंभीर दुर्भावना थी और घटनाक्रम से हम छला हुआ महसूस कर रहे थे।

न्याय के लिए खड़े होना

सिडनी टेस्ट के बाद हम एक प्रथम श्रेणी मैच खेलने के लिए कैनबरा जाने की तैयारी कर रहे थे। तभी हमने सुना कि भज्जी पर तीन मैचों का प्रतिबंध लगा दिया गया था। अब पानी सिर से ऊपर पहुँच गया था। इसे किसी सूरत में स्वीकार नहीं किया जा सकता था और हमने निर्णय लिया कि इस प्रतिबंध के ख़िलाफ़ विरोध दर्ज कराने का समय आ गया है। रेफ़री ने जो किया था, हम उससे सहमत नहीं थे और हमें महसूस हुआ कि सिडनी में हुई सुनवाई किसी मज़ाक़ से कम नहीं थी। हमने बीसीसीआई को खिलाड़ियों की भावनाओं से अवगत करा दिया और इस बारे में क्या किया जाए, यह तय करने के लिए एक टीम बैठक की।

अनिल कुंबले और मैंने नेतृत्व किया और सर्वसम्मति से यह निर्णय लिया गया कि अगर भज्जी पर लगा प्रतिबंध नहीं हटता है, तो हम दौरे का बहिष्कार करेंगे। अनिल सबसे विनम्र खिलाड़ियों में से एक हैं, लेकिन वे बहुत दृढ़ निश्चयी भी हैं। उन्होंने इस विवाद में कप्तान के रूप में जो भूमिका निभाई, उसकी मैं बहुत क़द्र करता हूँ। हमने प्रतिबंध के ख़िलाफ़ एक याचिका दायर करने का निश्चय किया और प्रतिरोध स्वरूप हमने कैनबरा की यात्रा न करने का निर्णय लिया - हालाँकि हम क्रिकेट का अपना सारा सामान बस में रख चुके थे। अब कठोर शब्दों और दृढ़ कार्यों का वक़्त आ चुका था।

बीसीसीआई पूरे समय हमारे साथ थी और इसने प्रतिबंध का विरोध करते हुए एक औपचारिक याचिका दर्ज कर दी। भारत के मशहूर वकील श्री वीआर मनोहर हमारा मुकदमा लड़ रहे थे। हमारी उनसे नियमित बातचीत हुई और हमने

उन्हें सारे प्रासंगिक विवरण बता दिए। मुझे दोहराना होगा कि हम बहिष्कार को लेकर बहुत गंभीर थे। अगर भज्जी का प्रतिबंध लागू रहता, तो इसका मतलब अपराध की स्वीकृति होता और इससे यह संदेश जाता कि भज्जी ने सचमुच साइमंड्स का जातिगत अपमान किया था, जो उन्होंने निश्चित रूप से नहीं किया था। हम किसी दौरे को अधूरा छोड़ने के परिणाम झेलने के लिए पूरी तरह तैयार थे और हमें मालूम था कि इसके लिए आईसीसी भारतीय टीम पर पाबंदी लगा सकती थी। लेकिन मुद्दा अब भज्जी से ज़्यादा बड़ा बन चुका था। पूरे संसार के भारतीय अपमानित महसूस कर रहे थे और हमें महसूस हुआ कि जायज़ मुद्दे के लिए खड़े होना हमारी ज़िम्मेदारी थी।

निर्णय लेने के बाद हमें तनाव कम करने के लिए कुछ करना था। अंत में हमने बोंडी बीच जाकर वॉलीबॉल मैच खेला। इसका जादुई प्रभाव हुआ। यह एक ज़बर्दस्त टीम-जुड़ाव सत्र साबित हुआ और इसने हमें जारी रखने का संकल्प दिया। शायद इसमें अचरज की कोई बात नहीं कि हम जहाँ भी गए, मीडिया हमारे, ख़ास तौर पर भज्जी के, पीछे-पीछे गया। मुझे याद है, मैंने भज्जी से कहा था कि उनके पीछे इतने सारे कैमरे लगे हुए थे कि वे माइकल जैकसन के बाद संसार के दूसरे सबसे लोकप्रिय व्यक्ति होंगे। वास्तव में, इस विवाद के दौरान और बाद में कुछ समय तक मैंने उन्हें एमजे भी कहा।

तीसरा टेस्ट, पर्थ, 16-19 जनवरी 2008

जब हमने अपनी याचिका दायर कर दी, तो हम तीसरे टेस्ट के लिए पर्थ जाने को तैयार हो गए। मैच की पूर्व संध्या पर दोनों टीमों के बीच बढ़ते तनाव को कम करने के लिए आईसीसी ने अपने वरिष्ठ मैच रेफ़री रंजन मदुगले को भेजा। रंजन की मौजूदगी में ह्यात होटल में दोनों कप्तानों की बैठक आयोजित हुई और अनिल तथा रिकी ने कैमरे के सामने हाथ मिलाए। वास्तव में कुछ भी नहीं बदला था। सिडनी की अप्रिय स्थिति दूर नहीं जाने वाली थी और वाका में कई मुद्दे सुलझाने के लिए बचे थे, जहाँ भारत ने कभी एक भी मैच नहीं जीता था।

पर्थ टेस्ट उन सबसे अच्छे टेस्ट मैचों में से एक निकला, जिनमें मैं शामिल रहा हूँ। मेरे मन में बहुत कम शंका है कि इस विवाद ने टीम के रूप में हमें एकजुट कर दिया था। सहवाग वापस आ गए थे और उन्होंने पहली सुबह ब्रेट ली, मिचेल जॉनसन, शॉन टेट और स्टुअर्ट क्लार्क के ख़िलाफ़ हमें एक ताबड़तोड़ शुरुआत दी, जिससे हमें पहली झड़प जीतने में मदद मिली। उन्होंने केवल 29 रन बनाए, लेकिन मध्य क्रम के लिए यह अच्छी बुनियाद थी। राहुल और मैंने

मुस्कान पर न जाएँ! यह मेरे जीवन के सबसे डरावने अनुभवों में से एक था - ऑकलैंड में स्काई टावर में रैम्प पर स्काई वॉक।

2003-04 में ऑस्ट्रेलिया का सामना करते हुए। विश्व की सर्वश्रेष्ठ टीम के ख़िलाफ़ रन बनाना हमेशा आनंददायक होता था।

पुराने प्रतिद्वंद्वी से हाथ मिलाते हुए। 2004 का सिडनी टेस्ट स्टीव वॉ के शानदार करियर का अंत था।

बच्चों, तुम्हारे डैडी यहीं पर काम करते हैं। अंजलि, सारा और अर्जुन के साथ। एमसीजी में दिसंबर 2003 में आनंद और आनाबेल मेहता भी साथ हैं। यह पहली बार था, जब मैं अर्जुन और सारा को किसी स्टेडियम के भीतर ले गया था।

ऊपर : अनिल कुंबले - मैदान पर सर्वश्रेष्ठ कोशिश करने वालों में से एक।

दाएँ : 2004 में मुल्तान में 300 रनों तक पहुँचने पर वीरेंद्र सहवाग को बधाई देते हुए - कमाल की टेस्ट पारी।

नीचे : 2004 में वाघा सीमा पर भारतीय और पाकिस्तानी सैनिकों के साथ।

यह मेरे लिए बहुत महत्त्वपूर्ण था, जब मेरे बल्लेबाज़ी के हीरो सुनील गावस्कर ने उनके 34 टेस्ट शतकों के रिकॉर्ड की बराबरी करने पर मुझे बधाई दी।

जॉन राइट और मैं बेहतरीन मित्र हैं। जॉन, 1990 में न्यूज़ीलैंड में आपने वह कैच क्यों पकड़ा था?

ब्रायन लारा, सर्वश्रेष्ठ बल्लेबाज़ों में से एक और बहुत अच्छे मित्र।

मेरे प्रिय बैंड डायर स्ट्रेट्स के मार्क नॉपफ़्लर के साथ मुंबई में। उन्होंने मुझे जो गिटार दिया, उसे मैंने सँजोकर रखा है।

भारत की सबसे महान सांस्कृतिक हस्तियों में से एक अमिताभ बच्चन के साथ।

लोकप्रिय विव रिचर्ड्स के साथ श्रीलंका में शतरंज खेलते हुए। काश मैं अपने हीरो की तरह बल्लेबाज़ी कर पाता!

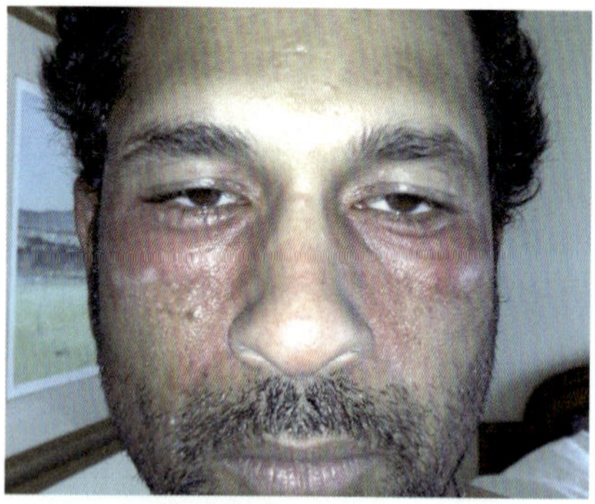

बाएँ : जनवरी 2008 में विवादास्पद सिडनी टेस्ट के दौरान एंड्रयू साइमंड्स और हरभजन सिंह।

ऊपर : क्या आप इस चेहरे को पहचान पा रहे हैं? मुझे अगले दिन टेस्ट मैच खेलना था!

नीचे बाएँ : सिडनी में एक बहुत संतुष्टिदायक 154 (नाबाद) की पारी में ब्रेट ली को अपर कट मारते हुए।

नीचे दाएँ : अक्टूबर 2008 में मोहाली में ब्रायन लारा के टेस्ट रनों के रिकॉर्ड से आगे निकलने पर रिकी पॉन्टिंग की बधाई।

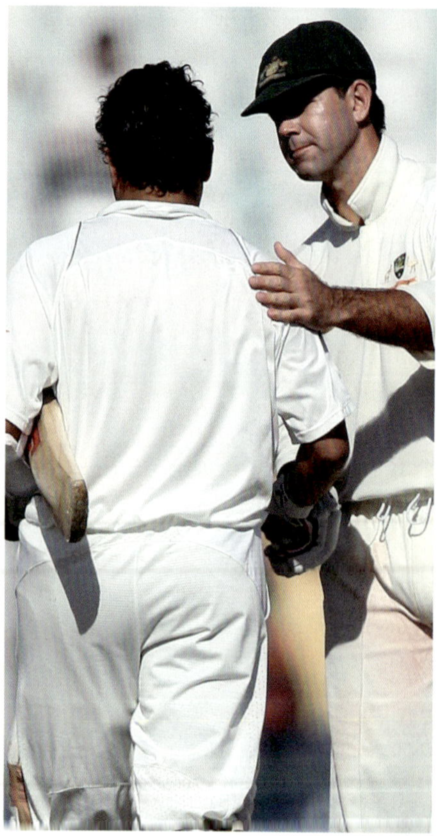

राहुल द्रविड़, सौरभ गाँगुली और वीवीएस लक्ष्मण के साथ। हमने कई यादगार वर्ष साथ बिताए।

एक और शिखर पर विजय। 2009 में मुंबई में श्रीलंका को हराने के बाद भारत की टीम नंबर वन टेस्ट टीम बन गई।

2009 में अंतरराष्ट्रीय क्रिकेट में मेरे बीस वर्ष का जश्न मनाते हुए; मुकेश और नीता अंबानी द्वारा आयोजित एक पार्टी में।

2013 में मुंबई इंडियन्स के साथ आईपीएल विजय का जश्न मनाते हुए। किस क्रिकेट खिलाड़ी ने आईपीएल में खेली अपनी आख़िरी गेंद पर छक्का मारा? जवाब : बंदा हाज़िर है!

139 रनों की बहुत महत्त्वपूर्ण साझेदारी की।

इसी पारी में मेरा ब्रेट ली के साथ बहुत मुश्किल संघर्ष हुआ। उन्होंने काफ़ी तेज़ गति से गेंदबाज़ी की, जिसकी वजह से मुझे अपना सर्वश्रेष्ठ खेल खेलना पड़ा। मुझे मैदान में पहुँचे ज़्यादा समय नहीं हुआ था, तभी ली ने एक तेज़ बाउंसर फेंकी। मैंने जो शॉट खेला, वह अब भी मुझे काफ़ी संतुष्टि देता है। मैंने स्लिप के ऊपर से अपर कट खेलने क़े लिए खुद को तैयार किया, लेकिन फिर मुझे एहसास हुआ कि गेंद काफ़ी तेज़ी से मेरी तरफ़ अंदर आ रही थी। पल भर में गेंद बस मेरे सिर से कुछ इंचों की दूरी पर आ चुकी थी। मैंने अपनी निगाह गेंद पर रखी और लगभग 45 डिग्री पर झुका हुआ था, जब मैं आख़िरकार अपनी आँखों के ठीक सामने बल्ला रखकर गेंद को खेलने में कामयाब रहा। गेंद विकेटकीपर के सिर के ऊपर से उड़ती हुई सीमारेखा तक पहुँच गई। उसके बाद मेरे मन में यह भावना आई कि यह एक अच्छा दिन साबित होगा। 330 रनों के हमारे पहली पारी के स्कोर में मैंने 71 रन बनाए, जबकि द्रविड़ ने 93 रनों का योगदान दिया।

अनिल ने ऑस्ट्रेलिया की पहली पारी में अपना 600वाँ टेस्ट विकेट लिया, जब उन्होंने साइमंड्स को राहुल के हाथों स्लिप में कैच कराया। अनिल ने अपनी ख़ुशी का उल्लासपूर्ण इज़हार किया, जो वे आम तौर पर नहीं करते थे। इससे हमारी आँखें खुल गईं और इससे यह पता चला कि सिडनी टेस्ट के बाद टीम के लिए वह विकेट कितना मायने रखता था। साइमंड्स और गिलक्रिस्ट के बीच की साझेदारी को तोड़ना अत्यंत महत्त्वपूर्ण साबित हुआ। हमने ऑस्ट्रेलिया को 212 रनों पर आउट कर दिया, जिसमें आरपी सिंह ने चार विकेट लिए और हमें 118 रनों की बढ़त मिल गई। हमने अंततः ऑस्ट्रेलिया के सामने जीत के लिए 413 का लक्ष्य रखा और हमें विजय की खुशबू आने लगी। लेकिन अब भी इस काम को अंजाम तक पहुँचाना था और आत्म-संतुष्टि के लिए कोई जगह नहीं थी।

अंतिम दिन टेस्ट क्रिकेट का शानदार उदाहरण था। दरअसल, उस सुबह ईशांत शर्मा ने तेज़ गेंदबाज़ी का जो स्पेल डाला, वह अंतरराष्ट्रीय क्रिकेट में मेरे तमाम बरसों में किसी भारतीय गेंदबाज़ द्वारा डाले गए सबसे अच्छे स्पेलों में से एक था। जब इरफ़ान पठान ने पिछली शाम के दो सलामी बल्लेबाज़ों को आउट कर दिया, तो पॉन्टिंग और माइकल हसी पलटवार का संकल्प लेकर उतरे। अनिल ने पॉन्टिंग के लिए अच्छी फ़ील्ड सजाई और ईशांत को गेंद दे दी। किसी भारतीय तेज़ गेंदबाज़ को विश्व के बेहतरीन बल्लेबाज़ के सामने असली गति से गेंद करते देखना और गुड लेंग्थ से अंदर आने वाली गेंदों से उन्हें सम्मोहित करते देखना प्रेरक था।

ईशांत जिस लेंग्थ पर गेंद डाल रहे थे, वही कुंजी थी। मैं मिड ऑन पर खड़ा था और उन्हें बार-बार उसी लाइन-लेंग्थ पर गेंद करते रहने की सलाह दे रहा था। कोई प्रयोग करने की ज़रूरत नहीं थी, क्योंकि उन्होंने पॉन्टिंग की नाक में दम कर रखा था। मैं यह भी भाँप सकता था कि पॉन्टिंग आगे बढ़ने का झटका देकर ईशांत को विचलित करना चाहते थे और उनकी लंबाई बदलने के लिए विवश करना चाहते थे। यह बल्ले और गेंद के बीच का सच्चा इम्तहान था और मैं यह देखकर प्रभावित हुआ कि ईशांत ठीक वही करने में कामयाब रहे, जो उनसे करने को कहा गया था।

आठ ओवर के अंत तक ईशांत ने गति में कोई कमी नहीं दिखाई। उन्होंने असंख्य मौक़ों पर पॉन्टिंग को चकमा दिया था, लेकिन किसी तरह बल्लेबाज़ बच गया था। यह एक महत्त्वपूर्ण पल था। अगर वे ईशांत को खेलने में कामयाब रहते, तो पॉन्टिंग चैन से आगे बढ़ सकते थे और हम एक मौक़ा चूक जाते। लेकिन अनिल का मन ईशांत को आराम देने के लिए ललचा रहा था - जब तक कि कुछ वरिष्ठ खिलाड़ियों ने उन्हें राज़ी नहीं किया कि वे ईशांत को पॉन्टिंग का विकेट निकालने का एक और मौक़ा दें।

यह दाँव चल गया और ईशांत ने आख़िरकार पॉन्टिंग से एक कट निकलवाकर स्लिप में खड़े राहुल के हाथों कैच करा दिया। यह तेज़ गेंदबाज़ी की बेहतरीन नुमाइश का जायज़ पुरस्कार था। हमें अपना विकेट मिल गया था और अब हम ऑस्ट्रेलिया के मध्य क्रम पर प्रहार कर सकते थे। हम नियमित अंतराल से विकेट निकालते रहे और अंत में बाएँ हाथ के सीमर आरपी सिंह ने स्टुअर्ट क्लार्क को बोल्ड करके हमें एक आश्चर्यजनक विजय दिलाई।

खुश होने के कारण

मैच के बाद ड्रेसिंग रूम में शैम्पेन की बोतलें खुलीं और उनमें से एक दौरे पर आए भारतीय मीडिया दल के पास भी भेजी गई, जिसने सिडनी विवाद के दौरान हमारा साथ देने की बहुत महत्त्वपूर्ण भूमिका निभाई थी। मुझे यह कहते हुए खुशी है कि ब्रेट ली और ऐडम गिलक्रिस्ट हमें बधाई देने के लिए हमारे ड्रेसिंग रूम में आए और हमने उनके इस क़दम की भूरि-भूरि प्रशंसा की।

जब मैं पर्थ टेस्ट की ओर पलटकर देखता हूँ, तो कुछ चीज़ें याद आती हैं। हम एक उद्देश्य के एहसास के साथ पर्थ में उतरे थे। सिडनी में जो हुआ था, उससे हम सभी आहत महसूस कर रहे थे और हमारे गुस्से को निकालने का सबसे अच्छा तरीक़ा क्रिकेट के मैदान पर था। और हमने ठीक यही किया।

पर्थ के बारे में दूसरी चीज़ गैरी कर्स्टन का आगमन था, जिन्हें भारत का कोच नियुक्त किया गया था, हालाँकि अभी उन्होंने कार्यभार नहीं सँभाला था। गैरी ने पहले तो ज़्यादा कुछ नहीं कहा; वे बस यह देखना चाहते थे कि भारतीय खिलाड़ियों की दिनचर्या कैसी है। गैरी ने ही हमें सुझाव दिया कि टीम को पर्थ में साइकल चलानी चाहिए, ताकि उनका दिमाग़ कुछ समय के लिए क्रिकेट पर से हट जाए। इसने निश्चित रूप से हमें बहुत लाभ पहुँचाया। ऐसे समय नेट प्रैक्टिस हमेशा एकमात्र जवाब नहीं होती है। कोई भी दो दिनों के अभ्यास में कभी सुनील गावसकर या कपिल देव नहीं बन पाएगा। मानसिक रूप से शक्ति पाना भी इतना ही महत्त्वपूर्ण होता है और क्रिकेट के मैदान से दूर कुछ समय साथ बिताने से अक्सर मदद मिलती है।

अंत में, प्रशंसकों का समर्थन ख़ास तौर पर यादगार था। हम श्रँखला में 2-0 से पीछे थे और तेज़ तथा उछालदार वाका पिच पर टीम की कमज़ोरी के बारे में काफ़ी कुछ लिखा गया था। इनमें से किसी भी निराशाजनक बात ने भारतीय प्रशंसकों को वहाँ आकर हमें समर्थन देने से नहीं रोका। दर्शक दीर्घा में तिरंगे को लहराते हुए देखना ज़बर्दस्त था और यह इस बात की याद दिलाता था कि यह मैच पूरे संसार के भारतीयों के लिए कितना मायने रखता था। उनका मान रखकर अच्छा महसूस हुआ।

हमने साबित कर दिया था कि भारतीय टीम मैदान पर और मैदान के बाहर खेल भावना से खेल सकती थी।

चौथा टेस्ट, ऐडिलेड, 24-28 जनवरी 2008

जब हमने ऐडिलेड में अंतिम टेस्ट खेलने की तैयारी की, तो गैरी ने मुझसे पूछा कि क्या मैं नेट्स में बल्लेबाज़ी करना चाहता हूँ। इस पर मैंने कहा कि मैं कुछ शॉर्ट पिच थ्रो-डाउन्स का अभ्यास करना ज़्यादा पसंद करूँगा। यह एक परंपरा की शुरुआत थी, जो चार बरसों तक जारी रही, जिसमें गैरी हर मैच से पहले मुझे सैकड़ों गेंद फेंकते थे। वे कभी थकते नहीं थे और काम के प्रति उनका समर्पण आश्चर्यजनक था।

जब उन्होंने मुझसे ऐडिलेड में पूछा कि क्या मैं शॉर्ट थ्रो-डाउन्स के ख़िलाफ़ अभ्यास करना चाहता हूँ, तो मैंने उनसे कहा कि वे मुझे फुल और तेज़ थ्रो करें, क्योंकि मेरे मन में यह भावना थी कि जिस पल मैं मैदान में बल्लेबाज़ी करने उतरूँगा, ब्रेट ली उसी पल एक फुल लेंग्थ गेंद डालेंगे, क्योंकि उन्होंने पर्थ में मुझे एक फुल लेंग्थ गेंद पर ही आउट किया था। निश्चित रूप से जैसे ही मैं

ऐडिलेड में बल्लेबाज़ी करने पहुँचा, ली ने मेरे पैड पर गेंद डाली। मैं तैयार था और स्क्वेयर खेलने के बजाय, जिसकी शायद वे मुझसे उम्मीद कर रहे थे, मैंने अंपायर के पास से एक स्ट्रेट ड्राइव मारकर चौका लगा दिया। स्ट्रोक के बाद मैंने ड्रेसिंग रूम में गैरी की तरफ़ देखा।

मैंने 153 रन बनाए और हम बोर्ड पर 500 से ज़्यादा रन टाँगने में कामयाब रहे, जिसमें सहवाग और भज्जी दोनों ने 63 रन का स्कोर बनाया और कुंबले ने निचले क्रम में कप्तान की पारी खेलते हुए 87 रन बनाए। ऑस्ट्रेलिया ने भी प्रतिक्रिया में इतनी ही अच्छी बल्लेबाज़ी की और हेडन, पॉन्टिंग व क्लार्क ने शतक बनाए और मैच ड्रॉ में ख़त्म हुआ - लेकिन दूसरी पारी में सहवाग के प्रभावशाली 151 रनों के बाद। हम श्रृँखला बराबर करने में कामयाब नहीं हुए थे, लेकिन हमने विश्वसनीयता और सम्मान अर्जित कर लिया था।

अंतिम फ़ैसला

विवादास्पद 'मंकीगेट' विवाद पर पर्दा गिराने से पहले, जैसा इसे प्रेस में कहा गया था, जस्टिस जॉन हैन्सन ने 28 जनवरी 2008 को याचिका में हर एक की गवाही सुनी। मैंने वही बताया, जो मैंने सुना और देखा था। मैंने कहा कि मैंने इस बात पर एतराज़ किया था कि मैच रेफ़री माइक प्रॉक्टर ने हम पर 'झूठा' होने का ठप्पा लगाया था, जिन्होंने अपने कथन में ज़िक्र किया था कि 'मैं मानता हूँ कि एक समूह सच्चाई बता रहा है।' उन्होंने तीन टेस्ट मैचों के लिए भज्जी पर प्रतिबंध लगाया था, जिससे हमें यह पता चलता था कि उनकी राय में कौन सा समूह झूठ बोल रहा था। झूठा कहा जाना कभी एक सुखद अनुभव नहीं होता और मैं बेहद नाराज़ था।

अंत में सच्चाई की जीत हुई। याचिका का फ़ैसला यह था कि इस बात का कोई प्रमाण नहीं था कि भज्जी ने जातिगत अपमान वाली टिप्पणी की थी और प्रतिबंध हटा लिया गया था। इसके बजाय भज्जी पर साइमंड्स के ख़िलाफ़ अपमानजनक भाषा का इस्तेमाल करने के लिए उनकी आधी मैच फ़ीस का जुर्माना किया गया। भज्जी आख़िरकार राहत की साँस ले सकते थे और हमें महसूस हुआ कि टीम के रूप में हम दोषमुक्त हो गए थे।

India in Bangladesh 2007

1st Test. Chittagong. 18–22 May 2007

India 387–8 dec (**SR Tendulkar 101**, SC Ganguly 100, R Dravid 61, KD Karthik 56; M Mortaza 4–97, S Hossain 3–76) and 100–6 dec (**SR Tendulkar 31**; M Rafique 3–27, S Hossain 2–30)

Bangladesh 238 (M Mortaza 79, R Saleh 41; RP Singh 3–45, VRV Singh 3–48, **SR Tendulkar 1–15**) and 104–2 (J Omar 52*, H Bashar 37)

Match drawn

2nd Test. Dhaka. 25–27 May 2007

India 610–3 dec (W Jaffer 138, KD Karthik 129, R Dravid 129, **SR Tendulkar 122***, MS Dhoni 51*; M Rafique 2–181)

Bangladesh 118 (Shakib-Al-Hasan 30; Z Khan 5–34, A Kumble 3–32) and 253 (f/o) (M Mortaza 70, M Ashraful 67; RR Powar 3–33, **SR Tendulkar 2–35**)

India won by an innings and 239 runs

India won the series 1–0

India in England 2007 – The Pataudi Trophy

1st Test. Lord's. 19–23 July 2007

England 298 (AJ Strauss 96, MP Vaughan 79; S Sreesanth 3–67) and 282 (KP Pietersen 134, MJ Prior 42; RP Singh 5–59, Z Khan 4–79)

India 201 (W Jaffer 58, **SR Tendulkar 37**; JM Anderson 5–42, RJ Sidebottom 4–65) and 282–9 (MS Dhoni 76*, KD Karthik 60, **SR Tendulkar 16**; CT Tremlett 3–52, RJ Sidebottom 2–42, MS Panesar 2–63, JM Anderson 2–83)

Match drawn

2nd Test. Nottingham. 27–31 July 2007

England 198 (AN Cook 43; Z Khan 4–59, A Kumble 3–32) and 355 (MP Vaughan 124, PD Collingwood 63, AJ Strauss 55; Z Khan 5–75, A Kumble 3–104)

India 481 (**SR Tendulkar 91**, SC Ganguly 79, KD Karthik 77, W Jaffer 62, VVS Laxman 54; MS Panesar 4–101, CT Tremlett 3–80) and 73–3 (KD Karthik 22, W Jaffer 22, **SR Tendulkar 1**; CT Tremlett 3–12)

India won by 7 wickets

3rd Test. The Oval. 9–13 August 2007

India 664 (A Kumble 110*, MS Dhoni 92, KD Karthik 91, **SR Tendulkar 82**, R Dravid 55, VVS Laxman 51; JM Anderson 4–182) and 180–6 dec (SC Ganguly 57, **SR Tendulkar 1**; PD Collingwood 2–24, JM Anderson 2–34, CT Tremlett 2–58)

England 345 (IR Bell 63, PD Collingwood 62, AN Cook 61; Z Khan 3–32, A Kumble 3–94, **SR Tendulkar 1–26**) and 369–6 (KP Pietersen 101, IR Bell 67; S Sreesanth 3–53)

Match drawn

India won the series 1–0

India in Australia 2007–08 – The Border-Gavaskar Trophy

1st Test. Melbourne. 26–29 December 2007

Australia 343 (ML Hayden 124, PA Jaques 66; A Kumble 5–84, Z Khan 4–94) and 351–7 dec (MJ Clarke 73, PA Jaques 51; H Singh 3–101)

India 196 (**SR Tendulkar 62**, SC Ganguly 43; SR Clark 4–28, B Lee 4–46) and 161 (VVS Laxman 42, SC Ganguly 40, **SR Tendulkar 15**; MG Johnson 3–21, B Lee 2–43, GB Hogg 2–51)

Australia won by 337 runs

2nd Test. Sydney. 2–6 January 2008

Australia 463 (A Symonds 162*, GB Hogg 79, B Lee 59, RT Ponting 55; A Kumble 4–106, RP Singh 4–124) and 401–7 dec (MEK Hussey 145*, ML Hayden 123, A Symonds 61; A Kumble 4–148)

India 532 (**SR Tendulkar 154***, VVS Laxman 109, SC Ganguly 67, H Singh 63, R Dravid 53; B Lee 5–119) and 210 (SC Ganguly 51, A Kumble 45*, **SR Tendulkar 12**; MJ Clarke 3–5, A Symonds 3–51)

Australia won by 122 runs

3rd Test. Perth. 16–19 January 2008

India 330 (R Dravid 93, **SR Tendulkar 71**; MG Johnson 4–86, B Lee 3–71) and 294 (VVS Laxman 79, IK Pathan 46, **SR Tendulkar 13**; SR Clark 4–61, B Lee 3–54)

Australia 212 (A Symonds 66, AC Gilchrist 55; RP Singh 4–68, I Sharma 2–34, A Kumble 2–42) and 340 (MJ Clarke 81, MG Johnson 50*, MEK Hussey 46; IK Pathan 3–54, V Sehwag 2–24)

India won by 72 runs

4th Test. Adelaide. 24–28 January 2008

India 526 (**SR Tendulkar 153**, A Kumble 87, V Sehwag 63, H Singh 63, VVS Laxman 51; MG Johnson 4–126, B Lee 3–101) and 269–7 dec (V Sehwag 151, **SR Tendulkar 13**; MG Johnson 2–33, B Lee 2–74)

Australia 563 (RT Ponting 140, MJ Clarke 118, ML Hayden 103, PA Jaques 60; IK Pathan 3–112, I Sharma 3–115, V Sehwag 2–51)

Match drawn

Australia won the series 2–1

19

ज़ोरदार वापसी

2008 में ऑस्ट्रेलिया में एक दिवसीय त्रिकोणीय श्रृँखला हुई, जिसमें श्रीलंका तीसरी टीम थी। यह एक सख़्त मुक़ाबला था। इससे पहले की विवादास्पद टेस्ट श्रृँखला का बहुत सा तनाव सीमित ओवर वाले मैदान में भी छलक आया और नए कप्तान एमएस धोनी के नेतृत्व में भारत की टीम कॉमनवेल्थ बैंक ट्रॉफ़ी लेकर भारत आना चाहती थी।

10 फ़रवरी को एमसीजी की पिच उन सबसे तेज़ पिचों में से एक थी, जिन पर मैं खेला हूँ। हमने पहले फ़ील्डिंग की और धोनी काफ़ी पीछे खड़े थे, लेकिन इसके बावजूद उन्हें ज़्यादातर गेंदें सीने की ऊँचाई पर पकड़नी पड़ रही थीं। मैं स्लिप में तीस गज़ के दायरे के कोने पर खड़ा था, जिससे पिच की गति और उछाल का अंदाज़ा मिल जाता है। जब मैथ्यू हेडन के बल्ले के बाहरी किनारे से लगने के बाद एक गेंद मेरे पास से उड़ती हुई निकल गई, तो मैंने धोनी से कहा था कि पिच पूरे मैच में तेज़ गेंदबाज़ों को लाभ पहुँचाएगी और रनों का पीछा करना आसान नहीं होगा।

हमारे गेंदबाज़ों ने परिस्थितियों का अच्छा इस्तेमाल किया और ऑस्ट्रेलिया को केवल 158 रन पर आउट कर दिया। ईशांत ने एक बार फिर सुंदर गेंदबाज़ी करते हुए 4-38 के आँकड़े दिए। श्रीसंथ ने भी अच्छा प्रदर्शन करते हुए 31 रन देकर 3 विकेट लिए। पारियों के बीच में हमारा ड्रेसिंग रूम उत्साहित था, हालाँकि हम जानते थे कि उनके तेज़ गेंदबाज़ों को भी ये परिस्थितियाँ इतनी ही रास आएँगी। निश्चित रूप से पारी के तीसरे ओवर में ली ने एक तेज़ शॉर्ट गेंद फेंकी, जो मेरे बल्ले के कंधे से लगी और स्लिप के ऊपर से उड़ती हुई थर्ड मैन की ओर चली गई। जब मैं एक रन ले रहा था, तो ली चलकर मेरे पास आए और मुस्कुराकर बोले कि वे बहुत अच्छा महसूस कर रहे हैं और वे मुझे सचमुच तेज़ गेंदबाज़ी करने वाले हैं। ली हमेशा अच्छे मित्र रहे हैं और हालाँकि इसे नकारात्मक शाब्दिक आक्रमण नहीं कहा जा सकता, लेकिन यह मुझे प्रेरणा

देने के लिए काफ़ी था। जब वे दूर चले गए, तो मैंने खुद से कहा कि चाहे जो हो जाए, मैं उनसे मुक़ाबला करके दिखाऊँगा। यह हमारे सबसे यादगार मुक़ाबलों में से एक साबित हुआ।

मेरा मौक़ा पाँचवें ओवर में आया। सहवाग दूसरे छोर पर अभी-अभी आउट हुए थे। उन्हें बाएँ हाथ के सीमर नैथन ब्रैकन ने 11 रनों पर एलबीडब्ल्यू किया था और ली तूफ़ानी गति से गेंद डाल रहे थे। उनकी दूसरी गेंद थोड़ी बाहर थी, लेकिन फिर भी मैंने कवर में ड्राइव करने का निर्णय लिया। मैंने अच्छा प्रहार किया और गेंद तेज़ी से सीमारेखा की ओर चली गई। ली ने मुझे मुस्कुराकर देखा और अपने निशान की ओर चल दिए। मैं जानता था कि इसके बाद वे क्या कोशिश करेंगे। वे तेज़ी से दौड़े और जैसी उम्मीद थी, उन्होंने फुल लेंग्थ गेंद डाली। मैं इस पर तेज़ी से बल्ला लाया और उनकी तरफ़ सीधा मार दिया। यह मेरी ज़िंदगी के सबसे तेज़ शॉटों में से एक रहा होगा। ली के पास झुककर गेंद पकड़ने का कोई मौक़ा ही नहीं था। दरअसल वे जब तक झुके, तब तक गेंद सीमारेखा तक पहुँच चुकी थी।

अब तक ली और भी ज़्यादा उत्तेजित हो गए थे और अगली गेंद की रफ़्तार 151 कि.मी. प्रति घंटे थी, जिसे मैंने बैकफुट पर रक्षात्मक खेल दिया। मैंने ठान लिया था कि मैं आक्रमण करता रहूँगा और मुझे ओवर की पाँचवीं गेंद पर एक और अवसर मिला। यह फुल और तेज़ थी और एक बार फिर मैंने इसे ली के पास से चौके के लिए मार दिया। पहला स्ट्रेट ड्राइव गेंदबाज़ के बाईं ओर से गया था, जबकि यह वाला उनके दाईं ओर से गया था। इन दोनों शॉटों से मुझे बहुत आत्मविश्वास मिला और मैंने 44 रन बनाए। जब मैं 26वें ओवर में आउट हुआ, तो हमें 64 रनों की ज़रूरत थी। रोहित शर्मा और धोनी ने मिलकर इस काम को अच्छी तरह पूरा कर दिया।

मैच के तुरंत बाद मुझे मेरे ग्रॉइन यानी पेडू-जाँघ जोड़ की मांसपेशियों में दर्द महसूस हुआ। मैंने जॉन ग्लॉस्टर को समस्या बताई। हमने इसे ठीक करने के लिए कुछ क़दम उठाए, लेकिन दर्द कम होने का नाम नहीं ले रहा था और यह तब भी हो रहा था, जब हम होबर्ट में 26 फ़रवरी को श्रीलंका के ख़िलाफ़ आख़िरी समूह मैच खेले। यह एक ऐसा मैच था, जिसे हमें ऑस्ट्रेलिया के ख़िलाफ़ तीन मैचों के फ़ाइनल में पहुँचने के लिए जीतना ही था। श्रीलंका ने 179 रन का स्कोर बनाया। ईशांत शर्मा और प्रवीण कुमार दोनों ने ही चार-चार विकेट लिए और जब हमारी पारी शुरू हुई, तो मैं शुरू से ही अच्छा खेला और मैंने 63 रन बनाए। अंततः हमने जीत के लिए आवश्यक रन 33 ओवर में ही बना डाले।

कई कम स्कोरों के बाद विकेट पर एक बार फिर काफ़ी देर तक रुकना अच्छा लगा और मैं कुछ रन बनाकर राहत के साथ पहले फ़ाइनल के लिए सिडनी की ओर चल दिया।

हालाँकि मैं फ़ाइनल की राह देख रहा था, लेकिन मैं जानता था कि हर अभ्यास सत्र के बाद मेरे ग्रॉइन का दर्द बढ़ता जा रहा था। मुझे दौड़ने, मुड़ने, यहाँ तक कि झुककर गेंद उठाने में भी समस्याएँ आ रही थीं। नौबत यहाँ तक आ गई कि फ़ील्डिंग अभ्यास के समय मैं स्टंप पर खड़ा रहता था, जबकि मेरी टीम के साथी गेंद फेंकते थे। फ़ाइनल बस एक दिन दूर था, इसलिए दर्दनिवारक दवाएँ ही एकमात्र उपचार थीं।

सीबी सीरीज़, पहला फ़ाइनल, सिडनी, 2 मार्च 2008

फ़ाइनल से पहले माहौल एक बार फिर थोड़ा गर्म हो गया, जब रिकी पॉन्टिंग ने घोषणा की कि ऑस्ट्रेलिया को तीन फ़ाइनल मैचों में से सिर्फ़ पहले दो मैच ही खेलने होंगे, क्योंकि भारत को खदेड़ने के लिए इतना ही काफ़ी है। उनकी टिप्पणियों ने हमारे संकल्प को और बढ़ा दिया।

ऑस्ट्रेलिया ने टॉस जीतकर एससीजी पर पहले बल्लेबाज़ी की। आम तौर पर किसी बड़े फ़ाइनल में पहले बल्लेबाज़ी करना समझदारी भरी नीति होती है, क्योंकि अनिवार्य रूप से जीतने की ललक की बदौलत एक सामान्य स्कोर को भी अच्छा बनाया जा सकता है। ऑस्ट्रेलिया ने उस दिन 239 रन बनाए, जिसमें मैथ्यू हेडन ने 82 रनों का योगदान दिया और हमें नहीं लगता था कि गेंदबाज़ी की अच्छी परिस्थितियों में यह बुरा स्कोर था।

रॉबिन उथप्पा मेरे साथ बल्लेबाज़ी की शुरुआत कर रहे थे और हमारा पहला काम नई गेंद को पुराना करना था। हम जानते थे कि अगर हमारी टीम पूरे पचास ओवर खेल जाएगी, तो हम जीत जाएँगे, इसलिए मैंने रॉबिन को धैर्य रखने की सलाह दी और कहा कि वे पारी की शुरुआत में आक्रामक तेवर न दिखाएँ। स्वाभाविक रूप से आक्रामक बल्लेबाज़ होने के नाते रॉबिन अपने शॉट खेलने के लिए छटपटा रहे थे और एक मोड़ पर तो मैं उन पर थोड़ा नाराज़ हुआ और कहा कि वे कोई जल्दबाज़ी न करें। हमने ग्यारहवें ओवर तक एक भी विकेट नहीं गँवाया, जब रॉबिन ने पहला बड़ा पुल शॉट डीप स्क्वेयर लेग की ओर खेला, जहाँ माइक हसी ने गेंद को काफ़ी नीचे कैच कर लिया। रॉबिन ने भले ही सिर्फ़ 17 रन बनाए हों, लेकिन उन्होंने नई गेंद को पुराना करने में मदद की थी और हमने मिलकर पहले विकेट के लिए 50 रनों की साझेदारी कर ली थी।

मुझे एहसास था कि मैच हमारे ही पक्ष में जाएगा, बशर्ते हम हिम्मत न खोएँ। दुर्भाग्य से कुछ ही ओवर के भीतर गौतम गंभीर और युवराज भी पवेलियन लौट गए। अब हमें पारी को दोबारा बनाने के लिए एक और साझेदारी की ज़रूरत थी। रोहित शर्मा बल्लेबाज़ी करने उतरे और मैंने उनसे कहा कि वे सीधे बल्ले से खेलें और बल्लेबाज़ी की शुरुआत में कोई उल्टा-सीधा शॉट न खेलें। उन्होंने कमाल की बल्लेबाज़ी की और जल्दी ही हम विपक्षी टीम को रौंदने की स्थिति में आ गए। रोहित आख़िरकार ऑल-राउंडर जेम्स होप्स की गेंद पर 66 पर आउट हुए और तब तक मैं अपना शतक पूरा कर चुका था।

इसके बाद धोनी आए और हमने बचे हुए 30 रन बनाकर अंत में मैच को काफ़ी आसानी से जीत लिया। एकमात्र डरावनी चीज़ ब्रेट ली की बीमर थी, जो मुझे हेलमेट ग्रिल के बग़ल में और बाएँ कंधे के ऊपर लगी। गेंद उनके हाथ से छूट गई थी और बड़ी आसानी से मुझे चोट पहुँचा सकती थी। मेरा सिर घूमने लगा और मज़ाक़ में मैंने ली से कहा कि अगली बार जब वे मुंबई आएँगे, तो उन्हें मेरे बेटे अर्जुन को जवाब देना पड़ेगा। ली अर्जुन को अच्छी तरह जानते थे और उन्होंने मेरे परिवार के साथ कुछ समय बिताया था, जब हमने मिलकर *बूस्ट* के विज्ञापन का फिल्मांकन किया था। उन्होंने तुरंत क्षमा माँगी और मामला वहीं ख़त्म हो गया। ज़ाहिर है, यह सिर्फ़ संयोग था, लेकिन कंधे में दर्द हो रहा था और कंधे तथा कोहनी के बीच वाला हिस्सा काला पड़ गया।

पूरी पारी में बल्लेबाज़ी करना बहुत संतुष्टिदायक अनुभव था। यह एक बड़ा मैच था, लेकिन हमने बहुत ज़्यादा जश्न न मनाने का निर्णय लिया, क्योंकि ब्रिसबन में होने वाला दूसरा फ़ाइनल केवल एक दिन दूर था और हम जानते थे कि भारी नमी के कारण यह मुश्किल होने वाला था।

उस रात मैं एक पल के लिए भी अपनी आँखें बंद नहीं कर पाया और मुझे सारे शरीर में दर्द हो रहा था। मेरे ग्रॉइन का दर्द बढ़ गया था और मुझे डर लगने लगा था। अगली सुबह मुझे चलने में भी मुश्किल हो रही थी और सुबह की हवाई उड़ान पकड़ना एक कठिन परीक्षा थी। ब्रिसबन के होटल पहुँचने पर मेरी लंबी मालिश की गई। मेरी हालत को देखते हुए धोनी ने सुझाव दिया कि शायद मुझे दूसरे फ़ाइनल को छोड़ देना चाहिए और मैं ज़रूरत पड़ने पर तीसरे फ़ाइनल में खेल सकता हूँ। मैंने उनसे कहा कि *'शेर जब गिरा हुआ होता है, उसे तभी मार दो। उसे दूसरा मौक़ा मत दो।'* वे भी मेरी बात से सहमत थे कि अगर हम ऐसा कर सकें, तो हमें ब्रिसबन में ही फ़ाइनल मैच जीत लेना चाहिए।

सीबी श्रृंखला, दूसरा फ़ाइनल, ब्रिसबन, 4 मार्च 2008

जब हम गाबा पहुँचे, तो हमने पाया कि पिच पर बहुत सी नमी थी। यह तय था कि शुरुआत में बल्लेबाज़ी मुश्किल होगी और स्पष्ट योजना यह होती कि टॉस जीतने के बाद हम पहले फ़ील्डिंग करें - लेकिन मैंने धोनी से ऐसा न करने का आग्रह किया। मैंने सोचा कि ऑस्ट्रेलिया वालों को पहले बल्लेबाज़ी करना रास आ सकता है, क्योंकि लक्ष्य का पीछा करने का दबाव न होने पर बल्लेबाज़ी करना ज़्यादा आसान होता है। मैंने सोचा, बेहतर यही होगा कि हम पहले लक्ष्य तय करें, भले ही हमें विकेट पर गीलेपन के शुरुआती दौर में जूझना पड़े।

धोनी सहमत हो गए और हमने पहले बल्लेबाज़ी की। एक बार फिर, मैंने रॉबिन उथप्पा को साफ़-साफ़ शब्दों में समझा दिया कि दस ओवर से पहले वे किसी भी बड़े शॉट का जोखिम न लें। इन परिस्थितियों में विकेट न खोना रन बनाने से कहीं ज़्यादा महत्त्वपूर्ण था। रॉबिन ने सफलतापूर्वक खुद को रोके रखा और हमने पहले बीस ओवर में कोई विकेट नहीं गँवाया, जिससे हमें आक्रमण करने की ठोस बुनियाद मिल गई। फिर हमने हर ओवर में लगभग छह रन की गति से रन बनाते हुए 258 का स्कोर बनाया, जो इन परिस्थितियों में जुझारू स्कोर कहा जा सकता था।

मुझे 91 रन का स्कोर बनाकर खुशी हुई थी, लेकिन पारी के अंत तक मैं यह भी जान गया था कि मेरे शरीर की हालत बहुत ख़राब है और अगर हम ब्रिसबन में नहीं जीत पाते, तो मैं तीसरे फ़ाइनल को खेलने की स्थिति में नहीं था। वास्तव में, ऑस्ट्रेलिया की पारी के चौथे ओवर में मुझे मैदान छोड़ने के लिए मजबूर होना पड़ा, जब धोनी ने श्रीसंथ की गेंद पर हेडन का कैच पकड़ने के लिए छलाँग मारी थी और गेंद छिटककर मेरे कंधे पर उसी जगह टकराई थी, जहाँ ली की बीमर पड़ी थी।

इस दौरान हमारे शुरुआती गेंदबाज़ प्रवीण कुमार ने बेहतरीन स्पेल किया और ऑस्ट्रेलिया के तीन महत्त्वपूर्ण विकेट चटकाए। फिर हेडन और साइमंड्स ने एक बड़ी साझेदारी बनाई और मंच सज गया था कि अब भज्जी ऑस्ट्रेलिया की भूमि पर अंतिम शब्द कहें। पहले उन्होंने हेडन को रन आउट किया, जो साइमंड्स के साथ ग़लतफ़हमी के चलते आउट हुए। फिर दो गेंद बाद साइमंड्स एक गेंद पर चकमा खा गए, जो काफ़ी घूमी और उन्हें एलबीडब्ल्यू क़रार दिया गया। कोई आश्चर्य नहीं कि भज्जी को इस विकेट में जितना मज़ा आया था, उतना बाक़ी किसी में नहीं आया था।

लेकिन मैच अब भी ख़त्म नहीं हुआ था। जेम्स होप्स कुछ आक्रामक स्ट्रोक लगा रहे थे। होप्स सबसे अंत में 63 रन बनाकर आउट हुए, लेकिन दूसरे छोर से नियमित रूप से विकेट लेकर हमने यह सुनिश्चित कर दिया था कि वे लगातार दबाव में रहें। मगर मैच उम्मीद से ज़्यादा काँटे का था और जब आख़िरी विकेट गिरा, तब ऑस्ट्रेलिया मैच जीतने से केवल दस रन दूर थी।

जीतने का भाव बेहतरीन था और तिरंगे को पूरे गाबा में लहराए जाते देखना एक शानदार दृश्य था। हमने ऑस्ट्रेलिया को ऑस्ट्रेलिया में ही हरा दिया था और हम ख़ुश थे कि हमने रिकी पॉन्टिंग की बात सही साबित कर दी थी। उन्हें तीसरा फ़ाइनल नहीं खेलना पड़ा, जैसी कि उन्होंने भविष्यवाणी की थी।

अप्रिय स्थिति से निबटना

मेरी शारीरिक हालत हर दिन बिगड़ती जा रही थी। इससे कोई मदद नहीं मिली कि समस्या का अब तक सही तरीक़े से निदान नहीं हुआ था और मुझे यह पता ही नहीं था कि दरअसल मुझे कौन सी बीमारी है। वैसे भी मेरे पास इस बारे में कुछ करने के लिए ज़्यादा समय नहीं था, क्योंकि दक्षिण अफ़्रीका के ख़िलाफ़ तीन घरेलू टेस्ट मैचों में से पहला टेस्ट दो सप्ताह बाद 26 मार्च 2008 को चेन्नई में शुरू होने वाला था।

मैं जितना आराम कर सकता था, उतना करने के बाद मैं चेन्नई गया और मैच से पहले शाम को मैंने अपने ग्रॉइन में तीन इंजेक्शन लगवाए। डॉक्टरों को विश्वास था कि इनसे मुझे अगले दिन खेलने में मदद मिलेगी। जब मैं अगली सुबह जागा, तो दर्द काफ़ी कम हो चुका था, लेकिन जॉन ग्लॉस्टर और मैंने निर्णय लिया कि मुझे फ़िटनेस टेस्ट देना चाहिए। मैंने पाया कि अभ्यास के दौरान मैं दौड़ सकता था और मैंने बहुत ज़्यादा असुविधा महसूस किए बिना फुटबॉल का हमारा पारंपरिक खेल भी खेला। जॉन ने मुझे खेलने के लिए फ़िट घोषित कर दिया।

मेरे लिए यह बदक़िस्मती की बात थी कि दक्षिण अफ़्रीका ने टॉस जीता और फिर दो दिन तक बल्लेबाज़ी करके 540 रन बनाए, जिसमें अमला के 159 शामिल थे। गर्मी में फ़ील्डिंग करने से दर्द जल्दी ही लौट आया और जब मैंने आख़िर चौथे दिन बल्लेबाज़ी की, तो मैं इतना अकड़ा हुआ और दर्द में था कि मैं मखाया एन्टीनी की गेंद पर बग़ैर कोई रन बनाए आउट हो गया, जब कैलिस ने दूसरी स्लिप पर मेरा कैच पकड़ा। मैच के अंत में, जो ऊँचे स्कोर वाला ड्रॉ था, मैंने अनिल कुंबले और जॉन ग्लॉस्टर को बताया कि मेरे शरीर पर अब जबरन ज़ोर डालने में कोई तुक नहीं था।

मैं मुंबई पहुँच गया। मुझे मुंबई इंडियन्स की आईपीएल टीम का कप्तान बनाया गया था और इसके फिज़ियो नितिन पटेल के मार्गदर्शन में मैंने अपने स्वास्थ्यलाभ की प्रक्रिया शुरू कर दी। आईपीएल का पहला सीज़न बस आने ही वाला था और मेरा शुरुआती लक्ष्य पहले मैच के लिए फ़िट होना था। बहरहाल, मेरे तमाम प्रयासों के बावजूद मैं अंतिम सात मैच ही खेल पाया और तब भी मैं शत प्रतिशत फ़िट नहीं था।

बीमारी का पता न चलने से थोड़ी हानिकारक अटकलबाज़ी शुरू हो गई। मुंबई के एक डॉक्टर ने मुंबई इंडियन्स के प्रबंधन को बताया कि समस्या दरअसल मेरे दिमाग़ में थी। मुझे यह इसलिए पता चला, क्योंकि एक रात अंजलि ने मुझसे पूछा कि क्या सचमुच मेरी हालत इतनी ख़राब है कि मैं नहीं खेल सकता। अंजलि मुझसे ऐसा सवाल कैसे पूछ सकती थी? मैंने उससे कहा कि मैं टूटी अँगुलियों और टूटे अँगूठों के साथ खेल चुका हूँ और मैं अपने पिता की मृत्यु के कुछ दिनों बाद खेल चुका हूँ, इसलिए बाक़ी लोगों की बात रहने दो, वह मेरी शारीरिक स्थिति पर शक कैसे कर सकती है? जब तक यह प्रतिस्पर्धा पूरी नहीं हुई, तब तक अंजलि ने मुझे वह बात नहीं बताई, जो उसने मुंबई इंडियन्स के एक अधिकारी के मुँह से सुनी थी कि डॉक्टर ने उससे क्या कहा था। सच कहूँ, तो मुझे यह सुनकर सदमा लगा, लेकिन मुझे इस बात की ख़ुशी थी कि टूर्नामेंट ख़त्म होने तक उसने मुझे कुछ नहीं बताया, क्योंकि मैं फ़िट होने और खेलने के लिए हर संभव प्रयास कर रहा था और यह सुनने से मैं बहुत विचलित हो जाता।

मेरा दुर्भाग्य था कि मुंबई में कोई भी मेरी बीमारी नहीं ढूँढ़ पाया, हालाँकि मैंने कई प्रकार के उपचार कराए थे। आख़िरकार जब मैं पारिवारिक छुट्टियाँ मनाने के लिए लंदन गया, तो मैं वहाँ अपने सर्जन ऐंड्रू वैलेस से मिला और उन्हें अपना हाल बताया। उन्होंने प्रो. कैथी स्पीड से मिलने की सिफ़ारिश की, जिन्होंने केस हिस्ट्री देखते ही तुरंत बता दिया कि मुझे गिलमोर्स ग्रॉइन या खिलाड़ी का हर्निया है। उन्होंने मुझे जर्मनी में डॉ. अलराइक मस्कावेक के पास जाने की सलाह दी। प्रो. स्पीड ने कुछ दवाएँ लिखीं और कुछ व्यायाम बताए। इनसे मैं इतना अच्छा महसूस करने लगा कि जुलाई-अगस्त 2008 में टेस्ट श्रृंखला के लिए टीम के साथ श्रीलंका चला गया। मैंने बिना किसी ज़्यादा मुश्किल के श्रृंखला पूरी खेली, जिसे हम 2-1 से हार गए, लेकिन एक दिवसीय श्रृंखला के शुरू होने से पहले मुझे समझ आ गया कि मुझे इस समस्या को लेकर कुछ करना होगा।

13 अगस्त 2008 को मैं अकेला म्यूनिख़ के लिए रवाना हुआ, जहाँ मुझे म्यूनिख़ हर्निया सेंटर में डॉ. मस्कावेक से इलाज कराना था। हर्निया के उपचार

के लिए इतना विशेषज्ञतापूर्ण केंद्र भी है, यह पता चलना मेरे लिए एक बड़ा रहस्योद्‍घाटन था। प्रो. स्पीड ने डॉ. मस्कावेक की बहुत तारीफ़ की थी। वे लगभग दो दशकों से हर्निया के ऑपरेशन में विशेषज्ञ थीं और उन्होंने हाल के वर्षों में कुछ नई इलाज तकनीकें विकसित की थीं, जिन्होंने स्वास्थ्यलाभ की प्रक्रिया को काफ़ी बेहतर बना दिया था। वे अपने रोगियों को तत्काल आरामदेह बनाती हैं और उन्होंने मुझे तुरंत आश्वस्त किया कि जब वे एक बार मेरा ऑपरेशन कर देंगी, तो दोबारा समस्या उठने का कोई प्रश्न ही नहीं है। मुझे इस बात की ख़ुशी है कि उनकी बात सही साबित हुई।

मेरा पहला ऑपरेशन 14 अगस्त को हुआ और मुझे कहना होगा कि दर्द आराम से सहन किया जा सकता था। मैंने डॉ. मस्कावेक से पूछा था कि क्या ग्रॉइन के दोनों हिस्सों का ऑपरेशन एक ही दिन में किया जा सकता है, लेकिन मुझे बताया गया कि यह व्यावहारिक नहीं होगा, क्योंकि इसमें बहुत ज़्यादा दर्द होगा। सारा की परीक्षाओं के कारण अंजलि शुरुआत में मेरे साथ नहीं आ पाई थी, लेकिन 14 की शाम को वह मेरे पास आ गई और मैंने 15 की सुबह को अपना दूसरा ऑपरेशन कराया। मैंने दोनों ऑपरेशन लगातार दो दिन में कराने पर ज़ोर दिया था, क्योंकि मैं उम्मीद कर रहा था कि इससे मैं ऑस्ट्रेलियाई टेस्ट श्रृंखला के लिए जल्दी फ़िट हो जाऊँगा। इस बार दर्द भयंकर था। नित्य कर्म भी मुश्किल काम था, क्योंकि मेरे पेट में गंभीर दर्द रहता था और मैं एक भी चीज़ नहीं खा पाता था। मुझे एक रेचक औषधि दी गई थी और यह शकर वाला मीठा द्रव बहुत अच्छे स्वाद का था। यही एकमात्र चीज़ थी, जिसे मैंने उस रात ख़ुशी-ख़ुशी पिया! भारी दर्द की वजह से मुझे मुश्किल से नींद आई और मैं घर लौटने की राह देख रहा था।

यह एक अहम ऑपरेशन था और इसने मेरे क्रिकेट करियर को लंबा करने में मदद की। इससे यह भी पता चलता है कि उस वक़्त भारत में विशेषज्ञतापूर्ण खेल विज्ञान केंद्रों का कितना अभाव था। हालाँकि मैं म्यूनिख़ जाकर विश्व के सर्वश्रेष्ठ विशेषज्ञों से अपना इलाज कराने का ख़र्च उठा सकता था, लेकिन शायद कई दूसरे भारतीय खिलाड़ियों के लिए यह व्यावहारिक रूप से संभव नहीं होता।

मैं बाद में निश्चित रूप से जान गया कि मेरा ऑपरेशन गंभीर था। मुझे याद है कि मैं 16 अगस्त को व्हीलचेयर में अस्पताल से बाहर निकला था, क्योंकि मैं जब भी खड़े होने की कोशिश करता था, तो मुझे चक्कर आने लगते थे। मुझे यह भी याद है कि हवाई अड्डे के चेक-इन काउंटर पर खड़े होते समय मैंने अंजलि से कहा था कि मुझे चक्कर आ रहे हैं और अंजलि मदद के लिए दौड़ी

चली आई थी। मुंबई पहुँचने के बाद मेरे मित्र फ़ैज़ल मोमेन मुझे हवाई अड्डे से लेने आए और ज़िंदगी में पहली बार मैंने उनसे कहा कि वे जितनी धीमे संभव हो, उतनी धीमे गाड़ी चलाएँ। मैं उतावले अंदाज़ में सड़क की निगरानी कर रहा था और जब भी मुझे कोई स्पीड ब्रेकर दिखता था, तो मैं अपने हाथों से ख़ुद को थोड़ा ऊपर उठा लेता था, ताकि मेरा पेट न हिले।

जैसे ही मैं घर लौटा, अंजलि ने बच्चों से कहा कि कुछ समय तक वे अपने पिता के गले नहीं लग पाएँगे। उस वक़्त अर्जुन मुझसे खेल-खेल की लड़ाई करता था और मुझे उसे बैंडेज दिखाकर समझाना पड़ा कि मैं सचमुच बहुत बीमार हूँ। यह हम सभी के लिए मुश्किल समय था। मैं पहले ही अपने बच्चों के बचपन के दिन और महीने चूक चुका था। अब जब मैं उनके साथ दिन भर घर पर ही था, तो मैं उनके साथ खेल नहीं सकता था।

चोट से उबरने के बाद मैंने पॉल क्लोज़ और पॉल चैपमैन के निर्देशन में स्वास्थ्यलाभ की प्रक्रिया शुरू की। मैं स्वास्थ्यलाभ के दौरान तीन सप्ताह तक बाहर नहीं गया, क्योंकि मैं सात बजे शुरू होने वाले प्रशिक्षण से बहुत थक जाता था। मैंने अपने स्वास्थ्यलाभ का दूसरा सप्ताह नैशनल क्रिकेट अकैडमी में बिताया और मेरे प्रशिक्षण में शक्ति बढ़ाने वाले व्यायाम, कार्डियो, पूल सत्र, दौड़ना - सीधे भी और तिरछे भी - शामिल था। यही नहीं, थेरा-बैंड वाले विशेषज्ञतापूर्ण व्यायाग और कई अन्य कसरतें भी थीं। यह सब दोपहर लगभग ढाई बजे ख़त्म होता था, जिसके बाद मैं घर आता था, लंच करता था और पूरी तरह निढाल अवस्था में कुछ घंटों के लिए सो जाता था।

मैंने ख़ुद के लिए जो लक्ष्य तय किया था, वह था ऑस्ट्रेलिया के ख़िलाफ़ टेस्ट श्रृंखला के लिए स्वस्थ होना, जो अक्टूबर 2008 की शुरुआत में बैंगलोर में शुरू होने वाली थी। मैं जानता था कि यह समय के ख़िलाफ़ एक दौड़ थी और मुझे बहुत कड़ी मेहनत करनी होगी। कई बार तो मैं ख़ुद को इतना ज़्यादा थका देता था कि शाम को बिस्तर पर गिर जाता था और मुझमें ज़रा सी भी ताक़त नहीं बचती थी। फिर मैं अगली सुबह बहुत जल्दी उठ जाता था और अपने व्यायाम एक बार फिर शुरू कर देता था। इस दौरान मेरे मित्रों का समूह, जिसमें अतुल रानाडे, समीर दिघे और जगदीश चौहान शामिल थे, हमेशा मुझे प्रोत्साहित करने के लिए मेरे साथ रहा; वे भी मेरे साथ दिन भर प्रशिक्षण लेते थे। उनकी मौजूदगी से बहुत मदद मिली और उनके समर्थन के लिए मैं हमेशा उनका शुक्रगुज़ार हूँ।

ऑस्ट्रेलिया भारत में, अक्टूबर–नवंबर 2008

9 अक्टूबर को बैंगलोर में ऑस्ट्रेलिया के ख़िलाफ़ पहले टेस्ट के लिए मैदान में दोबारा उतरने से बहुत राहत मिली। ऑस्ट्रेलिया ने अपनी पहली पारी में 430 रन बनाए, जिसमें पॉन्टिंग और हसी दोनों के शतक शामिल थे। जवाब में हमने 360 रन बनाए। मैंने पहली पारी में केवल 13 रन किए, लेकिन दूसरी पारी में कैमरॉन व्हाइट की लेग स्पिन पर आउट होने से पहले बेहतर प्रदर्शन किया। मैंने 49 रन बनाए, लेकिन इससे ज़्यादा अहम बात, मैंने लगभग तीन घंटे तक बल्लेबाज़ी की और सौ से ज़्यादा गेंदों का सामना किया, लेकिन इसके बावजूद ज़रा भी दर्द महसूस नहीं हुआ। मैच ड्रॉ हो गया और हम चार टेस्ट मैचों में से दूसरा टेस्ट मैच खेलने के लिए मोहाली की ओर चल दिए।

श्रृँखला का महत्त्व और भी ज़्यादा बढ़ गया था, क्योंकि सौरव ने घोषणा कर दी थी कि वे नागपुर में चौथे टेस्ट के अंत में रिटायर हो जाएँगे। सौरव और मेरे बीच हमेशा बेहतरीन तालमेल रहा है और हमने एक साथ बहुत से बेहतरीन पल बिताए हैं। किशोरावस्था में हम दोनों अंडर-15 कैंप में एक महीना साथ रहे थे और हम कैलाश गट्टानी की इंग्लैंड दौरे पर जाने वाली टीम में भी साथ गए थे। हमने टेस्ट क्रिकेट में एक दशक से ज़्यादा समय तक साथ खेला था और सीमित ओवर वाले असंख्य अंतरराष्ट्रीय मैचों में भारत के लिए ओपनिंग की थी।

हमारी एक आदत यह पड़ गई थी कि जब भी मुझे महसूस होता था कि सौरव तनावग्रस्त हैं या कोई चीज़ उन्हें परेशान कर रही है, तो मैं उनसे उनकी मातृभाषा बंगाली में कुछ भी बोल देता था। अक्सर मेरे शब्द बेतुके होते थे, लेकिन उन्हें सुनकर वे हँस पड़ते थे। इसमें कोई शक नहीं था कि मुझे उनकी कमी खलने वाली थी। मुझे याद है कि मैंने उन्हें खेलते रहने के लिए मनाने की कोशिश की थी, लेकिन उन्होंने तय कर लिया था कि अब संन्यास लेने का समय आ चुका है।

मोहाली में दूसरे टेस्ट मैच में, जो 17 अक्टूबर को शुरू हुआ, मैंने 88 शानदार रन बनाए और पीटर सिडल की गेंद पर स्लिप में कैच आउट हुआ। कुल मिलाकर हमारी टीम ने 469 रन बनाए। मेरी टाइमिंग निश्चित रूप से बेहतर होती जा रही थी। इस प्रक्रिया में मैं ब्रायन लारा की कुल रनसंख्या से आगे निकल गया। इस उपलब्धि पर मैदान में ज़बर्दस्त आतिशबाज़ी हुई। यह लगभग तीन मिनट तक चली और मैं मुझ पर लुटाए गए प्यार से सम्मानित महसूस करने लगा। भारतीय क्रिकेट के सबसे मशहूर प्रशासकों में से एक श्री इंद्रजीत सिंह बिन्द्रा, जो तब पंजाब क्रिकेट एसोसिएशन के अध्यक्ष थे, ने मुझे बताया कि मैंने कुल मिलाकर जितने रन बनाए थे, उनसे ज़्यादा पटाखे फोड़े गए

थे। मैं भावविव्हल महसूस करने लगा। पीसीए हमेशा बेहतरीन मेहमाननवाज़ है और यह एक ऐसी संस्था है, जिसने पंजाब में खेलने को बहुत ही ख़ास अनुभव बना दिया है।

ऑस्ट्रेलिया की पहली पारी की शुरुआत से ही हमारे गेंदबाज़ों ने सचमुच अच्छी लाइन पर गेंद फेंकी और ऑस्ट्रेलिया के बल्लेबाज़ों को दबाव में ले आए। गेंद रिवर्स स्विंग कर रही थी और ज़हीर ख़ान तथा ईशांत शर्मा दोनों ही परिस्थितियों का अच्छा फ़ायदा उठा रहे थे। इसके विपरीत, ऑस्ट्रेलिया के गेंदबाज़ों को अपनी लय सही रखने में मुश्किल आई थी और गंभीर, सहवाग तथा धोनी ने उनके ख़िलाफ़ बड़े स्कोर बनाए थे।

जब सौरव ने पहली पारी में शतक जमाया, तो सबको मज़ा आ गया। मैं उनके लिए बहुत खुश था और मुझे याद है कि किस तरह उन्होंने अपने अंतिम टेस्ट शतक का जश्न मुक्का तानकर मनाया और फिर हर्षध्वनि को स्वीकार करने के लिए अपनी बाँहें उठाईं।

मोहाली मैच मेरे लिए इसलिए भी यादगार है, क्योंकि ऑस्ट्रेलिया की दूसरी पारी में मैंने एक यादगार कैच पकड़ा था। मैं पॉइंट पर फ़ील्डिंग कर रहा था, तभी साइमन कैटिच ने भज्जी की गेंद पर मेरे पास से कट करके चौका मारने की कोशिश की। उनके शॉट की टाइमिंग ग़लत हो गई और मुझे गेंद तक पहुँचने के लिए आगे छलाँग लगानी पड़ी। मैं दोनों हाथ गेंद के नीचे लाने में कामयाब रहा और अपने हाथों में चमड़े का स्पर्श महसूस करना बेहतरीन था। इस तरह की तीव्र प्रतिक्रिया ने मेरी ग्रॉइन की मांसपेशियों पर काफ़ी दबाव डाला, लेकिन मैं बिना किसी चोट के उठा और राहत मेरे चेहरे पर साफ़ झलक रही थी। स्वास्थ्यलाभ के दौरान मेरी कड़ी मेहनत रंग लाई थी।

यह मैच का एक महत्त्वपूर्ण विकेट भी था और हमने ऑस्ट्रेलिया के मध्य क्रम को उम्मीद से जल्दी समेट दिया। ज़हीर और ईशांत ने असाधारण अच्छी गेंदबाज़ी की और यहाँ मैंने ज़हीर को जितनी अच्छी गेंदबाज़ी करते देखा, उतना शायद ही कहीं देखा हो। वे गेंद को देर से स्विंग कर रहे थे और ऑस्ट्रेलिया के बल्लेबाज़ लेट स्विंग की वजह से मुश्किल में थे। यह अफ़सोस की बात है कि ज़हीर को इतनी सारी चोटें आईं, वरना मुझे यक़ीन है कि हमने कई अन्य मौक़ों पर भी उनकी मैच जिताने वाली क़ाबिलियत को देखा होता।

हमने मोहाली में ऑस्ट्रेलिया को 320 रनों से हरा दिया और फिर 29 अक्टूबर को शुरू होने वाले तीसरे टेस्ट के लिए दिल्ली चल दिए। चार मैचों की

श्रृंखला में हम इस वक़्त 1-0 से आगे थे। वहाँ हमने गति को क़ायम रखने में कामयाबी पाई और हम ड्रॉ से ख़ुश थे, जिसका श्रेय पहली पारी में गौतम गंभीर और लक्ष्मण दोनों के ही दोहरे शतक को दिया जाना चाहिए। मैंने 68 का स्कोर बनाया और मैं आरामदेह महसूस कर रहा था। मुझे यक़ीन था कि एक बड़ा स्कोर ज़्यादा दूर नहीं है; बस धैर्य रखने की ज़रूरत है।

दिल्ली का वह टेस्ट अनिल कुंबले का आख़िरी टेस्ट साबित हुआ और यह हम सभी के लिए बेहद भावनात्मक पल था। अनिल भारत के सबसे बड़े मैच विजेताओं में से एक थे और हम लगभग दो दशक तक साथ खेले थे। मैं उनकी यह बात सुनकर बहुत हैरान हुआ कि वे रिटायर होने की सोच रहे हैं। उन्हें लग रहा था कि वे अपने सर्वश्रेष्ठ स्तर पर गेंदबाज़ी नहीं कर रहे थे और अपनी टीम को 100 प्रतिशत नहीं दे पा रहे थे। मेरा तर्क सरल था। अनिल कुंबले का 80 प्रतिशत भी ज़्यादातर बल्लेबाज़ों के लिए काफ़ी था और भारत को अब भी उनकी ज़रूरत थी।

मैंने उन्हें आगे खेलते रहने के लिए लगभग मना ही लिया था, लेकिन टेस्ट मैच के तीसरे दिन उनकी स्पिन कराने वाली अँगुली पर लगी चोट निर्णायक साबित हुई। वे कुछ समय पहले ही कंधे की चोट से उबरे थे और अँगुली की चोट, जिसमें ग्यारह टाँकों की ज़रूरत थी, के साथ वे गेंदबाज़ी नहीं कर सकते थे। हमने उन्हें अपने कंधों पर उठाया और यह अंतरराष्ट्रीय क्रिकेट के सचमुच महानतम खिलाड़ियों में से एक की विदाई थी।

उनका विदाई भाषण हम सभी के लिए बहुत भावनात्मक था और भीड़ ने खड़े होकर उन्हें हर्षध्वनि के साथ विदा किया। मुझे यह कहते हुए ख़ुशी हो रही है कि हमने अनिल को राज़ी कर लिया कि वे नागपुर में आख़िरी टेस्ट मैच देखने आएँ और अगर भारत श्रृंखला जीत जाता है, तो जश्न का हिस्सा बनें। अनिल का वहाँ रहना बिलकुल सही था, क्योंकि पहले तीन में से दो टेस्ट मैचों में उन्होंने हमारी कप्तानी की थी और जब हम उस साल पहले ऑस्ट्रेलिया में खेले थे, तब भी वही कप्तान थे।

हमने 6 नवंबर को नागपुर में अच्छी शुरुआत की। सहवाग और विजय ने लगभग सौ रन की शुरुआती साझेदारी की, लेकिन फिर हमने जल्दी ही दो विकेट गँवा दिए। मैंने लक्ष्मण और सौरव के साथ अच्छी साझेदारियाँ बनाईं, जिनमें मुझे कई सौभाग्यशाली जीवनदान मिले। एक बार अस्सी के पार और एक बार नब्बे के पार मेरे कैच छोड़े गए और मैंने सौरव से कहा कि ईश्वर चाहता है कि मैं सौरव के विदाई टेस्ट मैच के मौक़े पर शतक बनाऊँ।

अपने फ़ाइनल टेस्ट में सौरव ने अपनी टीम के लिए मूल्यवान 85 रन बनाए। हमने अपनी पहली पारी में 441 रन बनाए, लेकिन मुझे अब भी महसूस हो रहा था कि हमने 100 रन कम बनाए हैं। यह बल्लेबाज़ी के लिए अच्छा विकेट था और दूसरे दिन का अंतिम सत्र ख़त्म होने तक ऑस्ट्रेलिया 189-2 पर पहुँच गई थी। हम जानते थे कि अगली सुबह हम उन्हें आगे नहीं बढ़ने दे सकते। हमें कोई अलग चीज़ आज़मानी थी, ताकि हम उन्हें सोचने और जोखिम लेने पर मजबूर कर दें, क्योंकि श्रृंखला बराबर करने का दबाव उन पर था। मैंने धोनी को सुझाव दिया कि हमें मैच को धीमा करने की ज़रूरत है और इसके बाद हमने 8-1 की फ़ील्डिंग जमाई, जिसमें आठ फ़ील्डर ऑफ़ साइड पर थे और एक ऑन साइड पर था। यह नीति टेस्ट क्रिकेट में शायद ही कभी आज़माई गई थी, जिसे हमने माइकल हसी और साइमन कैटिच के लिए आज़माया। शुरुआत में कैटिच का कैच छोड़ने के बावजूद हम रन रोकने में कामयाब रहे। ज़हीर और ईशांत ने फ़ील्ड के मुताबिक़ अच्छी गेंदबाज़ी की और ऑस्ट्रेलिया तेज़ी पकड़ ही नहीं पाई।

उन्होंने लंच से पहले केवल 42 रन बनाए और ईशांत ने इस प्रक्रिया में साइमन कैटिच को आउट कर दिया। इस विकेट ने हर चीज़ बदल दी और हमने लंच और चाय के बीच तीसरे सत्र में केवल 49 रन देकर तीन और विकेट चटका दिए। पलड़ा अब हमारी तरफ़ झुक गया था और हम जानते थे कि हम नियंत्रण में आ चुके हैं। हमने अंततः ऑस्ट्रेलिया को उनकी दूसरी पारी में 382 रनों का लक्ष्य दिया और फिर अनिल की जगह पर आने वाले लेग स्पिनर अमित मिश्रा और हरभजन सिंह ने पाँचवें दिन के दूसरे सत्र के बीच में ऑस्ट्रेलिया की दूसरी पारी को समेट दिया। हम 2-0 से श्रृंखला जीत गए।

जश्न देर रात तक चलता रहा और अनिल तथा सौरव दोनों से ही भाषण देने को कहा गया। गैरी ने पर्दे के पीछे महती भूमिका निभाई थी और उन्होंने जामथा में वीसीए क्लब में विदाई समारोह आयोजित किया था। यह एक ऐसा दिन था, जिसे वहाँ मौजूद हर व्यक्ति हमेशा याद रखेगा। इस बहुत ख़ास अवसर के लिए पूरी टीम नागपुर में रुकी रही और मैंने भी ऐसा ही किया, हालाँकि मैं अंजलि का चालीसवाँ जन्मदिन चूक गया। मैं जानता था कि हमेशा की तरह वह समझ जाएगी और मेरी अनुपस्थिति को माफ़ कर देगी।

India in Sri Lanka 2008

1st Test. Colombo (SSC). 23–26 July 2008

Sri Lanka 600–6 dec (DPMD Jayawardene 136, TT Samaraweera 127, TM Dilshan 125*, SM Warnapura 115; I Sharma 2–124)

India 223 (VVS Laxman 56, **SR Tendulkar 27**; M Muralitharan 5–84, BAW Mendis 4–72) and 138 (f/o) (G Gambhir 43, **SR Tendulkar 12**; M Muralitharan 6–26, BAW Mendis 4–60)

Sri Lanka won by an innings and 239 runs

2nd Test. Galle. 31 July–3 August 2008

India 329 (V Sehwag 201*, G Gambhir 56, **SR Tendulkar 5**; BAW Mendis 6–117) and 269 (G Gambhir 74, V Sehwag 50, **SR Tendulkar 31**; BAW Mendis 4–92, M Muralitharan 3–107)

Sri Lanka 292 (DPMD Jayawardene 86, KC Sangakkara 68, SM Warnapura 66; H Singh 6–102, A Kumble 3–81) and 136 (TT Samaraweera 67*, TM Dilshan 38; H Singh 4–51, I Sharma 3–20, A Kumble 2–41)

India won by 170 runs

3rd Test. Colombo (PSS). 8–11 August 2008

India 249 (G Gambhir 72, SC Ganguly 35, **SR Tendulkar 6**; BAW Mendis 5–56, KTGD Prasad 3–82) and 268 (R Dravid 68, VVS Laxman 61*, **SR Tendulkar 14**; BAW Mendis 3–81, M Muralitharan 3–99)

Sri Lanka 396 (KC Sangakkara 144, HAPW Jayawardene 49, WPUJC Vaas 47; H Singh 3–104, Z Khan 3–105, A Kumble 3–123) and 123–2 (SM Warnapura 54*, DPMD Jayawardene 50*)

Sri Lanka won by 8 wickets

Sri Lanka won the series 2–1

Australia in India 2008

1st Test. Bangalore. 9–13 October 2008

Australia 430 (MEK Hussey 146, RT Ponting 123, SM Katich 66; Z Khan 5–91, I Sharma 4–77) and 228–6 dec (SR Watson 41, BJ Haddin 35*; I Sharma 3–40)

India 360 (Z Khan 57*, H Singh 54, R Dravid 51, **SR Tendulkar 13**; MG Johnson 4–70, SR Watson 3–45) and 177–4 (**SR Tendulkar 49**, VVS Laxman 42*)

Match drawn

2nd Test. Mohali. 17–21 October 2008

India 469 (SC Ganguly 102, MS Dhoni 92, **SR Tendulkar 88**, G Gambhir 67; MG Johnson 3–85, PM Siddle 3–114) and 314–3 dec (G Gambhir 104, V Sehwag 90, MS Dhoni 68*, **SR Tendulkar 10**)

Australia 268 (SR Watson 78, MEK Hussey 54; A Mishra 5–71) and 195 (MJ Clarke 69; H Singh 3–36, Z Khan 3–71)

India won by 320 runs

3rd Test. Delhi. 29 October–2 November 2008

India 613–7 dec (G Gambhir 206, VVS Laxman 200*, **SR Tendulkar 68**; MG Johnson 3–142) and 208–5 dec (VVS Laxman 59*, **SR Tendulkar 47**; B Lee 2–48)

Australia 577 (MJ Clarke 112, RT Ponting 87, ML Hayden 83, SM Katich 64, MEK Hussey 53; V Sehwag 5–104, A Kumble 3–112) and 31–0

Match drawn

4th Test. Nagpur. 6–10 November 2008

India 441 (**SR Tendulkar 109**, SC Ganguly 85, V Sehwag 66, VVS Laxman 64, MS Dhoni 56; JJ Krejza 8–215) and 295 (V Sehwag 92, MS Dhoni 55, H Singh 52, **SR Tendulkar 12**; SR Watson 4–42, JJ Krejza 4–143)

Australia 355 (SM Katich 102, MEK Hussey 90, CL White 46; H Singh 3–94) and 209 (ML Hayden 77; H Singh 4–64, A Mishra 3–27)

India won by 172 runs

India won the series 2–0

20
आईपीएल

इंडियन प्रीमियर लीग फ़्रैंचाइज़ी-आधारित 20-20 प्रतिस्पर्धा है, जो अप्रैल 2008 में शुरू हुई और इसका विश्व क्रिकेट पर क्रांतिकारी असर हुआ है। इसने आधुनिक क्रिकेट प्रेमियों की कल्पना को जकड़ लिया है और संसार भर के सर्वश्रेष्ठ खिलाड़ियों को आकर्षित किया है। मुझे यक़ीन है कि आईपीएल वैश्विक क्रिकेट कैलेंडर का एक स्थायी हिस्सा बनी रहेगी, जिस तरह कि यह हर साल अप्रैल-मई में भारतीय घरों का हिस्सा बन चुकी है।

आईपीएल प्रतिकूल मौसम में खेली जाती है और कई बार तो भारत के बाहर भी, लेकिन इसके बावजूद अधिकतर मैच खचाखच भरी भीड़ के सामने खेले जाते हैं। और यह सिर्फ़ छोटी जगहों पर ही नहीं होता। मई 2013 में लोग गुणवत्तापूर्ण क्रिकेट को देखने और समर्थन करने के लिए भारी तादाद में आए, हालाँकि टूर्नामेंट स्पॉट और मैच-फ़िक्सिंग के विवादों से घिरा हुआ था। जो हो रहा था, उससे मैं निराश था, सदमे में था और नाराज़ था और मैंने उस वक़्त एक प्रेस रिलीज़ में यह कह भी दिया। भ्रष्टाचार के ख़िलाफ़ शून्य-सहिष्णुता की नीति होनी चाहिए और खिलाड़ियों को शिक्षित करने के लिए ज़्यादा काम करना चाहिए, लेकिन दूसरी तरफ़ कुछ खिलाड़ियों की ग़लत हरकत की वजह से पूरे टूर्नामेंट को दोष नहीं दिया जा सकता।

इसमें कोई शक नहीं है कि आईपीएल ने भारतीय क्रिकेट में एक बिलकुल नया आयाम जोड़ दिया है। न सिर्फ़ घरेलू प्रतिस्पर्धाओं में रुचि बढ़ी है, बल्कि रिसाव का प्रभाव भी पड़ा है, जिसने घरेलू क्रिकेट के बारे में सामान्य जागरूकता को बेहतर बनाने में मदद की है। इसने निश्चित रूप से घरेलू प्रदर्शनों को ज़्यादा महत्त्वपूर्ण बनाया है, क्योंकि खिलाड़ी जानते हैं कि घरेलू मैचों में बेहतर खेलने से वे आईपीएल का अनुबंध जीत सकते हैं।

शुरुआती डर

जब बीसीसीआई ने 2007 में आईपीएल को शुरू किया, तो इस टूर्नामेंट को लेकर बहुत से डर थे। भारतीय क्रिकेट को क्लब संस्कृति से तालमेल बैठाना था और खिलाड़ियों की नीलामी आम भारतीय क्रिकेट प्रशंसक की मानसिकता के विपरीत थी। किसी को भी पक्का विश्वास नहीं था कि क्रिकेट किस स्तर का होगा या कितने प्रशंसक अप्रैल-मई की भीषण गर्मी में टूर्नामेंट का समर्थन करने के लिए मैदान में आएँगे।

मैं यहाँ पर एक बात स्वीकार करना चाहूँगा। हालाँकि मुझे कभी इस बारे में शक नहीं रहा कि आईपीएल लोकप्रिय होगा, लेकिन मुझे क़तई उम्मीद नहीं थी कि टूर्नामेंट इतनी जल्दी लोकप्रिय हो जाएगा। दूसरी बात, मुझे यह उम्मीद नहीं थी कि क्रिकेट का मानदंड इतना ऊँचा होगा। आईपीएल के मैच अंतरराष्ट्रीय क्रिकेट जितनी ही उत्कटता से खेले जाते हैं और इसका स्तर सर्वोच्च अंतरराष्ट्रीय मानदंडों के बहुत क़रीब होता है। फ्रैंचाइज़ी में आने वाले खिलाड़ी हमेशा अपना सर्वश्रेष्ठ प्रदर्शन करने की कोशिश करते हैं और प्रशंसक इस बात की क़द्र करते हैं। इसके अलावा ज़ाहिर है, वे संसार के सर्वश्रेष्ठ खिलाड़ियों को सर्वश्रेष्ठ भारतीय घरेलू प्रतिभाओं के साथ खेलते देखकर आनंदित होते हैं।

अंतरराष्ट्रीय क्रिकेट से अंतर

आईपीएल और अंतरराष्ट्रीय क्रिकेट में कुछ बुनियादी अंतर हैं। एक तो टीम मालिकों का क़रीबी जुड़ाव है। उनकी उपस्थिति टूर्नामेंट के आकर्षण को बढ़ा देती है। मिसाल के तौर पर, कुछ टीम मालिकों के उनके ख़ास अंधविश्वास होते हैं, जो वे टीम पर लाद देते हैं। एक टीम में मालिक का पुजारी तय करता है कि खिलाडी मैच के दिन अपने होटल के कमरे से किस समय बाहर निकलें और खिलाड़ियों को ऐसा करना होता है। खिलाड़ी चाहे जिस अवस्था में हों, उन्हें कमरा छोड़ना होता है।

एक और टीम मालिक 'वास्तु' में यक़ीन करता है, इसलिए इस टीम का ड्रेसिंग रूम हमेशा एक ख़ास अंदाज़ में जमा होता है, जिसमें आईने ख़ास कोणों पर लगे होते हैं। हमारे ख़िलाफ़ एक मैच में एक बार इस टीम ने हमारे ड्रेसिंग रूम को बदल दिया और आईने उसी तरह लगा दिए, जिस तरह वे अपने घरेलू मैदान में लगाते थे। विपक्षी टीम को विचलित करने के लिए हमने देर रात को यह सजावट बदल दी और सभी आईनों को तौलियों से ढँक दिया।

एक और मौक़े पर एक टीम प्रबंधन ने हमसे कहा कि हम अपने ड्रेसिंग रूम के एक ख़ास वॉशरूम का इस्तेमाल न करें। इसके बाहर एक साइन भी टाँग दिया गया, 'बाथरूम ख़राब है।' एक खिलाड़ी अपनी जिज्ञासा को रोक नहीं पाया और अंदर जाने पर उसे पता चला कि यह अच्छी तरह काम कर रहा था। अंततः टीम ने उस ख़ास बाथरूम का ही उपयोग किया और हम वह मैच जीत गए।

अंतरराष्ट्रीय क्रिकेट से एक और मुख्य फ़र्क़ संस्कृति का है। भारतीय टीम में लगभग सारे खिलाड़ी एक जैसी पृष्ठभूमि से आते हैं और राष्ट्रीय टीम में पहुँचने तक वे भारतीय खेल तंत्र के अभ्यस्त हो जाते हैं। आईपीएल में ऐसा नहीं होता। यहाँ एक नए भारतीय युवा खिलाड़ी और एक स्थापित अंतरराष्ट्रीय दिग्गज खिलाड़ी के बीच भारी सांस्कृतिक अंतर हो सकते हैं, जिससे टीम के आपसी जुड़ाव की ज़रूरत और भी महत्त्वपूर्ण हो जाती है। यहाँ टीम मालिकों, वरिष्ठ प्रबंधन और वरिष्ठ खिलाड़ियों की अतिरिक्त ज़िम्मेदारी यह होती है कि वे युवाओं की देखभाल करें और यह सुनिश्चित करें कि वे भयाक्रांत न हो जाएँ। मुझे युवा भारतीय प्रतिभा को मार्गदर्शन देने में ख़ास ख़ुशी मिली है और मैंने उनके तथा मुंबई इंडियन्स के लिए खेलने वाले अंतरराष्ट्रीय खिलाड़ियों के बीच सेतु बनने की कोशिश की है।

भारतीय क्रिकेट पर प्रभाव

यह बात बिना किसी शक के कही जा सकती है कि आईपीएल का भारतीय क्रिकेट पर गहरा असर हुआ है। लाभ स्पष्ट हैं, लेकिन कुछ चिंताएँ भी हैं, जिन्हें गंभीरता से लेने की ज़रूरत है, क्योंकि तभी टूर्नामेंट आगे आने वाले सालों में विकसित हो सकता है।

सकारात्मक पहलू से देखें, तो आईपीएल ने अंतरराष्ट्रीय खिलाड़ी संबंधों को बेहतर बनाने में योगदान दिया है। इसका सबसे अच्छा उदाहरण ऐंड्रू साइमंड्स और हरभजन सिंह का प्रकरण है। 2011 में आईपीएल के चौथे सीज़न में साइमंड्स और भज्जी दोनों ही मुंबई इंडियन्स की तरफ़ से खेले। मुझे मुंबई इंडियन्स में शामिल होने के बाद ऐंड्रू के साथ हमारी पहली मुलाक़ात स्पष्ट रूप से याद है। मैंने उन्हें बताया कि 2008 का सिडनी विवाद अतीत की बात है और मैं या हरभजन ऐंड्रू के साथ बातचीत में उस घटना का कभी ज़िक्र नहीं करेंगे। ऐंड्रू ने भी इस मिलनसारिता का उचित जवाब दिया और हम अच्छे दोस्त बन गए। हमने एक साथ मिलकर कुछ सचमुच अच्छे मैच खेले और मुझे यक़ीन है कि जब हम अगली बार मिलेंगे, तब भी हमारे बीच यही दोस्ताना रहेगा।

आईपीएल की शुरुआत के बाद भारत-ऑस्ट्रेलिया की किसी भी श्रृंखला में 2008 के दौरे जैसी कटुता नहीं दिखाई दी है। मिसाल के तौर पर, 2013 में आईपीएल के छठे सीज़न में मुझे रिकी पॉन्टिंग के साथ खेलने का मौक़ा मिला। रिकी और मैं बरसों तक एक दूसरे के ख़िलाफ़ अंतरराष्ट्रीय क्रिकेट खेले थे, लेकिन मुंबई इंडियन्स के लिए खेलने से पहले हमारा इकलौता संवाद कभी-कभार के हाय-हलो तक ही सीमित था। अचानक हम एक ही ड्रेसिंग रूम में रह रहे थे और एक साथ बल्लेबाज़ी शुरू कर रहे थे। रिकी को बेहतर जानना और खेल संबंधी उनके दृष्टिकोणों को समझना बहुत ज्ञानवर्धक था। मुझे आईपीएल के दूसरे सीज़न में सनत जयसूर्या, तीसरे सीज़न में शिखर धवन और पाँचवें सीज़न में ड्वेन स्मिथ के साथ बल्लेबाज़ी की शुरुआत करने में भी आनंद आया।

खिलाड़ियों के संबंधों में कायाकल्प का भी आईपीएल मैचों में दर्शकों के व्यवहार पर अच्छा प्रभाव पड़ा है। मिसाल के तौर पर, जब राजस्थान रॉयल्स के लिए खेलते हुए भारतीय ऑल राउंडर युसुफ़ पठान ने 2009 में दक्षिण अफ़्रीका में कोलकाता नाइट राइडर्स के ख़िलाफ़ सुपर ओवर में धमाल किया, तो शेन वॉर्न उन्हें बधाई देने दौड़े और स्टेडियम में बैठे भारतीय समर्थकों ने इस बात के लिए वॉर्न का अभिनंदन किया।

शायद आईपीएल का सबसे बड़ा लाभ यह है कि यह भारतीय घरेलू क्रिकेट खिलाड़ी को संसार के सर्वश्रेष्ठ खिलाड़ियों के साथ खेलने का मौक़ा देती है। भारत में बहुत से खिलाड़ी हैं, जो अच्छे तो हैं, लेकिन अपने देश का प्रतिनिधित्व करने का अवसर ज़रा से अंतर से चूक गए। उनमें से कुछ तीस के पार हो सकते हैं और उन्हें अपने देश के लिए खेलने की कम उम्मीद हो सकती है। आईपीएल ने ऐसे बहुत से खिलाड़ियों को वह मान्यता दिलाई है, जिसकी कुछ साल पहले कल्पना भी नहीं की जा सकती थी, साथ ही सम्मान और अच्छी आमदनी भी दिलाई है। आईपीएल इस वक़्त अंतरराष्ट्रीय क्रिकेट के बाद सबसे अच्छा मंच है, जिसमें अंतरराष्ट्रीय सितारों की भारी उपस्थिति रहती है और भारतीय घरेलू खिलाड़ियों को भी आईपीएल में खेलकर अंतरराष्ट्रीय खेल से जुड़े गौरव में हिस्सा मिलता है। आईपीएल के प्रदर्शनों के बारे में मीडिया में विस्तार से लिखा जाता है और इसके फलस्वरूप घरेलू भारतीय क्रिकेट का दर्जा बेहतर हुआ है।

20-20 क्रिकेट में आने वाले युवा क्रिकेटरों को भी इस प्रतिस्पर्धा से लाभ हुआ है। नेट्स में डेल स्टीन या मॉर्न मॉरकल का सामना करने की योग्यता, जैक कैलिस, एबी डिविलियर्स या केविन पीटरसन के साथ ड्रेसिंग रूम में रहने का अवसर, क्रिस गेल या माइकल हसी जैसे खिलाड़ियों के साथ अभ्यास करने और

खेलने का मौक़ा भारतीय युवाओं के लिए एक ऐसा सपना था, जो अब साकार हो चुका है। अब उनके पास खेल के समकालीन दिग्गजों से आमने-सामने सीखने का मौक़ा है। मुंबई इंडियन्स के युवा नेट्स में संसार के सर्वश्रेष्ठ 20-20 गेंदबाज़ों में से एक लसित मलिंगा के ख़िलाफ़ खेल सकते हैं, केरन पोलार्ड के साथ कंधे से कंधा मिलाकर खेल सकते हैं और टीम के मार्गदर्शक अनिल कुंबले के साथ गेंदबाज़ी की तकनीकों पर बातचीत कर सकते हैं। मुझे बहुत पसंद आया, जब मिड ऑन पर फ़ील्डिंग कर रहे लसित मलिंगा ने मुंबई के मध्यम तेज़ गेंदबाज़ धवल कुलकर्णी के पास जाकर उन्हें सलाह दी। ये ऐसे लाभ हैं, जो आईपीएल के आर्थिक लाभों से बहुत आगे तक जाते हैं। स्थापित भारतीय खिलाड़ियों के लिए अतिरिक्त लाभ भी हैं। दूसरे देशों के खिलाड़ियों की शक्तियों और कमज़ोरियों के बारे में अमूल्य ज्ञान आईपीएल में उनके साथ और उनके ख़िलाफ़ खेलकर हासिल किया जा सकता है।

राष्ट्रीय टीम में आना

आईपीएल ने कई भारतीय खिलाड़ियों को नज़रों में आने और बाद में राष्ट्रीय टीम में पहुँचने में कामयाबी दिलाई है और कई अन्य गिनती में आ चुके हैं। आईपीएल के पहले सीज़न में युसुफ़ पठान और रवीन्द्र जाड़ेजा ने अपने असाधारण प्रदर्शन की बदौलत भारतीय चयनकर्ताओं का ध्यान खींचा। इसी तरह, इरफ़ान पठान ने आईपीएल के चौथे सीज़न में अच्छा प्रदर्शन करके राष्ट्रीय टीम में वापसी की। ऐसे ही असंख्य दूसरे उदाहरण हैं।

हालाँकि मैं सहमत हूँ कि आईपीएल के प्रदर्शन राष्ट्रीय टीम के द्वार खोलने के लिए पर्याप्त महत्त्वपूर्ण हैं, लेकिन मुझे यक़ीन है कि आईपीएल के प्रदर्शनों का इस्तेमाल खिलाड़ियों को केवल 20-20 क्रिकेट या असाधारण मामलों में एक दिवसीय मैचों में चुनने के लिए ही करना चाहिए। आईपीएल में अच्छा खेलने से कोई खिलाड़ी टेस्ट क्रिकेट और शायद पचास ओवर के एक दिवसीय क्रिकेट खेलने के लिए पर्याप्त अच्छा नहीं बन जाता, क्योंकि उनमें बिलकुल अलग योग्यताओं की ज़रूरत होती है। क्रिकेट के इन स्वरूपों के लिए चयनकर्ताओं को रणजी और दिलीप ट्रॉफ़ी, ईरानी ट्रॉफ़ी तथा अन्य घरेलू प्रतिस्पर्धाओं के प्रदर्शन पर ही निगाह रखनी चाहिए।

हमारे पुराने सितारों को पुरस्कृत करना

आईपीएल की सबसे अच्छी परंपराओं में से एक यह है कि इसकी बदौलत बीसीसीआई पूर्व क्रिकेट खिलाड़ियों को पुरस्कृत कर सकती है, जो भारत के लिए

ऐसे वक़्त खेले थे, जब इस खेल में ज़्यादा पैसा नहीं था। हालाँकि आईपीएल में खेलने वाले हर खिलाड़ी के लिए अच्छी जीवनशैली सुनिश्चित हो जाती है, लेकिन कई पूर्व भारतीय दिग्गजों को बुढ़ापे में मुश्किलें झेलनी पड़ती थीं। मई 2012 में आईपीएल के पाँचवें सीज़न में बीसीसीआई ने प्रतिस्पर्धा से मिलने वाली आमदनी में से हर उस खिलाड़ी को पुरस्कृत करने का निर्णय लिया, जो भारत के लिए खेला था। यहाँ तक कि निश्चित संख्या में प्रथम श्रेणी मैच खेलने वाले घरेलू खिलाड़ियों को भी इस योजना में शामिल किया गया। इस तरह का काम महत्त्वाकांक्षी क्रिकेट खिलाड़ियों के लिए बहुत बड़ा प्रोत्साहन है, जिन्हें यह पता रहेगा कि अगर वे राष्ट्रीय टीम में आ गए, तो उन्हें कभी जीवन की बुनियादी आवश्यकताओं की चिंता नहीं करनी पड़ेगी।

अच्छी बात यह भी रही कि ये ख़ास भुगतान टूर्नामेंट के मैचों के दौरान खचाखच भरे स्टेडियम के सामने दिए गए, जिनमें भारतीय क्रिकेट के पुराने सेवकों की उपलब्धियों को रेखांकित किया गया। यह निश्चित रूप से आईपीएल के बिना संभव नहीं होता।

डर

आईपीएल को लेकर एक बड़ा डर यह है कि इसकी दौलत भारत के लिए खेलने को थोड़ा कम महत्त्वपूर्ण और कम आकर्षक बना देगी। कई लोग कहते हैं कि बहुत से भारतीय युवा 20-20 खेलकर बहुत सा पैसा कमाकर और एक अच्छी जीवनशैली जीकर ही संतुष्ट हो सकते हैं। मेरा व्यक्तिगत मत यह है कि भारत के लिए खेलने की तुलना किसी दूसरी चीज़ से हो ही नहीं सकती, लेकिन यह व्यक्ति पर निर्भर करता है : क्या वह अपने देश की ख़ातिर खेलने के लिए आवश्यक अतिरिक्त मेहनत करने को तैयार है, या फिर वह साल में सिर्फ़ दो महीनों की शोहरत से ही संतुष्ट है? जो अपने देश की ख़ातिर खेलने के लिए संकल्पवान है, वह अवश्यंभावी रूप से अपने लक्ष्य की दिशा में प्रयास करेगा, जबकि जो लोग ऐसा करने के लिए पर्याप्त प्रेरित नहीं हैं, वे भारतीय तिरंगे को धारण करने के हक़दार ही नहीं हैं।

एक और चिंता यह है कि आईपीएल की वजह से भारतीय खिलाड़ी थक सकते हैं। मैं इस बात से इत्तफ़ाक नहीं रखता। हालाँकि मैं हर साल खेले जाने वाले 20-20 मैचों की संख्या को नियंत्रित करने की आवश्यकता पर बहस नहीं कर रहा हूँ, लेकिन चोटों का सारा दोष आईपीएल पर मढ़ना हमेशा सही नहीं होता। सारे देशों के सर्वश्रेष्ठ खिलाड़ी आईपीएल में खेलते हैं और इस पल हर

देश का शेड्यूल एक जैसा है। संसार में जितना क्रिकेट खेला जा रहा है, उसे देखते हुए चोटें अब क्रिकेट खिलाड़ी के जीवन का हिस्सा बन चुकी हैं। ऑस्ट्रेलिया के जिन खिलाड़ियों ने आईपीएल नहीं खेला है, वे भी चोट के कारण महीनों तक बाहर रहे हैं, हालाँकि ऑस्ट्रेलिया के पास संसार की सबसे अच्छी चोट-प्रबंधन योजनाओं में से एक है। ज़्यादातर अंतरराष्ट्रीय खिलाड़ी दर्द के साथ खेलते हैं और अंततः खिलाड़ी ख़ुद ही अपने शरीर के सर्वश्रेष्ठ निर्णायक होते हैं और खेलने या न खेलने का फ़ैसला उन्हें समझदारी और ज़िम्मेदारी से ख़ुद करना चाहिए।

मुंबई इंडियन्स के लिए खेलना

मैंने मुंबई इंडियन्स की ओर से खेलने का पूरा आनंद लिया। जब 2007 में आईपीएल का प्रारंभ हो रहा था, तो मुंबई इंडियन्स के मालिक मुकेश अंबानी ने मुझसे टीम की कप्तानी करने को कहा और मैंने तुरंत हाँ कर दी। कप्तान के रूप में मैंने अपनी टीम के साथियों के सामने यह बहुत स्पष्ट कर दिया कि मैं उनसे मैदान पर पूर्ण समर्पण चाहता हूँ और यही हमने आईपीएल के मेरे छह सीज़न्स में करने की कोशिश की।

नीलामी जिस तरह से होती है, उसका आदी होने में कुछ समय लगा। जब फ़रवरी 2008 में पहली नीलामी हुई, तब मैं ऑस्ट्रेलिया में था और मैंने प्रबंधन को उन खिलाड़ियों की सूची थमा दी, जिन्हें मैं हर स्थान के लिए चाहता था; दरअसल मैंने कई विकल्प भी दिए थे। लेकिन अंततः हमें जो टीम मिली, उसमें वैसा संतुलन नहीं था, जैसा मैं चाहता था और हमारा पहला सीज़न ख़ास सफल नहीं था। इससे भी मदद नहीं मिली कि मैं चोट के कारण शुरुआती सात मैच नहीं खेल पाया।

सुखद बात यह है कि हम एक खिलाड़ी को अपनी टीम में लाने में कामयाब रहे : लसित मलिंगा। मैं किसी भी क़ीमत पर उन्हें अपनी टीम में रखना चाहता था, क्योंकि मुझे यक़ीन था कि वे क्रिकेट के इस स्वरूप के लिए बहुत अच्छा विकल्प रहेंगे और 20-20 में उनका प्रदर्शन असाधारण रहा है। ध्यान रखें, कोई भी मलिंगा जैसी गेंदबाज़ी नहीं करता। उनके निचले स्लिंग एक्शन के लिए एक तरह से अंपायर साइटस्क्रीन बन जाता है। मुझे श्रीलंका में एक मौक़ा याद है, जब मलिंगा सफ़ेद गेंद से मुझे गेंदबाज़ी कर रहे थे और मुझे अंपायर से उनका सफ़ेद हैट उतारने को कहना पड़ा, क्योंकि उसकी वजह से गेंद नज़र नहीं आ रही थी! हमारा दुर्भाग्य कि घुटने की चोट की वजह से मलिंगा पहले सीज़न में नहीं खेल पाए।

जब मुंबई इंडियन्स पहले दो सीज़नों में सेमी-फ़ाइनल में नहीं पहुँच पाई, तो 2010 में हम बेहतर प्रदर्शन करने के लिए कृतसंकल्प थे। श्रीमती नीता अंबानी सीज़न की शुरुआत से ही व्यक्तिगत रूप से जुड़ी हुई थीं और इस बार हमने अपनी तैयारियाँ सीज़न शुरू होने से बहुत पहले से कर दीं। मुंबई के वॉटरस्टोन्स क्लब में हमारा दो दिवसीय बॉन्डिंग कैंप लगा और हमें एक दूसरे को जानने में आनंद आया। श्रीमती अंबानी दोनों दिन मौजूद थीं और खिलाड़ियों को उनसे बातचीत करके ख़ुशी मिली। टीम के युवा खिलाड़ी वरिष्ठ खिलाड़ियों के साथ घुले-मिले और मुझे याद है कि ज़हीर खान, हरभजन और मुझसे दूसरे खिलाड़ियों ने हमारे करियर और भारतीय क्रिकेटर के रूप में हमारे जीवन को लेकर कई सारे सवाल पूछे। यह जानना रोचक था कि अहमदनगर जैसे तुलनात्मक रूप से छोटे क़स्बे से आने के बाद मुंबई की जीवनशैली से तालमेल बैठाना ज़हीर को बहुत मुश्किल लगा था और मैं पंजाब में बड़े होते समय हरभजन सिंह की बचपन की कहानियों से ख़ास तौर पर मंत्रमुग्ध हुआ। हम बहुत से खेलों को खेल रहे थे, जैसे टेबल टेनिस, स्क्वॉश और वॉटर पोलो, बस क्रिकेट नहीं खेल रहे थे।

इस कैंप ने अच्छा असर किया और उस सीज़न में हमने अंततः अपने साथ न्याय किया और हम पूरी प्रतिस्पर्धा में अग्रणी टीम बने रहे। दुर्भाग्य से, मैं सेमी-फ़ाइनल में स्लिप में एक गेंद को पकड़ते हुए घायल हो गया, जब मेरे दाएँ हाथ की अँगुलियों की जाली फट गई। मुझे छह टाँके आए और मैं बल्ले को सही तरीक़े से नहीं पकड़ पाया और जिन लोगों ने चोट देखी थी, उनमें से अधिकतर का कहना था कि मैं चेन्नई सुपर किंग्स के ख़िलाफ़ फ़ाइनल में नहीं खेल पाऊँगा, जिसका नेतृत्व एमएस धोनी कर रहे थे। लेकिन मैं खेलने पर आमादा था।

फ़ाइनल की सुबह मैंने चोटग्रस्त क्षेत्र को सुन्न कराने के लिए इंजेक्शन लगवाया, ताकि बल्ले को अच्छी तरह से पकड़ने में मदद मिले। मैंने कुछ ख़ास ग्लव्ज़ भी बनवाए थे, ताकि चोट के लिए अतिरिक्त सुरक्षा रहे, लेकिन ऐसा लगता था कि दर्द बहुत ज़्यादा होने वाला है। लेकिन योजना मेरी उम्मीद के मुताबिक़ अच्छी तरह कारगर नहीं हो रही थी और सुन्न होने के बाद मुझे पता ही नहीं था कि मेरी अँगुलियाँ कहाँ थीं। मैं अचानक होटल वापस लौट गया। मैं इस बात पर निराश था कि उस बहुत दर्द भरे इंजेक्शन को लगवाने के बाद भी स्थिति बेहतर नहीं हुई थी। अंत में मैं उस फ़ाइनल में खेलने में कामयाब रहा, हालाँकि मुझे भारी दर्द हो रहा था। सेमी-फ़ाइनल और फ़ाइनल मैच के बीच के अंतराल में मैंने श्रीलंका के एक डॉक्टर को भी दिखाया, जिसने कहा कि वह मुझे फ़ाइनल के लिए तैयार कर सकता है और मुझे उसकी बताई दवा दिन में दो बार लेनी

होगी। लेकिन इसका साइड इफ़ेक्ट यह होगा कि मैं पहले तीन दिन ठीक से नहीं सो पाऊँगा, लेकिन एक बार जब दवा काम शुरू कर देगी, तो मैं बहुत सोऊँगा। उस डॉक्टर की बात सही थी। दवा ने गड़बड़ की और मैं अंततः फ़ाइनल में खेला - लेकिन जैसी चेतावनी दी गई थी, मैं तीन रात तक नहीं सो पाया और फिर तीन दिनों तक सोया!

मैच के पूर्व-अभ्यास में अंपायर मेरे पास आकर बोले कि क्या मैं जानता हूँ कि मैं क्या कर रहा हूँ : मुझे चोट मैच शुरू होने से पहले लगी थी, इसलिए मुझे सबस्टीट्यूट फ़ील्डर रखने की इजाज़त नहीं दी जाएगी। लेकिन मैंने सारे परिणामों पर विचार कर लिया था और दर्द झेलने को तैयार था, ताकि बेशक़ीमती आईपीएल ट्रॉफ़ी जीतने की कोशिश कर सकूँ।

मैच में दो बार गेंद मेरे चोटग्रस्त हाथ से टकराई। पहली बार तो तब जब मैं फ़ाइन लेग पर फ़ील्डिंग कर रहा था। दूसरी बार तब, जब मैं कवर पर खड़ा था और बाएँ हाथ के मध्य क्रम के बल्लेबाज़ सुरेश रैना ने एक बहुत तेज़ कवर ड्राइव मारा, जो पल भर में मेरे क़रीब आ गया। मैंने सहज बोध से गेंद रोक ली और बाद में मुझे एहसास हुआ कि मेरे टाँके टूट गए थे। कुछ ही समय में मेरे हाथ से ख़ून बह रहा था। मैंने इसे नज़रअंदाज़ किया और ख़ास ग्लव्ज़ पहनकर बल्लेबाज़ी करने गया, जिनमें बीच वाली और तर्जनी अँगुलियों के बीच कोई फ़ासला नहीं था। इन्हें पहनकर मैं कम से कम बल्ले को तो सही से पकड़ सकता था और मैंने 48 रन बनाए। हमारे लिए दुर्भाग्यपूर्ण यह रहा कि आईपीएल ट्रॉफ़ी ने हमें एक बार फिर चकमा दिया, जब हमारे विकेट जल्दी-जल्दी गिरे और हम लक्ष्य से 22 रन कम रह गए।

2010 के फ़ाइनल में लक्ष्य का पीछा करते समय केरन पोलार्ड को नंबर सात पर बल्लेबाज़ी करने भेजने के निर्णय के बारे में बहुत कुछ लिखा गया है। यह निर्णय प्रबंधन ने मेरी सलाह पर लिया था और तर्क स्पष्ट था। जब तक स्पिनर गेंदबाज़ी कर रहे थे, हम अम्बाती रायडू और सौरव तिवारी जैसे खिलाड़ियों को ही मैदान में देखना चाहते थे, जो स्पिन के अच्छे खिलाड़ी थे। पोलार्ड तेज़ गेंदबाज़ों के सामने आकर उन पर आक्रमण कर सकते थे। लेकिन पीछे पलटकर देखने पर लगता है कि पोलार्ड को बल्लेबाज़ी के क्रम में ऊपर भेजना बेहतर विकल्प होता। यह एक ग़लती थी और इसे स्वीकार करने में मुझे कोई हिचक नहीं है।

अगले सीज़न में भी हम अच्छा खेले और हम एक बार फिर अंतिम चार में पहुँच गए। मैंने कोची टस्कर्स टीम के ख़िलाफ़ अपना पहला और एकमात्र 20-20 शतक बनाया। वास्तव में उन दो सीज़नों में मैं शिखर पर नियमित रूप से अच्छा

प्रदर्शन कर रहा था और इस बारे में बात होने लगी थी कि मुझे अप्रैल-मई 2010 में कैरिबियन में होने वाली विश्व 20-20 चैंपियनशिप में भारतीय टीम के लिए खिलाया जाए। बहरहाल, यह विचार कभी मेरे दिमाग़ में नहीं आया। 2010 की शुरुआत तक भारतीय 20-20 टीम शानदार दिख रही थी और सिर्फ़ एक टूर्नामेंट की ख़ातिर अंतरराष्ट्रीय 20-20 मैच न खेलने के निर्णय पर पुनर्विचार करना सही नहीं होता।

मैंने मुंबई इंडियन्स के साथ 20-20 के अपने अनुभवों का आनंद लिया। टीम के चारों ओर जो सकारात्मकता का एहसास है, उसकी वजह से उनके लिए खेलने से सच्ची ख़ुशी मिलती है। मैंने पहले चार सीज़नों में कप्तान रहने का भी आनंद लिया, लेकिन मुझे ख़ुशी है कि मैंने कप्तानी हरभजन सिंह को सौंप दी, जिससे उस वक़्त मीडिया में सनसनी फैल गई थी। वास्तविकता यह थी कि 2011-12 क्रिकेट में मेरे सबसे मुश्किल वर्षों में से एक था और आईपीएल के पाँचवें सीज़न के समय तक, जो 4 अप्रैल 2012 को शुरू हुआ, मैं मानसिक रूप से क्लांत महसूस कर रहा था। मैं कप्तानी के तनाव को झेलने की स्थिति में नहीं था और बस बल्लेबाज़ के रूप में खेलना चाहता था। इसी कारण मैंने मालिकों से हरभजन को कप्तानी सौंपने को कहा। मैं वहाँ मदद करने के लिए रहूँगा और मैदान के अंदर तथा बाहर हरभजन को सलाह दूँगा, ख़ास तौर पर इसलिए क्योंकि भारत के लिए खेलते वक़्त उनके और मेरे बीच हमेशा काफ़ी अच्छी मित्रता रही है।

मैं भज्जी को 1994 से जानता हूँ, जब उन्होंने चंडीगढ़ में अभ्यास के दौरान मुझे कुछ दूसरा गेंदें डालीं। फिर जब वे 1998 में बैंगलोर में ऑस्ट्रेलिया के ख़िलाफ़ भारतीय टीम में आ गए, तो हम अच्छे मित्र बन गए। भज्जी ने अक्टूबर 2011 में चैंपियन लीग्स 20-20 में मुंबई इंडियन्स के कप्तान के रूप में अपना हुनर दिखाया और टीम को ख़िताब तक पहुँचाया, जिसे मैं चोट की वजह से चूक गया।

अंतिम सीज़न

मैं जानता था कि 2013 आईपीएल टूर्नामेंट में मेरा अंतिम साल होने वाला था। अप्रैल 2013 में मैं 40 का हो गया था और खिलाड़ी के रूप में आईपीएल के लिए तीन और साल समर्पित करना कभी विकल्प नहीं था। मैं ख़िताब जीतने के लिए छटपटा रहा था, जिसे हम 2010 में जीतने के बहुत क़रीब आ गए थे। हमारी टीम अच्छी थी और टूर्नामेंट शुरू होते समय सभी खिलाड़ी फ़िट थे। अब रिकी पॉन्टिंग कप्तान थे, जॉन राइट कोच थे और अनिल कुंबले मार्गदर्शक थे, जिससे

बहुत शक्तिशाली समर्थन इकाई बन गई थी।

मैंने सीज़न एक निराशाजनक रन आउट से शुरू किया, लेकिन टूर्नामेंट के बीच में अच्छी बल्लेबाज़ी की। रिकी सबसे अच्छे फ़ॉर्म में नहीं थे और उन्होंने कुछ मैचों के लिए टीम से बाहर बैठने का निर्णय लेते हुए कप्तानी रोहित को सौंप दी, जो अच्छी बल्लेबाज़ी कर रहे थे। रोहित ने कप्तान के रूप में बहुत अच्छा काम किया और गेंदबाज़ी भी मिलकर अच्छी बन पड़ी, जिसमें मलिंगा, मिचेल जॉनसन, हरभजन और प्रज्ञान ओझा हमारे लिए लगातार अच्छा प्रदर्शन कर रहे थे। लेकिन जब मेरा ख़ुद का फ़ॉर्म शबाब पर आ रहा था, तभी मुझे वह चोट लग गई, जिसने मेरे आईपीएल करियर का अंत कर दिया।

हम 23 मई 2013 को सनराइज़र्स हैदराबाद से खेल रहे थे और नियंत्रण में थे, क्योंकि हमने केवल एक विकेट के नुक़सान पर बारह ओवर में 91 रन बना लिए थे। अपेक्षित दर दस रन प्रति ओवर से कम थी और नौ विकेट हाथ में होने की वजह से हमारे पास आत्मविश्वास महसूस करने का हर कारण था। मैं रन गति बढ़ाने की कोशिश कर रहा था और तेरहवें ओवर की पहली गेंद पर मैंने लॉन्ग ऑन के ऊपर छक्का मारा। जब मैं शॉट पूरा कर रहा था, तभी मुझे अपने बाएँ हाथ में चट्ट की आवाज़ सुनाई दी और फिर भीषण दर्द होने लगा। मैंने तुरंत फिज़ियो को बुलाया, लेकिन मालिश से कोई फ़ायदा नहीं हुआ। शॉट खेलने की बात तो रहने ही दें, मुझे तो बल्ला पकड़ना भी असंभव लग रहा था। यह मैच का एक अत्यंत महत्त्वपूर्ण पल था और मैं आगे नहीं खेल सकता था, क्योंकि इस प्रक्रिया में गेंदें ही बर्बाद होतीं। एकमात्र विकल्प रिटायर्ड हर्ट होने का था।

मैंने कई स्कैन कराए, जिनसे पता चला कि पेशियों में सूजन थी और हाथ में द्रव जमा हो गया था। डॉक्टरों ने कहा कि इसे ठीक होने में कम से कम तीन सप्ताह लगेंगे और यह स्पष्ट था कि मेरा आईपीएल अभियान ख़त्म हो गया था। हालाँकि मैं खेल नहीं सकता था, लेकिन मैंने टीम के साथ यात्रा करने का निर्णय लिया। मैंने नेट्स में लंबे समय तक गेंदबाज़ी की और खिलाड़ियों की तैयारी में यथासंभव मदद की। फ़ाइनल के लिए बाहर बैठना मुश्किल था, ख़ास तौर पर इसलिए क्योंकि मैं अच्छी लय में आ रहा था, लेकिन जब मुंबई इंडियन्स ने कोलकाता में खचाखच भरे ईडन गार्डन्स की भीड़ के सामने 2013 की आईपीएल ट्रॉफ़ी जीत ली, तो यह एक अविश्वसनीय भावना थी। इससे भी बड़ी बात, मेरी टीम के साथियों ने कृपापूर्वक यह जीत मुझे समर्पित करते हुए कहा कि यह विजय मेरे लिए है।

इस फ़ाइनल के दौरान मुझसे एक इंटरव्यू में पूछा गया था कि क्या मैं अगले

आईपीएल सीज़न का पहला मैच वानखेड़े में अपने घरेलू मैदान पर खेलूँगा। मेरे लिए यह स्पष्ट था कि मैं नहीं खेल पाऊँगा और मैंने खुद को यही कहते पाया। दरअसल आईपीएल से अपने रिटायरमेंट की घोषणा करने की मेरी कोई योजना नहीं थी और यह उस पल अचानक हो गया। अंजलि मैदान पर थीं और कुछ पत्रकार उनसे पूछने गए कि आईपीएल से मेरे रिटायरमेंट की घोषणा के बारे में वे क्या सोचती हैं। वे मेरी बात पर थोड़ी हैरान हुईं, हालाँकि वे बहुत अच्छी तरह जानती थीं कि छठा सीज़न मेरा आख़िरी सीज़न होने वाला था।

हालाँकि मुझे बहुत अफ़सोस था कि मैं मुंबई के लिए आईपीएल के छठे सीज़न के अंतिम पाँच मैच नहीं खेल पाया, लेकिन मैं अपने आईपीएल करियर की ओर प्रेम से देखूँगा, जिसमें मैंने आख़िरी गेंद पर छक्का मारा था!

The Mumbai Indians in the 2013 Indian Premier League

Points table

	M	Won	Lost	Tied	N/R	Pts	Net RR
Chennai Super Kings	16	11	5	0	0	22	+0.530
Mumbai Indians	16	11	5	0	0	22	+0.441
Rajasthan Royals	16	10	6	0	0	20	+0.322
Sunrisers Hyderabad	16	10	6	0	0	20	+0.003
Royal Challengers Bangalore	16	9	7	0	0	18	+0.457
Kings XI Punjab	16	8	8	0	0	16	+0.226
Kolkata Knight Riders	16	6	10	0	0	12	–0.095
Pune Warriors	16	4	12	0	0	8	–1.006
Delhi Daredevils	16	3	13	0	0	6	–0.848

Play-off stage

Qualifier 1. Chennai Super Kings v Mumbai Indians at Delhi. 21 May 2013
Chennai Super Kings 192/1 (20/20 ov); Mumbai Indians 144 (18.4/20 ov)
Chennai Super Kings won by 48 runs

Eliminator. Rajasthan Royals v Sunrisers Hyderabad at Delhi. 22 May 2013
Sunrisers Hyderabad 132/7 (20/20 ov); Rajasthan Royals 135/6 (19.2/20 ov)
Rajasthan Royals won by 4 wickets (with 4 balls remaining)

Qualifier 2. Mumbai Indians v Rajasthan Royals at Kolkata. 24 May 2013
Rajasthan Royals 165/6 (20/20 ov); Mumbai Indians 169/6 (19.5/20 ov)
Mumbai Indians won by 4 wickets (with 1 ball remaining)

Final. Chennai Super Kings v Mumbai Indians at Kolkata. 26 May 2013
Mumbai Indians 148/9 (20/20 ov); Chennai Super Kings 125/9 (20/20 ov)
Mumbai Indians won by 23 runs

21
नंबर वन

अक्टूबर-नवंबर 2008 में हमने भारत में ऑस्ट्रेलिया को 2-0 से हरा दिया था। अब हम दिसंबर में इंग्लैंड के ख़िलाफ़ होने वाली घरेलू श्रृंखला के बारे में आशावादी थे। हमारे कोच गैरी कर्स्टन ने खिलाड़ियों में आत्मविश्वास भर दिया था और अब हमें बस भारत के दो सर्वश्रेष्ठ खिलाड़ियों अनिल और सौरव के रिटायरमेंट के बाद गति क़ायम रखने की ज़रूरत थी।

इंग्लैंड भारत में, दिसंबर 2008

इंग्लैंड का दौरा सात एक दिवसीय मैचों की श्रृंखला से शुरू हुआ, लेकिन मैं पहले तीन मैच नहीं खेल पाया। उस वक़्त मैं कोहनी की एक और समस्या से जूझ रहा था, इस बार यह 'गोल्फ़र्स एल्बो' थी। इसने पूरे सीज़न मुझे परेशान रखा, लेकिन इतना नहीं कि मैं कोई टेस्ट मैच चूक जाऊँ और दरअसल यह मेरे करियर के सर्वश्रेष्ठ सीज़नों में से एक था। मेरा अच्छा फ़ॉर्म अगले सीज़न में भी जारी रहा और मुझे आईसीसी ने 2009-10 का क्रिकेटर ऑफ़ द इयर घोषित किया।

बैंगलोर में मेरे वापसी मैच में मैंने मात्र 11 रन बनाए, लेकिन उसके बाद मैं 26 नवंबर को कटक में हुए पाँचवें मैच में पचास बनाकर ज़्यादा संतुष्ट हुआ, जिसे हमने आराम से जीत लिया और श्रृंखला में 5-0 की बढ़त ले ली। मैच के कुछ ही समय बाद हमने सुना कि मुंबई में किसी तरह का गैंग वॉर शुरू हो गया है। हमने ड्रेसिंग रूम में न्यूज़ चैनलों पर जो देखा, उससे हम बुरी तरह विचलित हो गए। यह स्पष्ट रूप से गैंग वॉर से ज़्यादा था और इसका सीधा प्रसारण देखकर हम सकते में आ गए। हमारे विचार और प्रार्थनाएँ उन लोगों पर केंद्रित थीं, जो इस विभीषिका में फँसे हुए थे।

ज़्यादातर खिलाड़ियों ने टेलीविज़न पर होने वाली ये घटनाएँ देर रात तक देखीं और हमारे सामने यह स्पष्ट हो गया कि एक तरह से यह भारत पर हमला हुआ था। यह सबसे नृशंस कार्य था और मुंबई की सड़कों पर जो हो रहा था,

वह सदमे में लाने वाला था। ये ऐसी जगहें थीं, जो हमारे दैनिक जीवन का हिस्सा थीं। ताज महल पैलेस होटल को लपटों में देखना बहुत बुरा था, जो भारत के बहुत प्रतिष्ठित स्थानों में से एक है। मैंने चिंता में अंजलि को फ़ोन करके तसल्ली की कि वह और हमारे सारे मित्र तथा प्रियजन सुरक्षित थे।

इस सबको और भी ज़्यादा व्यक्तिगत बनाने वाली बात यह थी कि सिर्फ़ एक दिन पहले ही अंजलि लियोपोल्ड्स रेस्तराँ में थीं, जो मुख्य निशाना था। इसके अलावा वे एक और निशाने ऑबेरॉय में पिछली रात डिनर पर गई थीं। वे नैशनल सेंटर फ़ॉर द परफ़ॉरमिंग आर्ट्स में एक नाटक देखने गई थीं और अंत में उन्होंने अपने मित्रों के साथ वहाँ डिनर लिया था। इस झमेले में वे भी आसानी से फँस सकती थीं।

आतंकवादी हमला अगली सुबह भी जारी रहा और इसकी तस्वीरों का सीधा प्रसारण 27 नवंबर 2008 को पूरे दिन होता रहा। हमने एक टीम बैठक की और हमें जानकारी मिली कि इंग्लैंड की टीम ने श्रृँखला रद्द कर दी थी और दुबई चली गई थी। यह समझ में आता था, क्योंकि हममें से कोई भी क्रिकेट खेलने की मानसिक अवस्था में नहीं था। मैं उसी शाम मुंबई लौटा और हवाई अड्डे पर सुरक्षाकर्मी मुझे घर तक छोड़ने गए। यह सोचना हतोत्साहित करने वाला था कि यह सब उस जगह के बहुत क़रीब हो रहा था, जहाँ मैं रहता था। मैं नाराज़ और विचलित था और बैठकर इस कठिन परीक्षा के ख़त्म होने की प्रार्थना कर रहा था।

आतंकवादी हमलों के एक सप्ताह बाद यह घोषणा हुई कि इंग्लैंड की टीम दो टेस्ट मैचों की श्रृँखला के लिए लौट रही थी। यह एक शानदार क़दम था और हममें से प्रत्येक ने इंग्लैंड टीम के प्रयासों की सराहना की, जो संहार के दो सप्ताह के भीतर ही भारत लौट रही थी। हालाँकि इन आतंकवादी हमलों द्वारा पहुँचाए गए मानसिक आघात की भरपाई कोई चीज़ नहीं कर सकती, लेकिन क्रिकेट का दोबारा शुरू होना हम सभी के लिए एक शुभ संकेत था, जिसका हमने स्वागत किया।

अमन के लिए क्रिकेट

जब हम चेन्नई में 11 दिसंबर को पहले टेस्ट के लिए इकट्ठे हुए, तो क्रिकेट पर ध्यान केंद्रित करना मुश्किल लग रहा था। हमारे विचार हमलों के शिकारों के साथ थे और हर कोई उन सदमे भरे तीन दिनों की ही बातें कर रहा था। लेकिन हमारे सामने एक टेस्ट मैच था और हमें लगा कि यह हमारे सभी प्रशंसकों के लिए महत्त्वपूर्ण था कि हम चेन्नई में अच्छा प्रदर्शन करें।

इंग्लैंड ने अच्छी शुरुआत की, जबकि कप्तान ऐंड्रू स्ट्रॉस इंग्लैंड के एकमात्र

खिलाड़ी बन गए, जिन्होंने उपमहाद्वीप में दोनों पारियों में शतक लगाया था और पॉल कॉलिंगवुड ने भी एक शतक बनाया। यह तय था कि अगर हम चौथे दिन परिस्थितियों को सही नहीं कर पाए, तो मैच को बचाना मुश्किल था। ज़हीर और ईशांत ने इंग्लैंड की दूसरी पारी में बहुत अच्छी गेंदबाज़ी की, लेकिन यह पाँच ओवरों में तीन विकेट का ज़हीर का स्पेल था, जिनमें शतकवीर कॉलिंगवुड भी शामिल थे, जो हमें खेल में वापस लाया। पहली बार हमें एहसास हुआ कि हम विपक्षी टीम को दबाव में ले आए हैं और अब यह बल्लेबाज़ों पर था कि वे 387 रनों के लक्ष्य का पीछा करें। यह आसान नहीं होगा - दरअसल यह भारतीय भूमि पर सर्वोच्च लक्ष्य का पीछा करना होगा - लेकिन गैरी के मार्गदर्शन में हम यह विश्वास करने लगे थे कि हर चीज़ संभव है।

सहवाग ने चौथी शाम को 83 रन की शानदार आक्रामक पारी खेलकर मैच को अच्छी स्थिति में ला खड़ा किया। यह असाधारण योग्यता वाली पारी थी। मैं अंतिम दिन की सुबह बल्लेबाज़ी करने गया और पहले घंटे मैंने दबाव को अंदर सोखने की कोशिश की। हमने जब शुरुआती तूफ़ान से मुक़ाबला कर लिया, तो इसके बाद हम रनों की तलाश करने लगे। हर सकारात्मक स्ट्रोक से इंग्लैंड पर दबाव बढ़ जाता था और धीरे-धीरे काँटा हमारी तरफ़ झुकने लगा।

लक्ष्मण और मेरे बीच अच्छी साझेदारी हुई और जब लक्ष्मण आउट हुए, तो युवराज मेरे साथ आए। मैंने ठान लिया था कि मैं मैच के अंत तक बल्लेबाज़ी करता रहूँगा। भारतीय क्रिकेट से प्रेम करते हैं और अगर एक-दो मिनट के लिए चेन्नई की जीत मुंबई में हुई घटनाओं से उनकी मानसिकता को ऊपर उठा सके, तो मैं खुद को धन्य महसूस करूँगा।

युवराज ने दबाव में अच्छी बल्लेबाज़ी करते हुए 85 रन बनाए। उनकी पारी में एक ऐसा समय आया, जब उन्होंने मॉन्टी पानेसर को रिवर्स स्वीप करने की कोशिश की और मैंने जाकर उन्हें बताया कि उन्हें तो बस नाबाद रहने और मैच को पूरा करने की ज़रूरत है। मैंने उन्हें 1999 में चेन्नई में पाकिस्तान मैच की याद दिलाई और कहा कि मैं इस तरह की स्थिति में पहले भी रह चुका हूँ और मुझे याद है कि जीतने की स्थिति में होने के बाद हारने पर कितना अफ़सोस होता है। युवराज ने खुद पर क़ाबू कर लिया और हम पाँचवें दिन के अंतिम घंटे में अपने लक्ष्य पर पहुँच गए। मैंने टीम के लिए नाबाद शतक बनाया था, लेकिन इस मैच के अतिरिक्त महत्त्व की वजह से यह ख़ास तौर पर संतुष्टिदायक था। भारतीय क्रिकेट में पहली बार ग्रांउड्सविमेन, जो शायद ही कभी सामने आती थीं, ने भारी जोश के साथ विजय का जश्न मनाया। जब हम चेंजिंग रूम लौट रहे

थे, तो मुझसे पूछा गया कि मैंने यह शतक किसे समर्पित करने की योजना बनाई थी। मैंने इस बारे में कुछ नहीं सोचा था, क्योंकि उस वक़्त मैं उस हादसे से नहीं उबर पाया था, लेकिन टीम की ओर से मैंने हमारी जीत आतंकवादी हमले के शिकार लोगों के प्रति समर्पित कर दी।

India v England

(1st Test)

Played at MA Chidambaram Stadium, Chepauk, Chennai, on 11–15 December 2008

Umpires: BF Bowden & DJ Harper (TV: SL Shastri)
Referee: JJ Crowe
Toss: England

ENGLAND

AJ Strauss	c and b Mishra	123		c Laxman b Harbhajan Singh	108
AN Cook	c Khan b Harbhajan Singh	52		c Dhoni b Sharma	9
IR Bell	lbw b Khan	17		c Gambhir b Mishra	7
KP Pietersen*	c and b Khan	4		lbw b Yuvraj Singh	1
PD Collingwood	c Gambhir b Harbhajan Singh	9		lbw b Khan	108
A Flintoff	c Gambhir b Mishra	18		c Dhoni b Sharma	4
JM Anderson	c Yuvraj Singh b Mishra	19	(10)	not out	1
MJ Prior†	not out	53	(7)	c Sehwag b Sharma	33
GP Swann	c Dravid b Harbhajan Singh	1	(8)	b Khan	7
SJ Harmison	c Dhoni b Yuvraj Singh	6	(9)	b Khan	1
MS Panesar	lbw b Sharma	6			
Extras	(lb 7, nb 1)	8		(b 10, lb 13, w 2, nb 7)	32
Total	(128.4 overs)	316		(for 9 wkts dec) (105.5 overs)	311

INDIA

G Gambhir	lbw b Swann	19		c Collingwood b Anderson	66
V Sehwag	b Anderson	9		lbw b Swann	83
RS Dravid	lbw b Swann	3		c Prior b Flintoff	4
SR Tendulkar	c and b Flintoff	37		not out	103
VVS Laxman	c and b Panesar	24		c Bell b Swann	26
Yuvraj Singh	c Flintoff b Harmison	14		not out	85
MS Dhoni*†	c Pietersen b Panesar	53			
Harbhajan Singh	c Bell b Panesar	40			
Z Khan	lbw b Flintoff	1			
A Mishra	b Flintoff	12			
I Sharma	not out	8			
Extras	(b 4, lb 11, nb 6)	21		(b 5, lb 11, nb 4)	20
Total	(69.4 overs)	241		(for 4 wkts) (98.3 overs)	387

INDIA	O	M	R	W		O	M	R	W	Fall of wickets				
Khan	21	9	41	2		27	7	40	3		Eng	Ind	Eng	Ind
Sharma	19.4	4	32	1		22.5	1	57	3	1st	118	16	28	117
Harbhajan Singh	38	2	96	3	(5)	30	3	91	1	2nd	164	34	42	141
Mishra	34	6	99	3	(3)	17	1	66	1	3rd	180	37	43	183
Yuvraj Singh	15	2	33	1	(4)	3	1	12	1	4th	195	98	257	224
Sehwag	1	0	8	0		6	0	22	0	5th	221	102	262	–
										6th	229	137	277	–
ENGLAND	O	M	R	W		O	M	R	W	7th	271	212	297	–
Harmison	11	1	42	1		10	0	48	0	8th	277	217	301	–
Anderson	11	3	28	1		11	1	51	1	9th	304	219	311	–
Flintoff	18.4	2	49	3	(4)	22	1	64	1	10th	316	241	–	–
Swann	10	0	42	2	(5)	28.3	2	103	2					
Panesar	19	4	65	3	(3)	27	4	105	0					

Close of play:	Day 1:	Eng (1) 229–5 (Flintoff 18*, Anderson 2*, 90 overs)
	Day 2:	Ind (1) 155–6 (Dhoni 24*, Harbhajan Singh 13*, 45 overs)
	Day 3:	Eng (2) 172–3 (Strauss 73*, Collingwood 60*, 54 overs)
	Day 4:	Ind (2) 131–1 (Gambhir 41*, Dravid 2*, 29 overs)

Man of the Match: V Sehwag
Result: India won by 6 wickets

भारत न्यूज़ीलैंड में, एक दिवसीय श्रँखला, मार्च 2009

हमने चेन्नई की विजय के बाद मोहाली में एक अच्छा ड्रॉ किया और श्रँखला 1-0 से जीत ली। घर पर एक के बाद एक दो श्रँखलाएँ जीतना साल को ख़त्म करने का उत्कृष्ट तरीक़ा था और हम न्यूज़ीलैंड में अपनी अगली विदेशी श्रँखला की राह देख रहे थे।

न्यूज़ीलैंड में काली टोपी वालों को हराना एक पेंचीदा काम है, लेकिन हम जानते थे कि हमारे पास बेहतरीन अवसर था। हम अच्छे फ़ॉर्म में थे और हमने मुश्किल स्थितियों से बाहर निकलने की उपयोगी योग्यता विकसित कर ली थी। अगर एक खिलाड़ी नाकाम हो जाता था, तो दूसरा आगे आ जाता था।

पाँच मैचों की एक दिवसीय श्रँखला में हम बारिश से प्रभावित पहला मैच आसानी से जीत गए, जो काफ़ी हद तक सहवाग और धोनी की बल्लेबाज़ी की बदौलत हुआ। दूसरा मैच बारिश में धुल गया, लेकिन क्राइस्टचर्च में तीसरे मैच में, जो थोड़ा छोटा मैदान है, मैं 163 पर पहुँच गया, लेकिन फिर मुझे पैंतालीसवें ओवर में पेट की मांसपेशी खिंचने की वजह से रिटायर होना पड़ा।

इस तरह के फ़ॉर्म में मैदान से बाहर जाना कुंठाजनक था। अगर मैं आगे खेलता, तो मेरे ख़्याल से मैं दोहरा शतक लगा सकता था और ऐसा सिर्फ़ मैं ही नहीं सोचता था। जैसे ही मैं ड्रेसिंग रूम में पहुँचा, सहवाग मेरे पास आकर बोले, *'पाजी, ये आपने क्या कर दिया। डबल हन्ड्रेड का चांस था।'* मैंने हँसकर कहा, *'अरे मैं मार ही नहीं पा रहा हूँ, डबल हन्ड्रेड कैसे बनाऊँगा। पिच अच्छा है और हमें अभी रन्स चाहिए। डबल हन्ड्रेड कभी न कभी हो जाएगा।'* सहवाग इस मुद्दे को छोड़ने को तैयार नहीं थे और बोले, *'अरे वो तो दूसरा डबल हन्ड्रेड होगा, आज का तो आज करना चाहिए था!'*

मैच ज़्यादा स्कोर वाला था और 392 रनों का लक्ष्य तय करने के बावजूद, जिसमें युवराज सिंह और धोनी दोनों के अर्ध-शतक शामिल थे, हम सुरक्षित नहीं थे। न्यूज़ीलैंड अच्छा खेलते हुए 334 तक पहुँच गई, जिसमें ब्रेन्डन मैकेलम और

जेसी राइडर के बीच हुई 166 रनों की शुरुआती साझेदारी का काफ़ी योगदान रहा। दो पारियों में 726 रनों का कुल स्कोर एक दिवसीय अंतरराष्ट्रीय क्रिकेट के इतिहास में दूसरा सर्वोच्च स्कोर था।

मैं हैमिल्टन में हुआ अगला मैच नहीं खेल पाया, जिसे हमने सहवाग के आक्रमण की बदौलत जीत लिया, जिसमें उन्होंने 125 रन बनाए। श्रृँखला में 3-0 की बढ़त का जश्न मनाने के लिए भज्जी, ज़हीर, युवी और मैं डिनर के लिए भज्जी के कमरे में मिले, जो होटल में हेल्थ क्लब के बग़ल में था। बाहर एक शानदार आउटडोर स्विमिंग पूल था और बाहर रिमझिम बारिश होने लगी थी, जिससे दृश्य सुंदर बन गया था। हालाँकि मेरी टीम के साथी पूल में जाना चाहते थे, लेकिन मैंने कहा कि मैं जहाँ था, वहीं ठीक था। मेरी अनिच्छा देखकर उन तीनों ने एक योजना बनाई।

हमने कमरे में भोजन का ऑर्डर दिया था और इसका इंतज़ार करते हुए बातचीत कर रहे थे, तभी उन्होंने मुझे पीछे से पकड़कर पानी में डाल दिया। मैं उन पर चिल्ला रहा था और बोला कि मेरी घड़ी ख़राब हो जाएगी, लेकिन इससे कोई फ़र्क़ नहीं पड़ा, क्योंकि वे मेरे मज़े लेने पर तुले हुए थे। वे सभी स्विमिंग पूल में मेरे बाद उतर आए और हमने जलक्रीड़ा की। अब तक भोजन आ चुका था और कुछ ही मिनटों में फ़्रेंच फ़्राइज़, सैंडविच और केचप भी पूल में पहुँच गए। यह निश्चित रूप से जश्न मनाने का एक असामान्य तरीक़ा था!

भारत न्यूज़ीलैंड में, टेस्ट श्रृँखला, मार्च-अप्रैल 2009

हैमिल्टन में 18 मार्च को शुरू होने वाले पहले टेस्ट मैच में न्यूज़ीलैंड ने पहले बल्लेबाज़ी करते हुए 279 रन बनाए, जिसमें डेनियल विटोरी ने शतक बनाया। मैं अब भी अपने गेंदबाज़ों से मज़ाक़ में कहता हूँ, *'अरे उसको कैसे हन्ड्रेड मारने दिया था यार तुम लोगों ने?'* वैसे वे अच्छा खेले थे और उन्होंने कुछ सोचे-समझे जोखिम लिए थे, जो कामयाब रहे।

जब मैं दूसरे दिन की दोपहर बल्लेबाज़ी करने उतरा, तो मेरी टाइमिंग सही नहीं आ रही थी। मैं आरामदेह महसूस नहीं कर रहा था, इसलिए मैंने अपने स्टैंस यानी खड़े होने की स्थिति को बदलने का निर्णय लिया। यह एक ऐसी चीज़ थी, जिसे मैं समय-समय पर आज़माता था और इससे अक्सर काम बन जाता था। सामान्य तौर पर मैं साइड-ऑन स्टैंस लेकर खेलता था, लेकिन हैमिल्टन में मैंने खुद को थोड़ा खोला और अपने पैरों के बीच की जगह को थोड़ा बढ़ा दिया। अंपायर साइमन टॉफ़ेल ने इस अंतर पर ग़ौर किया और मुझसे कहा कि ड्रिंक्स

ब्रेक के बाद मैं एक बिलकुल अलग बल्लेबाज़ दिख रहा था और पूछा कि मैंने क्या किया था। कई बार ऐसे छोटे परिवर्तन भी बड़ा फ़र्क़ उत्पन्न कर सकते हैं।

दिन के अंत में रोशनी काफ़ी कम हो गई थी और श्रृंखला में न्यूज़ीलैंड के सर्वश्रेष्ठ गेंदबाज़ इयान ओ'ब्रायन एक सिरे से गेंदबाज़ी कर रहे थे। अंपायर खेल रोकना नहीं चाहते थे, जो मुझे न्यायोचित नहीं लगा, क्योंकि यह मैच में एक महत्त्वपूर्ण समय था और रोशनी के बेहतर होने की कोई संभावना नहीं थी। मैंने किसी तरह बचने में कामयाबी पाई और दूसरे दिन के अंत में 70 रनों पर नॉट-आउट रहा। अगली सुबह मैंने आक्रामक शुरुआत की। 160 रनों की मेरी पारी की बदौलत हमें पहली पारी में अच्छी बढ़त मिल गई, जिसमें गंभीर, द्रविड़ और ज़हीर ख़ान के अर्ध-शतक भी शामिल थे। हमारे गेंदबाज़ों ने एक बार फिर अच्छा प्रदर्शन किया और एक बहुत संतुष्टिदायक विजय का मार्ग प्रशस्त किया, जिनका नेतृत्व भज्जी ने छह विकेट लेकर किया।

दुर्भाग्य से, मैं मैच का बाद वाला हिस्सा चूक गया, क्योंकि मैं न्यूज़ीलैंड की दूसरी पारी के पहले ही ओवर में चोटिल हो गया था, जब मैंने ज़हीर की गेंद पर स्लिप में कैच पकड़ने के लिए आगे छलाँग मारी थी। टिम मैकिनटोश का बल्ले का किनारा नीचे की तरफ़ आया था और जब मैंने गेंद के नीचे अपनी अँगुलियाँ लाने की कोशिश की, तो मेरे बाएँ हाथ की तर्जनी ज़ख़्मी हो गई। मुझे इसकी जाँच कराने अस्पताल जाना पड़ा और एक्सरे में पता चला कि यह फ़्रैक्चर हो गई थी।

नेपियर में दूसरे टेस्ट मैच से पहले ज़्यादा समय नहीं था, लेकिन पहले मैच के जल्दी ख़त्म हो जाने से मुझे ठीक होने के लिए एक अतिरिक्त दिन मिल गया। अँगुली की हिफ़ाज़त के लिए मैंने एक के ऊपर एक तीन फ़िंगर कैप लगाए और एक फ़ाइबर का प्लास्टर भी लगा लिया, जिसे मैंने गर्म पानी में रखकर ढाला था और इसके ऊपर बहुत सी पैडिंग भी कर ली। इतनी सुरक्षा के बाद यह पता लगाना मुश्किल था कि मेरी अँगुली दरअसल कहाँ थी, लेकिन अंत में मैंने निर्णय लिया कि मैं एक टेस्ट में तो काम चला ही सकता हूँ, बशर्ते मैं फ़ील्डिंग की तुलनात्मक रूप से शांत जगह पर खड़ा रहूँ।

इस बार यह योजना अच्छी तरह कारगर हुई और मैंने नेपियर में दूसरे टेस्ट की दोनों पारियों में रन बनाए। न्यूज़ीलैंड ने अपनी पहली पारी में 619 रन किए, जिसमें जेसी राइडर ने पहले टेस्ट मैच के 102 के बाद यहाँ दोहरा शतक बनाया। इसके अलावा रॉस टेलर और ब्रेंडन मैकेलम ने भी शतक बनाए। हमें मैच बचाने के लिए दो दिन से थोड़े ज़्यादा समय तक बल्लेबाज़ी करनी थी।

दूसरी पारी से कुछ देर पहले एक संक्षिप्त टीम बैठक हुई और हमने दृढ़ विश्वास से कहा कि हम यह काम कर सकते हैं। गैरी ने इसमें एक बड़ी भूमिका निभाई और उन्होंने शांत आत्मविश्वास दिखाया, जिससे टीम पर सकारात्मक प्रभाव पड़ा।

गौतम गंभीर ने दूसरी पारी में शानदार बल्लेबाज़ी की और उनके बेहतरीन 137 रनों की बदौलत हमने मैच को अंततः आराम से बचा लिया। उन्होंने साढ़े दस घंटे तक बल्लेबाज़ी की और धैर्य व चरित्र की मिसाल पेश करते हुए 436 गेंदें खेलीं। लक्ष्मण ने भी एक शतक बनाया और ड्रॉ उस वक़्त टीम की मानसिकता की सच्ची झलक थी : हम अपने सामने की चुनौतियों का आनंद ले रहे थे।

वेलिंगटन के तीसरे टेस्ट में हमने पहले बल्लेबाज़ी करते हुए 379 का अच्छा स्कोर बनाया। इसके बाद ज़हीर ख़ान और हरभजन सिंह ने मिलकर न्यूज़ीलैंड को 197 रनों पर आउट कर दिया, जिससे हमें 182 रनों की बढ़त मिल गई। हमारी दूसरी पारी में गंभीर ने शानदार 167 रन बनाए और हमने न्यूज़ीलैंड के सामने 717 का लक्ष्य रखा।

हमने चौथे दिन चार विकेट निकाले और हमारे पास पाँचवाँ दिन पूरा पड़ा था, जिसमें हम बचे हुए छह विकेट लेकर 2-0 से श्रृँखला जीत सकते थे। ज़हीर, ईशांत और मुनाफ़ पटेल हमारे लिए बहुत अच्छी गेंदबाज़ी कर रहे थे, जैसी उन्होंने पूरी श्रृँखला में की थी। योजना यह थी कि गेंद को शॉर्ट किया जाए और कंधे/सीने के इलाक़े पर आक्रमण किया जाए, ताकि विपक्ष हड़बड़ा जाए। यह योजना कारगर रही और मैंने न्यूज़ीलैंड के कुछ बल्लेबाज़ों को परेशान होते देखा।

हवा जब पीछे हो, तो ईशांत को खेलना कई बार नामुमकिन हो सकता है। मुनाफ़ ने हवा के विपरीत गेंदबाज़ी करने का चुनौतीपूर्ण काम किया। जो लोग इसमें शामिल मुश्किलों को नहीं जानते हैं, उन्हें बताना चाहूँगा कि वेलिंगटन में हवा आपकी गति को कम से कम 10 कि.मी. प्रति घंटे कम कर सकती है। बल्लेबाज़ों को इस तरह की परिस्थितियों के अनुरूप ढलने के लिए सूक्ष्म फेरबदल करना पड़ता है। तेज़ हवा में देखने के साथ एक समस्या यह है कि आप अपनी आँखें लंबे समय तक खुली नहीं रख सकते। इसके अलावा, जब कोई हवा के साथ गेंदबाज़ी कर रहा हो, तो आपके बैट की गति सामान्य से थोड़ी तेज़ होनी चाहिए, क्योंकि गेंद उम्मीद से थोड़ी जल्दी आती है। दूसरी ओर, कोई बल्लेबाज़ किसी ऐसे गेंदबाज़ पर दबाव डाल सकता है, जो हवा के ख़िलाफ़ गेंदबाज़ी कर रहा हो, क्योंकि जब हवा आपके पीछे से आती है, तो बैट की स्विंग स्वाभाविक रूप से ज़्यादा तेज़ होती है।

इस मौक़े पर हमारे गेंदबाज़ों ने सुनिश्चित किया कि न्यूज़ीलैंड के बल्लेबाज़ कभी चैन में न रहें और दूसरी पारी में रॉस टेलर के एक और शतक के बावजूद हम हमेशा नियंत्रण में रहे। जेसी राइडर उस श्रृँखला में उनके सबसे सफल बल्लेबाज़ थे, लेकिन वे वेलिंगटन की दोनों पारियों में नहीं चल पाए, जिससे निश्चित रूप से हमारी संभावनाओं को बल मिला। मुझे पाँचवें दिन लंच के कुछ समय पहले गेंद दी गई और ब्रेंडन मैकेलम का महत्त्वपूर्ण विकेट निकालकर मैं बहुत ख़ुश हुआ, जिन्हें मैंने स्लिप पर 6 रन पर कैच आउट कराया। फिर मैं समझ गया कि अंतिम मान्यता प्राप्त बल्लेबाज़ जेम्स फ्रैंकलिन मेरी गुगली को नहीं समझ पा रहे थे और अति स्पिन को नकारने के लिए हर गेंद को स्वीप कर रहे थे। मैंने धोनी से कहा कि वे पॉइंट के फ़ील्डर को दूर कर दें और शॉर्ट स्क्वेयर लेग पर दो फ़ील्डर तैनात कर दें। इससे फ्रैंकलिन स्वीप शॉट खेलना छोड़ देंगे और कट करने के लिए विवश हो जाएँगे। योजना कारगर रही और फ़ील्डिंग में परिवर्तन करने के कुछ ही समय बाद मैंने फ्रैंकलिन को एलबीडब्ल्यू कर दिया।

हम मैच जीत जाते, अगर ईशांत ने बाउंड्री के पास इयान ओ'ब्रायन का कैच पकड़ लिया होता। इस कैच के छूटने से न्यूज़ीलैंड को जीवनदान मिल गया और लंच के बाद बारिश होने लगी, जिससे मैच निर्धारित समय से पहले ही ख़त्म हो गया। खेल के लगभग दो सत्र बारिश की भेंट चढ़ गए और हमने एक स्वर्णिम अवसर खो दिया।

इस न्यूज़ीलैंड श्रृँखला की एक घटना यह बताती है कि स्थानीय परिस्थितियाँ किसी टीम की सफलता पर कितना फ़र्क़ डाल सकती हैं। यह एक दिवसीय श्रृँखला के दौरान क्राइस्ट चर्च में हुआ, जब ज़हीर गेंदबाज़ी कर रहे थे। उन्होंने एक गुड लेंग्थ गेंद फेंकी और बल्लेबाज़ ने फ्रंट फुट पर आकर मिड विकेट के ऊपर स्लॉग करने की कोशिश की, जिसका ऊपरी किनारा लग गया। ज़हीर चिल्लाए, 'मेरा है!' और सावधानी से ख़ुद को गेंद के नीचे ले आए। उन्हें निराशा हुई, जब गेंद ने हवा को हिला दिया और यह कम से कम पंद्रह फुट दूर जाकर गिरी। बाद में हम सभी ने मज़ाक़ करते हुए उनसे कहा, 'तो वह कैच *तुम्हारा* था, है ना, ज़ैक?'

शीर्ष स्थान का लक्ष्य बनाना

आईसीसी टेस्ट रैंकिंग्स में हमारा उत्थान 2007 में इंग्लैंड में शुरू हुआ था। अब न्यूज़ीलैंड में इस सफल श्रृँखला के बाद हमारे पास नंबर वन स्थान पर पहुँचने का अवसर था, बशर्ते हम श्रीलंका को भारत में नवंबर-दिसंबर 2009 में हरा दें।

श्रीलंका के ख़िलाफ़ यह श्रृँखला व्यक्तिगत कारणों से भी ख़ास थी, क्योंकि नवंबर 2009 में मैंने अंतरराष्ट्रीय क्रिकेट में बीस साल पूरे कर लिए थे। इस अवसर का जश्न मनाते हुए मैंने मीडिया से कुल मिलाकर सात घंटे से ज़्यादा बातचीत की और पचास के क़रीब आमने-सामने के साक्षात्कार दिए। इस पर भी लोग कहते हैं कि मैं मीडिया से पर्याप्त बात नहीं करता! मैं 1990 में अपनी पहली प्रेस वार्ता में जितना परेशान था, उसे देखते हुए मैं सचमुच काफ़ी दूर आ गया था।

मुझे याद है कि पहली बार एक अनाड़ी किशोर के रूप में मैंने कैमरे का सामना किया था। मेरे शुरुआती टीवी विज्ञापनों में मैं वैसा नहीं था, जिसे आप कैमरा-फ़्रेंडली कहें। मुझे मेकअप का इस्तेमाल करने में संकोच होता था और मैं स्वाभाविक रहने पर ज़ोर देता था, जिसमें मेरे चेहरे और बालों के साथ कुछ न किया जाए। बाद में जाकर मुझे एहसास हुआ कि यह कैमरों के साथ काम करने का एक स्वाभाविक हिस्सा है। अपने करियर में बाद में मुझे विज्ञापनों की शूटिंग में सचमुच मज़ा आया और कुछ घटनाएँ ऐसी भी हुईं, जिन्हें मैं कभी नहीं भूल सकता।

एक मौक़े पर मुझे भारत की महान सिनेमा हस्ती अमिताभ बच्चन के साथ राजस्थान के जोधपुर शहर में शूटिंग करनी थी। जब हम ब्रेक ले रहे थे, तो मुझे अचानक एहसास हुआ कि अर्जुन, जो तब बहुत छोटा था, ने अपना खाना ख़त्म कर लिया था और ख़ुशी-ख़ुशी अपने हाथ अमिताभ बच्चन के चूड़ीदार से पोंछ रहा था। अंजलि और मुझे काटो तो ख़ून नहीं, लेकिन अमिताभ कृपापूर्वक हमें बताते रहे कि यह पूरी तरह सही था और अर्जुन की उम्र का बच्चा यह जानता ही नहीं था कि वह क्या कर रहा है। हालाँकि अमिताभ बच्चन ने घटना के ज़्यादा मज़ेदार पहलू की ओर देखा, लेकिन माता-पिता के रूप में हमें इस पर बहुत शर्म आई। मैंने उनसे यह भी कहा कि *'अर्जुन जब बड़ा हो जाएगा, तो इस घटना को याद करके उसे बहुत शर्म आएगी।'* इस पूरे प्रसंग में उनके बर्ताव को देखते हुए इस महान व्यक्ति के प्रति मेरा सम्मान और बढ़ गया।

मेरे मन में एक और विज्ञापन की मीठी यादें हैं, जिसे मैंने बॉलीवुड की एक और मशहूर हस्ती शाहरुख़ ख़ान के साथ किया था। मैं और शाहरुख़ 1999 विश्व कप की पूर्व संध्या पर लॉर्ड्स में पेप्सी के लिए शूटिंग कर रहे थे और योजना यह थी कि शाहरुख़ मेरा वेश बनाकर ड्रेसिंग रूम का फ्रिज खोलकर ठंडी पेप्सी बाहर निकालेंगे। तभी मैं उनके सामने आकर अपना वेश बनाने का इल्ज़ाम लगाऊँगा। मैंने अंत में विज्ञापन में अपने खुद के विचार जोड़े और कहा कि हमें यहीं नहीं रुकना चाहिए, बल्कि मुझे उनसे पेप्सी की बोतल ले लेनी चाहिए और उन्हें बाहर जाकर मेरी जगह बल्लेबाज़ी करने के लिए विवश करना चाहिए। डायरेक्टर को

यह विचार पसंद आया और पटकथा उसी दिन बदल दी गई।

श्रीलंका इसे आसान नहीं बनाती है

16 नवंबर को अहमदाबाद में तीन टेस्ट मैचों की श्रृंखला शुरू होने वाली थी। इसके पहले मैच से पहले अंजलि ने मेरे लिए एक ख़ास चीज़ की योजना बनाई थी, जो अंतरराष्ट्रीय क्रिकेट में मेरे बीस साल पूरे होने का जश्न था। मुझे सरप्राइज़ देने के लिए उसने और मेरे कुछ सबसे क़रीबी मित्रों ने एक प्राइवेट जेट किया और मैच की सुबह उसमें बैठकर अहमदाबाद आ गए। मैं एमएस धोनी के साथ नाश्ता कर रहा था और रेस्तराँ के दरवाज़े की तरफ़ पीठ करके बैठा था। तभी मैंने धोनी की आँखों में देखा कि मेरे पीछे कुछ हो रहा है। इससे पहले कि मैं मुड़कर देख पाऊँ कि क्या हो रहा था, अंजलि और बाक़ी गैंग मुझ तक पहुँच गया। यह पूरी तरह अप्रत्याशित था और यह मेरे दिल को छू गया।

टेस्ट की आधी दूरी पर हमने खुद को थोड़ी मुश्किल में पाया। द्रविड़ और धोनी के शतकों ने हमें पहली पारी में 426 रनों के सम्मानजनक स्कोर तक पहुँचा दिया था, लेकिन श्रीलंका ने इसके जवाब में 760 रन बना दिए, जिसमें दिलशान और प्रसन्न जयवर्धने के शतकों और महेला जयवर्धने के दोहरे शतक का योगदान था। अब हमें मैच बचाने के लिए डेढ़ दिन तक बल्लेबाज़ी करनी थी। लेकिन हमारा कभी हार न मानने वाला जज़्बा एक बार फिर सामने आया और हमने मैच को ड्रॉ करने के लिए असाधारण रूप से अच्छी बल्लेबाज़ी की, जिसमें ओपनर गंभीर ने 114 रन बनाकर अच्छी नींव रखी।

मैंने भी आख़िरी दिन शतक बनाया और यह शतक घटनाविहीन नहीं था। एक बार जब श्रीलंका के खिलाड़ियों के सामने यह स्पष्ट हो गया कि वे अब जीत नहीं सकते, तो उन्होंने अति रक्षात्मक फ़ील्डिंग सजा दी। एक बिंदु पर श्रीलंका के कप्तान कुमार संगकारा ने मुझसे पूछा कि क्या मैं सचमुच खेलते रहना चाहता हूँ, क्योंकि मैच में परिणाम निकलने की अब कोई संभावना नहीं थी। मैंने उन्हें दोटूक जवाब देते हुए कहा कि टेस्ट शतक टेस्ट शतक होता है और अगर उन्होंने खेल भावना से फ़ील्डिंग जमाई होती, तो मैं वहाँ बहुत पहले पहुँच जाता। मुझे इसमें कोई दिक्क़त नहीं थी कि वे मेरे लिए परिस्थितियों को मुश्किल बनाने की कोशिश कर रहे थे, लेकिन जब मैच में समय बचा था, तो मेरे लिए इसे ख़त्म करने का कोई कारण नहीं था।

इस पर संगकारा ने 7-2 की ऑफ़ साइड की फ़ील्डिंग सजाई और अपने बाएँ हाथ के तेज़ गेंदबाज़ वेलेजेडरा को कहा होगा कि मुझे ऑफ़ स्टंप के दो

फुट बाहर गेंद करके गेंद को और बाहर ले जाएँ। मुझे नए तरीक़ों का इस्तेमाल करने की ज़रूरत महसूस हुई और एक मौक़े पर तो मैं ऑफ़ स्टंप से लगभग दो फुट बाहर चला गया और वेलेजेडरा को स्क्वेयर लेग पर फ़्लिक करके चौका मारकर नब्बे के पार पहुँच गया। जब मैं आख़िरकार अपने शतक पर पहुँचा, तो मैंने संगकारा से पूछा कि क्या वे खेल जारी रखना चाहते हैं। मैं ख़ुशी-ख़ुशी आगे बल्लेबाज़ी करने को तैयार था, लेकिन फिर हम दोनों ने ही मैच ख़त्म करने का निर्णय लिया।

इसी तरह की स्थिति इसी श्रृंखला में 21 दिसंबर 2009 को कटक में तीसरे एक दिवसीय मैच के दौरान आई। श्रीलंका के 239 रनों के योग का पीछा करते हुए मैं नब्बे के पार था और दिनेश कार्तिक दूसरे छोर पर मेरा बहुत अच्छा साथ दे रहे थे। जीतने के लिए केवल कुछ रन चाहिए थे और संगकारा ने मेरे बल्लेबाज़ी करते समय ज़्यादातर फ़ील्डरों को सीमारेखा पर तैनात कर दिया, जबकि दिनेश के लिए वे फ़ील्ड को अंदर ले आते थे। इस नीति का प्रतिकार करने के लिए दिनेश ने कई गेंदों पर रन छोड़ दिया। फिर मैंने हस्तक्षेप करके दिनेश से कहा कि वे मैच को ख़त्म कर दें। मैंने कहा कि जीत मेरे शतक से कहीं ज़्यादा महत्त्वपूर्ण थी। अंत में जब दिनेश ने विजयी रन बनाए, तो मैं 96 रनों पर नॉट आउट था।

मुझे यह भी याद आता है कि श्रीलंका ने 16 अगस्त 2010 को वीरेंद्र सहवाग के ख़िलाफ़ डम्बुला में हो रहे एक दिवसीय अंतरराष्ट्रीय मैच में क्या किया था। जब वीरू 99 रन पर थे और टीम को जीतने के लिए केवल एक रन की ज़रूरत थी, तो उनके ऑफ़ स्पिनर सूरज रणदिव ने एक बड़ी नो बॉल डाल दी। हालाँकि वीरू ने उनकी उस गेंद पर छक्का मार दिया, लेकिन रन नहीं गिने गए, क्योंकि नो बॉल डालने के साथ ही मैच तकनीकी दृष्टि से ख़त्म हो गया था। वीरू एक रन से अपने शतक से चूक गए और इस घटना ने उस वक़्त मीडिया में काफ़ी तूफ़ान खड़ा किया।

आख़िरकार नंबर वन

पहले टेस्ट में काँटे के ड्रॉ के बाद हमने कानपुर में हुए अगले टेस्ट में श्रीलंका को पछाड़ दिया, जो 24 नवंबर 2009 को शुरू हुआ। हमारे पहले तीन बल्लेबाज़ों गौतम गंभीर, वीरेंद्र सहवाग और राहुल द्रविड़ ने शतक बनाए। इसके बाद गेंदबाज़ों ने अनुशासित गेंदबाज़ी करके उनका साथ दिया, जिससे हम एक पारी और 144 रनों से यह मैच जीत गए। श्रृंखला अगले सप्ताह सीसीआई में एक

भव्य अंतिम मैच के लिए अच्छी तरह सज गई थी।

सीसीआई में वीरेंद्र सहवाग ने मेरी देखी सबसे अच्छी टेस्ट पारियों में से एक खेली। उन्होंने कुछ ऐसे शॉट खेले, जिन्हें देखकर साँस अटक जाती थी और एक ही दिन के क्रिकेट में 284 नॉट आउट का स्कोर बनाया। अगली सुबह वे 293 रनों पर आउट हो गए और अपने करियर के तीसरे तिहरे शतक से ज़रा से चूक गए। जिस गति से उन्होंने रन बनाए, उससे हमारे गेंदबाज़ों को विपक्षी टीम को आउट करने के लिए पर्याप्त समय मिल गया। इस तरह के फ़ॉर्म में वे संसार के किसी भी गेंदबाज़ी आक्रमण के मनोबल को रसातल में पहुँचा सकते थे और एक तरह से उन्होंने टेस्ट क्रिकेट में सलामी बल्लेबाज़ी की नीति बदल दी थी। ज़हीर ने बाक़ी का काम अच्छी तरह करते हुए श्रीलंका की दूसरी पारी में पाँच विकेट लिए। हम एक पारी और 24 रनों से यह मैच जीत गए। यह एक ज़बर्दस्त विजय थी - और इसका मतलब था कि अब हम आधिकारिक रूप से नंबर वन टेस्ट टीम बन गए थे।

इस मैच का एक अधिक व्यक्तिगत उच्च बिंदु श्रीलंका की पहली पारी में एंजेलो मैथ्यूज़ को 99 रनों पर रन आउट करना था। उन्होंने गेंद फ़ाइन लेग की तरफ़ खेली और शतक तक पहुँचने की कोशिश में दूसरे रन के लिए मुड़े। मैं जल्दी ही गेंद तक पहुँचने में कामयाब हो गया और मैंने एक सपाट शक्तिशाली थ्रो किया, जो सीधे स्टंप के ऊपर गिरा। धोनी को तो बस गिल्लियाँ गिरानी थीं। इस रन आउट पर ख़ुशी मनाते हुए मैंने अपनी टीम के साथियों से मज़ाक़ किया कि बूढ़ा आदमी बीस साल तक अंतरराष्ट्रीय क्रिकेट खेलने के बाद भी फ़ील्डिंग कर सकता है!

हमने टीम के रूप में शानदार क्रिकेट खेला। हर खिलाड़ी ने योगदान दिया और गैरी तथा समर्थन स्टाफ़ - हमारे उच्च प्रदर्शन और मानसिक कंडीशनिंग कोच पैडी अप्टन, हमारे फ़िटनेस प्रशिक्षक रामजी श्रीनिवासन, हमारे फ़िज़ियो नितिन पटेल, हमारे मालिश करने वाले रमेश माने तथा अमित शाह और हमारे कंप्यूटर विश्लेषक धनंजय - इन सभी ने हमें शिखर तक पहुँचाने में महत्त्वपूर्ण भूमिकाएँ निभाईं। मेरे लिए टेस्ट क्रिकेट ही क्रिकेट का वह स्वरूप है, जो सबसे ज़्यादा महत्त्वपूर्ण है और यह बेशक मेरे करियर का एक उच्च बिंदु था। यह उपलब्धि अंतरराष्ट्रीय क्रिकेट में मेरी बीसवीं वर्षगाँठ के साथ आई, जिससे यह और भी ज़्यादा ख़ास बन गई।

England in India 2008

1st Test. Chennai. 11–15 December 2008

England 316 (AJ Strauss 123, MJ Prior 53*, AN Cook 52; H Singh 3–96, A Mishra 3–99) and 311–9 dec (AJ Strauss 108, PD Collingwood 108; Z Khan 3–40, I Sharma 3–57)

India 241 (MS Dhoni 53, H Singh 40, **SR Tendulkar 37**; A Flintoff 3–49, MS Panesar 3–65) and 387–4 (**SR Tendulkar 103***, Y Singh 85, V Sehwag 83, G Gambhir 66)

India won by 6 wickets

2nd Test. Mohali. 19–23 December 2008

India 453 (G Gambhir 179, R Dravid 136, **SR Tendulkar 11**; A Flintoff 3–54, GP Swann 3–122) and 251–7 dec (G Gambhir 97, Y Singh 86, **SR Tendulkar 5**)

England 302 (KP Pietersen 144, A Flintoff 62, AN Cook 50; H Singh 4–68, Z Khan 3–76) and 64–1

Match drawn

India won the series 1–0

India in New Zealand 2009

1st Test. Hamilton. 18–21 March 2009

New Zealand 279 (DL Vettori 118, JD Ryder 102; I Sharma 4–73, MM Patel 3–60) and 279 (BB McCullum 84, DR Flynn 67, MJ Guptill 48; H Singh 6–63)

India 520 (**SR Tendulkar 160**, G Gambhir 72, R Dravid 66, Z Khan 51*; CS Martin 3–98, IE O'Brien 3–103) and 39–0

India won by 10 wickets

2nd Test. Napier. 26–30 March 2009

New Zealand 619–9 dec (JD Ryder 201, LRPL Taylor 151, BB McCullum 115, DL Vettori 55, JEC Franklin 52; I Sharma 3–95, Z Khan 3–129)

India 305 (R Dravid 83, VVS Laxman 76, **SR Tendulkar 49**; CS Martin 3–89) and 476–4 (f/o) (G Gambhir 137, VVS Laxman 124*, **SR Tendulkar 64**, R Dravid 62, Y Singh 54*)

Match drawn

3rd Test. Wellington. 3–7 April 2009

India 379 (**SR Tendulkar 62**, H Singh 60, MS Dhoni 52; CS Martin 4–98) and 434–7 dec (G Gambhir 167, VVS Laxman 61, R Dravid 60, MS Dhoni 56*, **SR Tendulkar 9**; CS Martin 3–70)

New Zealand 197 (LRPL Taylor 42; Z Khan 5–65, H Singh 3–43) and 281–8 (LRPL Taylor 107, MJ Guptil 49, JEC Franklin 49; H Singh 4–59, **SR Tendulkar 2–45**, Z Khan 2–57)

Match drawn

India won the series 1–0

Sri Lanka in India 2009

1st Test. Ahmedabad. 16–20 November 2009

India 426 (R Dravid 177, MS Dhoni 110, Y Singh 68, **SR Tendulkar 4**; UWMBCA Welegedara 4–87, M Muralitharan 3–97) and 412–4 (G Gambhir 114, **SR Tendulkar 100***, V Sehwag 51, VVS Laxman 51*)

Sri Lanka 760–7 dec (DPMD Jayawardene 275, HAPW Jayawardene 154*, TM Dilshan 112)

Match drawn

2nd Test. Kanpur. 24–27 November 2009

India 642 (G Gambhir 167, R Dravid 144, V Sehwag 131, Y Singh 67, VVS Laxman 63, **SR Tendulkar 40**; HMRKB Herath 5–121)

Sri Lanka 229 (DPMD Jayawardene 47, KC Sangakkara 44; S Sreesanth 5–75) and 269 (f/o) (TT Samaraweera 78*; H Singh 3–98, PP Ojha 2–36)

India won by an innings and 144 runs

3rd Test. Mumbai (BS). 2–6 December 2009

Sri Lanka 393 (TM Dilshan 109, AD Mathews 99, NT Paranavitana 53; H Singh 4–112, PP Ojha 3–101) and 309 (KC Sangakkara 137, NT Paranavitana 54; Z Khan 5–72)

India 726–9 dec (V Sehwag 293, MS Dhoni 100*, M Vijay 87, R Dravid 74, VVS Laxman 62, **SR Tendulkar 53**; M Muralitharan 4–195)

India won by an innings and 24 runs

India won the series 2–0

22

शिखर पर बने रहना

2010 में हमने अंतरराष्ट्रीय क्रिकेट की तीन सबसे मुश्किल चुनौतियों का सामना किया और अपनी नंबर वन पदवी को बनाए रखने के लिए हमें उन सबमें अच्छा प्रदर्शन करना था। हमें फ़रवरी-मार्च में घरेलू मैदान पर दक्षिण अफ़्रीका से खेलना था, फिर हमें अक्टूबर में घरेलू मैदान पर ऑस्ट्रेलिया के साथ खेलना था, फिर हमें नवंबर में घरेलू मैदान पर ही न्यूज़ीलैंड के साथ खेलना था और इसके बाद दिसंबर में दक्षिण अफ़्रीका के दौरे पर जाना था।

लेकिन इन चुनौतियों से निबटने से पहले हम जनवरी 2010 में दो टेस्ट मैचों की श्रँखला के लिए बंगलादेश गए। हालाँकि कई लोगों को लगता है कि बंगलादेश कमज़ोर टीम है, लेकिन यह अतीत में कई अच्छी टीमों को हैरान कर चुकी है, और अगर आप उन्हें कम आँकते हैं, तो आपको जोखिम हो सकता है। यह चीटगाँग में 17 जनवरी को शुरू हुए पहले टेस्ट मैच में स्पष्ट था, जिसमें हम एक वक़्त पहली पारी में 209-8 पर थे। भीड़ पूरी तरह से स्थानीय टीम के साथ थी और प्रेरित गेंदबाज़ी आक्रमण के ख़िलाफ़ बल्लेबाज़ी करना गंभीर चुनौती थी, जिसमें शहादत हुसैन और शकीब-अल-हसन दोनों ने आख़िरकार पाँच-पाँच विकेट लिए। हर विकेट का स्वागत तेज़ हर्षध्वनि से होता था, जबकि हर चौके के बाद सन्नाटा छा जाता था।

इतनी पक्षपाती भीड़ के सामने बल्लेबाज़ी करना रोचक था। मैंने 105 नॉट आउट बनाए और हम किसी तरह स्कोर को 243 तक पहुँचाने में कामयाब हुए। हमारे गेंदबाज़ों ने अच्छा काम किया और बंगलादेश की पहली पारी को हमारे योग से एक रन कम पर समेट दिया। फिर हमारी दूसरी पारी में गंभीर ने शतक बनाते हुए हमें 413 तक पहुँचाया। मुशफ़िक उर रहीम के शतक के बावजूद 415 का लक्ष्य बंगलादेश के लिए बहुत ज़्यादा साबित हुआ और अंत में हम 113 रनों से जीत गए।

कुछ दिनों बाद ढाका में दूसरा टेस्ट हुआ। जहाँ चीटगाँग में धुंध और ठंड

थी, वहीं ढाका में मौसम गर्म और उमसदार था। यहाँ हमारे तेज़ गेंदबाज़ों ने एक बार फिर मुश्किल परिस्थितियों में बेहतरीन प्रदर्शन किया। ज़हीर ने दूसरी पारी में अपने सर्वश्रेष्ठ स्तर पर गेंदबाज़ी की और एक अविश्वसनीय रिवर्स स्विंग पाई, जिसकी बदौलत उन्होंने सात विकेट लिए। हमने अपनी पहली और एकमात्र पारी में अच्छी बल्लेबाज़ी करते हुए 544 रन बनाए। राहुल और मैंने शतक लगाकर मैच जिताने का काम ज़हीर पर छोड़ दिया।

दक्षिण अफ़्रीका भारत में, फ़रवरी 2010

दक्षिण अफ़्रीका के ख़िलाफ़ हमें दो टेस्ट मैच खेलने थे। इनमें से पहला 6 फ़रवरी को नागपुर में शुरू हो रहा था। पॉइंट्स की स्थिति ऐसी थी कि जो भी टीम यह श्रृँखला जीतती, वही नंबर वन टेस्ट टीम बन जाती।

पहले टेस्ट में डेल स्टीन ने कमाल की गेंदबाज़ी करते हुए दस विकेट लिए और हम हर मोर्चे पर हार गए। हाशिम अमला ने 253 रन बनाए और जैक कैलिस ने 173 रन किए। इन दोनों ने दक्षिण अफ़्रीका के लिए शानदार बल्लेबाज़ी की। अमला तो पूरी श्रृँखला में असाधारण फ़ॉर्म में थे। कैलिस हमेशा चैंपियन खिलाड़ी रहे हैं और उन्हें बिना किसी शक के हमारी पीढ़ी का सर्वश्रेष्ठ ऑल राउंडर कहा जा सकता है। ऐसे खिलाड़ियों के साथ प्रतिस्पर्धा करना एक सुखद अनुभव रहा है, जिन्हें निश्चित रूप से सार्वकालिक महान खिलाड़ियों के रूप में याद किया जाएगा।

हालाँकि हम मैच हार गए, लेकिन मैं दूसरी पारी में शतक लगाने में कामयाब रहा और मैंने सोचा कि डेल स्टीन के ख़िलाफ़ मेरी योजना कारगर हो रही थी। वे असाधारण तेज़ गेंदबाज़ हैं और हम जानते थे कि दूसरे टेस्ट में वापसी करने के लिए हमें उन्हें अच्छी तरह खेलना होगा, इसलिए दूसरी पारी की बल्लेबाज़ी ने हमें इस संदर्भ में थोड़ी आशा दी। दूसरी ओर, हमें यह स्वीकार करना होगा कि हमने इसे खुद के लिए मुश्किल बना लिया था और अपना नंबर वन टेस्ट दर्जा बनाए रखने के लिए जीजान लगाने की ज़रूरत थी।

हम ईडन गार्डन्स की हरी पिच को देखकर हैरान रह गए। यह तो घरेलू लाभ जैसी पिच नहीं थी, लेकिन उस मोड़ पर हम पिच के बारे में कुछ भी नहीं कर सकते थे।

एक बार फिर दक्षिण अफ़्रीका ने अच्छी शुरुआत की, लेकिन फिर हमने पहले दिन के अंत में एक चमत्कारी वापसी की। 218-1 की ज़बर्दस्त स्थिति में होने के बावजूद दक्षिण अफ़्रीका की पारी अंततः केवल 296 रनों पर सिमट गई,

जिसमें ज़हीर और हरभजन की चमत्कारी गेंदबाज़ी का कमाल था। हमें एहसास हो गया कि हमारे पास मौका है और हमने पहली पारी में एक बड़ा स्कोर खड़ा किया, जिसमें हम चार लोगों - सहवाग, लक्ष्मण, धोनी और मैंने - ने शतक जमाए। हालाँकि हमने दो विकेट जल्दी गँवा दिए थे, लेकिन इसके बाद सहवाग और मेरे बीच 249 रनों की शानदार साझेदारी हुई, और हमने तेज़ गति से रन बटोरे, जिससे दक्षिण अफ़्रीका के खिलाड़ी विचलित हो गए। हम मिडिल और लेग स्टंप पर आने वाली गेंद को ऑन साइड में फ़्लिक कर देते थे, जबकि ऑफ़ स्टंप के बाहर की गेंदों को कट या ड्राइव कर दिया जाता था। यह एक अहम साझेदारी थी और इसने पेंडुलम को हमारी तरफ़ कर दिया।

इसके बाद लक्ष्मण और धोनी ने मंच तैयार किया और हमने आख़िरकार 643-6 के भारी स्कोर पर पारी घोषित कर दी। अब दक्षिण अफ़्रीका को मैच बचाने के लिए पूरे दो दिन तक बल्लेबाज़ी करनी थी। हमारी क़िस्मत ख़राब थी, जो मौसम ने चौथे दिन खेल बिगाड़ दिया और बहुत सारे ओवर बर्बाद कर दिए। दिन के अंत तक दक्षिण अफ़्रीका ने तीन विकेट गँवाए थे और हमें मैच जीतने के लिए अब भी सात विकेट निकालने थे।

ईडन गार्डन्स पर अंतिम दिन का खेल टेस्ट क्रिकेट का उत्कर्ष था। भज्जी का कोलकाता में बहुत ही उम्दा रिकॉर्ड है और उन्होंने शानदार गेंदबाज़ी करते हुए मैच में कुल आठ विकेट लिए और जब हमने दक्षिण अफ़्रीका का अंतिम विकेट लिया, तो सिर्फ़ कुछ ही ओवर बचे थे। ईडन गार्डन्स की भीड़ हमारे पक्ष में थी और जब आख़िरी विकेट के रूप में भज्जी ने मॉर्न मॉरकल को एलबीडब्ल्यू किया, तो कानफोड़ू गर्जना से इसका स्वागत हुआ। भज्जी ने ख़ुशी से झूमते हुए लगभग आधे मैदान की दूरी तय की और इतनी हैरतअंगेज़ विजय हासिल करने पर हम रोमांचित थे। इस तरह से हमने अपने नंबर वन दर्जे को बरकरार रखा और मुझे यह सोचकर और भी ज़्यादा संतुष्टि हुई कि हालाँकि मेरा शतक पहले टेस्ट को नहीं बचा पाया था, लेकिन मेरे शतक ने दूसरे टेस्ट की विजय में योगदान दिया था।

इसके बाद तीन एक दिवसीय मैचों की श्रृँखला हुई। पहला एक दिवसीय मैच 21 फ़रवरी को जयपुर में हुआ, जिसमें मैं चार पर रन आउट हो गया। मैं इस तरह आउट होने से निराश था, लेकिन मुझे ख़ुशी थी कि मैच के अंतिम ओवर में मैंने काफ़ी अच्छा योगदान दिया, जब दक्षिण अफ़्रीका को जीतने के लिए केवल दस रन चाहिए थे। 299 रनों का पीछा करते हुए डेल स्टीन और वेन परनेल ने 225-8 के बाद एक ज़बर्दस्त उलटफेर कर दिया था और हालाँकि

प्रवीण कुमार ने स्टीन को अपने अंतिम ओवर की पहली गेंद पर आउट कर दिया, लेकिन दक्षिण अफ़्रीका जीतने की कगार पर थी। आख़िरी बल्लेबाज़ चार्ल लेंगवेल्ट ने ओवर की तीसरी गेंद को शॉर्ट फ़ाइन लेग के पास से मारा। लॉन्ग लेग पर मैंने डाइव लगाकर पूरे शरीर को झोंक दिया और एक निश्चित चौका बचा लिया। अंपायरों ने इसकी पुष्टि के लिए तीसरे अंपायर से परामर्श लिया और इसे क़ानूनी बचाव घोषित किया। इससे अंत में फ़र्क़ पड़ा, क्योंकि भारत यह मैच सिर्फ़ एक रन से जीता।

दूसरा मैच ग्वालियर में 24 फ़रवरी को हुआ और इस समय तक मैं सचमुच थका-थका महसूस करने लगा था। यह काफ़ी लंबा सीज़न था और मेरा शरीर विरोध प्रकट करने लगा था। हर जगह दर्द हो रहा था, कमर अकड़ी हुई थी, टखने भरे हुए थे और घुटनों में दर्द हो रहा था। फिज़ियो नितिन पटेल को मैच की सुबह डेढ़ घंटे तक मेरा उपचार करना पड़ा और मैंने उनसे कहा कि मैं ग्वालियर में ही श्रृंखला जीतना चाहता हूँ, ताकि मैं श्रृंखला के तीसरे और अंतिम मैच के लिए आराम करने की मोहलत माँग सकूँ।

जब मैं मैदान में पहुँचा, तो मैंने पाया कि सारे दर्द ग़ायब हो चुके हैं! मैं नहीं जानता कि यह कैसे हुआ, लेकिन यह उन दिनों में से एक था, जब हर चीज़ मेरे मनमाफ़िक हो रही थी। हमने पहले बल्लेबाज़ी की और दूसरे ओवर में मैंने वेन परनेल की एक गेंद को हल्के से छुआ। इसे सीमारेखा तक पहुँचते देखकर मैं दंग रह गया। उसके बाद गेंदें लगातार मेरे बल्ले के बीचोबीच टकराईं और रन रेट पूरी पारी में कभी कम नहीं हुआ।

मैंने कुछ अच्छी साझेदारियाँ कीं, पहले दिनेश कार्तिक, फिर युसुफ़ पठान और अंत में एमएस धोनी के साथ। इन सभी ने अच्छी बल्लेबाज़ी करके मेरे दबाव को कम किया। जब मैं 175 के पार पहुँचा, तभी दोहरे शतक का विचार मन में आया। तब तक मेरी शक्ति थोड़ी कम हो चुकी थी और बड़े शॉट न खेल पाने की वजह से मैंने ख़ाली जगह खोजना और तेज़ दौड़ना शुरू कर दिया था। 190 के पार पहुँचने के बाद भी मैं एक-एक रन दौड़ रहा था, जबकि धोनी दूसरे छोर पर गेंदबाज़ों की धुनाई कर रहे थे।

वह पल आख़िरकार हमारी पारी के पचासवें ओवर में आया, जब मैंने गेंद को एक रन के लिए पॉइंट के पीछे खेला और एक दिवसीय अंतरराष्ट्रीय मैच में दोहरा शतक लगाने वाला इतिहास का पहला खिलाड़ी बन गया। मैं ख़ास ख़ुश था कि मैंने यह ऐतिहासिक कीर्तिमान एक घरेलू भीड़ के सामने बनाया। टीम का स्कोर भी 400 के पार पहुँच गया था और अनुभूति इससे बेहतर नहीं हो सकती

थी। चेंजिंग रूम में सहवाग ने मुझसे कहा, *'आख़िर आपने 200 बना ही दिया!'*

लेकिन काम अभी आधा ही हुआ था और हम जानते थे कि 2006 में दक्षिण अफ़्रीका ने ऑस्ट्रेलिया के 434 रनों का सफलतापूर्वक पीछा कर लिया था, इसलिए यह आराम से बैठने का समय नहीं था। वैसे ग्वालियर में इतिहास ने ख़ुद को नहीं दोहराया और अंत में हमने 153 रनों के अंतर से मैच जीत लिया।

होटल लौटने पर मैं सचमुच थका-थका महसूस कर रहा था, लेकिन इतने सारे रोमांच की वजह से नींद नहीं आ रही थी। बिस्तर पर पड़े-पड़े मैंने अपने फ़ोन को देखा। इसमें बधाई के संदेशों की बाढ़ आई हुई थी। मैंने दो घंटे तक उनका जवाब दिया और इस काम को करने में अंततः मुझे पूरे दो दिन लग गए। मैं अगली सुबह भी जल्दी उठ गया, लेकिन यह दरअसल मायने नहीं रखता था, क्योंकि मैं अंतरराष्ट्रीय क्रिकेट में अपने सर्वश्रेष्ठ सीज़नों में से एक के बाद छुट्टी मनाने घर जा रहा था, जिसकी बहुत ज़रूरत थी।

मुझे स्वीकार करना होगा कि मैं एक और कारण से ग्वालियर में नहीं सो पाया। होटल के अधिकारियों ने बहुत कृपापूर्वक धोनी और मुझे एक-एक स्वीट दे दिया था और ये टीम के बाक़ी खिलाड़ियों के कमरों से काफ़ी दूरी पर थे। मेरा स्वीट बहुत बड़ा था और इसमें एक निजी स्विमिंग पूल भी था। बाथरूम विशालकाय था और काँच का एक दरवाज़ा इसे मुख्य लिविंग रूम से अलग करता था। बाहर बड़े पेड़ थे और रात को जब रेशमी पर्दे हवा में लहरा रहे थे, तो मुझे यह सोने के लिए सबसे आरामदेह कमरा नहीं लगा। बाहर घुप्प अँधेरा था और कमरे का आकार, अपरिचित दृश्य और बाहर की आवाज़ों, इन सभी ने मुझे बहुत बेचैन कर दिया और मुझे सारी रात बाथरूम की बत्ती जलाकर रखनी पड़ी!

India v South Africa

(2nd ODI)

Played at Roop Singh Stadium, Gwalior, on 24 February 2010 (D/N)

Umpires:	IJ Gould & SK Tarapore (TV: SS Hazare)
Referee:	AJ Pycroft
Toss:	India

INDIA

			R	M	B	4	6
V Sehwag	c Steyn b Parnell		9	15	11	1	0
SR Tendulkar	not out		200	226	147	25	3
KD Karthik	c Gibbs b Parnell		79	124	85	4	3
YK Pathan	c De Villiers b Van der Merwe		36	47	23	4	2
MS Dhoni*†	not out		68	37	35	7	4
V Kohli							
SK Raina							
RA Jadeja							
P Kumar							
A Nehra							
S Sreesanth							
Extras	(lb 3, w 5, nb 1)		9				
Total	(for 3 wkts)	(50 overs)	**401**				

SOUTH AFRICA

			R	M	B	4	6
HM Amla	c Nehra b Sreesanth		34	41	22	7	0
HH Gibbs	b Kumar		7	12	8	1	0
RE van der Merwe	c Raina b Sreesanth		12	16	11	1	1
JH Kallis*	b Nehra		11	28	13	2	0
AB de Villiers	not out		114	154	101	13	2
AN Petersen	b Jadeja		9	18	16	1	0
J–P Duminy	lbw b Pathan		0	2	1	0	0
MV Boucher†	lbw b Pathan		14	29	31	1	0
WD Parnell	b Nehra		18	53	43	1	0
DW Steyn	b Sreesanth		0	6	4	0	0
CK Langeveldt	c Nehra b Jadeja		12	24	11	3	0
Extras	(lb 5, w 8, nb 4)		17				
Total		(42.5 overs)	**248**				

SOUTH AFRICA	O	M	R	W	
Steyn	10	0	89	0	(1 nb)
Parnell	10	0	95	2	(1 w)
Van der Merwe	10	0	62	1	(1 w)
Langeveldt	10	0	70	0	(2 w)
Duminy	5	0	38	0	
Kallis	5	0	44	0	(1 w)

INDIA	O	M	R	W	
Kumar	5	0	31	1	
Nehra	8	0	60	2	(4 w)
Sreesanth	7	0	49	3	(3 nb)
Jadeja	8.5	0	41	2	(1 nb, 2 w)
Pathan	9	1	37	2	
Sehwag	5	0	25	0	(2 w)

Fall of wickets:

	Ind		SA	
1st	25	(1)	17	(2)
2nd	219	(3)	47	(3)
3rd	300	(4)	61	(1)
4th	–		83	(4)
5th	–		102	(6)
6th	–		103	(7)
7th	–		134	(8)
8th			211	(9)
9th	–		216	(10)
10th	–		248	(11)

Man of the Match:	SR Tendulkar
Result:	**India won by 153 runs**

ऑस्ट्रेलिया भारत में, अक्टूबर 2010

हमने 2010-11 का सीज़न ऑस्ट्रेलिया के ख़िलाफ़ दो टेस्ट मैचों की श्रृंखला से शुरू किया। पहला मैच अक्टूबर के शुरू में मोहाली में हुआ। इसमें वीवीएस लक्ष्मण ने टीम की ख़ातिर अपनी सर्वश्रेष्ठ पारियों में से एक खेली। हमें जीतने के लिए 216 रनों की ज़रूरत थी और जब हमने अपना आठवाँ विकेट खोया, तब हमें जीतने के लिए 92 रन चाहिए थे। हमारी एकमात्र उम्मीद लक्ष्मण थे, जिनकी पीठ में दर्द था। उन्होंने इस तरह बल्लेबाज़ी की, जैसे उनमें कोई रूहानी आत्मा आ गई हो। ईशांत शर्मा ने उनका अच्छा साथ दिया तथा बेहद दृढ़ता का प्रदर्शन करते हुए 31 रन बनाए। हालाँकि जब टीम को जीतने के लिए 11 रन चाहिए थे, तब ईशांत आउट हो गए, लेकिन लक्ष्मण हमें सीमारेखा के पार ले गए और हम एक विकेट से जीत गए। लक्ष्मण ने अपने पूरे करियर में ऑस्ट्रेलिया की नाक में दम किया था और यहाँ भी ऑस्ट्रेलिया वालों ने लक्ष्मण पर सारे अस्त्र चला डाले, लेकिन फिर भी उन्हें आउट नहीं कर पाए। लक्ष्मण उन चंद बल्लेबाज़ों में से एक हैं, जो हर गेंद पर दो अलग-अलग शॉट मारने की क्षमता रखते हैं और उनकी लचीली कलाइयों की वजह से दूसरे छोर से उनकी बल्लेबाज़ी देखना एक आनंददायक अनुभव था।

मोहाली में ऑस्ट्रेलिया को हराने के बाद हमने बॉर्डर-गावसकर ट्रॉफ़ी अपने पास रख ली थी। फिर हम बैंगलोर पहुँचे, जहाँ श्रृंखला का दूसरा और अंतिम टेस्ट मैच 9 अक्टूबर को शुरू होने वाला था। चिन्नास्वामी स्टेडियम में पहले बल्लेबाज़ी करते हुए ऑस्ट्रेलिया ने 478 रनों का स्वस्थ स्कोर बनाया, जिसमें मार्कस नॉर्थ ने अपने करियर के सर्वश्रेष्ठ स्कोर 128 रनों का योगदान दिया। मैं अपनी पारी की शुरुआत से ही अच्छे फ़ॉर्म में महसूस कर रहा था। दूसरा दिन ख़त्म होने पर मैं 44 पर नॉट आउट था और अगले दिन भी मैंने अंत तक बल्लेबाज़ी की और 191 पर नॉट आउट रहा। इस दौरान मैं नैथन हॉरिट्ज़ की दो गेंदों पर लगातार छक्के मारकर अपने 49वें टेस्ट शतक तक पहुँचा। यह उस साल मेरा छठा टेस्ट शतक था और मैंने अपने करियर में छठी बार एक कैलेंडर वर्ष में 1,000 से ज़्यादा टेस्ट रन बनाए थे।

मैं अंततः 214 पर आउट हुआ और मुरली विजय के 139 रनों की मदद से हमने पहली पारी में सात रनों की बढ़त ले ली। फिर हमारे गेंदबाज़ हरकत में आ गए और उन्होंने दूसरी पारी में ऑस्ट्रेलिया को केवल 223 रनों पर चलता कर दिया। हमें 2-0 से श्रृंखला जीतने के लिए 207 रन बनाने थे और टीम को विजय तक ले जाने का सौभाग्य मुझे मिला। मेरे साथ चेतेश्वर पुजारा थे, जिन्होंने

अपना पहला मैच खेलते हुए नंबर तीन पर बल्लेबाज़ी की और साहसिक 72 नाबाद रन बनाए। यह एक ऐसा स्थान है, जो अब उन्होंने भारतीय टीम में अपने लिए सुरक्षित कर लिया है। मुझे विश्वास है कि टेस्ट खिलाड़ी के रूप में उनके आगे एक महान भविष्य है।

एक अप्रिय ध्यानभंग

इसके बाद नवंबर 2010 में न्यूज़ीलैंड के ख़िलाफ़ तीन टेस्ट मैचों की घरेलू श्रृंखला थी। हालाँकि हम यह श्रृंखला 1-0 से जीत गए, लेकिन मेरा फ़ॉर्म गोता खा गया। हर कोई मेरे पचासवें टेस्ट शतक की बात करने लगा था, इसलिए एकाग्रता बनाए रखना मुश्किल था। भीड़ मेरा हौसला बढ़ाने की कोशिश कर रही थी, लेकिन इसका असर उल्टा हो रहा था। हैदराबाद में जब मैं दूसरे टेस्ट में बल्लेबाज़ी कर रहा था, तो लोग मेरी तरफ़ हाथ लहराते रहे। मेरा सामान्य नियम यह था कि हर गेंद खेलने के बाद मैं स्क्वेयर लेग अंपायर की तरफ़ चला जाता था, लेकिन उसी वक़्त स्क्वेयर लेग की तरफ़ वाले लोग खड़े हो जाते थे, जिससे मैं विचलित हो गया। मैं जानता हूँ कि उनके इरादे अच्छे थे, लेकिन मैं यह सोचे बिना नहीं रह पाया, 'उन्हें मुझे शांति से बल्लेबाज़ी करने देना चाहिए,' और कुछ ही समय बाद मैं आउट हो गया।

जब आप अच्छी बल्लेबाज़ी कर रहे होते हैं, तो भीड़ की इस तरह की हौसलाअफ़ज़ाई देखना अच्छा लगता है। लेकिन जब आप जूझ रहे होते हैं, तो इससे काम दोगुना मुश्किल हो सकता है। हैदराबाद टेस्ट के बाद मैंने गैरी और पैडी से कहा कि मैं दक्षिण अफ़्रीका की श्रृंखला का इंतज़ार कर रहा हूँ, क्योंकि वहाँ कम से कम भीड़ इस मुद्दे को लेकर इतनी जुनूनी नहीं होगी।

20 नवंबर को नागपुर में तीसरा टेस्ट शुरू हुआ और दरअसल इसमें मेरे पास यह शतक बनाने का अच्छा अवसर था। हमारी इकलौती पारी में मैं रात को 57 रनों पर नॉट आउट था और तीसरे दिन काफ़ी आत्मविश्वास के साथ खेलने उतरा था। लेकिन मैं मैदान में कुछ ख़ास नहीं कर पाया। मैंने बाएँ हाथ के सीमर एंडी मैके की गेंद पर विकेटकीपर को कैच दे दिया और अपने स्कोर में केवल चार रन जोड़ने के बाद ही अपना विकेट गँवा दिया। यह एक ऐसी गेंद थी, जो गुड लेंग्थ से थोड़ा सा पहले टप्पा खाकर उछली थी - उस पूरी सुबह ऐसी हरकत करने वाली यह एकमात्र गेंद थी।

भारत दक्षिण अफ़्रीका में, दिसंबर 2010–जनवरी 2011

दक्षिण अफ़्रीका में दक्षिण अफ़्रीका के ख़िलाफ़ खेलना हमेशा मुश्किल होता है। पिचों की प्रकृति, बेहतरीन तेज़ गेंदबाज़ी आक्रमण और अच्छी बल्लेबाज़ी इकाई मिलकर वहाँ उन्हें एक विकट प्रतिद्वंद्वी बना देती है।

श्रृंखला की बुरी शुरुआत करते हुए हम 16 दिसंबर को सेंचुरियन पार्क में अपनी पहली पारी में सिर्फ़ 136 रनों पर ऑल आउट हो गए, जबकि मॉर्न मॉरकल ने पाँच विकेट लिए। इस स्थिति के बाद वापसी करना लगभग असंभव था। मैंने इस स्कोर में सर्वाधिक 36 रनों का योगदान दिया था और मैं बहुत बुरा नहीं खेल रहा था, लेकिन डेल स्टीन की एक गेंद उम्मीद से ज़्यादा अंदर आ गई और मैं एलबीडब्ल्यू हो गया। दक्षिण अफ़्रीका ने जवाब में एक भारी स्कोर खड़ा किया, जिसमें जैक कैलिस ने दोहरा शतक मारा और अमला तथा डिविलियर्स ने भी शतक जमाए। मैच को बचाने के लिए हमें लगभग ढाई दिन तक बल्लेबाज़ी करनी थी।

हमने दूसरी पारी में ज़्यादा जीवट दिखाया। धोनी और मैंने पलटवार करते हुए 172 रनों की बहुत अच्छी साझेदारी की। आख़िरकार मैंने अपना पचासवाँ टेस्ट शतक बना ही डाला, जिससे मुझे बहुत राहत मिली। हम दक्षिण अफ़्रीका के खिलाड़ियों को कुंठित होते देख सकते थे और चौथे दिन के अंत में डेल स्टीन और मेरे बीच शब्दों का आदान-प्रदान हुआ। कम होती रोशनी के कारण ग्राहम स्मिथ ने स्टीन को आख़िरी स्पेल करने को दिया और वे तेज़ गति से आए। एक बिंदु पर उन्होंने मुझसे मज़ाक़ किया कि वे बहुत तेज़ गेंदबाज़ी नहीं कर रहे हैं, क्योंकि यह 150 कि.मी. प्रति घंटे से थोड़ी सी ही ज़्यादा थी। इस पर मैंने उनसे पूछा, 'जब उजाला था, तब आपकी बहादुरी कहाँ थी?' सच कहूँ, तो इस नोंकझोंक ने मेरे संकल्प को मज़बूत किया। यह अच्छी भावना में हुआ था। मैं हमेशा बुरी या नकारात्मक टिप्पणियों का विरोध करता हूँ, लेकिन क्रिकेट के मैदान में छुटपुट नोंकझोंक बुरी चीज़ नहीं है और यह दरअसल उच्च गहनता वाली प्रतिस्पर्धा में वृद्धि कर सकती है – ज़ाहिर है, इसे तार्किक सीमा के भीतर रहना चाहिए।

चौथे दिन के अंत तक हमने आठ विकेट गँवा दिए थे और अंतिम दिन दक्षिण अफ़्रीका ने मैच को बड़े आराम से दस विकेट से जीत लिया। हम बॉक्सिंग डे टेस्ट खेलने के लिए डरबन गए और हम जानते थे कि हमारे सामने एक मुश्किल काम था। लेकिन सेंचुरियन की दूसरी पारी की बेहतर बल्लेबाज़ी से हम सभी का मनोबल मज़बूत था और हमें महसूस हुआ कि डरबन में उतरने तक हम कम से कम परिस्थितियों के आदी हो गए थे।

India v Australia

(2nd Test)

Played at Chinnaswamy Stadium, Bangalore, on 9–13 October 2010

Umpires:	BF Bowden & IJ Gould (TV: AM Saheba)
Referee:	BC Broad
Toss:	Australia

AUSTRALIA

SR Watson	c Dhoni b Ojha	57	lbw b Ojha	32
SM Katich	c Dravid b Harbhajan Singh	43	c Dhoni b Harbhajan Singh	24
RT Ponting*	lbw b Raina	77	lbw b Khan	72
MJ Clarke	c Raina b Harbhajan Singh	14	st Dhoni b Ojha	3
MEK Hussey	c Sehwag b Khan	34	lbw b Ojha	20
MJ North	c Sreesanth b Harbhajan Singh	128	b Harbhajan Singh	3
TD Paine†	st Dhoni b Ojha	59	c Dhoni b Sreesanth	23
MG Johnson	lbw b Ojha	0	b Khan	11
NM Hauritz	run out (Pujara)	17	not out	21
BW Hilfenhaus	not out	16	b Sreesanth	0
PR George	st Dhoni b Harbhajan Singh	2	c Dhoni b Khan	0
Extras	(b 9, lb 12, w 1, nb 9)	31	(b 1, lb 5, w 3, nb 5)	14
Total	(141 overs)	**478**	(75.2 overs)	**233**

INDIA

M Vijay	c Paine b Johnson	139	lbw b Watson	37
V Sehwag	c Johnson b Hilfenhaus	30	c Paine b Hilfenhaus	7
RS Dravid	c North b Johnson	1	(5) not out	21
SR Tendulkar	b George	214	not out	53
CA Pujara	lbw b Johnson	4	(3) b Hauritz	72
SK Raina	c Hilfenhaus b Clarke	32		
MS Dhoni*†	c Clarke b Hauritz	30		
Harbhajan Singh	c Ponting b Watson	4		
Z Khan	c Clarke b George	1		
PP Ojha	not out	0		
S Sreesanth	lbw b Hauritz	0		
Extras	(b 6, lb 26, w 8)	40	(b 8, lb 5, w 4)	17
Total	(144.5 overs)	**495**	(for 3 wkts) (45 overs)	**207**

INDIA	O	M	R	W		O	M	R	W
Khan	23	5	84	1		11.2	1	41	3
Sreesanth	21	1	79	0		14	2	48	2
Ojha	42	7	120	3		25	5	57	3
Harbhajan Singh	43	3	148	4		21	2	63	2
Sehwag	4	1	7	0		4	0	8	0
Raina	8	1	19	1					
AUSTRALIA	O	M	R	W		O	M	R	W
Hilfenhaus	31	6	77	1		7	0	27	1
Johnson	28	2	105	3		14	4	42	0
George	21	3	48	2	(4)	7	0	29	0
Hauritz	39.5	4	153	2	(3)	12	0	76	1
Clarke	8	0	27	1					
Watson	12	2	35	1	(5)	5	0	20	1
Katich	5	0	18	0					

Fall of wickets:

	Aus	Ind	Aus	Ind
1st	99	37	58	17
2nd	113	38	58	89
3rd	132	346	65	146
4th	198	350	126	–
5th	256	411	131	–
6th	405	486	181	–
7th	415	491	185	–
8th	458	494	217	–
9th	459	495	218	–
10th	478	495	223	–

Close of play:	Day 1:	Aus (1) 285–5 (North 43*, Paine 8*, 85.5 overs)
	Day 2:	Ind (1) 128–2 (Vijay 42*, Tendulkar 44*, 34.2 overs)
	Day 3:	Ind (1) 435–5 (Tendulkar 191*, Dhoni 11*, 122 overs)
	Day 4:	Aus (2) 202–7 (Johnson 7*, Hauritz 8*, 65 overs)

Man of the Match: SR Tendulkar
Result: **India won by 7 wickets**

बॉक्सिंग डे टेस्ट मैच की शुरुआत अलग थी। पहली सुबह थोड़ी बारिश हुई थी, लेकिन इसके बावजूद पिच को नहीं ढँका गया था। यहाँ तक कि पिच रिपोर्ट भी कमेंटेटर्स ने बारिश में जाकर ही दी थी, जैसा मुझे मेरी टीम के एक साथी ने बताया। नमी जितनी ज़्यादा होगी, दक्षिण अफ़्रीका के तेज़ गेंदबाज़ों को उतना ही ज़्यादा फ़ायदा पहुँचने की उम्मीद थी। मुझे याद है, मैंने अपनी टीम के साथी को बताया था कि ऐसी चीज़ें मायने नहीं रखती हैं और अंत में यह सब बराबर हो जाता है।

इससे मुझे वह वाकया याद आता है, जो दिसंबर 2003 में मेलबर्न में हुआ था। टेस्ट मैच के आख़िरी दिन ऑस्ट्रेलिया को जीतने के लिए 97 रनों की ज़रूरत थी और खेल देर से शुरू हुआ, हालाँकि परिस्थितियाँ बिलकुल आदर्श थीं। इसका कारण यह था कि ग्राउंड्समैन ने पिच के साथ छेड़खानी की थी, जो नियमों का स्पष्ट उल्लंघन था। चौथे दिन का खेल ख़त्म होने पर पिच में एक बड़ी दरार थी, जो कि जूतों और गेंद की वजह से बनी थी और उस दरार में टप्पा खाने वाली गेंदें कुछ भी कर सकती थीं। हमें हैरानी हुई, जब पाँचवें दिन का खेल शुरू होने से पहले ग्राउंड्समैन ने उस दरार को भर दिया, जिस पर अंपायर नाराज़ हो गए। अंपायरों ने इसे इसलिए देख लिया, क्योंकि मरम्मत वाला इलाक़ा पूरी तरह नहीं सूख पाया था और यह बाक़ी के विकेट से अलग रंग का दिख रहा था। अंपायरों ने ग्राउंड्समैन को निर्देश दिए कि वे मरम्मत को हटाएँ और पिच को इसकी मूल अवस्था में लौटाएँ।

डरबन का टेस्ट मैच कम स्कोर वाला था, लेकिन रोमांच में कोई कमी नहीं थी। ज़हीर हमारे आक्रमण का नेतृत्व करने के लिए लौटे। हम अपनी पहली पारी में 205 रनों का छोटा स्कोर ही बना पाए, लेकिन फिर ज़हीर और भज्जी ने शानदार गेंदबाज़ी की। उन्होंने दक्षिण अफ़्रीका को पहली पारी में सिर्फ़ 131 रनों पर समेट दिया और उनकी सहायता विकेट के पीछे पकड़े गए कुछ शानदार कैचों ने की। राहुल ने इस मैच में अपना 200वाँ कैच पकड़ा, जब उन्होंने डेल स्टीन को भज्जी की गेंद पर स्लिप में लपका। यह राहुल के सर्वश्रेष्ठ कैचों में से एक था। इसके लिए उन्हें अपने बाईं ओर पूरी डाइव लगानी पड़ी थी और उन्होंने इसे लगभग विकेटकीपर के पीछे पकड़ा। हमने इस ज्ञान के साथ इस विकेट का जश्न मनाया कि मैच धीरे-धीरे हमारे पक्ष में पलट रहा था।

हमारी दूसरी पारी में वीवीएस लक्ष्मण की एक और ख़ास पारी ने हमें मुश्किल से उबारा। 96 रनों की पारी में उन्होंने शानदार कौशल दिखाया और हमें अंतिम पारी में 300 से ज़्यादा रनों की कुल बढ़त दिलाई, जिसमें हमें विपक्षी टीम को समेटना था। लक्ष्मण ने पुछल्ले बल्लेबाज़ों के साथ शानदार बल्लेबाज़ी

की और अपने करियर की बाद की अवस्थाओं में वे इस काम में माहिर हो चुके थे। वे कभी उद्विग्न नहीं रहते थे और उनके शांत दृष्टिकोण को देखकर दूसरे बल्लेबाज़ों पर भी उसका प्रभाव पड़ता था।

अब यह ज़हीर, ईशांत, श्रीसंथ और भज्जी पर निर्भर करता था कि वे अपना काम पूरा करें और श्रृँखला को बराबर कर दें। उन्होंने यह काम अच्छी तरह किया। दक्षिण अफ़्रीका को कभी भी शिंकजा तोड़ने की इजाज़त नहीं दी गई और हमारे गेंदबाज़ों ने कुछ ऐसी गेंदें कीं, जिन्हें खेला नहीं जा सकता था। श्रीसंथ ने कैलिस को जो गेंद डाली, वह शॉर्ट लेंग्थ से उछली और वे उस पर कुछ करने की स्थिति में नहीं थे। मेरे हिसाब से वह उस मैच की सर्वश्रेष्ठ गेंद थी। ज़हीर ने मैच में छह विकेट लिए और एक बार फिर आक्रमण के अगुआ के रूप में अपना महत्त्व साबित कर दिया। यह एक आश्चर्यजनक विजय थी, हमारी सबसे अच्छी विदेशी जीतों में से एक।

अंतिम टेस्ट से पहले मैं अंजलि और बच्चों तथा अपने मित्रों विवेक और सोनिया पालकर से 30 दिसंबर को केपटाउन में मिला और हमने डरबन मैच का जश्न मनाया। इसके अलावा 2010 में दो ही दिन बचे थे और हमने यह जश्न कन्स्टेंटिया इटज़िग नामक शानदार विन्यर्ड (अंगूर का बाग) में मनाया। यहाँ क्रिकेट मैदान और बेहतरीन रेस्तराँ भी था। यह एक ऐसा अनुभव था, जिसका मुझे बरसों से इंतज़ार था, क्योंकि 1999 के ऑस्ट्रेलिया दौरे के बाद मैं रेड वाइन के बारे में ज़्यादा जानकारी हासिल करने की कोशिश कर रहा था। जश्न 31 दिसंबर को भी जारी रहा, जब टीम ने टेबल माउंटेन की पहाड़ियों के नीचे बने एक शानदार होटल में नए साल का स्वागत किया।

2 जनवरी 2011 को केपटाउन में हुए तीसरे और निर्णायक टेस्ट मैच में दक्षिण अफ़्रीका ने एक ऐसी पिच पर पहले बल्लेबाज़ी की, जिसने पूरे मैच में सीम गेंदबाज़ों को अच्छी मदद दी। गेंद पिच पर और हवा में गुल खिला रही थी और बल्लेबाज़ी आसान नहीं थी। हम सभी को साफ़ दिख रहा था कि दक्षिण अफ़्रीका के कप्तान ग्राहम स्मिथ ज़हीर की बाएँ हाथ की स्विंग गेंदबाज़ी के सामने मुश्किल में थे। हमारी यह सोच इस बात से पुख़्ता हो गई, जब उन्होंने एक गेंद मिड विकेट की तरफ़ मारी और धीरे-धीरे दौड़ते हुए एक रन लिया, हालाँकि वे आसानी से दो रन ले सकते थे। मुझे याद है कि भज्जी गेंद के साथ-साथ दौड़ रहे थे और स्मिथ को दूसरा रन लेने के लिए उकसा रहे थे। इससे पता चलता था कि वे मानसिक युद्ध में ज़हीर से हार गए थे। हमने पिच पर उनकी मुश्किलें बढ़ाने के लिए इस अवसर का इस्तेमाल किया। लेकिन कैलिस ने एक बार फिर

अच्छी पारी खेली और उनके 161 रनों की बदौलत दक्षिण अफ़्रीका ने अपनी पहली पारी में 362 रनों का प्रतिस्पर्धी स्कोर खड़ा कर दिया।

मैं दूसरे दिन के अंत के क़रीब बल्लेबाज़ी करने गया और आँखें जमाने के लिए कुछ गेंदें खेलीं। फिर मैं डेल स्टीन की एक गेंद पर आगे आया, जो मिडिल और लेग पर थी और इसे मिड विकेट पर चौके के लिए खेल दिया। उस शॉट के बारे में हर चीज़ - स्विंग और प्रवाह, मेरे शरीर की स्थिति और पैरों की गतिविधि - आदर्श महसूस हो रही थी और किसी चीज़ ने मुझे बताया कि यह पारी अच्छी होगी।

अगले दिन मैंने 49 रन पर दोबारा खेलना शुरू किया और मैं जानता था कि सुबह मुश्किल होगी। गौतम गंभीर और मैं संसार के दो सबसे अच्छे गेंदबाज़ों डेल स्टीन और मॉर्न मॉरकल के ख़िलाफ़ थे - और परिस्थितियाँ गेंदबाज़ों के लिए अनुकूल थीं। गतिविधि का प्रतिकार करने के लिए मैं जान-बूझकर क्रीज़ के बाहर खड़ा हुआ। मेरी सोच यह थी कि अगर गेंद ने मुझे वहाँ चकमा दिया, तो संभवतः यह स्टंप के ऊपर से निकल जाएगी। बोल्ड होने के लिए मुझे किसी ओवर पिच गेंद को ही चूकना होगा, जो संभव नहीं था और अगर दक्षिण अफ़्रीका के तेज़ गेंदबाज़ों ने शॉर्ट गेंद फेंकी, तो मैं स्लिप के ऊपर से अपर कट खेल सकता था।

पूरे पहले घंटे में डेल स्टीन को मैंने खेला, जबकि गौतम ने मॉर्न मॉरकल का सामना किया और पहले दस ओवरों में हम दोनों ने ही कई चौके मारे। ऐसा लग रहा था कि जब भी गेंद से बल्ले का संपर्क होता था, यह बाउंड्री की तरफ़ चली जाती थी। दक्षिण अफ़्रीका ने बहुत से फ़ील्डर्स कैच पकड़ने वाली जगहों पर खड़े किए थे और इसका मतलब था कि हमारे शॉट के बदले हमें उचित लाभ मिलता था। मैं लंच के समय 94 रनों पर नॉट आउट था और मैं जानता था कि अगर मैं शतक तक पहुँचा, तो यह मेरे सर्वश्रेष्ठ शतकों में से एक होगा। काम आसान नहीं था, क्योंकि दूसरी नई गेंद केवल दो ओवर पुरानी थी।

क्रीज़ के बाहर बल्लेबाज़ी करने की मेरी रणनीति कारगर रही। उस दिन मैं जिस एकमात्र गेंद के लिए क्रीज़ के अंदर खड़ा हुआ, वह लंच के बाद मॉर्न मॉरकल की पाँचवीं गेंद थी। मुझे यह पूर्वाभास हो गया था कि मॉरकल शॉर्ट गेंद फेंकने वाले हैं, इसलिए मैं क्रीज़ के भीतर पहुँच गया और हुक शॉट खेलने के लिए तैयार था। निश्चित रूप से गेंद सीने की ऊँचाई वाली बाउंसर थी और हालाँकि मेरे बल्ले का ऊपरी किनारा लगा, लेकिन गेंद विकेटकीपर के सिर के ऊपर से उड़ती हुई छक्के के लिए चली गई, जिससे मैंने अपने करियर का 51वाँ और अंतिम टेस्ट शतक बना लिया।

मैं जानता हूँ कि यह विचित्र बात है, लेकिन पाँच दिन पहले मैंने मॉर्न की गेंद को सपने में देखा था। सपने में उन्होंने मुझे बाउंसर फेंकी थी, जिस पर हुक करके मैं अपने शतक तक पहुँचा था। मैंने इस बात का ज़िक्र अपने जोड़ीदार धोनी से करते हुए कहा, *'यह बॉल मेरी लाइफ़ में पहले भी आई है। मैं ये पहले देख चुका हूँ। आज ये दूसरी बार हो रहा है।'* कौन जाने, शायद यह सपना ही था, जिसने मुझे उस एक गेंद के लिए क्रीज़ के अंदर खड़े रहने के लिए प्रेरित किया था।

जब हरभजन सिंह अंदर आए, तब भी हम दक्षिण अफ़्रीका के स्कोर से सौ से ज़्यादा रन पीछे थे और हमें उनके योग के क़रीब पहुँचने के लिए अच्छी साझेदारी की ज़रूरत थी, लेकिन हरभजन को स्टीन की तेज़ स्विंग होती गेंदों को खेलने में मुश्किल आ रही थी। पिछली श्रृंखला में भज्जी ने न्यूज़ीलैंड के ख़िलाफ़ लगातार दो शतक लगाए थे और बल्लेबाज़ी के अच्छे फ़ॉर्म में थे, लेकिन यहाँ की परिस्थितियाँ उनके लिए सबसे उपयुक्त नहीं थीं।

मैंने उनसे कहा कि हाल-फ़िलहाल वे तकनीक के बारे में भूल जाएँ। *'बैट्समैन की तरह बैटिंग मत कर तू। टेक्नीक भूल जा। अगर बॉल तेरी रेंज में दिखे, तो तू घुमा देना। घुमा तू क्योंकि रन्स चाहिए हमें। कैसे भी हों, रन्स चाहिए।'*

हरभजन ने यह सलाह सुनी और कुछ ही देर में इस पर अमल करने लगे। उन्होंने बाएँ हाथ के सीमर लॉनवॉबो सॉटसोब की गेंद को पुल करके छक्का जमाया और मॉर्न मॉरकल को चौका जड़ दिया। लेकिन उनका सर्वश्रेष्ठ शॉट डेल स्टीन के ख़िलाफ़ था। यह एक फुल डिलिवरी थी और हरभजन ने खड़े-खड़े इसे सीधे मार दिया। भज्जी के पास शक्ति है और वह शॉट सीधे तैरता हुआ छक्के के लिए लॉन्ग ऑन सीमारेखा के बाहर चला गया। गेंद कम से कम दस क़तार पीछे गिरी होगी। आग में घी डालते हुए भज्जी ने स्टीन को मुस्कुराकर देखा, जो तब तक आगबबूला हो चुके थे।

भज्जी के आक्रमण ने ग्राहम स्मिथ को योजना बदलने के लिए मजबूर कर दिया। उन्हें अपने फ़ील्डर पीछे खिसकाने पड़े। यह देखकर मैं भज्जी के पास जाकर बोला कि अब वे हर गेंद मारने की कोशिश छोड़ दें, क्योंकि अब वे गेंद को छूकर आराम से दौड़ सकते हैं। हमारी साझेदारी ने 76 बहुत मूल्यवान रन बनाए और जब भज्जी आख़िरकार 40 के स्कोर पर आउट हुए, तो हमारा स्कोर 323 रन था और हम दक्षिण अफ़्रीका के योग के काफ़ी क़रीब थे। अंततः हम दो रनों की बढ़त लेने में कामयाब रहे।

दक्षिण अफ़्रीका की दूसरी पारी में हमारे गेंदबाज़ों ने अच्छी शुरुआत की और भज्जी ने एक बार फिर कमाल कर दिया! उन्होंने दक्षिण अफ़्रीका के चार विकेट 64 रनों पर चटका दिए और जब ज़हीर ने एबी डिविलियर्स का विकेट ले लिया, तब स्कोर 98 रन था। हम श्रँखला जीतने के बारे में सोचने लगे। फिर 130 के टीम योग पर एशवेल भी आउट हो गए और पुछल्ले बल्लेबाज़ों तक पहुँचने के लिए हमें बस एक और विकेट चाहिए था। लेकिन अफ़सोस! कैलिस और मार्क बाउचर की साझेदारी ने मैच बचा लिया। कैलिस ने पसली की चोट के बावजूद उम्दा पारी खेली और मैच का उनका दूसरा शतक मैच तथा श्रँखला को हमसे दूर ले गया। ड्रॉ के लिए हमें आख़िरी पूरे दिन बल्लेबाज़ी करनी थी, जो हमने काफ़ी आराम से कर ली।

पीछे पलटकर देखने पर लगता है कि यह दक्षिण अफ़्रीका में श्रँखला जीतने का हमारा सर्वश्रेष्ठ अवसर था। आधी टीम 98 रनों पर पवेलियन पहुँच चुकी थी और हमें विपक्षी टीम को धूल चटाने के लिए बस एक आख़िरी झटका चाहिए था, लेकिन इसके बजाय हमने दक्षिण अफ़्रीका को संकट से उबरने की अनुमति दी। भज्जी ने सात विकेट लिए, लेकिन दुर्भाग्य से दूसरे छोर पर तेज़ गेंदबाज़ उतने सफल नहीं रहे। सामान्य परिस्थितियों में, श्रँखला में 1-1 की बराबरी दक्षिण अफ़्रीका में एक सचमुच अच्छा प्रदर्शन समझी जाएगी, लेकिन यह स्पष्ट रूप से एक ऐसा मुक़ाबला था, जो हमें जीतना चाहिए था।

वज़नदार मामले

टेस्ट श्रँखला के बाद एक दिवसीय मैचों की श्रँखला हुई, जो दरअसल 2011 विश्व कप के लिए हमारी तैयारी की शुरुआत थी। मुझे बड़ी कोफ्त हुई, जब श्रँखला की शुरुआत में ही मेरी हैमस्ट्रिंग में चोट आ गई और मुझे भारत लौटने के लिए मजबूर होना पड़ा। लौटने से पहले मैंने टीम के हर सदस्य से एक संकल्प लेने को कहा। मैंने अपनी टीम के साथियों से कहा कि उपमहाद्वीप में विश्व कप क़रीब आ रहा है, जो हमारे जीवन की सबसे महत्त्वपूर्ण प्रतिस्पर्धाओं में से एक है, इसलिए इस टूर्नामेंट से पहले किसी चीज़ का त्याग करना हर एक के लिए महत्त्वपूर्ण था। मेरा सुझाव यह था कि हर खिलाड़ी अपना 3 किलो वज़न कम करे और इस प्रक्रिया में ज़्यादा फ़िट बने।

मैंने अपना वादा पूरा किया और दरअसल 3.8 किलो वज़न कम किया। टीम के कई अन्य साथियों ने भी ऐसा ही किया। इसे करने के लिए मुझे अपने आहार पर निगाह रखनी पड़ी और मुंबई लौटने के बाद मैं सलाद पर रहा।

मैंने मुंबई इंडियन्स के फिज़ियो पैट्रिक फ़रहत की सतर्क निगाह के तले अपनी हैमस्ट्रिंग की कठोर पुनर्वास योजना शुरू की। इसके अलावा, शरीर के ऊपरी हिस्से को मज़बूत बनाने के लिए मैं नियमित रूप से जिम भी जाने लगा। विश्व कप मेरे जीवन का सबसे बड़ा टूर्नामेंट होने वाला था। यह वह ख़िताब था, जो मुझे बार-बार चकमा दिए जा रहा था और मैं जानता था कि यह विश्व चैंपियन बनने का मेरा आख़िरी मौक़ा होगा - और वह भी अपने देश में!

India in Bangladesh 2010

1st Test. Chittagong. 17–21 January 2010

India 243 (**SR Tendulkar 105***, V Sehwag 52; S Al-Hasan 5–62, S Hossain 5–71) and 413–8 dec (G Gambhir 116, VVS Laxman 69*, A Mishra 50, **SR Tendulkar 16**; Mahmudullah 2–52)

Bangladesh 242 (Mahmudullah 69, M Rahim 44; Z Khan 3–54, A Mishra 3–66) and 301 (M Rahim 101, T Iqbal 52; A Mishra 4–92, I Sharma 3–48)

India won by 113 runs

2nd Test. Dhaka. 24–27 January 2010

Bangladesh 233 (Mahmudullah 96*, M Ashraful 39; I Sharma 4–66, Z Khan 3–62) and 312 (T Iqbal 151, J Siddique 55, S Hossain 40; Z Khan 7–87)

India 544–8 dec (**SR Tendulkar 143**, R Dravid 111, MS Dhoni 89, G Gambhir 68, V Sehwag 56; S Islam 3–86) and 2–0

India won by 10 wickets

Indian won the series 2–0

South Africa in India 2010

1st Test. Nagpur. 6–9 February 2010

South Africa 558–6 dec (HM Amla 253*, JH Kallis 173, AB de Villiers 53; Z Khan 3–96)

India 233 (V Sehwag 109, S Badrinath 56, **SR Tendulkar 7**; DW Steyn 7–51) and 319 (f/o) (**SR Tendulkar 100**, H Singh 39; DW Steyn 3–57, PL Harris 3–76)

South Africa won by an innings and 6 runs

2nd Test. Kolkata. 14–18 February 2010

South Africa 296 (HM Amla 114, AN Petersen 100; Z Khan 4–90, H Singh 3–64) and 290 (HM Amla 123*; H Singh 5–59, A Mishra 3–78)

India 643–6 dec (V Sehwag 165, VVS Laxman 143*, MS Dhoni 132*, **SR Tendulkar 106**; M Morkel 2–115)

India won by an innings and 57 runs

Series drawn 0–0

Australia in India 2010 – The Border-Gavaskar Trophy

1st Test. Mohali. 1–5 October 2010

Australia 428 (SR Watson 126, TD Paine 92, RT Ponting 71, MG Johnson 47; Z Khan 5-94, H Singh 3–114) and 192 (SR Watson 56; I Sharma 3–34, Z Khan 3–43)

India 405 (**SR Tendulkar 98**, SK Raina 86, R Dravid 77, V Sehwag 59; MG Johnson 5–64) and 216–9 (VVS Laxman 73*, **SR Tendulkar 38**; BW Hilfenhaus 4–57, DE Bollinger 3–32)

India won by 1 wicket

2nd Test. Bangalore. 9–13 October 2010

Australia 478 (MJ North 128, RT Ponting 77, TD Paine 59, SR Watson 57; H Singh 4–148, PP Ojha 3–120) and 223 (RT Ponting 72; Z Khan 3–41, PP Ojha 3–57)

India 495 (**SR Tendulkar 214**, M Vijay 139; MG Johnson 3–105) and 207–3 (CA Pujara 72, **SR Tendulkar 53***)

India won by 7 wickets

India won the series 2–0

New Zealand in India 2010

1st Test. Ahmedabad. 4–8 November 2010

India 487 (V Sehwag 173, R Dravid 104, H Singh 69, **SR Tendulkar 40**; DL Vettori 4–118, JS Patel 3–135) and 266 (H Singh 115, VVS Laxman 91, **SR Tendulkar 12**; CS Martin 5–63, LRPL Taylor 2–4)

New Zealand 459 (KS Williamson 131, JD Ryder 103, BB McCullum 65, LRPL Taylor 56; PP Ojha 4–107) and 22–1

Match drawn

2nd Test. Hyderabad (Deccan). 12–16 November 2010

New Zealand 350 (TG McIntosh 102, MJ Guptill 85, JD Ryder 70; Z Khan 4–69, H Singh 4–76) and 448–8 dec (BB McCullum 225, KS Williamson 69, TG McIntosh 49; S Sreesanth 3–121)

India 472 (H Singh 111*, V Sehwag 96, VVS Laxman 74, G Gambhir 54, R Dravid 45, **SR Tendulkar 13**; DL Vettori 5–135, TG Southee 3–119) and 68–0 (V Sehwag 54*)

Match drawn

3rd Test. Nagpur. 20–23 November 2010

New Zealand 193 (JD Ryder 59, BB McCullum 40; I Sharma 4–43, PP Ojha 3–57) and 175 (TG Southee 31; I Sharma 3–15, H Singh 3–56)

India 566–8 dec (R Dravid 191, MS Dhoni 98, G Gambhir 78, V Sehwag 74, **SR Tendulkar 61**; DL Vettori 3–178, CS Martin 2–82)

India won by an innings and 198 runs

India won the series 1–0

India in South Africa 2010

1st Test. Centurion. 16–20 December 2010

India 136 (**SR Tendulkar 36**; M Morkel 5–20, DW Steyn 3–34) and 459 (**SR Tendulkar 111***, MS Dhoni 90, G Gambhir 80, V Sehwag 63; DW Steyn 4–105)

South Africa 620–4 dec (JH Kallis 201*, HM Amla 140, AB de Villiers 129, AN Petersen 77, GC Smith 62; I Sharma 2–120)

South Africa won by an innings and 25 runs

2nd Test. Durban. 26–29 December 2010

India 205 (VVS Laxman 38, **SR Tendulkar 13**; DW Steyn 6–50, LL Tsotsobe 2–40, M Morkel 2–68) and 228 (VVS Laxman 96, **SR Tendulkar 6**; LL Tsotsobe 3–43, M Morkel 3–47, DW Steyn 2–60)

South Africa 131 (HM Amla 33; H Singh 4–10, Z Khan 3–36) and 215 (AG Prince 39*; S Sreesanth 3–45, Z Khan 3–57, H Singh 2–70)

India won by 87 runs

3rd Test. Cape Town. 2–6 January 2011

South Africa 362 (JH Kallis 161, HM Amla 59, AG Prince 47; S Sreesanth 5–114, Z Khan 3–89) and 341 (JH Kallis 109*, MV Boucher 55; H Singh 7–120)

India 364 (**SR Tendulkar 146**, G Gambhir 93; DW Steyn 5–75) and 166–3 (G Gambhir 64, **SR Tendulkar 14***)

Match drawn

Series drawn 1–1

23

विश्व कप 2011

2011 का विश्व कप भारत, श्रीलंका और बंगलादेश ने संयुक्त रूप से आयोजित किया था और हमने अपना अभियान ढाका में 19 फ़रवरी को प्रतिस्पर्धा के पहले ही मैच में बंगलादेश के ख़िलाफ़ शुरू किया। कैरिबियन में 2007 के विश्व कप में हम बंगलादेश से हार चुके थे, इसलिए हम बहुत अच्छी तरह जानते थे कि एक दिवसीय मैच में बंगलादेश की टीम ख़तरनाक हो सकती है। इसके अलावा, शेरे बांगला नैशनल स्टेडियम, मीरपुर में उनके पास जोशीली घरेलू भीड़ का समर्थन भी था।

बंगलादेश पहुँचने पर हमें जो पहली चीज़ दिखी, वह था रोमांच। जब भी हम अभ्यास करने जाते थे, तो हर बार लगभग 30,000 लोग मैदान के बाहर खड़े रहते थे और क्रिकेट खिलाड़ियों की झलक पाने के लिए बेताब रहते थे। उनमें से ज़्यादातर के पास मैच के टिकट नहीं थे, लेकिन वे वहाँ नाचने-गाने और पल का आनंद लेने भर से ही ख़ुश थे। ढाका की जोशीली और उत्साही भीड़ ने निश्चित रूप से टूर्नामेंट में एक अनूठा आयाम जोड़ दिया था।

हमने ऑस्ट्रेलिया और न्यूज़ीलैंड के ख़िलाफ़ चेन्नई में अपने अभ्यास मैच जीत लिए थे, इसलिए हममें काफ़ी आत्मविश्वास था। हम सभी को लग रहा था कि यह क्रिकेट के चरम पुरस्कार को जीतने का सर्वश्रेष्ठ मौक़ा था। पूरा देश प्रतिस्पर्धा के दौरान टीम के साथ था - वास्तव में, डेढ़ महीने तक तो ऐसा लगा, जैसे विश्व कप में हमारे प्रदर्शन के अलावा भारत में कोई चीज़ मायने ही नहीं रखती है। लेकिन हमें शांत रहने की ज़रूरत थी। गैरी, पैडी अप्टन, माइक हॉर्न (वे मशहूर खोजी, जो ज़्यादातर विश्व कप में हमारे साथ थे और हमें अपनी रोमांचक यात्राओं की कहानियाँ सुनाते थे) - और समर्थन स्टाफ़ ने हमारे दिमाग़ को हाथ के काम पर केंद्रित रखने का बेहतरीन काम किया।

ढाका में मैंने युवराज सिंह को अपने कमरे में डिनर के लिए बुलाया। युवी के साथ मेरी हमेशा ख़ास मित्रता रही है और मुझे यक़ीन था कि इस टूर्नामेंट

में वे एक प्रमुख भूमिका निभाएँगे। युवी उस वक़्त थोड़े निराश थे, क्योंकि चीज़ें उनके लिए अच्छी नहीं घट रही थीं, इसलिए मैंने उन्हें सलाह दी कि वे कुछ लक्ष्य तय करें और उन्हें हासिल करने पर ध्यान केंद्रित करें। हमें दरअसल पूरी तरह एकाग्रचित्त युवराज की ज़रूरत थी और मुझे यह कहते हुए खुशी हो रही है कि पूरे टूर्नामेंट में हमें उनसे यही मिला।

यह किसी क्रिकेट खिलाड़ी के करियर का बेशक़ीमती पल होता है, जब वह किसी बहु-राष्ट्रीय प्रतिस्पर्धा की शुरुआत में राष्ट्र गान को सुनने के लिए क़तार में खड़ा होता है। मेरे पूरे करियर में अपनी टीम के साथियों के बग़ल में खड़े होकर राष्ट्र गान सुनने से मेरे रोंगटे खड़े हो जाते हैं। जब मीरपुर में 'जन गण मन' बजा, तो हममें से कोई भी अपने जज़्बातों पर क़ाबू नहीं रख पाया। हम जानते थे कि हम जिसे खेलने जा रहे थे, करोड़ों भारतीयों के लिए वह सिर्फ़ एक मैच नहीं था, बल्कि एक जुनून था।

हमने टॉस जीता और वीरेंद्र सहवाग तथा मैं हमारा अभियान शुरू करने के लिए बाहर निकले। वीरू ने अपनी जानी-पहचानी शैली में बल्लेबाज़ी शुरू की और पहली ही गेंद पर चौका मार दिया। शुरुआती घबराहट पलक झपकते ही ग़ायब हो गई और हमें पिच पर मज़ा आने लगा। हमने अच्छी नींव बना ली और तेज़ी से रन बनाए। इसके बाद मैं 28 रन पर आउट हो गया और इसके बाद गौतम गंभीर 39 पर आउट हुए। वीरू ने 175 रनों की शानदार पारी खेली और विराट कोहली ने एक बेहतरीन तरीक़े से बुना हुआ शतक लगाकर हमें 370-4 तक पहुँचाया। अंत में हम यह मैच 87 रन से आराम से जीत गए। हमने 2007 की हार का बदला चुका दिया था और हमें मनचाही शुरुआत मिल गई थी।

एक भारी मुक़ाबला

हमारा अगला मैच 27 फ़रवरी को बैंगलोर में इंग्लैंड के ख़िलाफ़ था। चूँकि भारत की धरती पर यह हमारा पहला मैच था, इसलिए रोमांच शबाब पर था।

इंग्लैंड के मैच के कुछ घंटों पहले एक अजीब बात हुई। टूर्नामेंट में मैं अपने एक प्रिय बैट से खेल रहा था, जिसका इस्तेमाल मैंने पिछले सीजन में किया था, जब मैं आईसीसी क्रिकेटर ऑफ़ द इयर बना था। हालाँकि इस बैट पर ढलती उम्र के निशान दिख रहे थे, लेकिन मैंने इसे बदला नहीं था। इसके बजाय मैंने इसकी बार-बार मरम्मत कराई थी और जीर्णोद्धार के लिए इसे बैट निर्माताओं के यहाँ भी भेजा था। इस बैट के साथ एक तरह का भावनात्मक जुड़ाव था और हर बार जब मैं इसे निर्माताओं के पास कूरियर करता था, तो मैं घबराहट महसूस

करता था और प्रार्थना करता था कि यह यात्रा में कहीं खो न जाए। जब मैच के लिए कुछ ही घंटे बचे थे, तो ड्रेसिंग रूम में किसी कारण मैं एक बिलकुल नए बैट की नॉकिंग करने लगा और वज़न को बिलकुल सही करने के लिए उस पर काम करने लगा। मुझे याद है, मुझे लग रहा था कि मैं मूर्खतापूर्ण काम कर रहा हूँ और अपना समय बर्बाद कर रहा हूँ, क्योंकि मैं किसी सूरत में नए बैट का इस्तेमाल नहीं करूँगा और इसके बजाय मुझे खेल पर ध्यान केंद्रित करना चाहिए।

हमने बैंगलोर के चिन्नास्वामी स्टेडियम में टॉस जीता और पहले बल्लेबाज़ी करने का विकल्प चुना। मैंने अपने पुराने भरोसेमंद बैट का इस्तेमाल करते हुए कुछ चौके लगाए। लेकिन उनमें से ज़्यादातर शॉट विकेट के पीछे लगाए गए थे। जब मैंने अजमल शहज़ाद को स्क्वेयर कट मारने की कोशिश की, तब कहीं जाकर मुझे एहसास हुआ कि बैट में कुछ गड़बड़ थी। यह पूरी ताक़त वाला स्ट्रोक था, लेकिन गेंद फ़ील्डर के पास उतनी तेज़ी से नहीं गई थी, जितनी तेज़ी से इसे जाना चाहिए था। अब पुराने बैट को रिटायर करने और नए बैट को मँगाने का समय था, जिसकी मैं नॉकिंग कर रहा था। हालाँकि पुराने बैट को पवेलियन भेजते समय मैं थोड़ा दुखी महसूस कर रहा था, लेकिन मैंने नए बैट से शतक लगाया - हालाँकि ऑस्ट्रेलिया के ख़िलाफ़ क्वार्टर-फ़ाइनल खेलते समय यह टूट गया।

मुझे बैंगलोर में खेलना हमेशा रास आया है। मैंने सावधानी से शुरुआत की और चूँकि सहवाग खुलकर खेल रहे थे, इसलिए मैं पारी को सँभालकर ही संतुष्ट था, लेकिन जब वीरू 35 रन बनाकर आउट हो गए, तो मैंने एक्सीलरेटर दबा दिया। ग्राहम स्वान इंग्लैंड के अग्रणी स्पिनर थे और उनके दूसरे स्पेल की शुरुआत में मैंने उन पर लगातार दो छक्के मारकर पलड़ा अपनी तरफ़ झुका लिया। मैं आख़िरकार 120 रनों पर आउट हुआ और गंभीर तथा युवी के अर्धशतकों की मदद से हमने पचास ओवर में 338 रन बना लिए।

इंग्लैंड ने भी अच्छा जवाब दिया और उन्हें बहुत भारी ओस का फ़ायदा मिला, जिसका मतलब था कि हमारे स्पिनर बेअसर हो गए। भारी ओस की परिस्थितियों में गेंद बस स्किड करके यानी फिसलकर बैट पर आती है और बाद में इंग्लैंड ने भी बैंगलोर में आयरलैंड के ख़िलाफ़ इसी समस्या का सामना किया। (आयरलैंड की टीम के पाँच विकेट सस्ते में आउट हो गए थे, लेकिन केविन ओ'ब्रायन के बहुत अच्छे शतक के दम पर वे जीत गए।) हमारे ख़िलाफ़ ऐंड्रू स्ट्रॉस ने अपनी एक दिवसीय पारियों में अपना सर्वश्रेष्ठ प्रदर्शन करते हुए 158 रन बनाए और वे इंग्लैंड को विजय तक पहुँचा ही रहे थे कि तभी ज़हीर ने अपने दूसरे शानदार स्पेल में हमारे लिए उलटफेर कर दिया और केवल 11

रन देकर तीन विकेट ले लिए। मैच आख़िरकार टाई हो गया और यह क्रिकेट का ज़बर्दस्त विज्ञापन था। कुल मिलाकर 676 रन बने थे, लेकिन इसके बावजूद दोनों टीमों में से कोई भी नहीं जीत पाई थी। प्रशंसकों को इस प्रतिस्पर्धा में मज़ा आ गया। और विश्व कप ने क्रिकेट खेलने वाले जगत की कल्पना को जकड़ लिया।

इस मैच के तुरंत बाद ही डिजिटल संसार में हमारे विश्व कप जीतने की बात शुरू हो गई और धीरे-धीरे संदेश ड्रेसिंग रूम में हमारे पास आने लगे। ये चर्चाएँ केवल मैदानी प्रदर्शन पर ही आधारित नहीं थीं। किसी ने कहा कि जब भी धोनी किसी बहु-राष्ट्रीय प्रतिस्पर्धा में टाई में शामिल होते हैं, तो वे हर बार ख़िताब जीत जाते हैं। यह 2007 में 20-20 विश्व कप में हो चुका था (भारत-पाकिस्तान का मैच टाई हुआ था, जिसे भारत ने बोल-आउट में जीत लिया था), आईपीएल में हुआ था और 2010 की चैंपियन लीग 20-20 में भी हुआ था, जिसे धोनी ने जीता था। कहा जा रहा था कि इस बार के विश्व कप में भी ऐसा ही होगा।

बीच में कई रोड़े आते हैं

हमने आयरलैंड और हॉलैंड के ख़िलाफ़ अगले दो पूल मैच आसानी से जीत लिए और 12 मार्च 2011 को नागपुर में दक्षिण अफ़्रीका से टक्कर ली। यही वह मैच था, जिसने कई मायनों में हमारे अभियान को झटका दिया। हमने अच्छी शुरुआत की और जल्द ही दृढ़ता से नियंत्रण में आ गए। सहवाग और मैंने तेज़ शुरुआत की - मैंने इस मैच में अपना 99वाँ अंतरराष्ट्रीय शतक लगाया, लेकिन इस पर उस वक़्त ज़्यादा बात नहीं हुई थी, क्योंकि पूरा ध्यान विश्व कप पर था - लेकिन इसके बाद हमारी बल्लेबाज़ी का नाटकीय पतन हुआ और हमने आख़िरी दस ओवरों में अपने नौ विकेट खो दिए। स्टीन ने पाँच विकेट लिए और हमने दक्षिण अफ़्रीका के सामने 297 रनों का लक्ष्य रखा। अंततः दक्षिण अफ़्रीका ने दो गेंदें शेष रहते ये रन बना लिए और हम मैच हार गए। इस हार से हमें बुरी चोट पहुँची।

कोई आश्चर्य नहीं कि मीडिया में हमारी ख़ूब आलोचना हुई। हम इस बार फिसल गए थे, लेकिन हम सभी जानते थे कि हम अब दोबारा फिसलना गवारा नहीं कर सकते। हमें अगले मैच में अपने अभियान को दोबारा पटरी पर लाना था, जो 20 मार्च को चेन्नई में वेस्ट इंडीज़ के ख़िलाफ़ था। हमने ऐसा करने में कामयाबी पाई, जिसमें युवराज सिंह के शतक का योगदान था और ज़हीर ख़ान की एक हैरान करने वाली धीमी गेंद का भी, जिसने फ़ॉर्म में चल रहे डेवॉन स्मिथ को 81 रनों पर आउट कर दिया। अब अत्यंत महत्त्वपूर्ण नॉक-आउट दौर शुरू होने वाला था और अहमदाबाद के क्वार्टर-फ़ाइनल में हमें ऑस्ट्रेलिया से खेलना

था, जिसने पिछला विश्व कप जीता था।

अभ्यास को रोचक बनाना

वेस्ट इंडीज़ वाले मैच की पूर्व संध्या को मैंने अपने बल्लेबाज़ी अभ्यास में एक आनंददायक पुट लाने की कोशिश की। मैं गैरी कर्स्टन के कुछ थ्रो खेलने का अभ्यास कर रहा था और सत्र ख़त्म करने ही वाला था कि तभी यह विचार मेरे मन में आया। मैंने गेंदबाज़ के गेंद छोड़ने के बाद छह गेंदों पर अपनी आँखें बंद कर लीं और फिर गैरी से कहा कि क्या उन्हें कोई फ़र्क़ नज़र आया। गैरी ने कहा कि नहीं, बस इतना फ़र्क़ था कि गेंद खेलते समय मेरा सिर स्थिर था। मुझे अपने सिर को स्थिर इसलिए रखना था, क्योंकि आँखें बंद होने पर अगर सिर ज़रा सा भी हिलता, तो गेंद के मार्ग को आसानी से भूल सकता था। जब मैंने उन्हें बताया कि मैंने अपनी आँखें बंद कर ली थीं, तो वे सकते में आ गए। मैंने बताया कि मैंने गेंद छोड़ते समय उनकी कलाई की स्थिति देख ली थी और यह परख लिया था कि यह आउटस्विंगर थी या इनस्विंगर। फिर मैंने बंद आँखों से उस मार्ग की कल्पना की थी, जिस पर गेंद यात्रा करेगी। उसके बाद मैं एक क़दम आगे गया और अपनी आँखें बंद किए हुए ही फ़ील्डरों को बताया कि मैंने गेंद कहाँ मारी थी, जो इस बात पर आधारित था कि मैंने गेंद को बल्ले पर कैसे और कहाँ महसूस किया था। यह सिर्फ़ मज़े के लिए था और मैंने ऐसा सिर्फ़ एक बार किया था, लेकिन इससे मुझे गेंदबाज़ के हाथ से गेंद छूटने पर ध्यान केंद्रित करने में मदद मिली, जो बल्लेबाज़ के नाते मेरे लिए बेहद महत्त्वपूर्ण था।

अपने शुरुआती दिनों में मैं इससे भी ज़्यादा असामान्य तरीक़े से अभ्यास करता था। मुंबई में मानसून के दिनों में - जून, जुलाई, अगस्त में - सामान्य क्रिकेट ज़्यादा नहीं हो पाता है, इसलिए मैं अपने दोस्तों के साथ बारिश में रबड़ की गेंद से खेलता था। कई बार हम सामान्य पिच पर बिना किसी कवर के खेलते थे, तो कई बार कंक्रीट की गीली पिच पर और कई बार कंक्रीट की पिच पर प्लास्टिक के कवर के साथ। ऐसे समय होते थे, जब मैं दरअसल बरसते पानी में हेलमेट और क्रिकेट का पूरा लबादा पहनकर खेलता था। रबड़ की गेंद सतह से बहुत तेज़ी से उठती थी और यह मेरी प्रतिक्रियाओं को पैना करने का अच्छा तरीक़ा था। बारिश में अभ्यास करते वक़्त मैं हमेशा दोस्तों से कहता था कि वे मुझे 18 गज़ से गेंदबाज़ी करें। उन्हें सामान्य गेंद करने या थ्रो फेंकने की इजाज़त थी, लेकिन उद्देश्य हमेशा मेरे शरीर पर वार करना होता था!

यह बेहतरीन आनंद था, लेकिन इसका एक गंभीर पहलू भी था। उस वक़्त,

हमारे यहाँ इनडोर सुविधाएँ नहीं थीं और मुझे कैसे भी अभ्यास करना था। ज़ाहिर है, आज परिस्थितियाँ बदल गई हैं, लेकिन कई मायनों में मुझे पुराने दिनों की कमी खलती है। मैंने तो अपने बेटे के साथ भी यही करने के बारे में सोचा था। आजकल युवा खिलाड़ी सारी बेहतरीन सुविधाओं के साथ बड़े होते हैं, जबकि मेरे पास जाने के लिए कोई जगह ही नहीं थी। मुझे सड़कों पर या गीले मैदानों पर अभ्यास करना होता था, जहाँ कीचड़ मेरे चेहरे पर पहले आता था और गेंद बाद में आती थी! यह कई बार मुश्किल होता था, लेकिन इसने क्रिकेट के मेरे आनंद को बढ़ाया और मैं अपने बेटे को भी ऐसा ही अनुभव देना चाहता था।

चैंपियनों के ख़िलाफ़

ऑस्ट्रेलिया अपने लगातार चौथे विश्व कप ख़िताब का पीछा कर रही थी और उल्लेखनीय बात यह है कि दक्षिण अफ़्रीका में 2003 के फ़ाइनल में हमें हराने के बाद ऑस्ट्रेलिया विश्व कप में हमसे पहली बार मिल रही थी। मुझे क्वार्टर-फ़ाइनल की तैयारी के बारे में दो चीज़ें याद हैं। पहली, मैंने उबलते अहमदाबाद में क़दम रखने के बाद मांसाहारी या मसालेदार भोजन नहीं खाया। मुझे सचमुच नहीं मालूम कि मैंने ऐसा क्यों किया। बस मेरे भीतर की आवाज़ ने सुझाव दिया कि मुझे गर्मी में इस तरह के आहार से दूर रहना चाहिए। मैंने बहुत सा सलाद और दही खाया और ऐसी चीज़ें, जिनके बारे में मैं सोचता था कि वे मेरे शरीर को ठंडक पहुँचाएँगी।

दूसरी चीज़ मुझे यह याद है कि मैं अच्छी तरह नहीं सो पाया। इस बार यह बढ़ते तनाव के कारण नहीं हुआ था। दरअसल सारी समस्या होटल के बिस्तर की वजह से थी। मैच की पूर्व संध्या पर मैंने फ़र्श पर सोने का तरीक़ा भी आज़माया। हमारे मालिश करने वाले अमित शाह ने बताया कि समस्या मेरे पलंग में थी। जब वे मेरे सिर की मालिश करने आए, ताकि मुझे नींद आ सके, तो उन्होंने तुरंत ग़ौर किया कि यह एक तरफ़ को उठा हुआ है, लेकिन दुर्भाग्य से इतनी देर रात को पलंग बदलना असंभव था!

ऑस्ट्रेलिया के ख़िलाफ़ खेलना हमेशा बहुत दबाव भरा होता है और नॉकआउट मैच में तो और भी ज़्यादा। 24 मार्च को अहमदाबाद में ऑस्ट्रेलिया ने अच्छी शुरुआत की, लेकिन इसके बावजूद हमारे गेंदबाज़ों ने उन्हें पॉवर प्ले में प्रति ओवर लगभग चार के रन रेट तक सीमित रखा। अंततः ऑस्ट्रेलिया की टीम 260 बनाने में कामयाब हुई, जिसमें पॉन्टिंग के प्रभावशाली 104 रन शामिल थे। हम जानते थे कि कृत्रिम रोशनी में इस स्कोर का पीछा करना आसान नहीं होगा।

जब वीरू और मैं सरदार पटेल स्टेडियम में कानफोड़ू अभिनंदन के बीच बल्लेबाज़ी करने उतरे, तो हम अच्छी तरह जानते थे कि यह लक्ष्य आसान नहीं है। यह सचमुच करो या मरो का प्रश्न था। जब वीरू शेन वॉटसन की गेंद को पुल करते हुए मिड विकेट पर 15 रनों पर कैच हुए, तब हमारा स्कोर 44 रन था। गौतम और मैंने ठीक 50 रन मारे, फिर मैं अपने अर्धशतक तक पहुँचने के बाद आउट हो गया। फिर हमने गौतम और धोनी के विकेट जल्दी-जल्दी खो दिए। इसके बाद सुरेश रैना मैदान में युवराज का साथ देने के लिए आए। रैना का यह विश्व कप का दूसरा ही मैच था और हमें अब भी 74 रन चाहिए थे।

उस वक़्त मैं मसाज टेबल पर आँखें बंद करके लेटा था, जबकि वीरू दूसरी टेबल पर थे। अमित शाह मेरी गर्दन की मालिश कर रहे थे और मैं बिलकुल स्थिर लेटा था। मैं दरअसल प्रार्थना कर रहा था और ईश्वर से दुआ माँग रहा था कि वह हमारे लिए सर्वश्रेष्ठ करे। एक समय वीरू को लगा कि मैं सो रहा हूँ और उन्होंने अमित शाह से कहा, *'तू अपना टाइम वेस्ट मत कर, वो सो गया है। जा के मैच देख ले।'* मैं उनका कहा हर शब्द सुन रहा था, लेकिन मैं हिलना या प्रतिक्रिया करना नहीं चाहता था। अमित को पता था कि मैं जाग रहा हूँ और वे बोले, *'वो सोया नहीं है, मुझे मालूम है!'*

जब युवराज और रैना ने धीरे-धीरे परिस्थितियों को सही किया, तो मुझे याद है मेरी टीम के साथी चिल्ला रहे थे, 'एक और चौका... वाह! दो और रन।' हम सेमी-फ़ाइनल के बहुत क़रीब पहुँच रहे थे और हम तीन बार के चैंपियन को विश्व कप के बाहर धकेलने वाले थे! और जब युवी ने अंतिम चौका मारा, तो भारतीय ड्रेसिंग रूम पगला गया। यह अविस्मरणीय मैच था।

होटल लौटते समय ऐसा लग रहा था, मानो पूरा शहर - या पूरा देश - जश्न मना रहा था। जब टीम की बस आधी रात के क़रीब मैदान से निकली, तब भी गेट पर कई हज़ार प्रशंसक उत्साह बढ़ाने के लिए हमारा इंतज़ार कर रहे थे। लोग भोंपू बजा रहे थे, नाच रहे थे और हर मोड़ तथा सड़क के कोने पर तिरंगा लहरा रहे थे - जबकि हम अब भी फ़ाइनल तक नहीं पहुँचे थे।

मुझे याद है कि मैं अपने होटल के कमरे की बालकनी में खड़े होकर देर रात तक जश्न देखता रहा। मैंने अंजलि से कहा था कि यह एक अविश्वसनीय दृश्य था और जब तक वह इसे नहीं देखती हैं, तब तक उन्हें इस पर यक़ीन नहीं होगा। इसने एक बार फिर मेरे ज़ेहन में इस बात को पुरज़ोर तरीक़े से भरा कि हमारे क्रिकेट प्रेमियों के लिए विश्व कप कितना ज़्यादा मायने रखता है। लेकिन यह और भी रोमांचक होने वाला था, क्योंकि सेमी-फ़ाइनल में भारत का

मुक़ाबला पाकिस्तान से होने वाला था।

पड़ोसी

इसके बाद जल्दी ही हम मोहाली पहुँच गए। होटल के रास्ते में मैंने अपनी टीम के साथियों से पूछा कि क्या उनमें से किसी के आईपॉड में अमित कुमार का गाना 'बड़े अच्छे लगते हैं' था। आख़िरकार, यह हमारे मालिश करने वाले माने काका थे, जिन्होंने मुझे बताया कि यह उनके पास था। माने काका बेहद स्नेहिल इंसान हैं और लगातार हमारे लिए अपना सर्वश्रेष्ठ करते हैं तथा बदले में कुछ उम्मीद नहीं करते। मैंने बाद में हमारे कंप्यूटर विश्लेषक डीजे से आग्रह किया कि वे उस गाने को मेरे आईपॉड में जल्दी से जल्दी डाउनलोड कर दें। यही एकमात्र गाना था, जो मैंने अगले सात दिन तक सुना।

इस बात की पूरी संभावना थी कि 30 मार्च को मोहाली में होने वाला मैच पूरी प्रतिस्पर्धा का सबसे कशमकश भरा मैच होगा और वाक़ई यह मेरे करियर के सबसे दबाव भरे मैचों में से एक साबित हुआ। भारतीय भूमि पर विश्व कप के सेमी-फ़ाइनल में पाकिस्तान से खेलना - इससे ज़्यादा बड़ा मैच भला और कौन सा हो सकता है। जब दोनों टीमें अगल-बग़ल में अभ्यास कर रही थीं, तो हम तनाव को महसूस कर सकते थे। दोनों टीमें इस मैच को बुरी तरह जीतना चाहती थीं। तब तक भारत का विश्व कप में पाकिस्तान के ख़िलाफ़ बेदाग़ रिकॉर्ड था और हम उस रिकॉर्ड को बेदाग़ ही बनाए रखना चाहते थे।

हमें एक नाटकीय शुरुआत मिली, जो मैच का महत्त्वपूर्ण मोड़ साबित हुई, जब वीरेंद्र सहवाग ने उमर गुल को सबक़ सिखाया। वे टूर्नामेंट में पाकिस्तान के सबसे अच्छे फ़ॉर्म वाले तेज़ गेंदबाज़ थे और वीरू के आक्रमण ने हमें तेज़ी से आगे बढ़ाया। वीरू ने गुल के दूसरे ओवर में उन्हें चार चौके मारे। सौभाग्य से पाकिस्तानी खिलाड़ियों ने मेरे कैच कई बार छोड़े, जिसमें से मिड विकेट वाला मौक़ा तो काफ़ी आसान था। मेरी 85 रनों की पारी महत्त्वपूर्ण साबित हुई, क्योंकि बीच के ओवरों में हमने कुछ विकेट जल्दी-जल्दी गँवा दिए, जबकि वहाब रियाज़ ने मैच में पाँच विकेट लिए। रियाज़ ने युवी को पहली ही गेंद पर बोल्ड कर दिया और पलड़ा पेंडुलम की तरह मैच में कई बार इधर से उधर झुकता रहा। इतना कि इस रोमांचक मैच में मेरा कलेजा कई बार मुँह में आ गया। सुरेश रैना ने अच्छी तरह खेलते हुए 36 नॉट आउट का स्कोर किया और हमें 260 तक पहुँचाया। यह ठीक वही स्कोर था, जिसका हमने ऑस्ट्रेलिया के ख़िलाफ़ क्वार्टर-फ़ाइनल में पीछा किया था। यह एक अच्छा योग था, लेकिन एक अच्छी

पिच पर जीत की गारंटी देने वाला स्कोर नहीं था।

पाकिस्तान ने जवाब देते हुए अच्छी शुरुआत की, लेकिन जब हम पर दबाव बढ़ने लगा, तो ज़हीर ने प्रहार किया। मुनाफ़ को भी पॉवरप्ले में एक विकेट मिल गया और फिर युवराज दो फटाफट विकेट निकालकर हमें नियंत्रण में ले आए। पारी के बीच में उमर अकमल हमला कर रहे थे, लेकिन हम जानते थे कि उन्हें वापस भेजने के लिए बस एक अच्छी गेंद की ज़रूरत थी। हरभजन ने अपने दूसरे स्पेल की पहली ही गेंद पर अकमल को बोल्ड करके हमारे लिए यह काम कर दिया। उन्होंने राउंड द विकेट से गेंद फेंकी थी और अकमल लाइन को ग़लत समझ बैठे।

जब आफ़रीदी और मिस्बा बल्लेबाज़ी कर रहे थे, तब भी पाकिस्तान के पास मौक़ा था, लेकिन फिर आफ़रीदी हरभजन की एक फुल टॉस को मैदान से बाहर मारने की कोशिश में आउट हो गए। दस में से नौ मौक़ों पर वे उस शॉट को सही मारते, लेकिन उस रात वे कवर के हाथों में एक आसान कैच दे बैठे। यह एक ऐसा दिन था, जब चीज़ें हमारे मनचाहे ढंग से हो रही थीं। आफ़रीदी को आउट करने के बाद हम जानते थे कि हम मैच जीत सकते हैं। जल्दी ही मिस्बा ने लॉन्ग ऑन पर विराट के हाथों में शॉट मार दिया और हम विश्व कप फ़ाइनल में पहुँच गए। मानो यही काफ़ी न हो, मुझे प्लेयर ऑफ़ द मैच अवॉर्ड भी मिला। पाकिस्तान के ख़िलाफ़ विश्व कप में यह सम्मान मुझे तीसरी बार मिला था।

जश्न काफ़ी धूमधाम भरा था। हम मोहाली में हज़ारों दर्शकों को तिरंगा फहराते और जश्न मनाते देख सकते थे। होटल तक का रास्ता तय करना मुश्किल काम था, क्योंकि हर मोड़ पर ख़ुशी से झूमते समर्थक उस पल का आनंद लेना चाहते थे। मेरे मित्र अभिनेता आमिर ख़ान बधाई देने के लिए मेरे कमरे में आए और मुझे याद है कि देर रात तक बातें होती रही थीं। यह एक ऐसी रात थी, जिसे भारत कभी नहीं भूल सकता था और हम, जिन्होंने इसमें भूमिका निभाई थी, उसे कभी नहीं भूलना चाहेंगे।

कई पदाधिकारी मोहाली आए थे, जिनमें हमारे प्रधानमंत्री डॉ. मनमोहन सिंह शामिल थे। पाकिस्तानी प्रधानमंत्री युसुफ़ रज़ा गिलानी भी मौजूद थे, लेकिन सच कहें, तो हम दरअसल सीमा के पार की किसी चीज़ पर ध्यान नहीं दे रहे थे, क्योंकि हमारा पूरा ध्यान तो हाथ के काम पर था। हम जल्दी ही मुंबई की ओर चल दिए और हमें विश्वास था कि हम सही समय पर सही फ़ॉर्म में आ रहे थे।

अपेक्षाओं से भरा शहर

जब हम श्रीलंका के ख़िलाफ़ फ़ाइनल खेलने के लिए मुंबई पहुँचे, तो जिस पहली चीज़ पर मैंने ग़ौर किया, वह थी पुलिस की बढ़ी हुई उपस्थिति। यह वही शहर महसूस नहीं हो रहा था। सारी अतिरिक्त सुरक्षा के बावजूद प्रशंसक हर तरफ़ थे और टीम की एक झलक पाने और हमें शुभकामनाएँ देने का इंतज़ार कर रहे थे। इस तरह का जोश हमने पहले कभी नहीं देखा था।

हवाई अड्डे से आते समय पुलिस कोई जोखिम नहीं लेना चाहती थी और यह हमारी बस के साथ-साथ होटल तक आई। रास्ते में मैं मुंबई के सी लिंक पर अंजलि से मिला। यह पुल अब मशहूर हो चुका है और इसने शहर में यात्रा को आसान बना दिया है। (इससे पहले ऐसे समय रहते थे, जब मैं मुंबई में प्रथम श्रेणी मैच खेलता था और अपने खुद के घर जाने के बजाय सीसीआई में ही रात को रुक जाता था, क्योंकि वहाँ तक कार से जाने में डेढ़ घंटे का समय लग सकता था, जो आप मैदान में लंबा दिन गुज़ारने के बाद नहीं चाहते थे!) मैंने टीम बस में मौजूद सुरक्षाकर्मियों को पहले ही बता दिया था कि अंजलि मेरा इंतज़ार कर रही होंगी और मैं टीम बस से अपनी कार में चला जाऊँगा। लेकिन कार से जाने के बावजूद होटल तक की यात्रा ज़्यादा तेज़ी से नहीं हुई, क्योंकि मैं टीम की बस के साथ-साथ चल रहा था। लोग हर जगह थे और मैं नहीं सोचता कि मैंने 40 कि.मी. के ऊपर गाड़ी चलाई थी। मैंने अंजलि से कहा था कि मेरी कार सोच रही होगी कि इस गति से इसे कोई दूसरा चला रहा है।

कार से होटल जाते वक़्त मैं स्थिति का जायज़ा लेने की भी कोशिश कर रहा था। यह कल्पना करना मुश्किल था कि मैं अपने घरेलू मैदान पर विश्व कप फ़ाइनल खेलने वाला था। मैं मार्च 2007 के बारे में सोचे बिना नहीं रह पाया, जब मैं एक विनाशकारी विश्व कप अभियान के बाद मुंबई लौटा था। वह साल एक सच्चा दुःस्वप्न था। बहरहाल, 2011 अलग महसूस हो रहा था, क्योंकि हम धीरे-धीरे एक राष्ट्रीय परी कथा लिख रहे थे। मैंने अंजलि को बताया कि इस बार पीछे लौटने का सवाल नहीं था।

हम कुछ समय पहले ही 2010 और 2011 में श्रीलंका से कई बार खेले थे और सटीकता से जानते थे कि फ़ाइनल में उनसे क्या उम्मीद करनी है। उनकी टीम अच्छी थी, लेकिन हमें विश्वास था कि हम उन्हें हरा देंगे। लंबी टीम वार्ता की कोई ज़रूरत नहीं थी। हम टीम डिनर पर मिले, लेकिन बस पाँच मिनट की क्रिकेट बातचीत के बाद माइक हॉर्न ने बागडोर सँभाल ली। उस पूरे अंतिम सप्ताह में माइक ने हम लोगों को अपने अनुभव बताए। हालाँकि हममें से ज़्यादातर

लोगों के लिए यह हमेशा एक सामान्य दिन होता था, लेकिन माइक के लिए यह अक्सर जीवन और मरण का मामला रहता था। एक ग़लती और सब कुछ ख़त्म हो सकता था। वे अपने रोमांचक अभियानों - जैसे भूमध्यरेखा पर बिना मोटर वाले वाहन पर विश्व का चक्कर लगाना या अँधेरे मौसम में उत्तरी ध्रुव पर पैदल जाना - के दौरान अतिशय दबाव से कैसे जूझे, इसने निश्चित रूप से विश्व कप फ़ाइनल की पूर्व संध्या पर हमारी चिंताओं से निबटने में हमारी मदद की। उन्होंने हमारी स्थिति को सही परिप्रेक्ष्य में रखा और हमें याद दिलाया कि हम संसार में सबसे बुरी स्थिति में नहीं थे।

अहमदाबाद या मोहाली के विपरीत, मैं मुंबई में फ़ाइनल वाली रात को अच्छी तरह सोया। 2 अप्रैल को हम होटल से स्टेडियम के लिए जल्दी निकल गए और मैं हैरान था कि रास्ते में एक भी प्रशंसक नज़र नहीं आ रहा था। सुरक्षा इतनी तगड़ी थी कि प्रशंसकों को टीम बस के मार्ग में खड़े होने की भी अनुमति नहीं दी गई थी। यह यक़ीन करना मुश्किल था कि एक भी क्रिकेट प्रेमी नहीं दिख रहा था। लेकिन वानखेड़े में बिलकुल ही अलग नज़ारा था। यह पहले से ही खचाखच भरा था, हालाँकि मैच शुरू होने में अभी घंटों बाक़ी थे।

जब हमने पिच पर वॉर्म अप किया, तो मैं स्टेडियम में कोलाहल महसूस कर सकता था, जो किसी रंगशाला जैसा महसूस हो रहा था। चारों तरफ़ रोमांचित चेहरे थे। भारत घरेलू धरती पर अपना सबसे महत्त्वपूर्ण मैच खेलने वाला था। किसी भी टीम ने मेज़बानी करते हुए विश्व कप नहीं जीता था, लेकिन एक अच्छा दिन भर चाहिए था और हम जीवन भर ख़ुद को विश्व चैंपियन कह सकते थे।

फ़ाइनल

ज़हीर के बेहतरीन शुरुआती स्पेल की बदौलत हमें मैच में अच्छी शुरुआत मिली। इसके अलावा युवराज और रैना ने पॉइंट और कवर पर बेहतरीन फ़ील्डिंग की। ज़हीर ने लगातार तीन मेडन ओवर डाले, जिससे सारी बात साफ़ हो जाती है। श्रीलंका ने उपुल तरंगा का विकेट दो के स्कोर पर खो दिया, जब ज़हीर की गेंद पर वीरू ने स्लिप में उम्दा कैच पकड़ा। हम गति पकड़ चुके थे। हालाँकि ज़हीर बहुत अच्छी गेंदबाज़ी कर रहे थे, लेकिन श्रीसंथ दूसरे छोर से उतने प्रभावी नहीं थे। हरभजन और मैं मिड ऑफ़ और मिड ऑन पर फ़ील्डिंग कर रहे थे। हम दोनों बार-बार श्रीसंथ से कहते रहे कि वे हौसला न छोड़ें और उन्हें बस सही जगह पर एक गेंद डालने भर की ज़रूरत है और वे हमारे लिए एक विकेट निकाल देंगे। उन्होंने कहा कि वे अच्छा महसूस नहीं कर रहे हैं और उन्हें बीमारी

जैसा लग रहा है। उन्हें इस बात का श्रेय दिया जाना चाहिए कि मुंबई की कठोर गर्मी में भी उन्होंने खुद को खेलते रहने के लिए विवश किया। कई बार आपको सफल होने के लिए दर्द सहन करना होता है, ख़ास तौर पर जब आप विश्व कप के फ़ाइनल में खेल रहे हों।

श्रीलंका ने कुमार संगकारा और महेला जयवर्धने के ज़रिये अच्छा संघर्ष किया, जो संसार के सबसे अच्छे बल्लेबाज़ों में गिने जाते हैं। लेकिन जैसा पूरे विश्व कप में हुआ था, युवराज ने महत्त्वपूर्ण सफलता दिलाकर मैच में हमारी वापसी कराई, जब उन्होंने 48 के स्कोर पर संगकारा को विकेटकीपर के हाथों कैच कराया। लेकिन जयवर्धने अब भी पिच पर मौजूद थे और उन्होंने विश्व कप फ़ाइनल की सचमुच महान पारी खेली। उनके शतक की वजह से श्रीलंका मैच में अच्छी स्थिति में आ गई और हमें जीतने के लिए 274 का लक्ष्य मिला।

यह स्कोर अजेय नहीं था, लेकिन शुरुआती ओवरों में साझेदारी बनाना महत्त्वपूर्ण था, क्योंकि मैच के बढ़ने के साथ-साथ विकेट के आसान होने की उम्मीद थी। मैदान पर ओस थी और मैंने सोचा कि हमें गेंद गीली करने के लिए इसे तीस गज़ के दायरे के बाहर पहुँचाने की कोशिश करनी चाहिए। इसका मतलब यह होगा कि गेंद स्विंग नहीं हो पाएगी। हमारा दुर्भाग्य यह रहा कि पहले ही ओवर में सहवाग शून्य पर चले गए। अब पारी को सजाने का दारोमदार गंभीर और मेरे ऊपर था। मैंने दो करारे चौके मारे और मेरी टाइमिंग भी अच्छी थी। लेकिन जब मैंने सोचा कि गेंद ने स्विंग करना छोड़ दिया था, तभी मैं ऑफ़ स्टंप के बाहर एक ड्राइव खेलने के लिए ललचा गया। मलिंगा की वह गेंद स्विंग हुई और मेरे बल्ले का किनारा लेती हुई विकेटकीपर के पास चली गई और मैं 18 पर आउट हो गया। यह निराशाजनक था और मैं ड्रेसिंग रूम की ओर जाने वाली यात्रा को कभी नहीं भूल पाऊँगा।

जब विराट कोहली गंभीर का साथ देने के लिए क्रीज़ पर आए, तो हमारी स्थिति नाज़ुक थी। विराट ने बंगलादेश के ख़िलाफ़ शतक बनाकर विश्व कप शुरू किया था और अब उन्होंने फ़ाइनल में एक महत्त्वपूर्ण पारी खेलकर इसे ख़त्म किया। उनके योगदान के महत्त्व को हमेशा स्वीकार नहीं किया जाता, लेकिन उनके 35 रनों की बदौलत एक अहम साझेदारी बनी, जब गौतम और विराट दोनों ने ही अच्छी गति से रन बनाए और इस वजह से आवश्यक रन रेट कभी पहुँच से बाहर नहीं हुई। जब विराट आउट हुए, तो धोनी श्रीलंका के ऑफ़ स्पिनरों, मुरलीधरन, रणदिव और दिलशान को खेलने के लिए बल्लेबाज़ी के क्रम में खुद को ऊपर ले आए। अततः यह गंभीर-धोनी की 109 रनों की साझेदारी थी, जिसने

हमें विश्व कप जिताया। दोनों ही भारी दबाव में असाधारण रूप से अच्छा खेले।

मुझे मानना होगा कि मैंने दरअसल वह सब नहीं देखा, जो करोड़ों भारतीयों ने आनंद के साथ उस रात देखा था। मैंने अपने चरम स्वप्न को साकार होते नहीं देखा। मैंने वह पल नहीं देखा, जिसका मैं तब से इंतज़ार कर रहा था, जब मैंने नवंबर 1989 में अपना अंतरराष्ट्रीय पदार्पण किया था। कारण यह था कि जब महेन्द्र सिंह धोनी ने वानखेड़े स्टेडियम में विजयी छक्का मारा, तब मैं वीरेन्द्र सहवाग के साथ ड्रेसिंग रूम में प्रार्थना कर रहा था। मैं ईश्वर से यह प्रार्थना नहीं कर रहा था कि वह हमें जिता दे। मैं तो बस यह चाहता था कि ईश्वर वह करे, जो हमारे लिए, भारतीय क्रिकेट के लिए और भारतीय क्रिकेट टीम के लिए सबसे अच्छा हो। मैं उस रात अंधविश्वासी हो गया था और मैंने वीरू को अपने पास एक ही स्थिति में बैठाए रखा था। हममें से कोई भी तब तक बाहर नहीं निकला, जब तक कि धोनी का शॉट सीमारेखा के बाहर नहीं पहुँच गया। इससे थोड़ी देर पहले, जब ऐसा लग रहा था कि भारतीय जीत लगभग पक्की है, वीरू ड्रेसिंग रूम से बाहर निकलकर जश्न मनाने जाना चाहते थे। मैंने उन्हें सलाह दी कि जब तक मैच ख़त्म न हो जाए, तब तक वे ऐसा न करें। मैंने उनसे कहा कि अगर वे चाहें, तो टेलीविज़न पर वह पल सैकड़ों बार देख सकते हैं, लेकिन हाल-फ़िलहाल उन्हें वहीं बैठे रहना चाहिए और प्रार्थना करनी चाहिए। जब धोनी का शॉट आख़िरकार सीमारेखा के पार पहुँच गया, उसके बाद ही मैं बाहर निकला।

कई लोगों ने मुझसे पूछा है कि मुझे उस ख़ास पल में कैसा महसूस हुआ था। सच कहूँ, तो इस बात को पचाना मुश्किल था कि हमने विश्व कप जीत लिया है। ऐसा लग रहा था, जैसे टूर्नामेंट में अब भी एक मैच बाक़ी हो। लेकिन जब मैं मैदान में दौड़कर गया और भावुक युवी को गले लगाया, तो अपने जज़्बातों पर क़ाबू रखना असंभव था। यह ज़िंदगी बदलने वाले पलों में से एक था और हम इसके हर पल को जीना चाहते थे। हालाँकि कुछ खिलाड़ी चिल्लाए और कुछ रोए, लेकिन बाक़ी वानखेड़े की हर्षोन्मत्त भीड़ के सामने विजयी चक्कर लगाने के लिए उत्सुक थे।

विराट और युसुफ़ पठान ने मुझे अपने कंधों पर बिठा लिया और किसी ने मुझे फहराने के लिए भारतीय झंडा दे दिया। मेरी टीम के साथी मुझे उठाए हुए थे, विश्व कप को जीतने के बाद मैं अपने घरेलू मैदान पर तिरंगा लहरा रहा था - इससे बढ़कर और मैं क्या माँग सकता था? ईमानदारी से कहूँ, तो जीवन पूर्ण लग रहा था। यह मेरी क्रिकेट यात्रा का सबसे महान पल था। इस सारे उल्लास के बीच मैंने युसुफ़ पठान से कहा था कि वे मुझे नीचे न गिराएँ। इस पर उन्होंने

कहा था, *'गिर जाएँगे, पर आपको नीचे नहीं आने देंगे।'*

यह आश्चर्यजनक महसूस हो रहा था। इस क़िस्म की संतुष्टि मैंने पहले कभी अनुभत नहीं की थी। क्रिकेट का महानतम पुरस्कार अब अंततः हमारा हो गया था। हमारी विक्टरी लैप में मैंने भीड़ के उस खंड की तरफ़ हाथ लहराए, जहाँ मेरे हिसाब से मेरे बच्चे सारा और अर्जुन बैठे थे। मैंने इस उम्मीद में उनकी तरफ़ हाथ लहराए कि वे मुझे ऐसा करते देख लेंगे और नीचे आ जाएँगे। सौभाग्य से उन्होंने मुझे हाथ हिलाते देख लिया और जल्दी ही मैदान में मेरे पास आ गए। अपने जीवन के महानतम खेल पल का जश्न मनाते वक़्त अपने परिवार के साथ रहना ख़ास था।

अंजलि मैदान में नहीं थी। अंधविश्वास में अटकी होने के कारण वह स्टेडियम नहीं आई थी। वह तो भारत की जीत के बाद घर से वानखेड़े के लिए निकली। मैदान की ओर आते वक़्त उसे एक अजीब अनुभव हुआ। यह उन रातों में से एक थी, जब सब कुछ चलता था। स्त्री और पुरुष जश्न मनाने के लिए कारों के ऊपर कूद रहे थे और कोई भी आपत्ति नहीं कर रहा था। देश ने इस जैसी चीज़ पहले कभी नहीं देखी थी। जब अंजलि वानखेड़े का मोड़ मुड़ रही थीं, तभी भीड़ के एक हिस्से ने कार पर चढ़कर डान्स करने की कोशिश की। इस पल कुछ लड़कों ने अंजलि को भीतर देखकर कहा, *'अरे, ये उनकी गाड़ी है, उनको जाने दो। उनके जाने के बाद हम लोग नाचेंगे।'* और उन्होंने ठीक यही किया। जब अंजलि मेन गेट पर उतर गईं, तो वे डांस करने के लिए कार पर चढ़ गए, उसमें कई गड्ढे कर दिए, जिन्हें देखकर हम ख़ुश होते हैं, क्योंकि उनकी वजह से हमारी सुखद यादें ताज़ा हो जाती हैं।

एक और चीज़ ने विश्व कप विजय को मेरे लिए सचमुच ख़ास बना दिया। वह यह कि मेरी टीम के कई साथियों ने यह उपलब्धि मुझे समर्पित कर दी। मैं अभिभूत महसूस कर रहा था। एक बार जब सम्मान समारोह ख़त्म हो गया और लैप ऑफ़ ऑनर पूरा किया, तो गतिविधि का दृश्य हमारे ड्रेसिंग रूम में पहुँच गया। मैंने शैम्पेन की पहली बोतल खोली और बाद में मेरी टीम के सारे साथियों से इस पर साइन कराए। यह अब मेरे घर के सुरागार में गर्व भरे स्थान पर रखी हुई है।

हमने उस पल का अधिकतम आनंद लेने के लिए सारे तरीक़े आज़मा डाले। हमने असंख्य फ़ोटो लिए। पहले तो खिलाड़ियों के साथ, फिर गैरी के साथ, जिनका भारत के कोच के रूप में यह आख़िरी मैच था। पैडी अप्टन और माइक हॉर्न दोनों ही हमारी समर्थन इकाई के महत्त्वपूर्ण सदस्य थे और वे भी जल्दी ही

शामिल हो गए। वयस्क बच्चों की तरह व्यवहार कर रहे थे, लेकिन उस दिन सब चलता था।

जब मेरी टीम के साथी ट्रॉफ़ी के साथ एक के बाद एक फ़ोटो खिंचा रहे थे, तो मुझे याद है कि माहौल को सोखने के लिए मैं ड्रेसिंग रूम से बाहर निकला था। ऐसा लग रहा था कि एक भी आदमी मैदान छोड़कर नहीं गया था। लोग अपने मोबाइल फ़ोन पर हर संभव कोण से फ़ोटो खींचने में व्यस्त थे। तभी मैंने सुधीर गौतम को देखा, जो अब भारत में एक परिचित चेहरा हैं। वे अपने शरीर पर तिरंगा पेंट करते हैं और मेरा सरनेम पेंट करके उस पर '10' लिख लेते हैं और फिर अपना शंख बजाते हैं। उनके शंख और पटाखों की आवाज़ ने मिलकर समां बाँध दिया था। यह स्वप्निल महसूस हो रहा था।

मैंने सुधीर गौतम की तरफ़ हाथ हिलाकर कहा कि वे ड्रेसिंग रूम में आ जाएँ। वे मुझे ऐसा करते देख हैरान थे। उनके लिए यह पूरी तरह अप्रत्याशित था। यह हमारे लिए पहले ही यादगार रात बन चुकी थी, उनके लिए तो यह और यादगार बन गई। मैंने सुरक्षाकर्मियों से कहा कि वे सुधीर को ड्रेसिंग रूम में आने दें और उन्हें ट्रॉफ़ी थमा दी। वे भावावेग से अभिभूत थे। मुझे संतुष्टि का गहरा एहसास हुआ कि मैंने उन्हें इतना खुश किया। वे हमारे साथ पूरे विश्व कप में यात्रा कर चुके थे और यह उन्हें तथा हमारे बाक़ी प्रशंसकों को यह जताने का तरीक़ा था कि हमें उनकी परवाह थी। काश मैं वानखेड़े के हर समर्थक को ट्रॉफ़ी के साथ फ़ोटो खिंचवाने का मौक़ा दे सकता!

जल्दी ही खिलाड़ियों के परिवार भी जश्न में शामिल हो गए। मुझे याद है, मैंने अर्जुन और सारा को बताया था कि किसी क्रिकेट खिलाड़ी के लिए विश्व कप का क्या महत्त्व होता है। मैंने उन्हें बताया था कि यह शिखर था और इसे कभी पार नहीं किया जा सकता। विजय के लगभग दो घंटे बाद हम अंततः होटल के लिए रवाना हुए। सामान्य तौर पर स्टेडियम से होटल तक की यात्रा छोटी थी, लेकिन उस दिन यह मेरे जीवन की सबसे धीमी, लेकिन सबसे अच्छी यात्राओं में से एक थी। हालाँकि सुबह मैदान में आते समय मुझे एक भी प्रशंसक नहीं दिखा था, लेकिन मैदान से लौटते वक़्त मानवता का महासागर हिलोरें मार रहा था और इस यात्रा में लगभग एक घंटे का समय लग गया।

मरीन ड्राइव का नज़ारा कमाल का था। हालाँकि बचपन में मैं 1983 की भारत की पहली विश्व कप विजय के बाद नाच चुका था और जश्न मना चुका था, लेकिन वह याद थोड़ी धुँधली थी। यह हमारा पल था। यह चरमोत्कर्ष था। मैं आख़िरकार क्रिकेट के एवरेस्ट के शिखर पर पहुँच गया था और मुंबई की सड़कों

पर मौजूद हर व्यक्ति जश्न मना रहा था। हम उनके चेहरों पर खुशी ले आए थे और इसी की उम्मीद तो हम भारतीय क्रिकेटरों से कर सकते थे।

यादगार रात

ताज महल पैलेस होटल के प्रवेश द्वार की घेराबंदी कर दी गई थी और लॉबी लोगों से भरी थी। जब हमने प्रवेश किया, तो हमें शैम्पेन की एक बोतल और एक ख़ास केक तोहफ़े में दिया गया, जिसे मैंने छठी मंज़िल पर हमारे कमरों की ओर बढ़ने से पहले काटा। जश्न का दूसरा दौर शुरू होने वाला था।

मेरे कमरे में आने के बाद अंजलि और मैंने एक दूसरे को ड्रिंक दिए तथा सुकून का आनंद लिया। हमने हर जगह रखे गुलदस्तों में से फूल निकाले और उन्हें अपने कानों पर लगाकर संगीत की धुन पर नाचने लगे। यह विश्व कप विजय की रात थी, तो हम खुद पर संयम क्यों रखें? एक पल में अपने परिवार से दूर बिताया गया सारा समय, अपने बच्चों को बड़े होते देखने से चूकना, सार्थक लग रहा था। उनका पिता आख़िरकार विश्व कप जीतने वाली टीम का हिस्सा बन गया था, एक ऐसी चीज़ जिसके लिए उसने अपनी सारी ज़िंदगी कोशिश की थी।

पार्टी सुबह तक चलती रही। तेज़ संगीत बज रहा था और सभी खिलाड़ियों के कमरों के दरवाज़े चौपट खुले थे। कोई भी अंदर आकर ड्रिंक ले सकता था और जश्न मना सकता था। एक यादगार पल में विराट, भज्जी और युवी अपने घुटनों के बल बैठकर *रब ने बना दी जोड़ी* फ़िल्म का गीत गाने लगे, *'तुझमें रब दिखता है यारा मैं क्या करूँ!'* मुझे इस पर बहुत संकोच हुआ।

रात को 3 बजे के क़रीब हमें टीम प्रबंधन द्वारा दिए जाने वाले ख़ास जश्न में बुलाया गया। दो घंटे बाद मैं आख़िरकार थोड़ी नींद लेने के लिए अपने कमरे में वापस लौटा। इस बार मैंने दरवाज़े की कुंडी लगा ली; मैं जानता था कि मेरी टीम के कुछ साथी ज़रूर आ धमकेंगे, क्योंकि पार्टी पूरे शबाब पर थी।

सुबह 7 बजे मैंने ज़हीर ख़ान और आशीष नेहरा को दरवाज़ा भड़भड़ाते सुना, क्योंकि वे ड्रिंक शेयर करना चाहते थे। मैं बस मुस्कुरा दिया और दोबारा नींद के आगोश में चला गया।

India v Sri Lanka

World Cup Final

Played at Wankhede Stadium, Mumbai, on 2 April 2011 (D/N)

Umpires:	A Dar & SJA Taufel (TV: IJ Gould)
Referee:	JJ Crowe
Toss:	Sri Lanka

SRI LANKA

		R	M	B	4	6
WU Tharanga	c Sehwag b Khan	2	30	20	0	0
TM Dilshan	b Harbhajan Singh	33	87	49	3	0
KC Sangakkara*†	c Dhoni b Yuvraj Singh	48	102	67	5	0
DPMD Jayawardene	not out	103	159	88	13	0
TT Samaraweera	lbw b Yuvraj Singh	21	53	34	2	0
CK Kapugedera	c Raina b Khan	1	6	5	0	0
KMDN Kulasekara	run out (Dhoni)	32	41	30	1	1
NLTC Perera	not out	22	10	9	3	1
SL Malinga						
S Randiv						
M Muralitharan						
Extras	(b 1, lb 3, w 6, nb 2)	12				
Total	(for 6 wkts) (50 overs)	**274**				

INDIA

		R	M	B	4	6
V Sehwag	lbw b Malinga	0	2	2	0	0
SR Tendulkar	c Sangakkara b Malinga	18	21	14	2	0
G Gambhir	b Perera	97	187	122	9	0
V Kohli	c and b Dilshan	35	69	49	4	0
MS Dhoni*†	not out	91	128	79	8	2
Yuvraj Singh	not out	21	39	24	2	0
SK Raina						
Harbhajan Singh						
Z Khan						
MM Patel						
S Sreesanth						
Extras	(b 1, lb 6, w 8)	15				
Total	(for 4 wkts) (48.2 overs)	**277**				

INDIA	O	M	R	W	
Khan	10	3	60	2	(1 w)
Sreesanth	8	0	52	0	(2 nb)
Patel	9	0	41	0	(1 w)
Harbhajan Singh	10	0	50	1	(1 w)
Yuvraj Singh	10	0	49	2	
Tendulkar	2	0	12	0	(3 w)
Kohli	1	0	6	0	

SRI LANKA	O	M	R	W	
Malinga	9	0	42	2	(2 w)
Kulasekara	8.2	0	64	0	
Perera	9	0	55	1	(2 w)
Randiv	9	0	43	0	
Dilshan	5	0	27	1	(1 w)
Muralitharan	8	0	39	0	(1 w)

Fall of wickets:

	SL		Ind	
1st	17	(1)	0	(1)
2nd	60	(2)	31	(2)
3rd	122	(3)	114	(4)
4th	179	(5)	223	(3)
5th	182	(6)	–	
6th	248	(7)	–	
7th	–	–		
8th	–	–		
9th	–	–		
10th	–	–		

Man of the Match: MS Dhoni

Result: **India won by 6 wickets**

सुखद घर वापसी

फ़ाइनल के बाद वाला दिन तेज़ी में बीता। आईसीसी के फोटो सेशन्स के बाद और राष्ट्रपति श्रीमती प्रतिभा पाटिल से राजभवन में मिलने के बाद मैं आख़िर शाम को घर पहुँचा। यह एक गहरा भावनात्मक अनुभव था, जिसे मेरे मित्रों और पड़ोसियों ने और भी ज़्यादा यादगार बना दिया था, जिन्होंने ढोल बजाकर और आतिशबाज़ी छोड़कर हमारी इमारत में मेरा स्वागत किया। जब भी मैं अपने करियर में कोई अच्छा काम करता था, तो हर बार मेरे मित्र और पड़ोसी मेरे घर लौटने का जश्न मनाना चाहते थे और आम तौर पर मैं अंजलि से कह देता था कि वह उन्हें ऐसा न करने के लिए राज़ी कर ले, क्योंकि ऐसे जश्नों से मुझे संकोच होता है - लेकिन विश्व कप एक अपवाद था!

जब मेरी माँ आरती कर रही थीं और मेरे माथे पर टीका लगा रही थीं (जो ज़्यादातर मराठी परिवारों में परंपरागत रूप से किया जाता है), तो ऐसा लग रहा था कि इस बार मैं कोई महत्त्वपूर्ण चीज़ हासिल करके उनके पास आया था। मुझे महसूस हुआ, जैसे मैंने बेटे के रूप में अपने कर्त्तव्य पूरे कर दिए थे और उनके स्वागत का हक़दार था। मेरा परिवार इस उपलब्धि पर आनंदित था और मुझे उन्हें इतनी खुशी देने पर वास्तविक गर्व का एहसास हुआ।

असंख्य गुलदस्ते मेरा इंतज़ार कर रहे थे। भारत के दो सबसे मशहूर बॉलीवुड सितारे अभिषेक और ऐश्वर्या राय बच्चन मुझे बधाई देने आए और हमने उस फ़ाइनल की यादों को खुशी-खुशी दोबारा ताज़ा किया।

पलटकर देखने पर यह अब भी किसी सपने जैसा महसूस होता है। ऑस्ट्रेलिया, पाकिस्तान और श्रीलंका को एक ही सप्ताह में हराकर विशाल भारतीय भीड़ के सामने विश्व कप जीतना अवास्तविक महसूस होता है। मुझे बताया गया था कि पाकिस्तान के ख़िलाफ़ हमारे सेमी-फ़ाइनल मैच को टेलीविज़न पर जितने दर्शकों ने देखा, वह भारत के खेल इतिहास में सर्वोच्च संख्या थी। मुझे स्वीकार करना होगा कि जब भी मैं उस सप्ताह के बारे में सोचता हूँ, तो मेरे रोंगटे खड़े हो जाते हैं।

एक व्यक्तिगत बात, मैं विश्व कप में 482 रन बनाकर ख़ुश था, जो भारत के लिए सर्वोच्च और टूर्नामेंट में दूसरा सर्वोच्च स्कोर था। इस स्कोर में दो शतक शामिल थे और 54 का औसत था। मैंने खुद के सामने साबित कर दिया था कि सबसे ऊँचे स्तर पर बाईस साल की कठिन परीक्षा के बावजूद मैं अब भी सर्वश्रेष्ठ से प्रतिस्पर्धा कर सकता था, कि भूख और जोश अब भी ज़िंदा थे।

मेरे कुछ मित्रों ने मुझसे पूछा है कि मैं विश्व कप जीतने के बाद एक दिवसीय क्रिकेट से रिटायर क्यों नहीं हुआ, क्योंकि मैं शिखर पर तो पहुँच ही गया था और अब मेरे पास हासिल करने के लिए कुछ भी बाक़ी नहीं था। उनकी बात में दम हो सकता है। यह सचमुच एक भव्य विदाई होती। भावनाएँ बहुत ज़्यादा थीं और इससे बेहतर समय नहीं हो सकता था। लेकिन ईमानदारी से कहूँ, तो यह विचार मेरे मन में आया ही नहीं था। मैं विश्व कप को एक सुखद पल के रूप में याद करना चाहता था और ट्रॉफ़ी जीतने के ठीक बाद मेरे रिटायरमेंट की घोषणा करने से ध्यान कप जीतने से हटकर मेरे रिटायरमेंट पर पहुँच जाता।

भारतीय क्रिकेट टीम मुश्किल दौर में एकजुट हुई थी, जिसकी बदौलत इसने विश्व कप पर अपना नाम लिख दिया था। हर खिलाड़ी ने त्याग किए थे और हर एक को उस पल का आनंद लेने का हक़ था। क्रिकेट टीम खेल है और मुझे विश्व कप विजेता टीम का हिस्सा बनने पर बहुत गर्व महसूस होता है।

अंत में, मैं हमेशा अंतरराष्ट्रीय क्रिकेट से एक यादगार विदाई चाहता था, जिसे मैं अपने जीवन में कभी न भूल पाऊँ। अलग-अलग विदाई से घटना का महत्त्व कम हो जाता और मैं ऐसा कभी नहीं चाहता था।

India in the 2011 World Cup

1st match, Group B. Bangladesh v India at Dhaka. 19 February 2011
India 370–4 (50/50 ov); Bangladesh 283–9 (50/50 ov)
India won by 87 runs

11th match, Group B. India v England at Bangalore. 27 February 2011
India 338 (49.5/50 ov); England 338–8 (50/50 ov)
Match tied

22nd match, Group B. India v Ireland at Bangalore. 6 March 2011
Ireland 207 (47.5/50 ov); India 210–5 (46/50 ov)
India won by 5 wickets (with 24 balls remaining)

25th match, Group B. India v Netherlands at Delhi. 9 March 2011
Netherlands 189 (46.4/50 ov); India 191–5 (36.3/50 ov)
India won by 5 wickets (with 81 balls remaining)

29th match, Group B. India v South Africa at Nagpur. 12 March 2011
India 296 (48.4/50 ov); South Africa 300–7 (49.4/50 ov)
South Africa won by 3 wickets (with 2 balls remaining)

42nd match, Group B. India v West Indies at Chennai. 20 March 2011
India 268 (49.1/50 ov); West Indies 188 (43/50 ov)
India won by 80 runs

2nd quarter-final. India v Australia at Ahmedabad. 24 March 2011
Australia 260–6 (50/50 ov); India 261–5 (47.4/50 ov)
India won by 5 wickets (with 14 balls remaining)

2nd semi-final. India v Pakistan at Mohali. 30 March 2011
India 260–9 (50/50 ov); Pakistan 231 (49.5/50 ov)
India won by 29 runs

Final. India v Sri Lanka at Mumbai. 2 April 2011
Sri Lanka 274–6 (50/50 ov); India 277–4 (48.2/50 ov)
India won by 6 wickets (with 10 balls remaining)

24

100वें शतक की ओर...

विश्व कप के बाद भारत का पहला अंतरराष्ट्रीय दौरा जून 2011 में वेस्ट इंडीज़ का था। मैं इसमें शामिल नहीं होना चाहता था, क्योंकि मैं अपने परिवार के साथ कुछ समय बिताने के लिए छटपटा रहा था। मुझे इसकी अनुमति मिल गई, क्योंकि उस साल भारत को आगे बहुत सा क्रिकेट खेलना था। मैं आठ महीनों से लगातार क्रिकेट खेल रहा था और मुझे एहसास हुआ कि अगर मैं वेस्ट इंडीज़ चला गया, तो इसका मतलब होगा कि मैं बीस महीनों तक अंजलि और बच्चों के साथ ज़्यादा समय नहीं गुज़ार पाऊँगा। भारत के सामने बहुत से क्रिकेट दौरे थे और वेस्ट इंडीज़ दौरे के समय बच्चों की गर्मी की छुट्टियाँ भी थीं। मैं उस वक़्त 99 अंतरराष्ट्रीय शतक लगा चुका था, लेकिन मुझे कभी यह लगा ही नहीं कि मुझे जल्दी से जल्दी अपना 100वाँ शतक बना लेना चाहिए। लेकिन तब मुझे यह कल्पना कहाँ थी कि इसके लिए मुझे एक साल से भी ज़्यादा समय तक इंतज़ार करना पड़ेगा!

भारत इंग्लैंड में, जुलाई–अगस्त 2011

मैं जुलाई 2011 में टीम में दोबारा शामिल हुआ और मैं एक नव-उत्साहित इंग्लैंड टीम के ख़िलाफ़ उनकी घरेलू परिस्थितियों में खेलने को उत्सुक था। एंड्रू स्ट्रॉस के नेतृत्व में उन्होंने कुछ समय पहले ही एशेज़ श्रृंखला जीती थी और वे बहुत बढ़िया क्रिकेट खेल रहे थे। लेकिन भारत अब भी नंबर वन टेस्ट टीम थी, इसलिए काँटे के मुक़ाबले की उम्मीद थी। हमारे हाल ही में नियुक्त कोच डंकन फ़्लेचर इंग्लैंड टीम के ख़िलाफ़ लौट रहे थे, जिसकी कोचिंग उन्होंने इतनी सफलता से की थी, इस तथ्य से श्रृंखला का मज़ा और बढ़ गया।

मेरे लिए यह दौरा अच्छी तरह शुरू नहीं हुआ। जब हम टॉन्टन में दो दिन के मैच में समरसेट से खेले, तो दौरे के पहले ही दिन से मेरा पैर मुझे परेशान करने लगा। हम फ़ील्डिंग कर रहे थे और लंच तक मेरे अँगूठे का दर्द इतना बढ़

गया कि मैं इलाज के लिए मैदान से बाहर ही रुक गया। जब हम लॉर्ड्स में होने वाले पहले टेस्ट मैच से पहले लंदन पहुँचे, तो मैंने कुछ स्कैन कराए और पता चला कि एक बार फिर समस्या सेसमॉइड बोन में है। हालाँकि थोड़ी सूजन थी, लेकिन सौभाग्य से यह इतनी गंभीर नहीं थी कि मुझे क्रिकेट से दूर रख पाए, इसलिए मैं चारों टेस्ट मैचों में खेला।

21 जुलाई 2011 को लॉर्ड्स में हमने टॉस जीतने के बाद सामान्य अच्छी शुरुआत की, जब ज़हीर ने ऐंड्रू स्ट्रॉस को जल्दी आउट कर दिया, लेकिन जब लंच के बाद ज़हीर की हैमस्ट्रिंग खिंच गई, तो हमारा हाल बेहाल हो गया। ऐसी स्थितियों में आप अपनी क़िस्मत पर अफ़सोस करने के अलावा ज़्यादा कुछ नहीं कर सकते। हमारे गेंदबाज़ी आक्रमण का लीडर चला गया था। इससे बेशक बाक़ी श्रृंखला में हम सभी पर असर हुआ।

मुझे याद है कि जब मैंने ज़हीर के करियर की शुरुआत में उन्हें पहले दिन खेलते देखा था, तो मैंने उनसे कहा था कि उन्हें हमेशा अपने शरीर का ध्यान रखना होगा और खुद को फ़िट रखने के लिए साल भर गेंदबाज़ी करनी होगी। उनकी शारीरिक बनावट ऐसी थी कि उन्हें अच्छे आकार में बने रहने के लिए दूसरों से ज़्यादा मेहनत करने की ज़रूरत थी। 2005 में मैंने उन्हें काउंटी क्रिकेट खेलने के लिए प्रोत्साहित किया था और जब वे इंग्लैंड में अपना पहला सीज़न खेलने के बाद लौटे, तो इसमें कोई शक नहीं था कि वे ज़्यादा परिपक्व क्रिकेटर बन गए थे। इतने बरसों में उन्होंने खुद को मैच विजेता मुख्य तेज़ गेंदबाज़ में बदल लिया था।

हमारी चिंता इस बात से और भी बढ़ गई कि दूसरे टेस्ट मैच में हमने युवराज को भी खो दिया, क्योंकि उनकी अँगुली में फ़्रैक्चर हो गया था। फिर भज्जी के पेट की मांसपेशी फट गई और गौतम गंभीर को गिरने की वजह से गंभीर मस्तिष्काघात हो गया, जिससे वे चौथे टेस्ट में पारी की शुरुआत नहीं कर पाए। इतना ही नहीं, पहले दो टेस्ट मैचों में सहवाग भी हमारे पास नहीं थे, क्योंकि वे कंधे के ऑपरेशन से उबर रहे थे। मैं इंग्लैंड की जीत का श्रेय उनसे नहीं छीनना चाहता, जिसने पूरी श्रृंखला में बेहतरीन क्रिकेट खेला, लेकिन हमारे लिए तबाहियों और चोटों का ताँता लग गया था और इतने सारे मुख्य खिलाड़ियों की अनुपस्थिति झेलना आसान नहीं था।

लॉर्ड्स में एक और अप्रत्याशित जटिलता यह थी कि मुझे नए मीडिया सेंटर एंड से गेंद परखने में बहुत मुश्किल हो रही थी। इंग्लैंड के दो गेंदबाज़ क्रिस ट्रेमलेट और स्टुअर्ट ब्रॉड बहुत लंबे थे। मुझे गंभीर मुश्किल इसलिए आ रही थी,

क्योंकि गेंदबाज़ का हाथ कई बार साइटस्क्रीन के ऊपर की गहरे रंग की सीढ़ियों में खो जाता था। इसका मतलब था कि मेरे पास प्रतिक्रिया करने के लिए सामान्य से कम समय रहता था और मुझे गेंदबाज़ की कलाई को देखने के बजाय गेंद को पिच से खेलना पड़ता था। पवेलियन एंड से मुझे कोई समस्या नहीं थी।

मैच के बाद मैंने स्वर्गीय क्रिस्टोफ़र मार्टिन-जेंकिन्स को यह समस्या बताई, जो तब एमसीसी के अध्यक्ष थे और उन्होंने दौरे में बाद में लॉर्ड्स में होने वाले एक दिवसीय मैच में कुछ करने का वादा किया - लेकिन अंत में मैं वह मैच खेल नहीं पाया। ज़्यादा हाल की बात है, जब मैं जुलाई 2014 में बाइसेंटिनरी मैच में लॉर्ड्स में खेला था। तब मैं शेन वॉर्न की रेस्ट ऑफ़ द वर्ल्ड इलेवन टीम के ख़िलाफ़ एमसीसी इलेवन की कप्तानी कर रहा था और मैंने यही समस्या दोबारा उठाई। वे साइटस्क्रीन की ऊँचाई नहीं बढ़ा सकते थे, लेकिन मैंने उनसे कहा कि वे उसके ऊपर की सीढ़ियों को जितना सफ़ेद कर सकते हों, कर दें और उन्होंने ऐसा कर दिया। अंत में, मुझे कोई समस्या नहीं आई, क्योंकि पीटर सैडल गेंदबाज़ी कर रहे थे और वे ब्रॉड या ट्रेमलेट जितने लंबे नहीं हैं और इससे बहुत फ़र्क़ पड़ा।

मुझे यह भी स्वीकार करना होगा कि हालाँकि मुझे लॉर्ड्स से प्रेम है, लेकिन मुझे हमेशा मैदान के पार जाने वाले ढाल के साथ जूझना मुश्किल लगा है, चाहे मैं इसके प्रभाव को समझने की कितनी ही कोशिश कर लूँ। मुझे याद है, मैं एक बार क्रिस लुइस का सामना कर रहा था, जो पवेलियन छोर से गेंदबाज़ी कर रहे थे। उनमें इनस्विंगर डालने की प्रवृत्ति थी और मैंने सोचा कि मैंने पता लगा लिया था कि ढाल गेंद को मेरी ओर ज़्यादा अंदर लाएगा, इसलिए मैंने उस हिसाब से खेला - और गेंद दूसरी तरफ़ को निकल गई, जिससे मैं बोल्ड हो गया!

2011 में लॉर्ड्स टेस्ट के तीसरे दिन की शाम को मैं वाइरल इंफ़ेक्शन की चपेट में आ गया। मेरे मित्र अतुल, जो पूर्व भारतीय अंतरराष्ट्रीय खिलाड़ी हैं और जिन्होंने बहुत महत्त्वपूर्ण समयों में मेरा हमेशा साथ दिया है, मुझसे मिलने के लिए एक शाम को आए, लेकिन जैसे ही हम होटल पहुँचे, मुझे तबियत ख़राब होने का एहसास होने लगा। मैंने फिज़ियो से पैरासीटामॉल माँगी और कमरे में जल्दी डिनर का ऑर्डर देते हुए गोली खा ली। रात को 8 बजे तक हमने खाना निबटा लिया और मैंने अतुल से कहा कि अब उन्हें जाना चाहिए, लेकिन अतुल मुझे उस हाल में छोड़कर जाने को तैयार नहीं थे और कृपापूर्वक उन्होंने सोफ़े पर सोने का निर्णय लिया, ताकि मेरी देखभाल करने के लिए पास में कोई रहे।

आधी रात तक मेरी हालत बिगड़ गई और अगली सुबह मैं उठकर बैठने की हालत में भी नहीं था। अतुल ने हमारे फिज़ियो आशीष कौशिक को बुलाया

और उन्होंने पूर्ण विश्राम की सलाह दी। यह मेरे करियर में एकमात्र मौक़ा था, जब मैं टीम के साथ मैच की सुबह नहीं गया। मैं लंच के काफ़ी बाद तक होटल के कमरे में सोता रहा और जब मैंने टेलीविज़न पर स्कोर देखा, तभी मैंने हमारे टीम मैनेजर को फ़ोन करके बताया कि मैं मैदान में आ रहा हूँ। मैं दूसरी पारी में भूमिका निभाना चाहता था, क्योंकि मेरे ख़्याल से टीम को मेरी ज़रूरत थी।

हालाँकि मैं टीम के प्रति ज़्यादा योगदान नहीं दे पाया, लेकिन मैंने इंग्लैंड की पारी के अंत में खुद को फ़ील्डिंग करने पर विवश किया, ताकि यह सुनिश्चित हो जाए कि मेरे पास पाँचवें दिन बल्लेबाज़ी करने का अवसर रहे। दिन का खेल ख़त्म होने तक मैं सचमुच बुरी हालत में था। स्थितियाँ और भी बिगड़ गईं, क्योंकि होटल लौटने पर मैंने पाया कि मेरे कमरे की एयरकंडीशनिंग लीक हो गई थी, जिससे हर चीज़ भीग गई थी। हालाँकि मैंने पाँचवें दिन कुछ समय तक बल्लेबाज़ी करने में कामयाबी पाई, लेकिन मैं अपने सर्वश्रेष्ठ के आस-पास भी नहीं था और मुझे पिच पर संतुलन क़ायम रखना भी मुश्किल लगा।

इंग्लैंड ने पहला टेस्ट आराम से जीत लिया, जिसमें पीटरसन और प्रायर के शतकों के अलावा दूसरी पारी में जेम्स एंडरसन के पाँच विकेटों का भी योगदान था। दूसरा टेस्ट मैच ट्रेंट ब्रिज में 29 जुलाई को शुरू हुआ। हम इसमें शक्तिशाली बनकर वापस लौटे। श्रीसंथ और ईशांत शर्मा ने इंग्लैंड की पहली पारी में एक मोड़ पर इंग्लैंड को 124-8 कर दिया था, लेकिन स्वान और ब्रॉड ने पारी सँभाल ली और इंग्लैंड के स्कोर को 221 तक ले गए। यह अब भी जोखिम भरा योग नहीं था और हम छह विकेट हाथ में रखते हुए इसे पार कर गए, लेकिन इसके बाद सिर्फ़ बीस रनों में ही ये सारे विकेट चले गए। ब्रॉड ने इस पारी में छह विकेट लिए और मैच हमारी पकड़ से फिसल गया।

अच्छी स्थिति में रहने के बावजूद मैच न जीत पाने के बाद स्थितियाँ बद से बदतर होती चली गईं। मेरे पैर का दर्द जाने का नाम नहीं ले रहा था और टीम के रूप में तीसरे टेस्ट में भी हम सामने वाली टीम से कमज़ोर निकले। तीसरा टेस्ट सबसे अच्छी परिस्थितियों में शुरू नहीं हुआ था और बर्मिंघम के दंगों की वजह से माहौल बहुत तनावपूर्ण था। हमारे होटल के बग़ल वाले शॉपिंग सेंटर में तोड़-फोड़ हो गई थी और दौरा रद्द करने की बात होने लगी थी। जब हमें आश्वासन दिया गया कि परिस्थितियाँ नियंत्रण में हैं, तभी मैच आगे बढ़ा।

वास्तव में, यह एकमात्र मौक़ा नहीं था, जब मैदान के बाहर होने वाली घटनाओं ने हमारे दौरे को बाधित करने का जोखिम पेश किया हो। एक दिवसीय श्रृँखला से पहले, कैंटरबरी में केंट के ख़िलाफ़ एक मैच ने हम सभी को बहुत

चिंतित कर दिया था। मैच की समापन अवस्थाओं में हमने ड्रेसिंग रूम के पास बहुत सारे सुरक्षाकर्मियों को मँडराते पाया। हमें बताया गया कि टीम बस में एक संदिग्ध पैकेज पाया गया था और बॉम्ब स्क्वाड आ रहा था। फिर हमसे जाकर मैदान में इंतज़ार करने को कहा गया, क्योंकि ड्रेसिंग रूम ख़तरनाक इलाक़े के क़रीब था। हम सभी ने धैर्यपूर्वक इंतज़ार किया, जब तक कि हमें अंततः यह नहीं बताया गया कि हम मैदान के पिछले प्रवेश द्वार से निकल सकते थे। हमारे होटल के पास के शॉपिंग कॉम्प्लेक्स में रात को एक और बम की अफ़वाह फैली और कई खिलाड़ी सुरक्षा को लेकर चिंता करने लगे थे। अगली सुबह हमें बताया गया कि परिस्थितियाँ पूरी तरह से नियंत्रण में हैं और अंततः दौरा जारी रहा।

एडबेस्टन में तीसरे टेस्ट में इंग्लैंड ने अपनी पहली पारी के 710 रन के स्कोर की वजह से मैच जीत लिया, जिसमें एलेस्टेयर कुक के करियर में सर्वश्रेष्ठ स्कोर 294 और इयान मॉरगन के 104 रनों का योगदान शामिल था। मुझे ख़ुशी थी कि मैंने दूसरी पारी में अच्छी बल्लेबाज़ी की और मैं नहीं सोचता कि कोई इस बात से इंकार करेगा कि मैं 40 रन पर दुर्भाग्य से आउट हुआ था। एमएस धोनी ने ग्राहम स्वान की गेंद पर एक स्ट्रेट ड्राइव मारा और गेंद स्वान के हाथ से छिटककर नॉन-स्ट्राइकर छोर पर स्टंप से जा टकराई और मैं रन आउट हो गया। कोई भी चीज़ हमारे मनचाहे तरीक़े से नहीं हो रही थी और इसी हाल में हम चौथे तथा अंतिम टेस्ट के लिए ओवल पहुँचे। उस समय हमारा मनोबल रसातल में था। इससे भी बुरी बात यह थी कि हमने इस प्रक्रिया में अपना नंबर वन दर्जा भी गँवा दिया था, क्योंकि हम लगातार तीन टेस्ट मैच हार गए थे।

99 पर अटकना

मैंने 27 फ़रवरी 2011 को अपना 98वाँ अंतरराष्ट्रीय शतक बनाया था, जब मैं बैंगलोर में हमारे दूसरे विश्व कप मैच में इंग्लैंड के ख़िलाफ़ खेला था। उस वक़्त मीडिया में मेरे 100वें शतक का कोई ज़िक्र नहीं था। दो सप्ताह से भी कम समय बाद मैंने नागपुर में दक्षिण अफ़्रीका के ख़िलाफ़ 99वाँ शतक बनाया, लेकिन तब भी किसी ने भी 100वें शतक की बात नहीं उठाई। यह मुद्दा टेलीविज़न पर तब आया, जब मैं विश्व कप के सेमी-फ़ाइनल में अस्सी के ऊपर था, लेकिन यह यूँ ही कही गई बात की श्रेणी में आता था। विश्व कप जीतने के बाद मीडिया को किसी नए लक्ष्य को हवा देने की ज़रूरत थी और 100वाँ शतक इस दृष्टि से बिलकुल उपयुक्त था : इसे पहले कभी हासिल नहीं किया गया था, इससे टेलीविज़न और अख़बारों के लिए अच्छी ख़बर बनती थी और यह एक ऐसा कीर्तिमान था, जिस पर प्रशंसक गर्व कर सकते थे। यह अभूतपूर्व बावलेपन का

माहौल था - जिसमें इस बात पर ध्यान ही नहीं दिया गया था कि इसका मुझ पर क्या असर पड़ सकता है।

मैं सबसे पहले इस दीवानगी के बारे में तब जागरूक हुआ, जब मैं जून 2011 में टेस्ट श्रृंखला से पहले इंग्लैंड में पारिवारिक छुट्टियाँ मना रहा था। मुझसे पूछा गया कि क्या मैंने वेस्ट इंडीज़ का दौरा जान-बूझकर इसलिए छोड़ा था, क्योंकि मैं यह चाहता था कि मेरा 100वाँ शतक लॉर्ड्स में होने वाले पहले टेस्ट में बने। मैंने लॉर्ड्स में टेस्ट शतक कभी नहीं बनाया था (और अब कभी बना भी नहीं पाऊँगा) और मुझे जानकारी दी गई कि यह रिकॉर्ड को साफ़-सुथरा रखने का मेरा तरीक़ा था। उफ़, यह मेरे लिए ख़बर थी। ज़ाहिर है, मैं लॉर्ड्स में शतक बनाकर खुश होता, लेकिन शतक इतनी आसानी से नहीं बन जाते हैं।

यह जुनून जल्दी ही उन्माद में बदल गया। जब भी मैं बल्लेबाज़ी करने उतरता था, तो हर बार मुझसे 100वाँ शतक बनाने की उम्मीद की जाती थी। मेरा यक़ीन मानें, मैं इसे रास्ते से दूर हटाना चाहता था। मैं नेट्स में घंटों बिता रहा था और अपनी बल्लेबाज़ी के बारे में अच्छा महसूस कर रहा था, लेकिन धीरे-धीरे 100वाँ शतक मेरे दिमाग़ में घर करने लगा।

ओवल में 18 अगस्त को शुरू होने वाले चौथे और अंतिम टेस्ट में इंग्लैंड ने अपनी पहली पारी में 591 रनों का स्कोर बनाया, जिसमें इयान बेल ने 235 रन बनाए और पीटरसन ने शतक बनाया। हम जवाब में 300 रन बनाकर आउट हो गए और हमें फ़ॉलो ऑन खिलाया गया। मैं पहली पारी में ग्राहम स्वान को स्वीप शॉट खेलने की कोशिश में 23 पर आउट हो गया था और इस तरह आउट होने के लिए मैं खुद पर बहुत नाराज़ था। मेरी मनोदशा इस बात से बेहतर नहीं हुई थी कि इससे पहले स्टुअर्ट ब्रॉड की एक गेंद मेरे बाएँ कंधे पर पड़ी थी और स्कैन से पता चला कि एक मांसपेशी चटक गई थी।

जब मैं दूसरी पारी में हमारे दूसरे विकेट के पतन पर उतरा, तो मैं भरपाई करने के लिए उत्सुक था। उस वक़्त चौथे दिन का खेल ख़त्म होने में एक घंटे का समय बचा था। बाएँ हाथ के सीमर आरपी सिंह ने दाएँ हाथ के बल्लेबाज़ के ऑफ़ स्टंप के बाहर भुरभुरी मिट्टी का क्षेत्र बना दिया था, इसलिए ग्राहम स्वान के ख़िलाफ़ बल्लेबाज़ी करते समय मैंने फ़ैसला किया कि मैं इस ऊबड़-खाबड़ क्षेत्र के प्रभाव को नकारने के लिए ऑफ़ स्टंप का गार्ड लूँ। यह रणनीति कारगर रही और मैंने आख़िरी घंटे को तुलनात्मक आसानी से निकाल लिया। अगले दिन 35 पर अपनी पारी दोबारा शुरू करते हुए मैंने अपना ध्यान इस बात पर केंद्रित किया कि मैं मैच बचाने के लिए सारे दिन बल्लेबाज़ी करने के बाद ड्रेसिंग

रूम लौट रहा हूँ।

हमारे लेग स्पिन गुगली गेंदबाज़ अमित मिश्रा मेरे साथ बल्लेबाज़ी कर रहे थे और हम दोनों ही जानते थे कि अंतिम दिन पहले घंटे का खेल निर्णायक होगा, क्योंकि इंग्लैंड के गेंदबाज़ घरेलू परिस्थितियों में बेहतरीन गेंदबाज़ी कर रहे थे, जिनका नेतृत्व जेम्स एंडरसन कर रहे थे। अमित नाइट वॉचमैन के रूप में आए थे और उनके मन में अपना विकेट बचाने का दृढ़ संकल्प था। मैं हर ओवर के बाद उनसे जाकर कहता था कि उन्हें इस तरह बल्लेबाज़ी करनी चाहिए, मानो यही हमारा अंतिम विकेट हो।

मैं कुछ चौके लगाने में कामयाब रहा और यह महसूस करने लगा कि मैच पर मेरी पकड़ बन रही है। हमने एंडरसन का पूरा स्पेल खेल लिया और पहला घंटा कमोबेश योजना के अनुरूप ही घटा। स्टुअर्ट ब्रॉड और स्वान ने बागडोर सँभाली, लेकिन हमने अपना प्रतिरोध जारी रखा और लंच तक कोई विकेट नहीं खोया। हमने सत्र जीत लिया था और इस प्रक्रिया में 87 रन भी बना लिए थे। मैं 72 पर खेल रहा था और अमित ने शानदार 57 रन बना लिए थे।

खेल दोबारा शुरू होने पर मैं अमित को बताता रहा कि उन्हें अगले 50 रन बनाने पर ध्यान केंद्रित करना चाहिए। हर रन हमें इंग्लैंड के महायोग के क़रीब पहुँचा रहा था। मैं 91 रन पर था, जब आख़िरकार स्वान ने अमित को 84 पर बोल्ड कर दिया। हम इंग्लैंड के महायोग से बस 29 रन दूर थे और इस साझेदारी ने चौथे विकेट के लिए 144 रन जोड़े थे। हम लंच के बाद एक घंटे तक खेलने में कामयाब रहे थे और अगर हम तीन और घंटे अच्छी बल्लेबाज़ी करते, तो मैच बचाने का अच्छा मौक़ा था। लेकिन तभी मुझे 91 रन पर आउट दे दिया गया। मैं अपनी क्रीज़ के काफ़ी बाहर खड़ा था और टिम ब्रेसनैन की गेंद काफ़ी दूर तक अंदर आकर मेरे पैड से टकराई थी, जब मैं इसे मिड विकेट पर खेलने की कोशिश कर रहा था। बल्लेबाज़ी करते समय आप आम तौर पर गेंद की दिशा को भाँप सकते हैं और मेरे मन में कोई शक नहीं था कि गेंद लेग स्टंप के बाहर जाती, इसलिए मैं अंपायर रॉड टकर को अँगुली उठाते देखकर काफ़ी हैरान हुआ।

मुझ पर लाचारी का भाव छा गया। सुबह की सारी मेहनत पर पानी फिर गया था और मैच को बचाना मुश्किल होने वाला था, क्योंकि दिन में बहुत सारे ओवर बाक़ी थे। रीप्ले से पता चला कि निर्णय सर्वश्रेष्ठ नहीं था। क्रिकेट के एक मुख्य घटक क़िस्मत ने एक बार फिर मेरे साथ दग़ा किया था। जब मैं बाद में अंपायर टकर से मिला, तो उन्होंने मज़ाक़ में कहा कि उनके दोस्त उस निर्णय से

ख़ुश नहीं थे और उन्होंने उसे लेकर उनकी काफ़ी खिंचाई की थी। यह उन्होंने अच्छा किया कि आकर मुझे यह बात बता दी और हम दोनों ने ही इसे भूलने का फ़ैसला किया।

टेस्ट श्रृंखला के बाद पाँच मैचों की एक दिवसीय श्रृंखला शुरू हुई और मैं ओवल वाले फ़ॉर्म को आगे बढ़ाना चाहता था। तभी मेरे कंधे की चोट एक बार फिर मुझे सचमुच सताने लगी। जब मैं दो 20-20 मैचों के दौरान आराम कर रहा था, तब भी इसमें कोई राहत के संकेत नहीं दिखे और मुझे कंधे के जोड़ में एक अल्ट्रासाउंड-गाइडेड इंजेक्शन लगवाना पड़ा। डरहम में पहले एक दिवसीय मैच की पूर्व संध्या पर प्रशिक्षण के दौरान मेरा अँगूठा एक बार फिर दुखने लगा। मैंने दर्द को दबाने के लिए हर संभव कोशिश की और रात को कुछ दर्दनिवारक गोलियाँ भी लीं, लेकिन उनसे कोई मदद नहीं मिली और मैं अगली सुबह बदतर हालत में जागा। जब हम होटल छोड़कर मैदान के रास्ते में थे, तो मैं गहरी चिंता में था। जैसे ही हम स्टेडियम पहुँचे, मैंने आशीष कौशिक से कहा कि वे मेरे पैर पर पट्टा बाँध दें। जिस पल मैं उनकी फिज़ियो टेबल से सख़्त फ़र्श पर उतरा, उसी पल मुझे समझ में आ गया कि मैं मुश्किल में था। जब मैंने अपने स्पाइक्स पहनने की कोशिश की, तो मुझे पता चल गया कि मैं खेल नहीं सकता। दूसरे टेस्ट मैच के अंत तक मैं कोई मैच चूकने की बात सोच भी नहीं सकता था। अब दर्द इतना ज़्यादा था कि मैं मैच खेलने की बात सोच भी नहीं सकता था।

हमने लंदन जाकर कुछ नए स्कैन कराए। मुझे मेरे पैर के तलवे में दो इंजेक्शन लगाए गए और मुझे कहना होगा कि वे मेरी ज़िंदगी के दो सबसे ज़्यादा दर्द भरे इंजेक्शन थे। फिर डॉक्टरों ने मुझे बताया कि मुझे अपने पैर को कम से कम पाँच-छह सप्ताह तक आराम देना था। मैंने आख़िरकार वेस्ट इंडीज़ के साथ नवंबर 2011 में भारत में होने वाली तीन टेस्ट मैचों की श्रृंखला की पूर्व संध्या पर दोबारा प्रशिक्षण शुरू किया।

जैसे ही मैंने प्रशिक्षण शुरू किया, 100वें शतक का कोलाहल शुरू हो गया।

वेस्ट इंडीज़ भारत में, नवंबर-दिसंबर 2011

नवंबर 2011 तक दबाव वाक़ई मुझ पर हावी होने लगा था। हर दिन मुझे बहुत से एसएमएस आ रहे थे, जिनमें शतक की शुभकामना दी जा रही थी और मुझसे चिंता न करने को कहा जा रहा था। उन्हें सबसे अच्छे इरादों से भेजा गया था, लेकिन दुर्भाग्य से उनके कारण मेरे लिए यह असंभव हो रहा था कि मैं सारे समय उस 100वें शतक के बारे में न सोचूँ। जहाँ भी मैं जाता था, लोग इसी बारे में

बात करते मिलते थे - होटलों में, रेस्तराँओं में, हवाई जहाज़ में और एयरपोर्ट लाउंज में। हालाँकि इतना प्रेम देखकर दिल भर जाता था, लेकिन कई बार यह काफ़ी असहनीय भी हो जाता था। हर दिन लोगों के चेहरों पर सहानुभूति और आश्वस्ति के भाव तथा शब्दों से निबटना मुश्किल था।

फिज़ियो हर्षद राजाध्यक्ष ने एक दशक से ज़्यादा समय तक मेरी मदद की है और उनकी निगरानी में अपने अँगूठे की चोट से उबरते वक़्त मैं वेस्ट इंडीज़ के आगमन के लिए मानसिक तैयारी करने लगा। टीम के लिए यह महत्त्वपूर्ण था कि हम इंग्लैंड के निराशाजनक प्रदर्शन को भूल जाएँ, ख़ास तौर पर जब साल के अंत में हमें ऑस्ट्रेलिया के एक और मुश्किल दौरे पर जाना था। तैयारी महत्त्वपूर्ण थी, क्योंकि वेस्ट इंडीज़ के आक्रमण में फ़ीडल एडवर्ड्स, रवि रामपॉल, केमर रोच और डैरन सैमी थे। यह सबसे आसान आक्रमण नहीं था, जो 6 नवंबर को दिल्ली में शुरू हुए पहले टेस्ट में ही बहुत स्पष्ट हो गया।

सामान्य उम्मीद यह थी कि हम वेस्ट इंडीज़ के छक्के छुड़ा देंगे, मगर इसके विपरीत हम दिल्ली में अपनी पहली पारी में 209 रन पर आउट हो गए और मेहमान टीम को 95 रन की बढ़त मिल गई। हालाँकि हमारे गेंदबाज़ों ने उन्हें दूसरी पारी में 180 रनों पर आउट करने का अच्छा काम किया, जिसमें अश्विन ने छह विकेट लिए, लेकिन हमें मैच जीतने के लिए 276 रनों की मुश्किल यात्रा करनी थी। मैं 95-2 के स्कोर पर बल्लेबाज़ी करने उतरा और जब मैं आउट हुआ, तब जीत के लिए केवल 30 रन चाहिए थे। मैंने 76 रनों का योगदान दिया था और मैं खुश था कि मैंने श्रृंखला में 1-0 की बढ़त लेने में अपनी टीम की मदद की थी।

लेकिन इस बात से प्रशंसक और आलोचक इतने खुश नहीं थे। उनका दृष्टिकोण यह था कि मैं चौबीस रन और बनाने में असफल रहा था। अखबारों में हेडलाइन यह थी, 'सचिन एक बार फिर असफल।' शतक एक जुनून में बदल गया था और लोग मेरे स्कोर की गणना 100 से पीछे आते हुए करने लगे थे। मैं नहीं सोचता कि ऐसा पहले कभी किसी क्रिकेटर के साथ हुआ था और यह दिल की गहराई में मुझे परेशान करने लगा था। मीडिया का एक हिस्सा चीज़ों को ज़्यादा मुश्किल बनाने लगा। इसने कहा कि मैं सिर्फ़ अपने व्यक्तिगत कीर्तिमानों के लिए खेल रहा था। यह एक अजीब विरोधाभास था। यहाँ मैं दिल्ली में 76 रन बना रहा था और जीतने में भारत की मदद कर रहा था, लेकिन फिर भी स्वार्थपूर्ण कारणों से खेलने के लिए मेरी आलोचना की जा रही थी।

14 नवंबर को ईडन गाडर्न्स, कोलकाता में दूसरा टेस्ट मैच शुरू हुआ,

जिसमें तीन भारतीय बल्लेबाज़ों ने हमारी एकमात्र पारी में शतक बनाया, लेकिन दुर्भाग्य से उनमें मैं शामिल नहीं था। लक्ष्मण 176 पर नॉट आउट थे, जबकि राहुल ने 119 और धोनी ने 144 बनाए थे। हमारा कुल स्कोर था 631 और इसमें मेरा योगदान सिर्फ़ 38 का था। हमारे गेंदबाज़ों ने इसके बाद वेस्ट इंडीज़ को दो बार आउट करके हमें एक पारी और 15 रनों से जिता दिया।

अंतिम टेस्ट मुंबई में 22 नवंबर को शुरू हुआ और वेस्ट इंडीज़ ने अपनी पहली पारी में 590 रन टाँगकर 3-0 से श्रृंखला जीतने के हमारे विचार पर पानी फेर दिया, जिसमें डैरेन ब्रेवो ने 166 रन बनाए और उनके पहले छह बल्लेबाज़ों ने अर्धशतक का योगदान दिया। तीसरे दिन के अंत में मैं हमारी पहली पारी में 67 रनों पर नाबाद था और अच्छा खेल रहा था। क्या मैं अपने घरेलू मैदान पर वह 100वाँ शतक बना सकता हूँ, जो मुझे चकमा दे रहा था?

चौथे दिन की सुबह स्टेडियम के बाहर खड़ी बाहरी प्रसारण वैनों की संख्या बहुत ज़्यादा थी। तब जाकर मुझे एहसास हुआ कि यह सामान्य से बहुत अलग अवसर था। वेस्ट इंडीज़ के कप्तान डैरेन सैमी ने दूसरी नई गेंद ली और तुरंत ही फ़ीडल एडवर्ड्स और रवि रामपॉल को थोड़ी हलचल मिलने लगी। मैं गेंद की गतिविधि का प्रतिकार करने के लिए क्रीज़ के बाहर खड़ा था और मैंने खुद से कहा कि गेंद के स्विंग होते समय मुझे ऑफ़ स्टंप के बाहर की किसी गेंद से छेड़खानी नहीं करनी चाहिए। मैंने पहले ही ओवर में रामपॉल को फ़्लिक करके चौका जमाया और दिन की अच्छी शुरुआत की। इसके बाद मैंने एडवर्ड्स को कवर में पंच करके एक और चौका जमाया। फिर मैंने एडवर्ड्स की गेंद को स्लिप के ऊपर से अपर कट मारते हुए छक्का लगाया और मेरे शतक में सिर्फ़ सात रन कम थे।

तभी मैंने स्कोरबोर्ड की ओर देखा और मुझे बहुत अजीब एहसास हुआ। अचानक मेरे पैर भारी हो गए, और ऐसा लग रहा था मानो मुझमें ज़रा सी भी शक्ति न बची हो। मैंने पहले कभी अपने करियर में इतनी घबराहट महसूस नहीं की थी, 1990 में अपना पहला टेस्ट शतक बनाते समय भी नहीं। मैं स्क्वेयर लेग अंपायर की ओर चलकर गया और कुछ गहरी साँसें लीं। मैं खुद को बताता रहा कि ध्यान केंद्रित करो और एकाग्रता मत खोओ। यह एक ऐसी अनुभूति थी, जो मैंने पहले कभी अनुभव नहीं की थी।

मेरा 94वाँ रन डीप पॉइंट से आया। रामपॉल के अगले ओवर में जब विराट ने तीसरी गेंद पर एक रन बनाया, तो मैंने आख़िरी तीन गेंदें खेलीं। चौथी गेंद फुल थी और मैंने गेंद की पिच पर अच्छी तरह आते हुए और किसी भी संभावित

अर्जुन और सारा : मेरे जीवन के दो हीरे।

24 अप्रैल 2013 को कोलकाता में मेरे चालीसवें जन्मदिवस के जश्न में अंजलि के साथ।

ऊपर : अप्रैल 2011 में वानखेड़े में विश्व कप फ़ाइनल में बल्लेबाज़ी करने जाते हुए। वह जीत हमेशा मेरे करियर का सर्वोच्च बिंदु रहेगी।

दाएँ : गैरी कर्स्टन – सर्वश्रेष्ठ कोचों में से एक, जिनके साथ मैं खेला हूँ।

नीचे : संगकारा कै. धोनी बो. युवराज – फ़ाइनल का एक बड़ा पल।

मेरा सपना पूरा हुआ - यूसुफ़ पठान और हरभजन सिंह के कंधों पर विजय का लुत्फ़ उठाते हुए।

फ़ाइनल जीतने के अगले दिन माननीय राष्ट्रपति प्रतिभा पाटिल के साथ।

आख़िरकार ट्रॉफ़ी हमारी है - मुंबई में गेटवे ऑफ़ इंडिया के सामने।

क्या चैंपियन है! 2011 में विंबलडन में रॉजर फ़ेडरर के साथ।

बाद में युवी ने स्वीकार किया, *'ओह! पाजी आप तो बहुत भारी हो!'*

लता मंगेशकर और आशा भोंसले : मेरी दो सबसे प्रिय गायिकाएँ। उन्हें सुनना हमेशा एक सौभाग्यशाली अवसर होता है।

बाएँ : आख़िरकार इंतज़ार ख़त्म हुआ। मार्च 2012 में ढाका में 100वाँ अंतरराष्ट्रीय शतक।

ऊपर : अगले दिन, मीडिया के मेरे मित्रों ने मुझे यह ख़ास केक तोहफ़े में दिया।

नीचे : मेरी सहयोगी शक्तियाँ - अपने भाइयों, बहन और उनके जीवनसाथियों के साथ, 2012 में ऑर्डर ऑफ़ ऑस्ट्रेलिया पाने के बाद।

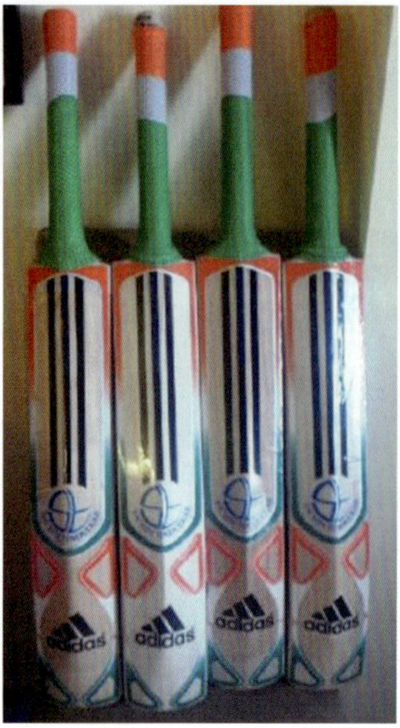

ऊपर : मेरे 200वें और अंतिम टेस्ट से पहले तिरंगे से सजे मेरे बल्ले। मैं इतना रोमांचित था कि यह तस्वीर खींचने और इसे अंजलि को भेजने से खुद को रोक नहीं पाया।

नवंबर 2013 में वानखेड़े में मेरी अंतिम पारी में 74 रन बनाने के बाद भीड़ का अभिनंदन करते हुए। मुझे यक़ीन नहीं था कि मुझे सभी को धन्यवाद देने का दूसरा मौक़ा मिलेगा।

नीचे : अंतिम कुछ पल – सम्मान समारोह में अंजलि, अर्जुन और सारा के साथ।

'मम्मी, ख़ुद पर काबू रखिए!' - अर्जुन और सारा अंजलि को सांत्वना दे रहे हैं, जब मेरे विदाई भाषण के दौरान वह अपने आँसू नहीं रोक पाई।

अंतिम अलविदा - मुझे आशा है कि मैं कुछ स्थायी यादें छोड़कर जा रहा हूँ।

मेरे भाषण के नोट्स, जो मैं अंतरराष्ट्रीय क्रिकेट के अपने आख़िरी दिन साथ लाया था।

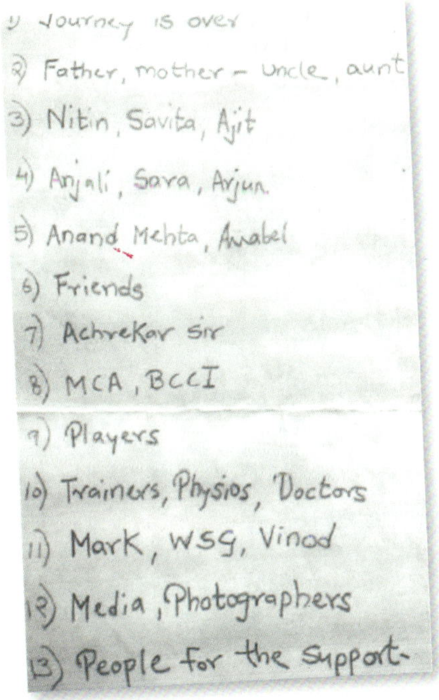

1) Journey is over
2) Father, mother - Uncle, aunt
3) Nitin, Savita, Ajit
4) Anjali, Sara, Arjun
5) Anand Mehta, Annabel
6) Friends
7) Achrekar sir
8) MCA, BCCI
9) Players
10) Trainers, Physios, Doctors
11) Mark, WSG, Vinod
12) Media, Photographers
13) People for the support

22 गज़ को मेरा नमन - आख़िरी नमस्कार।

भारत रत्न - सर्वोच्च सम्मान। माननीय राष्ट्रपति प्रणब मुखर्जी के साथ नई दिल्ली में 4 फ़रवरी 2014 को।

आचरेकर सर को भारत रत्न दिखाते हुए। मुझे आशा है कि मैं एक अच्छा विद्यार्थी हूँ और मैंने आपका सिर ऊँचा किया है।

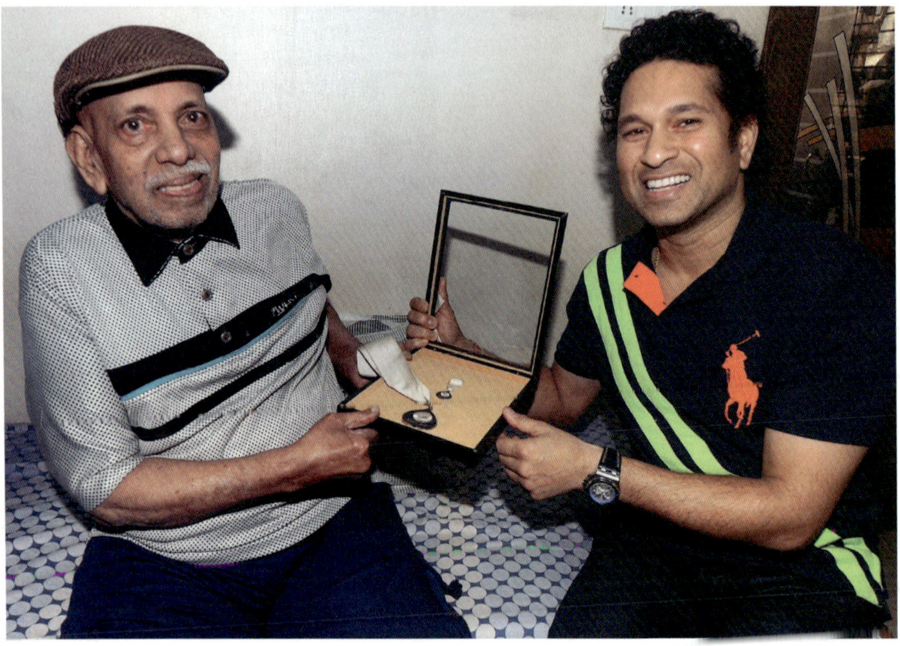

गतिविधि को नकारते हुए इसे कवर में खेला। अगली गेंद थोड़ी सी उछली, लेकिन मैं हल्के हाथों से इसे नीचे रखने में कामयाब हुआ। रामपॉल गेंद को दूर ले जाने की कोशिश कर रहे थे और मुझे सतर्क रहने की ज़रूरत थी। ओवर की आख़िरी गेंद अंदर की तरफ़ आई और मेरी उम्मीद से थोड़ी ज़्यादा उछली और शॉट तेज़ी से सेकंड स्लिप में खड़े सैमी की ओर गया, जिन्होंने अच्छा कैच पकड़ लिया। जब मैंने पीछे देखा, तब कहीं जाकर मुझे एहसास हुआ कि मैं आउट हो गया था।

यह एहसास बेहद दर्द भरा था। मैं शतक से सिर्फ़ एक शॉट दूर था। लेकिन आप इस खेल में कभी किसी चीज़ को हल्के में नहीं ले सकते और यही इसकी सुंदरता है। मैं जब पवेलियन की ओर जा रहा था, तब भी मैं स्तब्ध था और बहुत प्रशंसात्मक भीड़ की वाहवाही स्वीकार करने की कोशिश कर रहा था। इंतज़ार आगे भी करना होगा और यह तय था कि आने वाले दिनों में दबाव और ज़्यादा बढ़ेगा।

टेस्ट श्रृंखला के बाद मैंने एक दिवसीय श्रृंखला से हटने का निर्णय लिया। कुछ लोगों के अनुसार मैंने ऐसा इसलिए किया, क्योंकि मैं वेस्ट इंडीज़ के ख़िलाफ़ एक दिवसीय मैच में शतक नहीं बनाना चाहता था, लेकिन इसका इससे कोई संबंध नहीं था। दरअसल मेरा अँगूठा मुझे एक बार फिर परेशान करने लगा था। मुझे दौड़ते समय दिशा बदलने में मुश्किल आती थी और मैं एक दिवसीय क्रिकेट के दबाव नहीं झेल सकता था। मैं जानता था कि ऑस्ट्रेलिया में अगली टेस्ट श्रृंखला से पहले मुझे इस बारे में कुछ करने की ज़रूरत थी।

भारत ऑस्ट्रेलिया में, दिसंबर 2011–फ़रवरी 2012

मैं 8 दिसंबर को ऑस्ट्रेलिया के लिए रवाना हुआ, ताकि परिस्थितियों का आदी हो जाऊँ और मेलबर्न में बॉक्सिंग डे टेस्ट के लिए पूरी तरह तैयार हो जाऊँ। चोट पूरी तरह ग़ायब नहीं हुई थी और मैं एक बार फिर जाँच के लिए एक विशेषज्ञ के पास गया। मुझे कुछ नए इनसोल दिए गए, लेकिन इस प्रयोग के बाद स्थिति और ख़राब हो गई और मुझे अपने पुराने इनसोल दोबारा पहनने पड़े, लेकिन तभी मेरे मन में कॉर्न कैप के इस्तेमाल का विचार आया। ये डोनट के आकार में कटे होते थे और इनमें जेली भरी रहती थी और वे अँगूठे के ठीक नीचे रखे जाते थे, ताकि स्पाइक्स का दबाव सहन कर सकें। वे कुछ हद तक असरदार नज़र आते थे। पहली बार पट्टी बाँधते समय हमें लगभग पैंतालीस मिनट लगे, क्योंकि हम अब भी यह पता लगाने की कोशिश कर रहे थे कि इसे सटीकता से कैसे करें, ताकि पैडिंग पूरे दिन उसी जगह रुकी रहे। एक सप्ताह बाद इसमें बीस मिनट

लग रहे थे और जल्द ही मैं अपने कमरे में पट्टी खुद बाँध रहा था, ताकि मुझे अपना हर दिन फ़िज़ियो के कमरे में शुरू न करना पड़े। टेस्ट मैचों के दौरान मैं हर रात को टेप निश्चित आकार में काटकर रखता था। इस तरह सुबह मुझे कुछ अतिरिक्त मिनट मिल जाते थे और मैं उतनी हड़बड़ी में नहीं रहता था।

एमसीजी में बॉक्सिंग डे टेस्ट में हमने बहुत अच्छी शुरुआत की और पहली पारी में ऑस्ट्रेलिया को 333 पर आउट कर दिया। हमारी पारी में जब मैं बल्लेबाज़ी करने पहुँचा, तब स्कोर 97-2 था। मैंने पाया कि मैं उतनी अच्छी तरह पैर चला रहा था, जितना मैंने बरसों में किया था और मैं अपने सारे शॉट खेलने में सक्षम था। मिसाल के तौर पर, चाय के बाद पहले ओवर में मैं उनके आक्रमण के अगुआ पीटर सिडल के ख़िलाफ़ पूरे नियंत्रण में था। पहली गेंद पर थर्ड मैन पर छक्का मारने के बाद अगली ही गेंद को मैंने फ़्लिक करके तीन रन बना लिए। हमारी पारी के पैंतीसवें ओवर में मैंने उन्हें लगातार दो चौके लगाए, जिसमें से कवर ड्राइव मुझे ख़ास तौर पर याद है। गेंद ऑफ़ स्टंप के थोड़ी बाहर टप्पा खाई थी और मैंने इसे सीमारेखा के पार भेज दिया था।

मैं आक्रामक अंदाज़ में खेल रहा था और मैंने सिडल के कवर ड्राइव के बाद बेन हिल्फ़ेनहॉस को एक चौका जमाया। उन्होंने भरपाई करने की कोशिश की और उसी ओवर में मुझे फुल डिलिवरी फेंकी, जिसे मैंने एक और चौके के लिए मिड ऑन के पास से स्ट्रेट ड्राइव कर दिया। मैं 29 गेंदों पर 32 पर पहुँच गया था। यह ठीक वैसी ही शुरुआत थी, जैसी मैं चाहता था और यह सुदृढ़ करने का समय था। मैंने केवल 55 गेंदों में 50 रन बना लिए और पलड़ा हमारी तरफ़ झुक गया था।

जब मैं पलटकर इस पारी की ओर देखता हूँ, तो मेरे मन में बहुत कम शंका है कि मैं उतनी ही अच्छी तरह बल्लेबाज़ी कर रहा था, जितनी मैं कर सकता था। यदि मैं दूसरे दिन के आख़िरी ओवर में बच जाता, तो पूरी श्रृंखला भिन्न हो सकती थी, लेकिन मैं सिडल की गेंद पर 73 पर आउट हो गया, जो टप्पा खाने के बाद देर से घूमी और मुझे अपने शरीर से दूर खेलने के लिए विवश होना पड़ा। मेरे विकेट ने ऑस्ट्रेलिया के खिलाड़ियों को एक सूराख दे दिया और उन्होंने तीसरे दिन की सुबह इस अवसर का लाभ बहुत अच्छी तरह उठाया।

अंजलि और बच्चे उस वक़्त मेलबर्न में ही थे और इतनी अच्छी बल्लेबाज़ी करने के बाद वहाँ शतक बनाना शानदार होता। राहुल अगली सुबह पहले ही ओवर में आउट हो गए और लक्ष्मण तथा धोनी भी जल्दी ही चलते बने, जिससे मैच का नियंत्रण ऑस्ट्रेलिया के हाथों में आ गया। मैं आउट होने के बाद इतना

निराश था कि मैंने उस रात भोजन में तसल्ली खोजी, जब मैं डिनर के लिए अंजलि, बच्चों और अपनी सास के साथ बाहर गया। न सिर्फ़ मैंने कुंठा में दो लोगों जितना खाया, बल्कि मेरा दुख तब और बढ़ गया, जब मेरा क्रेडिट कार्ड खो गया।

हमने ऑस्ट्रेलिया की दूसरी पारी में उम्दा गेंदबाज़ी करते हुए उनका स्कोर 27-4 कर दिया, जिनमें से तीन विकेट उमेश यादव ने लिए थे। फिर पॉन्टिंग और माइकल हसी ने मिलकर 115 रनों की साझेदारी की, जो मैच तोड़ने वाली साझेदारी थी। हमें अंतिम अवसर तब मिला, जब चौथी सुबह हसी 89 रन पर आउट हो गए, जिससे ऑस्ट्रेलिया का स्कोर 197-9 हो गया। उस मोड़ पर बढ़त 250 से कम थी और हमारे पास मैच जीतने का असली मौक़ा था। लेकिन हिल्फ़ेनहॉस और पैटिन्सन के बीच हुई 43 रनों की आख़िरी विकेट की साझेदारी मैच को हमारी पहुँच से दूर ले गई और ऑस्ट्रेलिया श्रँखला में 1-0 से आगे हो गई।

सिडनी टेस्ट तो और भी ज़्यादा निराशाजनक था। विकेट पर बहुत घास थी और ऑस्ट्रेलिया ने टॉस जीतकर गेंदबाज़ी करने का निर्णय लिया, जो घरेलू मैदान पर ऑस्ट्रेलिया की टीम के लिए असामान्य बात थी। उन्होंने परिस्थितियों का भरपूर लाभ लिया और हमें पहले ही दिन सिर्फ़ 191 रनों पर आउट कर दिया। मैंने जेम्स पैटिन्सन की गेंद अपने स्टंप पर खींचने से पहले 41 रन बनाए। हमने ऑस्ट्रेलिया की पारी की शुरुआत में अच्छा प्रदर्शन किया और उन्हें 37-3 पर पहुँचा दिया, लेकिन फिर हम रास्ता भटक गए। दूसरे और तीसरे दिन बेहतर परिस्थितियों में बल्लेबाज़ी करते हुए ऑस्ट्रेलिया ने 659 रनों का विशाल स्कोर खड़ा किया, जिसमें कप्तान माइकल क्लार्क का तिहरा शतक था और इससे हमें मैच बचाने के लिए पूरे दो दिन तक बल्लेबाज़ी करने की चुनौती मिली।

दो दिनों तक बल्लेबाज़ी करना मुश्किल तो था, पर असंभव नहीं था। तीसरे दिन के अंत तक मैं आठ रन पर नाबाद था, जबकि मैंने 40 गेंदें खेली थीं। मैं एक योजना के मुताबिक़ बल्लेबाज़ी कर रहा था और ऑफ़ स्टंप के बाहर की हर गेंद छोड़ने पर आमादा था। शाम को बादल छा गए और बेन हिल्फ़ेनहॉस तथा पीटर सिडल सचमुच अच्छी गेंदबाज़ी कर रहे थे, इसलिए मैं आख़िरी घंटे में अपना विकेट बचाकर संतुष्ट था, ताकि अगली सुबह दोबारा काम शुरू कर सकूँ।

चौथे दिन बल्लेबाज़ी करने जाने से पहले हमारे मालिश करने वाले अमित शाह ने मुझे शुभकामना दी और मैंने उनसे कहा कि उन्हें मुझे दो दिनों तक खेलते रहने के लिए तैयार करना चाहिए। मैं जानता था कि अगर मैं ऐसा कर

लूँ, तो मैं मैच बचाने में कामयाब हो जाऊँगा और अगर रास्ते में 100वाँ शतक बन जाता है, तो सोने पर सुहागा वाली बात होगी। एक बार फिर मैं अच्छी बल्लेबाज़ी कर रहा था और मुझे आगे जाना चाहिए था, लेकिन मैं बाएँ हाथ के पार्ट-टाइम स्पिनर माइकल क्लार्क की गेंद पर ८० पर आउट हो गया। यह एक ऐसी गेंद थी, जो चौथे दिन की पिच पर ऑफ़ स्टंप के आस-पास की दरारों पर टप्पा खाई थी और जब मैं आगे खेलने की कोशिश कर रहा था, तो इसने मेरे बल्ले का बाहरी किनारा लिया और ब्रेड हैडिन की जाँघ पर पड़कर माइक हसी के पास स्लिप पर चली गई।

यह आउट होने का बड़ा लचर अंदाज़ था। मैं दरअसल सोच रहा था कि एक ओवर बाद क्लार्क पर हमला करूँगा, जो अर्ध-रक्षात्मक फ़ील्ड के साथ गेंदबाज़ी कर रहे थे। उस वक़्त बहुत तेज़ हवा चल रही थी और मैं इसके थमने का इंतज़ार कर रहा था, जिसके बाद मैं बाहर निकलकर उन्हें मिड ऑफ़ के ऊपर से मारना चाहता था। यह खेल में एक ऐसा पल था, जिसे आप नियंत्रित नहीं कर सकते, ऐसे पल जो क्रिकेट को सबसे चुनौतीपूर्ण खेल बनाते हैं।

ऑस्ट्रेलिया की चार शुरुआती पारियों में 73, 32, 41 और 80 रन बनाने के बावजूद मेरे 'असफल' रहने की बात दोबारा शुरू हो गई और आलोचकों के बीच सर्वसम्मति यह थी कि मैं इसलिए आउट हो रहा था, क्योंकि मैं 100वें शतक के बारे में बहुत ज़्यादा सोच रहा था। ऐसी टिप्पणियों को झेलना कई बार मुश्किल होता था, क्योंकि मेरे लिए अपने देश की ख़ातिर खेलना हमेशा सबसे पहले स्थान पर रहा है। आलोचक अपनी राय देने के लिए स्वतंत्र थे, लेकिन उनमें से कोई भी कभी मेरे जैसे हाल में नहीं रहा था और उनके लिए यह समझना असंभव था कि मैं क्या सोच रहा था या कैसा महसूस कर रहा था।

सिडनी के बाद श्रृंखला हमारे लिए पर्थ और ऐडिलेड में नीचे की तरफ़ चली गई। हमें बेहतर खेलना चाहिए था और मुझे कहना चाहिए कि विदेशी धरती पर आठ मैच हारने के सिलसिले के साथ तालमेल बैठाना बहुत मुश्किल था। हमारी टीम अपनी संभावना पर खरी नहीं उतरी थी और सामने वाली टीम ने इसे हर क्षेत्र में पछाड़ा था। यह बहुत मुश्किल समय था।

मेरा अँगूठा समस्याएँ खड़ी किए जा रहा था और मैं मानसिक रूप से कुंठित था। तब एक फुट स्पेशलिस्ट ने मुझसे कहा कि मुझे अपनी दोनों सेसमॉइड अस्थियों का ऑपरेशन करा लेना चाहिए। अपनी कुंठा के चलते मैं उसकी बात से लगभग सहमत हो गया और अगले चार महीनों तक बैसाखियों पर चलने के लिए तैयार था, लेकिन अंजलि ने मुझे ऐसा करने से रोका और दरअसल

लंदन में प्रो. कैथी स्पीड से बात की, जिन्होंने मुझे ऑपरेशन से बचने की सलाह दी। फिर अंजलि सिर्फ़ दो दिन के लिए ऑस्ट्रेलिया तक आईं, ताकि मेरे साथ कुछ समय बिता सकें, क्योंकि उन्हें चिंता सता रही थी कि कुंठा के मारे कहीं मैं ऑपरेशन करा ही न लूँ। मुझे ख़ुशी है कि मैंने उसकी बात मान ली और समझदारी की जीत हुई।

टेस्ट श्रँखला के बाद काफ़ी अटकलबाज़ी हुई कि मैंने श्रीलंका और ऑस्ट्रेलिया के ख़िलाफ़ सीमित ओवरों की त्रिकोणीय श्रँखला खेलने के लिए सिर्फ़ इसलिए हाँ कर दी थी, ताकि मैं अपना 100वाँ शतक बना लूँ। ऐसे कथन कुंठाजनक थे, क्योंकि वे सरासर झूठ थे। जिस वजह से मैंने यह श्रँखला खेली थी, वह यह थी कि एमएस धोनी मेरे पास आकर बोले, *'आप रुक जाओ। आप रहोगे तो अच्छा होगा। आप अगर सब मैच न भी खेलते हो, फिर भी आप रुक जाओ।'* शायद कुछ लोगों के लिए यह समझना मुश्किल है कि मेरे मन में भारत के लिए अच्छा प्रदर्शन करने की जुनूनी इच्छा थी, लेकिन यही तो है, जिसने मेरे खेल जीवन को उद्‌देश्य दिया है।

बीच-बीच में अच्छा खेलने के बावजूद हम त्रिकोणीय श्रँखला के फ़ाइनल में नहीं पहुँच पाए। नकारात्मकता का बादल खेल को घेरे हुए थे और टीम पर से प्रशंसकों का विश्वास उठने लगा था। हमें एक बार फिर चीज़ों को पटरी पर लाने की ज़रूरत थी और ऐसा करने का अगला अवसर मार्च 2012 में बंगलादेश में एशिया कप में था।

फिर से कोशिश, कोशिश, कोशिश करो...

मैंने 13 मार्च 2012 को ढाका में एशिया कप के हमारे पहले मैच में केवल छह रन बनाए, हालाँकि इसमें हमने श्रीलंका को 50 रनों से हरा दिया। 'सचिन एक बार फिर असफल' का शोर तुरंत शुरू हो गया। सौभाग्य से उस वक़्त मुझे इस बारे में कुछ पता नहीं चला, क्योंकि मेरे परिवार वालों और मित्रों ने प्रेस में छपी ख़बरों से मेरी रक्षा करने की पूरी कोशिश की।

हमारा अगला मैच बंगलादेश के ख़िलाफ़ 16 मार्च को एक ऐसी पिच पर था, जो श्रीलंका के ख़िलाफ़ इस्तेमाल हुई पिच से थोड़ी धीमी थी। गेंद हमेशा बल्ले पर नहीं आती थी और पारी की गति सही रखना महत्त्वपूर्ण होने वाला था, ताकि मेज़बानों को पीछा करने के लिए एक बड़ा स्कोर दिया जा सके। विराट और मैंने छोरों की अच्छी अदला-बदली की और स्कोरिंग रेट ज़्यादातर पारी में पाँच रन प्रति ओवर के आस-पास झूलती रही। हमने अपने लिए 280-90 रनों

का लक्ष्य सोचा था और हम इसे हासिल करने की राह पर थे।

जब मैं 80 के पार निकला, तो दबाव बनने लगा और मैं एक बार फिर शतक का बोझ महसूस करने लगा। मैंने इसे अपने दिमाग़ से बाहर निकालने की पूरी कोशिश की, लेकिन यह एक सचमुच मुश्किल और कुंठित करने वाला दौर था। मुझे बल्लेबाज़ी के पॉवरप्ले के दौरान मशरफ़ मुर्तज़ा के ख़िलाफ़ खेला एक ओवर याद है, जिसमें मेरे खेले गए तीन शॉट चौके के लिए जाने चाहिए थे। कुछ सचमुच अच्छी फ़ील्डिंग की वजह से उन्हें रोक लिया गया या वे सीधे फ़ील्डरों के पास गए। किसी दूसरे दिन मैं उस ओवर से 12 रन निकाल सकता था। उस दिन मुझे कुछ नहीं मिला।

मुझे बढ़ते दबाव का प्रतिकार करना था और जब मैं 90 पर था, तो मैंने एक चौका लगा दिया, जिससे मेरी घबराहट थोड़ी कम हुई। इस दौरान सुरेश रैना, जो विराट के बाद बल्लेबाज़ी करने आए थे, लगातार चौके मार रहे थे और रन गति को तेज़ रख रहे थे। मैं अब 94 पर पहुँच गया था और उसी ओवर में एक और रन बनाकर मैं एक साल में शतक के सबसे क़रीब पहुँच गया था।

41वें ओवर में मैंने तीन और एक-एक रन लिए और अब मुझे शतक के लिए सिर्फ़ दो रन चाहिए थे। वे शायद मेरे करियर के सबसे मुश्किल दो रन थे। 99 अंतरराष्ट्रीय शतक मारने के बावजूद मैंने इस जैसी किसी चीज़ का अनुभव नहीं किया था। संकल्प, चिंता, राहत - ये सारी भावनाएँ एक साथ आ गई थीं। मैं खुद को बताता रहा कि एकाग्र रहना है और हर गेंद को योग्यता के आधार पर खेलना है। यह बुनियादी बातों पर लौटने और उन योग्यताओं पर निर्भर रहने का समय था, जिनका मैंने सारी ज़िंदगी अभ्यास किया था।

जब मैं शकीब-अल-हसन को लॉन्ग ऑफ़ पर ड्राइव करके 99 पर पहुँचा, तो मैंने खुद को बताया कि स्थिति की माँग यही थी कि मैं धैर्य रखूँ और यह हीरोगिरी का समय नहीं था। शकीब गेंद को स्पिन करा रहे थे और इसलिए जब मैंने अगली बार उनका सामना किया, तो मैं बस स्पिन को दबाने के लिए थोड़ा सा आगे निकला। जब गेंद स्क्वेयर लेग की तरफ़ गई, तो मैंने दौड़कर अपना 100वाँ अंतरराष्ट्रीय शतक पूरा कर लिया।

मैं तुरंत ही निचुड़ा महसूस करने लगा। मैंने अपना हेलमेट उतारा और सामने लगे झंडे की ओर इशारा किया, जिससे मैं संकेत देना चाहता था कि मैंने यह भारत के लिए किया था। फिर मैंने अपने बल्ले की ओर देखा और ईश्वर से पूछा कि इसमें इतना लंबा समय क्यों लगा, जबकि मेरा समर्पण लगातार क़ायम

रहा था। सबसे बढ़कर मैं राहत में था। जब मैंने अपने बल्ले से अपने हेलमेट पर लगे तिरंगे को छुआ, तो मुझे संतुष्टि का ज़बर्दस्त एहसास हुआ। मैं इस बात पर ख़ास खुश था कि 100 अंतरराष्ट्रीय शतक का कीर्तिमान बनाने वाला पहला खिलाड़ी भारतीय था।

मित्र अक्सर मुझसे कहते हैं कि उस दिन मेरा जश्न असंयत उल्लास का नहीं था। मैं उन्हें याद दिलाता हूँ कि मैं दो दशकों से ज़्यादा समय से ऐसा ही था। मैंने हमेशा संयत रहने को पसंद किया है, कुछ दुर्लभ अवसरों को छोड़कर। इसका मतलब यह नहीं है कि मुझे गर्व नहीं था। ज़ाहिर है, मुझे था। जब मैं 1989 में भारत की तरफ़ से पाकिस्तान के ख़िलाफ़ पहली बार खेला था, तो मैं कभी कल्पना भी नहीं कर सकता था कि मैं 2012 में भी देश के लिए खेल रहा होऊँगा, 100 शतक मारने की बात तो रहने ही दें।

दुर्भाग्य से, हम यह मैच हार गए। बंगलादेश ने 289 के चुनौतीपूर्ण स्कोर का पीछा करते हुए सचमुच अच्छा खेल दिखाया। तमीम इक़बाल, जहूरउल इस्लाम और नासिर हुसैन तीनों ने अर्ध शतक बनाए और शकीब-अल-हसन और मुशफ़िकर रहीम इसके बहुत क़रीब आए। मैं कुछ लोगों की यह बात सुनकर हैरान था कि हमें सुरक्षित रहने के लिए थोड़े ज़्यादा रन बनाने चाहिए थे। दरअसल उस पिच पर 289 का स्कोर बुरा नहीं था, क्योंकि हमने इससे बेहतर श्रीलंकाई बल्लेबाज़ों को पिछले मैच में बेहतर बैटिंग पिच पर 254 पर रोक दिया था। कई बार आपको विपक्षी टीम को श्रेय देना होता है और इस मौक़े पर बंगलादेश के खिलाड़ी सचमुच अच्छा खेले।

हालाँकि हम सभी मैच हारने पर निराश थे, लेकिन मेरी टीम के साथी मेरे लिए बहुत खुश थे। टीम के भीतर इतने प्रबल जज़्बात देखना संतुष्टिदायक था। टीम के साथियों का सम्मान और प्रेम ही तो है, जिसकी ख़ातिर कोई खेलता है और ड्रेसिंग रूम में व्यक्त भावों को सुनकर मेरा दिल भर आया।

एक थोड़ी लंबी प्रेस वार्ता करने के बाद अंजलि और बच्चों से बात करने का समय था। जब मैंने उनसे बात की, तो वे लोग गोआ में छुट्टियाँ मना रहे थे और मार्टिन्स में डिनर ले रहे थे, जो मेरा प्रिय सीफूड रेस्तराँ है। वे सभी बहुत खुश थे और साथ ही राहत भी महसूस कर रहे थे। मेरा परिवार भी दबाव के असर झेल रहा था और अब उन्हें मुक्ति का एहसास हुआ। यह स्वाभाविक ही था कि मैं अपना शतक अपने भाई अजीत के नाम समर्पित करूँ, जिन्होंने मुझे इस मुक़ाम तक लाने के लिए अपनी ज़िंदगी लगा दी थी। मेरी माँ मुंबई में हमारे घर पर थीं और मुझे शतक बनाते देखकर बहुत रोमांचित थीं। मैं उनकी आवाज़

में ख़ुशी महसूस कर सकता था। हालाँकि मैं माँ का चेहरा देखने के लिए वहाँ मौजूद नहीं था, लेकिन मैं उनकी तस्वीर देख सकता था और कल्पना कर सकता था कि वे कैसा महसूस कर रही होंगी। उनके आनंद का एहसास करने से मुझे संतुष्टि की ऐसी भावना मिली, जिसका वर्णन करना मुश्किल है। यह कहना ही काफ़ी है कि मैं बहुत गर्वीला बेटा था।

जब मैं भारत लौटा, तो मैं अपने स्वागत पर अभिभूत था और मैं हर उस व्यक्ति के लिए अपनी सबसे गहरी कृतज्ञता दर्ज करना चाहता हूँ, जिसने मेरे लिए प्रार्थना की थी। मुंबई इंडियन्स के मालिक मुकेश और नीता अंबानी द्वारा आयोजित समारोह भव्य था और लता मंगेशकर जैसी महान गायिका का मेरे लिए गाना सुनना एक अविश्वसनीय अनुभव था। ये ऐसे पल थे, जिन्हें मैं कभी नहीं भूल पाऊँगा, ऐसे पल जिन्होंने एक साल की कुंठा की आसानी से भरपाई कर दी।

50 किलो हल्का

हम अब भी एशिया कप में थे और दो दिन बाद हमें ढाका में पाकिस्तान के ख़िलाफ़ खेलना था। मैं अचानक बहुत ज़्यादा तनावरहित महसूस कर रहा था और उस मैच में बल्लेबाज़ी करने की राह देख रहा था, जो किसी भारतीय क्रिकेटर के लिए हमेशा एक ख़ास मैच होता है, चाहे यह कहीं भी खेला जाए।

जब पूर्व पाकिस्तानी कप्तान रमीज़ राजा ने मेरा साक्षात्कार लिया, तो मैंने उन्हें बताया कि मैं 50 किलो हल्का महसूस कर रहा था। वास्तव में मैं इससे कहीं ज़्यादा हल्का हो गया था। हताशा ग़ायब हो गई थी और अब एक बार फिर बल्लेबाज़ी का आनंद लेने का समय था। ऐसा लग रहा था, जैसे जीवन दोबारा सामान्य हो गया था। कई पत्रकारों ने मुझसे पूछा कि मैं अपना 100वाँ शतक बनाने के बाद क्या सोच रहा था। मैंने मज़ाक़ में उनसे कहा कि मैं सोच रहा था कि मैंने इससे पहले 99 शतक बनाए थे और हर कोई उनके बारे में भूल गया था, जब वह मुझे सलाह देने की कोशिश कर रहा था कि कैसे बल्लेबाज़ी की जाए। फिर किसी ने मुझसे पूछा, 'जब आपने 1990 में अपना पहला टेस्ट शतक मारा था, तब आप क्या सोच रहे थे?' मैंने उससे कहा कि मैं सोच रहा था कि अभी मुझे 99 और शतक मारने हैं!

जब मैं पाकिस्तान के ख़िलाफ़ बल्लेबाज़ी करने उतरा, तो मैं पूरी तरह अलग महसूस कर रहा था। हम 329 रनों के विशाल स्कोर का पीछा कर रहे थे। हमने पहले ही ओवर में गौतम गंभीर को खो दिया, लेकिन विराट और मैंने खुलकर बल्लेबाज़ी की। हमने मिलकर 133 रन की साझेदारी की, जो लगभग

सात रन प्रति ओवर की रन गति से हुई। हमने मार्ग प्रशस्त कर दिया और मेरे 52 पर आउट होने के बाद विराट और रोहित ने इस काम को शानदार ढंग से पूरा किया। विराट ने अंत में कमाल के 183 रन बनाए।

पाकिस्तान के ख़िलाफ़ पारी ने इस बात को परिप्रेक्ष्य में रख दिया कि इंतज़ार कितना मुश्किल था और मैं कितने ज़्यादा दबाव में था। 100वें शतक के बारे में न सोचने की तमाम कोशिशों के बावजूद मैं तनाव से बच नहीं पा रहा था। आख़िरकार मैंने मुक्त महसूस किया और इससे भी ज़्यादा महत्त्वपूर्ण बात, मीडिया का जुनून भी ख़त्म हो गया था। शायद अब मुझे अपनी बल्लेबाज़ी पर ध्यान केंद्रित करने की अनुमति दी जाएगी। हाल-फ़िलहाल यह शांति का एक दुर्लभ दौर था और मैं इसका अधिकतम फ़ायदा उठाने के लिए बेताब था।

India in England 2011 – The Pataudi Trophy

1st Test. Lord's. 21–25 July 2011

England 474–8 dec (KP Pietersen 202*, MJ Prior 71, IJL Trott 70; P Kumar 5–106) and 269–6 dec (MJ Prior 103*, SCJ Broad 74; I Sharma 4–59)

India 286 (R Dravid 103, A Mukund 49, **SR Tendulkar 34**; SCJ Broad 4–37, CT Tremlett 3–80) and 261 (SK Raina 78, VVS Laxman 56, **SR Tendulkar 12**; JM Anderson 5–65, SCJ Broad 3–57)

England won by 196 runs

2nd Test. Nottingham. 29 July–1 August 2011

England 221 (SCJ Broad 64; P Kumar 3–45, I Sharma 3–66, S Sreesanth 3–77) and 544 (IR Bell 159, TT Bresnan 90, MJ Prior 73, EJG Morgan 70, KP Pietersen 63; P Kumar 4–124)

India 288 (R Dravid 117, Yuvraj Singh 62, VVS Laxman 54, **SR Tendulkar 16**; SCJ Broad 6–46) and 158 (**SR Tendulkar 56**, H Singh 46; TT Bresnan 5–48, JM Anderson 3–51)

England won by 319 runs

3rd Test. Birmingham. 10–13 August 2011

India 224 (MS Dhoni 77, **SR Tendulkar 1**; SCJ Broad 4–53, TT Bresnan 4–62) and 244 (MS Dhoni 74*, **SR Tendulkar 40**, P Kumar 40; JM Anderson 4–85, SCJ Broad 2–28, GP Swann 2–88)

England 710–7 dec (AN Cook 294, EJG Morgan 104, AJ Strauss 87, KP Pietersen 63, TT Bresnan 53*; A Mishra 3–150, P Kumar 2–98)

England won by an innings and 242 runs

4th Test. The Oval. 18–22 August 2011

England 591–6 dec (IR Bell 235, KP Pietersen 175, RS Bopara 44; S Sreesanth 3–123, SK Raina 2–58)

India 300 (R Dravid 146*, A Mishra 43, **SR Tendulkar 23**; TT Bresnan 3–54, GP Swann 3–102) and 283 (f/o) (**SR Tendulkar 91**, A Mishra 84; GP Swann 6–106, SCJ Broad 2–44)
England won by an innings and 8 runs

England won the series 4–0

West Indies in India 2011

1st Test. Delhi. 6–9 November 2011
West Indies 304 (S Chanderpaul 118, KC Brathwaite 63; PP Ojha 6–72, R Ashwin 3–81) and 180 (S Chanderpaul 47; R Ashwin 6–47, UT Yadav 2–36)
India 209 (V Sehwag 55, R Dravid 54, **SR Tendulkar 7**; DJG Sammy 3–35, R Rampaul 2–44, D Bishoo 2–55) and 276–5 (**SR Tendulkar 76**, VVS Laxman 58*, V Sehwag 55; DJG Sammy 2–56)
India won by 5 wickets

2nd Test. Kolkata. 14–17 November 2011
India 631–7 dec (VVS Laxman 176*, MS Dhoni 144, R Dravid 119, G Gambhir 65, **SR Tendulkar 38**; KAJ Roach 2–106, DJG Sammy 2–132)
West Indies 153 (DM Bravo 30; PP Ojha 4–64, UT Yadav 3–23) and 463 (f/o) (DM Bravo 136, MN Samuels 84, AB Barath 62, KA Edwards 60, S Chanderpaul 47; UT Yadav 4–80)
India won by an innings and 15 runs

3rd Test. Mumbai. 22–26 November 2011
West Indies 590 (DM Bravo 166, KA Edwards 86, KOA Powell 81, KC Brathwaite 68, AB Barath 62, MN Samuels 61; R Ashwin 5–156, VR Aaron 3–106) and 134 (DM Bravo 48; PP Ojha 6–47, R Ashwin 4–34)
India 482 (R Ashwin 103, **SR Tendulkar 94**, R Dravid 82, G Gambhir 55, V Kohli 52; MN Samuels 3–74, R Rampaul 3–95) and 242–9 (V Kohli 63, V Sehwag 60, **SR Tendulkar 3**; R Rampaul 3–56)
Match drawn

India won the series 2–0

India in Australia 2011–12 – The Border-Gavaskar Trophy

1st Test. Melbourne. 26–29 December 2011
Australia 333 (EJM Cowan 68, RT Ponting 62; Z Khan 4–77 R Ashwin 3–81, UT Yadav 3–106) and 240 (MEK Hussey 89, RT Ponting 60; UT Yadav 4–70, Z Khan 3–53)
India 282 (**SR Tendulkar 73**, R Dravid 68, V Sehwag 67; BW Hilfenhaus 5–75, PM Siddle 3–63) and 169 (**SR Tendulkar 32**; JL Pattinson 4–53, PM Siddle 3–42)
Australia won by 122 runs

2nd Test. Sydney. 3–6 January 2012

India 191 (MS Dhoni 57*, **SR Tendulkar 41**; JL Pattinson 4–43, BW Hilfenhaus 3–51, PM Siddle 3–55) and 400 (G Gambhir 83, **SR Tendulkar 80**, VVS Laxman 66, R Ashwin 62; BW Hilfenhaus 5–106, PM Siddle 2–88)

Australia 659–4 dec (MJ Clarke 329*, MEK Hussey 150*, RT Ponting 134; Z Khan 3–122)

Australia won by an innings and 68 runs

3rd Test. Perth. 13–15 January 2012

India 161 (V Kohli 44, **SR Tendulkar 15**; BW Hilfenhaus 4–43, PM Siddle 3–42) and 171 (V Kohli 75, R Dravid 47, **SR Tendulkar 8**; BW Hilfenhaus 4–54, PM Siddle 3–43)

Australia 369 (DA Warner 180, EJM Cowan 74; UT Yadav 5–93)

Australia won by an innings and 37 runs

4th Test. Adelaide. 24–28 January 2012

Australia 604–7 dec (RT Ponting 221, MJ Clarke 210, BJ Haddin 42*; R Ashwin 3–194) and 167–5 dec (RT Ponting 60*; R Ashwin 2–73)

India 272 (V Kohli 116, WP Saha 35, **SR Tendulkar 25**; PM Siddle 5–49, BW Hilfenhaus 3–62) and 201 (V Sehwag 62, **SR Tendulkar 13**; NM Lyon 4–63, RJ Harris 3–41)

Australia won by 298 runs

Australia won the series 4–0

25

मेरा आख़िरी पूर्ण सीज़न

आख़िरकार जब 100वाँ शतक रास्ते से हट गया, तो मैं भारत में टेस्ट क्रिकेट के एक व्यस्त सीज़न की राह देख रहा था। इस बार हम विदेशी दौरों पर ज़्यादा नहीं जा रहे थे और 2012-13 में हमें न्यूज़ीलैंड, इंग्लैंड और ऑस्ट्रेलिया की मेज़बानी करनी थी। आपको अक्सर घर पर दस लगातार टेस्ट मैच खेलने को नहीं मिलते हैं। मैंने अच्छी तैयारी की थी, लेकिन मुझे मानना होगा कि व्यक्तिगत दृष्टिकोण से चीज़ें योजना के अनुसार नहीं हुईं। सीज़न की ओर बढ़ते वक़्त मैं अँगूठे की चोट से परेशान होता रहा, इतना ज़्यादा कि मई 2012 में आईपीएल के पाँचवें चरण में मैं एक दिन ज़हीर ख़ान के साथ विश्व के अग्रणी योग गुरु बीकेएस आयंगर के पास गया। गुरुजी से मेरा परिचय 1999 में किरण मोरे ने कराया था, जब मैं पीठ की चोट से परेशान था और उस वक़्त मैंने उनके साथ पुणे में एक सप्ताह गुज़ारा था। जून 2012 में मैंने कुछ ख़ास जूते बनवाने के लिए जर्मनी में एडिडास फ़ैक्ट्री तक की यात्रा की थी और इस यात्रा में मेरे साथ प्रो. कैथी स्पीड भी थीं, जो ख़ास तौर पर इसीलिए लंदन से आई थीं।

अगस्त 2012 में हमने न्यूज़ीलैंड के साथ हुए दोनों टेस्ट जीत लिए। रविचंद्रन अश्विन और प्रज्ञान ओझा ने अच्छी गेंदबाज़ी की और नियमित अंतराल से हमारे लिए विकेट निकाले। श्रँखला में मेरी तीन पारियों में से प्रत्येक में मुझे शुरुआत तो मिल जाती थी, लेकिन फिर मैं बोल्ड हो जाता था, जिससे प्रेस में मेरी तकनीक को लेकर बहुत अटकलबाज़ी होने लगी - क्या मेरी प्रतिक्रिया धीमी हो गई थी और क्या मैं वही बल्लेबाज़ था, जो मैं पहले कभी था? बहरहाल, मेरे हिसाब से मेरी तकनीक या मेरी नीति में कोई गंभीर गड़बड़ी नहीं थी। शायद एक समस्या यह थी कि ऑफ़ सीज़न में मैंने इनडोर अभ्यास बहुत ज़्यादा किया था और मैं इनडोर के ऊँचे उछाल का बहुत अभ्यस्त हो गया था। मिसाल के तौर पर, हैदराबाद में पहले टेस्ट में मैं ट्रेंट बोल्ट की एक गेंद पर 19 पर आउट हो गया था, जिसके मैं ज़्यादा उछलने की उम्मीद कर रहा था।

मैं दूसरे टेस्ट मैच में बैंगलोर गया, जहाँ मैंने एक बड़ी पारी खेलने की ठान रखी थी। लेकिन इस बार मैं 17 रन पर दाएँ हाथ के तेज़ गेंदबाज़ डग ब्रेसवेल की गेंद पर बोल्ड हो गया, जो उतनी स्विंग नहीं हुई, जितनी मुझे उम्मीद थी और सीधी रही। जब मैं दूसरी पारी में बल्लेबाज़ी करने गया, तो मैंने इस उम्मीद में नज़रें जमाने की कोशिश की कि कुछ समय क्रीज़ पर रहने से मदद मिलेगी। मैंने टिम साउदी को कुछ चौके भी जमाए, लेकिन टिम साउदी की एक गेंद स्विंग होकर अंदर आ गई और मुझे 27 रन पर आउट होकर मैदान के बाहर जाना पड़ा।

यह सीज़न की सर्वश्रेष्ठ शुरुआत नहीं थी, लेकिन मैंने इसे अपने पीछे छोड़ दिया और अपना ध्यान इंग्लैंड श्रृंखला पर केंद्रित किया, जो नवंबर 2012 में शुरू होने वाली थी। तैयारी के लिए मैं मुंबई की तरफ़ से 2 नवंबर को रेलवे के ख़िलाफ़ एक रणजी ट्रॉफ़ी मैच में खेला। मेरी एक पारी में मुझे शारीरिक थकान से जूझना पड़ा, क्योंकि मैच से ठीक पहले मुझे गंभीर फूड पॉइज़निंग हो गई थी और मैं बहुत कमज़ोरी महसूस कर रहा था। इतनी ज़्यादा कि मैंने रोहित शर्मा से कहा कि वे मुझसे पहले बल्लेबाज़ी करने चले जाएँ। जब तक मैं मैदान में उतरा, मैं इतना ठीक हो गया था कि 137 रन बना सकूँ, जो कुछ घंटे पहले की हालत को देखते हुए बहुत संतुष्टिदायक पारी थी। अचानक मैं अपने शॉट खेल रहा था और दोबारा सकारात्मक महसूस कर रहा था।

इंग्लैंड भारत में, नवंबर–दिसंबर 2012

15 नवंबर को अहमदाबाद में पहला टेस्ट मैच शुरू हुआ। मुझे लग रहा था कि मैंने इसमें इंग्लैंड के ख़िलाफ़ अच्छी शुरुआत की। मेरे शरीर की स्थिति और संतुलन आदर्श थे और मैं सचमुच अच्छी लय में आ रहा था। शुरुआत से ही मैंने कुछ ज़ोरदार शॉट मारे, जिनमें एक बहुत सुंदर ऊँचा शॉट था, जो मैंने स्वान की गेंद पर मिड विकेट के ऊपर से मारा था। मैं आक्रामक अंदाज़ में बल्लेबाज़ी करने उतरा था और खुद को रोकना नहीं चाहता था, क्योंकि इसी तरह मैंने रणजी ट्रॉफ़ी में शतक मारा था। मुझे शॉर्ट मिड विकेट फ़ील्डर के ऊपर से शॉट मारते देखकर स्वान ने एक फ़ील्डर को पीछे धकेल दिया और मैंने उसका प्रतिकार करने के लिए मिड ऑन के ऊपर से मारने की कोशिश की। लेकिन गेंद थोड़ी लहरा गई और मिड ऑन के ऊपर से खेलने के बजाय मैंने गेंद सीधे मिड विकेट फ़ील्डर के हाथ में थमा दी और 13 रन पर आउट हो गया। मैं ख़ुद से बहुत नाराज़ था कि मैंने अपने अच्छे फ़ॉर्म का ज़्यादा फ़ायदा क्यों नहीं उठाया।

मैच के संदर्भ में देखा जाए, तो अहमदाबाद में मेरी असफलता का अंततः

कोई अर्थ नहीं रहा, क्योंकि सहवाग ने 117 रन बना दिए और चेतेश्वर पुजारा ने शानदार दोहरा शतक बनाया। पुजारा ने अपनी पारी सुंदरता से जमाई और उनमें आने वाले वर्षों में शीर्ष स्तरीय टेस्ट बल्लेबाज़ बनने का स्वभाव और धैर्य है। उनके पास सारे शॉट हैं और वे 2010 में ऑस्ट्रेलिया के ख़िलाफ़ अपने पदार्पण के बाद से बहुत बेहतर खिलाड़ी बन चुके हैं। इसके बाद प्रज्ञान ओझा और रवि अश्विन काम में लग गए और हमने दोनों पारियों में इंग्लैंड को समेट दिया।

दूसरा टेस्ट 23 नवंबर को मुंबई में शुरू हुआ और थोड़े अप्रत्याशित रूप से इंग्लैंड ने पहले ही दिन परिस्थितियों को उलट दिया। मैं मुंबई मैच के बारे में हमेशा से चिंतित था और मैंने अपनी चिंताएँ कोच डंकन फ़्लेचर को भी बता दी थीं। मुझे महसूस हुआ कि वानखेड़े विकेट की गति और उछाल इंग्लैंड के गेंदबाज़ों की मदद करेंगे। इंग्लैंड की टीम 2006 में हमें वानखेड़े में हरा चुकी थी और मुझे लग रहा था कि हमें घुमावदार पिच के बजाय बल्लेबाज़ी के लिए अच्छी विकेट तैयार करनी चाहिए थी।

टीम में मॉन्टी पानेसर को शामिल करना उनके लिए सचमुच भाग्यशाली चयन लग रहा था और मैं पहली सुबह लंच से पहले आठ रन पर उन्हीं की गेंद पर आउट हो गया। वह गेंद लेग स्टंप से घूमी और मेरे ऑफ़ स्टंप के ऊपर टकराई। कोई भी टेस्ट मैच के पहले दिन के पहले सत्र में वानखेड़े में गेंद के इतने ज़्यादा स्पिन होने की उम्मीद नहीं करता। केवल यही नहीं, जब मॉन्टी गेंदबाज़ी कर रहे थे, तब मैंने दूसरे छोर पर बल्लेबाज़ी कर रहे पुजारा से बात की थी और उन्होंने बताया था कि गेंद बिलकुल भी नहीं घूम रही थी। मैंने मॉन्टी के ख़िलाफ़ जो शॉट खेला था, उसे खेलकर मैंने हज़ारों रन बनाए हैं। जब ज़्यादा स्पिन न हो, तो आप स्पिन को दबा सकते हैं और लेग स्टंप पर पिच की गई गेंद को स्क्वेयर लेग पर खेलकर एक रन ले सकते हैं, लेकिन जब गेंद अच्छी स्पिन हो रही हो, तब यह शॉट नहीं खेला जाता। मेरी क़िस्मत से यह पहली गेंद थी, जो पूरी तरह से आड़ी घूमी थी। मैं अपने घरेलू दर्शकों के सामने असफल होने पर बहुत निराश महसूस कर रहा था।

पारी की शुरुआत में मॉन्टी सहवाग का विकेट ले चुके थे और उन्होंने घरेलू धरती पर बल्लेबाज़ी के एक दुर्लभ पतन को प्रेरित किया, जिसने मैच की बागडोर इंग्लैंड के हाथों में थमा दी। शानदार 135 रन बनाने वाले पुजारा ही एकमात्र भारतीय खिलाड़ी थे, जो इंग्लैंड के स्पिनरों पानेसर और स्वान के ख़िलाफ़ डटे रहे और हमने टॉस जीतने तथा पहले बल्लेबाज़ी करने के लाभ को जाया कर दिया।

फिर इंग्लैंड ने बेहतरीन बल्लेबाज़ी की। कप्तान अलेस्टेयर कुक और केविन

पीटरसन बल्लेबाज़ी के लिए मुश्किल परिस्थितियों में बहुत अच्छा खेले। कुक ने 122 रन बनाए और पीटरसन ने शानदार 186। उनकी बदौलत इंग्लैंड को पहली पारी में 86 रन की बढ़त मिल गई। कुक ने भारी धैर्य दिखाया और पूरी श्रृँखला में स्पिन को ज़्यादातर विदेशी बल्लेबाज़ों से बेहतर तरीक़े से खेला।

दूसरी पारी में एक बार फिर मैं मॉन्टी पानेसर की गेंद पर आउट हुआ। इस बार गेंद बाँह के साथ अंदर आई थी, जबकि मैं स्पिन के लिए खेला था। गौतम गंभीर दूसरे छोर पर बल्लेबाज़ी कर रहे थे और दिन का खेल ख़त्म होने पर उन्होंने मुझे बताया कि जब मैं पवेलियन की ओर लौट रहा था, तो मॉन्टी ने गौतम से कहा था, *'बॉल अपने आप सीधा निकल गया!'* मैं साफ़ आउट था, लेकिन मैं एक ऐसी आर्म बॉल पर आउट होने पर ख़ुद को बदक़िस्मत महसूस किए बिना नहीं रह पाया, जिसे डालने का गेंदबाज़ का कोई इरादा भी नहीं था! कुंठा इस बात से और बढ़ गई कि हम चार दिनों में ही मैच हार गए। घरेलू मैदान पर हारना कोई ऐसी चीज़ नहीं थी, जिसके हम आदी हों और यह बहुत ज़ोर का झटका था, जो ज़ोर से लगा।

मुझे एहसास हुआ कि मुझे कुछ समय तक अपने दिमाग़ को क्रिकेट से दूर रखने की ज़रूरत है, इसलिए मैंने युवी, ज़हीर और भज्जी से कहा कि हमें तीसरे टेस्ट के लिए कोलकाता पहुँचने पर होटल के कमरे में एक फ़िल्म देखनी चाहिए। मैं *बर्फ़ी* पहले ही देख चुका था! - जो एक मूक-बधिर के बारे में पुरस्कार विजेता फ़िल्म थी - लेकिन यह इतनी अच्छी थी कि मैं इसे दोबारा देखना चाहता था। फ़िल्म के पैंतालीस मिनट गुज़रने के बाद भज्जी ने कहा, *'पाजी, ये लोग कुछ बोलेंगे कि फ़िल्म ऐसे ही चलती रहेगी?'* सिर्फ़ हरभजन ही इस तरह की बात बोल सकते थे!

असफलताओं की श्रृँखला के बाद मैंने कोलकाता में तीसरे टेस्ट में अपनी नीति बदलने का निर्णय लिया, जो 5 दिसंबर 2012 को शुरू हो रहा था। मैं आक्रामक होना छोड़ दूँगा और संयम से खेलूँगा, हालाँकि पिच बल्लेबाज़ी के लिए अच्छी थी। इस रक्षात्मक मानसिकता की वजह से मैंने कई गेंदें छोड़ दीं, जिन्हें मैं सामान्य परिस्थितियों में चौके के लिए बाहर पहुँचा देता, लेकिन मैं जानता था कि 2003-04 में भी मैंने ऑस्ट्रेलिया में यही किया था, जब मैंने एक दोहरा शतक जमाया था। इस बार मैंने 76 रन बनाए और फिर एक ड्रिंक्स ब्रेक के तुरंत बाद जेम्स एंडरसन की एक अच्छी गेंद पर आउट हो गया। एंडरसन ने पूरी श्रृँखला में सुंदर गेंदबाज़ी की थी और वे इंग्लैंड के आक्रमण के आधार स्तंभ थे। उन्होंने रिवर्स स्विंग का अच्छा इस्तेमाल किया और महत्त्वपूर्ण पलों में विकेट निकाले।

एक बार फिर हम अपने अवसरों का फ़ायदा नहीं उठा पाए और 316 के साधारण स्कोर पर आउट हो गए। इंग्लैंड ने अच्छा जवाब दिया और कुक ने भव्य 190 रन बनाकर आगे आकर नेतृत्व किया। कप्तान जब आगे आकर नेतृत्व करता है, तो यह टीम के लिए हमेशा अच्छा होता है और इंग्लैंड 207 रनों की बढ़त लेकर हमें एक बार फिर दबाव में ले आई। हमारी दूसरी पारी ऐसी नहीं थी, जिसके बारे में कुछ लिखा जाए और मैं पाँच पर आउट हो गया, जब ग्राहम स्वान की गेंद पर मुझे स्लिप में लपक लिया गया। कोई भी बल्लेबाज़ अपनी क्षमता के अनुरूप नहीं खेला और हम चार दिनों में ही टेस्ट मैच हार गए।

आख़िरी टेस्ट 13 दिसंबर 2012 को नागपुर में होने वाला था और हमें श्रृंखला को ड्रॉ करने के लिए यहाँ जीतने की ज़रूरत थी। विराट कोहली ने शतक जमाया और धोनी 99 पर रन आउट हुए, लेकिन श्रृँखला में मेरा ख़राब प्रदर्शन जारी रहा, जब जेम्स एंडरसन ने मुझे मेरी एकमात्र पारी में दो रन पर बोल्ड कर दिया। ऐसा लग रहा था जैसे चीज़ें मेरे हिसाब से नहीं हो रही थीं और जब मैं बल्लेबाज़ी करने गया, तो मैंने मॉन्टी पानेसर की दो गेंदों का सामना किया, जो बहुत ज़्यादा स्पिन हुईं। तब तक विकेट सपाट नज़र आ रहा था और इंग्लैंड के खिलाड़ी भी यह देखकर हैरान थे। जब आप ख़राब दौर से गुज़र रहे हों, तो ऐसा ही होता है। ट्रॉट ने इंग्लैंड की दूसरी पारी में शतक मारा और मैच का अंत ड्रॉ में हुआ, जिसका मतलब था कि हम श्रृँखला 2-1 से हार गए।

इंग्लैंड इस श्रृंखला में आसानी से बेहतर टीम कही जा सकती थी, लेकिन मैं इन चार टेस्ट मैचों की छह पारियों में अपने प्रदर्शन से बुरी तरह निराश था। अंजलि दरअसल नागपुर आ गई थी, क्योंकि मेरी मानसिकता अच्छी नहीं थी और जब प्रेस वालों ने देखा कि वह वहाँ पर थी, तो उन्होंने सोच लिया कि मैं अपने रिटायरमेंट की घोषणा करने वाला हूँ। जिस चीज़ ने उस वक़्त मुझे संबल दिया, वह रवि शास्त्री के साथ बातचीत थी। रवि और मैं हमेशा अच्छे मित्र रहे हैं और नागपुर में हमने मेरे कमरे में डिनर लिया। इस दौरान उन्होंने मुझसे बार-बार कहा कि मुझे कुछ असफलताओं के बाद खुद पर शक नहीं करना चाहिए। मुझमें उनका विश्वास देखकर मुझे हिम्मत आई और मैंने इस सलाह का बहुत स्वागत किया।

परिवर्तन का समय

मैंने इंग्लैंड श्रृंखला के बाद कुछ समय आराम किया, ताकि मैं अपने दिमाग़ को सारी जाँच और अटकलों से साफ़ कर दूँ और अपने करियर के बारे में सावधानी से सोचूँ। मैंने रिटायरमेंट के बारे में गंभीरता से सोचा, लेकिन मैं इस नतीजे पर

पहुँचा कि मुझमें अब भी भूख थी और मेरे अंदर अभी भी रन थे। मैंने इंग्लैंड श्रृँखला में ज़्यादा रन नहीं बनाए थे, लेकिन मैं जिस तरह बल्लेबाज़ी कर रहा था, उससे मुझमें आगे जारी रखने का पर्याप्त आत्मविश्वास आ गया था।

एक दिवसीय क्रिकेट दूसरा मामला था और भारत को 2012 के अंत में पाकिस्तान के ख़िलाफ़ तीन एक दिवसीय मैच खेलने थे। मैंने मार्च और दिसंबर के बीच एक दिवसीय क्रिकेट नहीं खेला था और मुझे खुद से पूछना पड़ा कि क्या मैं सचमुच ऑस्ट्रेलिया और न्यूज़ीलैंड में 2015 में होने वाले विश्व कप में हिस्सा लूँगा। अगर नहीं, तो एक दिवसीय अंतरराष्ट्रीय क्रिकेट में मेरे सामने कौन से लक्ष्य बचे हैं? मुझे एहसास हुआ कि मुझे यह स्वीकार करना था कि मैं तब तक यहाँ नहीं रहूँगा। अगला सवाल यह था कि क्या मैं एक दिवसीय मैच में रिटायर होने से पहले पाकिस्तान के ख़िलाफ़ एक दिवसीय मैचों की विदाई श्रृँखला खेलना चाहता था। मैंने निर्णय लिया कि बेहतर यही था कि इसे न खेला जाए और अपनी ऊर्जा फ़रवरी-मार्च 2013 में होने वाली ऑस्ट्रेलिया टेस्ट श्रृँखला पर केंद्रित की जाए।

बीसीसीआई, चयनकर्ताओं के चेयरमैन और डंकन फ़्लेचर को एक दिवसीय अंतरराष्ट्रीय मैचों से रिटायर होने का निर्णय बताने के बाद मैं देहरादून जाने वाली फ़्लाइट में बैठ गया। मैं मसूरी जा रहा था, जो उत्तराखंड के उत्तर भारतीय राज्य में एक शांत हिल स्टेशन है, जहाँ की यात्रा करना मुझे बहुत पसंद है। मसूरी में छुट्टी मनाना शहर के जीवन से पलायन करने और तनावमुक्त होने का बेहतरीन तरीक़ा है और मुझे इसी की ज़रूरत थी। जब मैं मुंबई और दिल्ली के बीच हवा में था, तो मेरे रिटायरमेंट की ख़बर सार्वजनिक हो गई। जैसे ही हमारा विमान दिल्ली में उतरा, मुझे मित्रों और शुभचिंतकों के ढेर सारे संदेश मिलने लगे। चूँकि वही हवाई जहाज़ देहरादून तक आगे जा रहा था, इसलिए मैंने अंजलि से कहा कि नए यात्रियों के चढ़ते वक़्त मैं कैप्टन के साथ कॉकपिट में बैठने वाला हूँ, क्योंकि मैं हाल-फ़िलहाल किसी से बातचीत करने की मनोदशा में नहीं हूँ।

मैंने अंजलि से यह भी कहा कि क्या वह मेरे निर्णय की ख़बर अर्जुन को धीरे से दे देगी, क्योंकि मैं इस बारे में चिंतित था कि इस पर वह जाने क्या कहेगा। अंजलि ने मुझे बाद में बताया कि वह अर्जुन की प्रतिक्रिया कभी नहीं भूल पाएगी। अर्जुन ने कहा था कि मेरे भीतर अभी बहुत सा क्रिकेट बचा था और मेरे रिटायर होने का कोई कारण नहीं था, लेकिन जब अंजलि ने उसे समझाया कि निर्णय अंतिम था, तो उसने अपना चेहरा घुमा लिया और अपना सिर खिड़की पर टिका लिया और एक आँसू उसके गाल पर लुढ़क गया। जब अंजलि ने मुझे यह

बात बताई, तो अंजलि और मैं दोनों ही बहुत भावुक हो गए। सारा थोड़ी बड़ी है, इसलिए उसने कहा कि उसे मुझे खेलते न देखने का रंज होगा, लेकिन उसे मेरे निर्णय पर पूरा भरोसा था। मेरे बच्चे तेज़ी से बड़े हो रहे थे और मेरे लिए यह मायने रखता था कि वे दोनों ही इस जैसे महत्त्वपूर्ण समय में मेरे साथ रहें। जब भी वे मेरे साथ होते हैं, तो इससे हमेशा मेरी खुशी पर भारी फ़र्क़ पड़ता है।

मसूरी सही समय पर ली गई छुट्टी थी। वहाँ परिवार और कुछ बहुत क़रीबी मित्रों के अलावा कोई नहीं था। वहाँ मेरे पास खुद के लिए समय था और अपने भविष्य के बारे में सोचने का मौक़ा था। मीडिया और प्रशंसकों ने इसके लिए मुझे निजता की अनुमति दे दी थी। हालाँकि मैं वहाँ भी रणजी ट्रॉफ़ी में मुंबई की प्रगति की जानकारी रखता रहा, लेकिन मैंने कुछ समय के लिए क्रिकेट का स्विच बंद कर दिया। मैं टेबल टेनिस खेला, लंबा टहला और शाम को आराम किया। इस तरह मेरे आशावाद का एहसास लौट आया। जब मैंने दोबारा प्रशिक्षण लेने की इच्छा महसूस की, तो मैं जान गया कि यह मुंबई लौटने का समय था।

ऑस्ट्रेलिया भारत में, फ़रवरी-मार्च 2013

मैं हर सुबह सात बजे के क़रीब प्रशिक्षण के लिए वानखेड़े स्टेडियम पहुँचता था और कुछ समय तक मैं स्टेडियम में बिलकुल अकेला रहता था। कुछ दिन प्रशिक्षक राहुल पटवर्धन मेरे साथ आ जाते थे। सुबह की ओस हरे-भरे मैदान को ढँक देती थी और मैं दौड़ते वक़्त अपने पैरों पर गीलापन महसूस कर सकता था और मेरे क़दमों के निशान पीछे छूट जाते थे। जब मैं ख़ाली दर्शक दीर्घाओं को देखता था, तो मैं जानता था कि यही वह जगह है, जहाँ से मैं आया हूँ। यही मेरा आश्रय था।

मैं कुछ समय तक पहले जॉगिंग और फिर रनिंग करता था और ग्राउंड्समैन के आने से पहले फ़िटनेस अभ्यास कर लेता था। मुंबई की टीम आम तौर पर 8:30 के आस-पास आती थी, जिस समय तक मैं ड्रेसिंग रूम में थोड़ी देर सुस्ता रहा होता था। फिर मैं अपनी टीम के साथियों के साथ प्रशिक्षण लेता था और रणजी ट्रॉफ़ी की तैयारी के लिए अपना नियमित नेट सत्र करता था। मैंने कभी शॉर्ट कट का सहारा नहीं लिया और 2013 की शुरुआत में इसे बदलने का कोई सवाल नहीं था।

रणजी ट्रॉफ़ी में हमने बड़ौदा और सर्विसेस को हरा दिया। इसके बाद हम सौराष्ट्र के ख़िलाफ़ फ़ाइनल में पहुँचे, जिसे हमने एक पारी और 125 रनों से जीत लिया। फिर मुंबई ईरानी कप के मैच में रेस्ट ऑफ़ इंडिया से खेली, जिसमें मैंने शतक बनाया। यह एक ऐसी पारी थी, जिसने टेस्ट श्रृंखला में जाने से पहले

मुझे बहुत संतुष्टि और आत्मविश्वास प्रदान किया।

ऑस्ट्रेलिया के ख़िलाफ़ चार टेस्ट मैचों में से पहला 22 फ़रवरी को चेन्नई में चिपॉक में होने वाला था, जो मेरा प्रिय मैदान है। ऑस्ट्रेलिया ने पहली पारी में 380 अच्छे रन बनाए, जिसमें कप्तान माइकल क्लार्क ने शतक का योगदान दिया। जवाब में हमने अच्छी शुरुआत नहीं की और 12 रन पर दो विकेट जल्दी ही खो दिए। जब मैं विकेट पर पहुँचा, तो हमें एक साझेदारी की सख़्त ज़रूरत थी।

जेम्स पैटिन्सन तेज़ गेंदबाज़ी कर रहे थे और मैंने उन पर आक्रमण करने तथा अपने शॉट खेलने का निर्णय लिया। पहली गेंद ऑफ़ स्टंप के थोड़ी बाहर थी और मैंने बल्ले का मुँह खोला और यह देखकर ख़ुश हुआ कि गेंद फ़ील्डरों के पास से होती हुई सीमारेखा तक पहुँच गई। दूसरी गेंद पर भी मैंने यही शॉट दोहराया और मुझे वही परिणाम देखकर ख़ुशी हुई। ओवर की आख़िरी गेंद शॉर्ट ऑफ़ लेंग्थ थी और मैंने लाइन के अंदर आकर इसे फ़ाइन लेग की तरफ़ फ़्लिक करके एक और चौका निकाल लिया। मैंने चार गेंदों में तीन चौके मार दिए थे और दबाव कम हो गया था। मेरी वापसी अच्छी तरह शुरू हुई थी।

चेतेश्वर पुजारा, जिन्होंने अपने 44 रन समझदारी से बनाए, मेरे साथ रहे और मैं दूसरे दिन के अंत तक 71 पर नाबाद था। मुझे विश्वास था कि मैं यही सिलसिला आगे क़ायम रखूँगा और एक बड़ा शतक बनाऊँगा। हालाँकि ऐसा कुछ नहीं हो पाया, क्योंकि तीसरे दिन की सुबह ऑफ़ स्पिनर नैथन ल्यॉन ने मुझे 81 रनों पर बोल्ड कर दिया। यह गेंद मेरी उम्मीद से ज़्यादा फुल लेंग्थ थी। मैंने गेंद की पिच तक जाने और इसे स्पिन के साथ मिड विकेट और लॉन्ग ऑन के बीच में मारने का निर्णय लिया था। जब मुझे एहसास हुआ कि लेंग्थ फुल थी, तो मैंने तुरंत अपना शॉट बदला और यही मेरे पतन का कारण था।

ईश्वर का शुक्र है कि मेरे आउट होने से टीम की गति में कोई कमी नहीं आई, क्योंकि विराट ने एक शतक बनाया और धोनी ने एक तेज़ दोहरा शतक बनाया, जो चिपॉक पर मेरी देखी सबसे शानदार पारियों में से एक थी। इससे हमें 192 रनों की बढ़त मिल गई। हमारे स्पिनरों का नेतृत्व अश्विन कर रहे थे और उन्होंने दूसरी पारी में ऑस्ट्रेलिया के खिलाड़ियों को लोहे के चने चबवा दिए और अंत में हमें मैच जीतने के लिए बस 50 रन बनाने थे। दूसरी पारी में मैंने नैथन ल्यॉन की पहली दो गेंदों पर वही शॉट खेला और दोनों ही मौक़ों पर गेंद मिड विकेट और लॉन्ग ऑन के बीच छक्के के लिए गई और हम जल्दी ही मैच जीत गए।

2 मार्च को शुरू हुए हैदराबाद के दूसरे टेस्ट में हमने शानदार खेल दिखाया और हम 503 तक पहुँच गए, जिसमें मुरली विजय ने 167 बनाए और चेतेश्वर पुजारा ने दोहरा शतक बनाया। ऑस्ट्रेलिया ने अपनी पहली पारी में निराशाजनक 237 रन बनाए और विजय तथा पुजारा के बीच 370 रनों की दूसरे विकेट की साझेदारी का मतलब था कि हमारे गेंदबाज़ों के पास बोर्ड पर पर्याप्त रन थे, जिसमें वे ऑस्ट्रेलिया को दूसरी पारी में आउट कर सकें और हमें दोबारा बल्लेबाज़ी करने की ज़रूरत न पड़े।

मैं जेम्स पैटिन्सन की गेंद पर सात पर आउट हो गया और मेरे बल्ले का लेग साइड पर हल्का सा किनारा लगा था। मैं अपनी क़िस्मत को कोस रहा था, जो उस गेंद पर बल्ला लगा दिया और कॉट बिहाइंड अपील को प्रेरित कर दिया, लेकिन अंपायर ने मुझे नॉट आउट दिया। मुझे आश्चर्य हुआ कि इसके बाद अंपायर ने काफ़ी देर तक सोचकर तीसरे अंपायर से जाँच करने का फ़ैसला किया। इस श्रृँखला में डिसीज़न रिव्यू सिस्टम (डीआरएस) नहीं था, इसलिए अंपायर ने जब एक बार मुझे नॉट आउट दे दिया था, तो इसके बाद उनके पास अपने निर्णय पर पुनर्विचार करने का कोई कारण नहीं था। अगर उन्होंने कट देखा या सुना नहीं था, तो यही अंतिम निर्णय होना चाहिए था। मैं नहीं जानता कि किस बात ने उन्हें दोबारा सोचने के लिए मजबूर किया और यह देखना अजीब था कि अंपायर ने टीवी अंपायर से पूछने का निर्णय लिया।

द्विपक्षीय श्रृँखला में भारत ने डीआरएस का इस्तेमाल करने से इसलिए इंकार किया है, क्योंकि प्रौद्योगिकी कई बार अनिर्णायक होती है। हमने 2011-12 के इंग्लैंड के अपने दौरे में देखा था कि यह कितनी अनिश्चित हो सकती है, जब डीआरएस की वजह से कई ग़लत निर्णय हो गए थे। हम प्रौद्योगिकी के ख़िलाफ़ नहीं हैं, लेकिन हम सोचते हैं कि डीआरएस को 100 प्रतिशत के क़रीब सही होने की ज़रूरत है, तभी इसे स्वीकार किया जा सकता है। हमें यह पूरी तरह तार्किक दृष्टिकोण लगता है और मुझे यक़ीन है कि प्रौद्योगिकी के बेहतर बनने पर हम इस स्थिति की समीक्षा करेंगे। दूसरा मुद्दा यह है कि इस्तेमाल होने वाली प्रौद्योगिकी सारे देशों में समान होनी चाहिए, क्योंकि तभी निर्णयों में एकरूपता आ सकती है।

हैदराबाद में हमने मैच आराम से जीत लिया और श्रृँखला पर धीरे-धीरे अपनी पकड़ मज़बूत कर ली। हमने किसी टेस्ट श्रृँखला में ऑस्ट्रेलिया को 4-0 से नहीं हराया था, लेकिन अब यह एक स्पष्ट संभावना नज़र आ रही थी।

तीसरा टेस्ट मोहाली में 14 मार्च को शुरू हुआ और ऑस्ट्रेलिया ने अपनी पहली पारी में 408 का स्वस्थ स्कोर बनाया, जिसमें मिचेल स्टार्क ने नंबर नौ पर

बल्लेबाज़ी करते हुए 99 रनों का योगदान दिया। हमारी प्रतिक्रिया ज़ोरदार थी। शिखर धवन ने अपने पदार्पण मैच में 187 रन बनाए और मुरली विजय ने अपना दूसरा लगातार टेस्ट शतक बनाया। इन दोनों के बीच 289 रन की शुरुआती साझेदारी हुई। मैंने अपनी पारी अच्छी तरह शुरू की और आत्मविश्वासी महसूस कर रहा था, तभी पार्ट-टाइम लेग स्पिनर स्टीव स्मिथ गेंदबाज़ी करने आए। मैंने पहले कभी स्मिथ का सामना नहीं किया था और विजय से पूछने गया कि क्या गेंद घूम रही थी। विजय ने कहा कि स्मिथ गेंद को स्पिन दे रहे थे और मुझे स्पिन के लिए खेलना चाहिए। स्मिथ की जिस पहली गेंद का मैंने सामना किया, वह आदर्श लाइन और लेंग्थ की थी - और यह एक इंच भी स्पिन नहीं हुई। मैं 37 रन पर फ़ॉरवर्ड शॉर्ट लेग पर बैट-पैड कैच हो गया।

मोहाली में अंतिम दिन हमें जीतने के लिए 133 रन बनाने थे और मैं 70-2 के स्कोर पर बल्लेबाज़ी करने गया। मैं मैच ख़त्म करने पर आमादा था। ऑस्ट्रेलिया परिस्थितियों को कस रही थी और हम आख़िर ऐसी स्थिति में पहुँच गए, जब धोनी और मैं क्रीज़ पर थे और हमें जीतने के लिए 25 गेंदों में 24 रन चाहिए थे। ऑस्ट्रेलिया वालों ने कुछ कसे हुए ओवर फेंके थे और हमें दबाव कम करने के लिए कुछ शॉट खेलने की ज़रूरत थी। मैंने मिचेल स्टार्क की एक गेंद पर ठीक यही किया, जो कोण बनाती हुई अंदर आई। मैंने इसे मिड ऑफ़ के ऊपर से चौके के लिए खेल दिया। अगले ओवर में मैं पीटर सिडल की गेंद चूक गया, जो अंदर आई और मेरे पैड से टकराकर ऑफ़ साइड की ओर छिटक गई। मैंने सोचा कि गेंद पॉइंट की ओर गई थी और दौड़ने लगा। गेंद दरअसल शॉर्ट कवर की ओर गई थी, लेकिन मैंने एक रन के लिए ख़ुद को समर्पित कर दिया था। डेविड वॉर्नर भागते हुए आए और गेंद उठाकर ख़ुद को स्टंप पर फेंक दिया। मेरे पास कोई मौक़ा नहीं था। यह उनका शानदार प्रयास था और मैं अफ़सोस करता रहा कि मैंने यह क्यों नहीं देखा कि गेंद कहाँ गई थी। अंत तक न रुकना और खेल को ख़ुद न जीतना निराशाजनक था, लेकिन धोनी और रवीन्द्र जाड़ेजा ने काम कर दिया। हम 3-0 से आगे थे और सारे मैच जीतना स्पष्ट रूप से संभव लग रहा था, जब हम श्रृंखला के चौथे और अंतिम टेस्ट के लिए दिल्ली की ओर बढ़े।

दिल्ली के विकेट पर एक निगाह डालने भर से ही समझ में आ गया कि यह पहले दिन से ही स्पिनरों की मदद करेगा। मुझे याद है, मैंने अंजलि से कहा था कि मैच पूरे पाँच दिन तक चलने की संभावना नहीं है, इसलिए मैं जल्दी घर लौट सकता हूँ। मैंने अजीत भाई से भी यही बात कही, जो मैच देखने दिल्ली

आए थे। निश्चित रूप से, स्पिनर बहुत जल्दी ही हरकत में आ गए और ऐसी आशा थी कि यह कम स्कोर वाला मैच होगा। ऑस्ट्रेलिया ने पहले बल्लेबाज़ी करते हुए 262 रन बनाए, जो इन परिस्थितियों में अच्छा स्कोर था। इसके जवाब में हमने 272 रन बनाए, जिसमें मैंने 32 का योगदान दिया।।

दूसरी पारी में हमारे स्पिनरों ने ऑस्ट्रेलिया को जल्दी आउट कर दिया और रवीन्द्र जाड़ेजा ने एक बार फिर पाँच विकेट लिए। अश्विन और जाड़ेजा ने पूरी श्रॅंखला में अच्छी गेंदबाज़ी की और जाड़ेजा ने तो ऑस्ट्रेलिया के कप्तान माइकल क्लार्क को कई बार आउट करने में कामयाबी पाई, जिससे शायद क्लार्क पर मनोवैज्ञानिक दबाव पड़ने लगा होगा। पहले तीन टेस्ट मैचों में जाड़ेजा ने उन्हें जो गेंदें डालीं, उनमें से कुछ उत्कृष्ट थीं (क्लार्क चौथे में घायल हो गए), लेग स्टंप पर टप्पा खाई थीं और उनके बल्ले के मुँह के पार स्पिन होती हुई ऑफ़ स्टंप से टकराई थीं।

अंततः हम पुजारा की साहसिक बल्लेबाज़ी की बदौलत आराम से जीते, जिन्होंने टूटी अँगुली के साथ बल्लेबाज़ी की और 82 पर नॉट आउट रहे। यह सच्चे साहस का काम था और आगे के करियर में उन्हें काफ़ी फ़ायदा पहुँचाएगा।

यह इतिहास में पहली बार था, जब हमने ऑस्ट्रेलिया के ख़िलाफ़ 4-0 से श्रॅंखला जीती थी और विजय भारतीय क्रिकेट के लिए इससे बेहतर समय नहीं आ सकती थी। एक ही झटके में हमने घर पर इंग्लैंड से हारने की अप्रिय यादें मिटा दी थीं और टीम ने एक बार फिर एकजुट होकर खेलना शुरू कर दिया था।

व्यक्तिगत दृष्टिकोण से, मैंने चेन्नई में अच्छा खेलना शुरू कर दिया था और बीच-बीच में अच्छा दिखने लगा था, लेकिन कम से कम तीन मौक़ों पर शुरुआत करने के बाद मैंने अपना विकेट खोया था। दुर्भाग्य से मैं 2012-13 के सीज़न में कोई शतक नहीं मार पाया और यह एक ऐसी चीज़ थी, जिसे मैं अगले सीज़न की शुरुआत में बदलना चाहता था।

New Zealand in India 2012

1st Test. Hyderabad (Deccan). 23–26 August 2012

India 438 (CA Pujara 159, MS Dhoni 73, V Kohli 58, V Sehwag 47, **SR Tendulkar 19**; JS Patel 4–100, TA Boult 3–93)

New Zealand 159 (JEC Franklin 43*; R Ashwin 6–31, PP Ojha 3–44) and 164 (f/o) (KS Williamson 52, BB McCullum 42; R Ashwin 6–54, PP Ojha 3–48)

India won by an innings and 115 runs

2nd Test. Bangalore. 31 August–3 September 2012

New Zealand 365 (LRPL Taylor 113, CFK van Wyk 71, MJ Guptil 53; PP Ojha 5–99) and 248 (JEC Franklin 41; R Ashwin 5–69, PP Ojha 2–49, UT Yadav 2–68)

India 353 (V Kohli 103, MS Dhoni 62, SK Raina 55, **SR Tendulkar 17**; TG Southee 7–64) and 262–5 (V Kohli 51*, CA Pujara 48, **SR Tendulkar 27**; JS Patel 3–68)

India won by 5 wickets

India won the series 2–0

England in India 2012

1st Test. Ahmedabad. 15–19 November 2012

India 521–8 dec (CA Pujara 206*, V Sehwag 117, Y Singh 74, **SR Tendulkar 13**; GP Swann 5–144) and 80–1 (CA Pujara 41*)

England 191 (MJ Prior 48; PP Ojha 5–45, R Ashwin 3–80) and 406 (f/o) (AN Cook 176, MJ Prior 91; PP Ojha 4–120, UT Yadav 3–70, Z Khan 2–59)

India won by 9 wickets

2nd Test. Mumbai. 23–26 November 2012

India 327 (CA Pujara 135, R Ashwin 68, **SR Tendulkar 8**; MS Panesar 5–129, GP Swann 4–70) and 142 (G Gambhir 65, **SR Tendulkar 8**; MS Panesar 6–81, GP Swann 4–43)

England 413 (KP Pietersen 186, AN Cook 122; PP Ojha 5–143, H Singh 2–74, R Ashwin 2–145) and 58–0

England won by 10 wickets

3rd Test. Kolkata. 5–9 December 2012

India 316 (**SR Tendulkar 76**, G Gambhir 60, MS Dhoni 52; MS Panesar 4–90, JM Anderson 3–89) and 247 (R Ashwin 91*, V Sehwag 49, **SR Tendulkar 5**; JM Anderson 3–38, ST Finn 3–45)

England 523 (AN Cook 190, IJL Trott 87, NRD Compton 57, KP Pietersen 54; PP Ohja 4–142, R Ashwin 3–183) and 41–3 (R Ashwin 2–31)

England won by 7 wickets

4th Test. Nagpur. 13–17 December 2012

England 330 (KP Pietersen 73, JE Root 73, MJ Prior 57, GP Swann 56; PP Chawla 4–69, I Sharma 3–49) and 352–4 dec (IJL Trott 143, IR Bell 116*; R Ashwin 2–99)

India 326–9 dec (V Kohli 103, MS Dhoni 99, **SR Tendulkar 2**; JM Anderson 4–81, GP Swann 3–76)

Match drawn

England won the series 2–1

Australia in India 2013 – The Border-Gavaskar Trophy

1st Test. Chennai. 22–26 February 2013

Australia 380 (MJ Clarke 130, MC Henriques 68, DA Warner 59; R Ashwin 7–103) and 241 (MC Henriques 81*; R Ashwin 5–95, RA Jadeja 3–72)

India 572 (MS Dhoni 224, V Kohli 107, **SR Tendulkar 81**; JL Pattinson 5–96) and 50–2 (V Sehwag 19, SR Tendulkar 13)

India won by 8 wickets

2nd Test. Hyderabad (Deccan). 2–5 March 2013

Australia 237–9 dec (MJ Clarke 91, MS Wade 62; RA Jadeja 3–33, B Kumar 3–53) and 131 (EJM Cowan 44; R Ashwin 5–63, RA Jadeja 3–33)

India 503 (CA Pujara 204, M Vijay 167, **SR Tendulkar 7**; GJ Maxwell 4–127, XJ Doherty 3–131)

India won by an innings and 135 runs

3rd Test. Mohali. 14–18 March 2013

Australia 408 (MA Starc 99, SPD Smith 92, EJM Cowan 86, DA Warner 71; I Sharma 3–72, RA Jadeja 3–77) and 223 (PJ Hughes 69; B Kumar 3–31, RA Jadeja 3–35)

India 499 (S Dhawan 187, M Vijay 153, V Kohli 67*, **SR Tendulkar 37**; PM Siddle 5–71) and 136–4 (V Kohli 34, **SR Tendulkar 21**)

India won by 6 wickets

4th Test. Delhi. 22–24 March 2013

Australia 262 (P Siddle 51, SPD Smith 46, PJ Hughes 45; R Ashwin 5–57) and 164 (P Siddle 50; RA Jadeja 5–58, PP Ojha 2–19, R Ashwin 2–55)

India 272 (M Vijay 57, CA Pujara 52, **SR Tendulkar 32**; NM Lyon 7–94) and 158–4 (CA Pujara 82*, V Kohli 41, **SR Tendulkar 1**; GJ Maxwell 2–54)

India won by 6 wickets

India won the series 4–0

26

तनावमुक्त होना

जुलाई में लंदन में मेरे बाएँ हाथ के ऑपरेशन के बाद मैंने पूरी तरह फ़िट होने के लिए कड़ी मेहनत की। यह दर्द भरा था और इसमें बहुत समय लगा। यह बहुत राहत की बात थी कि मैं अगस्त के अंत तक अभ्यास दोबारा शुरू कर सका, जबकि चैंपियन्स लीग 20-20 में कुछ सप्ताह का समय ही बचा था। लेकिन स्वास्थ्यलाभ की अवधि कभी नीरस नहीं रही। जब मैं इंग्लैंड से लौटा, तो मैंने मेरे कार्डियो व्यायाम के तहत साइकल चलाने का निर्णय लिया। अतुल फ़िट रहने के लिए एक दिन छोड़कर साइकल पहले से ही चला रहे थे और फ़ैज़ल ने भी हमारे साथ यह करने का फ़ैसला किया, जिससे पूरी चीज़ ज़्यादा आनंददायक बन गई। पहले दिन सुबह-सुबह लगभग चालीस मिनट तक साइकल चलाने के बाद हमने बहुत खड़ी चढ़ाई पर साइकल चलाने का निर्णय लिया, जो बांद्रा में माउंट मैरी चर्च की ओर जाती है। फ़ैज़ल ने जब वह खड़ी चढ़ाई देखी, तो उन्होंने कहा कि वे इस पर नहीं चढ़ेंगे। अतुल और मैं उस चढ़ाई पर साइकल चलाने लगे। चढ़ाई मुश्किल थी और जब तक हम ऊपर पहुँचे, हम दोनों की ही साँस फूल चुकी थी। मैंने कहा कि अब हम इसे दोबारा करके देखते हैं। अतुल और मैं दोनों ही दोबारा ऊपर चढ़ने लगे। दूसरी कोशिश में मैं आधे रास्ते पर अतुल से आगे निकल गया, लेकिन जब मैं शिखर पर पहुँचा, तो मुझे तेज़ चक्कर आने लगे। मैंने थोड़ा पानी पिया और कुछ स्ट्रेचिंग व्यायाम किए, लेकिन स्थिति में कोई सुधार नहीं हुआ और तब तक अतुल भी ऊपर आ चुके थे। मुझे अपनी आँखों के सामने सफ़ेदी दिख रही थी और मैं सड़क के डिवाइडर पर हाथ फैलाकर बैठ गया। दहशत में अतुल ने नज़दीक के पेड़ से एक बड़ी पत्ती तोड़ी और मुझे पंखा झलने लगे! स्थिति में कोई सुधार नहीं हुआ और जल्दी ही मुझे एहसास हो गया कि मुझे दरअसल लेटना पड़ेगा, ताकि रक्त संचार मेरे मस्तिष्क की ओर हो जाए। जब मैंने अतुल को यह बात बताई, तो उन्होंने चर्च के बग़ल में एक खुली जीप देखी और हताशा में मैंने सुझाव दिया कि मैं उसी में लेट जाता हूँ। तभी मैंने एक रिक्शा देखा और अतुल से कहा कि वे ड्राइवर से कहें कि वह

मुझे कुछ समय के लिए पीछे की सीट पर लेट जाने दे। ड्राइवर मुझे उस दशा में देखकर सदमे में था। जब अतुल उसे समझा रहे थे कि क्या हुआ था, तो मैं सीट पर पाँच मिनट तक अच्छी तरह सीधा लेटा। मैंने कभी कल्पना भी नहीं की थी कि मैं सुबह 6 बजे अपने घर से केवल चंद मिनट की दूरी पर ऐसी चीज़ करूँगा! जब मुझे थोड़ा अच्छा लगने लगा, तो हमने रिक्शा ड्राइवर को उसकी मदद के लिए बहुत धन्यवाद दिया, उसे सौ रुपए दिए और ढलान पर धीरे-धीरे साइकल चलाकर उतरने लगे। तब तक पहाड़ी के नीचे खड़े फ़ैज़ल बेचैन होने लगे थे। उन्हें लग रहा था कि हम ज़रूर शिखर पर चाय पी रहे होंगे और सारी घटना सुनकर वे सन्न रह गए। लेकिन इस वजह से मेरा प्रशिक्षण नहीं रुका और मैं उसकी तैयारी करने लगा, जो अंतरराष्ट्रीय क्रिकेट में मेरे आख़िरी चंद महीने होने वाले थे।

मैंने मई 2013 में आईपीएल से अपने रिटायरमेंट की घोषणा कर दी थी और यह मेरी आख़िरी चैंपियन्स लीग होने वाली थी। मुझे भारी संतुष्टि मिली कि मुंबई इंडियन्स ने राजस्थान रॉयल्स को फ़ाइनल में हराकर यह ट्रॉफ़ी जीत ली। इसका मतलब था कि खिलाड़ी के रूप में मेरे आख़िरी सीज़न में मेरी टीम ने आईपीएल और चैंपियन्स लीग दोनों ही जीत ली थीं। हम टीम के रूप में अच्छा खेले थे और रोहित शर्मा ने अच्छी कप्तानी की थी।

चैंपियन्स लीग अभियान के दौरान, अपने करियर में पहली बार, मैंने पाया कि मैं मजबूरी में जिम जा रहा हूँ। मेरे करियर में यह भी पहली बार था कि कोई अभ्यास सत्र चूकने के बाद मुझे बुरा नहीं लगता था। देखिए, मैं अपने करियर में हर दिन जिम नहीं जाता था। मुझमें हमेशा अंतरालों के बाद तूफ़ानी अंदाज़ में प्रशिक्षण लेने की प्रवृत्ति रही है, और बीच-बीच में मैं कुछ दिनों की छुट्टी भी करता हूँ। लेकिन यह पहली बार था, जब मेरे मन में खुद को धकेलने की इच्छा नहीं रह गई थी। मुझे चोट से ठीक होने में भी पहले से ज़्यादा समय लगने लगा था और बहुत से दर्द भी मेरे शरीर में डेरा डाले रहते थे।

भारत के अगले निर्धारित टेस्ट मैच दिसंबर 2013 में दक्षिण अफ़्रीका में थे और मुझे उम्मीद थी कि मैं वहीं पर अपना 200वाँ टेस्ट मैच खेलूँगा। इसके बाद 2014 की शुरुआत में न्यूज़ीलैंड में एक विदेशी श्रृंखला थी और मैं दोनों दौरों की राह देख रहा था। मेरे कुछ मित्रों ने मेरे साथ 200वें टेस्ट मैच के बारे में बातचीत की और ये योजनाएँ बनाईं कि वे मुझे यह महत्त्वपूर्ण उपलब्धि हासिल करते देखना चाहते हैं, इसलिए वे दक्षिण अफ़्रीका आएँगे। मैं भी अजीत भाई को टिकट बुक करने की याद दिलाता रहा। लेकिन फिर बीसीसीआई ने यह घोषणा की

कि नवंबर 2013 की शुरुआत में वेस्ट इंडीज़ दो टेस्ट मैच खेलने के लिए भारत आने वाली है। मैं नहीं जानता कि कैसे और कब, लेकिन इसी समय रिटायरमेंट का विचार पहली बार मेरे मन में आया। मैं सोचने लगा कि क्या वेस्ट इंडीज़ के ख़िलाफ़ ये दो टेस्ट मैच मेरे आख़िरी टेस्ट मैच होने चाहिए।

मुझे याद है, मैंने इस बारे में अंजलि और अजीत भाई से बातचीत की थी। हम मेरे मकान के पहले मंज़िल के लाउंज में बैठे थे, जब मैंने उनसे कहा कि मैं वेस्ट इंडीज़ श्रृंखला के बाद रिटायर होने की सोच रहा हूँ। इसका दूसरा टेस्ट मेरा 200वाँ टेस्ट होगा और मेरे पास 2014 के अंत तक भारत में रिटायर होने का दूसरा अवसर नहीं होगा और मुझे यक़ीन नहीं था कि मैं इतने लंबे समय तक चोटों से जूझ सकता हूँ। अगर मेरा दिल इसमें नहीं है, तो चीज़ों को घसीटने में कोई तुक नहीं है।

अंजलि और अजीत भाई दोनों ने ही समर्थन किया। अंजलि ने कहा कि मैं जो भी फ़ैसला करूँ, वे हर तरह से मेरे साथ हैं। वे तो बस यह चाहती थीं कि मैं कुछ महीने बाद इस निर्णय पर अफ़सोस न करूँ। अजीत भाई सहमत थे कि समय सही था और भारत में रिटायर होने का विचार अच्छा था। घर से दूर आख़िरी टेस्ट खेलने में वह बात नहीं होगी।

एक बार जब मैंने अपना मन बना लिया, तो मैंने बीसीसीआई से पूछा कि क्या वे दूसरा टेस्ट मुंबई में कराने पर विचार करेंगे। इसका मतलब यह होगा कि मैं अपनी आख़िरी श्रृंखला अपने घरेलू दर्शकों के सामने खेलूँगा और सबसे बढ़कर मेरी माँ जीवन में पहली बार मुझे खेलते देख लेंगी। मेरी माँ ने कभी भी मुझे सामने खेलते नहीं देखा था और यह एक ऐसी चीज़ थी, जो मैं उनकी ख़ातिर करना चाहता था। मैंने 1987 में मुंबई में अपना प्रथम श्रेणी करियर शुरू किया था और वानखेड़े में अपना आख़िरी टेस्ट खेलने का मतलब यह होगा कि मैं चक्र पूरा कर लूँगा। यह तो ऐसा ही था, मानो मुझे ऊपर से बताया जा रहा था कि यह क्रिकेट को धन्यवाद देने का अवसर था। मुंबई में विदाई टेस्ट मैच में क्रिकेट के प्रति अपना सम्मान दिखाने का इससे बेहतर मौक़ा नहीं होगा।

जब मैंने इस निर्णय पर अपने मित्र और मैनेजर विनोद नायडू तथा हमारी क़रीबी मित्र अपर्णा संथानम से बातचीत की, तो यह एक यादगार और जादुई शाम साबित हुई। मैंने शैम्पेन की एक बोतल खोली और हमने क्रिकेट के खेल व बीते वर्षों के नाम जाम पिया। उदासी या निराशा का कोई एहसास नहीं था, किसी चीज़ के ख़त्म होने की कोई बात नहीं थी। इसके बजाय ख़ुशी का, उम्मीद का और संतुष्टि का एहसास था। हम हँसे और क्रिकेट के मैदान पर चौबीस सालों

की यादें ताज़ा कीं और आने वाली श्रृंखला के बारे में खुशी-खुशी चर्चा की। इस सबसे मुझे विश्वास हो गया कि मैंने सही निर्णय लिया था। समय बिलकुल सही था। यह दिल की आवाज़ थी। मैं इस निर्णय में अपने दिमाग़ को हस्तक्षेप नहीं करने देना चाहता था, क्योंकि दिमाग़ में बहुत सारे अजीब सवाल पूछने की आदत होती है। मैंने इस बारे में ज़रा भी नहीं सोचा था कि मैं रिटायरमेंट के बाद क्या करूँगा। मुझे बस यह यक़ीन था कि यह रुकने का सबसे अच्छा समय था।

एक दिन बाद 10 अक्टूबर 2013 की सुबह मैंने बीसीसीआई के अध्यक्ष एन. श्रीनिवासन को फ़ोन करके रिटायर होने का अपना निर्णय बताया। उन्होंने कहा कि हालाँकि बीसीसीआई हमेशा चाहती थी कि मैं तब तक खेलूँ, जब तक मेरा दिल चाहे, लेकिन वे किसी भी निर्णय में मेरा साथ देंगे। उन्होंने पूरी तरह स्पष्ट कर दिया कि रिटायरमेंट पूरी तरह मेरा निर्णय था। फिर मैंने अपना आख़िरी टेस्ट मैच मुंबई को देने वाला सवाल उठाया और उन्होंने इस मामले पर विचार करने का वादा किया। केवल एक खिलाड़ी के आग्रह पर किसी शहर को टेस्ट मैच आवंटित करना एक दुर्लभ और दिल को छूने वाला निर्णय था।

बीसीसीआई अध्यक्ष से बात करने से पहले मैंने अपने परिवार को बता दिया था कि मैं रिटायर होने की योजना बना रहा हूँ। सारा ने मुझसे पूछा कि क्या मैं क्रिकेट के सभी स्वरूपों से रिटायर हो रहा हूँ। मुझे एहसास था कि वह इस निर्णय को लेकर भावुक हो रही थी। यह स्वाभाविक था, लेकिन उसने इसे छिपाने की पूरी कोशिश की। अर्जुन उस वक़्त दक्षिण अफ़्रीका में था और मैं जानता था कि उसे बताना आसान नहीं होगा। मुझे मालूम था कि मेरा क्रिकेट उसके लिए कितना मायने रखता था। अर्जुन और मैं रिटायरमेंट को लेकर हँसते थे और मैं अक्सर मज़ाक़ करता था कि अगली श्रृंखला मेरी आख़िरी श्रृंखला होगी, क्योंकि मैं बूढ़ा हो रहा था। इस बार यह मज़ाक़ नहीं था।

10 अक्टूबर की सुबह मैंने अर्जुन को दक्षिण अफ़्रीका में फ़ोन लगाया और उससे किसी ऐसे कमरे में जाने को कहा जहाँ वह अकेला हो, क्योंकि मैं उसे कोई बहुत महत्त्वपूर्ण बात बताना चाहता था। मैंने कुछ मिनट बाद उसे दोबारा फ़ोन करके बताया कि नवंबर में वेस्ट इंडीज़ के ख़िलाफ़ दो टेस्ट मेरे आख़िरी मैच होंगे। दूसरे छोर पर पूरी ख़ामोशी छा गई, इतनी कि मुझे पूछना पड़ा कि क्या वह लाइन पर है। उसने कहा कि वह है, लेकिन वह कुछ बोल नहीं पा रहा था और उसने दरअसल फ़ोन काट दिया। मैं जानता था कि वह रो रहा होगा। मेरा गला भी रुँध आया। मुझे अचानक ख़ालीपन का एहसास हुआ और अपने मानसिक संतुलन को दोबारा हासिल करने के लिए मुझे कुछ मिनट

का समय चाहिए था। उसने दस मिनट बाद मुझे फ़ोन किया और इस बारे में बात करने लगा कि वह दक्षिण अफ़्रीका में क्या कर रहा था, लेकिन उसने मेरे रिटायरमेंट का ज़िक्र दोबारा नहीं छेड़ा। यह इस ख़बर से तालमेल बैठाने का उसका तरीक़ा था।

उसी दोपहर यह निर्णय सार्वजनिक कर दिया गया और यह मेरे परिवार के लिए काफ़ी भावनात्मक समय था। वैसे मैं उल्लेखनीय रूप से शांत महसूस कर रहा था, क्योंकि मुझे विश्वास था कि मैंने सही समय पर सही निर्णय लिया है। ख़बर फैलने के कुछ ही समय बाद अंजलि ने मुझसे कहा कि वह सारा को स्कूल से लेने जा रही है। लौटते वक़्त अंजलि ने सारा को वे सारे अच्छे संदेश पढ़कर सुनाए, जो उसे अपने फ़ोन पर मिले थे। अंजलि ने सारा को बताया कि इनसे यह पता चलता था कि संसार उसके बाबा के बारे में क्या सोचता है। जब सारा घर लौटी, तो वह दौड़कर बिना कुछ कहे मुझसे कसकर लिपट गई। इस बार मैं भी जज़्बाती होने से खुद को रोक नहीं पाया। मैं एक खुश पिता था। मेरे बच्चे मेरे लिए सबसे ज़्यादा मायने रखते हैं और यह बात मेरे दिल को छू गई कि मैंने जो हासिल किया था, उस पर उन्हें गर्व था। मुझे उम्मीद थी कि शायद वे यह भी समझ गए होंगे कि जब वे बड़े हो रहे थे, तो मुझे इतने लंबे समय के लिए उनसे दूर क्यों जाना पड़ता था।

अब तक भीड़ घर के बाहर जमा होने लगी थी और मैं भावना के सैलाब को देखकर अभिभूत था। मुझे ढेर सारे एसएमएस मिले और फ़ोन आए; मैंने खुद भी एसएमएस और फ़ोन किए। मैंने हर उस व्यक्ति से बात करने की कोशिश की, जिसने मेरे जीवन में मुख्य भूमिका निभाई थी, लेकिन पूरी कोशिश के बावजूद मैं कुछ लोगों को फ़ोन करने से चूक गया। मुझे यक़ीन है कि वे सभी समझ लेंगे कि मैं उनके योगदान को कितना ज्यादा महत्त्व देता हूँ और यह चूक पूरी तरह ग़ैर-इरादतन थी।

मैं देर रात तक एसएमएस भेजता रहा, लेकिन इसका यह मतलब नहीं था कि मुझे सोने में मुश्किल हो रही थी। इसके विपरीत, मैं बहुत अच्छी तरह सोया और बहुत शांति में था। दूसरी ओर, मैं अब भी सक्रिय क्रिकेटर था। मैं अभी से ही रिटायर्ड क्रिकेटर की ज़िंदगी जीने के लिए तैयार नहीं था और मैं अगले दिन अपना अभ्यास दोबारा शुरू करने की राह देख रहा था। जो एक महीना मेरे पास बचा था, उसमें मैं मुंबई और भारत के लिए अपना सर्वश्रेष्ठ प्रदर्शन करने के लिए कृतसंकल्प था।

वेस्ट इंडीज़ के लिए तैयार होना

घोषणा के बाद मेरे अभ्यास सत्र बहुत रोचक थे। अगली सुबह मैं अभ्यास करने मुंबई क्रिकेट एसोसिएशन के बांद्रा वाले स्टेडियम गया और वहाँ के ग्राउंड्समैन मुझसे मिलने आए। उन सभी ने क्रिकेट के प्रति मेरे योगदान के लिए मुझे धन्यवाद दिया, जबकि मुझे उन सभी को धन्यवाद देना चाहिए था कि उन्होंने मेरी ख़ातिर कितना कुछ किया था। कुछ तो बहुत जज़्बाती हो गए और बोले कि उन्हें मेरी कमी खलेगी, क्योंकि अब मैं अभ्यास करने नहीं आऊँगा। मैंने उन्हें याद दिलाया कि मैं अभी रिटायर नहीं हुआ था और वैसे भी मैं रिटायरमेंट के बाद भी आकर अभ्यास कर सकता हूँ - मैं उन्हें किसी तरह शांति में नहीं छोड़ने वाला हूँ!

एमसीए में मेरे आख़िरी सत्र से पहले वाली शाम को मैंने सुपरवाइज़र अजय देसाई को बुलाकर कहा कि वे सभी ग्राउंड्समैन और सहायकों को सूचित करें कि मैं उन सभी से अगली सुबह व्यक्तिगत रूप से मिलना चाहता हूँ। यह हर उस चीज़ को मान्यता देने का मेरा तरीक़ा था, जो उन्होंने मेरी ख़ातिर की थी। मैं अपने करियर में उनके योगदान के लिए उन्हें धन्यवाद देना चाहता था। मैं उनके लिए सराहना के प्रतीकात्मक उपहार लेकर गया और यह बात मेरे दिल को छू गई कि वे सभी धैर्य से मेरा इंतज़ार कर रहे थे। जब मैंने उनकी सहायता और समर्थन के लिए उन्हें धन्यवाद दिया, तो कुछ ने मुझे गले लगाया और कुछ की आँखों में आँसू भी तैर रहे थे। यह बहुत मर्मस्पर्शी पल था और मैं विनम्र महसूस करने लगा। लेकिन सबसे अच्छा हिस्सा अभी बाक़ी था। जब मैंने यह काम पूरा कर लिया, तो मैं उम्मीद कर रहा था कि ग्राउंड्समैन अपने सामान्य कर्त्तव्य दोबारा करने लगेंगे। लेकिन मुझे हैरानी हुई जब उन्होंने घोषणा की कि इस मौक़े पर वे मुझे छोड़कर नहीं जाएँगे। जब तक मैंने अपनी दिनचर्या पूरी नहीं कर ली, वे सब वहीं खड़े रहे। मुंबई के ग्राउंड्समैन के साथ पूरा जीवन बिताने के बाद मुझे कहना होगा कि मैं इस बात से अभिभूत था।

यही कहानी वानखेड़े के ग्राउंड्समैन की भी थी। मैं इन लोगों को बरसों से जानता हूँ और कई ने तो मुझे क्रिकेटर के रूप में प्रगति करते देखा है। एक बार फिर मैं उन सभी के लिए प्रतीकात्मक उपहार लाया और हमने इस अवसर की याद के लिए एक समूह फोटो भी लिया। मैं उनके व्यवहार को हमेशा याद रखूँगा।

वानखेड़े में मेरे सुबह के प्रशिक्षण सत्रों के दौरान मैं एमसीए के अधिकारियों से मिला और मैंने उन्हें बताया कि मेरी माँ के लिए रैम्प की ज़रूरत होगी। मैं किसी भी चीज़ को संयोग के भरोसे नहीं छोड़ना चाहता था और मैंने अपने परिवार को आवंटित बॉक्स की भी जाँच की। दरअसल, जब मैं यह शुरुआती

टोह ले रहा था, तो मुझे एहसास हुआ कि मेरी माँ को यह मुश्किल लगेगा। उनकी सेहत सबसे अच्छी स्थिति में नहीं थी और उनके लिए यह मुश्किल होगा कि वे कार से बॉक्स तक ऊपर पहुँचें। तब हमने निर्णय लिया कि इसके बजाय उन्हें प्रेसिडेंट्स बॉक्स में बैठना चाहिए। एहतियात के तौर पर मैंने गरवारे पवेलियन में उनके लिए एक कमरा भी बुक कर दिया, ताकि थक जाने पर वे वहाँ आराम कर सकें।

व्हीलचेयर को कार से जिस रास्ते से प्रेसिडेंट्स बॉक्स तक ले जाना था, उसकी जाँच करने के बाद और पूरी तरह विश्वास होने के बाद कि यह सब किया जा सकता है, मैं उन्हें औपचारिक रूप से आमंत्रित करने की योजना पर आगे बढ़ा। मेरी माँ के लिए यह चीज़ करने से रिटायरमेंट टेस्ट मैच और भी ख़ास बन गया।

आख़िरी रणजी मैच

जब मैं घोषणा के बाद पहलेपहल मुंबई रणजी ट्रॉफ़ी की अपनी टीम के साथियों से मिला, तो उनमें से बहुत से खिलाड़ियों ने मुझसे पूछा कि मैंने रिटायर होने का निर्णय क्यों लिया, जबकि मैं कुछ समय तक और खेल सकता था। यह एक उत्साहवर्धक प्रतिक्रिया थी और यह देखना अच्छा लगा कि उन्हें मुझ पर कितना विश्वास था।

मैंने मुंबई के लिए जो आख़िरी रणजी ट्रॉफ़ी मैच खेला, वह लाहली में हरियाणा के ख़िलाफ़ था और यह बहुत यादगार अनुभव रहा। लाहली की यात्रा करने से पहले मैंने हरियाणा क्रिकेट एसोसिएशन में अनिरुद्ध चौधरी से बात की, जो 2011 में इंग्लैंड में हमारे मैनेजर थे और उनके पिता रणबीर सिंह महेन्द्र से भी, जो 1991-92 में ऑस्ट्रेलिया में हमारे मैनेजर थे। अनिरुद्ध ने हममें से कुछ लोगों को मुख्यमंत्री के अतिथि भवन में रुकवाने की विशेष व्यवस्था की थी, जो उनके कहे अनुसार आराम करने के लिए बहुत अच्छी जगह थी। उन्होंने हमें आरामदेह महसूस कराने के लिए अतिरिक्त सुरक्षा का इंतज़ाम भी किया था।

हम लाहली पहुँचने के लिए दिल्ली तक विमान से गए और जब हम वहाँ पहुँचे, तो अनिरुद्ध ने हमरो कहा कि हमें आईटीसी मौर्य होटल में लंच करना चाहिए, तब तक वे अंतिम व्यवस्था करते हैं। वहाँ एक सुखद आश्चर्य मेरा इंतज़ार कर रहा था। जैसे ही हम लॉबी में पहुँचे, बत्तियाँ धीमी हो गईं और जनरल मैनेजर अनिल चड्ढा ने लाल गलीचा बिछाकर मेरा स्वागत किया, जबकि सारे कर्मचारी

क़तार में खड़े होकर मुझ पर गुलाब की पंखुड़ियाँ फेंक रहे थे। यह भावविभोर करने वाला स्वागत था।

लंच के बाद हम लाहली के लिए रवाना हुए। गेस्ट हाउस तक पहुँचने में हमें लगभग ढाई घंटे लग गए, लेकिन पूरे रास्ते में लोग बैनर और पोस्टर लहरा रहे थे और सभी तरह की चीज़ें थी, जिनसे यह यात्रा बहुत यादगार बन गई। जब हम आख़िरकार गेस्ट हाउस पहुँचे, तो मुझे यह देखकर हैरानी हुई कि जो बटलर मेरे साथ दिल्ली में था, वह पहले से ही वहाँ हमारी देखभाल करने के लिए तैनात था। उसने हमें बताया कि वे चार लोग अनिरुद्ध के आग्रह पर दिल्ली से आए थे और वे पूरे मैच के दौरान हम लोगों की देखभाल करेंगे।

लाहली में मुझे लगा कि मैं कुछ स्थानीय व्यंजनों को आज़माकर देखूँ और मैंने मैनेजर से कुछ असली स्थानीय व्यंजनों के नाम पूछे। मैनेजर बगैर कोई जवाब दिए कमरे से बाहर चले गए, लेकिन फिर उन्होंने ज़हीर से माफ़ी माँगते हुए उन्हें बताया कि अनिरुद्ध ने कठोर निर्देश दिए हैं कि हमें क्या परोसा जाना चाहिए। उन्होंने स्पष्ट कर दिया था कि हर दिन नाश्ता, डिनर और स्नैक्स आईटीसी मौर्य, दिल्ली से आएँगे और किसी भी तरह के जोखिम से बचने के लिए और कुछ भी नहीं परोसा जाना चाहिए। मुझे कहना होगा कि यह सचमुच महाराजा की शैली का स्वागत था। हरियाणा क्रिकेट एसोसिएशन हमें बिगाड़ने पर तुला था।

स्टेडियम गेस्ट हाउस से चालीस मिनट की दूरी पर था, लेकिन सड़कें लगभग ख़ाली थीं और सुबह मैदान तक पहुँचने में कभी समस्या नहीं आई। मैदान सुंदर है और परिस्थितियाँ तेज़ गेंदबाज़ी के लिए बहुत उपयुक्त हैं। नमी के कारण आउटफ़ील्ड शुरुआत में थोड़ी नर्म थी और यहाँ वेस्ट इंडीज़ श्रृंखला के पहले मेरी फ़िटनेस की अच्छी परीक्षा होने वाली थी। नर्म आउटफ़ील्ड पिंडली और हैमस्ट्रिंग पर दबाव डाल सकती है और यदि मुझे इस आउटफ़ील्ड में कोई मुश्किल नहीं आई, तो मैं ईडन गार्डन्स या वानखेड़े में ठीक रहूँगा, जहाँ मुझे अपने 199वें और 200वें टेस्ट मैच खेलने थे।

इस सीज़न का मुंबई का पहला रणजी मैच, जो मेरा आख़िरी था, बहुत रोचक साबित हुआ। लोग काफ़ी बड़ी संख्या में इसे देखने आए थे और चार दिवसीय मैच का माहौल अभूतपूर्व था। भारत और बाक़ी क्रिकेट खेलने वाले संसार का मीडिया लाहली के छोटे क़स्बे में पहुँच गया और हालाँकि पुलिस ने उन्हें दूर रखने की पूरी कोशिश की, लेकिन मैं जानता था कि मेरे हर क़दम का पीछा किया जा रहा था और हर अभ्यास सत्र को फ़िल्माया जा रहा था।

पहली पारी में मैं पाँच के स्कोर पर आउट हो गया, जब एक गेंद थोड़ी उछली और मेरी कोहनी से छिटककर विकेट पर जा लगी। इतने सारे प्रचार के बाद यह आउट होने का निराशाजनक तरीक़ा था। लाहली में ज़्यादातर मैच कम स्कोर वाले थे और निश्चित रूप से उनके 134 रन के पहली पारी के स्कोर का जवाब देते हुए हमने केवल दो रन ज़्यादा बनाए। यह बराबरी का मैच था और हमारी दूसरी पारी में हमें जीतने के लिए 250 का स्कोर दिया गया, जो धीमी आउटफ़ील्ड के कारण एक तरह से 280 से भी ज़्यादा था।

पारियों के बीच मेरी अपनी टीम के साथियों से संक्षिप्त चर्चा हुई और मैंने उनसे ज़ोर देकर कहा कि जब विपक्षी टीम लगभग पचास ओवर डाल ले, उसके बाद आक्रामक होना चाहिए, जो लगभग चाय के समय के आस-पास होगा। जो पिच तेज़ गेंदबाज़ों को सहायता दे रही थी, उस पर लाभ लेने और तेज़ी से स्कोर करने के लिए यही सबसे अच्छा समय था, क्योंकि तब गेंद पुरानी होगी और विपक्षी गेंदबाज़ थके होंगे। सुबह का इंतज़ार करने के बजाय बेहतर यही है कि शाम को ही जोखिम ले लिया जाए, क्योंकि सुबह गेंदबाज़ नई ऊर्जा के साथ शुरू करेंगे और नई गेंद भी ली जा सकेगी।

मध्यम तेज़ गेंदबाज़ धवल कुलकर्णी और मैंने दिन के अंत के खेल में सचमुच अच्छी साझेदारी की। मैं उनसे कहता रहा कि उन्हें किसी भी क़ीमत पर डटे रहना चाहिए। उनके बाद ज़्यादा बल्लेबाज़ी नहीं बची थी और नए बल्लेबाज़ को इस हरी पिच पर बहुत मुश्किल आएगी। धवल ने बहुत बढ़िया बल्लेबाज़ी की और ज़बर्दस्त दिलेरी दिखाई। दो बार गेंद उनके हेलमेट पर लगी, लेकिन वे नहीं घबराए और उन्होंने हिम्मत नहीं हारी। दिन के अंत तक हमें जीतने के लिए 39 रन चाहिए थे, जबकि चार विकेट बाक़ी थे।

आख़िरी दिन सुबह 9 बजे खेल शुरू होना था और सही रोलर फेरना महत्त्वपूर्ण था। विकेट को देखने के बाद मैंने हमारे कप्तान ज़हीर ख़ान से कहा कि घास ऊपर से तो सूखी दिखती है, लेकिन नीचे यह अब भी गीली है। इसे अब भी पूरी तरह सूखने के लिए धूप की ज़रूरत है। अगर हमने भारी रोलर लिया, तो गीलापन ऊपर आ जाएगा और पिच नम हो जाएगी। मैंने सुझाव दिया कि हमें किसी रोलर का इस्तेमाल नहीं करना चाहिए, बल्कि सतह को जैसे का तैसा छोड़ देना चाहिए, क्योंकि केवल 39 रन चाहिए, जिन्हें बनाने में एक घंटे से ज़्यादा समय नहीं लगना चाहिए।

एक बार फिर धवल ने अच्छी बल्लेबाज़ी की और काफ़ी लचीलापन दिखाया और एक घंटे में हमने रन बना लिए। उनका 16 का योगदान अति महत्त्वपूर्ण था,

क्योंकि उस सतह पर हम आसानी से दस रन में अपने आख़िरी चार विकेट गँवा सकते थे। मैं अपने अंतिम रणजी मैच में 79 नॉट आउट बनाकर ख़ुश था। यह एक संतुष्टिदायक विजय थी और मुंबई का रणजी ट्रॉफ़ी अभियान अच्छी तरह शुरू हो गया था।

मैच के ख़त्म होने पर हरियाणा की टीम ने मुझे गार्ड ऑफ़ ऑनर दिया और मेरी टीम के साथी मुझे अपने कंधों पर उठाकर ले गए। हालाँकि यह दिल को छूने वाला काम था, लेकिन टीम के साथियों के कंधों पर उठाया जाना हमेशा थोड़ा चिंताजनक होता है। गिरने की अच्छी संभावना रहती है और चूँकि मुझे अब भी दो टेस्ट मैच खेलने थे, इसलिए मेरे ख़्याल से यह घायल होने का बहुत अच्छा तरीक़ा नहीं था। मुंबई की टीम ने हमारे ड्रेसिंग रूम के पास वाले कमरे में एक विदाई समारोह का इंतज़ाम किया था, जो ख़ास तौर पर मर्मस्पर्शी था। मुंबई क्रिकेट एसोसिएशन के सेक्रेटरी नितिन दलाल भी वहाँ थे और मेरे सम्मान में एक केक काटा गया तथा सारे खिलाड़ियों ने कुछ शब्द कहे। उनमें से कई बोलते समय भावुक हो गए और कुछ की आँखों में आँसू भी आ गए। यह सब दिल को छूने वाला था।

यह लाहली में एकमात्र हैरानी की बात नहीं थी। मेरी जानकारी के बिना अनिरुद्ध ने मेरे कुछ सबसे क़रीबी मित्रों - समीर दिघे, फ़ैज़ल मोमेन और जगदीश चौहान - को मैच देखने के लिए आमंत्रित कर लिया था। उन्होंने इन सभी को ख़ुद टिकट भेजे थे और उनके रहने की व्यवस्था भी की थी। मैच के पहले दिन की शाम को स्थानीय मैनेजर ने मेरे पास आकर कहा कि कोई मेरा फ़ोटो लेने का इंतज़ार कर रहा है और इसमें एक मिनट से ज़्यादा समय नहीं लगेगा। मैं बाहर निकला और पोज़ देने को तैयार था, लेकिन तभी मैंने अपने मित्रों को खींसें निपोरते हुए देखा। उन्हें लाहली में देखना बहुत अच्छा लगा। वे अच्छे और बुरे दौर में मेरे साथ रहे थे और मेरे आख़िरी घरेलू मैच में उनका साथ रहना सुखद आश्चर्य था।

उस रणजी ट्रॉफ़ी मैच को जीतने का मतलब था कि मैंने अब तक क्रिकेट के हर स्वरूप में अपने अंतिम सभी मैच जीत लिए थे। यह एक ऐसा रिकॉर्ड था, जिस पर मुझे बहुत नाज़ था और मैं उम्मीद कर रहा था कि मैं भारत के लिए अपनी अंतिम श्रृंखला में इसे अक्षुण्ण रख पाऊँगा। लाहली ने अच्छी तैयारी करा दी थी। अब मैं कोलकाता में अपने आख़िरी टेस्ट मैच से पहले वाले टेस्ट मैच की बाट जोह रहा था।

अलविदा ईडन गार्डन्स

मुंबई में घर पर कुछ दिन आराम करने के बाद और मुंबई तथा गोआ के मंदिरों की यात्रा करने के बाद, जिनमें मैं हमेशा ईश्वर का आशीर्वाद लेने जाता हूँ, मैं 3 फ़रवरी 2013 की शाम को कोलकाता पहुँच गया। हमेशा की तरह द्वारकानाथ और कल्पा सांझगिरि ने मुझे श्रृंखला की पूर्व संध्या पर शुभकामनाएँ देते हुए लड्डू भेजे। हवाई अड्डे पर क्रिकेट एसोसिएशन ऑफ़ बेंगॉल ने एक संक्षिप्त स्वागत समारोह आयोजित किया था और मेरे स्वागत के लिए टर्मिनल के भीतर बहुत सारे लोग थे। दरअसल, पुलिस को भीड़ पर क़ाबू करने में बहुत मुश्किलें आ रही थीं और मुझे जल्दी से लाउंज में जाना पड़ा, ताकि उन्हें परिस्थितियों को शांत करने के लिए थोड़ा समय मिल जाए।

अगले आधा घंटे में भी स्थिति में कोई सुधार नहीं हुआ और मुझे लगा कि मैं जितना ज़्यादा इंतज़ार करूँगा, मेरे लिए हवाई अड्डे से बाहर निकलना उतना ही मुश्किल होगा। मैंने पुलिस को बता दिया कि मुझे जल्दी से जल्दी होटल पहुँचना है। बहुत सारे सुरक्षाकर्मी कार तक मेरे साथ आए, जबकि भीड़ ने मुझ पर गुलाब के फूलों की पंखुड़ियाँ बरसाईं। प्रेम अभिभूत करने वाला था। कोलकाता हमेशा ऐसा शहर रहा है, जो अपने क्रिकेट से प्रेम करता है और वहाँ के लोगों ने हमेशा गर्मजोशी से मुझे गले लगाया है। मैं आनंदित था कि 199वाँ टेस्ट मैच ईडन गाडर्न्स में खेला जाने वाला था, जो माहौल की दृष्टि से संसार के सर्वश्रेष्ठ मैदानों में से एक है।

कोलकाता में मेरे पहले दो दिनों के दौरान पिंटू (रघुनाथ बासक) ने हर दिन लगभग दो घंटे तक मेरी मालिश की, ताकि मैं तनावरहित हो सकूँ। मेरे मित्र समर पॉल मेरे लिए घर से भोजन लाए और हम सभी ने मेरे कमरे में विराट, रोहित, अजिंक्या और प्रज्ञान ओझा के साथ डिनर लिया। मैं समर दा को 1991 से जानता हूँ और उनसे मेरा परिचय दिलीप वेंगसरकर ने कराया था। कोलकाता की हर यात्रा उस भोजन से ख़ास बन जाती थी, जो समर दा हमारे लिए कृपापूर्वक घर से लाते थे। पिंटू भी 1994 से कोलकाता में लगातार साथ रहे थे और यह एक दिनचर्या है कि वे मेरी मालिश करेंगे और अंत में हम मेरे कमरे में डिनर लेंगे। इसके अलावा, जब भी मैं कोलकाता जाता था, तो जयदीप मुखर्जी हमेशा मुझे काली मंदिर ले जाते थे और मैं इन यात्राओं की हमेशा राह देखता था।

जब मैं 4 नवंबर की सुबह को मैदान पर पहुँचा, तो मैं एक चीज़ को देखकर अभिभूत हो गया, जो वहाँ मेरा स्वागत करने के लिए खड़ी थी। यह मेरी एक

मोम-प्रतिमा थी, जो ड्रेसिंग रूम के ठीक बाहर लगी थी। इसके अलावा, दीवारें मेरे करियर की अलग-अलग अवस्थाओं की तस्वीरों से ढँकी हुई थीं।

मैंने अपने सामान्य मैच से पहले की दिनचर्या पर यथासंभव अमल करने का प्रयास किया। मैंने कुछ समय तक नेट्स में बल्लेबाज़ी की, लेकिन मैं फुटबॉल खेलते समय काफ़ी सावधान रहा, क्योंकि मैं चोटिल नहीं होना चाहता था। इसके बाद हम होटल पहुँचे और मैं जिम गया। इसके बाद मैं फ़िल्में देखकर और संगीत सुनकर तनावरहित हुआ। यह सब बहुत सामान्य था। मैंने अपनी टीम के साथियों के साथ डिनर किया और मैं बहुत अच्छी मानसिकता में था।

जब से रिटायरमेंट की घोषणा हुई थी, हर न्यूज़ चैनल मेरे करियर पर बातें कर रहा था और जहाँ तक संभव था, मैंने खुद को इससे दूर रखने की कोशिश की। फिर भी मैंने कुछ कवरेज देखा और मैं यह सोचे बिना नहीं रह पाया कि टेस्ट क्रिकेट में मेरे पदार्पण के बाद से कितने सारे साल गुज़र गए थे। हर उस चीज़ की याद दिलाया जाना सुखद था, जो मैं अपने करियर में हासिल कर पाया था, लेकिन मेरे पास अब भी एक काम था, जो मुझे करना था और मैं खुद को विचलित नहीं होने दे सकता था। मैं मुंबई में दूसरे टेस्ट के अंत से पहले मानसिक रूप से रिटायर नहीं होना चाहता था।

199वाँ टेस्ट

6 नवंबर 2013 को वेस्ट इंडीज़ ने टॉस जीता और पहले बल्लेबाज़ी करने का निर्णय लिया। पहली सुबह ईडन गार्डन्स में अच्छी भीड़ थी। घर पर प्रार्थना करने की अपनी सामान्य दिनचर्या को छोड़कर अपवादस्वरूप अंजलि मैच देखने आ गई थीं और उन्हें तथा अर्जुन को दर्शक दीर्घा में देखकर मुझे असली हैरानी हुई थी। जब मैंने उनसे एक रात पहले बात की थी, तो मुझे एहसास हो गया था कि कोई खिचड़ी पक रही थी, लेकिन मैं नहीं जान पाया कि क्या। बाद में पता चला कि उन्होंने मेरे मित्र और सह-लेखक बोरिया मजूमदार से बात की थी और इस यात्रा की योजना छिपाकर बनाई थी, ताकि मुझे सरप्राइज़ दे सकें। मुझे उनके वहाँ होने का पता तभी चला, जब यह घोषणा की गई कि वे दर्शक दीर्घा में मौजूद हैं। मुझे कहना चाहिए कि दिन का खेल ख़त्म होने पर जब हम मिले, तो उन दोनों को देखकर बहुत खुशी हुई।

कोलकाता की उस ख़ास यात्रा के पीछे की कहानी अंजलि ने मुझे इस तरह बताई थी। यह हमारी परंपरा थी कि वे किसी टेस्ट श्रृंखला की पूर्व संध्या पर मुझे शुभकामना देंगी। कोलकाता के लिए रवाना होने से पहले मैंने अंजलि से

कहा था कि वे यह शुभकामना आख़िरी बार दे रही हैं। अंजलि ने मुझे बाद में बताया कि जब मैं अजीत भाई के साथ हवाई अड्डे के लिए निकला, जो कहीं भी यात्रा करते वक़्त हमेशा मुझे छोड़ने जाते थे, तो वे अपने आँसुओं को नहीं रोक पाईं। उसे अर्जुन के क्रिकेट कोचेस से मिलने जाना था, जो इंग्लैंड से आए थे। यह मुलाक़ात वॉटरस्टोन्स क्लब में होनी थी, जो हवाई अड्डे के क़रीब था, इसलिए वह ज़्यादातर रास्ते मेरे पीछे आने वाली कार में थीं, जबकि उनके गालों पर आँसू बह रहे थे। जब वे क्लब पहुँचीं, तो वे अपने जज़्बातों पर क़ाबू नहीं रख पाईं और जब वे अर्जुन के कोचों से मिलीं, तो फूट-फूटकर रोने लगीं। बेचारे कोच यह नहीं समझ पाए कि उन्हें देखकर वे इतने ज़ोर-ज़ोर से क्यों रो रही हैं! तब अंजलि ने उन्हें असली कारण बताया, जिस पर उन्होंने ज़ोर दिया कि वे भी उसके साथ मेरा मैच देखने के लिए कोलकाता चलेंगे।

हमने पहले दिन वेस्ट इंडीज़ को 234 रनों पर आउट कर दिया और जब मैं दूसरे दिन की सुबह बल्लेबाज़ी करने उतरा, तो मैं अच्छा प्रदर्शन करने के लिए व्याकुल था। मैंने कुछ अच्छे शॉट खेले, लेकिन फिर मैं एक ऐसे एलबीडब्ल्यू निर्णय का शिकार हो गया, जिससे मैं बहुत ख़ुश नहीं था। ज़ाहिर है, ये बातें खेल का हिस्सा हैं, लेकिन मुझे ऐसा लगा कि ऑफ़ स्पिनर शेन शिलिंगफ़ोर्ड की गेंद स्टंप के ऊपर से जा रही थी। यह कुंठाजनक था, लेकिन मैं इस बारे में कुछ नहीं कर सकता था। रीप्ले में दिख रहा था कि गेंद स्टंप के कम से कम छह इंच ऊपर से निकलती।

कुछ विकेट जल्दी गिरने के कारण हम दबाव में थे, लेकिन फिर रोहित शर्मा और अश्विन ने पारी को सँभाल लिया। रोहित ने टेस्ट मैच में पदार्पण करते हुए बेहतरीन खेल का प्रदर्शन किया और अश्विन आदर्श जोड़ीदार थे। दोनों ने शतक बनाए और उनकी 280 की साझेदारी हमें टेस्ट जिताने में सहायक रही। इसने वेस्ट इंडीज़ की हवा निकाल दी। टेस्ट मैच पदार्पण करने वाले दूसरे खिलाड़ी मोहम्मद शमी ने दूसरी पारी में रिवर्स स्विंग गेंदबाज़ी के उत्कृष्ट स्पेल से काम पूरा किया और पहली पारी में चार के बाद दूसरी पारी में पाँच विकेट लिए। वे गेंद को काफ़ी दूर तक घुमा सकते हैं और उनके सामने एक उज्ज्वल भविष्य है।

हम एक पारी और 51 रनों से तीन ही दिनों में मैच जीत गए। सम्मान समारोह एक ख़ास अवसर बन गया, जब मेरे 199वें टेस्ट मैच का जश्न मनाने के लिए तिरंगे गुब्बारे छोड़े गए और मैं कुछ सचमुच सुखद यादें लेकर ईडन गार्डन्स से लौटा।

अपने विचार बटोरने का समय

मैंने 8 नवंबर की शाम को मुंबई जाने का फ़ैसला किया, ताकि मैं अपने 200वें टेस्ट मैच से पहले घर पर खुद को ज़्यादा समय दे सकूँ। कोलकाता हवाई अड्डे पर जहाँ भी मैं गया, विशाल भीड़ मेरे साथ-साथ चलने लगी। सौभाग्य से आठ सशस्त्र कमांडो हवाई अड्डे पर मेरे साथ थे, वरना परिस्थितियाँ थोड़ी बेक़ाबू हो सकती थीं। यह थोड़ा परेशान करने वाला था, क्योंकि मैं फ़ोटो और ऑटोग्राफ़ देकर किसी तरह पूरी भीड़ को खुश नहीं कर सकता था। मैंने एयरपोर्ट मैनेजर से कहा कि वे मुझे जल्दी से जल्दी लाउंज में पहुँचा दें। हम सिक्युरिटी चेक के बाद टर्मिनल के दूर वाले छोर तक चलकर गए और तब मैंने देखा कि यह सार्वजनिक लाउंज था।

भीड़ मेरा पीछा कर रही थी और मैंने मैनेजर से पूछा कि क्या हम जाकर किसी दूसरे लाउंज में बैठ सकते हैं। उन्होंने कहा कि सिक्युरिटी चेकपॉइंट के बाद यही एकमात्र विकल्प है और जहाँ मैं बैठूँगा, वे उस इलाक़े के चारों ओर रस्सी बँधवा देंगे। मैं ऐसा करने के लिए तैयार नहीं था, क्योंकि मैं लोगों को ग़लत संदेश नहीं देना चाहता था। ऐसा नहीं था कि मैं उनसे मिलने या ऑटोग्राफ़ देने का इच्छुक नहीं था। मैंने कभी भी ऑटोग्राफ़ देने से इंकार नहीं किया है, क्योंकि मैं इसे अपने प्रशंसकों के प्रति अपना कर्त्तव्य मानता हूँ, जो मेरे पूरे करियर में मेरे साथ खड़े रहे। लेकिन अगर मैंने ऑटोग्राफ़ देना या फ़ोटो खिंचाना शुरू कर दिया, तो लाउंज के भीतर एक गंभीर सुरक्षा मसला बनने का जोखिम था।

तब मैंने ड्यूटी मैनेजर को यह जाँच करने को कहा कि क्या हवाई जहाज़ तैयार है। मुझे आशा थी कि मैं जाकर इसमें बैठ सकता हूँ। मुझे बताया गया कि इसकी सफ़ाई चल रही है, लेकिन मैंने सोचा कि भीड़ को दूरी पर रखने के बजाय बेहतर यही होगा कि मैं हवाई जहाज़ में पहले ही चढ़ जाऊँ। मैं अंदर जाकर अकेला बैठ गया। एक बार अंदर पहुँचने पर मैंने सारे सफ़ाई कर्मियों और क्रू के साथ फ़ोटो खिंचवाए, जो विमान को कोलकाता लाए थे और जो अब भी विमान में थे। जब विमानकर्मी बदले, तो मैंने धैर्यपूर्वक इंतज़ार किया। एक बार जब नया क्रू काम पर आ गया, तो मैंने उनसे स्क्रीन एक तरफ़ करने को कहा, ताकि अंदर आने वाले यात्री फ़ोटो न लेने लगें, क्योंकि इससे उड़ान में विलंब हो सकता था। मुझे हवा में पहुँचने के बाद ऑटोग्राफ़ साइन करने में खुशी होती थी, लेकिन मुझे यह गवारा नहीं था कि मेरी वजह से दूसरे यात्रियों को असुविधा हो और यात्रा में विलंब हो। क्रू सहमत हो गया और मैं अपनी जगह पर बैठ गया।

हवा में पहुँचने के बाद जल्दी ही मेरे दिमाग़ में यह बात आई कि मैं अपने करियर का आख़िरी टेस्ट मैच खेलने के लिए यात्रा कर रहा हूँ। यह सब बहुत जल्दी ख़त्म हो जाएगा। जल्दी ही मेरे हाथ में एक माइक होगा और मुझसे संसार को संबोधित करने को कहा जाएगा, मुझसे अपने सारे प्रशंसकों और समर्थकों को अपनी भावनाएँ बताने को कहा जाएगा। यह उन लोगों को धन्यवाद देने का मेरा आख़िरी अवसर भी होगा, जो इतने बरसों में मेरे साथ खड़े रहे। इसके बावजूद मैंने इस बात की कोई योजना नहीं बनाई थी कि मैं क्या कहूँगा या मैं किसे धन्यवाद दूँगा। मैं जानता था कि मुझे सावधान रहना था, क्योंकि एक बार पिछले मौक़े पर मुझे ऐसा ही भाषण देना था और मैंने सोचा था कि मैंने हर एक को धन्यवाद दे दिया था - जब तक कि कमेंटेटर हर्षा भोगले मेरे बचाव के लिए आकर मेरे कानों में नहीं फुसफुसाए कि मैंने अंजलि का तो ज़िक्र ही नहीं किया था! कोलकाता से उस हवाई जहाज़ में बैठकर मुझे एहसास हुआ कि मेरे पास दो घंटे का समय था, जिस दौरान कोई मुझे फ़ोन नहीं करेगा या मुझसे बात नहीं करेगा और यह मेरे भाषण के बारे में सोचने का आदर्श समय था। मैंने अपना आईपैड निकाला और उन सभी लोगों के नाम लिखने लगा, जिन्हें मुझे धन्यवाद देने की ज़रूरत थी और यह काम मैंने बहुत शुरुआत से किया।

यह करते वक़्त मैं ख़ुद को याद दिलाता रहा कि मेरे पास करियर में अब भी दस दिन का समय बचा था और मैं मैदान पर हर पल का आनंद लूँगा। मेरे पास दो पारियाँ बची थीं और मैं चाहता था कि मैं अपने प्रशंसकों के लिए ऐसी यादें छोड़ जाऊँ, जिन्हें वे सँजोकर रखें। जब विमान मुंबई में उतरने लगा, तो मैंने बीते हुए वर्षों के बारे में सोचा। यह काफ़ी अच्छी यात्रा थी।

27

अंतिम टेस्ट

कोलकाता में मैच जल्दी ख़त्म होने की बदौलत मैंने अपनी टीम के साथियों के पास दोबारा जाने से पहले घर पर दो शांति भरे दिन गुज़ारे। मैंने सारे हंगामे से पहले अपना ज़्यादातर समय खुद को दिया। मैंने जो एकमात्र क्रिकेट खेला, वह अपने बेटे के साथ हमारे पीछे वाले आँगन में था, जब उसने कुछ शॉर्ट पिच गेंदों से मेरा इम्तहान लेने की कोशिश की - टेनिस बॉल से। उसके साथ थोड़े मज़े करना बेहतरीन था।

11 नवंबर को मैं मुंबई सी लिंक पर बाक़ी टीम से मिला, जब हम कांदीवाली जिमखाना जा रहे थे, जिसका नामकरण मुंबई क्रिकेट एसोसिएशन द्वारा आयोजित एक समारोह में मेरे नाम पर किया जा रहा था। यह बहुत बड़ा सम्मान था। यह बहुत अच्छा मैदान है और मुझे उम्मीद है कि यह इस इलाक़े की युवा प्रतिभा की जन्मस्थली साबित होगा।

जब हम अंततः ताज महल पैलेस होटल पहुँचे, तो मैं यक़ीन नहीं कर पाया कि उन्होंने किस क़दर ख़ास इंतज़ाम किया था। सारी लिफ़्टों में मेरे फ़ोटो लगे थे और उन्नीसवीं मंज़िल पर, जहाँ टीम रुक रही थी, हर दीवार पर मेरे फ़ोटो लगे थे। मेरे खुद के कमरे में हर छोटी से छोटी चीज़, जिसके बारे में आप सोच सकते थे, व्यक्तिगत थी। साबुन और शैम्पू से लेकर तकिए के कवर तक हर चीज़ पर मेरा नाम था और हर दिन ताज प्रबंधन मेरे लिए किसी तरह की ख़ास व्यक्तिगत मिठाई भेजता था, जैसे केक या चॉकलेट।

मैं अपने कमरे में सामान जमाने में व्यस्त था, तभी हमारे कोच डंकन फ़्लेचर ने मुझे फ़ोन किया। उन्होंने कहा कि टीम मेरे सम्मान में एक ख़ास शर्ट पहनना चाहती थी, जिस पर लिखा था, 'सचिन रमेश तेंदुलकर - 200वाँ टेस्ट मैच,' और उन्होंने पूछा कि कहीं मुझे इससे कोई दिक्क़त तो नहीं होगी। मैंने कहा कि यह बहुत फ़ख़्र की बात है और मैं अभिभूत था।

इसमें कोई शक नहीं था कि यह एक ऐसा अनोखा टेस्ट मैच होने वाला था, जैसा पहले कभी नहीं हुआ था। हर जगह मीडिया की भारी उपस्थिति थी, जो पहले से ज़्यादा थी। वे सारे घंटे होटल के बाहर थे, अभ्यास के लिए बस पर चढ़ते-उतरते समय हमारा फ़ोटो खींचने का इंतज़ार करते रहते थे। मैंने इस सबसे प्रभावित न होने की भरसक कोशिश की। इससे मदद मिली कि अभ्यास सत्र हमेशा वैसे ही थे, जैसे कि वे हमेशा रहे थे और मैंने नेट्स में बल्लेबाज़ी की तथा बाक़ी लोगों के साथ फुटबॉल खेली, जो मैं हमेशा खेलता था।

तिरंगे को दिखाना

एक चीज़ जिसका मुझे बेसब्री से इंतज़ार था, वह था कुछ ख़ास नए बैट स्टिकर्स और ग्रिप्स के साथ खेलना। डिज़ाइन में तिरंगा दिखता था और मैंने अपने प्रायोजक एडिडास तथा मेरे मैनेजर विनोद नायडू के साथ इस पर क़रीबी काम किया था। स्टिकर मेरे आख़िरी मैच के लिए ख़ास तौर पर बनाए गए थे और वे बाज़ार में किसी दूसरे बल्ले पर कभी नहीं लगने वाले थे। अपने 200वें और आख़िरी टेस्ट मैच में बल्लेबाज़ी करते वक़्त मैं उन्हें सबको दिखाने के लिए बेताब था।

स्टिकर्स और ग्रिप्स मैच के एक दिन पहले आ गए और मैं नहीं चाहता था कि कोई उन्हें मैच की सुबह तक देखे। मैंने अपने सारे बल्ले अपने कमरे में ले जाने के लिए रोहित शर्मा से किटबैग उधार लिया, जहाँ मैंने स्टिकर बदलने और नई ग्रिप चढ़ाने में घंटों लगाए। मैंने हमेशा अपने बल्लों पर ख़ुद काम किया है और इतने बरसों में मरम्मत करने में कई सुखद घंटे गुज़ारे हैं। मैंने अपने पेशे के औज़ारों के साथ क़रीबी जुड़ाव का आनंद लिया है और बाक़ी की टीम ने अक्सर इसका फ़ायदा उठाया है। अगर किसी को सैंडपेपर, गोंद या बैट टेप, बैट कोट, ग्रिप या ग्रिपर चाहिए होता था, तो वह मेरे पास आ धमकता था।

मैं अंजलि को नई छवि वाले बल्लों की तस्वीर भेजने से ख़ुद को रोक नहीं पाया। मैं परिणाम को देखकर बहुत ख़ुश था। तिरंगा हमेशा मेरे लिए सबसे ज़्यादा मायने रखता था और यह अपने देश के प्रति सम्मान दिखाने का मेरा तरीक़ा था। मैं अगली सुबह उनका इस्तेमाल करने के लिए बेताब था। जब मैं अपने कपड़े और दूसरी चीज़ें अगले दिन मैदान में ले जाने के लिए पैक कर रहा था, तो मेरे रोमांच के एहसास के साथ यह दुख भरा विचार भी था कि मेरे पास केवल चंद दिन ही बचे हैं।

14 नवंबर 2013, अंतिम टेस्ट का पहला दिन

रात की अच्छी नींद के बाद मैं पहले दिन की सुबह अपने सामान्य समय पर जागा। मैंने कमरे में अपनी चाय खुद बनाई, जो मैं हमेशा करता हूँ, और शॉवर लेने तथा प्रार्थना करने की अपनी दिनचर्या से गुज़रा। फिर मैंने हेडफ़ोन लगाया और नीचे जाकर टीम बस में बैठ गया, जिसे कम से कम एक हज़ार लोगों ने घेर रखा था।

जब हम मैदान में पहुँचे, तो मैंने सावधानी से अपने बल्ले रोहित के किटबैग से बाहर निकाले और उनके साथ अभ्यास करने के लिए चल दिया। वे शानदार दिख रहे थे और मेरी टीम के सभी साथियों ने उन पर टिप्पणी की, क्योंकि वे इस डिज़ाइन के पीछे के विचार को समझ सकते थे। इसमें कोई शक नहीं कि उन्होंने अवसर के महत्त्व को बढ़ा दिया था।

एक या दूसरे तरीक़े से, यह ऐसी सुबह थी, जैसी पहले कभी नहीं थी। सबसे पहले तो मुंबई क्रिकेट एसोसिएशन ने मुझे 200 टेस्ट मैच खेलने पर बधाई दी और फिर भारत सरकार ने इस उपलब्धि की सराहना करते हुए एक ख़ास टिकट जारी किया। मुझे बताया गया कि मैं इस तरह डाक टिकट से सम्मानित होने वाला केवल दूसरा जीवित व्यक्ति हूँ, पहली मदर टेरेसा थीं। मैं इस तरह की चीज़ पर क्या कह सकता था? सच कहूँ, तो मैं अवाक् था।

आख़िरकार क्रिकेट

ज़्यादातर भीड़ मुझे बल्लेबाज़ी करते देखना चाहती थी, इसलिए जब यह घोषणा की गई कि भारत ने टॉस जीत लिया था, तो भारी ख़ुशी की लहर दौड़ गई। लेकिन वे जल्दी ही निराश हो गए, जब एमएस धोनी ने फ़ील्डिंग करने का विकल्प चुना, क्योंकि ऐसी उम्मीद थी कि विकेट सुबह तेज़ गेंदबाज़ों को मदद देगा। थोड़ा उछाल था और यहाँ तक कि स्पिनर भी पहले दिन कारगर हो सकते थे।

ड्रेसिंग रूम से बाहर निकलते वक़्त कप्तान ने मुझे टीम में सबसे आगे चलने का सम्मान दिया, जो मैंने पूरे मैच में किया। इस तरह की बहुत सी छोटी-छोटी बातें ऐसी यादें हैं, जिन्हें मैं हमेशा सँजोए रखूँगा। जब हमने मैदान में क़दम रखा, तो टीम ने मुझे एक ख़ास यादगार कैप भी तोहफ़े में दी और मैंने उनसे झुंड बनाते समय संक्षिप्त भाषण दिया। मैंने उन्हें खेल के प्रति हमारे कर्तव्य की याद दिलाई और सारे समय क्रिकेट के जज़्बे को क़ायम रखने की बात कही। मैं इसे क्रिकेटरों की हर पीढ़ी का कर्तव्य मानता हूँ कि यह अगली पीढ़ी के सामने मिसाल पेश करे

और युवाओं को खेल को अंगीकार करने के लिए प्रेरित करे। हमें उस खेल के लिए कम से कम इतना तो करना ही चाहिए, जिसने हमें अपनी पहचान दी है।

जब मैंने स्टेडियम में चारों ओर देखा, तो मैं वाक़ई ख़ुश महसूस कर रहा था कि पहली बार मेरी माँ वहाँ बैठकर मुझे देख रही थीं। वास्तव में, मेरा पूरा परिवार, मेरी पत्नी और बच्चे, भाई, बहन और जीजाजी, अंकल और आंटी, सभी स्टेडियम में थे और मैं भीड़ के प्रेम और समर्थन से धन्य महसूस कर रहा था। कोई खिलाड़ी इससे ज़्यादा कुछ नहीं माँग सकता था। बस यही कसर रह गई थी कि मैं बल्ले से अच्छा प्रदर्शन कर दूँ, ताकि उस खेल पर मेरी अंतिम छाप छूट जाए, जिससे मैं इतना ज़्यादा प्रेम करता हूँ।

हमने शानदार गेंदबाज़ी करते हुए चाय के समय यानी 2 बजे तक वेस्ट इंडीज़ को 182 रन पर आउट कर दिया। प्रज्ञान ओझा ने पाँच विकेट लिए और अश्विन ने तीन। मुझे बाद में बताया गया कि मेरी माँ चाय के समय मैदान से जाने की सोच रही थीं, लेकिन तभी एक मित्र ने अंजलि से कहा कि अगर भारत ने दो विकेट गँवा दिए, तो मैं बल्लेबाज़ी करने उतर सकता हूँ। अंजलि ने माँ से पूछा कि क्या वे इंतज़ार कर सकती हैं और सौभाग्य से वे रुकने के लिए तैयार हो गईं। वे पहली बार दर्शक दीर्घा से मेरी बल्लेबाज़ी देखना चाहती थीं।

ईश्वर सचमुच सुन रहा होगा और 3:30 के कुछ समय बाद, जब स्कोर 77-2 था, तब मैं मैदान के बीच में पहुँचा। भीड़ 'स...चिन, स...चिन' चिल्ला रही थी और जब मैं स्ट्राइक लेने के लिए पिच पर चलकर गया, तो वेस्ट इंडीज़ के खिलाड़ियों तथा मैदान पर खड़े अम्पायरों ने मुझे गार्ड ऑफ़ ऑनर दिया। मैंने हर पल को सोखने की कोशिश की। पहला रन जल्दी बनाकर मैंने राहत की साँस ली। इसके बाद मैंने खुद का आनंद लेना शुरू किया और मेरा आत्मविश्वास हर चौके के साथ बढ़ता जा रहा था।

पहले दिन के खेल के आख़िरी ओवर में मेरी माँ को स्टेडियम की विशालकाय स्क्रीन पर पहली बार दिखाया गया। उनके स्क्रीन पर दिखते ही भीड़ ने ज़ोर से हर्षध्वनि की। जैसे ही मैंने उनका चेहरा देखा, मैं बहुत भावुक हो गया। मुझे अब दो बहुत मुश्किल चुनौतियों से जूझना था - अपने विकेट की रक्षा करना और अपनी भावनाओं को नियंत्रित करना। मैंने दोबारा खेलने से पहले संतुलित होने में समय लिया।

पलटकर देखने पर मुझे यह अच्छा विचार नहीं लगता कि मेरी माँ को पर्दे पर तब दिखाया गया, जब केवल एक ही ओवर का खेल बचा था। प्रसारित करने

वाले उन्हें टेलीविज़न पर दिखा सकते थे, लेकिन उन्हें स्टेडियम में तब दिखाना शायद अनुचित था, जब मैं उस दिन बचे रहने की अपनी सबसे अच्छी कोशिश कर रहा था। हालाँकि मैं समझता हूँ कि ते लोग अवसर को यादगार बनाने के लिए अपना सर्वश्रेष्ठ प्रयास कर रहे थे और मैं ऐसा करने के लिए उनका आभारी हूँ, लेकिन यह एक चीज़ शायद अलग तरीक़े से की जा सकती थी। यह सिलसिला मेरी माँ के साथ ही नहीं रुका। एक के बाद एक, वे मेरे परिवार के सदस्यों को पर्दे पर दिखाते रहे, जिससे विशाल भीड़ को बहुत आनंद आया।

इस सबकी वजह से मेरे लिए एकाग्र होना बहुत मुश्किल बन गया और मुझे ख़ुद को बताते रहना पड़ा कि मुझे अपने आस-पास होने वाली हर चीज़ की तरफ़ से आँख मूँदने की ज़रूरत है। सारे दिनों में से इस दिन मैं अपना सर्वश्रेष्ठ देना चाहता था। सुखद बात यह है कि मैं उस दिन बचे रहने में कामयाब हुआ और 38 पर नाबाद था। मुझे ख़ुशी थी कि मैं वहाँ पर डेढ़ घंटे के क़रीब रहा। लौटते वक़्त मैंने अपना बल्ला अपने परिवार की ओर उठाया।

जब मैं इन पलों की ओर पलटकर देखता हूँ, तो वे सपने जैसे लगते हैं। जब मेरी माँ ने ख़ुद को पहली बार विशाल पर्दे पर देखा, तो प्रतिक्रिया में उनकी जीभ संकोच के मारे बाहर को निकल गई थी, क्योंकि वे चकाचौंध की आदी नहीं थीं। यह इतना स्वाभाविक दृश्य था कि मेरी आँखों में आँसू छलछला आए। उन्हें सम्मान देने के लिए भीड़ का खड़े होना एक ऐसी चीज़ थी, जो मैं बेटे के रूप में माँग भी नहीं सकता था और मैं हर एक के प्रति दिल से शुक्रगुज़ार हूँ, जिसने उनके प्रति वह स्नेह और सम्मान दिखाया।

इस सारी भावना के बीच मैं दरअसल अर्जुन को मैदान में देखकर थोड़ा हैरान था। जब मैं टेस्ट मैच के लिए घर से निकला था, तो हमारे बीच इस बारे में लंबी बातचीत हुई थी कि उसे मैच में मुझे देखना चाहिए या अपना ख़ुद का अंडर-14 मैच खेलना चाहिए। अंततः यह निर्णय लिया गया कि उसे उसका मैच खेलने जाना चाहिए। फिर युवराज अर्जुन को उसके मैच के लिए छोड़ने गए, ताकि अर्जुन की इस निराशा की भरपाई हो सके कि वह मेरा 200वाँ टेस्ट मैच चूक रहा है। अर्जुन के सभी मित्र युवी को देखकर ख़ुश थे और अर्जुन को इस बात पर गर्व हुआ कि युवी ने उसे छोड़ा था। उस दिन अर्जुन का दिन और भी बेहतर हो गया, जब उसकी टीम को वॉकओवर मिल गया और वह टैक्सी में बैठकर वानखेड़े आ गया। उसने पुलिस वालों को यह विश्वास भी दिला दिया कि वह कौन था और मैंने उसे विशाल पर्दे पर देखा, जब वह बॉल बॉय के रूप में काम कर रहा था।

उस शाम को होटल में लौटकर मैंने आराम करने और पल का आनंद लेने की कोशिश की। मैं थका हुआ था, लेकिन इस बात पर खुश था कि मैं अब भी बल्लेबाज़ी कर रहा था। मैंने खाना खाया और जल्दी सोने चला गया। मैं जानता था कि सुबह मुझे महत्त्वपूर्ण काम करना था।

15 नवंबर 2013, अंतिम टेस्ट का दूसरा दिन

अगले दिन मैं अपने सामान्य समय पर उठा और अपनी सुबह की दिनचर्या पूरी करने के बाद हेडफ़ोन लगाकर संगीत सुनने लगा। जब मैं नीचे लॉबी में जा रहा था और फिर बस में चढ़ रहा था, तो लोगों ने मुझे शुभकामनाएँ दीं। सड़क के दोनों ओर खुश और रोमांचित भीड़ थी। मैंने बस संगीत पर ध्यान केंद्रित करने की कोशिश की और मेरे चारों ओर जो हो रहा था, उससे दूर बना रहा। स्पष्ट रूप से, मामला हमेशा जैसा नहीं था, लेकिन मैं नहीं चाहता था कि अवसर की विराटता मुझ पर हावी हो जाए।

मैदान में पहुँचने के बाद मैंने अपने बल्ले निकाले और अभ्यास करने चला गया। यह हमारा बल्लेबाज़ी का दिन था और ऐसे दिनों में खिलाड़ियों को यह छूट रहती थी कि वे जैसा जी चाहे अभ्यास कर सकते हैं। फ़ील्डिंग के दिनों में हमसे कुछ कैच पकड़ने और थोड़ी-बहुत फ़ील्डिंग का अभ्यास करने की आशा की जाती थी। डंकन ने कहा कि हमें बस कुछ स्ट्रेचिंग व्यायाम करने हैं और फिर हम अपना मनचाहा अभ्यास कर सकते हैं। मैं कुछ थ्रो-डाउन्स पर बल्लेबाज़ी करने के लिए नेट्स में गया और फिर तैयार होने के लिए ड्रेसिंग रूम में लौटा।

जब हम बल्लेबाज़ी करने उतरे, तो मैं बहुत अच्छा महसूस कर रहा था। हर बार जब मैंने गार्ड लिया और नया बैट स्टिकर देखा, तो मुझे प्रफुल्लता की एक अजीब भावना महसूस हुई। मैंने हमेशा तिरंगे की ख़ातिर क्रिकेट खेला था। अब मैं जब भी नीचे देखता था, तो इसे अपने बल्ले पर देख सकता था। यह एक शानदार भावना थी। दर्शक दीर्घा में मेरी माँ की उपस्थिति ने भी मेरे संकल्प को बढ़ा दिया।

टाइनो बेस्ट ने तेज़ गेंदबाज़ी का एक शानदार स्पेल किया और कई अवसरों पर मेरा इम्तहान लिया। बाद में जाकर मुझे पता चला कि उस दिन उनके बेटे का जन्मदिन था और उन्होंने बेटे से वादा किया था कि जन्मदिन के तोहफ़े के रूप में वे मेरा विकेट लेंगे। एक अवसर पर जब मैं बीट हुआ, तो वे अपील करने लगे। मैंने हँसकर पूछा कि उन्हें हो क्या गया है, क्योंकि गेंद तो मेरे बल्ले से मीलों दूर थी! अगले ओवर में मुझे एहसास हो गया कि वे मुझे बाउंसर डालने वाले हैं और

मैं इसके लिए तैयार था। मेरे पास अपर कट खेलने के लिए संसार में सारा समय था - लेकिन फिर भी मैं इसे कुछ इंच से चूक गया। मैं नहीं जानता कि मैं उनकी किसी भी शॉर्ट गेंद पर बल्ला क्यों नहीं लगा पा रहा था। मैंने आख़िरकार कवर ड्राइव लगाने में कामयाबी पाई और जब गेंद को सीमारेखा के पार से लाया जा रहा था, तो मैंने मज़ाक़ में टाइनो बेस्ट को मुक्का मारकर कहा कि यह उनका सौभाग्यशाली दिन है, क्योंकि उनके ख़िलाफ़ मैं कम से कम चार चौके चूक गया था। हम मैदान के बाहर अच्छे दोस्त हैं और मैदान में ख़ूँख़ार प्रतिस्पर्धी हैं।

मैंने एक स्ट्रेट ड्राइव से अपना अर्धशतक बनाया और अपनी माँ की ओर बल्ला उठाया। आनंदित भीड़ 'स...चिन, स...चिन' चिल्लाती रही और मैदान में रहना अलौकिक अनुभव लग रहा था। जब मैं गेंद का सामना नहीं भी कर रहा होता था, तब भी भीड़ यही नारा लगाती रहती थी।

पहले ड्रिंक्स ब्रेक के लगभग पाँच मिनट बाद नरसिंह देवनारायण को गेंद थमाई गई। मैं जानता था कि वे यदा-कदा गेंदबाज़ी करने वाले ऑफ़ स्पिनर थे, जो शायद केवल तीन-चार ओवर ही डालेंगे। मैंने खुद से कहा कि मुझे उनके ख़िलाफ़ कोई मूर्खतापूर्ण चीज़ नहीं करनी चाहिए, बस एक-एक रन बनाना चाहिए। अगर कोई ख़राब गेंद हो, तभी मुझे उस पर चौका मारना चाहिए।

जिस गेंद पर मैं आउट हुआ, वह मेरी उम्मीद से थोड़ी ज़्यादा उछली। यह एक फुल डिलिवरी थी और उनकी सामान्य गेंद से ज़्यादा तेज़ थी। मैंने सोचा कि मैं इसे बैकवर्ड पॉइंट पर कट करके चार रन बना सकता हूँ। मैं थोड़ी देर पहले शिलिंगफ़ोर्ड के ख़िलाफ़ ऐसा ही एक शॉट खेल चुका था। यह सब एक झटके में हुआ। इससे पहले कि मुझे पता चले, मैं शॉट खेल चुका था और गेंद स्लिप में खड़े डैरेन सैमी की तरफ़ जा रही थी। यह उनके सीने से टकराई और उन्होंने दूसरे प्रयास में इसे पकड़ लिया। मैं 74 रन बनाकर आउट हो गया, जबकि टीम का स्कोर 221-3 था।

जब मैं पवेलियन की ओर जा रहा था, तो मेरे दिमाग़ में विचारों का सैलाब आया हुआ था। मैंने वह शॉट क्यों खेला? उस गेंद पर कट क्यों करना, जब मैं उसे कवर में एक रन के लिए खेल सकता था या कीपर के लिए भी छोड़ सकता था? मुझे उस कट शॉट के लिए किस चीज़ ने प्रेरित किया? आउट होने के बाद मैंने अपने करियर में हमेशा अपने शॉट चयन पर सवाल किए हैं और यह पारी भी भिन्न नहीं थी।

तब मेरे दिमाग़ में यह विचार आया कि हो सकता है कि दूसरी पारी की

नौबत ही न आए। मुझे यह ख़्याल आया कि हो सकता है कि यह आख़िरी मौक़ा हो, जब मैं भारत के बल्लेबाज़ के रूप में मैदान से बाहर जा रहा होऊँ। मैच के रुख़ को देखते हुए इस बात की अच्छी संभावना थी कि हमें दोबारा बल्लेबाज़ी न करनी पड़े। इस विचार ने मुझे एक पल रुकने और भीड़ का नज़ारा क़ैद करने तथा उनके सारे समर्थन और प्रोत्साहन के लिए उनकी ओर अपना बल्ला उठाने के लिए प्रेरित किया। लेकिन जब मैं ड्रेसिंग रूम की सीढ़ियाँ चढ़ा, तब भी निराशा मेरे साथ थी। मैं जानता था कि मैं बड़ी पारी चूक गया था।

जैसा रोहित शर्मा ने कोलकाता में किया था, यहाँ भी उन्होंने असाधारण बल्लेबाज़ी की और उनके दूसरे लगातार शतक तथा पुजारा के 113 रनों की बदौलत टीम का स्कोर 495 पर पहुँच गया। हमारे पास 313 रनों की बढ़त थी। वेस्ट इंडीज़ की दूसरी पारी में शीर्ष क्रम बिना ज़्यादा प्रतिरोध किए ढह गया। एक समय तो ऐसा आया, जब भीड़ क्रिस गेल के लिए तालियाँ बजाने लगी। वे चाहते थे कि वेस्ट इंडीज़ वाले अच्छे रन बना लें, ताकि मैं एक बार फिर से बल्लेबाज़ी कर सकूँ! यह मज़ेदार भी था और आश्चर्यजनक भी।

दूसरे दिन के अंत तक यह काफ़ी स्पष्ट हो गया कि हम एक पारी से जीत जाएँगे और 16 नवंबर 2013 भारतीय क्रिकेटर के रूप में मेरा अंतिम दिन होगा।

16 नवंबर 2013, अंतिम टेस्ट का तीसरा दिन

वेस्ट इंडीज़ ने 43-3 से दिन शुरू किया और जल्दी ही स्कोर 89-6 हो गया। सातवें विकेट के पतन पर मुझे महसूस हुआ कि अब ज़्यादा समय नहीं लगेगा। हर विकेट अंतिम पल को क़रीब ला रहा था। 24 सालों की यात्रा अब ख़त्म होने वाली थी।

जब नवाँ विकेट गिरा और मैं गेंदबाज़ को बधाई देने के लिए दौड़ा, तो धोनी ने मुझसे दूर खड़े रहने को कहा, क्योंकि टीम कोई योजना बना रही थी। मैं जाकर स्क्वेयर लेग अंपायर के पास खड़ा हो गया, जबकि मेरे बाक़ी साथी बीच में झुंड बनाकर खड़े थे। मैं खुद को जज़्बाती होने से नहीं रोक पाया। यह सब इतनी जल्दी ख़त्म हो रहा था।

कुछ ही ओवर के भीतर अंतिम पल आया। मोहम्मद शमी ने एक फुल गेंद पर आख़िरी विकेट लिया, जिसने शैनन गैब्रियल का मिडिल स्टंप उखाड़ दिया। मैं एक बार फिर अपनी जगह से दौड़ा और एक स्टंप उखाड़कर अपनी टीम के एक साथी से कहा, *'ये स्टंप तो मुझे चाहिए ही चाहिए।'* लेकिन एक बार फिर

धोनी ने कहा कि मुझे कुछ समय के लिए दूर खड़ा होना चाहिए, क्योंकि उन्होंने किसी ख़ास चीज़ की योजना बनाई थी।

मैं पिच के दूसरे छोर पर खड़ा रहा, जब बाक़ी टीम ने अपनी योजना को अंतिम रूप दिया। फिर रवि शास्त्री अपने टेलीविज़न प्रसारण के लिए मैदान में आए। उन्होंने मुझे मेरे करियर पर बधाई दी और खेल के प्रति मेरे योगदान के बारे में कुछ बहुत अच्छी बातें कहीं। मैं अब भी खुद को बस जैसे-तैसे सँभाले हुए था। फिर टीम ने एक और गार्ड ऑफ़ ऑनर दिया, लेकिन इस बार यह अलग था। वे विकेट के दोनों सिरों पर दो लाइन बनाकर खड़े थे और मैं बीच में था, लेकिन जब मैंने चलना शुरू किया, तो क़तार के सिरे से खिलाड़ी सामने की ओर दौड़ते रहे, ताकि गार्ड ऑफ़ ऑनर पूरी सीमारेखा तक चले।

अब मैं अपने आँसू नहीं रोक पाया। यह बर्दाश्त के बाहर था। इतना सम्मान और प्रेम मुझे अभिभूत किए दे रहा था और मैं हमेशा याद रखूँगा कि मेरी टीम के साथियों ने मुझे किस तरह अंतिम विदाई दी थी। जब तक मैं मैदान से बाहर निकला, मैं खुलकर रो रहा था। मैं लोगों से नज़रें नहीं मिला सकता था और मुझे अपना चेहरा ज़मीन की तरफ़ झुकाए-झुकाए विपक्षी खिलाड़ियों से हाथ मिलाना पड़ा था। मैं नहीं चाहता था कि वे मुझे किसी बच्चे की तरह रोते देखें। मैंने यही हमारे समर्थन स्टाफ़ के साथ किया। इसके बाद मैं सीढ़ियों से दौड़ता हुआ ड्रेसिंग रूम की तरफ़ गया और सीधे बाथरूम में घुस गया।

वहाँ मैं फूट-फूटकर रोया। मैं लगभग दस मिनट तक रोया, जब तक कि मैंने आख़िरकार खुद से यह नहीं कहा कि अब बहुत हो गया। मैंने चेहरा धोया और एक तौलिया अपने सिर पर रखकर ड्रेसिंग रूम वापस लौटा और अपनी जगह पर बिलकुल अकेला बैठ गया। मेरी टीम के साथियों ने मुझे ख़ाली जगह प्रदान की थी और ड्रेसिंग रूम में मुझे विचलित करने वाला कोई नहीं था। मैंने अपने किटबैग को देखा और अपने सामान को धन्यवाद दिया कि इसने ज़िंदगी भर मेरा साथ दिया था।

मैं धीरे-धीरे इस पल के सामंजस्य में आने लगा था, तभी कोई यह कहने आया कि ब्रायन लारा और वेस्ट इंडीज़ की टीम मेरा इंतज़ार कर रहे थे और ब्रायन ने किसी कार्यक्रम की योजना बनाई थी। किसी विपक्षी टीम के लिए ऐसी चीज़ करना काफ़ी असामान्य बात थी और यह बहुत मर्मस्पर्शी था। मेरा 200वाँ टेस्ट शिवनारायण चंद्रपॉल का 150वाँ टेस्ट भी था और ब्रायन ने हमारी उपलब्धियों पर हमें बधाई दी। ब्रायन और मैं अच्छे मित्र रहे हैं और उनके शब्द मेरे लिए बहुत मायने रखते हैं। मैंने चंद्रपॉल और वेस्ट इंडीज़ की क्रिकेट शैली

के बारे में संक्षेप में बोला और फिर सभी खिलाड़ियों ने मेरे साथ फ़ोटो खिंचवाए।

मैं सम्मान समारोह में टीम के साथ बाहर जाने के लिए तैयार होने ड्रेसिंग रूम गया। मेज़बान प्रसारणकर्ता स्टार स्पोर्ट्स से कोई मेरे पास आया और कहा कि रवि शास्त्री मुझसे सम्मान समारोह में कुछ सवाल पूछेंगे, लेकिन मैंने कहा कि मैं खुद बोलना पसंद करूँगा। मैंने यह भी कहा कि अगर उन्हें दिक्क़त न हो, तो मैं सामान्य से थोड़ा ज़्यादा बोलूँगा। मैंने कहा कि बेहतर यही होगा कि सभी खिलाड़ियों के पुरस्कार लेने के बाद मुझे माइक थमाया जाए। वे तुरंत सहमत हो गए और बोले कि मैं जितना चाहूँ उतना बोल सकता हूँ, क्योंकि उनके पास मेरे लिए संसार में सारा समय था!

एक भाषण दिल से

मुझे आख़िरकार प्रस्तुति के अंत में माइक दिया गया, लेकिन इससे पहले कि मैं कुछ बोल पाऊँ, भीड़ 'स...चिन, स...चिन' चिल्लाने लगी और रुकने का नाम ही नहीं ले रही थी। जैसा मैं कई बार पहले भी कह चुका हूँ, ये नारे मेरे कानों में तब तक गूँजते रहेंगे, जब तक मैं ज़िंदा रहूँगा। मैंने भीड़ से शांत होने को कहा। मैंने कहा कि मैं पहले से जितना जज़्बाती हूँ, उससे ज़्यादा जज़्बाती न बनाएँ। मैं अपने साथ पानी की एक बोतल भी लाया था, ताकि अगर बीच में भावनाओं के कारण मेरा गला रुँध जाए, तो काम आए।

मैंने अपनी जेब से उन लोगों की सूची निकाली, जिन्हें मैं धन्यवाद देना चाहता था। इस सूची को मैंने पहले टेस्ट मैच के बाद कोलकाता से लौटते वक़्त हवाई जहाज़ में लिखा था। चुनौती अब हर एक के बारे में अलग-अलग बातें कहने की थी। वे सभी मेरे लिए बहुत ज़्यादा मायने रखते थे और मैं उनके योगदान के लिए उन सभी को व्यक्तिगत रूप से धन्यवाद देना चाहता था। किसी तरह, शब्द मेरे मुँह से निकलने लगे और मैंने अपना दिल निकालकर रख दिया।

जब बड़े पर्दे पर मेरी टीम के साथियों सौरव, राहुल और लक्ष्मण को दिखाया गया, तो मैंने उनके बारे में बोला। जब मैं अपनी पत्नी के बारे में बोल रहा था, तो मैं पर्दे पर देख सकता था कि वह रो रही है और सारा उसे तसल्ली दे रही है। अर्जुन ने भी अपनी माँ को तसल्ली दी, जब मैं अपने जीवन में सबसे अच्छी साझेदार को धन्यवाद दे रहा था। मैं उसकी जितनी भी प्रशंसा करूँ, कम है।

मैंने अपने प्रशंसकों और भारतीय क्रिकेट के समर्थकों को धन्यवाद दिया, जो हमेशा मेरे साथ खड़े रहे थे। उनके लिए यह मायने नहीं रखता था कि मैंने

शून्य बनाया है या सौ। वे लोग हमेशा मेरे साथ थे और उनका समर्थन मेरे लिए शक्ति का सबसे बड़ा स्त्रोत रहा है।

यहाँ एक घटना को बताना प्रासंगिक है, जो मैं हमेशा याद रखूँगा, जो बताती है कि मेरे प्रशंसक मेरे लिए कितने महत्त्वपूर्ण हैं। मैं एक बार चेन्नई में था, जहाँ मुझे कुछ ख़ास बच्चों से मिलने का अवसर मिला। उनकी शिक्षिका ने व्हीलचेयर में एक बच्चे की ओर इशारा करके कहा कि वह मेरा सबसे बड़ा प्रशंसक है और उसकी सबसे बड़ी महत्त्वाकांक्षा मेरा बल्ला थामने की थी। मैंने उसके शरीर पर हाथ फेरकर कहा, 'ठीक है। चलो हम मिलकर क्रिकेट खेलते हैं।' तुरंत मैंने किसी को ड्रेसिंग रूम से अपना बल्ला और दो टेनिस बॉल लाने के लिए भेज दिया। मुझे पूर्ण आश्चर्य हुआ और बेहद आनंद आया, जब उस लड़के ने खड़े होकर अपने दम पर तीन गेंदें खेलीं। उसके लिए ऐसा करना एक अविश्वसनीय काम था। हम सभी ने तालियाँ बजाकर उसका अभिनंदन किया और मैंने अक्सर इस बच्चे के बारे में बोला है, जिसने एक स्थायी प्रभाव छोड़ा।

कुछ समय बाद मैंने भीड़ को बताया कि मेरी बात जल्दी ही पूरी हो जाएगी, जिस पर मुझे यह चीख़ सुनाई दी 'नहींहींहींहीं!' ऐसा लग रहा था, वे चाहते थे कि मैं बोलता रहूँ। अंत में मैं बीस मिनट तक बोला। शायद पूरी ज़िंदगी में मैं कभी लगातार इतना लंबा नहीं बोला होऊँगा। मैं दरअसल नहीं जानता कि ऐसे मुश्किल समय मैं ऐसा कैसे कर पाया। ऐसा लग रहा था, जैसे ऊपर से किसी ने मुझे आशीर्वाद दिया था। इसके अलावा, मैं बयां नहीं कर सकता कि मैं किसी उलझन के बिना वह भाषण देने में कैसे कामयाब हुआ।

एक बार जब यह ख़त्म हो गया, तो हम विक्टरी लैप लगाने के लिए गए और मेरी टीम के साथियों ने मुझे वानखेड़े के चारों ओर उठाकर घुमाने का निर्णय लिया। कोई भी दर्शक स्टेडियम छोड़कर नहीं गया था और मैंने अपनी टीम के साथियों के कंधों पर बैठे-बैठे भीड़ की तरफ़ हाथ हिलाए और मेरे पूरे करियर में मेरे साथ रहने पर उन्हें धन्यवाद दिया। मैंने हमेशा यही उम्मीद की थी कि अंतिम लैप ऑफ़ ऑनर जीत में हो, क्योंकि क्रिकेट में इसके मेरे लिए बहुत मायने होंगे। पराजय में इसका महत्त्व विजय का 10 प्रतिशत भी नहीं होता। हमने मैच और श्रृँखला ख़ूबसूरती से जीती थी और इसका मतलब था कि मैंने खेल के सभी स्वरूपों में अपने सारे अंतिम मैच जीत लिए थे।

तब विराट कोहली ने मुझे याद दिलाया कि मुझे पिच को नमन करना है और मैं अकेला पिच की ओर बढ़ा। यह एक बहुत व्यक्तिगत पल था और क्रिकेट में अपनी यात्रा के अंत में मैं हमेशा इसे करना चाहता था। इस 22 गज़ की

पट्टी के बिना मैं कुछ भी नहीं होता और इसने जीवन भर मेरा ध्यान रखा था। हर चीज़ के लिए पिच को धन्यवाद देना और *नमस्कार* करना बिलकुल सही था।

एक अंतिम विदा

जब मैं ड्रेसिंग रूम में अकेला बैठा था, तो विराट एक बार फिर मेरे पास आए। मैं उनकी आँखों में आँसू देख सकता था। उन्होंने अपने हाथ बढ़ाए और कहा कि उनके पिताजी ने उन्हें कुछ धागे दिए थे, जो भारतीय अपनी कलाई में खुशक़िस्मती के लिए बाँधते हैं। और विराट हमेशा सोचते थे कि ये धागे किसे दें। यह कोई बहुत ख़ास होना चाहिए। फिर उन्होंने वे धागे मुझे थमा दिए और इसके बाद छोटे भाई के रूप में मेरे पैर छू लिए। मैं अवाक् था। मैंने उन्हें कसकर थाम लिया और बोला, *'अरे, तू ये क्या कर रहा है? तुझे यहाँ नहीं, यहाँ होना चाहिए।'* मैं इसके बाद एक शब्द भी नहीं कह पाया, क्योंकि भावनाओं के कारण मेरा गला रुँध गया था। आख़िरकार मुझे विराट से जाने को कहना पड़ा, क्योंकि मैं जानता था कि अगर मैंने कुछ और कहने की कोशिश की, तो मेरे आँसू निकल आएँगे। यह एक ऐसी बात थी, जिसे मैं कभी नहीं भूल सकता और मैंने विराट को उनके करियर में भारी सफलता की शुभकामना दी।

कुछ समय बाद मैंने मुंबई टीम के अपने साथी अजिंक्या रहाणे को हमारे ड्रेसिंग रूम के बग़ल वाले कमरे में बुलाया, जो इस मैच में हमारे बारहवें खिलाड़ी थे। मैं रहाणे को बरसों से जानता हूँ और देख चुका हूँ कि उन्हें इस खेल से कितना प्रेम है। उन्होंने पिछले कुछ बरसों से पूर्ण निष्ठा और समर्पण से क्रिकेट की सेवा की है। मैंने उनसे कहा कि उनके करियर में अब तक जो हुआ है, उससे उन्हें निराशा हो सकती है, लेकिन उन्हें अपनी निष्ठा और समर्पण जारी रखना चाहिए, क्योंकि मुझे यक़ीन है कि अजिंक्या को एक और मौक़ा मिलेगा। हाल-फ़िलहाल वे यह महसूस कर सकते हैं कि यह एक बेरहम खेल है, लेकिन मुझे यक़ीन था कि अगर वे क्रिकेट की उसी तरह सेवा करते रहेंगे, जिस तरह उन्होंने हमेशा की थी, तो क्रिकेट भविष्य में उनकी परवाह करेगा।

आख़िरकार स्टेडियम को छोड़ने का समय आ गया था। मैच को ख़त्म हुए कई घंटे बीत चुके थे और मैंने नाश्ते के बाद एक कौर भी नहीं खाया था। ताज प्रबंधन ने मुझे हलीम भेजा था (दाल और मीट की खिचड़ी, वही जो मैंने पाकिस्तान के पहले दौरे में खाई थी) और मैंने इसे अंजलि को थमा दिया था, ताकि हम इसे होटल जाकर खा सकें। जब हम बस में चढ़े, तो इतने बरसों में मेरे अच्छे मित्र सौरव गाँगुली मुझे आख़िरी बार बधाई देने आए। मैं उनके गले

लगने के लिए बस से उतर गया। दादा और मैंने इतने बरसों में कई महान पल साथ जिए हैं और हम एक दूसरे को तेरह साल की उम्र से जानते हैं।

जब बस होटल की तरफ़ चलने लगी, तो अंजलि ने कहा कि मैं जाकर ड्राइवर के बग़ल में खड़ा हो जाऊँ और हाथ लहराकर अपने समर्थकों को आख़िरी अलविदा करूँ। वे मरीन ड्राइव के दोनों सिरों पर इंतज़ार कर रहे थे और चिल्ला रहे थे 'स...चिन, स...चिन।' हमें ख़ुद को चिकोटी काटनी पड़ी कि कहीं यह सपना तो नहीं। यह मेरी आख़िरी विदाई थी और ये लोग, इनमें से प्रत्येक, इसे एक परीकथा बना रहा था। मैं सचमुच नहीं जानता कि मैंने इस सबका हक़दार बनने के लिए क्या किया था, लेकिन ऐसे दृश्यों को देखकर मैंने सचमुच धन्य महसूस किया। मैं किसी भी तरह के अफ़सोस के बिना क्रिकेट के मैदान को छोड़ रहा था।

एक अप्रत्याशित सम्मान

होटल की लॉबी में एक ख़ास रिसेप्शन था और दोपहर के 3 बजे तक अंजलि और मुझे एकांत में मेरे कमरे में आने का मौक़ा नहीं मिला। मैंने उस हलीम को बाहर निकाला, जो हम साथ लाए थे और हम शैम्पेन की चुस्कियाँ लगाते हुए इसका आनंद ले रहे थे, तभी मुझे प्रधानमंत्री कार्यालय से फ़ोन आया। मुझे बताया गया कि प्रधानमंत्री मनमोहन सिंह मुझसे बात करना चाहते हैं और कुछ पल बाद प्रधानमंत्री ख़ुद बोले। उन्होंने मेरे करियर पर मुझे बधाई दी और चौबीस साल तक भारतीय क्रिकेट की सेवा करने के लिए मुझे धन्यवाद दिया। फिर उन्होंने मुझे बताया कि भारतीय खेल के प्रति मेरे योगदान की मान्यतास्वरूप मुझे भारत रत्न से सम्मानित किया गया है, जो भारत का सर्वोच्च असैनिक सम्मान है।

जब मैंने फ़ोन नीचे रखा, तो मैंने अंजलि से कहा कि वह खाना छोड़ दे। फिर मैं उसे उस टेबल की ओर ले गया, जहाँ मैंने अपने सारे देवी-देवता रखे थे। हम दोनों ने ही अपने हाथ उस टेबल पर रखे और मैंने उसे बताया कि वह अब एक भारत रत्न की ओर देख रही है। अंजलि ख़ुशी से चिल्लाई और मेरे गले लग गई। हमने एक दूसरे से कुछ समय तक कुछ नहीं कहा, जब हमने इस ख़बर को जज़्ब किया। मेरा हर सपना पूरा हो रहा था और मैंने ईश्वर को इन सारी नियामतों और कृपा के लिए धन्यवाद दिया। फिर हमने जश्न मनाने के लिए शैम्पेन की एक बोतल खोली और सच कहूँ, तो इसके बाद शैम्पेन खुलती ही रही।

हमने कुछ समय तक टेलीविज़न देखा, जब हमने पुरस्कार की विराटता से सामंजस्य बैठाने की कोशिश की। हर चैनल इसे ब्रेकिंग न्यूज़ के रूप में दिखा

रहा था। मैं भारत के इतिहास में भारत रत्न पाने वाला पहला खिलाड़ी था। यह निश्चित रूप से मेरे जीवन का सबसे बड़ा सम्मान था और जिस दिन मैंने क्रिकेट को अलविदा किया था, उस दिन मुझे मिलने से यह और भी ख़ास बन गया था। मुझे 2012 में राज्य सभा में नियुक्त किया गया था और अब भारत सरकार द्वारा सर्वोच्च असैनिक सम्मान दिया जाना मेरे लिए बहुत मायने रखता था। संसद सदस्य होने के नाते मेरी योजना भारत में खेल को जनसुलभ बनाने की दिशा में काम करने की थी (खेल सबके लिए) और खेल को देश में शैक्षणिक ढाँचे के भीतर शामिल करने की भी थी।

सम्मान आख़िरकार दिल्ली में राष्ट्रपति भवन के अशोक हॉल में 4 फ़रवरी 2014 को एक असाधारण समारोह में दिया गया। जब हम हॉल में दाख़िल हुए, तो एक सैनिक बैंड बजने लगा और जब मेरा नाम पुकारा गया, तो यह मेरे जीवन के सबसे अविश्वसनीय पलों में से एक था। अपनी पत्नी और बेटी के सामने (अर्जुन इसलिए नहीं आ पाया, क्योंकि उसका मुंबई में एक मैच था) भारत रत्न पाना और राष्ट्रपति द्वारा बताया जाना कि पूरे देश को मुझ पर गर्व है, इसने मुझे संतुष्टि का अविश्वसनीय एहसास दिया। यह एक ऐसा दिन था, जब मैंने सचमुच गौरवान्वित महसूस किया।

जब मैंने 1989 में पाकिस्तान के ख़िलाफ़ सोलह वर्ष की उम्र में खेलना शुरू किया था, तो मैं कभी कल्पना भी नहीं कर सकता था कि इस सबका अंत इस तरह होगा। मैं जितनी मेहनत कर सकता था, मैंने हमेशा उतनी मेहनत करने की कोशिश की और अपनी टीम के लिए अच्छे से अच्छा करने की कोशिश की। हालाँकि मैं कई मौक़ों पर असफल रहा, लेकिन मैंने कभी हौसला नहीं छोड़ा। मैं अपने देश की ख़ातिर खेल रहा था और मैं तभी से यही करना चाहता था, जब मैंने शिवाजी पार्क में आचरेकर सर की कठोर निगरानी में खेलना शुरू किया था।

इतने सारे वर्षों में मैंने कभी मेहनत और अनुशासन से समझौता नहीं किया और हमेशा अपने लक्ष्यों को ऊँचा बनाते रहने की कोशिश की। भारत के लिए कुछ सार्थक करना एक ऐसा सपना था, जिसका मैंने सारी ज़िंदगी पीछा किया।

पूर्ण चक्र

वानखेड़े स्टेडियम में अपने विदाई भाषण में मैंने ज़िक्र किया था कि मेरे करियर के दौरान आचरेकर सर ने मुझे कभी 'शाबाश' नहीं कहा, लेकिन सच्चाई यह है कि इसकी मैंने कभी उनसे उम्मीद भी नहीं की थी। उनके चेहरे पर मुस्कान ही यह समझने के लिए काफ़ी थी कि वे मेरे प्रदर्शन से ख़ुश हैं। बहरहाल, मेरे

भाषण के बाद मैं आचरेकर सर से मिलने गया और उन्होंने मेरे लिए जो कुछ किया था, उस सबके लिए उन्हें धन्यवाद देने और इस तथ्य को रेखांकित करने गया कि हमने चक्र पूरा कर लिया था। इस तरह से अपना सम्मान दिखाना मेरे लिए बहुत महत्त्वपूर्ण था।

सर इन दिनों ज़्यादा नहीं बोलते हैं, लेकिन मैं सोचता हूँ कि वे खुश थे।

मेरे रिटायरमेंट के दूसरे दिन मैंने एक और चीज़ की। मैं मुंबई में वॉटरस्टोन्स क्लब में अंजलि और मेरे मित्रों संजय तथा रचना नारंग द्वारा आयोजित विदाई पार्टी में गया। मेरे मन में इस क्लब की मधुर यादें हैं, क्योंकि यहीं पर अंजलि और नारंग दंपत्ति ने हमारी वर्ल्ड कप पार्टी भी आयोजित की थी। उस मौक़े पर पार्टी रातोरात आयोजित हुई थी और आमंत्रण पूरी तरह से एसएमएस से भेजे गए थे। लेकिन इस बार यह काफ़ी व्यापक मामला था - जैसा मुझे बाद में पता चला। पूरे संसार के मित्र और शुभचिंतक मेरे करियर का जश्न मनाने के लिए आए और हमने एक प्यारी शाम साथ गुज़ारी। मेरे कुछ सबसे क़रीबी मित्र अगली सुबह दस बजे तक रुके रहे और हमने चौबीस साल लंबे करियर के सर्वश्रेष्ठ पलों को याद करने का आनंद लिया।

West Indies in India 2013

1st Test. Kolkata. 6–8 November 2013

West Indies 234 (MN Samuels 65; M Shami 4–71, R Ashwin 2–52, **SR Tendulkar 1–5**) and 168 (DM Bravo 37, KOA Powell 36; M Shami 5–47, R Ashwin 3–46)

India 453 (RG Sharma 177, R Ashwin 124, **SR Tendulkar 10**; S Shillingford 6–167, V Permaul 2–67)

India won by an innings and 51 runs

2nd Test. Mumbai. 14–16 November 2013

West Indies 182 (KOA Powell 48; PP Ojha 5–40, R Ashwin 3–45) and 187 (D Ramdin 53*, S Chanderpaul 41; PP Ojha 5–49, R Ashwin 4–89)

India 495 (CA Pujara 113, RG Sharma 111*, **SR Tendulkar 74**, V Kohli 57; S Shillingford 5–179, N Deonarine 2–45)

India won by an innings and 126 runs

India won the series 2–0

28

अंतिम शब्द

मैं भारतीय क्रिकेट को सुरक्षित हाथों में छोड़कर जा रहा हूँ। मैं क्रिकेट खिलाड़ियों की वर्तमान पीढ़ी के साथ खेल चुका हूँ, जो अब भारतीय टीम की बुनियाद बन चुकी है। मुझे महसूस होता है कि बल्लेबाज़ी हमारी शक्ति बनी रहेगी और वर्तमान टीम, जो अनुभव और यौवन का अच्छा मिश्रण है, निश्चित रूप से कई सालों तक साथ खेलेगी और उत्कृष्टता से देश की सेवा करेगी। गेंदबाज़ी के मामले में, हालाँकि हमारे कुछ गेंदबाज़ अच्छा प्रदर्शन कर रहे हैं, लेकिन हमें कुछ और गुणी तेज़ गेंदबाज़ों को खोजने की ज़रूरत है। अतीत में हमारे पास गेंदबाज़ी में कुछ सचमुच अच्छी जोड़ियाँ रही हैं, लेकिन अब हमें एक ऐसी गेंदबाज़ी इकाई की ज़रूरत है, जो एक साथ टीम के लिए खेले। यह एक मुश्किल चुनौती है, लेकिन इस देश में प्रतिभा की जो गहराई उपलब्ध है, उसे देखते हुए मुझे यक़ीन है कि हम यह कर सकते हैं।

अंत में, क्रिकेट का खेल अपने आप में बेहद जोशीला है। क्रिकेट ही ऐसा एकमात्र खेल है, जिसके तीन अलग-अलग स्वरूप हैं और हर स्वरूप की अपनी ख़ास ख़ूबियाँ हैं। हालाँकि टेस्ट क्रिकेट हमेशा शिखर पर बना रहेगा, लेकिन एक दिवसीय अंतरराष्ट्रीय क्रिकेट भी अच्छे हाल में है, जिसमें चैंपियन्स ट्रॉफ़ी और पचास ओवरों के विश्व कप को पूरे संसार में ज़बर्दस्त समर्थन मिल रहा है। साथ ही 20-20 भी युवाओं को आकर्षित कर रहा है, जैसा कि आईपीएल की लोकप्रियता से साबित होता है।

बहुत से लोगों ने मुझसे पूछा है कि मैं भविष्य में क्या करूँगा। सच कहूँ, तो मैं नहीं जानता। जब मैंने ग्यारह साल की उम्र में क्रिकेट खेलना शुरू किया था, तब मुझे पता नहीं था कि मैं भारत के लिए खेलूँगा या मैं 200 टेस्ट मैच खेलूँगा। मैं तो बस इतना जानता था कि मैं खेल को अच्छी तरह खेलना चाहता था और हर पल का आनंद लेना चाहता था। मैं पल में रुका रहा और सामने आने वाली हर परिस्थिति को जिया।

मैंने कभी नहीं सोचा था कि एक ऐसा समय आएगा, जब मैं अपने बच्चों के साथ टहलने नहीं जा पाऊँगा या उनके साथ शॉपिंग नहीं कर पाऊँगा, या फ़िल्म देखने जाने या अपने परिवार को डिनर पर ले जाने के लिए किसी चतुर रणनीति की ज़रूरत होगी। बहरहाल, मुझे इसमें से किसी चीज़ पर अफ़सोस नहीं है, क्योंकि यह सब एक छोटी क़ीमत है। मेरे पूरे करियर में मेरे देश के लोगों ने मुझ पर जो प्रेम और स्नेह बरसाया है, उसकी तुलना में यह बहुत छोटी क़ीमत है।

मैं अपनी दूसरी पारी की शुरुआत में इससे बहुत मिलती-जुलती दशा में हूँ। मैं इस वक़्त बस अपने परिवार के साथ बहुत सारा समय बिता रहा हूँ और कई बार तो कुछ भी नहीं कर रहा हूँ! जब मैं सक्रिय क्रिकेट खिलाड़ी था, तब यह संभव नहीं था, लेकिन अब मैं ख़ाली समय का आनंद लेना सीख रहा हूँ और मुझे कहना होगा कि घर पर मुझे मज़े आ रहे हैं। क्रिकेट ने हमें अपना रैनबसेरा लेने की अनुमति दी है। हमारा वर्तमान बँगला बांद्रा वेस्ट में है और अंजलि और मैंने हर चीज़ अपने हाथों से चुनी है। मैं बचपन में शिवाजी पार्क के पास एक कमरे के घर में बड़ा हुआ था, मैं 1994 तक अजीत भाई के साथ हमारे लिविंग रूम में सोया था और इसके बाद बांद्रा में एक बँगले का मालिक बनना बहुत अच्छा लगता है - क्रिकेट के प्रति ईमानदार रहकर मैं अपने घर का मालिक बनने के आजीवन सपने को साकार कर पाया हूँ।

मैं हमेशा से एक और चीज़ यह चाहता था कि मेरे माता-पिता मेरे साथ रहें और हालाँकि पिताजी को अपने घर रुकवाने का मेरा सपना पूरा नहीं हो पाया - वे 1999 में गुज़र गए और हम ला मेर के अपार्टमेंट में 2000 में गए - लेकिन मेरी माँ अब मेरे साथ रहती हैं, जिससे मुझे बेहद ख़ुशी और गर्व होता है। वास्तव में, 28 सितंबर 2011, जिस दिन हम बांद्रा वेस्ट के हमारे बँगले में आए, मैं सुबह छह बजे माँ को बँगले में लाया था और उन्हें व्हीलचेयर में पूरा मकान घुमाया था। मैं लोगों के ध्यान से बचने के लिए उन्हें एक छोटी कार में लाया था और पूरे समय उनकी व्हीलचेयर मैंने ही धकाई थी। वे दरअसल उस मकान में दाख़िल होने वाली पहली व्यक्ति थीं, जिससे यह अवसर और भी ज़्यादा सुखद हो गया।

जब मैं अपनी दूसरी पारी शुरू करता हूँ, तो मैं ठीक वही करूँगा, जो मैंने तब किया था, जब मैं ग्यारह साल का था : हर पल को जियो और आनंद लो। मैं नहीं जानता कि मेरा जीवन कहाँ जा रहा है, न ही मैं किसी चीज़ की भविष्यवाणी करना चाहता हूँ। मैं तो बस चीज़ों को उसी तरह लूँगा, जिस तरह वे आती हैं, जैसा मैंने अपनी पहली पारी खेलते वक़्त किया था। लेकिन

एक फ़र्क़ है। जब मैं जीवन में आगे बढ़ता हूँ, तो मैं हमेशा इस संतुष्टि के साथ जिऊँगा कि मैंने अपनी पहली पारी अपने अंदाज़ में खेली और मैं अपने पीछे एक ऐसी विरासत छोड़ने में कामयाब रहा हूँ, जिस पर मैं पलटकर गर्व से देख सकता हूँ।

परिशिष्ट

विदाई भाषण

दोस्तों... शांति से बैठ जाइए, मुझे बात करने दीजिए, वरना मैं और ज़्यादा भावुक हो जाऊँगा... बाईस गज़ और चौबीस सालों के बीच मेरी ज़िंदगी... यक़ीन करना मुश्किल है कि यह शानदार सफ़र अब ख़त्म हो रहा है। लेकिन मैं इस अवसर पर उन सभी लोगों को धन्यवाद देना चाहता हूँ, जिन्होंने मेरे जीवन में महत्त्वपूर्ण भूमिका अदा की है। साथ ही, ज़िंदगी में पहली बार मैं यह सूची साथ लेकर आया हूँ, ताकि मैं सारे नाम याद रख सकूँ। अगर मैं किसी का नाम लेना भूल जाऊँ, तो उम्मीद करता हूँ कि आप मुझे समझेंगे ... बात करना थोड़ा मुश्किल है, लेकिन मैं कोशिश करूँगा।

मेरे पिताजी... मेरे जीवन के सबसे ज़्यादा, सबसे ज़्यादा महत्त्वपूर्ण व्यक्ति और 1999 में उनके निधन के बाद से मुझे उनकी कमी बहुत खल रही है। उनके... उनके मार्गदर्शन के बिना मुझे नहीं लगता कि मैं आज यहाँ आपके सामने खड़ा होता। उन्होंने ग्यारह साल की उम्र में मुझे आज़ादी दी और मुझसे कहा, 'अपने सपनों का पीछा करो, लेकिन यह ध्यान रखना कि तुम कभी शॉर्ट कट की खोज मत करना। रास्ता मुश्किल हो सकता है, लेकिन हिम्मत मत हारना।' और मैं बस उनके निर्देशों पर चला हूँ। हर चीज़ से बढ़कर उन्होंने मुझे एक अच्छा इंसान बनने को कहा, जिसे मैं जारी रखूँगा और पूरी कोशिश करूँगा। हर बार, हर बार, जब भी मैंने कोई ख़ास चीज़ की है, जब भी मैंने अपना बैट दिखाया है, यह मेरे पिताजी के लिए था, इसलिए आज मुझे उनकी कमी खलती है।

मेरी माँ, मैं नहीं जानता कि वे मुझ जैसे नटखट लडके को कैसे झेल पाईं। मुझे क़ाबू में करना आसान नहीं था। वे बहुत धैर्यवान रही होंगी। एक माँ के लिए सबसे अहम बात यह रहती है कि उसका बच्चा सुरक्षित, स्वस्थ और फ़िट रहे और उसे सबसे ज़्यादा चिंता इसी बात की होती है। उन्होंने, उन्होंने मेरी देखभाल की... आख़िरी चौबीस वर्षों से जब से मैं भारत के लिए खेल रहा हूँ, लेकिन उससे पहले भी, उन्होंने उसी दिन से मेरे लिए प्रार्थना शुरू कर दी, जिस

दिन से मैंने क्रिकेट खेलना शुरू किया। वे बस प्रार्थना करती रहीं, करती रहीं, करती रहीं, और मैं सोचता हूँ कि उनकी प्रार्थनाओं और आशीर्वादों ने मुझे बाहर निकलकर अच्छा खेलने की शक्ति दी है, इसलिए उनके तमाम बलिदानों के लिए मेरी माँ को एक बहुत बड़ा धन्यवाद।

मेरे स्कूल के दिनों में, चार सालों तक मैं अपने अंकल और आंटी के घर पर रहा, क्योंकि मेरा स्कूल मेरे घर से काफ़ी दूर था और उन्होंने मुझे अपने बेटे की तरह पाला। मेरी आंटी - दिन भर जमकर खेलने के बाद मैं आधा सोया होता था और वे मुझे खाना खिलाती थीं, ताकि मैं कल फिर जाकर खेल सकूँ। मैं वे पल नहीं भूल सकता। मैं उनके बेटे जैसा हूँ और मुझे ख़ुशी है कि यह आगे भी इसी तरह से चला।

मेरे बड़े भाई नितिन और उनके परिवार ने हमेशा मुझे प्रोत्साहित किया है। मेरे सबसे बड़े भाई ज़्यादा बोलना पसंद नहीं करते, लेकिन एक बात जो उन्होंने हमेशा मुझसे कही है, 'तुम जो भी करोगे, मैं जानता हूँ कि तुम शत प्रतिशत दोगे और मुझे तुम पर पूरा भरोसा और विश्वास है।' उनके प्रोत्साहन का मेरे लिए बहुत महत्त्व था। मेरी बहन सविता और उनका परिवार भी अलग नहीं था। मेरे जीवन का पहला क्रिकेट बैट मेरी बहन ने मुझे तोहफ़े में दिया था। यह कश्मीरी विलो बैट था... लेकिन वहीं से यात्रा शुरू हुई। वे उन कई लोगों में से हैं, जो मेरे बल्लेबाज़ी करते समय अब भी उपवास करती हैं, तो आपको बहुत-बहुत धन्यवाद।

अजीत, मेरे भाई, अब मैं उनके बारे में क्या कहूँ? मैं सचमुच नहीं जानता। हमने यह सपना एक साथ जिया है। उन्होंने मेरे क्रिकेट की ख़ातिर अपने करियर का त्याग किया। उन्होंने मेरे भीतर की चिंगारी को पहचाना। और यह सब ग्यारह साल की उम्र से शुरू हुआ, जब वे मुझे मेरे कोच आचरेकर सर के पास ले गए और वहाँ से मेरी ज़िंदगी बदल गई। आपको यह यक़ीन करना मुश्किल लगेगा, लेकिन कल रात भी उन्होंने मुझे फ़ोन किया और हम मेरे आउट होने पर बातचीत कर रहे थे, हालाँकि हम जानते थे कि दोबारा बल्लेबाज़ी करने की संभावना बहुत कम है, लेकिन फिर भी, यह आदत हमने डाली है और जो तालमेल हमने मेरे बचपन से विकसित किया है, यह जारी रहा है और आगे भी जारी रहेगा। शायद जब मैं क्रिकेट नहीं खेलूँगा, तब भी हम तकनीक पर बातचीत करते रहेंगे। मेरी तकनीक के बारे में बहुत सी चीज़ों पर हमारे बीच सहमति हुई है, और कई तकनीकी बातों पर मैं उनसे सहमत नहीं हुआ हूँ, हमारे बीच मतभिन्नता और असहमतियाँ रही हैं, लेकिन अंत में जब मैं इन सारी चीज़ों पर पलटकर देखता हूँ, तो मैं सोचता हूँ कि अगर ये मेरे जीवन में न हुई होतीं, तो

मैं कमतर क्रिकेटर होता।

मेरे साथ सबसे सुंदर चीज़ 1990 में हुई, जब मैं अपनी पत्नी अंजलि से मिला। वे, वे ख़ास वर्ष थे और यह चलता रहा है और यह हमेशा इसी तरह से चलता रहेगा। मैं जानता हूँ, मैं जानता हूँ कि अंजलि एक डॉक्टर थीं, इसलिए उनके सामने एक शानदार करियर था। जब हमने परिवार बनाने का निर्णय लिया, तो अंजलि ने खुद ही पीछे हटकर कह दिया, 'आप अपना क्रिकेट जारी रखो और मैं परिवार की ज़िम्मेदारी सँभालूँगी।' इसके, इसके बिना मैं नहीं सोचता कि मैं स्वतंत्रता से और बिना किसी तनाव के क्रिकेट खेल पाता। मेरे सारे नखरे झेलने के लिए, मेरी सारी कुंठाओं को और मेरी कही सारी बकवास को झेलने के लिए धन्यवाद - मैं आम तौर पर यह सब करता हूँ। मुझे बर्दाश्त करने और अच्छे-बुरे समय में हमेशा मेरे साथ रहने के लिए धन्यवाद। तुम मेरी ज़िंदगी की सबसे अच्छी साझेदारी हो।

फिर, मेरे जीवन के दो बेशक़ीमती हीरे, सारा और अर्जुन। वे अब बड़े हो चुके हैं। आप जानते हैं, मेरी बेटी सोलह साल की है, मेरा बेटा चौदह साल का है। समय पंख लगाकर उड़ गया है। मैं उनके जन्मदिन, उनके सालाना जलसे, खेल दिवस, छुट्टियों पर जाना जैसे ख़ास मौक़ों पर उनके साथ ज़्यादा समय बिताना चाहता था। मैं ये सारी चीज़ें चूक गया। तुम लोगों की समझ के लिए धन्यवाद। तुम दोनों... मेरे लिए बहुत, बहुत ख़ास रहे हो... तुम इसकी कल्पना भी नहीं कर सकते। मैं तुमसे वादा करता हूँ, मैं तुमसे वादा करता हूँ, चौदह साल और सोलह साल तक मैंने तुम दोनों के साथ पर्याप्त समय नहीं बिताया है, लेकिन अगले सोलह साल या इससे भी आगे तक, हर चीज़ तुम्हारे लिए है।

मेरे सास-ससुर आनंद मेहता और एनाबेल, दोनों ही इतने मददगार, प्रेमपूर्ण और परवाह करने वाले हैं... मैंने जीवन में उनके साथ बहुत सी बातें की हैं और उनकी सलाह ली है। आप जानते हैं, एक मज़बूत परिवार होना बहुत महत्त्वपूर्ण है, जो हमेशा आपके साथ हो और आपका मार्गदर्शन करे। आप तालियाँ बजाना शुरू करें, इससे पहले मैं बता देता हूँ कि उन्होंने जो सबसे महत्त्वपूर्ण चीज़ की, वह यह थी कि उन्होंने मुझे अंजलि से शादी करने दी, इसलिए आपको बहुत-बहुत धन्यवाद।

पिछले, पिछले चौबीस सालों से जब मैं भारत के लिए खेला हूँ, तो मैंने नए दोस्त बनाए हैं और उससे पहले मेरे बचपन के दोस्त रहे हैं। उन सभी ने ज़बर्दस्त योगदान दिया था। जब-जब मैंने उनसे आने को कहा और मुझे नेट्स पर गेंद फेंकने को कहा, उन्होंने अपना सारा काम एक तरफ़ रख दिया और आकर

मेरी मदद की। छुट्टियों में उन्होंने मेरे साथ आकर क्रिकेट पर बातचीत की, जब मैं थोड़े तनाव में था और बेहतर प्रदर्शन करने के लिए समाधान खोजना चाहता था - मेरे दोस्त सारे पलों में मेरे साथ थे। जब मुझे चोट लगी थी, तो मैं सुबह जाग जाता था और सोचता था कि मेरा करियर चोटों के कारण ख़त्म हो चुका है, तब मेरे मित्र मेरे साथ ड्राइव पर जाने के लिए सुबह तीन बजे जागे और मुझे यह विश्वास दिलाया कि 'तुम्हारा करियर ख़त्म नहीं हुआ है।' जीवन... इन सभी दोस्तों के बिना अधूरा रहेगा। मेरा साथ देने के लिए धन्यवाद।

मेरा क्रिकेट करियर तब शुरू हुआ था, जब मैं ग्यारह साल का था। मेरे करियर का निर्णायक मोड़ तब आया, जब मेरे भाई मुझे मेरे कोच आचरेकर सर के यहाँ ले गए। मैं उन्हें दर्शक दीर्घा में देखकर बेहद खुश हूँ। आम तौर पर वे टेलीविज़न के सामने बैठते हैं और मेरे सारे मैच देखते हैं। जब मैं ग्यारह-बारह साल का था, तब मैं उनके स्कूटर के पीछे लद जाता था और एक दिन में दो प्रैक्टिस मैच खेला करता था। आप जानते हैं, पहली पारी में मैं शिवाजी पार्क में बल्लेबाज़ी करता था और दूसरी पारी में मैं आज़ाद मैदान के किसी दूसरे मैच में बल्लेबाज़ी करता था। सर मुझे पूरी मुंबई में ले जाकर यह सुनिश्चित करते थे कि मुझे मैच प्रैक्टिस मिले।

एक राज़ की बात, पिछले 29 सालों में सर ने कभी मुझसे 'शाबाश' नहीं कहा है, क्योंकि वे सोचते थे कि इससे मुझमें घमंड आ जाएगा और मैं कड़ी मेहनत करना छोड़ दूँगा। शायद वे मेरे करियर पर आज मुझे 'शाबाश' कह सकते हैं, क्योंकि सर, अब मेरे जीवन में और कोई मैच नहीं होंगे। मैं क्रिकेट देखता रहूँगा और क्रिकेट हमेशा मेरे हृदय में रहेगा, लेकिन आपने मेरे जीवन में भारी योगदान दिया है, इसलिए आपको बहुत-बहुत धन्यवाद।

मुंबई के लिए मेरा क्रिकेट यहीं इसी मैदान पर, मुंबई क्रिकेट एसोसिएशन पर शुरू हुआ, जो मुझे बहुत प्रिय है। मुझे याद है कि मैं सुबह चार बजे न्यूज़ीलैंड से हवाई अड्डे पर उतरा था और आठ बजे यहाँ एक मैच खेलने आ गया था, सिर्फ़ इसलिए क्योंकि मैं मुंबई क्रिकेट का हिस्सा बनना चाहता था, इसलिए नहीं क्योंकि किसी ने मुझे इसके लिए विवश किया था या मुंबई क्रिकेट एसोसिएशन ने मुझ पर यहाँ खेलने का दबाव डाला था, बल्कि मुंबई क्रिकेट के प्रेम की ख़ातिर। और आपको बहुत-बहुत धन्यवाद - अध्यक्ष जी यहाँ पर मौजूद हैं - आपको और आपकी टीम को बहुत-बहुत धन्यवाद, मेरी देखभाल करने के लिए और मेरे क्रिकेट की देखभाल करने के लिए।

सपना स्पष्ट रूप से भारत के लिए खेलना था और यहीं पर बीसीसीआई

से मेरा नाता जुड़ा। मेरे पदार्पण के समय से ही बीसीसीआई ने मेरा बहुत साथ दिया है। मेरी योग्यता में यक़ीन करके, सोलह साल की उम्र में मुझे भारतीय दल में चुनना एक बड़ा क़दम था। तो मुझ पर भरोसा करने के लिए सभी चयनकर्ताओं को धन्यवाद और बीसीसीआई को धन्यवाद, जो इसने मैदान में मुझे ख़ुद को व्यक्त करने की स्वतंत्रता दी। परिस्थितियाँ बहुत भिन्न होतीं, अगर आप मेरे पीछे नहीं होते और मैं सचमुच आपके समर्थन की क़द्र करता हूँ। ख़ास तौर पर जब मैं चोटिल था, तब आप मेरे साथ थे और आपने यह सुनिश्चित किया कि सारे उपचार अच्छी तरह हों और मैं फ़िट होकर दोबारा भारत के लिए खेल सकूँ।

पिछले चौबीस साल... यह यात्रा ख़ास रही है। मैं कई, कई वरिष्ठ क्रिकेट खिलाड़ियों के साथ खेला हूँ और इससे पहले भी बहुत से वरिष्ठ क्रिकेट खिलाड़ी रहे हैं, जिन्हें मैंने टेलीविज़न पर देखा - उन्होंने मुझे क्रिकेट खेलने और सही तरीक़े से खेलने के लिए प्रेरित किया। उन सभी वरिष्ठ क्रिकेट खिलाड़ियों को बहुत-बहुत धन्यवाद। दुर्भाग्य से, मैं उनके साथ नहीं खेल पाया, लेकिन उनकी तमाम उपलब्धियों और उनके तमाम योगदानों के प्रति मेरे मन में बहुत सम्मान है।

हम इसे मेगा स्क्रीन पर देख रहे हैं, राहुल, लक्ष्मण, सौरव - अनिल यहाँ नहीं हैं - और मेरी टीम के साथ यहाँ ठीक मेरे सामने हैं। आप लोग, आप लोग घर से दूर मेरे परिवार जैसे हो। मैंने आपके साथ कुछ अद्‌भुत पल गुज़ारे हैं... ड्रेसिंग रूम का हिस्सा न होना, उन ख़ास पलों को साथ न जीना मुश्किल होगा। मार्गदर्शन के लिए सारे कोचों को धन्यवाद, यह मेरे लिए ख़ास रहा है। मैं जानता हूँ कि जब एमएस धोनी ने पहले दिन की सुबह 200वीं टेस्ट मैच कैप पेश की, तो मेरे पास टीम के लिए संक्षिप्त संदेश था। मैं उसे यहाँ दोहराना चाहूँगा : मैं बस महसूस करता हूँ कि हम सभी भारतीय क्रिकेट टीम का हिस्सा बनकर, देश की सेवा करके ख़ुद को बहुत सौभाग्यशाली और गर्व महसूस करते हैं। आप सभी को जानने की वजह से मैं जानता हूँ कि आप सही जज़्बे और सही आदर्शों के साथ देश की सेवा करते रहेंगे। मुझे विश्वास है, मुझे विश्वास है कि हम ख़ुशक़िस्मत हैं, जो हमें सर्वशक्तिमान ने इस अद्‌भुत खेल की सेवा करने के लिए चुना। हर पीढ़ी को इस खेल की देखभाल करने और हमारी सर्वश्रेष्ठ योग्यता के अनुरूप इसकी सेवा करने के लिए यह अवसर मिलता है। मुझे आप पर पूरा भरोसा है कि आप सही जज़्बे के साथ, अपनी सर्वश्रेष्ठ योग्यता के साथ देश की सेवा करते रहेंगे और हमारे देश को सारे सम्मान दिलाएँगे। बहुत-बहुत शुभकामनाएँ।

मैं अपने कर्तव्य में असफल रहूँगा, अगर मैं उन सभी डॉक्टरों, फ़िज़ियोथेरेपिस्ट्स, प्रशिक्षकों को धन्यवाद न दूँ, जिन्होंने मिलकर इस मुश्किल

शरीर को मैदान में भेजने और दोबारा खेलने लायक़ बनाया। मेरे करियर में इतनी सारी चोटें लगी हैं, कि मैं नहीं जानता कि आपने कैसे मुझे फ़िट रखने में कामयाबी पाई, लेकिन आपकी ख़ास कोशिशों के बिना यह कभी नहीं हो पाता। मेरा मतलब है, डॉक्टर बहुत विचित्र समय में भी मुझसे मिले। मेरा मतलब है, मैंने उन्हें मुंबई से चेन्नई, मुंबई से दिल्ली, जहाँ भी रहूँ, बुलाया है और फिर उन्होंने अगली हवाई उड़ान पकड़ी और अपना काम छोड़ा और वे आए हैं, उन्होंने मेरा उपचार किया है, जिससे मैं खेल पाया। तो आप तीनों को धन्यवाद, जो आपने मुझे फ़िट रखा।

मेरे प्रिय मित्र स्वर्गीय मार्क मस्कारेन्यस, मेरे पहले मैनेजर - हमने 2002 में दुर्भाग्य से एक कार दुर्घटना में उन्हें खो दिया, लेकिन वे क्रिकेट के, मेरे क्रिकेट के, ख़ास तौर पर भारतीय क्रिकेट के बहुत बड़े शुभचिंतक थे। वे बहुत जोशीले थे। वे समझते थे कि देश का प्रतिनिधित्व करने के लिए किसकी ज़रूरत होती है और उन्होंने मुझे सारी जगह दी, ताकि मैं बाहर जाकर खुद को व्यक्त करूँ। उन्होंने कभी मुझ पर यह विज्ञापन या वह प्रचार करने का दबाव नहीं डाला, चाहे प्रायोजकों की माँग जो भी हो। उन्होंने उसकी परवाह की और मुझे आज उनकी कमी खलती है, इसलिए मार्क, आपके सारे योगदान के लिए धन्यवाद।

मेरी वर्तमान प्रबंधन टीम, वीएसजी को धन्यवाद कि यह मार्क के काम को जारी रख रही है, क्योंकि जब हमने अनुबंध पर हस्ताक्षर किए, तो मैंने सटीकता से बता दिया कि मैं उनसे क्या चाहता था और भारत का प्रतिनिधित्व करने के लिए क्या आवश्यक है। उन्होंने इसे समझा और इसका सम्मान किया, इसलिए आपको बहुत-बहुत धन्यवाद, डब्ल्यूएसजी।

जिस शख़्स ने मेरे साथ चौदह साल से मिलकर काम किया है, वे मेरे मैनेजर हैं, विनोद नायडू। वे मेरे परिवार जैसे हैं और उन्होंने इसकी ख़ातिर बहुत सारे त्याग किए हैं, मेरे काम के लिए अपने परिवार से दूर समय गुज़ारा है। वे बहुत ख़ास हैं, इसलिए आपके परिवार को एक बड़ा धन्यवाद, जो उन्होंने मेरे काम के लिए विनोद को इतना ज़्यादा समय दिया।

मेरे स्कूली दिनों में जब मैं अच्छा प्रदर्शन करता था, तो मीडिया मेरी काफ़ी हौसलाअफ़ज़ाई करता था। आपने आज सुबह तक यह काम जारी रखा है। मेरा साथ देने और मेरे प्रदर्शन की क़द्र करने के लिए सारे मीडिया को बहुत-बहुत धन्यवाद। इसका निश्चित रूप से मुझ पर सकारात्मक प्रभाव पड़ा। सभी फ़ोटोग्राफ़रों को भी बहुत धन्यवाद, क्योंकि वे अद्भुत रूप से पकड़े गए पल बाक़ी जीवन में मेरे साथ रहेंगे, इसलिए सभी फ़ोटोग्राफ़रों को एक बड़ा धन्यवाद।

मैं जानता हूँ कि मेरा भाषण बहुत लंबा हो रहा है, लेकिन यह वह आख़िरी चीज़ है जो मैं कहना चाहता हूँ... मैं चाहता हूँ... मैं यहाँ आए उन सभी लोगों को धन्यवाद देना चाहता हूँ, जो संसार के विभिन्न हिस्सों से यात्रा करके आए हैं और जिन्होंने मुझे अनवरत समर्थन दिया है, चाहे मैं शून्य पर आउट हुआ हूँ या मैंने शतक बनाया है। आपका समर्थन मुझे प्रिय रहा था और इसके मेरे लिए बहुत मायने थे।

आपने मेरे लिए जो किया है - मैं जानता हूँ कि मैं ऐसे कई लोगों से मिला हूँ, जिन्होंने मेरे लिए उपवास किया, मेरे लिए प्रार्थना की, मेरे लिए तमाम तरह की चीज़ें कीं - आप जानते हैं, इस सबके बिना मेरा जीवन इस जैसा नहीं होता। मैं आप सभी को अपने दिल की गहराई से धन्यवाद देना चाहता हूँ और यह भी कहना चाहता हूँ कि समय बड़ी जल्दी निकल गया है, लेकिन वे यादें जो आपने मेरे साथ छोड़ी हैं, हमेशा-हमेशा के लिए मेरे साथ रहेंगी, ख़ास तौर पर 'स...चिन, स...चिन।' यह मेरे कानों में तब तक गूँजता रहेगा... जब तक मेरी साँस चलेगी।

आप सभी को बहुत-बहुत धन्यवाद। अगर मैं, अगर मैं कुछ कहना भूल गया हूँ, कुछ नाम रह गए हों, तो मुझे उम्मीद है कि आप समझ जाएँगे। अलविदा।

वानखेड़े स्टेडियम, मुंबई
16 नवंबर 2013

CAREER STATISTICS

Compiled by Benedict Bermange

TEST CAREER

Tests – BATTING

	M	Inns	NO	Runs	HS	Avge	100	50	0
Overall record	200	329	33	15921	248*	53.78	51	68	14

Tests – series by series

	M	Inns	NO	Runs	HS	Avge	100	50	Ct
India in Pakistan 1989–90	4	6	0	215	59	35.83	0	2	1
India in New Zealand 1989–90	3	4	0	117	88	29.25	0	1	1
India in England 1990	3	5	1	245	119*	61.25	1	1	3
Sri Lanka in India 1990–91	1	1	0	11	11	11.00	0	0	0
India in Australia 1991–92	5	9	1	368	148*	46.00	2	0	5
India in Zimbabwe 1992–93	1	1	0	0	0	0.00	0	0	0
India in South Africa 1992–93	4	6	0	202	111	33.66	1	1	4
England in India 1992–93	3	4	1	302	165	100.66	1	2	4
Zimbabwe in India 1992–93	1	1	0	62	62	62.00	0	1	0
India in Sri Lanka 1993–94	3	3	1	203	104*	101.50	1	1	3
Sri Lanka in India 1993–94	3	3	0	244	142	81.33	1	1	2
India in New Zealand 1993–94	1	2	1	54	43	54.00	0	0	0
West Indies in India 1994–95	3	6	0	402	179	67.00	1	2	5
New Zealand in India 1995–96	3	4	2	58	52*	29.00	0	1	3
India in England 1996	3	5	0	428	177	85.60	2	1	2
Australia in India 1996–97	1	2	0	10	10	5.00	0	0	0
South Africa in India 1996–97	3	6	0	166	61	27.66	0	1	1
India in South Africa 1996–97	3	6	0	241	169	40.16	1	0	3
India in West Indies 1996–97	5	6	1	289	92	57.80	0	3	5
India in Sri Lanka 1997–98	2	3	0	290	143	96.66	2	0	1
Sri Lanka in India 1997–98	3	4	0	199	148	49.75	1	0	2
Australia in India 1997–98	3	5	1	446	177	111.50	2	1	2
India in Zimbabwe 1998–99	1	2	0	41	34	20.50	0	0	0
India in New Zealand 1998–99	2	3	0	227	113	75.66	1	1	1
Pakistan in India 1998–99	2	4	0	171	136	42.75	1	0	0
Asian Test Championship 1998–99	2	4	1	186	124*	62.00	1	1	0
New Zealand in India 1999–00	3	6	2	435	217	108.75	2	0	2

India in Australia 1999–00	3	6	0	278	116	46.33	1	2	0
South Africa in India 1999–00	2	4	0	146	97	36.50	0	1	2
India in Bangladesh 2000–01	1	1	0	18	18	18.00	0	0	0
Zimbabwe in India 2000–01	2	3	1	362	201*	181.00	2	0	3
Australia in India 2000–01	3	6	0	304	126	50.66	1	2	1
India in Zimbabwe 2001	2	4	1	199	74	66.33	0	2	0
India in South Africa 2001–02	2	4	1	193	155	64.33	1	0	0
England in India 2001–02	3	4	0	307	103	76.75	1	2	4
Zimbabwe in India 2001–02	2	3	0	254	176	84.66	1	0	2
India in West Indies 2001–02	5	8	0	331	117	41.37	1	2	2
India in England 2002	4	6	0	401	193	66.83	1	2	1
West Indies in India 2002–03	3	5	1	306	176	76.50	1	0	2
India in New Zealand 2002–03	2	4	0	100	51	25.00	0	1	1
New Zealand in India 2003–04	2	4	0	71	55	17.75	0	1	0
India in Australia 2003–04	4	7	2	383	241*	76.60	1	1	3
India in Pakistan 2003–04	3	4	1	205	194*	68.33	1	0	1
Australia in India 2004–05	2	4	0	70	55	17.50	0	1	1
South Africa in India 2004–05	2	3	1	55	32*	27.50	0	0	0
India in Bangladesh 2004–05	2	2	1	284	248*	284.00	1	0	2
Pakistan in India 2004–05	3	5	0	255	94	51.00	0	3	2
Sri Lanka in India 2005–06	3	5	0	189	109	37.80	1	0	0
India in Pakistan 2005–06	3	3	0	63	26	21.00	0	0	4
England in India 2005–06	3	5	1	83	34	20.75	0	0	1
India in South Africa 2006–07	3	6	0	199	64	33.16	0	2	3
India in Bangladesh 2006–07	2	3	1	254	122*	127.00	2	0	4
India in England 2007	3	6	0	228	91	38.00	0	2	4
Pakistan in India 2007–08	2	3	1	139	82	69.50	0	2	0
India in Australia 2007–08	4	8	1	493	154*	70.42	2	2	5
South Africa in India 2007–08	1	1	0	0	0	0.00	0	0	0
India in Sri Lanka 2008	3	6	0	95	31	15.83	0	0	0
Australia in India 2008–09	4	8	1	396	109	56.57	1	2	2
England in India 2008–09	2	4	1	156	103*	52.00	1	0	0
India in New Zealand 2008–09	3	5	0	344	160	68.80	1	2	2
Sri Lanka in India 2009–10	3	4	1	197	100*	65.66	1	1	2
India in Bangladesh 2009–10	2	3	1	264	143	132.00	2	0	0
South Africa in India 2009–10	2	3	0	213	106	71.00	2	0	0
India in Sri Lanka 2010	3	5	0	390	203	78.00	1	2	2
Australia in India 2010–11	2	4	1	403	214	134.33	1	2	0
New Zealand in India 2010–11	3	4	0	126	61	31.50	0	1	0
India in South Africa 2010–11	3	6	2	326	146	81.50	2	0	0
India in England 2011	4	8	0	273	91	34.12	0	2	2
West Indies in India 2011–12	3	5	0	218	94	43.60	0	2	2
India in Australia 2011–12	4	8	0	287	80	35.87	0	2	3
New Zealand in India 2012	2	3	0	63	27	21.00	0	0	0

England in India 2012–13	4	6	0	112	76	18.66	0	1	1
Australia in India 2012–13	4	7	1	192	81	32.00	0	1	1
West Indies in India 2013–14	2	2	0	84	74	42.00	0	1	0

Tests – batting by opponent

	M	Inns	NO	Runs	HS	Avge	100	50	0
Australia	39	74	8	3630	241*	55.00	11	16	4
Bangladesh	7	9	3	820	248*	136.66	5	0	0
England	32	53	4	2535	193	51.73	7	13	0
New Zealand	24	39	5	1595	217	46.91	4	8	1
Pakistan	18	27	2	1057	194*	42.28	2	7	2
South Africa	25	45	4	1741	169	42.46	7	5	3
Sri Lanka	25	36	3	1995	203	60.45	9	6	0
West Indies	21	32	2	1630	179	54.33	3	10	3
Zimbabwe	9	14	2	918	201*	76.50	3	3	1

Tests – batting by country

	M	Inns	NO	Runs	HS	Avge	100	50	0
Australia	20	38	4	1809	241*	53.20	6	7	3
Bangladesh	7	9	3	820	248*	136.66	5	0	0
England	17	30	1	1575	193	54.31	4	8	0
India	94	153	16	7216	217	52.67	22	32	4
New Zealand	11	18	1	842	160	49.52	2	5	1
Pakistan	10	13	1	483	194*	40.25	1	2	0
South Africa	15	28	3	1161	169	46.44	5	3	2
Sri Lanka	12	19	2	1155	203	67.94	5	4	0
West Indies	10	14	1	620	117	47.69	1	5	3
Zimbabwe	4	7	1	240	74	40.00	0	2	1

Tests – batting by continent

	M	Inns	NO	Runs	HS	Avge	100	50	0
Africa	19	35	4	1401	169	45.19	5	5	3
Americas	10	14	1	620	117	47.69	1	5	3
Asia	123	194	22	9674	248*	56.24	33	38	4
Europe	17	30	1	1575	193	54.31	4	8	0
Oceania	31	56	5	2651	241*	51.98	8	12	4

Tests – batting home and away

	M	Inns	NO	Runs	HS	Avge	100	50	0
Home	94	153	16	7216	217	52.67	22	32	4
Away	106	176	17	8705	248*	54.74	29	36	10

Tests – batting by year

	M	Inns	NO	Runs	HS	Avge	100	50	0
1989	4	6	0	215	59	35.83	0	2	0
1990	7	10	1	373	119*	41.44	1	2	1
1991	2	4	0	78	40	19.50	0	0	0
1992	7	11	1	419	148*	41.90	3	0	2
1993	8	9	2	640	165	91.42	2	5	0
1994	7	11	1	700	179	70.00	2	3	0
1995	3	4	2	58	52*	29.00	0	1	0
1996	8	15	0	623	177	41.53	2	2	1
1997	12	17	1	1000	169	62.50	4	3	0
1998	5	9	1	647	177	80.87	3	1	0
1999	10	19	3	1088	217	68.00	5	4	3
2000	6	10	1	575	201*	63.88	2	1	0
2001	10	18	2	1003	155	62.68	3	6	0
2002	16	26	1	1392	193	55.68	4	5	3
2003	5	9	0	153	55	17.00	0	1	2
2004	10	15	5	915	248*	91.50	3	2	0
2005	6	10	0	444	109	44.40	1	3	0
2006	8	12	1	267	63	24.27	0	1	1
2007	9	16	2	776	122*	55.42	2	6	0
2008	13	25	3	1063	154*	48.31	4	3	1
2009	6	9	1	541	160	67.62	2	3	0
2010	14	23	3	1562	214	78.10	7	5	0
2011	9	17	1	756	146	47.25	1	5	0
2012	9	15	0	357	80	23.80	0	2	0
2013	6	9	1	276	81	34.50	0	2	0

Tests – batting by batting position

	M	Inns	NO	Runs	HS	Avge	100	50	0
Number 2	1	1	0	15	15	15.00	0	0	0
Number 4	177	275	27	13492	248*	54.40	44	58	11
Number 5	26	29	3	1552	169	59.69	5	6	2
Number 6	14	20	3	745	148*	43.82	2	4	1
Number 7	3	4	0	117	41	29.25	0	0	0

Tests – batting by team innings

	M	Inns	NO	Runs	HS	Avge	100	50	0
1st team innings	199	197	9	11300	248*	60.10	38	46	9
2nd team innings	147	132	24	4621	176	42.78	13	22	5

Tests – batting by match innings

	M	Inns	NO	Runs	HS	Avge	100	50	0
1st match innings	91	91	6	5608	241*	65.97	20	20	3
2nd match innings	108	106	3	5692	248*	55.26	18	26	6
3rd match innings	73	72	8	2996	176	46.81	10	15	2
4th match innings	74	60	16	1625	136	36.93	3	7	3

Tests – batting by result

	M	Inns	NO	Runs	HS	Avge	100	50	0
Won match	72	113	17	5946	248*	61.93	20	24	2
Lost match	56	112	2	4088	177	37.16	11	18	8
Drawn match	72	104	14	5887	241*	65.41	20	26	4

Tests – batting by series stage

	M	Inns	NO	Runs	HS	Avge	100	50	0
Only match in series	7	10	1	196	62	21.77	0	1	2
1st match in series	64	104	15	5015	248*	56.34	18	18	5
2nd match in series	64	106	12	5481	214	58.30	19	23	2
3rd match in series	46	78	2	3637	217	47.85	9	17	3
4th match in series	14	22	2	1077	241*	53.85	3	6	1
5th match in series	3	5	0	329	114	65.80	1	2	0

Tests – batting by captain

	M	Inns	NO	Runs	HS	Avge	100	50	0
M Azharuddin	47	72	9	3767	179	59.79	15	15	5
MS Dhoni	45	75	7	3595	214	52.86	11	17	0
R Dravid	21	35	3	1304	194*	40.75	4	6	1
SC Ganguly	42	68	8	3768	248*	62.80	11	15	5
A Kumble	12	22	2	904	154*	45.20	2	5	1
V Sehwag	4	8	1	314	105*	44.85	1	1	0
K Srikkanth	4	6	0	215	59	35.83	0	2	0
SR Tendulkar	25	43	3	2054	217	51.35	7	7	2

Tests – batting as captain/as player

	M	Inns	NO	Runs	HS	Avge	100	50	0
As captain	25	43	3	2054	217	51.35	7	7	2
As player	175	286	30	13867	248*	54.16	44	61	12

Tests – centuries

	Opponent	Venue	Season
248*	Bangladesh	Dhaka	2004–05
241*	Australia	Sydney	2003–04

217	New Zealand	Ahmedabad	1999–00
214	Australia	Bangalore	2010–11
203	Sri Lanka	Colombo-SSC	2010
201*	Zimbabwe	Nagpur	2000–01
194*	Pakistan	Multan	2003–04
193	England	Leeds	2002
179	West Indies	Nagpur	1994–95
177	England	Nottingham	1996
177	Australia	Bangalore	1997–98
176	Zimbabwe	Nagpur	2001–02
176	West Indies	Kolkata	2002–03
169	South Africa	Cape Town	1996–97
165	England	Chennai	1992–93
160	New Zealand	Hamilton	2008–09
155*	Australia	Chennai	1997–98
155	South Africa	Bloemfontein	2001–02
154*	Australia	Sydney	2007–08
153	Australia	Adelaide	2007–08
148*	Australia	Sydney	1991–92
148	Sri Lanka	Mumbai	1997–98
146	South Africa	Cape Town	2010–11
143	Sri Lanka	Colombo-RPS	1997–98
143	Bangladesh	Mirpur	2009–10
142	Sri Lanka	Lucknow	1993–94
139	Sri Lanka	Colombo-SSC	1997–98
136	Pakistan	Chennai	1998–99
126*	New Zealand	Mohali	1999–00
126	Australia	Chennai	2000–01
124*	Sri Lanka	Colombo-SSC	1998–99
122*	Bangladesh	Mirpur	2006–07
122	England	Birmingham	1996
122	Zimbabwe	Delhi	2000–01
119*	England	Manchester	1990
117	West Indies	Port-of-Spain	2001–02
116	Australia	Melbourne	1999–00
114	Australia	Perth	1991–92
113	New Zealand	Wellington	1998–99
111*	South Africa	Centurion	2010–11
111	South Africa	Johannesburg	1992–93
109	Sri Lanka	Delhi	2005–06
109	Australia	Nagpur-J	2008–09
106	South Africa	Kolkata	2009–10
105*	Bangladesh	Chittagong-D	2009–10
104*	Sri Lanka	Colombo-SSC	1993–94

103*	England	Chennai	2008–09
103	England	Ahmedabad	2001–02
101	Bangladesh	Chittagong-D	2006–07
100*	Sri Lanka	Ahmedabad	2009–10
100	South Africa	Nagpur-J	2009–10

Tests – bowlers dismissing him most often

	Times	Matches
JM Anderson	9	14
M Muralitharan	8	19
JN Gillespie	6	8
GD McGrath	6	9
AA Donald	5	11
WJ Cronje	5	11
B Lee	5	12
DL Vettori	5	15
NM Lyon	4	6
CC Lewis	4	8
M Ntini	4	8
PM Siddle	4	9
GP Swann	4	10
MS Panesar	4	11
SM Pollock	4	12
RW Price	3	2
KR Pushpakumara	3	4
DR Tuffey	3	4
Saqlain Mushtaq	3	4
IR Bishop	3	4
PT Collins	3	5
SCJ Broad	3	7
DK Morrison	3	7
CS Martin	3	7
PL Harris	3	7
DW Steyn	3	8
Shahid Afridi	3	8
DJ Nash	3	9
Shoaib Akhtar	3	9
CE Cuffy	3	9
BM McMillan	3	10
MJ Hoggard	3	10
WPUJC Vaas	3	11
MG Johnson	3	11
SK Warne	3	12
JH Kallis	3	14

Tests – how he was dismissed

	Times	Dis	%
Bowled	54	296	18.24
Caught wicketkeeper	42	296	14.19
Caught fielder	127	296	42.91
LBW	63	296	21.28
Run out	9	296	3.04
Stumped	1	296	0.34

Tests – batting partners

	Inns	Unb	Runs	Best	Avge	100	50
RS Dravid	143	6	6905	249	50.40	20	29
SC Ganguly	71	3	4173	281	61.36	12	16
VVS Laxman	72	4	3516	353	51.70	9	19
M Azharuddin	42	1	2385	222	58.17	9	5
V Sehwag	23	0	1560	336	67.82	4	5
NS Sidhu	16	0	1239	177	77.43	6	3
MS Dhoni	24	2	969	172	44.04	2	6
G Gambhir	23	0	958	176	41.65	2	4
VG Kambli	5	1	581	194	145.25	3	1
M Vijay	6	0	581	308	96.83	1	3
Yuvraj Singh	11	1	539	163*	53.90	2	2
SK Raina	10	0	530	256	53.00	2	1
M Prabhakar	12	2	526	160*	52.60	1	4
SS Das	10	1	518	118	57.55	1	5
SV Manjrekar	16	2	509	143	36.35	1	3
CA Pujara	13	1	497	144	41.41	1	3
NR Mongia	11	0	395	135	35.90	1	2
A Kumble	16	0	332	58	20.75	0	1
W Jaffer	6	0	331	175	55.16	1	1
Harbhajan Singh	8	0	313	129	39.12	1	2
RJ Shastri	8	0	308	196	38.50	1	0
KS More	7	0	301	128	43.00	1	1
Kapil Dev	14	0	281	75	20.07	0	2
KD Karthik	8	0	262	85	32.75	0	2
SB Bangar	3	0	261	171	87.00	1	0
V Kohli	10	0	247	91	24.70	0	1
Z Khan	5	0	231	133	46.20	1	0
PK Amre	3	1	208	118	104.00	1	0
A Mishra	2	0	176	144	88.00	1	0
S Ramesh	5	0	172	80	34.40	0	2
PA Patel	2	0	141	101	70.50	1	0
AD Jadeja	4	0	124	51	31.00	0	1

IK Pathan	4	1	114	44	38.00	0	0
SB Joshi	5	0	111	37	22.20	0	0
DJ Gandhi	2	1	80	76*	80.00	0	1
HH Kanitkar	3	0	79	30	26.33	0	0
DB Vengsarkar	3	0	71	62	23.66	0	1
MSK Prasad	4	0	68	29	17.00	0	0
SLV Raju	5	0	66	47	13.20	0	0
I Sharma	3	0	65	31	21.66	0	0
AB Agarkar	5	0	54	29	10.80	0	0
WV Raman	2	0	51	46	25.50	0	0
J Srinath	6	0	46	25	7.66	0	0
M Kaif	2	0	35	27	17.50	0	0
ND Hirwani	1	0	31	31	31.00	0	0
RP Singh	1	0	27	27	27.00	0	0
S Badrinath	1	0	26	26	26.00	0	0
CS Pandit	1	0	24	24	24.00	0	0
BKV Prasad	1	1	23	23*		0	0
M Kartik	1	0	20	20	20.00	0	0
D Ganesh	1	0	19	19	19.00	0	0
S Sreesanth	2	0	19	13	9.50	0	0
A Mukund	1	0	18	18	18.00	0	0
AM Rahane	1	0	17	17	17.00	0	0
ST Banerjee	1	0	16	16	16.00	0	0
DB Dasgupta	2	0	15	13	7.50	0	0
SS Dighe	1	0	15	15	15.00	0	0
PL Mhambrey	1	0	15	15	15.00	0	0
R Vijay Bharadwaj	1	0	12	12	12.00	0	0
AR Kapoor	1	0	10	10	10.00	0	0
V Dahiya	1	1	8	8*		0	0
AS Chopra	2	0	6	6	3.00	0	0
JD Unadkat	1	0	3	3	3.00	0	0
V Rathour	1	0	1	1	1.00	0	0
A Nehra	1	0	0	0	0.00	0	0

Tests – BOWLING

	M	Inns	Overs	Mdns	Runs	Wkts	BBI	Avge	Econ	SR	5	10
Overall record	200	145	706.4	83	2492	46	3/10	54.17	3.52	92.1	0	0

Tests – best bowling figures

	Opponent	Venue	Season
3–10	South Africa	Mumbai	1999–00
3–31	Australia	Kolkata	2000–01
2–7	New Zealand	Wellington	1998–99

2–10	Australia	Adelaide	1991–92
2–30	New Zealand	Hamilton	1998–99
2–35	Pakistan	Chennai	1998–99
2–35	Bangladesh	Mirpur	2006–07
2–36	Australia	Adelaide	2003–04
2–36	Pakistan	Multan	2003–04
2–45	New Zealand	Wellington	2008–09
2–107	West Indies	St John's	2001–02

Tests – how he took his wickets

	Times	Wkts	%
Bowled	11	46	23.91
Caught wicketkeeper	2	46	4.35
Caught fielder	21	46	45.66
LBW	10	46	21.74
Stumped	1	46	2.17
Hit wicket	1	46	2.17

Tests – CAPTAINCY

	M	W	L	D	Toss won	Toss lost	TW bat	TW bowl	TL bat	TL bowl
Overall record	25	4	9	12	15	10	10	5	8	2

Tests – results as captain

Start date	Opponent	Venue	Toss	Decision	Result
10/10/1996	Australia	Delhi	Lost	Bat	Won
20/11/1996	South Africa	Ahmedabad	Won	Bat	Won
27/11/1996	South Africa	Calcutta	Lost	Bat	Lost
8/12/1996	South Africa	Kanpur	Won	Bat	Won
26/12/1996	South Africa	Durban	Won	Bowl	Lost
2/1/1997	South Africa	Cape Town	Lost	Bat	Lost
16/1/1997	South Africa	Johannesburg	Won	Bat	Drawn
06/3/1997	West Indies	Kingston	Lost	Bat	Drawn
14/3/1997	West Indies	Port-of-Spain	Lost	Bat	Drawn
27/3/1997	West Indies	Bridgetown	Won	Bowl	Lost
4/4/1997	West Indies	St John's	Lost	Bat	Drawn
17/4/1997	West Indies	Georgetown	Won	Bat	Drawn
2/8/1997	Sri Lanka	Colombo-RPS	Won	Bat	Drawn
9/8/1997	Sri Lanka	Colombo-SSC	Won	Bowl	Drawn
19/11/1997	Sri Lanka	Mohali	Won	Bowl	Drawn
26/11/1997	Sri Lanka	Nagpur	Won	Bat	Drawn
3/12/1997	Sri Lanka	Mumbai	Lost	Bowl	Drawn
10/10/1999	New Zealand	Mohali	Lost	Bowl	Drawn

22/10/1999	New Zealand	Kanpur	Lost	Bat	Won
29/10/1999	New Zealand	Ahmedabad	Won	Bat	Drawn
10/12/1999	Australia	Adelaide	Lost	Bat	Lost
26/12/1999	Australia	Melbourne	Won	Bowl	Lost
2/1/2000	Australia	Sydney	Won	Bat	Lost
24/2/2000	South Africa	Mumbai	Won	Bat	Lost
2/3/2000	South Africa	Bangalore	Won	Bat	Lost

ONE-DAY INTERNATIONAL CAREER

ODIs – BATTING

	M	Inns	NO	Runs	HS	Avge	SR	100	50	0
Overall record	463	452	41	18426	200*	44.83	86.23	49	96	20

ODIs – series by series

	M	Inns	NO	Runs	HS	Avge	SR	100	50	Ct
India in Pakistan 1989–90	1	1	0	0	0	0.00	0.00	0	0	0
Rothmans Cup in New Zealand 1989–90	2	2	0	36	36	18.00	87.80	0	0	0
Austral-Asia Cup in U.A.E. 1990	2	2	0	30	20	15.00	81.08	0	0	1
India in England 1990	2	2	0	50	31	25.00	81.96	0	0	0
Sri Lanka in India 1990–91	3	3	0	119	53	39.66	129.34	0	1	2
Asia Cup in India 1990–91	3	2	0	57	53	28.50	70.37	0	1	0
Wills Trophy in U.A.E. 1991–92	5	5	2	134	52*	44.66	100.75	0	1	1
South Africa in India 1991–92	3	3	0	67	62	22.33	79.76	0	1	0
Benson & Hedges World Series in Australia 1991–92	10	10	1	401	77	44.55	62.46	0	4	4
World Cup in Australia/New Zealand 1991–92	8	7	1	283	84	47.16	84.73	0	3	2
India in Zimbabwe 1992–93	1	1	0	39	39	39.00	69.64	0	0	0
India in South Africa 1992–93	7	7	0	144	32	20.57	55.38	0	0	2
England in India 1992–93	6	6	1	149	82*	29.80	93.12	0	1	2
Zimbabwe in India 1992–93	3	2	1	11	8*	11.00	73.33	0	0	0
India in Sri Lanka 1993	3	3	0	61	25	20.33	56.48	0	0	1
Hero Cup in India 1993–94	6	6	2	98	28*	24.50	64.05	0	0	1
Sri Lanka in India 1993–94	3	3	1	64	52	32.00	74.41	0	1	2
India in New Zealand 1993–94	4	4	0	200	82	50.00	118.34	0	2	0
Austral-Asia Cup in U.A.E. 1993–94	4	4	0	166	73	41.50	95.40	0	2	2
Singer World Series in Sri Lanka 1994	4	4	1	127	110	42.33	83.00	1	0	0

	M	Inns	NO	Runs	HS	Avge	SR	100	50	Ct
West Indies in India 1994–95	5	5	0	247	105	49.40	77.67	1	2	1
Wills World Series in India 1994–95	5	5	0	285	115	57.00	86.62	1	2	3
New Zealand Centenary Tournament 1994–95	3	3	0	97	47	32.33	91.50	0	0	1
Pepsi Asia Cup in U.A.E 1994–95	4	4	1	205	112*	68.33	109.62	1	0	3
New Zealand in India 1995–96	5	5	0	142	65	28.40	97.93	0	1	2
World Cup in India/Pakistan/Sri Lanka 1995–96	7	7	1	523	137	87.16	85.87	2	3	2
Singer Cup in Singapore 1995–96	2	2	0	128	100	64.00	90.14	1	0	0
Pepsi Sharjah Cup in U.A.E. 1995–96	5	5	0	195	118	39.00	75.87	1	1	1
India in England 1996	3	3	0	37	30	12.33	75.51	0	0	2
Singer World Series in Sri Lanka 1996	3	3	0	157	110	52.33	80.51	1	0	2
Sahara 'Friendship' Cup in Canada 1996	5	5	1	137	89*	34.25	76.96	0	1	3
Titan Cup in India 1996–97	6	6	0	320	88	53.33	80.40	0	4	3
South Africa in India 1996–97	1	1	0	114	114	114.00	90.47	1	0	0
Standard Bank International Series in South Africa 1996–97	8	8	0	243	104	30.37	92.39	1	0	1
India in Zimbabwe 1996–97	1	1	0	13	13	13.00	86.66	0	0	0
India in West Indies 1996–97	4	4	1	119	65*	39.66	85.61	0	1	0
Pepsi Independence Cup in India 1997	3	3	0	123	117	41.00	83.10	1	0	1
Pepsi Asia Cup in Sri Lanka 1997	4	3	0	102	53	34.00	87.93	0	1	0
India in Sri Lanka 1997	4	4	0	99	39	24.75	102.06	0	0	3
Sahara 'Friendship' Cup in Canada 1997	6	5	1	99	51	24.75	55.00	0	1	5
India in Pakistan 1997–98	3	3	0	30	21	10.00	75.00	0	0	3
Akai-Singer Champions Trophy in U.A.E. 1997–98	3	3	0	95	91	31.66	102.15	0	1	1
Sri Lanka in India 1997–98	3	2	1	88	82*	88.00	88.88	0	1	0
Silver Jubilee Independence Cup in Bangladesh 1997–98	5	5	0	258	95	51.60	112.17	0	3	6
Pepsi Triangular Series in India 1997–98	5	5	0	129	100	25.80	90.20	1	0	2
Coca-Cola Cup in U.A.E. 1997–98	5	5	0	435	143	87.00	100.46	2	1	0
Coca-Cola Triangular Series 1998	3	3	1	151	100*	75.50	96.17	1	0	0
Singer-Akai Nidahas Trophy in Sri Lanka 1998	5	4	0	263	128	65.75	112.87	1	2	2
Sahara 'Friendship' Cup in Canada 1998	1	1	0	77	77	77.00	70.64	0	1	0

	M	Inns	NO	Runs	HS	Avge	SR	100	50	Ct
India in Zimbabwe 1998–99	3	3	1	158	127*	79.00	100.63	1	0	1
Wills International Cup in Bangladesh 1998–99	2	2	0	149	141	74.50	104.92	1	0	2
Coca-Cola Champions Trophy in U.A.E. 1998–99	5	5	2	274	124*	91.33	109.60	2	0	1
India in New Zealand 1998–99	4	4	0	73	45	18.25	93.58	0	0	0
World Cup in England/Ireland/Netherlands/Scotland 1999	7	7	1	253	140*	42.16	90.03	1	0	2
Aiwa Cup in Sri Lanka 1999	3	3	0	171	120	57.00	73.70	1	0	0
Coca-Cola Singapore Challenge in Singapore 1999	3	3	0	125	85	41.66	87.41	0	1	0
New Zealand in India 1999–00	5	5	1	221	186*	55.25	101.84	1	0	2
Carlton & United Series in Australia 1999–00	8	8	0	198	93	24.75	76.15	0	1	7
South Africa in India 1999–00	5	5	0	274	122	54.80	88.10	1	1	1
Coca-Cola Cup in U.A.E. 1999–00	4	4	0	65	39	16.25	53.27	0	0	0
Asia Cup in Bangladesh 2000	3	3	0	154	93	51.33	102.66	0	1	1
ICC KnockOut in Kenya 2000–01	4	4	0	171	69	42.75	83.41	0	1	1
Coca-Cola Champions Trophy in U.A.E. 2000–01	5	5	0	179	101	35.80	77.82	1	1	0
Zimbabwe in India 2000–01	5	5	0	287	146	57.40	82.94	1	1	1
Australia in India 2000–01	5	5	0	280	139	56.00	120.17	1	1	2
Coca-Cola Cup in Zimbabwe 2001	5	5	3	282	122*	141.00	82.45	1	2	0
Standard Bank Tournament in South Africa 2001–02	7	6	0	342	146	57.00	82.40	2	0	1
England in India 2001–02	6	6	1	266	87*	53.20	93.99	0	2	3
India in West Indies 2002	2	2	1	99	65	99.00	86.08	0	1	0
NatWest Series in England 2002	7	7	1	337	113	56.16	93.09	2	0	0
ICC Champions Trophy in Sri Lanka 2002–03	5	4	2	39	16	19.50	44.82	0	0	1
India in New Zealand 2002–03	3	3	0	2	1	0.66	6.89	0	0	0
World Cup in Kenya/South Africa/Zimbabwe 2002–03	11	11	0	673	152	61.18	89.25	1	6	4
TVS Cup in India 2003–04	7	7	1	466	102	77.66	89.10	2	2	0
VB Series in Australia 2003–04	7	7	0	236	86	33.71	78.92	0	2	2
India in Pakistan 2003–04	5	5	0	213	141	42.60	90.25	1	0	1
Asia Cup in Sri Lanka 2004	6	6	1	281	82*	56.20	72.42	0	3	1
BCCI Platinum Jubilee Match in India 2004–05	1	1	0	16	16	16.00	94.11	0	0	0

	M	Inns	NO	Runs	HS	Avge	SR	100	50	Ct
India in Bangladesh 2004–05	2	2	0	66	47	33.00	89.18	0	0	0
Pakistan in India 2004–05	6	6	0	145	123	24.16	81.46	1	0	3
Sri Lanka in India 2005–06	6	6	1	231	93	46.20	87.16	0	2	3
South Africa in India 2005–06	4	4	0	36	30	9.00	40.00	0	0	0
India in Pakistan 2005–06	4	4	0	237	100	59.25	90.11	1	1	0
India in Sri Lanka 2006	1	1	1	2	2*	-	66.66	0	0	-
DLF Cup in Malaysia 2006–07	4	4	1	222	141*	74.00	80.14	1	1	1
ICC Champions Trophy in India 2006–07	3	3	0	74	35	24.66	66.07	0	0	2
India in South Africa 2006–07	4	4	0	93	55	23.25	58.12	0	1	3
West Indies in India 2006–07	4	4	1	191	100*	63.66	102.68	1	1	0
Sri Lanka in India 2006–07	3	2	0	55	54	27.50	79.71	0	1	2
ICC World Cup in West Indies 2006–07	3	3	1	64	57*	32.00	110.34	0	1	0
India in Ireland ODI Match, 2007	1	1	0	4	4	4.00	133.33	0	0	0
Future Cup in Ireland 2007	3	3	0	200	99	66.66	77.82	0	2	1
India in England 2007	7	7	0	374	99	53.42	85.77	0	4	0
Australia in India 2007–08	7	7	0	278	79	39.71	69.15	0	2	4
Pakistan in India 2007–08	5	5	0	259	99	51.80	101.96	0	2	0
Commonwealth Bank Series in Australia 2007–08	10	10	1	399	117*	44.33	85.25	1	2	2
England in India 2008–09	2	2	0	61	50	30.50	78.20	0	1	4
India in Sri Lanka 2008–09	3	3	0	18	7	6.00	48.64	0	0	2
India in New Zealand 2008–09	3	3	1	244	163*	122.00	108.44	1	1	1
Compaq Cup in Sri Lanka 2009	3	3	0	211	138	70.33	95.47	1	0	0
ICC Champions Trophy in South Africa 2009–10	2	1	0	8	8	8.00	57.14	0	0	1
Australia in India 2009–10	6	6	0	275	175	45.83	88.70	1	0	2
Sri Lanka in India 2009–10	4	4	1	216	96*	72.00	95.15	0	2	2
South Africa in India 2009–10	2	2	1	204	200*	204.00	134.21	1	0	0
India in South Africa 2010–11	2	2	0	31	24	15.50	56.36	0	0	0
World Cup in Bangladesh/India/Sri Lanka 2010–11	9	9	0	482	120	53.55	91.98	2	2	2
Commonwealth Bank Series in Australia 2011–12	7	7	0	143	48	20.42	82.65	0	0	3
Asia Cup in Bangladesh 2011–12	3	3	0	172	114	57.33	80.37	1	1	1

ODIs – batting by opponent

	M	Inns	NO	Runs	HS	Avge	SR	100	50	0
Australia	71	70	1	3077	175	44.59	84.74	9	15	2
Bangladesh	12	11	1	496	114	49.60	85.07	1	2	0
Bermuda	1	1	1	57	57*	–	196.55	0	1	0
England	37	37	4	1455	120	44.09	89.20	2	10	0
Ireland	2	2	0	42	38	21.00	71.18	0	0	0
Kenya	10	9	3	647	146	107.83	97.00	4	1	0
Namibia	1	1	0	152	152	152.00	100.66	1	0	0
Netherlands	2	2	0	79	52	39.50	84.04	0	1	0
New Zealand	42	41	3	1750	186*	46.05	95.36	5	8	4
Pakistan	69	67	4	2526	141	40.09	87.49	5	16	5
South Africa	57	57	1	2001	200*	35.73	76.31	5	8	1
Sri Lanka	84	80	9	3113	138	43.84	87.54	8	17	3
U.A.E.	2	2	0	81	63	40.50	79.41	0	1	0
West Indies	39	39	9	1573	141*	52.43	78.02	4	11	5
Zimbabwe	34	33	5	1377	146	49.17	91.55	5	5	0

ODIs – batting by country

	M	Inns	NO	Runs	HS	Avge	SR	100	50	0
Australia	47	46	3	1491	117*	34.67	75.26	1	10	1
Bangladesh	16	16	0	827	141	51.68	98.56	2	5	0
Canada	12	11	2	313	89*	34.77	67.02	0	3	1
England	26	26	2	1051	140*	43.79	88.39	3	4	1
India	164	160	15	6976	200*	48.11	88.40	20	38	5
Ireland	4	4	0	204	99	51.00	78.46	0	2	0
Kenya	4	4	0	171	69	42.75	83.41	0	1	0
Malaysia	4	4	1	222	141*	74.00	80.14	1	1	0
New Zealand	22	22	1	821	163*	39.09	97.39	1	5	3
Pakistan	13	13	0	480	141	36.92	88.72	2	1	3
Singapore	5	5	0	253	100	50.60	88.77	1	1	1
South Africa	40	38	0	1453	152	38.23	79.39	4	6	1
Sri Lanka	44	41	5	1531	138	42.52	81.87	5	6	1
U.A.E.	42	42	5	1778	143	48.05	92.79	7	7	1
West Indies	9	9	3	282	65*	47.00	90.38	0	3	1
Zimbabwe	11	11	4	573	127*	81.85	86.68	2	3	1

ODIs – batting by continent

	M	Inns	NO	Runs	HS	Avge	SR	100	50	0
Africa	55	53	4	2197	152	44.83	81.49	6	10	2
Americas	21	20	5	595	89*	39.66	76.37	0	6	2
Asia	288	281	26	12067	200*	47.32	88.60	38	59	11

	M	Inns	NO	Runs	HS	Avge	SR	100	50	0
Europe	30	30	2	1255	140*	44.82	86.61	3	6	1
Oceania	69	68	4	2312	163*	36.12	81.86	2	15	4

ODIs – batting home and away

	M	Inns	NO	Runs	HS	Avge	SR	100	50	0
home	164	160	15	6976	200*	48.11	88.40	20	38	5
away	147	146	10	5065	163*	37.24	81.73	12	24	8
neutral	152	146	16	6385	152	49.11	87.71	17	34	7

ODIs – batting by year

	M	Inns	NO	Runs	HS	Avge	SR	100	50	0
1989	1	1	0	0	0	0.00	0.00	0	0	1
1990	11	10	0	239	53	23.90	98.76	0	1	1
1991	14	14	2	417	62	34.75	74.46	0	4	1
1992	21	20	2	704	84	39.11	69.08	0	6	0
1993	18	17	4	319	82*	24.53	73.16	0	1	0
1994	25	25	2	1089	115	47.34	88.60	3	9	3
1995	12	12	1	444	112*	40.36	101.36	1	1	0
1996	32	32	2	1611	137	53.70	82.44	6	9	0
1997	39	36	3	1011	117	30.63	84.95	2	5	2
1998	34	33	4	1894	143	65.31	102.15	9	7	0
1999	22	22	2	843	186*	42.15	88.64	3	1	4
2000	34	34	0	1328	146	39.05	81.77	3	6	0
2001	17	16	3	904	146	69.53	91.31	4	3	1
2002	20	19	5	741	113	52.92	87.48	2	3	0
2003	21	21	1	1141	152	57.05	87.36	3	8	1
2004	21	21	1	812	141	40.60	80.07	1	5	1
2005	16	16	1	412	123	27.46	77.29	1	2	0
2006	16	16	2	628	141*	44.85	77.05	2	3	1
2007	33	32	2	1425	100*	47.50	85.58	1	13	3
2008	12	12	1	460	117*	41.81	84.24	1	3	1
2009	21	20	2	972	175	54.00	94.00	3	3	0
2010	2	2	1	204	200*	204.00	134.21	1	0	0
2011	11	11	0	513	120	46.63	88.60	2	2	0
2012	10	10	0	315	114	31.50	81.39	1	1	0

ODIs – batting by batting position

	M	Inns	NO	Runs	HS	Avge	SR	100	50	0
Number 1	47	47	2	1625	120	36.11	82.82	2	9	1
Number 2	293	293	21	13685	200*	50.31	88.71	43	66	11
Number 3	10	10	1	92	31	10.22	48.16	0	0	0
Number 4	61	61	8	2059	140*	38.84	77.08	4	15	5

Number 5	36	36	8	797	82*	28.46	81.07	0	5	3
Number 6	4	4	1	148	57*	49.33	134.54	0	1	0
Number 7	1	1	0	20	20	20.00	80.00	0	0	0

ODIs – batting by match innings

	M	Inns	NO	Runs	HS	Avge	SR	100	50	0
Batting first	221	220	15	9706	200*	47.34	84.34	32	44	5
Batting second	242	232	26	8720	175	42.33	88.44	17	52	15

ODIs – batting by result

	M	Inns	NO	Runs	HS	Avge	SR	100	50	0
Won match	234	231	34	11157	200*	56.63	90.31	33	59	8
Lost match	200	200	2	6585	175	33.25	79.86	14	35	11
Tied match	5	5	0	166	120	33.20	96.51	1	0	0
No result	24	16	5	518	105*	47.09	86.91	1	2	1

ODIs – batting by tournament

	M	Inns	NO	Runs	HS	Avge	SR	100	50	0
World Cup	45	44	4	2278	152	56.95	88.98	6	15	2
Asia Cup	23	21	2	971	114	51.10	85.47	2	7	0
Aus Tri Series (CB)	42	42	2	1377	117*	34.42	74.75	1	9	1
ICC Champions Trophy	16	14	2	441	141	36.75	78.75	1	1	0

ODIs – batting by tournament stage

	M	Inns	NO	Runs	HS	Avge	SR	100	50	0
Finals	40	39	5	1851	138	54.44	87.68	6	10	4
Semi-finals	8	8	0	317	85	39.62	72.87	0	3	0
Quarter-finals	4	4	0	263	141	65.75	90.06	1	1	0

ODIs – batting by number of teams in tournament

	M	Inns	NO	Runs	HS	Avge	SR	100	50	0
2 teams	200	196	17	7215	200*	40.30	86.57	14	40	11
3–4 teams	184	180	15	7917	146	47.98	86.42	28	35	7
5+ teams	79	76	9	3294	152	49.16	85.07	7	21	2

ODIs – batting by series stage

	M	Inns	NO	Runs	HS	Avge	SR	100	50	0
Only match in series	4	4	0	173	114	43.25	85.64	1	0	0
1st match in series	44	43	4	1324	127*	33.94	84.17	2	6	3

2nd match in series	44	43	8	1810	200*	51.71	94.22	3	10	3
3rd match in series	42	40	3	1385	163*	37.43	86.13	3	7	2
4th match in series	27	27	2	1043	123	41.72	84.11	3	7	1
5th match in series	23	23	0	1088	175	47.30	84.27	2	8	2
6th match in series	10	10	0	246	94	24.60	83.38	0	2	0
7th match in series	6	6	0	146	39	24.33	71.56	0	0	0

ODIs – batting by day/day-night match

	M	Inns	NO	Runs	HS	Avge	SR	100	50	0
Day match	255	248	24	9593	186*	42.82	86.31	21	56	13
Day-night match	208	204	17	8833	200*	47.23	86.15	28	40	7

ODIs – batting by captain

	M	Inns	NO	Runs	HS	Avge	SR	100	50	0
M Azharuddin	160	156	17	6270	143	45.10	87.69	18	33	7
MS Dhoni	65	64	3	2875	200*	47.13	89.31	8	12	2
R Dravid	53	52	6	2023	141*	43.97	82.20	4	14	3
SC Ganguly	101	99	9	4490	152	49.88	86.21	13	22	3
A Jadeja	2	2	0	44	33	22.00	107.31	0	0	0
A Kumble	1	1	0	68	68	68.00	86.07	0	1	0
V Sehwag	6	6	1	201	96*	40.20	75.84	0	2	0
RJ Shastri	1	1	0	1	1	1.00	33.33	0	0	0
K Srikkanth	1	1	0	0	0	0.00	0.00	0	0	1
SR Tendulkar	73	70	5	2454	186*	37.75	83.49	6	12	4

ODIs – batting as captain/as player

	M	Inns	NO	Runs	HS	Avge	SR	100	50	0
As captain	73	70	5	2454	186*	37.75	83.49	6	12	4
As player	390	382	36	15972	200*	46.16	86.67	43	84	16

ODIs – centuries

	Opponent	Venue	Season
200*	South Africa	Gwalior	2009–10
186*	New Zealand	Hyderabad	1999–00
175	Australia	Hyderabad-RG	2009–10
163*	New Zealand	Christchurch	2008–09
152	Namibia	Pietermaritzburg	2002–03
146	Zimbabwe	Jodhpur	2000–01
146	Kenya	Paarl	2001–02
143	Australia	Sharjah	1997–98
141*	West Indies	Kuala Lumpur	2006–07
141	Australia	Dhaka	1998–99

141	Pakistan	Rawalpindi	2003–04
140*	Kenya	Bristol	1999
139	Australia	Indore	2000–01
138	Sri Lanka	Colombo-RPS	2009–10
137	Sri Lanka	Delhi	1995–96
134	Australia	Sharjah	1997–98
128	Sri Lanka	Colombo-RPS	1997–98
127*	Kenya	Cuttack	1995–96
127*	Zimbabwe	Bulawayo	1998–99
124*	Zimbabwe	Sharjah	1998–99
123	Pakistan	Ahmedabad	2004–05
122*	West Indies	Harare	2001
122	South Africa	Vadodara	1999–00
120	Sri Lanka	Colombo-SSC	1999–00
120	England	Bangalore	2010–11
118*	Zimbabwe	Sharjah	1998–99
118	Pakistan	Sharjah	1995–96
117*	Australia	Sydney	2007–08
117	New Zealand	Bangalore	1996–97
115	New Zealand	Vadodara	1994–95
114	South Africa	Mumbai	1996–97
114	Bangladesh	Mirpur	2011–12
113	Sri Lanka	Bristol	2002
112*	Sri Lanka	Sharjah	1994–95
111	South Africa	Nagpur-J	2010–11
110	Australia	Colombo-RPS	1994–95
110	Sri Lanka	Colombo-RPS	1996–97
105*	England	Chester-le-Street	2002
105	West Indies	Jaipur	1994–95
104	Zimbabwe	Benoni	1996–97
102	New Zealand	Hyderabad	2003–04
101	Sri Lanka	Sharjah	2000–01
101	South Africa	Johannesburg	2001–02
100*	Kenya	Kolkata	1997–98
100*	West Indies	Vadodara	2006–07
100	Pakistan	Singapore-P	1995–96
100	Australia	Kanpur	1997–98
100	Australia	Gwalior	2003–04
100	Pakistan	Peshawar	2005–06

ODIs – bowlers dismissing him most often

	Times	M
SM Pollock	9	28
B Lee	9	30
WPUJC Vaas	9	49
GD McGrath	7	23
HH Streak	7	26
CA Walsh	6	16
Azhar Mahmood	6	23
Abdul Razzaq	6	26
KMDN Kulasekara	5	16
DNT Zoysa	5	17
CRD Fernando	5	17
Shoaib Akhtar	5	19
DW Fleming	5	20
AA Donald	5	26
Aaqib Javed	5	30
M Muralitharan	5	47
ST Jayasuriya	5	71
DK Morrison	4	12
AC Cummins	4	14
TM Moody	4	15
NW Bracken	4	17
PS de Villiers	4	17
SL Malinga	4	18
A Flintoff	4	19
Waqar Younis	4	23
CZ Harris	4	30
JH Kallis	4	32
DR Tuffey	3	7
TJ Friend	3	9
JM Anderson	3	11
Mohammad Sami	3	12
CR Matthews	3	12
SA Thomson	3	14
GP Wickramasinghe	3	18
DJ Nash	3	18
GR Larsen	3	19
DL Vettori	3	20
MG Johnson	3	21
L Klusener	3	21
Shoaib Malik	3	24

Wasim Akram	3	24
WJ Cronje	3	32
SR Waugh	3	33

ODIs – how he was dismissed

	Times	Dis	%
Bowled	68	411	16.54
Caught wicketkeeper	72	411	17.52
Caught fielder	186	411	45.26
LBW	39	411	9.49
Run out	34	411	8.27
Stumped	11	411	2.68
Hit wicket	1	411	0.24

ODIs – batting partners

	Inns	Unb	Runs	Best	Avge	100	50
SC Ganguly	176	3	8228	258	47.56	26	29
V Sehwag	114	2	4386	182	39.16	13	18
RS Dravid	98	5	4117	331	44.26	11	14
M Azharuddin	78	6	3514	175	48.80	8	19
AD Jadeja	41	4	2111	176	57.05	9	8
Yuvraj Singh	46	2	1558	138	35.40	3	9
G Gambhir	51	0	1511	173	29.62	4	5
SV Manjrekar	25	0	1109	102	44.36	1	8
NS Sidhu	36	0	1100	231	30.55	1	6
VVS Laxman	23	1	1056	199	48.00	4	0
M Prabhakar	25	2	942	161	40.95	2	4
MS Dhoni	19	4	928	135*	61.86	5	1
VG Kambli	19	2	704	164*	41.41	2	1
IK Pathan	12	0	647	164	53.91	2	4
V Kohli	10	0	603	148	60.30	2	3
D Mongia	12	1	556	99	50.54	0	5
SK Raina	5	0	354	137	70.80	1	2
NR Mongia	13	1	331	89	27.58	0	2
KD Karthik	6	1	326	194	65.20	1	1
Kapil Dev	12	2	325	76	32.50	0	2
M Kaif	11	1	318	102	31.80	1	1
HK Badani	6	1	280	135*	56.00	1	1
RV Uthappa	7	0	242	94	34.57	0	2
RR Singh	7	0	234	100	33.42	1	1
V Rathour	7	0	195	59	27.85	0	2
RJ Shastri	5	0	195	76	39.00	0	2
S Ramesh	4	0	154	75	38.50	0	1

PK Amre	6	0	152	56	25.33	0	2
WV Raman	4	0	143	90	35.75	0	1
J Srinath	6	1	129	41	25.80	0	0
RG Sharma	1	0	123	123	123.00	1	0
K Srikkanth	4	0	120	62	30.00	0	1
SB Joshi	4	0	94	57	23.50	0	1
YK Pathan	2	0	92	81	46.00	0	1
Harbhajan Singh	2	0	79	78	39.50	0	1
HH Kanitkar	1	0	67	67	67.00	0	1
RK Chauhan	2	0	59	48	29.50	0	0
A Kumble	7	1	54	19	9.00	0	0
SB Somasunder	2	0	49	30	24.50	0	0
RS Sodhi	2	1	37	23*	37.00	0	0
JP Yadav	1	0	35	35	35.00	0	0
RA Jadeja	1	0	32	32	32.00	0	0
S Sriram	2	0	32	22	16.00	0	0
KS More	3	0	24	17	8.00	0	0
M Vijay	2	0	24	21	12.00	0	0
AB Agarkar	4	0	23	9	5.75	0	0
JJ Martin	1	0	21	21	21.00	0	0
PA Patel	1	0	16	16	16.00	0	0
V Yadav	2	0	12	11	6.00	0	0
SS Das	1	0	8	8	8.00	0	0
V Dahiya	1	0	7	7	7.00	0	0
A Ratra	1	0	4	4	4.00	0	0
SS Karim	1	0	3	3	3.00	0	0
RP Singh	1	0	1	1	1.00	0	0
W Jaffer	1	0	0	0	0.00	0	0

ODIs – BOWLING

	M	Overs	Mdns	Runs	Wkts	Avge	Econ	SR	5
Overall record	463	1342.2	24	6850	154	44.48	5.10	52.20	2

ODIs – best bowling

	Opponent	Venue	Season
5–32	Australia	Kochi	1997–98
5–50	Pakistan	Kochi	2004–05
4–34	West Indies	Sharjah	1991–92
4–38	Australia	Dhaka	1998–99
4–54	Bangladesh	Dhaka	2004–05
4–56	South Africa	Faridabad	1999–00
3–21	U.A.E	Dambulla	2004
3–28	Pakistan	Colombo-RPS	2004

3–34	New Zealand	Napier	1998–99
3–35	Australia	Margao	2000–01
3–35	Bangladesh	Colombo-SSC	2004
3–36	West Indies	Chennai	1994–95
3–43	Sri Lanka	Rajkot	1993–94
3–45	Pakistan	Dhaka	1997–98
2–8	Bangladesh	Mumbai	1997–98
2–10	South Africa	Belfast	2007
2–24	Bangladesh	Dhaka	1999–00
2–25	West Indies	Cuttack	2006–07
2–27	South Africa	Durban	2001–02
2–28	Kenya	Durban	2002–03
2–29	New Zealand	Delhi	1994–95
2–29	West Indies	Dhaka	1998–99
2–31	West Indies	Kanpur	1994–95
2–32	South Africa	Nairobi	2000–01
2–32	Pakistan	Guwahati	2007–08
2–34	Sri Lanka	Kolkata	1995–96
2–39	Sri Lanka	Pune	1990–91
2–40	Pakistan	Sharjah	1995–96
2–40	Sri Lanka	Colombo-RPS	2004
2–41	Zimbabwe	Colombo-RPS	2002–03
2–44	Sri Lanka	Dhaka	1999–00
2–49	New Zealand	Pune	1995–96
2–61	Pakistan	Chennai	1996–97

ODIs – how he took his wickets

	Times	Wkts	%
Bowled	31	154	20.13
Caught wicketkeeper	15	154	9.74
Caught fielder	69	154	44.80
LBW	17	154	11.04
Stumped	22	154	14.29
Hit wicket	0	154	0.00

ODIs – CAPTAINCY

	M	W	L	Tied	NR	Toss won	Toss lost	TW bat	TW bowl	TL bat	TL bowl
Overall record	73	23	43	1	6	44	29	25	19	15	14

ODIs – results as captain

Start date	Opponent	Venue	Toss	Decision	Result
28/8/1996	Sri Lanka	Colombo-RPS	Won	Bat	Lost

1/9/1996	Zimbabwe	Colombo-SSC	Won	Bowl	Won
6/9/1996	Australia	Colombo-SSC	Lost	Bowl	Lost
16/9/1996	Pakistan	Toronto	Won	Bowl	Won
17/9/1996	Pakistan	Toronto	Lost	Bowl	Lost
18/9/1996	Pakistan	Toronto	Won	Bat	Won
21/9/1996	Pakistan	Toronto	Won	Bowl	Lost
23/9/1996	Pakistan	Toronto	Lost	Bat	Lost
17/10/1996	South Africa	Hyderabad	Lost	Bat	Lost
21/10/1996	Australia	Bangalore	Lost	Bat	Won
23/10/1996	South Africa	Jaipur	Won	Bowl	Lost
29/10/1996	South Africa	Rajkot	Won	Bat	Lost
3/11/1996	Australia	Mohali	Lost	Bowl	Won
6/11/1996	South Africa	Mumbai	Won	Bat	Won
14/12/1996	South Africa	Mumbai	Won	Bat	Won
23/1/1997	South Africa	Bloemfontein	Lost	Bat	Lost
27/1/1997	Zimbabwe	Paarl	Lost	Bat	Tied
2/2/1997	South Africa	Port Elizabeth	Won	Bat	Lost
4/2/1997	South Africa	East London	Won	Bat	Lost
7/2/1997	Zimbabwe	Centurion	Won	Bat	Lost
9/2/1997	Zimbabwe	Benoni	Won	Bowl	Won
12/2/1997	South Africa	Durban	Won	Bat	No Res
13/2/1997	South Africa	Durban	Lost	Bat	Lost
15/2/1997	Zimbabwe	Bulawayo	Lost	Bowl	Lost
26/4/1997	West Indies	Port-of-Spain	Won	Bat	Lost
27/4/1997	West Indies	Port-of-Spain	Won	Bowl	Won
30/4/1997	West Indies	Arnos Vale	Won	Bowl	Lost
3/5/1997	West Indies	Bridgetown	Lost	Bowl	Lost
14/5/1997	New Zealand	Bangalore	Lost	Bat	Won
17/5/1997	Sri Lanka	Mumbai	Won	Bat	Lost
21/5/1997	Pakistan	Chennai	Lost	Bat	Lost
18/7/1997	Sri Lanka	Colombo-RPS	Lost	Bowl	Lost
20/7/1997	Pakistan	Colombo-SSC	Won	Bowl	No Res
24/7/1997	Bangladesh	Colombo-SSC	Won	Bowl	Won
26/7/1997	Sri Lanka	Colombo-RPS	Won	Bat	Lost
17/8/1997	Sri Lanka	Colombo-RPS	Won	Bowl	Lost
20/8/1997	Sri Lanka	Colombo-RPS	Lost	Bowl	Lost
23/8/1997	Sri Lanka	Colombo-SSC	Lost	Bowl	No Res
24/8/1997	Sri Lanka	Colombo-SSC	Won	Bowl	Lost
13/9/1997	Pakistan	Toronto	Lost	Bowl	Won
14/9/1997	Pakistan	Toronto	Lost	Bat	Won
17/9/1997	Pakistan	Toronto	Won	Bowl	No Res
18/9/1997	Pakistan	Toronto	Lost	Bowl	Won
20/9/1997	Pakistan	Toronto	Won	Bowl	Won
21/9/1997	Pakistan	Toronto	Lost	Bowl	Lost

28/9/1997	Pakistan	Hyderabad	Won	Bat	Lost
30/9/1997	Pakistan	Karachi	Lost	Bat	Won
2/10/1997	Pakistan	Lahore	Lost	Bowl	Lost
11/12/1997	England	Sharjah	Won	Bowl	Lost
14/12/1997	Pakistan	Sharjah	Won	Bat	Lost
16/12/1997	West Indies	Sharjah	Won	Bowl	Lost
22/12/1997	Sri Lanka	Guwahati	Won	Bowl	Won
25/12/1997	Sri Lanka	Indore	Lost	Bat	No Res
28/12/1997	Sri Lanka	Margao	Won	Bat	Lost
23/8/1999	Australia	Galle	Won	Bat	Lost
25/8/1999	Sri Lanka	Colombo-RPS	Won	Bat	Lost
29/8/1999	Sri Lanka	Colombo-SSC	Won	Bat	Won
4/9/1999	Zimbabwe	Singapore	Lost	Bowl	Won
7/9/1999	West Indies	Singapore	Won	Bat	No Res
8/9/1999	West Indies	Singapore	Lost	Bowl	Lost
5/11/1999	New Zealand	Rajkot	Won	Bowl	Lost
8/11/1999	New Zealand	Hyderabad	Won	Bat	Won
11/11/1999	New Zealand	Gwalior	Won	Bat	Won
14/11/1999	New Zealand	Guwahati	Won	Bowl	Lost
17/11/1999	New Zealand	Delhi	Lost	Bat	Won
10/1/2000	Pakistan	Brisbane	Won	Bat	Lost
12/1/2000	Australia	Melbourne	Lost	Bat	Lost
14/1/2000	Australia	Sydney	Won	Bat	Lost
21/1/2000	Pakistan	Hobart	Won	Bowl	Lost
25/1/2000	Pakistan	Adelaide	Won	Bat	Won
26/1/2000	Australia	Adelaide	Lost	Bat	Lost
28/1/2000	Pakistan	Perth	Lost	Bat	Lost
30/1/2000	Australia	Perth	Won	Bat	Lost

PHOTOGRAPHIC ACKNOWLEDGEMENTS

The author and publisher would like to thank the following for permission to reproduce photographs:

Arif Ali/AFP/Getty Images, Tony Ashby/AFP/Getty Images, Barry Batchelor/Press Association, Ted Blackbrow/Daily Mail/Rex Features, Hamish Blair/Getty Images, Philip Brown, Suman Chattopadhyay/Aajkaal & Sangbad Pratidin, Victor Crawshaw/Mirrorpix, Arko Datta/Reuters/Action Images, Patrick Eagar/Getty Images, John Giles/Press Association, David Gray/Reuters/Action Images, Rob Griffith/AP/Press Association, Fiona Hansen/Press Association, Julian Herbert/Getty Images, Sajjad Hussain/AFP/Getty Images, Matthew Impey/Patrick Eagar Photography, Kamal Julka, Atul Kasbekar, Kamal Kishore/Reuters/Action Images, Narender Kumar, Sunil Malhorta/Reuters/Action Images, Rafiq Maqbool/AP/Press Association, Clive Mason/Getty Images, Graham Morris/Cricketpix, Indranil Mukherjee/AFP/Getty Images, David Munden/Popperfoto/Getty Images, Rebecca Naden/Press Association, Prakash Parsekar/AFP/Getty Images, Pal Pillai/AFP/Getty Images, Ben Radford/Getty Images, Tom Shaw/Getty Images, Milind Shelte/India Today Group/Getty Images, Prakash Singh/AFP/Getty Images, Prakash Singh/AP/Press Association, Sky Tower Official Photographer, Divyakant Solanki/EPA/Corbis, Darren Staples/Reuters/Action Images, Michael Steele/Getty Images, Manan Vatsyayana/AFP/Getty Images, William West/AFP/Getty Images.

Other photographs are from private collections.

Every reasonable effort has been made to trace the copyright holders, but if there are any errors or omissions, Hodder & Stoughton will be pleased to insert the appropriate acknowledgement in any subsequent printings or editions.